SCRIPTORVM CLASSICORVM
BIBLIOTHECA OXONIENSIS

OXONII
E TYPOGRAPHEO CLARENDONIANO

ARISTOTELIS

METAPHYSICA

RECOGNOVIT
BREVIQUE ADNOTATIONE CRITICA INSTRVXIT
W. JAEGER

OXONII
E TYPOGRAPHEO CLARENDONIANO

This book has been printed digitally and produced in a standard specification in order to ensure its continuing availability

OXFORD
UNIVERSITY PRESS

Great Clarendon Street, Oxford OX2 6DP

Oxford University Press is a department of the University of Oxford.
It furthers the University's objective of excellence in research, scholarship, and education by publishing worldwide in

Oxford New York

Auckland Cape Town Dar es Salaam Hong Kong Karachi
Kuala Lumpur Madrid Melbourne Mexico City Nairobi
New Delhi Shanghai Taipei Toronto
With offices in
Argentina Austria Brazil Chile Czech Republic France Greece
Guatemala Hungary Italy Japan South Korea Poland Portugal
Singapore Switzerland Thailand Turkey Ukraine Vietnam

Oxford is a registered trade mark of Oxford University Press
in the UK and in certain other countries

Published in the United States
by Oxford University Press Inc., New York

© Oxford University Press 1957

The moral rights of the author have been asserted

Database right Oxford University Press (maker)

Reprinted 2010

All rights reserved. No part of this publication may be reproduced, stored in a retrieval system, or transmitted, in any form or by any means, without the prior permission in writing of Oxford University Press, or as expressly permitted by law, or under terms agreed with the appropriate reprographics rights organization. Enquiries concerning reproduction outside the scope of the above should be sent to the Rights Department, Oxford University Press, at the address above

You must not circulate this book in any other binding or cover
And you must impose this same condition on any acquirer

ISBN 978-0-19-814513-4

PRAEFATIO

IMMANUEL BEKKER novam suam recensendi artem in Metaphysicis ita exercuit, ut ea primus e quindecim libris mss. ederet. sed problema, in quo summa rei criticae in hoc opere versatur, a Bonitzio recte indicatum est: est autem magna discrepantia eius recensionis quam codex Laur. 87, 12 (A^b) praebet a ceteris omnibus codicibus, inter quos Paris. gr. 1853 (E) excellit. itaque W. Christ in editione Teubneriana (1885) ceteris libris dimissis solos E et A^b in apparatu critico retinuit. qua in via mihi persistendum esse duxi, cum ante hos quadraginta annos a B. G. Teubnero ad Metaphysica denuo edenda invitarer, nisi quod optimum codicem Vindobonensem phil. gr. 100 prioribus editoribus ignotum, quem A. Gercke primus inspexit et descripsit, addendum esse censui. fuit tum hoc mihi consilium, ut hos tres codices diligenter conferrem necnon commentaria Alexandri Aphrodisiensis et reliquorum interpretum graecorum quam accuratissime iterum excuterem. de hac mea via ac ratione confer quae scripsi in Hermae vol. 52 (1917) pp. 481–519 et in Actis Academiae Berolinensis (1923) pp. 263–79, ubi etiam emendationes meas communicavi. et iam editio mea paene ad finem perducta erat, cum W. D. Rossii opus illustre, commentarium ad Metaphysica dico, cui textus cum pleno apparatu critico additus erat, in lucem prodiit (1924). tum vero, praesertim cum ille eisdem libris mss. ceterisque subsidiis atque ego usus esset, a proposito desistere constitui spe maioris editionis criticae permotus, quam quominus absolverem temporum iniquitas me postea impedivit. nunc demum a delegatis Clarendonianis rogatus minorem hanc editionem paravi, ne inclutum Aristotelis opus, quod tot nationum philosophiae per saecula fundamentum fuit, in

PRAEFATIO

Serie Auctorum Classicorum Oxoniensi deesset. iam dudum studiosis sapientiae graecae qui graece sciunt editione breviore nec nimium sumptuosa opus esse cognoveram et pro longa huius libri consuetudine et summa rei difficultate etiam nunc aliquid me ad eius studium afferre posse sperabam. tamen facere non possum, quin hoc loco, quantum Rossii admirabili operi debeam, grato animo confitear.

De Codicibus
De recensione Π

E. Pauci Aristotelis codices antiquiores aetatem tulerunt, inter quos praestat Parisinus 'Regius' graecus membranaceus (saec. x) 1853. multos Aristotelis libros continet foliis 453 diversis manibus exaratos. inde a fol. 345^r usque ad finem compluribus manibus recentioribus scriptus est. praebet seriem operum, quae etiam in aliis codicibus mss. eodem vel simili ordine traditur, etsi alia in aliis codicibus omittuntur. haec collectio a grammaticis Byzantinis quidem instaurata est,[1] sed ab iis ex editione perantiqua repetita videtur, quae scholae Peripateticae editione celeberrima nitebatur. testis est scholium ad Theophrasti Fragmentum Metaphysicum, quod in E sub calcem Metaphysicorum Aristotelis additur.[2] ibi hunc libellum ab Andronico Rhodio non ut Theophrasteum agnosci traditur, cui Nicolai Damasceni opponitur auctoritas, viri docti Peripatetici qui de Metaphysicorum compositione et doctrina totum librum conscripserat. apparet auctorem editionis e qua recensio codicis Parisini fluxit et ipsum Peripateticum fuisse qui sub imperio Romano floruit et iudicium Nicolai Damasceni secutus Andronici editionem libello Theophrasteo adiecto auxit. quare

[1] De editionis Byzantinae indole cf. *Hermes*, vol. 52, pp. 481 sq.
[2] Cf. *Theophrasti Fragmentum Metaphysicum*, edd. Ross–Fobes, p. 38.

PRAEFATIO

recensionem codicis E 'Andronicum auctum' appello. utrum etiam liber $\bar{a}$ ἔλαττον Metaphysicorum, qui ceteris additus est, cum numerus librorum longo usu stabilitus non iam mutari posset, ad hunc 'Andronicum auctum' pertineat, ignoramus.

E continet Metaphysica in foll. 225-307. in codice conferendo usus sum tabellis photographicis optimis, quas nuper summa diligentia denuo excussit discipulus meus I. Rexine. textus scholiis circumdatus est, quae in editione Academiae Berolinensis impressa sunt. pars eorum ex Asclepii commentario a docta manu saeculi xv transcripta est, sed et alia insunt quae scripturae genere multo antiquiorem originem produnt. in primis et mediis libris scholia pleniora sunt (sed non in libro B); paene omnino deficiunt in ultimis, imprimis M et N. antiquiora plura in primis libris exstant, recentiora tantum in ultimis. sed de origine scholiorum non satis constat novaque egemus investigatione. variae lectiones haud paucae in margine adiectae sunt (praemisso signo γρ) ab illa manu saeculi xv, quae E² vocatur. ea lectiones partim ex Alexandro partim ex aliis codicibus sumptas adnotat. nec vero desunt variae lectiones a prima manu additae. veri est simile Photii aetate codices quosdam praestantiores in bibliotheca patriarchae Constantinopoli exstitisse, qui varias lectiones in margine praebebant, ut e. gr. ex Platonis codice Vaticano O novimus,[1] qui tetralogiam IX continet; unde postea aliorum codicum librarii saepe eas transcripserunt, qui eis vario modo usi sunt. E ex eiusmodi codice derivatum esse, nisi ipse unus ex eis fuit, probabile mihi videtur.

J. Anno 1892 Alfredus Gercke (*Wiener Studien*, xiv. 146-8) brevi nota codicem eiusdem aetatis atque E (saec. x), nisi paulo antiquior est, descripsit et futuro editori commendavit,

[1] Cf. quae scripsi in censura libri Ernesti Howald, *Platons Briefe*, Deutsche Lit. Zeitg. 1924, coll. 899 sq.

PRAEFATIO

Vindobonensem phil. gr. 100 in membrana scriptum, qui saeculo XVI a Busbekio, imperatoris legato apud Altam Portam, cum aliis libris mss. Vindobonam reportatus est. continet Metaphysica a 994^{a}6 usque ad finem (initium deest). in Metaphysicis simillimus est Parisino, sed non ita in ceteris libris (e. gr. in Physicis) quos complectitur. hunc antea V appellabam,[1] nunc Oxonienses secutus J nomino. olim totum eum contuli et nuper multis locis denuo inspexi. descendit ab eadem stirpe qua E, sed exhibet aliquot locis lectiones ab eo diversas; sed ubi non raro errat J sed etiam E cum dissentiunt, saepius corruptus est vel scriba neglegentius rem egit, cum J communem fontem accuratius reddat. sed est et alia dissensionis causa, nam saepius E et J varia lectione, quae in archetypo eorum in margine notata erat, diverso modo usi sunt, cum unus eorum in textu retineret, quod ibi in exemplari invenerat, alter quod in margine exstabat, in textum reciperet. quare etsi non ita multa in E ex J corrigere licet, multo tamen accuratius iam communem horum fontem animo fingere et tamquam manibus tangere possumus. erat codex venerabilis labentis antiquitatis temporibus scriptura unciali continua exaratus, qui neque spiritus neque accentus habebat: hos E norma grammatica aetatis Byzantinae usus per totum codicem addidit. at J saepe vacillat et e. gr. ubi dubitat, utrum αὑτόν vel αὐτόν scribendum sit, interdum spiritum plane omittit. idem accentum hic illic alium quam E addit vel omittit vel itacismum aliter transcribit quam eius fratellus. est etiam ubi alter erret in unciali scriptura legenda, cum alter eam recte transcripserit. hoc genus errorum recentis originis est, cum transcriptione ex unciali in minusculam litteraturam ortum sit. tamen plerumque E et J textum sui exemplaris eodem modo reddunt; quare utrumque fere non proprio siglo (E vel J) in apparatu notavi,

[1] Cf. *Hermes*, l.c., p. 490.

PRAEFATIO

nisi ubi dissentiunt: ubicumque congruunt, communi siglo
Π archetypum huius memoriae generis indicavi,[1] quem
eorum consensu recuperare possumus.

De recensione A^b

A^b. Longe diversa est textus forma, quam codex membranaceus Laurentianus Mediceus 87. 12 servavit, quem Bekker saeculo XIII attribuit, sed W. Christ G. Vitellio auctore saeculo XII scriptum esse aestimavit. eum primus post Bekkerum inspexit Christ, qui multa in Bekkeri apparatu correxisse sibi visus est, saepe tamen ipse erravit, ut W. D. Ross, qui codicem diligenter contulit, recte cognovit. nam idem et ipse inveneram, cum huius codicis tabellas phototypicas compararem, quas discipulus meus Fridolinus Skutella, O.F.M., Augustini Confessionum editor, qua erat pietate in meum usum fecit, dum Florentiae in conventu fratrum minorum moratur. is et omnium codicum recentiorum tabellas mihi subministravit, cuius rei gratiam ei maximam debeo. textus Metaphysicorum in A^b commentario Alexandri Aphrodisiensis in margine scripto saeptus est. magnam huius codicis a ceteris discrepantiam iam Bekker observavit, qui tamen saepius eius lectionem adhibuit. sed codicis A^b aestimatio incerta mansit, donec H. Bonitz comparato Al(exandri) commentario huius lectionem saepe cum A^b contra E consentire demonstravit.[2] neque vero fieri poterat, ut A^b ex Al innumeris locis a librario insano correctus sit, neque cum hoc uno semper conspirat, sed plurimis locis Al cum altero genere memoriae (E et J) contra A^b congruit. immo A^b, ut primus cognovit Christ,[3] multis rebus certa vestigia editionis papyraceae exhibet ipsius antiquitatis

---

[1] Cf. *Hermes*, l.c., p. 481.
[2] Cf. H. Bonitz, *Aristotelis Metaphysica* (1848), praefat., p. xvi.
[3] Cf. W. Christ, *Aristotelis Metaphysica* (1885), praefat., pp. v sq.

PRAEFATIO

temporibus ortae. e. gr. in A^b in singulorum librorum fine saepius prima verba sequentis libri addita sunt, quo facilior legentibus transitus pararetur, quod aequum erat eo tempore fieri, quo libri Metaphysicorum nondum omnes uno codice continebantur, sed singulis voluminibus papyraceis circumferebantur (cf. librum meum *Studien zur Entstehungsgeschichte der Metaphysik*, Berlin 1912, p. 181). hoc in ceteris codicibus nostris non invenimus. plurima menda, qualia ex transcriptione uncialis litteraturae in minusculam oriri solent, in A^b reperiuntur. stichometriae quoque aetate Alexandrina usitatae insunt vestigia.[1] si autem Al hac recensione saeculo II usus est, apparet eam initio aetatis Christianae exstitisse, nisi fuit etiam antiquior.

Haec recensio multo neglegentius a librariis descripta est quam Π, scatet enim A^b lacunis aliisque corruptionibus, quas ex Π corrigere licet. haec tamen damna primo ab ea afuisse existimo, nec nisi recentiore tempore ea perpessa est. Al certe suo usus iudicio utramque versionem adhibuit. non tamen omnia quae in A^b desunt omissione perierunt, e. gr. in A^b desunt verba de Alcmaeonis medici aetate Pythagorae senis coaetanei (986^{a}27), quae in ceteris libris exstant. sed Al ea non interpretatur et non legisse videtur. apparet id commentum fuisse, quod in altera recensione (Π) in margine adscriptum erat et inde in textum irrepsit; neque enim Aristoteles umquam de Pythagora quicquam pro certo affirmat, sed caute ad τοὺς καλουμένους Πυθαγορείους referre solet, nedum de senescentis Pythagorae tempore se aliquid certi scire existimaverit. recte igitur haec in A^b desunt. scholium est veteris Peripatetici, qui eruditionem doxographicam Aristotele accuratiorem prae se fert; sed cave 'interpolatorem protervum' animo fingas. absunt ab A^b etiam exempla e medicina sumpta 981^{a}11 οἷον . . . 12 καύσῳ, quae

[1] Cf. op. cit., p. viii.

PRAEFATIO

Al non interpretatur neque legisse videtur, maiorem igitur fidem habebat hoc loco versioni A^b; sed magis credopotius utramque versionem vere Aristotelis esse, nam consentaneum est eum multa addidisse, cum has σχολάς, ut rei natura fert, iterum et saepius coram discipulis legeret. qui doctrinam suam de experientiae ex longa memoria origine postea exemplis ex medicina sumptis illustravit. aliquid simile alio loco libri primi evenit, ubi verba 981^{b}2 τοὺς . . . 5 δι' ἔθος in A^b omissa sunt, neque hoc aut homoeoteleuto explicari potest aut consulto factum videtur. ipse Aristoteles, ni fallor, postea exemplis additis hunc locum magis elaboravit, ut τοὺς ἀρχιτέκτονας semper sapientiores esse quam τοὺς χειροτέχνας demonstraret. nec solum philosophus ipse hoc facere solebat, sed etiam discipuli, qui post eius obitum τὰ βιβλία in scholis retractabant, ut Eudemi Physica a Simplicio saepe laudata ostendunt, hic illic sua commenta addidisse credendi sunt, quibus magistri sententiam adumbrarent. non solum singula verba, sed tota κεφάλαια in multis codicibus defuisse Al testis est, quod non casu vel neglegentia, sed propter dubiam verborum auctoritatem factum est. nec vero A^b omnibus locis puriorem vel antiquiorem memoriam praebet quam Π, sed complures versiones plus minusve politas vel correctas ἐν κηρῷ ab Aristotele relictas esse veri simile est. et si verum est Eudemum primam Metaphysicorum editionem curavisse, ut tradit Asclepius,[1] nescio an fieri potuerit, ut eius textus quippe alio hypomnemate nisus multis locis a posteris editionibus differret. et hoc ita factum esse pro certo affirmare nemo potest, sed exempli causa hoc dico, ut facile explicari posse ostendam, cur plurimis locis A^b ordinem verborum praebeat a Π diversum aut eandem cogitationem brevius exprimat. quae omnia a diorthota recentiore ad libitum sic

[1] De hac re nescio an non recte dubitaverim in libro *Die Entstehungsgeschichte der Metaphysik*, p. 175.

mutata esse haud facile tibi persuadebis, sed magis intellegi melius possunt, si recensio altera praeter Π eaque satis vetusta ab initio suppetebat, ut in Ethicis factum esse mihi constat. mirum est quod in ultimis Metaphysicorum libris dissensio codicum A^b et Π non eadem est quae in reliquis partibus invenitur. atqui altera collectio Metaphysicorum quae X libris consistebat in indice librorum Aristotelis memoratur, sive Eudemus eius auctor fuit sive alius.[1] quod si in ultimis libris A^b cum Π magis conspirat, hoc Ross eo factum esse putat quod scriba in fine operis diligentius exemplar expresserit; sed nescio an ita explicandum sit, ut ea pars, quae in prisca editione deerat, postea ex altera versione suppleta sit, sicut tres libri Ethicorum communes post Ethica Nicomachea edita inde in Eudemia a quibusdam recepti sunt. exstant et alia vestigia, quae breviorem recensionem ad ampliorem postea assimulatam esse ostendunt, velut librorum ordo et numerus qui in omnibus nostris codicibus iam idem est. textus tamen codicis A^b diversitas, si qui in eo libri ex priore illa editione X librorum desumpti erant, non multum posteriore adaptatione affecta esse videtur, sed semper eadem mansit. sed cum tanta eius a Π esset differentia, recensio A^b in dies magis neglecta denique describi desiit, quamquam Al ea multis locis usus est. aetate Byzantina a viris doctis spreta esse videtur, et ita in oblivionem lapsa est, ut uno codice A^b servata sit.

De variis lectionibus

Hic de variis lectionibus mihi paucis dicendum est, quibus Metaphysica repleta sunt. nec parvum sunt indicium condicionem huius libri ab aliis Aristotelis libris esse diversam et textum eius magis fluctuare, qualis est textus Ethicorum Eudemiorum. varias lectiones in diversis apographis repertas

[1] De decem librorum editione cf. *Entst. d. Metaph.*, p. 177.

mox in margine notatas fuisse patet. haec autem est earum natura, ut altera alteri saepe vix praeferri possit, nec tamen simul in textu tolerari possint. et cum eas omnes tractare longum sit, satis habebo singula exempla afferre, cetera alii occasioni relinquo. 987ᵃ10 Aristoteles ait philosophos veteres obscurius de multis rebus dixisse. editores μετριώτερον scribere solebant cum E, quod etiam Al legit in lemmate, sed Aᵇ habet μαλακώτερον, quod et E γρ adnotat; Al in interpretatione μοναχώτερον legit, quod corruptum est ex μορυχώτερον, idque ex Al γρ restituit Diels, quem Ross secutus est, cum Ascl μονιμώτερον interpretetur. ex his μετριώτερον, μοναχώτερον, et μονιμώτερον sine dubio corruptione progrediente orta sunt, quia sensu carent, at μορυχώτερον et μαλακώτερον variae lectiones erant, e quibus difficiliorem μορυχώτερον praefero, quam nullus ex nostris codicibus servavit. 1092ᵇ26 καὶ τὰ εἴδη ἀναγκαῖον διὰ ταῦτα εἶναι τιθέναι sic Aᵇ, τιθέναι om. Π, nam εἶναι sufficit et recte intellexit Π τιθέναι et εἶναι esse varias lectiones. Aᵇ autem in textu suo eas contaminavit, cum vel τιθέναι vel εἶναι in margine collocare deberet. multa eiusmodi exempla invenimus in Platonis Legibus, quas similiter ex manuscripto edidit Philippus Opuntius, Platonis discipulus, ὄντας ἐν κηρῷ. 1044ᵃ4 verba εἴπερ ἐστὶν εἷς varia lectio sunt pro 5 εἴπερ ἐστί, sed bene accidit, quod AᵇAlᵖ verba εἴπερ ἐστὶν εἷς omiserunt, cum Π utramque in textum receperit. 1057ᵃ2-3 τὸ δὲ πλῆθος οἷον γένος ἐστὶ τοῦ ἀριθμοῦ Aᵇ, οἷον ὡς γένος ΠAlᵖ. οἷον et ὡς variae lectiones sunt, e quibus οἷον praebet Aᵇ, cum in Π utraque simul in textum intrusa sit. 1063ᵇ4 verba καὶ μὴ τὰ αὐτά om. AᵇAlᵖ; et nonne re vera idem dicunt quod ἕτερα in eadem linea? eiusmodi tautologia Aristoteli minime convenit, et ex var. lect. orta esse videtur. hic quoque Π utramque lectionem in suo fonte invenisse et in textum recepisse apparet. varias lectiones cognovisse mihi

PRAEFATIO

visus sum 1071ª3. 1078ª27-28 καὶ ἄνευ τούτων ἐνδέχεται αὐτῷ ὑπάρχειν [τὸ δυνατόν] Aᵇ*Π*Al legunt, sed τὸ δυνατόν om. Lat. (seclusit Ross). τὸ δυνατόν in nonnullis libris afuisse apparet; ego aut ex v.l. δυνατόν (ad ἐνδέχεται) ortum esse puto, quae in Aᵇ et *Π* in textum irrepsit (addito τό), aut commentum marginale erat: τὸ δυνατόν. 1082ᵇ1 variae sunt lectiones ἐκ ζῴων, εἰ τούτων EAlᴾ, et εἰ τούτων ἐκ ζῴων J; hae contaminatae sunt ab Aᵇ qui habet ἐκ ζῴων εἰ τούτων ἐκ ζῴων.

Contaminationem variarum lectionum habemus etiam 1083ª4, ubi cf. app. crit. 1084ª37 μεγέθη legit Alᴾ, πάθη *Π* m. pr., μεγέθη in rasura E² et γρ in marg., sscr. J: μετὰ πάθη Aᵇ (sic) errore utrumque conglutinans. alia exempla contaminatae variae lectionis in apparatu notavi ad 988ᵇ25 τῶν γὰρ σωμάτων τὰ στοιχεῖα τιθέασι μόνον, τῶν δ' ἀσωμάτων οὔ [ὄντων καὶ ἀσωμάτων] EAlᶜ, ubi recte Aᵇ omisit verba a me seclusa. apparet E (J hic deest) varias lectiones contaminasse, nam gen. abs. ὄντων καὶ ἀσωμάτων ('quamvis sint etiam incorporea') pro τῶν δ' ἀσωμάτων οὔ stabat. redundans amborum iuxtapositio non est in Aristotele ferenda. 987ª27 παρὰ μὲν οὖν τῶν πρότερον [καὶ τῶν ἄλλων] τοσαῦτα ἔστι λαβεῖν verba καὶ τῶν ἄλλων seclusi tamquam var. lect. ad τῶν πρότερον, nam οἱ πρότερον (φιλοσοφήσαντες) semper omnes philosophos, qui ante Platonem fuerunt (cf. cap. 6 init.), includit nec sunt praeter eos 'alii'; οἱ ἄλλοι autem nulli alii quam hi esse possunt. 1004ª32 verba ὅπερ ἐν ταῖς ἀπορίαις ἐλέχθη exstant in *Π*, om. AᵇE², non interpretatur Alexander; in linea sequenti legimus τοῦτο δ' ἦν ἐν τῶν ἐν τοῖς ἀπορήμασιν, quae verba ab omnibus testibus nostris servantur. patet etiam hoc loco *Π* varias lectiones in fonte suo invenisse et contaminasse, Aᵇ aut unam tantum legisse aut alteram reiecisse, quod minus probabile est. contaminatio variarum lectionum confusum reddidit locum celebrem de ideis Platonis 987ᵇ9, ubi legimus

PRAEFATIO

κατὰ μέθεξιν γὰρ εἶναι τὰ πολλὰ τῶν συνωνύμων τοῖς εἴδεσιν in A^bAl, sed ultro ὁμώνυμα post συνωνύμων addit E. τοῖς εἴδεσιν cum Gillespie seclusit Ross, neque enim 'res sensibiles' (τὰ πολλά) sunt 'participatione eorum, quae *ideis* synonyma sunt', sed participatione synonymorum (i.e. idearum). at codex E vestigium variae lectionis servavit, cum post συνωνύμων addit ὁμώνυμα. erat haec lectio κατὰ μέθεξιν γὰρ εἶναι τὰ ὁμώνυμα τοῖς εἴδεσιν; sed ea iam in E cum alia lectione mixta est quae erat κατὰ μέθεξιν γὰρ εἶναι τὰ πολλὰ τῶν συνωνύμων (sine τοῖς εἴδεσιν). hoc sensu τὰ συνώνυμα sunt ideae, quae opponuntur τοῖς πολλοῖς (i.e. rebus sensibilibus). priore sensu τὰ ὁμώνυμα τοῖς εἴδεσιν sunt τὰ πολλά, ut Plato dicere solebat. et gaudeo, quod Ross in altera editione commentarii eandem vel similem viam ingressus est (cf. app. crit. ad loc.).

Textus Metaphysicorum igitur varias lectiones multas exhibebat, quae partim in codicibus separatae traduntur, partim in una classe librorum contaminatae apparent, cum altera recensio unam earum solam servarit, partim in utraque recensione contaminatae leguntur (cf. duo ultima exempla).

De ratione edendi

Ingens numerus corruptionum, quae e codicibus in antiquiores editiones impressas pervenerunt, a Bekkero correctus est, cum primus ille omnem memoriam manuscriptam complexus optima quaeque recensendo eligeret. sed optima eligendo eae corruptelae tangi non possunt, quae omnibus libris mss. communes sunt. quarum summus emendator exstitit Bonitz. is enim arcessita traditione codicibus nostris longe ulteriore, quam e commentariis Alexandri aliorumque interpretum graecorum hausit, plurimos locos feliciter sanavit, alios coniectura sagaci illustravit; qua in re Schwegler, Christ, Ross, alii eum secuti sunt. neque .Aristotelis Metaphysica

PRAEFATIO

cum tragoedia Sophoclis vel Platonis dialogo comparare licet, quorum textus a primordio plus minusve firmus atque stabilitus fuit, nam Aristoteles suas πραγματείας numquam ad 'edendum' paravit, sed ad ἀνάγνωσιν in scholis iteratam conscripsit,[1] ut philosophis mos erat cum docebant. sed ipsae eius πραγματεῖαι inter se longe differunt et aliae sunt aliis magis vel minus politae. adde quod rei difficultate vel obscuritate scholae de prima philosophia errori magis subiectae erant, nam aut scribas saepe verba describere oportebat quae ipsi ignorabant, aut, si viri docti erant, ut in schola Peripatetica, in dubiis suo utebantur ingenio.

Metaphysica quae in libris mss. vocantur non 'opus' sunt sed (ut titulus indicat) collectio variorum μεθόδων ad primam philosophiam pertinentium, quae primum a discipulis peritissimis temptata, sed postea ut videtur valde aucta est. nam index operum Aristotelis, ut ante dixi, praeter editionem libris XIV, quam nunc legimus, breviorem aliam libris X exstitisse ostendit, quam priorem fuisse et brevi tempore post Aristotelis mortem factam esse consentaneum est. haec materies a Peripateticis congesta maiores partes complectitur, quae quamvis separatae 'methodi' sint, tamen ad unum scopum referri possunt. nonnullae earum duplici versione exstant, velut *BΓE* (=*K*1-8), *A*9 (=*M*4-5), *ᾱ ἔλαττον* altera est introductionis forma a discipulo Pasicle scripta. K8-fin. excerpta sunt ex Physicis a discipulo facta. *Δ* ut liber separatus in indice operum Aristotelis fertur et ab editoribus inepte hic collocatus est. liber *Λ* tractatu separato theologiae summam exponit et hic positus e.t, ut lacunam maxime deplorabilem in serie methodorum expleat, libri *ZHΘ* a prima conceptione cursus metaphysici afuisse, sed postea ab Aristotele ipso hoc loco inclusi esse videntur. de *I* et *MN* eorumque loco dubium est, sed nil certius est quam libros

[1] Cf. *Entst. d. Metaph.*, pp. 138 sq.

PRAEFATIO

MN ab eo loco, ubi iam leguntur, alienos esse. melior ordo ab editoribus Peripateticis inveniri non potuit, nam frustula in manibus tenebant, quae interpretes recentiores frustra transponendo libros melius disponere vel in opus unum mutare studuerunt.[1]

Sed non solum ordo maiorum partium, sed ipse textus, quem continebant, temporibus antiquis variabat. Al non semel adnotat aliqua verba vel sententiam vel totum caput in multis codicibus defuisse (ἐν πολλοῖς οὐ φέρεται). idem monet de verbis vel sententiis falso loco positis suasque de hac re coniecturas addit, quod in apparatu notavi, quam rem etiam ex Ethicis, Politicis, Rhetoricis cognitam habemus. quid quod non solum editorum veterum confusione, sed etiam scribarum antiquissimorum errore ordo verborum saepius turbatus est, id quod Spengel et Bonitz exemplis, quae negari non possunt, demonstrarunt (cf. ad 983^{a}14 et 1029^{b}3 sq., ubi lineas a scriba archetypi omissas postea in margine additas, deinde falso loco in textu repositas esse apparet)? non semel oritur dubium de iterata eiusdem quaestionis tractatione, et hoc ideo evenisse patet, quod editores saepe plus quam unam versionem in schedis Aristotelis manuscriptis reperiebant, sed e pluribus unam eligere et alteram abicere nolebant. difficultates etiam eo ortae sunt editoribus Peripateticis, quod in schedis separatis vel in margine additamenta inveniebant, quae Aristoteles iterata lectione fecerat, eaque in textum recipere temptabant. e. gr. 1005^{a}8 a καὶ διὰ τοῦτο (om. A^b) nova incipere videtur sententia, sed post haec verba oratio interrumpitur et alia sententia inculcatur (ab 8 καὶ εἰ μὴ ἔστι ... 11 δὲ τῷ ἐφεξῆς), quae olim hic non exstabat, sed in margine vel in scheda separata scripta fuerat. post eam Π eadem verba καὶ διὰ

---

[1] De his rebus, quae in apparatu critico non nisi breviter tetigi, cf. op. cit., pp. 164 sq., necnon iam Ross, Aristotle's *Metaphysics*, Preface.

PRAEFATIO

τοῦτο iterat, post quae sententia additicia interposita erat, ita ut interpolatio iam in Π ab utraque parte verbis καὶ διὰ τοῦτο inclusa sit. sed non satis est primo loco verba καὶ διὰ τοῦτο cum A^b omittere vel cum Christio delere, sed cognoscere debemus cur in Π haec verba utrobique servata sint, i.e. propter additam sententiam. plura huiusmodi occurrunt, quae hic non enumero. lacunae quoque, quarum magnus est numerus, quae quidem in utraque recensione Π et A^b inveniantur, perveteres esse videntur. Aristotelis additamenta, cum satis certa res videbatur, signo 〚 〛 indicavi, ne uncinis [ ] usus talia ut spuria reicere viderer. nec dubium est, quin etiam editores Peripatetici, cum contextui totos libros inculcarent, velut Δ, eos cum ceteris firmo vinculo coniunxerint, cum adderent ὥσπερ . . . εἴρηται vel alia id genus. sed ne haec quidem seclusi, nam habuit hic 'liber' suam historiam, quae vestigia in textu reliquit, eaque non nobis delenda sed conservanda esse arbitror. seclusi uncinis glossas necnon varias lectiones, quamquam has vel unam super alteram vel in margine imprimere rectius esset. ubi tractatio sine particula incipit, sed unus codicum particulam addidit, ut transitum faceret, hunc non secutus sum. ubi liber vel caput verbo ὅτι incipit,[1] id religiose retinui, quia talia nihil nisi notas vel excerpta esse indicat, ut ex aliis auctoribus novimus. ubi orthographia codicum formas recentiores οὐθείς, μηθείς, etc. praebet vel quod rarius est, γίνομαι pro γίγνομαι, id non mutavi, quamquam Aristotelem ipsum non ita scripsisse pro certo scimus. nam eae formae, quas si a grammaticis Alexandrinis editus esset hic textus ibi non inveniremus, discipulis Peripateticis debentur, qui ineunte aetate Hellenistica haec descripserunt et ita scripserunt ut loquebantur. nam haec mutatio ipsius Theophrasti et Eudemi aetate initium cepit, ut ex inscriptionibus

[1] Cf. e. gr. initium libri ᾱ ἔλαττον, quod hypomnema Pasiclis Rhodii est.

PRAEFATIO

eius temporis cognovimus. alia eiusmodi postea a Byzantinis ad sermonis classici normam reducta esse credi potest. quid quod diorthota codicis optimi (E) ν ἐφελκυστικόν, quod etiam ante consonam scriba addiderat, per totum codicem summa diligentia erasit et etiam orthographiae antiquioris vestigia, quae in A^b non leguntur, servavit? attamen in tam longa saeculorum traditione plurima integra ad nos pervenisse sperandum est, si quibusdam indiciis fidere licet, nam hic illic ubi initio Metaphysicorum Aristoteli suus Protrepticus ob oculos versatus esse creditur, codex E cum Protreptici fragmentis consentit, et ubi Theophrastus in doxographia libro A Aristotelis usus est, cum lectione codicis E congruit, cum alibi A^b aliquid veri melius quam E servasse videatur.[1]

Ipsum recensendi criterium in sola codicum conspiratione numquam positum est nisi addito strenuo iudicio philosophico et philologico, quod non nisi longo usu et consuetudine nascitur. praeceptor meus in his rebus, Iohannes Vahlen, insistere solebat in usu dicendi (Sprachgebrauch), cui addendus tamen est usus cogitandi (Denkgebrauch). ad Aristotelis usum legentes saepius rettuli locis parallelis in apparatu adiectis, ut lectionem dubiam tuerer. Alexandri testimonium diligenter notavi eiusque lemma (Al^l), citationem (Al^c), et interpretationem (Al^p) ubique distinxi, sed lemma non semper notavi nisi ubi eius aliquid pretii est, quod non saepe fit. Asclepium et Syrianum, testes longe Alexandro inferiores, hic illic tamen adhibui, ubi non solum errant vel codicum lectionem sequuntur; quos in maiore editione semper adhiberi par est, in minore minus est necessarium, cum raro soli aliquid contribuant. versionem Latinam Moerbekio Flamingo

---

[1] Cf. exempla quae collegi in 'Contemporary evidence on the text of the first chapters of Aristotle's Metaphysics' in *Studi italiani di filologia classica*, vol. xxvii–xxviii (1956), pp. 150–6.

PRAEFATIO

attributam notavi ubi eius lectio sola verum habere vel codicem, qui solus id habet, firmare videbatur; sed omnes eius lectiones, ubi cum uno vel altero codicum genere consentit, dare nolui. versio Arabica antiquissimis nostris codicibus supparanea, qua Averroes in commentario suo usus est, nuper a viro docto Bouyges publici iuris facta[1] nonnullis locis aliquid veri affert quod in traditione graeca qualem nos habemus non exstat, cuius in adnotatione mentionem feci. pleraque postquam diligenter examinavi, cum parum valeant, in apparatum non recepi. de codicibus recentioribus, quorum lectionem raro notavi, ubi (ut opinor) vel ex Al vel e coniectura aliquid melius quam codices nostri praebent, cf. Rossii et Bonitzii praefationes. eos omnes quamquam sedulo excussimus et examinavimus, tamen hic de eis suffragium ferre supersedeo, quod alii occasioni relinquo.

In apparatu huius editionis minoris multas codicum scripturas omisi, quas lectori philosopho inutiles fore censebam. sunt autem maxime hae:

1. lacunae omissione mechanica (homoeoteleuto) ortae, quarum magnus est numerus in utraque classe, sed imprimis in A^b, quae tamen ex altera classe expleri possunt. hoc eo evenit, quod eadem verba sicut ὄν, ὄντα, ἀρχή, αἰτία, etc. sescenties in Metaphysicis iterantur et scribae oculi facilius quam fieri solet aberrant;
2. mutatus verborum ordo, qui sensum philosophicum nullo modo tangit neque ad εὐφωνίαν quicquam contribuere videtur, quod genus in A^b frequens est;
3. variae eiusdem verbi formae velut πάντα et ἅπαντα, ἀγένητος et ἀγέννητος, id genus;

[1] Averroès, *Tafsīr mā ba'd al-ṭabī'*, al-. Texte arabe inédit établi par M. Bouyges, S.J. (= Bibliotheca arabica scholasticorum. Série arabe VI), Beyrouth, 1942. Idem, Troisième et dernier volume (= Bibl. arab. scholast. VII), Beyrouth, 1948. Cf. R. Walzer, *Orientalia*, vol. 20 (1951), pp. 334–9.

PRAEFATIO

4. itacismus velut οἴονται et οἷόν τε, γεωδαισία et γεωδεσία, etc.;

5. corruptelae quae falsa verborum divisione ortae sunt, cum scriptio continua uncialis in litteras minusculas transcriberetur velut καίτοι αὗται et καὶ τοιαῦται, praesertim si id in uno tantum codice fit; necnon eae, quae falsa litterarum uncialium lectione nascuntur ut ΑΛΛΑ et ΑΜΑ;

6. in codicibus E et J, qui e communi fonte provenerunt, mera verbi mutilatio in uno eorum, quae ex altero corrigitur;

7. stultae verbi depravationes, quae omni sensu carent.

sed eos qui ipsorum codicum naturam et indolem investigare eorumque errores cognoscere volunt, ad Bonitzii et Bekkeri opera, maxime autem ad pleniorem Rossii apparatum relego.

W. J.

*Cantabrigiae Mass.
mense Novembri MCMLVI.*

CONSPECTUS SIGLORUM

E	Codex Parisinus graecus 1853 saeculi x
J	Codex Vindobonensis phil. graecus 100 saeculi x
Π	Consensus codicum E et J
A^b	Codex Laurentianus 87, 12 saeculi xii
Al	Alexandri Aphrodisiensis Commentarius in Aristotelis Metaphysica
Al^c	Alexandri citatio
Al^l	Alexandri lemma
Al^p	Alexandri interpretatio vel paraphrasis
Syr	Syriani commentarius
Ascl	Asclepii commentarius
Simpl	Simplicii commentarius in Physica
Them	Themistii commentarius
Lat	Guilelmi de Moerbeka translatio latina saeculi xiii
S	Codex Laurentianus 81, 1 saeculi xiii
T	Codex Vaticanus graecus 256 saeculi xiv
A	Metaphysicorum liber *A*
M	Metaphysicorum liber *M*
Φ	Aristotelis Physica
γρ	= γράφεται

numeri ^{1} et ^{2} siglo codicis additi manum primam et secundam distinguunt

ΤΩΝ ΜΕΤΑ ΤΑ ΦΥΣΙΚΑ Α

Πάντες ἄνθρωποι τοῦ εἰδέναι ὀρέγονται φύσει. σημεῖον δ' 980ᵃ ἡ τῶν αἰσθήσεων ἀγάπησις· καὶ γὰρ χωρὶς τῆς χρείας ἀγαπῶνται δι' αὐτάς, καὶ μάλιστα τῶν ἄλλων ἡ διὰ τῶν ὀμμάτων. οὐ γὰρ μόνον ἵνα πράττωμεν ἀλλὰ καὶ μηθὲν μέλλοντες πράττειν τὸ ὁρᾶν αἱρούμεθα ἀντὶ πάντων ὡς εἰπεῖν 25 τῶν ἄλλων. αἴτιον δ' ὅτι μάλιστα ποιεῖ γνωρίζειν ἡμᾶς αὕτη τῶν αἰσθήσεων καὶ πολλὰς δηλοῖ διαφοράς. φύσει μὲν οὖν αἴσθησιν ἔχοντα γίγνεται τὰ ζῷα, ἐκ δὲ ταύτης τοῖς μὲν αὐτῶν οὐκ ἐγγίγνεται μνήμη, τοῖς δ' ἐγγίγνεται. καὶ διὰ τοῦτο ταῦτα φρονιμώτερα καὶ μαθητικώτερα τῶν 980ᵇ μὴ δυναμένων μνημονεύειν ἐστί, φρόνιμα μὲν ἄνευ τοῦ μανθάνειν ὅσα μὴ δυνατὰ τῶν ψόφων ἀκούειν (οἷον μέ- λιττα κἂν εἴ τι τοιοῦτον ἄλλο γένος ζῴων ἔστι), μανθάνει δ' ὅσα πρὸς τῇ μνήμῃ καὶ ταύτην ἔχει τὴν αἴσθησιν. τὰ 25 μὲν οὖν ἄλλα ταῖς φαντασίαις ζῇ καὶ ταῖς μνήμαις, ἐμ- πειρίας δὲ μετέχει μικρόν· τὸ δὲ τῶν ἀνθρώπων γένος καὶ τέχνῃ καὶ λογισμοῖς. γίγνεται δ' ἐκ τῆς μνήμης ἐμπειρία τοῖς ἀνθρώποις· αἱ γὰρ πολλαὶ μνῆμαι τοῦ αὐτοῦ πράγμα- τος μιᾶς ἐμπειρίας δύναμιν ἀποτελοῦσιν. καὶ δοκεῖ σχεδὸν 981ᵃ ἐπιστήμῃ καὶ τέχνῃ ὅμοιον εἶναι ἡ ἐμπειρία, ἀποβαίνει δ'

Titulus Ἀριστοτέλους τῶν μετὰ τὰ φυσικὰ ᾱ E : Ἀριστοτέλους τῶν μεταφυσικῶν ᾱ Aᵇ : non ab Aristotele ortus sed a Peripateticis additus, vetustus tamen est et ad editionem Eudemi Rhodii quae e X libris constabat redire videtur; cf. titulum in ind. libr. Ar. τὰ πρὸ τῶν τόπων vel τοπικῶν et similia. Liber A ab Ar. scriptus est dum Platone mortuo fundamenta emendatae doctrinae Platonicae iacit; cf. *Entst. d. Met.*, 28. Multa in cap. I e suo Protreptico ad hunc usum convertit.

980ᵃ 26 γνωρίζειν τι Aᵇ, sed cf. fragm. Protreptici p. 37. 19; 38. 2 W(alzer)   28 ταύτης] τῆς αἰσθήσεως E; cf. 985ᵇ27   29 δὲ γίγνεται E   980ᵇ 21 ταῦτα ... μαθητικώτερα Aᵇ Alᶜ : τὰ μὲν φρόνιμα τὰ δὲ μ. E Asclᶜ   23 δύναται Aᵇ, sed cf. Protr. quem Ar. hic sequitur p. 28. 3 et 19; 29. 12 W   25 ὅσα E Ascl : ὃ Aᵇ   981ᵃ 2 ἡ] καὶ Aᵇ

I

ἐπιστήμη καὶ τέχνη διὰ τῆς ἐμπειρίας τοῖς ἀνθρώποις· ἡ μὲν γὰρ ἐμπειρία τέχνην ἐποίησεν, ὥς φησι Πῶλος, ὀρθῶς λέγων, ἡ δ' ἀπειρία τύχην. γίγνεται δὲ τέχνη ὅταν ἐκ πολλῶν τῆς ἐμπειρίας ἐννοημάτων μία καθόλου γένηται περὶ τῶν ὁμοίων ὑπόληψις. τὸ μὲν γὰρ ἔχειν ὑπόληψιν ὅτι Καλλίᾳ κάμνοντι τηνδὶ τὴν νόσον τοδὶ συνήνεγκε καὶ Σωκράτει καὶ καθ' ἕκαστον οὕτω πολλοῖς, ἐμπειρίας ἐστίν· τὸ δ' ὅτι πᾶσι τοῖς τοιοῖσδε κατ' εἶδος ἓν ἀφορισθεῖσι, κάμνουσι τηνδὶ τὴν νόσον, συνήνεγκεν, [[οἷον τοῖς φλεγματώδεσιν ἢ χολώδεσι [ἢ] πυρέττουσι καύσῳ,]] τέχνης.—πρὸς μὲν οὖν τὸ πράττειν ἐμπειρία τέχνης οὐδὲν δοκεῖ διαφέρειν, ἀλλὰ καὶ μᾶλλον ἐπιτυγχάνοντας ὁρῶμεν τοὺς ἐμπείρους τῶν ἄνευ τῆς ἐμπειρίας λόγον ἐχόντων (αἴτιον δ' ὅτι ἡ μὲν ἐμπειρία τῶν καθ' ἕκαστόν ἐστι γνῶσις ἡ δὲ τέχνη τῶν καθόλου, αἱ δὲ πράξεις καὶ αἱ γενέσεις πᾶσαι περὶ τὸ καθ' ἕκαστόν εἰσιν· οὐ γὰρ ἄνθρωπον ὑγιάζει ὁ ἰατρεύων ἀλλ' ἢ κατὰ συμβεβηκός, ἀλλὰ Καλλίαν ἢ Σωκράτην ἢ τῶν ἄλλων τινὰ τῶν οὕτω λεγομένων ᾧ συμβέβηκεν ἀνθρώπῳ εἶναι· ἐὰν οὖν ἄνευ τῆς ἐμπειρίας ἔχῃ τις τὸν λόγον, καὶ τὸ καθόλου μὲν γνωρίζῃ τὸ δ' ἐν τούτῳ καθ' ἕκαστον ἀγνοῇ, πολλάκις διαμαρτήσεται τῆς θεραπείας· θεραπευτὸν γὰρ τὸ καθ' ἕκαστον)· ἀλλ' ὅμως τό γε εἰδέναι καὶ τὸ ἐπαΐειν τῇ τέχνῃ τῆς ἐμπειρίας ὑπάρχειν οἰόμεθα μᾶλλον, καὶ σοφωτέρους τοὺς τεχνίτας τῶν ἐμπείρων ὑπολαμβάνομεν, ὡς κατὰ τὸ εἰδέναι μᾶλλον ἀκολουθοῦσαν τὴν σοφίαν πᾶσι· τοῦτο δ' ὅτι οἱ μὲν τὴν αἰτίαν ἴσασιν οἱ δ' οὔ. οἱ μὲν γὰρ ἔμπειροι τὸ ὅτι μὲν ἴσασι, διότι δ' οὐκ ἴσασιν· οἱ δὲ τὸ διότι

3 τοῖς ἀνθρώποις om. A[b], sed cf. 980[b]29 et Protr. p. 36. 19; 42. 19; 45 bis; 49. 22; 50. 5 W   4 ὀρθῶς λέγων om. A[b]; cf. Plat. *Gorg.* 448 c   11 οἷον ... 12 καύσῳ om. A[b], exempla legit Al Ascl; est alt. rec. cf. 981[b]2-5   12 ἢ del. Jackson   13 οὐδὲν διήνεγκεν A[b] Al[c]; cf. *E.N.* 1177[b]19   14 ἐπιτυγχάνουσιν οἱ ἔμπειροι A[b] Ascl; cf. Protr. p. 32. 14 et 57. 8 W   18 πλὴν ἀλλ' ἢ E var. lect. contaminans   20 καὶ ἀνθρ. A[b]   24 ἕκαστον μᾶλλον E; at cf. *E.N.* 1097[a]13   26 ἐμπειρικῶν E   29 τὸ pr. om. E

ΤΩΝ ΜΕΤΑ ΤΑ ΦΥΣΙΚΑ Α

καὶ τὴν αἰτίαν γνωρίζουσιν. διὸ καὶ τοὺς ἀρχιτέκτονας περὶ 30
ἕκαστον τιμιωτέρους καὶ μᾶλλον εἰδέναι νομίζομεν τῶν χειροτεχνῶν καὶ σοφωτέρους, ὅτι τὰς αἰτίας τῶν ποιουμένων 981ᵇ
ἴσασιν ⟦τοὺς δ', ὥσπερ καὶ τῶν ἀψύχων ἔνια ποιεῖ μέν, οὐκ
εἰδότα δὲ ποιεῖ ἃ ποιεῖ, οἷον καίει τὸ πῦρ—τὰ μὲν οὖν
ἄψυχα φύσει τινὶ ποιεῖν τούτων ἕκαστον τοὺς δὲ χειροτέχνας
δι' ἔθος⟧ ὡς οὐ κατὰ τὸ πρακτικοὺς εἶναι σοφωτέρους ὄντας 5
ἀλλὰ κατὰ τὸ λόγον ἔχειν αὐτοὺς καὶ τὰς αἰτίας γνωρίζειν.
ὅλως τε σημεῖον τοῦ εἰδότος καὶ μὴ εἰδότος τὸ δύνασθαι διδάσκειν ἐστίν, καὶ διὰ τοῦτο τὴν τέχνην τῆς ἐμπειρίας ἡγούμεθα
μᾶλλον ἐπιστήμην εἶναι· δύνανται γάρ, οἱ δὲ οὐ δύνανται διδάσκειν. ἔτι δὲ τῶν αἰσθήσεων οὐδεμίαν ἡγούμεθα εἶναι σοφίαν· 10
καίτοι κυριώταταί γ' εἰσὶν αὗται τῶν καθ' ἕκαστα γνώσεις· ἀλλ'
οὐ λέγουσι τὸ διὰ τί περὶ οὐδενός, οἷον διὰ τί θερμὸν τὸ πῦρ,
ἀλλὰ μόνον ὅτι θερμόν. τὸ μὲν οὖν πρῶτον εἰκὸς τὸν
ὁποιανοῦν εὑρόντα τέχνην παρὰ τὰς κοινὰς αἰσθήσεις θαυμάζεσθαι ὑπὸ τῶν ἀνθρώπων μὴ μόνον διὰ τὸ χρήσιμον 15
εἶναί τι τῶν εὑρεθέντων ἀλλ' ὡς σοφὸν καὶ διαφέροντα τῶν
ἄλλων· πλειόνων δ' εὑρισκομένων τεχνῶν καὶ τῶν μὲν
πρὸς τἀναγκαῖα τῶν δὲ πρὸς διαγωγὴν οὐσῶν, ἀεὶ σοφωτέρους τοὺς τοιούτους ἐκείνων ὑπολαμβάνεσθαι διὰ τὸ μὴ πρὸς
χρῆσιν εἶναι τὰς ἐπιστήμας αὐτῶν. ὅθεν ἤδη πάντων τῶν 20
τοιούτων κατεσκευασμένων αἱ μὴ πρὸς ἡδονὴν μηδὲ πρὸς
τἀναγκαῖα τῶν ἐπιστημῶν εὑρέθησαν, καὶ πρῶτον ἐν τούτοις
τοῖς τόποις οὗπερ ἐσχόλασαν· διὸ περὶ Αἴγυπτον αἱ μαθηματικαὶ πρῶτον τέχναι συνέστησαν, ἐκεῖ γὰρ ἀφείθη σχολάζειν τὸ τῶν ἱερέων ἔθνος. ⟦εἴρηται μὲν οὖν ἐν τοῖς ἠθικοῖς 25
τίς διαφορὰ τέχνης καὶ ἐπιστήμης καὶ τῶν ἄλλων τῶν ὁμο-

981ᵇ 2–5 τοὺς ... ἔθος om. Aᵇ (add. in marg. man. alt.); haec postea ab Ar. addita vid., non interpr. Al 7 τε] δὲ Aᵇ καὶ μὴ εἰδότος om. Aᵇ 8 ἐστίν, καὶ διὰ τοῦτο E: νομίζομεν. διὸ Aᵇ; cf. 980ᵇ21 13 θερμὸν τὸ πῦρ Aᵇ 18 πρὸς ἀναγκαῖα E¹ 19 ὑπολαμβάνομεν Aᵇ 21 αἱ] ὅσαι Aᵇ 23 οὗ πρῶτον Aᵇ 25–29 primum afuisse, sed ab ipso Ar. postea addita vid. 25 ἠθικοῖς] cf. E.N. 1139ᵇ14 sq.

3

γενῶν· οὗ δ' ἕνεκα νῦν ποιούμεθα τὸν λόγον τοῦτ' ἐστίν, ὅτι τὴν ὀνομαζομένην σοφίαν περὶ τὰ πρῶτα αἴτια καὶ τὰς ἀρχὰς ὑπολαμβάνουσι πάντες·]] ὥστε, καθάπερ εἴρηται πρότερον, ὁ μὲν ἔμπειρος τῶν ὁποιανοῦν ἐχόντων αἴσθησιν εἶναι δοκεῖ σοφώτερος, ὁ δὲ τεχνίτης τῶν ἐμπείρων, χειροτέχνου δὲ ἀρχιτέκτων, αἱ δὲ θεωρητικαὶ τῶν ποιητικῶν μᾶλλον. ὅτι μὲν οὖν ἡ σοφία περί τινας ἀρχὰς καὶ αἰτίας ἐστὶν ἐπιστήμη, δῆλον.

Ἐπεὶ δὲ ταύτην τὴν ἐπιστήμην ζητοῦμεν, τοῦτ' ἂν εἴη 2 σκεπτέον, ἡ περὶ ποίας αἰτίας καὶ περὶ ποίας ἀρχὰς ἐπιστήμη σοφία ἐστίν. εἰ δὴ λάβοι τις τὰς ὑπολήψεις ἃς ἔχομεν περὶ τοῦ σοφοῦ, τάχ' ἂν ἐκ τούτου φανερὸν γένοιτο μᾶλλον. ὑπολαμβάνομεν δὴ πρῶτον μὲν ἐπίστασθαι πάντα τὸν σοφὸν ὡς ἐνδέχεται, μὴ καθ' ἕκαστον ἔχοντα ἐπιστήμην αὐτῶν· εἶτα τὸν τὰ χαλεπὰ γνῶναι δυνάμενον καὶ μὴ ῥᾴδια ἀνθρώπῳ γιγνώσκειν, τοῦτον σοφόν· τὸ γὰρ αἰσθάνεσθαι πάντων κοινόν, διὸ ῥᾴδιον καὶ οὐδὲν σοφόν· ἔτι τὸν ἀκριβέστερον καὶ τὸν διδασκαλικώτερον τῶν αἰτιῶν σοφώτερον εἶναι περὶ πᾶσαν ἐπιστήμην· καὶ τῶν ἐπιστημῶν δὲ τὴν αὑτῆς ἕνεκεν καὶ τοῦ εἰδέναι χάριν αἱρετὴν οὖσαν μᾶλλον εἶναι σοφίαν ἢ τὴν τῶν ἀποβαινόντων ἕνεκεν, καὶ τὴν ἀρχικωτέραν τῆς ὑπηρετούσης μᾶλλον σοφίαν· οὐ γὰρ δεῖν ἐπιτάττεσθαι τὸν σοφὸν ἀλλ' ἐπιτάττειν, καὶ οὐ τοῦτον ἑτέρῳ πείθεσθαι, ἀλλὰ τούτῳ τὸν ἧττον σοφόν.—τὰς μὲν οὖν ὑπολήψεις τοιαύτας καὶ τοσαύτας ἔχομεν περὶ τῆς σοφίας καὶ τῶν σοφῶν· τούτων δὲ τὸ μὲν πάντα ἐπίστασθαι τῷ μάλιστα ἔχοντι τὴν καθόλου ἐπιστήμην ἀναγκαῖον ὑπάρχειν· οὗτος γὰρ οἶδέ πως πάντα τὰ ὑποκείμενα, σχεδὸν δὲ καὶ χαλεπώτατα ταῦτα γνωρίζειν τοῖς ἀνθρώποις, τὰ μάλιστα

29 ὥστε] διὸ A^b 30 ὁποιαντινοῦν E   31 ὁ ἀρχ. A^b articulum legit Al   982^a 7 τοὺς σοφούς A^b 8 μάλιστα πάντα E   10 τὰ om. A^b 13 τῶν αἰτιῶν del. Baumann (ex 28 antecepta)   17 εἶναι σοφίαν E   18 οὐκ αὐτὸν A^b 20 καὶ τοσαύτας et τῆς om. A^b 23 πῶς ἔχει A^b

ΤΩΝ ΜΕΤΑ ΤΑ ΦΥΣΙΚΑ Α 982ᵃ

καθόλου· πορρωτάτω γὰρ τῶν αἰσθήσεών ἐστιν· ἀκριβέσταται δὲ τῶν ἐπιστημῶν αἳ μάλιστα τῶν πρώτων εἰσίν· αἱ γὰρ ἐξ ἐλαττόνων ἀκριβέστεραι τῶν ἐκ προσθέσεως λεγομένων, οἷον ἀριθμητικὴ γεωμετρίας· ἀλλὰ μὴν καὶ διδασκαλική γε ἡ τῶν αἰτιῶν θεωρητικὴ μᾶλλον· οὗτοι γὰρ διδάσκουσιν, οἱ τὰς αἰτίας λέγοντες περὶ ἑκάστου, τὸ δ' εἰδέναι καὶ τὸ ἐπίστασθαι αὐτῶν ἕνεκα μάλισθ' ὑπάρχει τῇ τοῦ μάλιστα ἐπιστητοῦ ἐπιστήμῃ· ὁ γὰρ τὸ ἐπίστασθαι δι' αὑτὸ αἱρούμενος τὴν μάλιστα ἐπιστήμην μάλιστα αἱρήσεται, τοιαύτη δ' ἐστὶν ἡ τοῦ μάλιστα 982ᵇ ἐπιστητοῦ· μάλιστα δ' ἐπιστητὰ τὰ πρῶτα καὶ τὰ αἴτια· διὰ γὰρ ταῦτα καὶ ἐκ τούτων τἆλλα γνωρίζεται ἀλλ' οὐ ταῦτα διὰ τῶν ὑποκειμένων, ἀρχικωτάτη δὲ τῶν ἐπιστημῶν, καὶ μᾶλλον ἀρχικὴ τῆς ὑπηρετούσης, ἡ γνωρίζουσα τίνος ἕνεκέν ἐστι πρακτέον ἕκαστον· τοῦτο δ' ἐστὶ τἀγαθὸν ἑκάστου, ὅλως δὲ τὸ ἄριστον ἐν τῇ φύσει πάσῃ. ἐξ ἁπάντων οὖν τῶν εἰρημένων ἐπὶ τὴν αὐτὴν ἐπιστήμην πίπτει τὸ ζητούμενον ὄνομα· δεῖ γὰρ αὐτὴν τῶν πρώτων ἀρχῶν καὶ αἰτιῶν εἶναι θεωρητικήν· καὶ γὰρ τἀγαθὸν καὶ τὸ οὗ ἕνεκα ἓν τῶν αἰτίων ἐστίν.

Ὅτι δ' οὐ ποιητική, δῆλον καὶ ἐκ τῶν πρώτων φιλοσοφησάντων· διὰ γὰρ τὸ θαυμάζειν οἱ ἄνθρωποι καὶ νῦν καὶ τὸ πρῶτον ἤρξαντο φιλοσοφεῖν, ἐξ ἀρχῆς μὲν τὰ πρόχειρα τῶν ἀτόπων θαυμάσαντες, εἶτα κατὰ μικρὸν οὕτω προϊόντες καὶ περὶ τῶν μειζόνων διαπορήσαντες, οἷον περί τε τῶν τῆς σελήνης παθημάτων καὶ τῶν περὶ τὸν ἥλιον καὶ ⟨τὰ⟩ ἄστρα καὶ περὶ τῆς τοῦ παντὸς γενέσεως. ὁ δ' ἀπορῶν καὶ θαυμά-

---

27 προσθέσεως E : προθέσεως Aᵇ   λαμβανομένων Aᵇ   30 ἕκαστον Aᵇ   982ᵇ 2 τὰ alt. om. Aᵇ; an πρῶτα αἴτια legendum est? ad hunc enim locum refert 996ᵇ13   2–3 διὰ ταῦτα cum γνωρίζεται coniungi non debet, διὰ γὰρ τούτων ci. Christ; sed ταῦτα tenendum et e verbis sequentibus ἐστὶ τἆλλα supplendum est   6 ἑκάστου E Asclᶜ : ἐν ἑκάστοις Aᵇ   9 ταύτην E   10 ἐν om. Al, sed cf. 983ᵃ26 sq.   ἕνεκεν Christ, sed hac forma in formula τὸ οὗ ἕνεκα Ar. non utitur   14 ἀτόπων Aᵇ Alᵖ : ἀπόρων E Asclᶜ   16 τὰ ἄστρα] περὶ ἄστρων Aᵇ; non interpr. Al, qui tamen etiam sequentia neglegit : τὰ addidi cum Bonitz. noli delere verba καὶ ἄστρα ex Protr. 49. 15 W sumpta

5

ΤΩΝ ΜΕΤΑ ΤΑ ΦΥΣΙΚΑ Α

ζῶν οἴεται ἀγνοεῖν (διὸ καὶ ὁ φιλόμυθος φιλόσοφός πώς ἐστιν· ὁ γὰρ μῦθος σύγκειται ἐκ θαυμασίων)· ὥστ' εἴπερ διὰ
20 τὸ φεύγειν τὴν ἄγνοιαν ἐφιλοσόφησαν, φανερὸν ὅτι διὰ τὸ εἰδέναι τὸ ἐπίστασθαι ἐδίωκον καὶ οὐ χρήσεώς τινος ἕνεκεν. μαρτυρεῖ δὲ αὐτὸ τὸ συμβεβηκός· σχεδὸν γὰρ πάντων ὑπαρχόντων τῶν ἀναγκαίων καὶ ⟨τῶν⟩ πρὸς ῥᾳστώνην καὶ διαγωγὴν ἡ τοιαύτη φρόνησις ἤρξατο ζητεῖσθαι. δῆλον οὖν ὡς δι'
25 οὐδεμίαν αὐτὴν ζητοῦμεν χρείαν ἑτέραν, ἀλλ' ὥσπερ ἄνθρωπος, φαμέν, ἐλεύθερος ὁ αὑτοῦ ἕνεκα καὶ μὴ ἄλλου ὤν, οὕτω καὶ αὐτὴν ὡς μόνην οὖσαν ἐλευθέραν τῶν ἐπιστημῶν· μόνη γὰρ αὕτη αὑτῆς ἕνεκέν ἐστιν. διὸ καὶ δικαίως ἂν οὐκ ἀνθρωπίνη νομίζοιτο αὐτῆς ἡ κτῆσις· πολλαχῇ γὰρ ἡ φύσις δούλη τῶν
30 ἀνθρώπων ἐστίν, ὥστε κατὰ Σιμωνίδην

30a   "θεὸς ἂν μόνος τοῦτ' ἔχοι γέρας",
31   ἄνδρα δ' οὐκ ἄξιον μὴ οὐ ζητεῖν τὴν καθ' αὑτὸν ἐπιστήμην. εἰ δὴ λέγουσί τι οἱ ποιηταὶ καὶ πέφυκε φθονεῖν
983ᵃ τὸ θεῖον, ἐπὶ τούτου συμβῆναι μάλιστα εἰκὸς καὶ δυστυχεῖς εἶναι πάντας τοὺς περιττούς. ἀλλ' οὔτε τὸ θεῖον φθονερὸν ἐν-
3 δέχεται εἶναι, ἀλλὰ κατὰ τὴν παροιμίαν

3a   πολλὰ ψεύδονται ἀοιδοί,
4   οὔτε τῆς τοιαύτης ἄλλην χρὴ νομίζειν τιμιω-
5 τέραν. ἡ γὰρ θειοτάτη καὶ τιμιωτάτη· τοιαύτη δὲ διχῶς ἂν εἴη μόνη· ἥν τε γὰρ μάλιστ' ἂν θεὸς ἔχοι, θεία τῶν

18 ὁ φιλόμυθος Aᵇ Al: φιλόμυθος ὁ E Ascl (cf. exemplum 1074ᵇ1 sq.)
23 τῶν addidi ex Alᵖ; eadem artium tripartitio extat 981ᵇ17-25 et Protr. frg. 8 W: τὰ ἀναγκαῖα, τὰ πρὸς διαγωγήν, αἱ μαθηματικαὶ vel θεωρητικαὶ ἐπιστῆμαι (ῥᾳστώνη et διαγωγή idem valent et τοῖς ἀναγκαίοις opponuntur); cf. *Herm.* 52. 495 et Theophr. frg. LXXXIV   26 φαμέν] φαίνεται Wirth, sed cf. Protr. frg. 12, imprimis p. 51. 15 W unde hoc argumentum repetitum est   27 αὕτη μόνη ἐλευθέρα οὖσα E: αὕτη ὡς μόνη οὖσα ἐλευθέρα Al legisse vid. sed opus est accusativo post 25 ζητοῦμεν   28 ἄν] μὴ E
30a τὸ γέρας scripsit et οὐ (31) om. E poetae verba non sentiens; cf. Plat. *Protag.* 341 E sq.   31 τὸ μὴ οὐ Aᵇ   32 δὲ E: διὸ εἰ interpr. Al   983ᵃ 1 συμβαίνειν Aᵇ   3a cf. Solon frg. 21 Diehl; *Paroem. Gr.* i. 62. 14; 234. 15   6 μόνον E; cf. 7   ὁ θεὸς E de coniectura versum Simonidis tangit; cf. 10 et 982ᵇ3

ΤΩΝ ΜΕΤΑ ΤΑ ΦΥΣΙΚΑ Α

ἐπιστημῶν ἐστί, κἂν εἴ τις τῶν θείων εἴη. μόνη δ' αὕτη τούτων ἀμφοτέρων τετύχηκεν· ὅ τε γὰρ θεὸς δοκεῖ τῶν αἰτίων πᾶσιν εἶναι καὶ ἀρχή τις, καὶ τὴν τοιαύτην ἢ μόνος ἢ μάλιστ' ἂν ἔχοι θεός. ἀναγκαιότεραι μὲν οὖν πᾶσαι ταύτης, ἀμείνων δ' οὐδεμία.—δεῖ μέντοι πως καταστῆναι τὴν κτῆσιν αὐτῆς εἰς τοὐναντίον ἡμῖν τῶν ἐξ ἀρχῆς ζητήσεων. ἄρχονται μὲν γάρ, ὥσπερ εἴπομεν, ἀπὸ τοῦ θαυμάζειν πάντες εἰ οὕτως ἔχει, καθάπερ ⟨περὶ⟩ τῶν θαυμάτων ταὐτόματα [τοῖς μήπω τεθεωρηκόσι τὴν αἰτίαν] ἢ περὶ τὰς τοῦ ἡλίου τροπὰς ἢ τὴν τῆς διαμέτρου ἀσυμμετρίαν (θαυμαστὸν γὰρ εἶναι δοκεῖ πᾶσι ⟨τοῖς μήπω τεθεωρηκόσι τὴν αἰτίαν⟩ εἴ τι τῷ ἐλαχίστῳ μὴ μετρεῖται)· δεῖ δὲ εἰς τοὐναντίον καὶ τὸ ἄμεινον κατὰ τὴν παροιμίαν ἀποτελευτῆσαι, καθάπερ καὶ ἐν τούτοις ὅταν μάθωσιν· οὐθὲν γὰρ ἂν οὕτως θαυμάσειεν ἀνὴρ γεωμετρικὸς ὡς εἰ γένοιτο ἡ διάμετρος μετρητή. τίς μὲν οὖν ἡ φύσις τῆς ἐπιστήμης τῆς ζητουμένης, εἴρηται, καὶ τίς ὁ σκοπὸς οὗ δεῖ τυγχάνειν τὴν ζήτησιν καὶ τὴν ὅλην μέθοδον.

3 Ἐπεὶ δὲ φανερὸν ὅτι τῶν ἐξ ἀρχῆς αἰτίων δεῖ λαβεῖν ἐπιστήμην (τότε γὰρ εἰδέναι φαμὲν ἕκαστον, ὅταν τὴν πρώτην αἰτίαν οἰώμεθα γνωρίζειν), τὰ δ' αἴτια λέγεται τετραχῶς, ὧν μίαν μὲν αἰτίαν φαμὲν εἶναι τὴν οὐσίαν καὶ τὸ τί ἦν εἶναι (ἀνάγεται γὰρ τὸ διὰ τί εἰς τὸν λόγον ἔσχατον, αἴτιον δὲ καὶ ἀρχὴ τὸ διὰ τί πρῶτον), ἑτέραν δὲ τὴν ὕλην καὶ τὸ ὑποκείμενον, τρίτην δὲ ὅθεν ἡ ἀρχὴ τῆς κινήσεως, τετάρτην δὲ τὴν ἀντικειμένην αἰτίαν ταύτῃ, τὸ οὗ ἕνεκα καὶ τἀγαθόν (τέλος γὰρ γενέσεως καὶ κινήσεως πάσης τοῦτ' ἐστίν), τεθεώρηται μὲν οὖν ἱκανῶς περὶ αὐτῶν ἡμῖν ἐν τοῖς περὶ φύσεως, ὅμως δὲ παραλάβωμεν καὶ τοὺς πρότερον ἡμῶν εἰς

7 εἴη] ἐστί Aᵇ   10 ὁ θεός E; cf. 6   αὐτῆς E   11 πως om. Aᵇ
14 περὶ addidi; cf. Herm. 52. 497   τοῖς ... 15 αἰτίαν post 16 πᾶσι transposui monente Bonitz; cf. transpositionem 1029ᵇ3   15 ἢ περὶ τὴν
Aᵇ   17 τῷ ἐλαχίστῳ Aᵇ Alᶜ E γρ: τῶν οὐκ ἐλαχίστων E   28 τί
πρῶτον E   29 ἑτέραν] μίαν E   30 τὴν ὅθεν Aᵇ   31 καὶ
τὸ E   33 Phys. 194ᵇ16 sq.   τεθεωρημένων E om. ἡμῖν et δὲ (ᵇ1)

ἐπίσκεψιν τῶν ὄντων ἐλθόντας καὶ φιλοσοφήσαντας περὶ τῆς ἀληθείας. δῆλον γὰρ ὅτι κἀκεῖνοι λέγουσιν ἀρχάς τινας καὶ αἰτίας. ἐπελθοῦσιν οὖν ἔσται τι προὔργου τῇ μεθόδῳ τῇ νῦν· 5 ἢ γὰρ ἕτερόν τι γένος εὑρήσομεν αἰτίας ἢ ταῖς νῦν λεγομέναις μᾶλλον πιστεύσομεν.—τῶν δὴ πρώτων φιλοσοφησάντων οἱ πλεῖστοι τὰς ἐν ὕλης εἴδει μόνας ᾠήθησαν ἀρχὰς εἶναι πάντων· ἐξ οὗ γάρ ἐστιν ἅπαντα τὰ ὄντα καὶ ἐξ οὗ γίγνεται πρώτου καὶ εἰς ὃ φθείρεται τελευταῖον, τῆς μὲν 10 οὐσίας ὑπομενούσης τοῖς δὲ πάθεσι μεταβαλλούσης, τοῦτο στοιχεῖον καὶ ταύτην ἀρχήν φασιν εἶναι τῶν ὄντων, καὶ διὰ τοῦτο οὔτε γίγνεσθαι οὐθὲν οἴονται οὔτε ἀπόλλυσθαι, ὡς τῆς τοιαύτης φύσεως ἀεὶ σῳζομένης, ὥσπερ οὐδὲ τὸν Σωκράτην φαμὲν οὔτε γίγνεσθαι ἁπλῶς ὅταν γίγνηται καλὸς ἢ μουσι- 15 κὸς οὔτε ἀπόλλυσθαι ὅταν ἀποβάλλῃ ταύτας τὰς ἕξεις, διὰ τὸ ὑπομένειν τὸ ὑποκείμενον, τὸν Σωκράτην αὐτόν, οὕτως οὐδὲ τῶν ἄλλων οὐδέν· δεῖ γὰρ εἶναί τινα φύσιν ἢ μίαν ἢ πλείους μιᾶς ἐξ ὧν γίγνεται τἆλλα σῳζομένης ἐκείνης. τὸ μέντοι πλῆθος καὶ τὸ εἶδος τῆς τοιαύτης ἀρχῆς οὐ τὸ αὐτὸ 20 πάντες λέγουσιν, ἀλλὰ Θαλῆς μὲν ὁ τῆς τοιαύτης ἀρχηγὸς φιλοσοφίας ὕδωρ φησὶν εἶναι (διὸ καὶ τὴν γῆν ἐφ' ὕδατος ἀπεφήνατο εἶναι), λαβὼν ἴσως τὴν ὑπόληψιν ταύτην ἐκ τοῦ πάντων ὁρᾶν τὴν τροφὴν ὑγρὰν οὖσαν καὶ αὐτὸ τὸ θερμὸν ἐκ τούτου γιγνόμενον καὶ τούτῳ ζῶν (τὸ δ' ἐξ οὗ γίγνεται, τοῦτ' ἐστὶν 25 ἀρχὴ πάντων)—διά τε δὴ τοῦτο τὴν ὑπόληψιν λαβὼν ταύτην καὶ διὰ τὸ πάντων τὰ σπέρματα τὴν φύσιν ὑγρὰν ἔχειν· τὸ δ' ὕδωρ ἀρχὴ τῆς φύσεώς ἐστι τοῖς ὑγροῖς. εἰσὶ δέ τινες οἳ καὶ τοὺς παμπαλαίους καὶ πολὺ πρὸ τῆς νῦν γενέ-

983[b] 13 nescio an ὥσπερ ⟨γὰρ⟩ legendum et post σῳζομένης gravius interpungendum sit   15 ἀποβάλῃ A[b]   16 μένειν A[b]   17 ἢ pr. om. A[b]   22 ἀπεφήνατο E et Theophr. *Doxogr.* 475. 1: ἀπεφαίνετο A[b]   24 καὶ τὸ ζώιον τ. ζ. E var. lect. conglutinans. τὸ θερμὸν τρέφεται τῷ ὑγρῷ cf. *Meteor.* 355[a]5, 354[b]33, *De vit. et morb.* 469[b]24   27 ἀρχὴ τ. φ. ἐστι E Al[c]: ἀρχὴν τ. φ. εἶναι A[b]   28 παλαιοὺς A[b]: πάνυ παλ. Al[c]

ΤΩΝ ΜΕΤΑ ΤΑ ΦΥΣΙΚΑ Α

σεως καὶ πρώτους θεολογήσαντας οὕτως οἴονται περὶ τῆς φύσεως ὑπολαβεῖν· Ὠκεανόν τε γὰρ καὶ Τηθὺν ἐποίησαν τῆς 30 γενέσεως πατέρας, καὶ τὸν ὅρκον τῶν θεῶν ὕδωρ, τὴν καλουμένην ὑπ' αὐτῶν Στύγα [τῶν ποιητῶν]· τιμιώτατον μὲν γὰρ τὸ πρεσβύτατον, ὅρκος δὲ τὸ τιμιώτατόν ἐστιν. εἰ μὲν οὖν ἀρχαία τις αὕτη καὶ παλαιὰ τετύχηκεν οὖσα περὶ τῆς φύ- 984ᵃ σεως ἡ δόξα, τάχ' ἂν ἄδηλον εἴη, Θαλῆς μέντοι λέγεται οὕτως ἀποφήνασθαι περὶ τῆς πρώτης αἰτίας (Ἵππωνα γὰρ οὐκ ἄν τις ἀξιώσειε θεῖναι μετὰ τούτων διὰ τὴν εὐτέλειαν αὐτοῦ τῆς διανοίας)· Ἀναξιμένης δὲ ἀέρα καὶ Διογένης πρό- 5 τερον ὕδατος καὶ μάλιστ' ἀρχὴν τιθέασι τῶν ἁπλῶν σωμάτων, Ἵππασος δὲ πῦρ ὁ Μεταποντῖνος καὶ Ἡράκλειτος ὁ Ἐφέσιος, Ἐμπεδοκλῆς δὲ τὰ τέτταρα, πρὸς τοῖς εἰρημένοις γῆν προστιθεὶς τέταρτον (ταῦτα γὰρ ἀεὶ διαμένειν καὶ οὐ γίγνεσθαι ἀλλ' ἢ πλήθει καὶ ὀλιγότητι, συγκρινόμενα καὶ 10 διακρινόμενα εἰς ἕν τε καὶ ἐξ ἑνός)· Ἀναξαγόρας δὲ ὁ Κλαζομένιος τῇ μὲν ἡλικίᾳ πρότερος ὢν τούτου τοῖς δ' ἔργοις ὕστερος ἀπείρους εἶναί φησι τὰς ἀρχάς· σχεδὸν γὰρ ἅπαντα τὰ ὁμοιομερῆ καθάπερ ὕδωρ ἢ πῦρ οὕτω γίγνεσθαι καὶ ἀπόλλυσθαί φησι, συγκρίσει καὶ διακρίσει μόνον, ἄλλως δ' 15 οὔτε γίγνεσθαι οὔτ' ἀπόλλυσθαι ἀλλὰ διαμένειν ἀΐδια.—ἐκ μὲν οὖν τούτων μόνην τις αἰτίαν νομίσειεν ἂν τὴν ἐν ὕλης εἴδει λεγομένην· προϊόντων δ' οὕτως αὐτὸ τὸ πρᾶγμα ὡδοποίησεν αὐτοῖς καὶ συνηνάγκασε ζητεῖν· εἰ γὰρ ὅτι μάλιστα πᾶσα γένεσις καὶ φθορὰ ἔκ τινος ἑνὸς ἢ καὶ πλειόνων ἐστί, 20 διὰ τί τοῦτο συμβαίνει καὶ τί τὸ αἴτιον; οὐ γὰρ δὴ τό γε

32 τῶν π. secl. Christ   984ᵃ 3 οὕτως Aᵇ: τοῦτον τὸν τρόπον E   μὲν γὰρ E   Ἵππωνα... 5 διανοίας postea addita esse censet Christ, sed legit iam Theophr. phys. op. frg. 1. 3 Diels   9 προσθεὶς E   15 ἄλλως] ἁπλῶς Zeller, cf. 983ᵇ14; sed cf. Meteor. 383ᵃ16 'uno sensu fiunt, alio autem sensu non fiunt, sed manent'   16 μένειν Aᵇ   20 φθορὰ καὶ ante γένεσις coll. E. an verba incertae sedis delenda sunt, cum de generatione sola hic agatur? cf. sq. ἔκ τινος ἑνὸς ἢ καὶ (om. Aᵇ) πλειόνων ἐστί, quae verba ad substratum γενέσεως spectant, sed de φθορᾷ dici non possunt; cf. Phys. 184ᵇ15

ΤΩΝ ΜΕΤΑ ΤΑ ΦΥΣΙΚΑ Α

ὑποκείμενον αὐτὸ ποιεῖ μεταβάλλειν ἑαυτό· λέγω δ' οἷον οὔτε τὸ ξύλον οὔτε ὁ χαλκὸς αἴτιος τοῦ μεταβάλλειν ἑκάτερον αὐτῶν, οὐδὲ ποιεῖ τὸ μὲν ξύλον κλίνην ὁ δὲ χαλκὸς ἀνδριάντα, ἀλλ' ἕτερόν τι τῆς μεταβολῆς αἴτιον. τὸ δὲ τοῦτο ζητεῖν ἐστὶ τὸ τὴν ἑτέραν ἀρχὴν ζητεῖν, ὡς ἂν ἡμεῖς φαίημεν, ὅθεν ἡ ἀρχὴ τῆς κινήσεως. οἱ μὲν οὖν πάμπαν ἐξ ἀρχῆς ἁψάμενοι τῆς μεθόδου τῆς τοιαύτης καὶ ἓν φάσκοντες εἶναι τὸ ὑποκείμενον οὐθὲν ἐδυσχέραναν ἑαυτοῖς, ἀλλ' ἔνιοί γε τῶν ἓν λεγόντων, ὥσπερ ἡττηθέντες ὑπὸ ταύτης τῆς ζητήσεως, τὸ ἓν ἀκίνητόν φασιν εἶναι καὶ τὴν φύσιν ὅλην οὐ μόνον κατὰ γένεσιν καὶ φθοράν (τοῦτο μὲν γὰρ ἀρχαῖόν τε καὶ πάντες ὡμολόγησαν) ἀλλὰ καὶ κατὰ τὴν ἄλλην μεταβολὴν πᾶσαν· καὶ τοῦτο αὐτῶν ἴδιόν ἐστιν. τῶν μὲν οὖν ἓν φασκόντων εἶναι τὸ πᾶν οὐθενὶ συνέβη τὴν τοιαύτην συνιδεῖν αἰτίαν πλὴν εἰ ἄρα Παρμενίδῃ, καὶ τούτῳ κατὰ τοσοῦτον ὅσον οὐ μόνον ἓν ἀλλὰ καὶ δύο πως τίθησιν αἰτίας εἶναι· τοῖς δὲ δὴ πλείω ποιοῦσι μᾶλλον ἐνδέχεται λέγειν, οἷον τοῖς θερμὸν καὶ ψυχρὸν ἢ πῦρ καὶ γῆν· χρῶνται γὰρ ὡς κινητικὴν ἔχοντι τῷ πυρὶ τὴν φύσιν, ὕδατι δὲ καὶ γῇ καὶ τοῖς τοιούτοις τοὐναντίον.—μετὰ δὲ τούτους καὶ τὰς τοιαύτας ἀρχάς, ὡς οὐχ ἱκανῶν οὐσῶν γεννῆσαι τὴν τῶν ὄντων φύσιν, πάλιν ὑπ' αὐτῆς τῆς ἀληθείας, ὥσπερ εἴπομεν, ἀναγκαζόμενοι τὴν ἐχομένην ἐζήτησαν ἀρχήν. τοῦ γὰρ εὖ καὶ καλῶς τὰ μὲν ἔχειν τὰ δὲ γίγνεσθαι τῶν ὄντων ἴσως οὔτε πῦρ οὔτε γῆν οὔτ' ἄλλο τῶν τοιούτων οὐθὲν οὔτ' εἰκὸς αἴτιον εἶναι οὔτ' ἐκείνους οἰηθῆναι· οὐδ' αὖ τῷ αὐτομάτῳ καὶ τῇ τύχῃ τοσοῦτον ἐπι-

28 ταύτης E γρ 32 verba τοῦτο ... 33 ὡμολόγησαν om. A[b] Al[p] cum quomodo hoc de antiquissimis philosophis dici possit non intellegerent, quibus verbis deletis etiam 984[b]1 καὶ ... ἐστιν om. A[b] Al[p]; sed cf. 983[b]6–11 ubi veteres illos substratum fiendi semper idem existimare dicit Ar.   984[b] 1 ἓν μόνον E   2 ἰδεῖν A[b]: εἶναι ἰδεῖν Al[l]   5 δὴ om. E   11 post ἀρχήν add. τουτέστι τὴν ποιητικὴν τούτων εὖ ἔχειν καὶ καλῶς A[b]; vetus interpretamentum marginale fuisse vid. sed τοῦ pro τούτων legi debebat   14 τῇ om. E

10

ΤΩΝ ΜΕΤΑ ΤΑ ΦΥΣΙΚΑ Α 984b

τρέψαι πρᾶγμα καλῶς εἶχεν. νοῦν δή τις εἰπὼν ἐνεῖναι, καθ- 15
άπερ ἐν τοῖς ζῴοις, καὶ ἐν τῇ φύσει τὸν αἴτιον τοῦ κόσμου
καὶ τῆς τάξεως πάσης οἷον νήφων ἐφάνη παρ' εἰκῇ λέγοντας
τοὺς πρότερον. φανερῶς μὲν οὖν Ἀναξαγόραν ἴσμεν
ἁψάμενον τούτων τῶν λόγων, αἰτίαν δ' ἔχει πρότερον Ἑρμότιμος
ὁ Κλαζομένιος εἰπεῖν. οἱ μὲν οὖν οὕτως ὑπολαμβά- 20
νοντες ἅμα τοῦ καλῶς τὴν αἰτίαν ἀρχὴν εἶναι τῶν ὄντων
ἔθεσαν, καὶ τὴν τοιαύτην ὅθεν ἡ κίνησις ὑπάρχει τοῖς οὖσιν·
4 ὑποπτεύσειε δ' ἄν τις Ἡσίοδον πρῶτον ζητῆσαι τὸ τοιοῦτον,
κἂν εἴ τις ἄλλος ἔρωτα ἢ ἐπιθυμίαν ἐν τοῖς οὖσιν ἔθηκεν
ὡς ἀρχήν, οἷον καὶ Παρμενίδης· καὶ γὰρ οὗτος κατα- 25
σκευάζων τὴν τοῦ παντὸς γένεσιν πρῶτον μέν φησιν
"ἔρωτα θεῶν μητίσατο πάντων",

Ἡσίοδος δὲ
"πάντων μὲν πρώτιστα χάος γένετ', αὐτὰρ ἔπειτα
γαῖ' εὐρύστερνος . . .
ἠδ' ἔρος, ὃς πάντεσσι μεταπρέπει ἀθανάτοισιν",
ὡς δέον ἐν τοῖς
οὖσιν ὑπάρχειν τιν' αἰτίαν ἥτις κινήσει καὶ συνάξει τὰ πρά- 30
γματα. τούτοις μὲν οὖν πῶς χρὴ διανεῖμαι περὶ τοῦ τίς πρῶτος,
ἐξέστω κρίνειν ὕστερον· ἐπεὶ δὲ καὶ τἀναντία τοῖς ἀγαθοῖς
ἐνόντα ἐφαίνετο ἐν τῇ φύσει, καὶ οὐ μόνον τάξις καὶ
τὸ καλὸν ἀλλὰ καὶ ἀταξία καὶ τὸ αἰσχρόν, καὶ πλείω τὰ 985a
κακὰ τῶν ἀγαθῶν καὶ τὰ φαῦλα τῶν καλῶν, οὕτως ἄλλος
τις φιλίαν εἰσήνεγκε καὶ νεῖκος, ἑκάτερον ἑκατέρων αἴτιον
τούτων. εἰ γάρ τις ἀκολουθοίη καὶ λαμβάνοι πρὸς τὴν διάνοιαν
καὶ μὴ πρὸς ἃ ψελλίζεται λέγων Ἐμπεδοκλῆς, εὑρή- 5
σει τὴν μὲν φιλίαν αἰτίαν οὖσαν τῶν ἀγαθῶν τὸ δὲ νεῖκος

15 ἔχειν E unde ἔχει ci. Bessarion   16 τοῖς om. E Simpl[c]   καὶ
τοῦ E Simpl[c]   17–18 μεθύοντας E in marg. eadem manu, est var.
lect. antiqua   22 καὶ ἔθεσαν τ. τ. E γρ   25 οὗτος γὰρ (om.
καὶ) A[b]   26 πρώτιστον recc. qui tamen Aristotelem libere citantem
ex Platonis Symp. 178 D correxerunt   30 συνέξει A[b]   31 τούτους
E   32 ἔξεστι ut vid. Al

11

985ᵃ ΤΩΝ ΜΕΤΑ ΤΑ ΦΥΣΙΚΑ Α

τῶν κακῶν· ὥστ' εἴ τις φαίη τρόπον τινὰ καὶ λέγειν καὶ πρῶτον λέγειν τὸ κακὸν καὶ τὸ ἀγαθὸν ἀρχὰς Ἐμπεδοκλέα, τάχ' ἂν λέγοι καλῶς, εἴπερ τὸ τῶν ἀγαθῶν ἁπάντων αἴτιον
10 αὐτὸ τἀγαθόν ἐστι [καὶ τῶν κακῶν τὸ κακόν].—οὗτοι μὲν οὖν, ὥσπερ λέγομεν, καὶ μέχρι τούτου δυοῖν αἰτίαιν ὧν ἡμεῖς διωρίσαμεν ἐν τοῖς περὶ φύσεως ἡμμένοι φαίνονται, τῆς τε ὕλης καὶ τοῦ ὅθεν ἡ κίνησις, ἀμυδρῶς μέντοι καὶ οὐθὲν σαφῶς ἀλλ' οἷον ἐν ταῖς μάχαις οἱ ἀγύμναστοι ποιοῦσιν· καὶ γὰρ ἐκεῖνοι περι-
15 φερόμενοι τύπτουσι πολλάκις καλὰς πληγάς, ἀλλ' οὔτε ἐκεῖνοι ἀπὸ ἐπιστήμης, οὔτε οὗτοι ἐοίκασιν εἰδόσιν ὅ τι λέγουσιν· σχεδὸν γὰρ οὐθὲν χρώμενοι φαίνονται τούτοις ἀλλ' ἢ κατὰ μικρόν. Ἀναξαγόρας τε γὰρ μηχανῇ χρῆται τῷ νῷ πρὸς τὴν κοσμοποιίαν, καὶ ὅταν ἀπορήσῃ διὰ τίν' αἰτίαν
20 ἐξ ἀνάγκης ἐστί, τότε παρέλκει αὐτόν, ἐν δὲ τοῖς ἄλλοις πάντα μᾶλλον αἰτιᾶται τῶν γιγνομένων ἢ νοῦν, καὶ Ἐμπεδοκλῆς ἐπὶ πλέον μὲν τούτου χρῆται τοῖς αἰτίοις, οὐ μὴν οὔθ' ἱκανῶς, οὔτ' ἐν τούτοις εὑρίσκει τὸ ὁμολογούμενον. πολλαχοῦ γοῦν αὐτῷ ἡ μὲν φιλία διακρίνει τὸ δὲ νεῖκος συγ-
25 κρίνει. ὅταν μὲν γὰρ εἰς τὰ στοιχεῖα διίστηται τὸ πᾶν ὑπὸ τοῦ νείκους, τό τε πῦρ εἰς ἓν συγκρίνεται καὶ τῶν ἄλλων στοιχείων ἕκαστον· ὅταν δὲ πάλιν ὑπὸ τῆς φιλίας συνίωσιν εἰς τὸ ἕν, ἀναγκαῖον ἐξ ἑκάστου τὰ μόρια διακρίνεσθαι πάλιν.—Ἐμπεδοκλῆς μὲν οὖν παρὰ τοὺς πρότερον πρῶ-
30 τος ταύτην τὴν αἰτίαν διελὼν εἰσήνεγκεν, οὐ μίαν ποιήσας τὴν τῆς κινήσεως ἀρχὴν ἀλλ' ἑτέρας τε καὶ ἐναντίας, ἔτι δὲ τὰ ὡς ἐν ὕλης εἴδει λεγόμενα στοιχεῖα τέτταρα πρῶτος

985ᵃ 10 καὶ .. κακόν om. Aᵇ Al Ascl. Al aliquid huiusmodi desiderabat, unde supplevit E   11 ὧν] ἐφήψαντο ὧν E   12 ἡμμένοι φαίνονται om. E; cf. 988ᵃ23   16 εἰδόσιν scripsi et post ἐπιστήμης distinxi; cf. 23: εἰδέναι Aᵇ ex coniectura ut vid., εἰδόσιν λέγειν E quod ex var. lect. εἰδόσιν ὅ τι λέγουσιν et εἰδότες λέγειν conflatum vid.: εἰδότες λέγειν ci. Christ   19 ἀπορήσῃ γὰρ om. καὶ E   διὰ ... 20 τότε om. Aᵇ E γρ   22 χρῆται τούτου Aᵇ   malim cum Al Ascl scribere οὐ μὴν οὐδ' αὐτὸς ἱκανῶς οὐδ': cf. Hist. an. 515ᵃ19, Pol. 1280ᵇ32   23 ἐξευρίσκει Aᵇ   26 τότε τὸ E Alᵖ   30 τὸ τὴν αἰτίαν διελεῖν om. ταύτην Aᵇ

12

ΤΩΝ ΜΕΤΑ ΤΑ ΦΥΣΙΚΑ Α 985ᵃ

εἶπεν (οὐ μὴν χρῆταί γε τέτταρσιν ἀλλ' ὡς δυσὶν οὖσι μόνοις, πυρὶ μὲν καθ' αὑτὸ τοῖς δ' ἀντικειμένοις ὡς μιᾷ 985ᵇ φύσει, γῇ τε καὶ ἀέρι καὶ ὕδατι· λάβοι δ' ἄν τις αὐτὸ θεωρῶν ἐκ τῶν ἐπῶν)·—οὗτος μὲν οὖν, ὥσπερ λέγομεν, οὕτω τε καὶ τοσαύτας εἴρηκε τὰς ἀρχάς· Λεύκιππος δὲ καὶ ὁ ἑταῖρος αὐτοῦ Δημόκριτος στοιχεῖα μὲν τὸ πλῆρες καὶ τὸ κενὸν εἶναί 5 φασι, [λέγοντες τὸ μὲν ὂν τὸ δὲ μὴ ὄν,] τούτων δὲ τὸ μὲν πλῆρες καὶ στερεὸν τὸ ὄν, τὸ δὲ κενὸν τὸ μὴ ὄν (διὸ καὶ οὐθὲν μᾶλλον τὸ ὂν τοῦ μὴ ὄντος εἶναί φασιν, ὅτι οὐδὲ τὸ κενὸν τοῦ σώματος), αἴτια δὲ τῶν ὄντων ταῦτα ὡς ὕλην. καὶ καθάπερ οἱ ἓν ποιοῦντες τὴν ὑποκειμένην οὐσίαν 10 τἆλλα τοῖς πάθεσιν αὐτῆς γεννῶσι, τὸ μανὸν καὶ τὸ πυκνὸν ἀρχὰς τιθέμενοι τῶν παθημάτων, τὸν αὐτὸν τρόπον καὶ οὗτοι τὰς διαφορὰς αἰτίας τῶν ἄλλων εἶναί φασιν. ταύτας μέντοι τρεῖς εἶναι λέγουσι, σχῆμά τε καὶ τάξιν καὶ θέσιν· διαφέρειν γάρ φασι τὸ ὂν ῥυσμῷ καὶ διαθιγῇ καὶ 15 τροπῇ μόνον· τούτων δὲ ὁ μὲν ῥυσμὸς σχῆμά ἐστιν ἡ δὲ διαθιγὴ τάξις ἡ δὲ τροπὴ θέσις· διαφέρει γὰρ τὸ μὲν A τοῦ N σχήματι τὸ δὲ AN τοῦ NA τάξει τὸ δὲ Z τοῦ N θέσει. περὶ δὲ κινήσεως, ὅθεν ἢ πῶς ὑπάρξει τοῖς οὖσι, καὶ οὗτοι παραπλησίως τοῖς ἄλλοις ῥᾳθύμως ἀφεῖσαν. περὶ μὲν 20 οὖν τῶν δύο αἰτίων, ὥσπερ λέγομεν, ἐπὶ τοσοῦτον ἔοικεν ἐζητῆσθαι παρὰ τῶν πρότερον.

5   Ἐν δὲ τούτοις καὶ πρὸ τούτων οἱ καλούμενοι Πυθαγόρειοι

985ᵇ 6 οἷον ante τὸ pr. add. E   verba λέγοντες ... μὴ ὄν seclusi; sunt altera recensio verborum τούτων ... 7 μὴ ὄν   7 κενόν τε καὶ μανὸν E, sed quamvis τὸ πλῆρες sit idem ac τὸ στερεόν, τὸ κενόν non est idem ac τὸ μανόν, sed eius causa; cf. quae disputavi *Herm.* 52. 483-6   9 τὸ κενὸν ⟨ἔλαττον⟩ τοῦ σώματος Zeller, Diels: τοῦ κενοῦ τὸ σῶμα cum Al Ascl transponit Ross, sed cf. *Herm.* 52. 486-8 ubi hunc usum adverbii οὐδὲν μᾶλλον exemplis illustravi   12 τ. παθ. ἀρχὰς τιθ. Aᵇ   15 διαφέρει γάρ φησι E   18 Ḥ τοῦ H Wilamowitzium secutus Ross, sed praestat codicum lectio, ita ut eadem littera N in omnibus his exemplis occurrat. de usitata iam Ar. aetate forma Z cf. Gardthausen, *Gr. Palaeogr.* ii². 95 sq.   19 ὑπάρχει E   22 παρὰ τῶν om. E

ΤΩΝ ΜΕΤΑ ΤΑ ΦΥΣΙΚΑ Α

τῶν μαθημάτων ἁψάμενοι πρῶτοι ταῦτά τε προήγαγον, καὶ ἐντραφέντες ἐν αὐτοῖς τὰς τούτων ἀρχὰς τῶν ὄντων ἀρχὰς ᾠήθησαν εἶναι πάντων. ἐπεὶ δὲ τούτων οἱ ἀριθμοὶ φύσει πρῶτοι, ἐν δὲ τούτοις ἐδόκουν θεωρεῖν ὁμοιώματα πολλὰ τοῖς οὖσι καὶ γιγνομένοις, μᾶλλον ἢ ἐν πυρὶ καὶ γῇ καὶ ὕδατι, ὅτι τὸ μὲν τοιονδὶ τῶν ἀριθμῶν πάθος δικαιοσύνη τὸ δὲ τοιονδὶ ψυχὴ καὶ νοῦς ἕτερον δὲ καιρὸς καὶ τῶν ἄλλων ὡς εἰπεῖν ἕκαστον ὁμοίως, ἔτι δὲ τῶν ἁρμονιῶν ἐν ἀριθμοῖς ὁρῶντες τὰ πάθη καὶ τοὺς λόγους· ἐπεὶ δὴ τὰ μὲν ἄλλα τοῖς ἀριθμοῖς ἐφαίνετο τὴν φύσιν ἀφωμοιῶσθαι πᾶσαν, οἱ δ' ἀριθμοὶ πάσης τῆς φύσεως πρῶτοι, τὰ τῶν ἀριθμῶν στοιχεῖα τῶν ὄντων στοιχεῖα πάντων ὑπέλαβον εἶναι, καὶ τὸν ὅλον οὐρανὸν ἁρμονίαν εἶναι καὶ ἀριθμόν· καὶ ὅσα εἶχον ὁμολογούμενα ἔν τε τοῖς ἀριθμοῖς καὶ ταῖς ἁρμονίαις πρὸς τὰ τοῦ οὐρανοῦ πάθη καὶ μέρη καὶ πρὸς τὴν ὅλην διακόσμησιν, ταῦτα συνάγοντες ἐφήρμοττον. κἂν εἴ τί που διέλειπε προσεγλίχοντο, τοῦ συνειρομένην πᾶσαν αὐτοῖς εἶναι τὴν πραγματείαν· λέγω δ' οἷον, ἐπειδὴ τέλειον ἡ δεκὰς εἶναι δοκεῖ καὶ πᾶσαν περιειληφέναι τὴν τῶν ἀριθμῶν φύσιν, καὶ τὰ φερόμενα κατὰ τὸν οὐρανὸν δέκα μὲν εἶναί φασιν, ὄντων δὲ ἐννέα μόνον τῶν φανερῶν διὰ τοῦτο δεκάτην τὴν ἀντίχθονα ποιοῦσιν. διώρισται δὲ περὶ τούτων ἐν ἑτέροις ἡμῖν ἀκριβέστερον. ἀλλ' οὗ δὴ χάριν ἐπερχόμεθα, τοῦτό ἐστιν ὅπως λάβωμεν καὶ παρὰ τούτων τίνας εἶναι τιθέασι τὰς ἀρχὰς καὶ πῶς εἰς τὰς εἰρημένας ἐμπίπτουσιν αἰτίας. φαίνονται δὴ καὶ οὗτοι τὸν ἀριθμὸν νομίζοντες ἀρχὴν εἶναι καὶ

24 τε om. E προῆγον E 27 τούτοις A[b] Al[c]: τοῖς ἀριθμοῖς E; cf. ad 980[a]28 30 τε καὶ νοῦς A[b] 32 verbis ἐπεὶ δὴ (sic Christ pro ἐπειδὴ) redit ad 26 ἐπεὶ; cf. 1026[a]33, 1026[b]2 33 ἐφαίνοντο A[b] ἀφομοιῶσθαι A[b]: ἀφομοιωθῆναι E πᾶσιν E: πάντα Bonitz (et Al?) recte ut vid. 986[a] 3 εἶχεν A[b] 4 δεικνύναι post ὁμολ. add. E: om. A[b] Al. primum opus est cognitum habere (ἔχειν), deinde συνάγειν; eadem verba coniungit Rhet. 1396[a]5-7 7 ἕνεκεν ante τοῦ add. A[b1] 9 εἶναι . . . φύσιν om. A[b] Al[p] 16 δὴ E Al[p]: δὲ A[b]

ΤΩΝ ΜΕΤΑ ΤΑ ΦΥΣΙΚΑ Α 986ᵃ

ὡς ὕλην τοῖς οὖσι καὶ ὡς πάθη τε καὶ ἕξεις, τοῦ δὲ ἀριθμοῦ στοιχεῖα τό τε ἄρτιον καὶ τὸ περιττόν, τούτων δὲ τὸ μὲν πεπερασμένον τὸ δὲ ἄπειρον, τὸ δ' ἓν ἐξ ἀμφοτέρων εἶναι τούτων (καὶ γὰρ ἄρτιον εἶναι καὶ περιττόν), τὸν δ' ἀριθμὸν ἐκ τοῦ ἑνός, ἀριθμοὺς δέ, καθάπερ εἴρηται, τὸν ὅλον οὐρανόν.— ἕτεροι δὲ τῶν αὐτῶν τούτων τὰς ἀρχὰς δέκα λέγουσιν εἶναι τὰς κατὰ συστοιχίαν λεγομένας,

πέρας ἄπειρον
περιττὸν ἄρτιον
ἓν πλῆθος
δεξιὸν ἀριστερὸν
ἄρρεν θῆλυ
ἠρεμοῦν κινούμενον
εὐθὺ καμπύλον
φῶς σκότος
ἀγαθὸν κακόν
τετράγωνον ἑτερόμηκες·

ὅνπερ τρόπον ἔοικε καὶ Ἀλκμαίων ὁ Κροτωνιάτης ὑπολαβεῖν, καὶ ἤτοι οὗτος παρ' ἐκείνων ἢ ἐκεῖνοι παρὰ τούτου παρέλαβον τὸν λόγον τοῦτον· καὶ γὰρ [ἐγένετο τὴν ἡλικίαν] Ἀλκμαίων [ἐπὶ γέροντι Πυθαγόρᾳ,] ἀπεφήνατο [δὲ] παραπλησίως τούτοις· φησὶ γὰρ εἶναι δύο τὰ πολλὰ τῶν ἀνθρωπίνων, λέγων τὰς ἐναντιότητας οὐχ ὥσπερ οὗτοι διωρισμένας ἀλλὰ τὰς τυχούσας, οἷον λευκὸν μέλαν, γλυκὺ πικρόν, ἀγαθὸν κακόν, μέγα μικρόν. οὗτος μὲν οὖν ἀδιορίστως ἀπέρριψε περὶ τῶν λοιπῶν, οἱ δὲ Πυθαγόρειοι καὶ πόσαι καὶ τίνες αἱ ἐναντιώσεις ἀπεφήναντο. παρὰ μὲν οὖν τούτων ἀμφοῖν τοσοῦτον 986ᵇ

18 τε om. E   20 καὶ γὰρ ... περιττόν E Alᵖ: om. Aᵇ   23a-26 contraria verbo καὶ coniungit Aᵇ quod in omnibus syzygiis om. E; καὶ inde ab ἄρρεν om. Alᵖ   29 ἐγένετο τὴν ἡλικίαν om. Aᵇ Alᵖ   30 ἐπὶ γέροντι Πυθαγόρᾳ et δὲ om. Aᵇ Alᵖ: ⟨νέος⟩ ἐπὶ γέροντι Diels, sed Ar. de Pythagorae aetate nihil certi umquam statuit nec nomen eius tam confidenter introduxit; notam marginalem a lectore Peripatetico additam in textum irrepsisse apparet   34 μικρόν μέγα E

15

ἔστι λαβεῖν, ὅτι τἀναντία ἀρχαὶ τῶν ὄντων· τὸ δ' ὅσαι παρὰ τῶν ἑτέρων, καὶ τίνες αὗταί εἰσιν. πῶς μέντοι πρὸς τὰς εἰρημένας αἰτίας ἐνδέχεται συνάγειν, σαφῶς μὲν οὐ διήρθρωται παρ' ἐκείνων, ἐοίκασι δ' ὡς ἐν ὕλης εἴδει τὰ στοιχεῖα τάττειν· ἐκ τούτων γὰρ ὡς ἐνυπαρχόντων συνεστάναι καὶ πεπλάσθαι φασὶ τὴν οὐσίαν.—τῶν μὲν οὖν παλαιῶν καὶ πλείω λεγόντων τὰ στοιχεῖα τῆς φύσεως ἐκ τούτων ἱκανόν ἐστι θεωρῆσαι τὴν διάνοιαν· εἰσὶ δέ τινες οἳ περὶ τοῦ παντὸς ὡς μιᾶς οὔσης φύσεως ἀπεφήναντο, τρόπον δὲ οὐ τὸν αὐτὸν πάντες οὔτε τοῦ καλῶς οὔτε τοῦ κατὰ [τὴν] φύσιν. εἰς μὲν οὖν τὴν νῦν σκέψιν τῶν αἰτίων οὐδαμῶς συναρμόττει περὶ αὐτῶν ὁ λόγος (οὐ γὰρ ὥσπερ ἔνιοι τῶν φυσιολόγων ἓν ὑποθέμενοι τὸ ὂν ὅμως γεννῶσιν ὡς ἐξ ὕλης τοῦ ἑνός, ἀλλ' ἕτερον τρόπον οὗτοι λέγουσιν· ἐκεῖνοι μὲν γὰρ προστιθέασι κίνησιν, γεννῶντές γε τὸ πᾶν, οὗτοι δὲ ἀκίνητον εἶναί φασιν)· οὐ μὴν ἀλλὰ τοσοῦτόν γε οἰκεῖόν ἐστι τῇ νῦν σκέψει. Παρμενίδης μὲν γὰρ ἔοικε τοῦ κατὰ τὸν λόγον ἑνὸς ἅπτεσθαι, Μέλισσος δὲ τοῦ κατὰ τὴν ὕλην (διὸ καὶ ὁ μὲν πεπερασμένον ὁ δ' ἄπειρόν φησιν εἶναι αὐτό)· Ξενοφάνης δὲ πρῶτος τούτων ἑνίσας (ὁ γὰρ Παρμενίδης τούτου λέγεται γενέσθαι μαθητής) οὐθὲν διεσαφήνισεν, οὐδὲ τῆς φύσεως τούτων οὐδετέρας ἔοικε θιγεῖν, ἀλλ' εἰς τὸν ὅλον οὐρανὸν ἀποβλέψας τὸ ἓν εἶναί φησι τὸν θεόν. οὗτοι μὲν οὖν, καθάπερ εἴπομεν, ἀφετέοι πρὸς τὴν νῦν ζήτησιν, οἱ μὲν δύο καὶ πάμπαν ὡς ὄντες μικρὸν ἀγροικότεροι, Ξενοφάνης καὶ Μέλισσος· Παρμενίδης δὲ μᾶλλον βλέπων ἔοικέ που λέγειν· παρὰ γὰρ τὸ ὂν τὸ μὴ ὂν οὐθὲν ἀξιῶν εἶναι, ἐξ ἀνάγκης ἓν οἴεται εἶναι τὸ ὂν καὶ ἄλλο οὐθέν (περὶ οὗ σαφέστερον ἐν τοῖς περὶ φύσεως εἰρήκα-

986ᵇ 3 τὸ ... 4 ἑτέρων om. Aᵇ   5 εἰρημένας αἰτίας] cf. ᵃ15 et 983ᵃ26
συνάγειν E; cf. 986ᵃ6: συναγαγεῖν Aᵇ   11 ὡς Aᵇ Al: ὡς ἂν E   12
τὴν om. Alᶜ Asclᶜ; seclusi   17 γε om. Aᵇ   19 τὸν om. Aᵇ Asclᶜ
22 ὃς τούτου E, om. γενέσθαι, sed verba οὐθὲν διεσαφήνισεν ad Xenophanem
pertinent   24–25 τὸν θεόν E Alᶜ: om. Aᵇ   26 νῦν παροῦσαν Aᵇ
28 βλέπων om. E   29 ἓν οἴεται εἶναι, τὸ ὄν, Ross   30 σαφεστέρως E

μεν), ἀναγκαζόμενος δ' ἀκολουθεῖν τοῖς φαινομένοις, καὶ τὸ ἓν μὲν κατὰ τὸν λόγον πλείω δὲ κατὰ τὴν αἴσθησιν ὑπολαμβάνων εἶναι, δύο τὰς αἰτίας καὶ δύο τὰς ἀρχὰς πάλιν τίθησι, θερμὸν καὶ ψυχρόν, οἷον πῦρ καὶ γῆν λέγων· τούτων δὲ κατὰ μὲν τὸ ὂν τὸ θερμὸν τάττει θάτερον δὲ κατὰ τὸ μὴ ὄν.—ἐκ μὲν οὖν τῶν εἰρημένων καὶ παρὰ τῶν συνηδρευκότων ἤδη τῷ λόγῳ σοφῶν ταῦτα παρειλήφαμεν, παρὰ μὲν τῶν πρώτων σωματικήν τε τὴν ἀρχήν (ὕδωρ γὰρ καὶ πῦρ καὶ τὰ τοιαῦτα σώματά ἐστιν), καὶ τῶν μὲν μίαν τῶν δὲ πλείους τὰς ἀρχὰς τὰς σωματικάς, ἀμφοτέρων μέντοι ταύτας ὡς ἐν ὕλης εἴδει τιθέντων, παρὰ δέ τινων ταύτην τε τὴν αἰτίαν [τιθέντων] καὶ πρὸς ταύτῃ τὴν ὅθεν ἡ κίνησις, καὶ ταύτην παρὰ τῶν μὲν μίαν παρὰ τῶν δὲ δύο. μέχρι μὲν οὖν τῶν Ἰταλικῶν καὶ χωρὶς ἐκείνων μορυχώτερον εἰρήκασιν οἱ ἄλλοι περὶ αὐτῶν, πλὴν ὥσπερ εἴπομεν δυοῖν τε αἰτίαιν τυγχάνουσι κεχρημένοι, καὶ τούτων τὴν ἑτέραν οἱ μὲν μίαν οἱ δὲ δύο ποιοῦσι, τὴν ὅθεν ἡ κίνησις· οἱ δὲ Πυθαγόρειοι δύο μὲν τὰς ἀρχὰς κατὰ τὸν αὐτὸν εἰρήκασι τρόπον, τοσοῦτον δὲ προσεπέθεσαν ὃ καὶ ἴδιόν ἐστιν αὐτῶν, ὅτι τὸ πεπερασμένον καὶ τὸ ἄπειρον [καὶ τὸ ἓν] οὐχ ἑτέρας τινὰς ᾠήθησαν εἶναι φύσεις, οἷον πῦρ ἢ γῆν ἤ τι τοιοῦτον ἕτερον, ἀλλ' αὐτὸ τὸ ἄπειρον καὶ αὐτὸ τὸ ἓν οὐσίαν εἶναι τούτων ὧν κατηγοροῦνται, διὸ καὶ ἀριθμὸν εἶναι τὴν οὐσίαν πάντων. περί τε τούτων οὖν τοῦτον ἀπεφήναντο τὸν τρόπον, καὶ περὶ τοῦ τί ἐστιν ἤρξαντο μὲν λέγειν καὶ ὁρίζεσθαι, λίαν δ' ἁπλῶς ἐπραγματεύθησαν. ὡρίζοντό τε γὰρ ἐπιπολαίως, καὶ ᾧ πρώτῳ ὑπάρξειεν ὁ λεχθεὶς ὅρος, τοῦτ' εἶναι τὴν οὐσίαν τοῦ πράγματος ἐνόμιζον, ὥσπερ εἴ τις οἴοιτο ταὐτὸν εἶναι διπλάσιον καὶ τὴν

31 τὸ ante ἓν del. Bywater: τὸ ⟨ὂν⟩ ἓν Christ ex Al^p   32 ὑπολαβὼν A^b   33 τὰς alt. om. A^b   987^a 1 τὸ μὲν κατὰ τὸ E   3 τοσαῦτα A^b
8 τιθέντων secl. Christ ex linea praecedenti delapsum   10 μορυχώτερον ex Al γρ restituit Diels: μετριώτερον E Al^1: μαλακώτερον A^b E γρ: μοναχώτερον Al^c: μονιμώτερον Ascl^c   16 καὶ τὸ ἓν om. E   22 πρώτῳ E Al^p: πρώτως A^b Ascl   23 ἐνόμισαν E

ΤΩΝ ΜΕΤΑ ΤΑ ΦΥΣΙΚΑ Α

δυάδα διότι πρῶτον ὑπάρχει τοῖς δυσὶ τὸ διπλάσιον. ἀλλ' οὐ ταὐτὸν ἴσως ἐστὶ τὸ εἶναι διπλασίῳ καὶ δυάδι· εἰ δὲ μή, πολλὰ τὸ ἓν ἔσται, ὃ κἀκείνοις συνέβαινεν. παρὰ μὲν οὖν τῶν πρότερον [καὶ τῶν ἄλλων] τοσαῦτα ἔστι λαβεῖν.

Μετὰ δὲ τὰς εἰρημένας φιλοσοφίας ἡ Πλάτωνος ἐπ- 6 εγένετο πραγματεία, τὰ μὲν πολλὰ τούτοις ἀκολουθοῦσα, τὰ δὲ καὶ ἴδια παρὰ τὴν τῶν Ἰταλικῶν ἔχουσα φιλοσοφίαν. ἐκ νέου τε γὰρ συνήθης γενόμενος πρῶτον Κρατύλῳ καὶ ταῖς Ἡρακλειτείοις δόξαις, ὡς ἁπάντων τῶν αἰσθητῶν ἀεὶ ῥεόντων καὶ ἐπιστήμης περὶ αὐτῶν οὐκ οὔσης, ταῦτα μὲν καὶ ὕστερον οὕτως ὑπέλαβεν· Σωκράτους δὲ περὶ μὲν τὰ ἠθικὰ πραγματευομένου περὶ δὲ τῆς ὅλης φύσεως οὐθέν, ἐν μέντοι τούτοις τὸ καθόλου ζητοῦντος καὶ περὶ ὁρισμῶν ἐπιστήσαντος πρώτου τὴν διάνοιαν, ἐκεῖνον ἀποδεξάμενος διὰ τὸ τοιοῦτον ὑπέλαβεν ὡς περὶ ἑτέρων τοῦτο γιγνόμενον καὶ οὐ τῶν αἰσθητῶν· ἀδύνατον γὰρ εἶναι τὸν κοινὸν ὅρον τῶν αἰσθητῶν τινός, ἀεί γε μεταβαλλόντων. οὗτος οὖν τὰ μὲν τοιαῦτα τῶν ὄντων ἰδέας προσηγόρευσε, τὰ δ' αἰσθητὰ παρὰ ταῦτα καὶ κατὰ ταῦτα λέγεσθαι πάντα· κατὰ μέθεξιν γὰρ εἶναι τὰ [πολλὰ τῶν συνωνύμων] ὁμώνυμα τοῖς εἴδεσιν. τὴν δὲ μέθεξιν τοὔνομα μόνον μετέβαλεν· οἱ μὲν γὰρ Πυθαγόρειοι μιμήσει τὰ ὄντα φασὶν εἶναι τῶν ἀριθμῶν, Πλάτων δὲ μεθέξει, τοὔνομα μεταβαλών. τὴν μέντοι γε μέθεξιν ἢ τὴν μίμησιν ἥτις ἂν εἴη τῶν εἰδῶν ἀφεῖσαν ἐν κοινῷ ζητεῖν. ἔτι δὲ παρὰ τὰ αἰσθητὰ καὶ τὰ εἴδη τὰ μαθηματικὰ τῶν πραγμάτων εἶναί φησι μεταξύ, διαφέροντα τῶν μὲν αἰσθητῶν τῷ ἀίδια καὶ ἀκί-

28 verba καὶ τῶν ἄλλων ut var. lect. seclusi, cf. *Herm.* 52. 491, cf. 11; var. lect. saepe addito καὶ notatur, cf. 16; 993ᵃ16 al.   32 τε om. Aᵇ συνήθης γενόμενος Aᵇ Al: συγγενόμενος E   987ᵇ 5 ∴ ρὶ post οὐ add. Aᵇ: om. E Alᵖ   5–6 τινός post αἰσθητῶν add. E Al, errore ex 7 huc delatum 6 ὅρον Aᵇ Alᵖ: λόγον E   7 οὕτως Aᵇ   10 ὁμώνυμα E: om. Aᵇ ex var. lect. ortum, quo recepto πολλὰ τ. συνωνύμων delevi, at τ. εἴδεσιν retinui τοῖς εἴδεσιν secl. Gillespie   11 μόνον om. Aᵇ Asclᶜ μετέλαβεν Aᵇ   12 τοὔνομα μεταβαλών om. Aᵇ   13 γε om. Aᵇ 14 τῶν εἰδῶν secl. Gillespie: post 12 μεθέξει transp. Jackson

ΤΩΝ ΜΕΤΑ ΤΑ ΦΥΣΙΚΑ Α 987ᵇ

νητα εἶναι, τῶν δ' εἰδῶν τῷ τὰ μὲν πόλλ'· ἄττα ὅμοια εἶναι τὸ δὲ εἶδος αὐτὸ ἓν ἕκαστον μόνον. ἐπεὶ δ' αἴτια τὰ εἴδη τοῖς ἄλλοις, τἀκείνων στοιχεῖα πάντων ᾠήθη τῶν ὄντων εἶναι στοιχεῖα. ὡς μὲν οὖν ὕλην τὸ μέγα καὶ τὸ μικρὸν εἶναι 20 ἀρχάς, ὡς δ' οὐσίαν τὸ ἕν· ἐξ ἐκείνων γὰρ κατὰ μέθεξιν τοῦ ἑνὸς τὰ εἴδη εἶναι [τοὺς ἀριθμούς], τὸ μέντοι γε ἓν οὐσίαν εἶναι, καὶ μὴ ἕτερόν τι ὂν λέγεσθαι ἕν, παραπλησίως τοῖς Πυθαγορείοις ἔλεγε, καὶ τὸ τοὺς ἀριθμοὺς αἰτίους εἶναι τοῖς ἄλλοις τῆς οὐσίας ὡσαύτως ἐκείνοις· τὸ δὲ ἀντὶ τοῦ ἀπείρου ὡς ἑνὸς 25 δυάδα ποιῆσαι, τὸ δ' ἄπειρον ἐκ μεγάλου καὶ μικροῦ, τοῦτ' ἴδιον· καὶ ἔτι ὁ μὲν τοὺς ἀριθμοὺς παρὰ τὰ αἰσθητά, οἱ δ' ἀριθμοὺς εἶναί φασιν αὐτὰ τὰ πράγματα, καὶ τὰ μαθηματικὰ μεταξὺ τούτων οὐ τιθέασιν. τὸ μὲν οὖν τὸ ἓν καὶ τοὺς ἀριθμοὺς παρὰ τὰ πράγματα ποιῆσαι, καὶ μὴ ὥσπερ οἱ 30 Πυθαγόρειοι, καὶ ἡ τῶν εἰδῶν εἰσαγωγὴ διὰ τὴν ἐν τοῖς λόγοις ἐγένετο σκέψιν (οἱ γὰρ πρότεροι διαλεκτικῆς οὐ μετεῖχον), τὸ δὲ δυάδα ποιῆσαι τὴν ἑτέραν φύσιν διὰ τὸ τοὺς ἀριθμοὺς ἔξω τῶν πρώτων εὐφυῶς ἐξ αὐτῆς γεννᾶσθαι ὥσπερ ἔκ τινος ἐκμαγείου. καίτοι συμβαίνει γ' ἐναντίως· οὐ 988ᵃ γὰρ εὔλογον οὕτως. οἱ μὲν γὰρ ἐκ τῆς ὕλης πολλὰ ποιοῦσιν, τὸ δ' εἶδος ἅπαξ γεννᾷ μόνον, φαίνεται δ' ἐκ μιᾶς ὕλης μία τράπεζα, ὁ δὲ τὸ εἶδος ἐπιφέρων εἷς ὢν πολλὰς ποιεῖ.

17 πολλὰ τὰ Aᵇ   22 τὰ εἴδη del. Zeller, Ross   τοὺς ἀριθμούς del. Christ, quem sequi praestat, cum ex 18 hoc loco τὰ εἴδη nominari exspectes, non numeros (cf. 988ᵃ11). Stenzel τοὺς ἀριθμούς defendit, ut habeas quo referantur verba 24 τὸ τοὺς ἀριθμοὺς αἰτίους εἶναι, et pro appositione ad τὰ εἴδη accipi vult, sed utrumque dubium. τοὺς ἀριθμούς olim in margine scriptum fuisse vid.: om. Arabus. καὶ inepte add. ante τ. ἀριθμ. Asclᶜ, sed Al non novit   23 γε post ἕτερόν add. Aᵇ   τι τὸ ὂν E contra Aristotelis usum   ἕν] εἶναι E   25 τῆς ὅλης οὐσίας E γρ   29 τοὺς ἀριθμοὺς E Alᶜ Asclᶜ: τὸν ἀριθμὸν Aᵇ   34 ἔξω τῶν πρώτων codd. Al Ascl: del. Zeller: ἔ. τ. περιττῶν ci. Heinze ex Alᵖ, qui tamen duas praebet interpretationes; cf. Stenzel, Zahl u. Gest. 56   988ᵃ 1-2 οὐκ ἄρ' Susemihl   2 οἱ Aᵇ Alᵖ: νῦν E, opponuntur οἱ μὲν et 3 φαίνεται δέ; νῦν scripsit qui mirabatur cur Ar. de Platone plurali loqueretur   4 πολλὰ Aᵇ

ὁμοίως δ' ἔχει καὶ τὸ ἄρρεν πρὸς τὸ θῆλυ· τὸ μὲν γὰρ ὑπὸ μιᾶς πληροῦται ὀχείας, τὸ δ' ἄρρεν πολλὰ πληροῖ· καίτοι ταῦτα μιμήματα τῶν ἀρχῶν ἐκείνων ἐστίν. Πλάτων μὲν οὖν περὶ τῶν ζητουμένων οὕτω διώρισεν· φανερὸν δ' ἐκ τῶν εἰρημένων ὅτι δυοῖν αἰτίαιν μόνον κέχρηται, τῇ τε τοῦ τί ἐστι καὶ τῇ κατὰ τὴν ὕλην (τὰ γὰρ εἴδη τοῦ τί ἐστιν αἴτια τοῖς ἄλλοις, τοῖς δ' εἴδεσι τὸ ἕν), καὶ τίς ἡ ὕλη ἡ ὑποκειμένη καθ' ἧς τὰ εἴδη μὲν ἐπὶ τῶν αἰσθητῶν τὸ δ' ἓν ἐν τοῖς εἴδεσι λέγεται, ὅτι αὕτη δυάς ἐστι, τὸ μέγα καὶ τὸ μικρόν, ἔτι δὲ τὴν τοῦ εὖ καὶ τοῦ κακῶς αἰτίαν τοῖς στοιχείοις ἀπέδωκεν ἑκατέροις ἑκατέραν, ὥσπερ φαμὲν καὶ τῶν προτέρων ἐπιζητῆσαί τινας φιλοσόφων, οἷον Ἐμπεδοκλέα καὶ Ἀναξαγόραν.

Συντόμως μὲν οὖν καὶ κεφαλαιωδῶς ἐπεληλύθαμεν τίνες 7 τε καὶ πῶς τυγχάνουσιν εἰρηκότες περί τε τῶν ἀρχῶν καὶ τῆς ἀληθείας· ὅμως δὲ τοσοῦτόν γ' ἔχομεν ἐξ αὐτῶν, ὅτι τῶν λεγόντων περὶ ἀρχῆς καὶ αἰτίας οὐθεὶς ἔξω τῶν ἐν τοῖς περὶ φύσεως ἡμῖν διωρισμένων εἴρηκεν, ἀλλὰ πάντες ἀμυδρῶς μὲν ἐκείνων δέ πως φαίνονται θιγγάνοντες. οἱ μὲν γὰρ ὡς ὕλην τὴν ἀρχὴν λέγουσιν, ἄν τε μίαν ἄν τε πλείους ὑποθῶσι, καὶ ἐάν τε σῶμα ἐάν τε ἀσώματον τοῦτο τιθῶσιν (οἷον Πλάτων μὲν τὸ μέγα καὶ τὸ μικρὸν λέγων, οἱ δ' Ἰταλικοὶ τὸ ἄπειρον, Ἐμπεδοκλῆς δὲ πῦρ καὶ γῆν καὶ ὕδωρ καὶ ἀέρα, Ἀναξαγόρας δὲ τὴν τῶν ὁμοιομερῶν ἀπειρίαν· οὗτοί τε δὴ πάντες τῆς τοιαύτης αἰτίας ἡμμένοι εἰσί, καὶ ἔτι ὅσοι ἀέρα ἢ πῦρ ἢ ὕδωρ ἢ πυρὸς μὲν πυκνότερον ἀέρος δὲ λεπτότερον· καὶ γὰρ τοιοῦτόν τινες εἰρήκασιν εἶναι τὸ πρῶτον στοιχεῖον)·—οὗτοι μὲν οὖν ταύτης τῆς αἰτίας ἥψαντο μόνον,

8 διώριζε A[b]   9 μόνον κέχρηται A[b]: ἐστὶ μόνον κεχρημένος E   12 μὲν A[b]: τὰ μὲν E, utrumque novit Al   12–13 τὸ δ' ἓν ἐν A[b] E Al γρ: τὰ δ' ἐπὶ Al[c]   13 ὅτι ... 14 μικρόν E Al[p]: om. A[b]   14 καλῶς A[b], corr. man. alt.   15 ὥσπερ A[b] Al: ὅπερ μᾶλλον E   16 φιλοσόφων A[b] Al[c]: φιλοσόφους E   21–22 ἐν τοῖς π. φύσεως] cf. ad 983[a]33   25 ἀσωμάτους E, om. τοῦτο

ΤΩΝ ΜΕΤΑ ΤΑ ΦΥΣΙΚΑ Α

ἕτεροι δέ τινες ὅθεν ἡ ἀρχὴ τῆς κινήσεως (οἷον ὅσοι φιλίαν καὶ νεῖκος ἢ νοῦν ἢ ἔρωτα ποιοῦσιν ἀρχήν)· τὸ δὲ τί ἦν εἶναι καὶ τὴν οὐσίαν σαφῶς μὲν οὐθεὶς ἀποδέδωκε, μάλιστα δ' οἱ τὰ 35 εἴδη τιθέντες λέγουσιν (οὔτε γὰρ ὡς ὕλην τοῖς αἰσθητοῖς τὰ 988ᵇ εἴδη καὶ τὸ ἓν τοῖς εἴδεσιν οὔθ' ὡς ἐντεῦθεν τὴν ἀρχὴν τῆς κινήσεως γιγνομένην ὑπολαμβάνουσιν—ἀκινησίας γὰρ αἴτια μᾶλλον καὶ τοῦ ἐν ἠρεμίᾳ εἶναί φασιν—ἀλλὰ τὸ τί ἦν εἶναι ἑκάστῳ τῶν ἄλλων τὰ εἴδη παρέχονται, τοῖς δ' εἴδεσι τὸ 5 ἕν)· τὸ δ' οὗ ἕνεκα αἱ πράξεις καὶ αἱ μεταβολαὶ καὶ αἱ κινήσεις τρόπον μέν τινα λέγουσιν αἴτιον, οὕτω δὲ οὐ λέγουσιν οὐδ' ὅνπερ πέφυκεν. οἱ μὲν γὰρ νοῦν λέγοντες ἢ φιλίαν ὡς ἀγαθὸν μὲν ταύτας τὰς αἰτίας τιθέασιν, οὐ μὴν ὡς ἕνεκά γε τούτων ἢ ὂν ἢ γιγνόμενόν τι τῶν ὄντων ἀλλ' ὡς 10 ἀπὸ τούτων τὰς κινήσεις οὔσας λέγουσιν· ὡς δ' αὔτως καὶ οἱ τὸ ἓν ἢ τὸ ὂν φάσκοντες εἶναι τὴν τοιαύτην φύσιν τῆς μὲν οὐσίας αἴτιόν φασιν εἶναι, οὐ μὴν τούτου γε ἕνεκα ἢ εἶναι ἢ γίγνεσθαι, ὥστε λέγειν τε καὶ μὴ λέγειν πως συμβαίνει αὐτοῖς τἀγαθὸν αἴτιον· οὐ γὰρ ἁπλῶς ἀλλὰ κατὰ συμβεβηκὸς 15 λέγουσιν.—ὅτι μὲν οὖν ὀρθῶς διώρισται περὶ τῶν αἰτίων καὶ πόσα καὶ ποῖα, μαρτυρεῖν ἐοίκασιν ἡμῖν καὶ οὗτοι πάντες, οὐ δυνάμενοι θιγεῖν ἄλλης αἰτίας, πρὸς δὲ τούτοις ὅτι ζητητέαι αἱ ἀρχαὶ ἢ οὕτως ἅπασαι ἢ τινὰ τρόπον τούτων, δῆλον· πῶς δὲ τούτων ἕκαστος εἴρηκε καὶ πῶς ἔχει περὶ τῶν ἀρχῶν, 20 τὰς ἐνδεχομένας ἀπορίας μετὰ τοῦτο διέλθωμεν περὶ αὐτῶν.

988ᵇ 2 τὸ ἓν Bonitz: τὰ ἐν codd. Alᶜ, qui tamen dubitare vid. (62. 12) 3 αἰτίαν Aᵇ 8 πέφυκε τρόπον E², ex coniectura ut vid. ἢ] καὶ Aᵇ; cf. *Phys.* 203ᵇ13 9 μέν τι E : τι om. Aᵇ Asclᶜ 11 οὔσας Aᵇ : εἶναι τούτων E 13 ἢ pr. om. Aᵇ 15 οὐ γὰρ ... 16 λέγουσιν E Alᵖ Asclᶜ : om. Aᵇ 16 sq. recapitulatio capitum 3–7 coniungitur cum propositione partis sequentis quae ἀπορίας de veterum philosophorum opinionibus tractatura est. refutatio doctrinae Platonicae, quae c. 9 extat, lib. *M* 4–5 paene ad verbum iteratur (cf. ad utrumque locum), ita ut appareat Aristotelem postea eam partem ex sua antiqua sede (*A* 9) removere aliumque in locum (*M* 4–5) transponere voluisse. de tempore quo Ar. hanc libri formam composuerit cf. ad *A* 9, 990ᵇ2 sq. 19 τούτων] τοιοῦτον Bywater

ΤΩΝ ΜΕΤΑ ΤΑ ΦΥΣΙΚΑ Α

Ὅσοι μὲν οὖν ἕν τε τὸ πᾶν καὶ μίαν τινὰ φύσιν ὡς 8 ὕλην τιθέασι, καὶ ταύτην σωματικὴν καὶ μέγεθος ἔχουσαν, δῆλον ὅτι πολλαχῶς ἁμαρτάνουσιν. τῶν γὰρ σωμάτων τὰ στοιχεῖα τιθέασι μόνον, τῶν δ' ἀσωμάτων οὔ [ὄντων καὶ ἀσωμάτων]. καὶ περὶ γενέσεως καὶ φθορᾶς ἐπιχειροῦντες τὰς αἰτίας λέγειν, καὶ περὶ πάντων φυσιολογοῦντες, τὸ τῆς κινήσεως αἴτιον ἀναιροῦσιν. ἔτι δὲ τῷ τὴν οὐσίαν μηθενὸς αἰτίαν τιθέναι μηδὲ τὸ τί ἐστι, καὶ πρὸς τούτοις τῷ ῥᾳδίως τῶν ἁπλῶν σωμάτων λέγειν ἀρχὴν ὁτιοῦν πλὴν γῆς, οὐκ ἐπισκεψάμενοι τὴν ἐξ ἀλλήλων γένεσιν πῶς ποιοῦνται, λέγω δὲ πῦρ καὶ ὕδωρ καὶ γῆν καὶ ἀέρα. τὰ μὲν γὰρ συγκρίσει τὰ δὲ διακρίσει ἐξ ἀλλήλων γίγνεται, τοῦτο δὲ πρὸς τὸ πρότερον εἶναι καὶ ὕστερον διαφέρει πλεῖστον. τῇ μὲν γὰρ ἂν δόξειε στοιχειωδέστατον εἶναι πάντων ἐξ οὗ γίγνονται συγκρίσει πρώτου, τοιοῦτον δὲ τὸ μικρομερέστατον καὶ λεπτότατον ἂν εἴη τῶν σωμάτων (διόπερ ὅσοι πῦρ ἀρχὴν τιθέασι, μάλιστα ὁμολογουμένως ἂν τῷ λόγῳ τούτῳ λέγοιεν· τοιοῦτον δὲ καὶ τῶν ἄλλων ἕκαστος ὁμολογεῖ τὸ στοιχεῖον εἶναι τὸ τῶν σωμάτων· οὐθεὶς γοῦν ἠξίωσε τῶν ἓν λεγόντων γῆν εἶναι στοιχεῖον, δηλονότι διὰ τὴν μεγαλομέρειαν, τῶν δὲ τριῶν ἕκαστον στοιχείων εἴληφέ τινα κριτήν, οἱ μὲν γὰρ πῦρ οἱ δ' ὕδωρ οἱ δ' ἀέρα τοῦτ' εἶναί φασιν· καίτοι διὰ τί ποτ' οὐ καὶ τὴν γῆν λέγουσιν, ὥσπερ οἱ πολλοὶ τῶν ἀνθρώπων; πάντα γὰρ εἶναί φασι γῆν, φησὶ δὲ καὶ Ἡσίοδος τὴν γῆν πρώτην γενέσθαι τῶν σωμάτων· οὕτως ἀρχαίαν καὶ δημοτικὴν συμβέβηκεν εἶναι τὴν ὑπόληψιν)·—κατὰ μὲν οὖν τοῦτον τὸν λόγον οὔτ' εἴ τις τούτων τι λέγει πλὴν πυρός, οὔτ' εἴ τις ἀέρος μὲν πυκνότερον τοῦτο τίθησιν ὕδατος δὲ λεπτότερον, οὐκ ὀρθῶς ἂν λέγοι· εἰ δ' ἔστι τὸ τῇ γενέσει

25 ὄντων καὶ ἀσωμάτων E Alᶜ: om. Aᵇ; est var. lect. ad τῶν δ'... οὔ, seclusi 26 καὶ φθορᾶς om. Alᵖ 28 τῷ Bywater hic et 29: τὸ E Aᵇ Al 34 πῇ E 989ᵃ 5 οὐθεὶς γ. τῶν ὕστερον ἠξ. καὶ E Ascl
11 γεγενῆσθαι Aᵇ 12 συμβ. εἶναι E: εἶχε Aᵇ

ὕστερον τῇ φύσει πρότερον, τὸ δὲ πεπεμμένον καὶ συγκεκριμένον ὕστερον τῇ γενέσει, τοὐναντίον ἂν εἴη τούτων, ὕδωρ μὲν ἀέρος πρότερον γῆ δὲ ὕδατος.—περὶ μὲν οὖν τῶν μίαν τιθεμένων αἰτίαν οἵαν εἴπομεν, ἔστω ταῦτ' εἰρημένα· τὸ δ' αὐτὸ κἂν εἴ τις ταῦτα πλείω τίθησιν, οἷον Ἐμπεδοκλῆς τέτ- 20 ταρά φησιν εἶναι σώματα τὴν ὕλην. καὶ γὰρ τούτῳ τὰ μὲν ταὐτὰ τὰ δ' ἴδια συμβαίνειν ἀνάγκη. γιγνόμενά τε γὰρ ἐξ ἀλλήλων ὁρῶμεν ὡς οὐκ ἀεὶ διαμένοντος πυρὸς καὶ γῆς τοῦ αὐτοῦ σώματος (εἴρηται δὲ ἐν τοῖς περὶ φύσεως περὶ αὐτῶν), καὶ περὶ τῆς τῶν κινουμένων αἰτίας, πότερον ἓν ἢ δύο θετέον, 25 οὔτ' ὀρθῶς οὔτε εὐλόγως οἰητέον εἰρῆσθαι παντελῶς. ὅλως τε ἀλλοίωσιν ἀναιρεῖσθαι ἀνάγκη τοῖς οὕτω λέγουσιν· οὐ γὰρ ἐκ θερμοῦ ψυχρὸν οὐδὲ ἐκ ψυχροῦ θερμὸν ἔσται. τί γὰρ αὐτὰ ἂν πάσχοι τἀναντία, καὶ τὶς εἴη ἂν μία φύσις ἡ γιγνομένη πῦρ καὶ ὕδωρ, ὃ ἐκεῖνος οὔ φησιν. Ἀναξαγόραν δ' εἴ τις 30 ὑπολάβοι δύο λέγειν στοιχεῖα, μάλιστ' ἂν ὑπολάβοι κατὰ λόγον, ὃν ἐκεῖνος αὐτὸς μὲν οὐ διήρθρωσεν, ἠκολούθησε μέντ' ἂν ἐξ ἀνάγκης τοῖς ἐπάγουσιν αὐτόν. ἀτόπου γὰρ ὄντος καὶ ἄλλως τοῦ φάσκειν μεμῖχθαι τὴν ἀρχὴν πάντα, καὶ διὰ τὸ συμβαίνειν ἄμικτα δεῖν προϋπάρχειν καὶ διὰ τὸ μὴ **989**[b] πεφυκέναι τῷ τυχόντι μίγνυσθαι τὸ τυχόν, πρὸς δὲ τούτοις ὅτι τὰ πάθη καὶ τὰ συμβεβηκότα χωρίζοιτ' ἂν τῶν οὐσιῶν (τῶν γὰρ αὐτῶν μῖξίς ἐστι καὶ χωρισμός), ὅμως εἴ τις ἀκολουθήσειε συνδιαρθρῶν ἃ βούλεται λέγειν, ἴσως ἂν φανείη 5 καινοπρεπεστέρως λέγων. ὅτε γὰρ οὐθὲν ἦν ἀποκεκριμένον, δῆλον ὡς οὐθὲν ἦν ἀληθὲς εἰπεῖν κατὰ τῆς οὐσίας ἐκείνης, λέγω δ' οἷον ὅτι οὔτε λευκὸν οὔτε μέλαν ἢ φαιὸν ἢ ἄλλο χρῶμα, ἀλλ' ἄχρων ἦν ἐξ ἀνάγκης· εἶχε γὰρ ἄν τι τού-

16 πρότερον τῇ φύσει ὑστ. A[b], utraque lectio memoratur ab Al Ascl 24 cf. De cael. iii. 7, De gen. ii. 6 25 κινούντων E 26 εὐλόγως A[b] Al[c] E γρ: ἀλόγως E Ascl[c], Al verba ὅλως ... 30 φησιν E Ascl: om. A[b] Al[p], reicit Blass, Rh. M. 30. 490; cf. ad 981[a]11 et [b]20 32 οὐ σαφῶς A[b] 33 λέγουσιν E 989[b] 8 οἷον om. E 8–9 ἢ ἄλλο χρῶμα E Al[p]: om. A[b] 9 ἀχρώματον A[b] ἦν om. A[b] Ascl

989ᵇ ΤΩΝ ΜΕΤΑ ΤΑ ΦΥΣΙΚΑ Α

των / τῶν χρωμάτων· ὁμοίως δὲ καὶ ἄχυμον τῷ αὐτῷ
λόγῳ τούτῳ, οὐδὲ ἄλλο τῶν ὁμοίων οὐθέν· οὔτε γὰρ ποιόν τι
οἷόν τε αὐτὸ εἶναι οὔτε ποσὸν οὔτε τί. τῶν γὰρ ἐν μέρει τι
λεγομένων εἰδῶν ὑπῆρχεν ἂν αὐτῷ, τοῦτο δὲ ἀδύνατον με-
μιγμένων γε πάντων· ἤδη γὰρ ἂν ἀπεκέκριτο, φησὶ δ'
15 εἶναι μεμιγμένα πάντα πλὴν τοῦ νοῦ, τοῦτον δὲ ἀμιγῆ μόνον
καὶ καθαρόν. ἐκ δὴ τούτων συμβαίνει λέγειν αὐτῷ τὰς
ἀρχὰς τό τε ἕν (τοῦτο γὰρ ἁπλοῦν καὶ ἀμιγές) καὶ θάτερον,
οἷον τίθεμεν τὸ ἀόριστον πρὶν ὁρισθῆναι καὶ μετασχεῖν εἴδους
τινός, ὥστε λέγει μὲν οὔτ' ὀρθῶς οὔτε σαφῶς, βούλεται μέντοι
20 τι παραπλήσιον τοῖς τε ὕστερον λέγουσι καὶ τοῖς [νῦν] φαινομέ-
νοις μᾶλλον ⟨ἀκολουθεῖ⟩. ἀλλὰ γὰρ οὗτοι μὲν τοῖς περὶ γένεσιν
λόγοις καὶ φθορὰν καὶ κίνησιν οἰκεῖοι τυγχάνουσι μόνον· σχεδὸν
γὰρ περὶ τῆς τοιαύτης οὐσίας καὶ τὰς ἀρχὰς καὶ τὰς αἰτίας
ζητοῦσι μόνης· ὅσοι δὲ περὶ μὲν ἁπάντων τῶν ὄντων ποιοῦνται
25 τὴν θεωρίαν, τῶν δ' ὄντων τὰ μὲν αἰσθητὰ τὰ δ' οὐκ αἰσθητὰ
τιθέασι, δῆλον ὡς περὶ ἀμφοτέρων τῶν γενῶν ποιοῦνται τὴν
ἐπίσκεψιν· διὸ μᾶλλον ἄν τις ἐνδιατρίψειε περὶ αὐτῶν, τί
καλῶς ἢ μὴ καλῶς λέγουσιν εἰς τὴν τῶν νῦν ἡμῖν προ-
κειμένων σκέψιν. οἱ μὲν οὖν καλούμενοι Πυθαγόρειοι ταῖς μὲν
30 ἀρχαῖς καὶ τοῖς στοιχείοις ἐκτοπωτέροις χρῶνται τῶν φυσιο-
λόγων (τὸ δ' αἴτιον ὅτι παρέλαβον αὐτὰς οὐκ ἐξ αἰσθητῶν·
τὰ γὰρ μαθηματικὰ τῶν ὄντων ἄνευ κινήσεώς ἐστιν ἔξω
τῶν περὶ τὴν ἀστρολογίαν), διαλέγονται μέντοι καὶ πραγμα-
τεύονται περὶ φύσεως πάντα· γεννῶσί τε γὰρ τὸν οὐρανὸν
990ᵃ
καὶ περὶ τὰ τούτου μέρη καὶ τὰ πάθη καὶ τὰ ἔργα δια-
τηροῦσι τὸ συμβαῖνον, καὶ τὰς ἀρχὰς καὶ τὰ αἴτια εἰς ταῦτα
καταναλίσκουσιν, ὡς ὁμολογοῦντες τοῖς ἄλλοις φυσιολόγοις

11 ἄλλο τι Aᵇ   17 καθάπερ ὄν post καὶ θάτερον add. E dittographia
ortum   19 λέγει Aᵇ Alᶜ: λέγεται E   20 τε E Alᶜ: om. Aᵇ
νῦν om. Aiᴾ seclusi cum Brandis   21 ἀκόλουθα deesse ci. Al, supplevi
ἀκολουθεῖ; cf. 986ᵇ31 ubi similiter de Parmenide dicitur   24 μόνον E
30 ἐκτοπωτέροις ex Alᴾ Bonitz: ἐκτοπωτέρως E Aᵇ   990ᵃ 1 καὶ
ἔργα Aᵇ

ὅτι τό γε ὂν τοῦτ' ἐστὶν ὅσον αἰσθητόν ἐστι καὶ περιείληφεν ὁ καλούμενος οὐρανός. τὰς δ' αἰτίας καὶ τὰς ἀρχάς, ὥσπερ εἴπομεν, ἱκανὰς λέγουσιν ἐπαναβῆναι καὶ ἐπὶ τὰ ἀνωτέρω τῶν ὄντων, καὶ μᾶλλον ἢ τοῖς περὶ φύσεως λόγοις ἁρμοττούσας. ἐκ τίνος μέντοι τρόπου κίνησις ἔσται πέρατος καὶ ἀπείρου μόνων ὑποκειμένων καὶ περιττοῦ καὶ ἀρτίου, οὐθὲν λέγουσιν, ἢ πῶς δυνατὸν ἄνευ κινήσεως καὶ μεταβολῆς γένεσιν εἶναι καὶ φθορὰν ἢ τὰ τῶν φερομένων ἔργα κατὰ τὸν οὐρανόν. ἔτι δὲ εἴτε δοίη τις αὐτοῖς ἐκ τούτων εἶναι μέγεθος εἴτε δειχθείη τοῦτο, ὅμως τίνα τρόπον ἔσται τὰ μὲν κοῦφα τὰ δὲ βάρος ἔχοντα τῶν σωμάτων; ἐξ ὧν γὰρ ὑποτίθενται καὶ λέγουσιν, οὐθὲν μᾶλλον περὶ τῶν μαθηματικῶν λέγουσι σωμάτων ἢ τῶν αἰσθητῶν· διὸ περὶ πυρὸς ἢ γῆς ἢ τῶν ἄλλων τῶν τοιούτων σωμάτων οὐδ' ὁτιοῦν εἰρήκασιν, ἅτε οὐθὲν περὶ τῶν αἰσθητῶν οἶμαι λέγοντες ἴδιον. ἔτι δὲ πῶς δεῖ λαβεῖν αἴτια μὲν εἶναι τὰ τοῦ ἀριθμοῦ πάθη καὶ τὸν ἀριθμὸν τῶν κατὰ τὸν οὐρανὸν ὄντων καὶ γιγνομένων καὶ ἐξ ἀρχῆς καὶ νῦν, ἀριθμὸν δ' ἄλλον μηθένα εἶναι παρὰ τὸν ἀριθμὸν τοῦτον ἐξ οὗ συνέστηκεν ὁ κόσμος; ὅταν γὰρ ἐν τῳδὶ μὲν τῷ μέρει δόξα καὶ καιρὸς αὐτοῖς ᾖ, μικρὸν δὲ ἄνωθεν ἢ κάτωθεν ἀδικία καὶ κρίσις ἢ μῖξις, ἀπόδειξιν δὲ λέγωσιν ὅτι τούτων μὲν ἕκαστον ἀριθμός ἐστι, συμβαίνει δὲ κατὰ τὸν τόπον τοῦτον ἤδη πλῆθος εἶναι τῶν συνισταμένων μεγεθῶν διὰ τὸ τὰ πάθη ταῦτα ἀκολουθεῖν τοῖς τόποις ἑκάστοις, πότερον οὗτος ὁ αὐτός ἐστιν ἀριθμός, ὁ ἐν τῷ οὐρανῷ, ὃν δεῖ λαβεῖν ὅτι τούτων ἕκαστόν ἐστιν, ἢ παρὰ τοῦτον ἄλλος; ὁ μὲν γὰρ Πλάτων ἕτερον εἶναί φησιν· καίτοι κἀκεῖνος ἀριθμοὺς οἴεται καὶ ταῦτα εἶναι καὶ τὰς τούτων αἰτίας, ἀλλὰ τοὺς μὲν νοητοὺς αἰτίους τούτους δὲ αἰσθητούς.

6 ἱκανὰς $A^b Al^p$: ἱκανῶς E   12 τὸ μέγεθος A^b 23 καὶ] ἐκεῖ δὲ ex Al^p Luthe   24 κρίσις $A^b Al^c$: διάκρισις E   25 μὲν Al^p: ἐν A^b: μὲν ἐν E   συμβαίνῃ Bonitz, quo recepto ἐν pro μὲν scribendum esset   26 τοῦτον δὴ τὸ πλῆθος Luthe   28 οὗτος E Al^c: δὲ A^b, sed apodosis hic incipit

ΤΩΝ ΜΕΤΑ ΤΑ ΦΥΣΙΚΑ Α

Περὶ μὲν οὖν τῶν Πυθαγορείων ἀφείσθω τὰ νῦν (ἱκανὸν γὰρ αὐτῶν ἅψασθαι τοσοῦτον)· οἱ δὲ τὰς ἰδέας τιθέμενοι πρῶτον μὲν ζητοῦντες τωνδὶ τῶν ὄντων λαβεῖν τὰς αἰτίας ἕτερα τούτοις ἴσα τὸν ἀριθμὸν ἐκόμισαν, ὥσπερ εἴ τις ἀριθμῆσαι βουλόμενος ἐλαττόνων μὲν ὄντων οἴοιτο μὴ δυνήσεσθαι, πλείω δὲ ποιήσας ἀριθμοίη· σχεδὸν γὰρ ἴσα ἢ οὐκ ἐλάττω ἐστὶ τὰ εἴδη τούτοις περὶ ὧν ζητοῦντες τὰς αἰτίας ἐκ τούτων ἐπ' ἐκεῖνα προῆλθον· καθ' ἕκαστον γὰρ ὁμώνυμόν τι ἔστι [καὶ παρὰ τὰς οὐσίας] τῶν τε ἄλλων ὧν ἔστιν ἓν ἐπὶ πολλῶν, ⟨καὶ παρὰ τὰς οὐσίας,⟩ καὶ ἐπὶ τοῖσδε καὶ ἐπὶ τοῖς ἀϊδίοις.

ἔτι δὲ καθ' οὓς τρόπους δείκνυμεν ὅτι ἔστι τὰ εἴδη, κατ' οὐθένα φαίνεται τούτων· ἐξ ἐνίων μὲν γὰρ οὐκ ἀνάγκη γίγνεσθαι συλλογισμόν, ἐξ ἐνίων δὲ καὶ οὐχ ὧν οἰόμεθα τούτων εἴδη γίγνεται. κατά τε γὰρ τοὺς λόγους τοὺς ἐκ τῶν ἐπιστημῶν εἴδη ἔσται πάντων ὅσων ἐπιστῆμαί εἰσι, καὶ κατὰ τὸ ἓν ἐπὶ πολλῶν καὶ τῶν ἀποφάσεων, κατὰ δὲ τὸ νοεῖν τι φθαρέντος τῶν φθαρτῶν· φάντασμα γάρ τι τούτων ἔστιν. ἔτι δὲ οἱ ἀκριβέστεροι τῶν λόγων οἱ μὲν τῶν πρός τι ποιοῦσιν ἰδέας, ὧν οὔ φαμεν εἶναι καθ'

990ᵇ2—991ᵇ8 = M 1078ᵇ34—1079ᵇ3

---

34 ἰδέας αἰτίας Aᵇ; cf. 1086ᵃ31, ᵇ14; 1090ᵃ16, ᵇ20 al.   990ᵇ 2 verba ὥσπερ usque ad 991ᵇ8 ῥηθέντα νῦν, quae refutant Platonicam de ideis doctrinam, iterantur lib. M 4, 1078ᵇ34 sq. paucis rebus mutatis; cf. de ea re quae disputavi *Entst. d. Met.* 28–36, *Arist.*² 171. A 9 antiquior, M 4–5 recentior versio est.   5 τούτοις Aᵇ Alᵖ: τούτων E   6 ἐπ' ἐκεῖνα E: ἐκεῖ AᵇM   7 τε E Alᶜ M: om. Aᵇ   ἄλλων ὧν Aᵇ Alᶜ: ὧν om. E M; ἄλλων ἃ E γρ ex Al 77. 8, sed cf. 77. 28   post ἔστι pr. interpungunt Bekker, Bonitz qui τε omittunt et ὧν legunt. post οὐσίας interp. Ross, qui τε bene defendit, sed ὧν omittit. oratio turbata est. τε magnam habet auctoritatem sed καί ei correspondens abest, quod latere puto in καὶ παρὰ τὰς οὐσίας, quae verba transposui post πολλῶν ubi melius quadrant. in margine olim extitisse videntur, postea falso loco in textum recepta sunt. cf. easdem res coniunctas bis sed per οὐ μόνον ... ἀλλὰ καί 990ᵇ23 ἓν ἐπὶ π. Aᵇ Alᶜ: ἐπὶ π. ἓν E   9 δείκνυμεν E Al Ascl: δείκνυται AᵇM   12 ἐκ E Alˡ: om. Aᵇ   14 τι E Alˡ Ascl M: om. Aᵇ   15 ἀκριβέστεροι Aᵇ (et Al?): ἀκριβέστατοι E Alˡ M   16 φασιν M

ΤΩΝ ΜΕΤΑ ΤΑ ΦΥΣΙΚΑ Α   990b

αὐτὸ γένος, οἱ δὲ τὸν τρίτον ἄνθρωπον λέγουσιν. ὅλως τε ἀναιροῦσιν οἱ περὶ τῶν εἰδῶν λόγοι ἃ μᾶλλον εἶναι βουλόμεθα [οἱ λέγοντες εἴδη] τοῦ τὰς ἰδέας εἶναι· συμβαίνει γὰρ μὴ εἶναι τὴν δυάδα πρώτην ἀλλὰ τὸν ἀριθμόν, καὶ τὸ πρός τι 20 τοῦ καθ' αὐτό, καὶ πάνθ' ὅσα τινὲς ἀκολουθήσαντες ταῖς περὶ τῶν ἰδεῶν δόξαις ἠναντιώθησαν ταῖς ἀρχαῖς.—ἔτι κατὰ μὲν τὴν ὑπόληψιν καθ' ἣν εἶναί φαμεν τὰς ἰδέας οὐ μόνον τῶν οὐσιῶν ἔσται εἴδη ἀλλὰ πολλῶν καὶ ἑτέρων (καὶ γὰρ τὸ νόημα ἓν οὐ μόνον περὶ τὰς οὐσίας ἀλλὰ καὶ κατὰ τῶν ἄλ- 25 λων ἐστί, καὶ ἐπιστῆμαι οὐ μόνον τῆς οὐσίας εἰσὶν ἀλλὰ καὶ ἑτέρων, καὶ ἄλλα δὲ μυρία συμβαίνει τοιαῦτα)· κατὰ δὲ τὸ ἀναγκαῖον καὶ τὰς δόξας τὰς περὶ αὐτῶν, εἰ ἔστι μεθεκτὰ τὰ εἴδη, τῶν οὐσιῶν ἀναγκαῖον ἰδέας εἶναι μόνον. οὐ γὰρ κατὰ συμβεβηκὸς μετέχονται ἀλλὰ δεῖ ταύτῃ ἑκάσ- 30 του μετέχειν ᾗ μὴ καθ' ὑποκειμένου λέγεται (λέγω δ' οἷον, εἴ τι αὐτοδιπλασίου μετέχει, τοῦτο καὶ ἀϊδίου μετέχει, ἀλλὰ κατὰ συμβεβηκός· συμβέβηκε γὰρ τῷ διπλασίῳ ἀϊδίῳ εἶναι), ὥστ' ἔσται οὐσία τὰ εἴδη· ταὐτὰ δὲ ἐνταῦθα οὐσίαν σημαίνει κἀκεῖ· ἢ τί ἔσται τὸ εἶναι φάναι τι παρὰ 991a ταῦτα, τὸ ἓν ἐπὶ πολλῶν; καὶ εἰ μὲν ταὐτὸ εἶδος τῶν ἰδεῶν καὶ τῶν μετεχόντων, ἔσται τι κοινόν (τί γὰρ μᾶλλον ἐπὶ τῶν φθαρτῶν δυάδων, καὶ τῶν πολλῶν μὲν ἀϊδίων δέ, τὸ δυὰς ἓν καὶ ταὐτόν, ἢ ἐπί τ' αὐτῆς καὶ τῆς τινός;)· εἰ δὲ 5 μὴ τὸ αὐτὸ εἶδος, ὁμώνυμα ἂν εἴη, καὶ ὅμοιον ὥσπερ ἂν εἴ τις καλοῖ ἄνθρωπον τόν τε Καλλίαν καὶ τὸ ξύλον,

991a8—b9 = 1079b12—1080a8

---

18 βουλόμεθα E : βούλονται A^b Al^p M   19 οἱ ... εἴδη secl. Blass, ex M 1079a14 intrusum   20 καὶ τούτου τὸ πρός τι καὶ M   21 τοῦ E Al Ascl : τῶν A^b   22 εἰδῶν EM   ἔτι δὲ E   24 ἔσονται A^b M   31 μὴ om. Al γρ   33 συμβέβηκε ... 34 εἶναι E Ascl M : om. A^b   34 οὐσίας vel οὐσιῶν Bonitz   ταὐτὰ Al^p : ταῦτα E A^b Al^c   δὲ] γὰρ Al^c Bonitz   ἐνταῦθά τε Al^c Bonitz   991a4 post καὶ add. δυάδων A^b : κ. τῶν δ. Al^c M   5 ἓν E Al^p M : εἶναι ἓν A^b Al^c   τ' αὐτῆς ci. Bonitz : ταύτης E A^b : αὐτῆς M

ΤΩΝ ΜΕΤΑ ΤΑ ΦΥΣΙΚΑ Α

μηδεμίαν κοινωνίαν ἐπιβλέψας αὐτῶν.—πάντων δὲ μάλιστα διαπορήσειεν ἄν τις τί ποτε συμβάλλεται τὰ εἴδη τοῖς ἀϊδίοις τῶν αἰσθητῶν ἢ τοῖς γιγνομένοις καὶ φθειρομένοις· οὔτε γὰρ κινήσεως οὔτε μεταβολῆς οὐδεμιᾶς ἐστὶν αἴτια αὐτοῖς. ἀλλὰ μὴν οὔτε πρὸς τὴν ἐπιστήμην οὐθὲν βοηθεῖ τὴν τῶν ἄλλων (οὐδὲ γὰρ οὐσία ἐκεῖνα τούτων· ἐν τούτοις γὰρ ἂν ἦν), οὔτε εἰς τὸ εἶναι, μὴ ἐνυπάρχοντά γε τοῖς μετέχουσιν· οὕτω μὲν γὰρ ἂν ἴσως αἴτια δόξειεν εἶναι ὡς τὸ λευκὸν μεμιγμένον τῷ λευκῷ, ἀλλ᾽ οὗτος μὲν ὁ λόγος λίαν εὐκίνητος, ὃν Ἀναξαγόρας μὲν πρῶτος Εὔδοξος δ᾽ ὕστερον καὶ ἄλλοι τινὲς ἔλεγον (ῥᾴδιον γὰρ συναγαγεῖν πολλὰ καὶ ἀδύνατα πρὸς τὴν τοιαύτην δόξαν)· ἀλλὰ μὴν οὐδ᾽ ἐκ τῶν εἰδῶν ἐστὶ τἆλλα κατ᾽ οὐθένα τρόπον τῶν εἰωθότων λέγεσθαι. τὸ δὲ λέγειν παραδείγματα αὐτὰ εἶναι καὶ μετέχειν αὐτῶν τἆλλα κενολογεῖν ἐστὶ καὶ μεταφορὰς λέγειν ποιητικάς. τί γάρ ἐστι τὸ ἐργαζόμενον πρὸς τὰς ἰδέας ἀποβλέπον; ἐνδέχεταί τε καὶ εἶναι καὶ γίγνεσθαι ὅμοιον ὁτιοῦν καὶ μὴ εἰκαζόμενον πρὸς ἐκεῖνο, ὥστε καὶ ὄντος Σωκράτους καὶ μὴ ὄντος γένοιτ᾽ ἂν οἷος Σωκράτης· ὁμοίως δὲ δῆλον ὅτι κἂν εἰ ἦν ὁ Σωκράτης ἀΐδιος. ἔσται τε πλείω παραδείγματα τοῦ αὐτοῦ, ὥστε καὶ εἴδη, οἷον τοῦ ἀνθρώπου τὸ ζῷον καὶ τὸ δίπουν, ἅμα δὲ καὶ τὸ αὐτοάνθρωπος. ἔτι οὐ μόνον τῶν αἰσθητῶν παραδείγματα τὰ εἴδη ἀλλὰ καὶ αὐτῶν, οἷον τὸ γένος, ὡς γένος εἰδῶν· ὥστε τὸ αὐτὸ ἔσται παράδειγμα καὶ εἰκών. ἔτι δόξειεν ἂν ἀδύνατον εἶναι χωρὶς τὴν οὐσίαν καὶ οὗ ἡ οὐσία· ὥστε πῶς ἂν αἱ ἰδέαι οὐσίαι τῶν πραγμάτων οὖσαι χωρὶς εἶεν; ἐν δὲ τῷ Φαίδωνι οὕτω λέγεται, ὡς καὶ τοῦ εἶναι καὶ τοῦ γίγνεσθαι αἴτια τὰ εἴδη ἐστίν· καίτοι τῶν εἰδῶν

14 γε om. E   15 ὡς A[b] Al[p]: om. E M   21 αὐτὰ E Al[p]: τε A[b]: om. M   23 τε A[b] M: γὰρ E   24 ὁτῳοῦν Richards   25 γίγνοιτ᾽ E   26 οἷος A[b] Al[p]: οἷος περ E: οἷον M   29 τὸ om. M τοῦ αὐτοανθρώπου A[b]   30 αὐτῶν i.e. idearum, cf. 991[b]22; 31   31 τῶν ὡς γένους M (et Al?)   991[b] 3 Φαίδωνι] Plat. Phaed. 100 D λέγομεν Al[p] Ascl, an recte?

ΤΩΝ ΜΕΤΑ ΤΑ ΦΥΣΙΚΑ Α

ὄντων ὅμως οὐ γίγνεται τὰ μετέχοντα ἂν μὴ ᾖ τὸ κινῆσον, καὶ πολλὰ γίγνεται ἕτερα, οἷον οἰκία καὶ δακτύλιος, ὧν οὔ φαμεν εἴδη εἶναι· ὥστε δῆλον ὅτι ἐνδέχεται καὶ τἆλλα καὶ εἶναι καὶ γίγνεσθαι διὰ τοιαύτας αἰτίας οἵας καὶ τὰ ῥηθέντα νῦν.—ἔτι εἴπερ εἰσὶν ἀριθμοὶ τὰ εἴδη, πῶς αἴτιοι ἔσονται; πότερον ὅτι ἕτεροι ἀριθμοί εἰσι τὰ ὄντα, οἷον ὁδὶ μὲν ⟨ὁ⟩ ἀριθμὸς ἄνθρωπος ὁδὶ δὲ Σωκράτης ὁδὶ δὲ Καλλίας; τί οὖν ἐκεῖνοι τούτοις αἴτιοί εἰσιν; οὐδὲ γὰρ εἰ οἱ μὲν ἀίδιοι οἱ δὲ μή, οὐδὲν διοίσει. εἰ δ' ὅτι λόγοι ἀριθμῶν τἀνταῦθα, οἷον ἡ συμφωνία, δῆλον ὅτι ἐστὶν ἕν γέ τι ὧν εἰσὶ λόγοι. εἰ δή τι τοῦτο, ἡ ὕλη, φανερὸν ὅτι καὶ αὐτοὶ οἱ ἀριθμοὶ λόγοι τινὲς ἔσονται ἑτέρου πρὸς ἕτερον. λέγω δ' οἷον, εἰ ἔστιν ὁ Καλλίας λόγος ἐν ἀριθμοῖς πυρὸς καὶ γῆς καὶ ὕδατος καὶ ἀέρος, [καὶ] ἄλλων τινῶν ὑποκειμένων ἔσται καὶ ἡ ἰδέα ἀριθμός· καὶ αὐτοάνθρωπος, εἴτ' ἀριθμός τις ὢν εἴτε μή, ὅμως ἔσται λόγος ἐν ἀριθμοῖς τινῶν καὶ οὐκ ἀριθμός, οὐδ' ἔσται τις ⟨ἰδέα⟩ διὰ ταῦτα ἀριθμός. ἔτι ἐκ πολλῶν ἀριθμῶν εἷς ἀριθμὸς γίγνεται, ἐξ εἰδῶν δὲ ἓν εἶδος πῶς; εἰ δὲ μὴ ἐξ αὐτῶν ἀλλ' ἐκ τῶν ἐν τῷ ἀριθμῷ, οἷον ἐν τῇ μυριάδι, πῶς ἔχουσιν αἱ μονάδες; εἴτε γὰρ ὁμοειδεῖς, πολλὰ συμβήσεται ἄτοπα, εἴτε μὴ ὁμοειδεῖς, μήτε [αἱ] αὐταὶ ἀλλήλαις μήτε αἱ ἄλλαι πᾶσαι πάσαις· τίνι γὰρ διοίσουσιν ἀπαθεῖς οὖσαι; οὔτε γὰρ εὔλογα ταῦτα οὔτε ὁμολογούμενα τῇ νοήσει. ἔτι δ' ἀναγκαῖον ἕτερον γένος ἀριθμοῦ κατασκευάζειν περὶ ὃ ἡ ἀριθμητική, καὶ πάντα τὰ μεταξὺ λεγόμενα ὑπό τινων, ἃ πῶς ἢ ἐκ τίνων ἐστὶν ἀρχῶν; ἢ διὰ τί μεταξὺ τῶν δεῦρό τ' ἔσται καὶ αὐτῶν; ἔτι αἱ μονάδες αἱ ἐν τῇ δυάδι ἑκατέρα ἔκ τινος

10 ὁ add. Ross 14 ὧν] οὗ Walker δή τι E : δὴ A^b Al 18 καὶ pr. omisi cum codd. recc.; cf. *Herm.* 52. 509 19 ὁ ante αὐτοάνθρωπος Al (om. καὶ), ὁ sscr. E 20 οὐδ' A^b Al^p : καὶ οὐκ E ἰδέα addidi; cf. *Herm.* 52. 520; cf. 1082^{b}23 22–23 ἐν τῷ ἀριθμῷ A^b : ἐναρίθμων sed ἐν sscr. E 25 μήτε pr.] μηδὲ A^b : αἱ cum cod. S om. Ross; quod si retineas, μηδὲ αἱ αὐταὶ ἀλλ. μηδὲ ci. Ross 27 ἕτερόν τι E 29 ἃ πῶς] ἁπλῶς E Al 30 τῶν δεῦρό] τῶνδέ A^b 31 ἑκατέρων A^b

29

ΤΩΝ ΜΕΤΑ ΤΑ ΦΥΣΙΚΑ Α

992ᵃ προτέρας δυάδος· καίτοι ἀδύνατον. ἔτι διὰ τί ἓν ὁ ἀριθμὸς συλλαμβανόμενος; ἔτι δὲ πρὸς τοῖς εἰρημένοις, εἴπερ εἰσὶν αἱ μονάδες διάφοροι, ἐχρῆν οὕτω λέγειν ὥσπερ καὶ ὅσοι τὰ στοιχεῖα τέτταρα ἢ δύο λέγουσιν· καὶ γὰρ τούτων ἕκαστος οὐ 5 τὸ κοινὸν λέγει στοιχεῖον, οἷον τὸ σῶμα, ἀλλὰ πῦρ καὶ γῆν, εἴτ' ἔστι τι κοινόν, τὸ σῶμα, εἴτε μή. νῦν δὲ λέγεται ὡς ὄντος τοῦ ἑνὸς ὥσπερ πυρὸς ἢ ὕδατος ὁμοιομεροῦς· εἰ δ' οὕτως, οὐκ ἔσονται οὐσίαι οἱ ἀριθμοί, ἀλλὰ δῆλον ὅτι, εἴπερ ἐστί τι ἓν αὐτὸ καὶ τοῦτό ἐστιν ἀρχή, πλεοναχῶς λέγεται τὸ ἕν· ἄλ-
10 λως γὰρ ἀδύνατον.—βουλόμενοι δὲ τὰς οὐσίας ἀνάγειν εἰς τὰς ἀρχὰς μήκη μὲν τίθεμεν ἐκ βραχέος καὶ μακροῦ, ἔκ τινος μικροῦ καὶ μεγάλου, καὶ ἐπίπεδον ἐκ πλατέος καὶ στενοῦ, σῶμα δ' ἐκ βαθέος καὶ ταπεινοῦ. καίτοι πῶς ἕξει ἢ τὸ ἐπίπεδον γραμμὴν ἢ τὸ στερεὸν γραμμὴν καὶ ἐπίπεδον; ἄλλο 15 γὰρ γένος τὸ πλατὺ καὶ στενὸν καὶ βαθὺ καὶ ταπεινόν· ὥσπερ οὖν οὐδ' ἀριθμὸς ὑπάρχει ἐν αὐτοῖς, ὅτι τὸ πολὺ καὶ ὀλίγον ἕτερον τούτων, δῆλον ὅτι οὐδ' ἄλλο οὐθὲν τῶν ἄνω ὑπάρξει τοῖς κάτω. ἀλλὰ μὴν οὐδὲ γένος τὸ πλατὺ τοῦ βαθέος· ἦν γὰρ ἂν ἐπίπεδόν τι τὸ σῶμα. ἔτι αἱ στιγμαὶ ἐκ 20 τίνος ἐνυπάρξουσιν; τούτῳ μὲν οὖν τῷ γένει καὶ διεμάχετο Πλάτων ὡς ὄντι γεωμετρικῷ δόγματι, ἀλλ' ἐκάλει ἀρχὴν γραμμῆς—τοῦτο δὲ πολλάκις ἐτίθει—τὰς ἀτόμους γραμμάς. καίτοι ἀνάγκη τούτων εἶναί τι πέρας· ὥστ' ἐξ οὗ λόγου γραμμὴ ἔστι, καὶ στιγμὴ ἔστιν.—ὅλως δὲ ζητούσης τῆς σοφίας περὶ 25 τῶν φανερῶν τὸ αἴτιον, τοῦτο μὲν εἰάκαμεν (οὐθὲν γὰρ λέγομεν περὶ τῆς αἰτίας ὅθεν ἡ ἀρχὴ τῆς μεταβολῆς), τὴν δ' οὐσίαν οἰόμενοι λέγειν αὐτῶν ἑτέρας μὲν οὐσίας εἶναί φαμεν, ὅπως δ' ἐκεῖναι τούτων οὐσίαι, διὰ κενῆς λέγομεν· τὸ γὰρ μετέχειν, ὥσπερ καὶ πρότερον εἴπομεν, οὐθέν ἐστιν. οὐδὲ δὴ ὅπερ ταῖς

992ᵃ 1 ἔτι προτέρας τῆς δ. Aᵇ   3 ἀδιάφοροι Al gr   6 τι E Alᵖ: om. Aᵇ   13 ἢ E Alᶜ: om. Aᵇ   16 ἐν E Alᵖ: om. Aᵇ   20 ἐνυπάρξουσιν Aᵇ Alᵖ: ἐνυπάρχουσιν E at ante τοῦτο et post ἐτίθει dist. Ross   21 ἐτίθει et 22 ἐκάλει Walker, περὶ τὰς ἐπιστήμας Aᵇ   24 φιλοσοφίας Aᵇ   29-30 ὃ

ΤΩΝ ΜΕΤΑ ΤΑ ΦΥΣΙΚΑ Α

ἐπιστήμαις ὁρῶμεν ὂν αἴτιον, δι' ὃ καὶ πᾶς νοῦς καὶ πᾶσα 30
φύσις ποιεῖ, οὐδὲ ταύτης τῆς αἰτίας, ἥν φαμεν εἶναι μίαν
τῶν ἀρχῶν, οὐθὲν ἅπτεται τὰ εἴδη, ἀλλὰ γέγονε τὰ μαθή-
ματα τοῖς νῦν ἡ φιλοσοφία, φασκόντων ἄλλων χάριν
αὐτὰ δεῖν πραγματεύεσθαι. ἔτι δὲ τὴν ὑποκειμένην οὐσίαν 992ᵇ
ὡς ὕλην μαθηματικωτέραν ἄν τις ὑπολάβοι, καὶ μᾶλλον
κατηγορεῖσθαι καὶ διαφορὰν εἶναι τῆς οὐσίας καὶ τῆς ὕλης
ἢ ὕλην, οἷον τὸ μέγα καὶ τὸ μικρόν, ὥσπερ καὶ οἱ φυσιο-
λόγοι φασὶ τὸ μανὸν καὶ τὸ πυκνόν, πρώτας τοῦ ὑποκειμένου 5
φάσκοντες εἶναι διαφορὰς ταύτας· ταῦτα γάρ ἐστιν ὑπεροχή
τις καὶ ἔλλειψις. περί τε κινήσεως, εἰ μὲν ἔσται ταῦτα κίνησις,
δῆλον ὅτι κινήσεται τὰ εἴδη· εἰ δὲ μή, πόθεν ἦλθεν; ὅλη
γὰρ ἡ περὶ φύσεως ἀνῄρηται σκέψις. ὅ τε δοκεῖ ῥᾴδιον
εἶναι, τὸ δεῖξαι ὅτι ἓν ἅπαντα, οὐ γίγνεται· τῇ γὰρ ἐκθέσει 10
οὐ γίγνεται πάντα ἓν ἀλλ' αὐτό τι ἕν, ἂν διδῷ τις πάντα·
καὶ οὐδὲ τοῦτο, εἰ μὴ γένος δώσει τὸ καθόλου εἶναι· τοῦτο δ'
ἐν ἐνίοις ἀδύνατον. οὐθένα δ' ἔχει λόγον οὐδὲ τὰ μετὰ τοὺς
ἀριθμοὺς μήκη τε καὶ ἐπίπεδα καὶ στερεά, οὔτε ὅπως ἔστιν ἢ
ἔσται οὔτε τίνα ἔχει δύναμιν· ταῦτα γὰρ οὔτε εἴδη οἷόν τε εἶναι 15
(οὐ γάρ εἰσιν ἀριθμοί) οὔτε τὰ μεταξύ (μαθηματικὰ γὰρ
ἐκεῖνα) οὔτε τὰ φθαρτά, ἀλλὰ πάλιν τέταρτον ἄλλο φαί-
νεται τοῦτό τι γένος. ὅλως τε τὸ τῶν ὄντων ζητεῖν στοιχεῖα
μὴ διελόντας, πολλαχῶς λεγομένων, ἀδύνατον εὑρεῖν, ἄλλως
τε καὶ τοῦτον τὸν τρόπον ζητοῦντας ἐξ οἵων ἐστὶ στοιχείων. 20
ἐκ τίνων γὰρ τὸ ποιεῖν ἢ πάσχειν ἢ τὸ εὐθύ, οὐκ ἔστι δήπου
λαβεῖν, ἀλλ' εἴπερ, τῶν οὐσιῶν μόνον ἐνδέχεται· ὥστε τὸ τῶν

---

33 φασκόντων Plat. *Rep.* 533 B-E   ἄλλων E Alᵖ: τῶν ἄλλων Aᵇ
992ᵇ 4 ἢ ὕλην Aᵇ Alᶜ: om. E   6 ταύτας om. Aᵇ   7 καὶ ἔλλειψις
E Alᶜ: om. Aᵇ   τε] δὲ Aᵇ   ἔσται ταῦτα E Aᵇ Alᶜ: ἐστι ταῦτα Ascl¹:
ταῦτα secl. Heidel: ἔστ' ἐνταῦθα conieci ex Asclᵖ, qui sequitur Ammonii
interpr., cf. *Herm.* 52. 482   9 ὅ τε Aᵇ: καὶ ὁ E   10 οὐ ... ἐκθέσει
E Alᵖ: ἐκ τῆς ἐκθέσεως Aᵇ   12 ἐὰν ... δῷ E   13 ἐν E Alᵖ: om. Aᵇ
14 τε om. E   οὐδὲ Aᵇ   15 τίνα Aᵇ Alᵖ: εἴ τινα E   19 μὴ διελόντα τὰ
πολλαχῶς λεγόμενα Aᵇ   20 ὧν Aᵇ Alᵖ   21 εὐθύ E Alᵖ: εὖ Aᵇ

ΤΩΝ ΜΕΤΑ ΤΑ ΦΥΣΙΚΑ Α

ὄντων ἁπάντων τὰ στοιχεῖα ἢ ζητεῖν ἢ οἴεσθαι ἔχειν οὐκ ἀληθές. πῶς δ' ἄν τις καὶ μάθοι τὰ τῶν πάντων στοιχεῖα;
25 δῆλον γὰρ ὡς οὐθὲν οἷόν τε προϋπάρχειν γνωρίζοντα πρότερον. ὥσπερ γὰρ τῷ γεωμετρεῖν μανθάνοντι ἄλλα μὲν ἐνδέχεται προειδέναι, ὧν δὲ ἡ ἐπιστήμη καὶ περὶ ὧν μέλλει μανθάνειν οὐθὲν προγιγνώσκει, οὕτω δὴ καὶ ἐπὶ τῶν ἄλλων, ὥστ' εἴ τις τῶν πάντων ἔστιν ἐπιστήμη, οἵαν δή τινές φασιν,
30 οὐθὲν ἂν προϋπάρχοι γνωρίζων οὗτος. καίτοι πᾶσα μάθησις διὰ προγιγνωσκομένων ἢ πάντων ἢ τινῶν ἐστί, καὶ ἡ δι' ἀποδείξεως ⟨καὶ⟩ ἡ δι' ὁρισμῶν (δεῖ γὰρ ἐξ ὧν ὁ ὁρισμὸς προειδέναι καὶ εἶναι γνώριμα)· ὁμοίως δὲ καὶ ἡ δι' ἐπαγωγῆς. ἀλλὰ μὴν
993ᵃ εἰ καὶ τυγχάνοι σύμφυτος οὖσα, θαυμαστὸν πῶς λανθάνομεν ἔχοντες τὴν κρατίστην τῶν ἐπιστημῶν. ἔτι πῶς τις γνωριεῖ ἐκ τίνων ἐστί, καὶ πῶς ἔσται δῆλον; καὶ γὰρ τοῦτ' ἔχει ἀπορίαν· ἀμφισβητήσειε γὰρ ἄν τις ὥσπερ καὶ περὶ ἐνίας
5 συλλαβάς· οἱ μὲν γὰρ τὸ ζα ἐκ τοῦ σ καὶ δ καὶ α φασὶν εἶναι, οἱ δέ τινες ἕτερον φθόγγον φασὶν εἶναι καὶ οὐθένα τῶν γνωρίμων. ἔτι δὲ ὧν ἐστὶν αἴσθησις, ταῦτα πῶς ἄν τις μὴ ἔχων τὴν αἴσθησιν γνοίη; καίτοι ἔδει, εἴγε πάντων ταὐτὰ στοιχεῖά ἐστιν ἐξ ὧν, ὥσπερ αἱ σύνθετοι φωναί εἰσιν ἐκ τῶν
10 οἰκείων στοιχείων.

Ὅτι μὲν οὖν τὰς εἰρημένας ἐν τοῖς φυσικοῖς αἰτίας 10 ζητεῖν ἐοίκασι πάντες, καὶ τούτων ἐκτὸς οὐδεμίαν ἔχοιμεν ἂν εἰπεῖν, δῆλον καὶ ἐκ τῶν πρότερον εἰρημένων· ἀλλ' ἀμυδρῶς ταύτας, καὶ τρόπον μέν τινα πᾶσαι πρότερον εἴρηνται τρό-
15 πον δέ τινα οὐδαμῶς. ψελλιζομένῃ γὰρ ἔοικεν ἡ πρώτη

23 ἢ pr. E Alᵖ: om. Aᵇ   26 γεωμέτρῃ post τῷ add. Aᵇ: om. E Alᵖ: τῷ γεωμέτρῃ et τῷ γεωμετρεῖν μανθάνοντι var. lect. sunt   29 οἵαν δή] ὥς E   31 ἡ . . . 32 καὶ ἡ ex Alᵖ corr. Bonitz: ἢ . . . ἢ (om. καὶ) E Aᵇ   33 ἢ Aᵇ   993ᵃ 2 γνωρίσειεν E sine ἄν: γνωρίσει (sic) Alᵖ   5 ζα ex Alᵖ Bonitz: σμα E Aᵇ   δ ex Alᵖ Bonitz: μ E Aᵇ   6 δὲ τὸν ἕτερον τρόπον ἴδιον εἶναι Aᵇ   8 δεῖ Aᵇ   ταὐτὰ Alᵖ Asclᶜ: ταῦτα E Aᵇ   11 φυσικοῖς] cf. 983ᵃ33   12 ἔχομεν (om. ἂν) Aᵇ Alᶜ   15–16 πρώτη φιλοσοφία] est philosophia antiquissima

32

ΤΩΝ ΜΕΤΑ ΤΑ ΦΥΣΙΚΑ Α, Α ΕΛΑΤΤΟΝ 993ᵃ

φιλοσοφία περὶ πάντων, ἅτε νέα τε καὶ †κατ' ἀρχὰς οὖσα [καὶ τὸ πρῶτον], ἐπεὶ καὶ Ἐμπεδοκλῆς ὀστοῦν τῷ λόγῳ φησὶν εἶναι, τοῦτο δ' ἐστὶ τὸ τί ἦν εἶναι καὶ ἡ οὐσία τοῦ πράγματος. ἀλλὰ μὴν ὁμοίως ἀναγκαῖον καὶ σάρκας καὶ τῶν ἄλλων ἕκαστον εἶναι ⟨διὰ⟩ τὸν λόγον, ἢ μηδὲ ἕν· διὰ τοῦτον ἄρα καὶ σὰρξ 20 καὶ ὀστοῦν ἔσται καὶ τῶν ἄλλων ἕκαστον καὶ οὐ διὰ τὴν ὕλην, ἣν ἐκεῖνος λέγει, πῦρ καὶ γῆν καὶ ὕδωρ καὶ ἀέρα. ἀλλὰ ταῦτα ἄλλου μὲν λέγοντος συνέφησεν ἂν ἐξ ἀνάγκης, σαφῶς δὲ οὐκ εἴρηκεν. περὶ μὲν οὖν τούτων δεδήλωται καὶ πρότερον· ὅσα δὲ περὶ τῶν αὐτῶν τούτων ἀπορήσειεν ἄν τις, 25 ἐπανέλθωμεν πάλιν· τάχα γὰρ ἂν ἐξ αὐτῶν εὐπορήσαιμέν τι πρὸς τὰς ὕστερον ἀπορίας.

Α ΕΛΑΤΤΟΝ

Ὅτι ἡ περὶ τῆς ἀληθείας θεωρία τῇ μὲν χαλεπὴ τῇ δὲ 30 ῥᾳδία. σημεῖον δὲ τὸ μήτ' ἀξίως μηδένα δύνασθαι τυχεῖν

16 τε καὶ recc. quidam recte, post quae alterum adiectivum excidisse videtur: om. Aᵇ τε E : καὶ Alᶜ   καὶ τὸ πρῶτον var. lect. est ad κατ' ἀρχάς, om. Al; secl. Ross   19 σάρκας Aᵇ, sic medici veteres, cf. Hippocr. Περὶ σαρκῶν: σαρκὸς E Alᶜ: σάρκα cod. Τ   20 ἑκάστου Lat   διὰ ex Alᵖ suppl. Blass   μηδενός AᵇAlᵖ   τοῦτον ex Alᵖ Christ: τοῦτο codd. ἄρα Aᵇ: γὰρ E Alᵖ   ἡ σὰρξ Aᵇ   24 τούτων AᵇAlᵖ: τῶν τοιούτων E cf. 989ᵃ30 sq.   26 ἐπαν. πάλιν] ad lib. B refert, qui igitur lib. A nullo alio interiecto sequebatur: cf. Alex. 136. 12 sq.   27 τι om. Aᵇ Alᶜ 29 ἆ ἔλαττον AᵇAl: β ex ᾱ corr. E: τοῦτο τὸ βιβλίον οἱ πλείους φασὶν εἶναι Πασικλέους τοῦ Ῥοδίου, ὃς ἦν ἀκροατὴς Ἀριστοτέλους, υἱὸς δὲ Βοηθοῦ τοῦ Εὐδήμου ἀδελφοῦ. Ἀλέξανδρος δὲ ὁ Ἀφροδισιεύς (137. 2) φησιν εἶναι αὐτὸ Ἀριστοτέλους schol. E, cf. Entst. d. Met. 114–28. errore haec verba de Pasicle ad librum Α μεῖζον refert Ascl. 4. 20 quare nonnullos eum Aristoteli abiudicare a quibus ipse dissentit. sic et Syrianus (23. 9). ab hac antiqua traditione Peripatetica distinguendum est, quod Albertus Magnus librum Α Theophrasti, non Aristotelis esse a quibusdam tradi ait, cf. quae disputavi Gnomon 8. 290 sq. (cf. Alex. 196. 19)   30 ὅτι Alᶜ Asclᶜ: om. E Aᵇ: γρ. καὶ χωρὶς τοῦ ὅτι Al: ὅτι vel excerpta vel notas indicat, quod cum scholio de Pasicle huius libelli auctore consentit, cf. ad 993ᵃ29   31 τυχεῖν Ε: θιγεῖν Aᵇ

ΤΩΝ ΜΕΤΑ ΤΑ ΦΥΣΙΚΑ Α ΕΛΑΤΤΟΝ

993ᵇ αὐτῆς μήτε πάντας ἀποτυγχάνειν, ἀλλ' ἕκαστον λέγειν τι περὶ τῆς φύσεως, καὶ καθ' ἕνα μὲν ἢ μηθὲν ἢ μικρὸν ἐπιβάλλειν αὐτῇ, ἐκ πάντων δὲ συναθροιζομένων γίγνεσθαί τι μέγεθος· ὥστ' εἴπερ ἔοικεν ἔχειν καθάπερ τυγχάνομεν παροιμια-
5 ζόμενοι, τίς ἂν θύρας ἁμάρτοι; ταύτῃ μὲν ἂν εἴη ῥᾳδία, τὸ δ' ὅλον τι ἔχειν καὶ μέρος μὴ δύνασθαι δηλοῖ τὸ χαλεπὸν αὐτῆς. ἴσως δὲ καὶ τῆς χαλεπότητος οὔσης κατὰ δύο τρόπους, οὐκ ἐν τοῖς πράγμασιν ἀλλ' ἐν ἡμῖν τὸ αἴτιον αὐτῆς· ὥσπερ γὰρ τὰ τῶν νυκτερίδων ὄμματα πρὸς τὸ
10 φέγγος ἔχει τὸ μεθ' ἡμέραν, οὕτω καὶ τῆς ἡμετέρας ψυχῆς ὁ νοῦς πρὸς τὰ τῇ φύσει φανερώτατα πάντων. οὐ μόνον δὲ χάριν ἔχειν δίκαιον τούτοις ὧν ἄν τις κοινώσαιτο ταῖς δόξαις, ἀλλὰ καὶ τοῖς ἐπιπολαιότερον ἀποφηναμένοις· καὶ γὰρ οὗτοι συνεβάλοντό τι· τὴν γὰρ ἕξιν προήσκησαν ἡμῶν·
15 εἰ μὲν γὰρ Τιμόθεος μὴ ἐγένετο, πολλὴν ἂν μελοποιίαν οὐκ εἴχομεν· εἰ δὲ μὴ Φρῦνις, Τιμόθεος οὐκ ἂν ἐγένετο. τὸν αὐτὸν δὲ τρόπον καὶ ἐπὶ τῶν περὶ τῆς ἀληθείας ἀποφηναμένων· παρὰ μὲν γὰρ ἐνίων παρειλήφαμέν τινας δόξας, οἱ δὲ τοῦ γενέσθαι τούτους αἴτιοι γεγόνασιν. ὀρθῶς δ' ἔχει καὶ τὸ κα-
20 λεῖσθαι τὴν φιλοσοφίαν ἐπιστήμην τῆς ἀληθείας. θεωρητικῆς μὲν γὰρ τέλος ἀλήθεια πρακτικῆς δ' ἔργον· καὶ γὰρ ἂν τὸ πῶς ἔχει σκοπῶσιν, οὐ τὸ αἴτιον καθ' αὑτό, ἀλλὰ πρός τι καὶ νῦν θεωροῦσιν οἱ πρακτικοί. οὐκ ἴσμεν δὲ τὸ ἀληθὲς ἄνευ τῆς αἰτίας· ἕκαστον δὲ μάλιστα αὐτὸ τῶν ἄλλων καθ' ὃ καὶ
25 τοῖς ἄλλοις ὑπάρχει τὸ συνώνυμον (οἷον τὸ πῦρ θερμότατον· καὶ γὰρ τοῖς ἄλλοις τὸ αἴτιον τοῦτο τῆς θερμότητος)· ὥστε καὶ

993ᵇ 1 πάντως Brandis, titubat Al   6 ὅλον μὴ δύνασθαι καὶ μέρος ἔχειν coniecisse quosdam ait Al   τι Aᵇ: τ' E: utrumque Al   13 τοῖς ἔτι E   ἐπιπολαιότερον Aᵇ Al: -ως E   14 συμβάλλονταί E   ἤσκησαν Aᵇ   17 ἐπὶ correxi ex Alᵖ: περὶ Aᵇ Ascl: om. E   περὶ τῆς E: om. Aᵇ   18 γὰρ del. Christ (non dist. post ἀποφ.)   19 ἔχει om. Aᵇ   20 τὴν κατὰ φ. . . . ἀληθείας θεωρητικήν Aᵇ   22 οὐ τὸ αἴτιον καθ' αὑτό E Al γρ: οὐκ ἀΐδιον Aᵇ Al: οὐ τὸ ἀΐδιον Brandis; cf. 995ᵇ33, 997ᵇ3   τὸ πρός τι ex Alᵖ Christ

ΤΩΝ ΜΕΤΑ ΤΑ ΦΥΣΙΚΑ Α ΕΛΑΤΤΟΝ 993ᵇ

ἀληθέστερον ⟨ἀεὶ⟩ τὸ τοῖς ὑστέροις αἴτιον τοῦ ἀληθέσιν εἶναι. διὸ τὰς τῶν ἀεὶ ὄντων ἀρχὰς ἀναγκαῖον [ἀεὶ] εἶναι ἀληθεστάτας (οὐ γάρ ποτε ἀληθεῖς, οὐδ' ἐκείναις αἴτιόν τί ἐστι τοῦ εἶναι, ἀλλ' ἐκεῖναι τοῖς ἄλλοις), ὥσθ' ἕκαστον ὡς ἔχει τοῦ 30 εἶναι, οὕτω καὶ τῆς ἀληθείας.

2 Ἀλλὰ μὴν ὅτι γ' ἔστιν ἀρχή τις καὶ οὐκ ἄπειρα τὰ 994ᵃ αἴτια τῶν ὄντων οὔτ' εἰς εὐθυωρίαν οὔτε κατ' εἶδος, δῆλον. οὔτε γὰρ ὡς ἐξ ὕλης τόδ' ἐκ τοῦδε δυνατὸν ἰέναι εἰς ἄπειρον (οἷον σάρκα μὲν ἐκ γῆς, γῆν δ' ἐξ ἀέρος, ἀέρα δ' ἐκ πυρός, καὶ τοῦτο μὴ ἵστασθαι), οὔτε ὅθεν ἡ ἀρχὴ τῆς κινήσεως (οἷον 5 τὸν μὲν ἄνθρωπον ὑπὸ τοῦ ἀέρος κινηθῆναι, ταῦτον δ' ὑπὸ τοῦ ἡλίου, τὸν δὲ ἥλιον ὑπὸ τοῦ νείκους, καὶ τούτου μηδὲν εἶναι πέρας)· ὁμοίως δὲ οὐδὲ τὸ οὗ ἕνεκα εἰς ἄπειρον οἷόν τε ἰέναι, βάδισιν μὲν ὑγιείας ἕνεκα, ταύτην δ' εὐδαιμονίας, τὴν δ' εὐδαιμονίαν ἄλλου, καὶ οὕτως ἀεὶ ἄλλο ἄλλου ἕνεκεν εἶναι· καὶ ἐπὶ 10 τοῦ τί ἦν εἶναι δ' ὡσαύτως. τῶν γὰρ μέσων, ὧν ἐστί τι ἔσχατον καὶ πρότερον, ἀναγκαῖον εἶναι τὸ πρότερον αἴτιον τῶν μετ' αὐτό. εἰ γὰρ εἰπεῖν ἡμᾶς δέοι τί τῶν τριῶν αἴτιον, τὸ πρῶτον ἐροῦμεν· οὐ γὰρ δὴ τό γ' ἔσχατον, οὐδενὸς γὰρ τὸ τελευταῖον· ἀλλὰ μὴν οὐδὲ τὸ μέσον, ἑνὸς γάρ (οὐθὲν δὲ 15 διαφέρει ἓν ἢ πλείω εἶναι, οὐδ' ἄπειρα ἢ πεπερασμένα). τῶν δ' ἀπείρων τοῦτον τὸν τρόπον καὶ ὅλως τοῦ ἀπείρου πάντα τὰ μόρια μέσα ὁμοίως μέχρι τοῦ νῦν· ὥστ' εἴπερ μηδέν ἐστι πρῶτον, ὅλως αἴτιον οὐδέν ἐστιν.—ἀλλὰ μὴν οὐδ' ἐπὶ τὸ κάτω οἷόν τε εἰς ἄπειρον ἰέναι, τοῦ ἄνω ἔχοντος ἀρχήν, ὥστ' ἐκ πυ- 20 ρὸς μὲν ὕδωρ, ἐκ δὲ τούτου γῆν, καὶ οὕτως ἀεὶ ἄλλο τι γίγνε-

27 ἀληθέστερον ex Al correxi: ἀληθέστατον codd.   ἀεὶ ex 28, ubi recte om. Al et del. Christ, huc transposui; cf. E.N. 1097ᵇ19. Ar. distinguit τὸ μάλιστα et τὸ μᾶλλον et unum ex altero derivat, cf. Protr. 57. 4 sq. W (τὸ μᾶλλον λέγομεν κατὰ τὸ πρότερον εἶναι τὸ δὲ ὕστερον)   29 ἐκείνων AᵇAlᶜ   ἐστι om. AᵇAlᶜ   994ᵃ 2 εἰς] ἐπ' Aᵇ   3 εἶναι E; cf. ad 1010ᵃ22   εἰς] ἐπ' E Al   6 ὑπὸ pr.] ἐκ Aᵇ   a τοῦ ἀέρος incipit cod. J (Π = E J)   12 τι Al: ἔξω τι Π: om. Aᵇ   13 τῶν pr. AᵇAl: τῶι Π   μετ' αὐτό ΠAlᵖ: μεθ' αὐτό Aᵇ   15 τό γε Π   20 εἰς] ἐπ' ΠAlᵖ

35

ΤΩΝ ΜΕΤΑ ΤΑ ΦΥΣΙΚΑ Α ΕΛΑΤΤΟΝ

σθαι γένος. διχῶς γὰρ γίγνεται τόδε ἐκ τοῦδε [ἢ ὡς τόδε λέγεται μετὰ τόδε, οἷον ἐξ Ἰσθμίων Ὀλύμπια] ἢ ὡς ἐκ παιδὸς ἀνὴρ μεταβάλλοντος ἢ ὡς ἐξ ὕδατος ἀήρ.
25 ὡς μὲν οὖν ἐκ παιδὸς ἀνὴρ γίγνεσθαί φαμεν [ὡς] ἐκ τοῦ γιγνομένου τὸ γεγονὸς ἢ ἐκ τοῦ ἐπιτελουμένου τὸ τετελεσμένον (ἀεὶ γάρ ἐστι μεταξύ, ὥσπερ τοῦ εἶναι καὶ μὴ εἶναι γένεσις, οὕτω καὶ τὸ γιγνόμενον τοῦ ὄντος καὶ μὴ ὄντος· ἔστι γὰρ ὁ μανθάνων γιγνόμενος ἐπιστήμων, καὶ τοῦτ' ἐστὶν ὃ λέγεται,
30 ὅτι γίγνεται ἐκ μανθάνοντος ἐπιστήμων)· τὸ δ' ὡς ἐξ ἀέρος ὕδωρ, φθειρομένου θατέρου. διὸ ἐκεῖνα μὲν οὐκ ἀνακάμπτει εἰς ἄλληλα, οὐδὲ γίγνεται ἐξ ἀνδρὸς παῖς (οὐ γὰρ γίγνεται
994ᵇ ἐκ τῆς γενέσεως τὸ γιγνόμενον ἀλλ' ⟨ὃ⟩ ἔστι μετὰ τὴν γένεσιν· οὕτω γὰρ καὶ ἡμέρα ἐκ τοῦ πρωΐ, ὅτι μετὰ τοῦτο· διὸ οὐδὲ τὸ πρωΐ ἐξ ἡμέρας)· θάτερα δὲ ἀνακάμπτει. ἀμφοτέρως δὲ ἀδύνατον εἰς ἄπειρον ἰέναι· τῶν μὲν γὰρ ὄντων μεταξὺ
5 ἀνάγκη τέλος εἶναι, τὰ δ' εἰς ἄλληλα ἀνακάμπτει· ἡ γὰρ θατέρου φθορὰ θατέρου ἐστὶ γένεσις.—ἅμα δὲ καὶ ἀδύνατον τὸ πρῶτον ἀΐδιον ὂν φθαρῆναι· ἐπεὶ γὰρ οὐκ ἄπειρος ἡ γένεσις ἐπὶ τὸ ἄνω, ἀνάγκη ἐξ οὗ φθαρέντος πρώτου τι ἐγένετο μὴ ἀΐδιον εἶναι. ἔτι δὲ τὸ οὗ ἕνεκα τέλος, τοιοῦτον δὲ ὃ μὴ ἄλλου
10 ἕνεκα ἀλλὰ τἆλλα ἐκείνου, ὥστ' εἰ μὲν ἔσται τοιοῦτόν τι ἔσχατον, οὐκ ἔσται ἄπειρον, εἰ δὲ μηθὲν τοιοῦτον, οὐκ ἔσται τὸ οὗ ἕνεκα, ἀλλ' οἱ τὸ ἄπειρον ποιοῦντες λανθάνουσιν ἐξαιροῦντες

22 ἢ Aᵇ, et una littera erasa E²: μὴ E¹ J E γρ Alᵖ; conclamata iam Alexandri tempore loci obscuritas ita orta videtur, ut *tertium* exemplum, quod delevi, a lectore ex Δ 1023ᵇ5 in margine inepte adderetur, quo in textum intruso ἢ in μὴ mutandum erat   23–24 ἢ ὡς ex Al Bonitz restitui: ἀλλ' ὡς ἢ Π γρ: ἄλλως ἢ J et fort. E¹ qui corr. ἡ: ἢ οὐχ οὕτως ἀλλ' ὡς ἢ Aᵇ: ἀλλ' ἢ ὡς Ross; hae adaptationes factae sunt recepto μή; cf. *Herm.* 52. 499   24 ὡς alt. om. Π   ἀήρ ... 25 φαμεν om. E   25 ἀνὴρ J (E haesitans om. in lac.): ἄνδρα Aᵇ ex coniectura ut vid.; supple cogitando γίγνεται   ὡς seclusi, cf. 31   28 γὰρ Aᵇ (Al?): δὲ Π   994ᵇ 1 ὃ add. Christ, Ross   ἔστι om. Alᶜ Bonitz: ἔστι τι Lasson, Rolfes   9 ἐπεὶ Aᵇ Alᶜ: ἔτι Π; ὥστε in apodosi est usus late patens apud Ar.   10 τι ex Al Bonitz: τὸ codd.

36

ΤΩΝ ΜΕΤΑ ΤΑ ΦΥΣΙΚΑ Α ΕΛΑΤΤΟΝ

τὴν τοῦ ἀγαθοῦ φύσιν (καίτοι οὐθεὶς ἂν ἐγχειρήσειεν οὐδὲν πράττειν μὴ μέλλων ἐπὶ πέρας ἥξειν)· οὐδ' ἂν εἴη νοῦς ἐν τοῖς οὖσιν· ἕνεκα γάρ τινος ἀεὶ πράττει ὅ γε νοῦν ἔχων, τοῦτο δέ ἐστι πέρας· τὸ γὰρ τέλος πέρας ἐστίν. ἀλλὰ μὴν οὐδὲ τὸ τί ἦν εἶναι ἐνδέχεται ἀνάγεσθαι εἰς ἄλλον ὁρισμὸν πλεονάζοντα τῷ λόγῳ· ἀεί τε γὰρ ἔστιν ὁ ἔμπροσθεν μᾶλλον, ὁ δ' ὕστερος οὐκ ἔστιν, οὗ δὲ τὸ πρῶτον μὴ ἔστιν, οὐδὲ τὸ ἐχόμενον· ἔτι τὸ ἐπίστασθαι ἀναιροῦσιν οἱ οὕτως λέγοντες, οὐ γὰρ οἷόν τε εἰδέναι πρὶν εἰς τὰ ἄτομα ἐλθεῖν· καὶ τὸ γιγνώσκειν οὐκ ἔστιν, τὰ γὰρ οὕτως ἄπειρα πῶς ἐνδέχεται νοεῖν; οὐ γὰρ ὅμοιον ἐπὶ τῆς γραμμῆς, ἣ κατὰ τὰς διαιρέσεις μὲν οὐχ ἵσταται, νοῆσαι δ' οὐκ ἔστι μὴ στήσαντα (διόπερ οὐκ ἀριθμήσει τὰς τομὰς ὁ τὴν ἄπειρον διεξιών), ἀλλὰ καὶ τὴν ὕλην ἐν κινουμένῳ νοεῖν ἀνάγκη. καὶ ἀπείρῳ οὐδενὶ ἔστιν εἶναι· εἰ δὲ μή, οὐκ ἄπειρόν γ' ἐστὶ τὸ ἀπείρῳ εἶναι.—ἀλλὰ μὴν καὶ εἰ ἄπειρά γ' ἦσαν πλήθει τὰ εἴδη τῶν αἰτίων, οὐκ ἂν ἦν οὐδ' οὕτω τὸ γιγνώσκειν· τότε γὰρ εἰδέναι οἰόμεθα ὅταν τὰ αἴτια γνωρίσωμεν· τὸ δ' ἄπειρον κατὰ τὴν πρόσθεσιν οὐκ ἔστιν ἐν πεπερασμένῳ διεξελθεῖν.

3 Αἱ δ' ἀκροάσεις κατὰ τὰ ἔθη συμβαίνουσιν· ὡς γὰρ εἰώθαμεν οὕτως ἀξιοῦμεν λέγεσθαι, καὶ τὰ παρὰ ταῦτα οὐχ ὅμοια φαίνεται ἀλλὰ διὰ τὴν ἀσυνήθειαν ἀγνωστότερα καὶ ξενικώτερα· τὸ γὰρ σύνηθες γνώριμον. ἡλίκην δὲ ἰσχὺν ἔχει τὸ σύνηθες οἱ νόμοι δηλοῦσιν, ἐν οἷς τὰ μυθώδη καὶ παιδαριώδη μεῖζον ἰσχύει τοῦ γινώσκειν περὶ αὐτῶν διὰ τὸ ἔθος. οἱ μὲν οὖν ἐὰν μὴ μαθηματικῶς λέγῃ τις οὐκ ἀποδέχονται τῶν λεγόντων, οἱ δ' ἂν μὴ παραδειγματικῶς, οἱ δὲ μάρτυρα ἀξιοῦσιν ἐπάγεσθαι ποιητήν. καὶ οἱ μὲν πάντα

15 τοῖς οὖσιν A^b Al^p: τοιούτοις Π   16 δὲ Christ: γὰρ codd.   τέλος πέρας Π Al^p: πέρας τέλος A^b 21 πρὶν ἢ Π   ἔλθῃ A^b 25 ἀριθμεῖ A^b 26 ἐν Π A^b Al γρ: om. Al^p κινουμένην Al γρ; locus corruptus. ὅλην οὐ κινουμένῳ temptavit Ross: an verba ἀλλὰ ... ἀνάγκη sunt nota lectoris e marg. intrusa?   οὐδενὶ A^b Al^c Π^2: οὐδὲν Π et E γρ   995^a 3 γνωριμώτερον Π   5 διὰ E Al^c: om. A^b J   6-7 cf. E.N. A 1094^{b}27

995ᵃ ΤΩΝ ΜΕΤΑ ΤΑ ΦΥΣΙΚΑ Α ΕΛΑΤΤΟΝ, Β

ἀκριβῶς, τοὺς δὲ λυπεῖ τὸ ἀκριβὲς ἢ διὰ τὸ μὴ δύνασθαι
10 συνείρειν ἢ διὰ τὴν μικρολογίαν· ἔχει γάρ τι τὸ ἀκριβὲς
τοιοῦτον, ὥστε, καθάπερ ἐπὶ τῶν συμβολαίων, καὶ ἐπὶ τῶν
λόγων ἀνελεύθερον εἶναί τισι δοκεῖ. διὸ δεῖ πεπαιδεῦσθαι
πῶς ἕκαστα ἀποδεκτέον, ὡς ἄτοπον ἅμα ζητεῖν ἐπιστήμην
καὶ τρόπον ἐπιστήμης· ἔστι δ' οὐδὲ θάτερον ῥᾴδιον λαβεῖν. τὴν
15 δ' ἀκριβολογίαν τὴν μαθηματικὴν οὐκ ἐν ἅπασιν ἀπαιτη-
τέον, ἀλλ' ἐν τοῖς μὴ ἔχουσιν ὕλην. διόπερ οὐ φυσικὸς ὁ
τρόπος· ἅπασα γὰρ ἴσως ἡ φύσις ἔχει ὕλην. διὸ σκεπτέον
πρῶτον τί ἐστιν ἡ φύσις· οὕτω γὰρ καὶ περὶ τίνων ἡ φυσικὴ
δῆλον ἔσται [καὶ εἰ μιᾶς ἐπιστήμης ἢ πλειόνων τὰ αἴτια καὶ
20 τὰς ἀρχὰς θεωρῆσαί ἐστιν].

Β

Ἀνάγκη πρὸς τὴν ἐπιζητουμένην ἐπιστήμην ἐπελθεῖν ἡμᾶς
25 πρῶτον περὶ ὧν ἀπορῆσαι δεῖ πρῶτον· ταῦτα δ' ἐστὶν ὅσα
τε περὶ αὐτῶν ἄλλως ὑπειλήφασί τινες, κἂν εἴ τι χωρὶς
τούτων τυγχάνει παρεωραμένον. ἔστι δὲ τοῖς εὐπορῆσαι βου-
λομένοις προὔργου τὸ διαπορῆσαι καλῶς· ἡ γὰρ ὕστερον
εὐπορία λύσις τῶν πρότερον ἀπορουμένων ἐστί, λύειν δ' οὐκ
30 ἔστιν ἀγνοοῦντας τὸν δεσμόν, ἀλλ' ἡ τῆς διανοίας ἀπορία
δηλοῖ τοῦτο περὶ τοῦ πράγματος· ᾗ γὰρ ἀπορεῖ, ταύτῃ πα-
ραπλήσιον πέπονθε τοῖς δεδεμένοις· ἀδύνατον γὰρ ἀμφοτέ-
ρως προελθεῖν εἰς τὸ πρόσθεν. διὸ δεῖ τὰς δυσχερείας τε-
θεωρηκέναι πάσας πρότερον, τούτων τε χάριν καὶ διὰ τὸ τοὺς

14 οὐδέτερον Π   17 τρόπος Π Aᵇ Al γρ: λόγος Alᶜ   18 ἡ pr.
om. Π   19-20 haec verba a lectore ex 995ᵇ5-6 hic addita esse docet
Al   24 liber B olim librum A sequebatur. de ā ἔλαττον postea ab
editoribus antiquis interposito cf. ad 992ᵃ30. exstat altera versio librorum
ΒΓΕ in Κ 1-8, 1059ᵃ18-1065ᵃ26 quae multo brevior sed antiquior est.
de lib. Δ, qui ab ea abest, cf. ad 1012ᵇ34. de mutua duarum recensionum
ratione cf. *Entst. d. Met.* 63-89, *Arist.*² 208 sq.   ἐπιζητουμένην Π Alᶜ:
ζητουμένην Aᵇ   25 πρῶτον pr. Π Alᶜ: om. Aᵇ; cf. 996ᵃ18   30 ἀγνοοῦν-
τας Aᵇ Alᵖ: ἀγνοοῦντα Π   32 ἀμφοτέροις Richards

ΤΩΝ ΜΕΤΑ ΤΑ ΦΥΣΙΚΑ Β

ζητοῦντας ἄνευ τοῦ διαπορῆσαι πρῶτον ὁμοίους εἶναι τοῖς ποῖ δεῖ βαδίζειν ἀγνοοῦσι, καὶ πρὸς τούτοις οὐδὲ πότε⟨ρον⟩ τὸ ζητούμενον εὕρηκεν ἢ μὴ γιγνώσκειν· τὸ γὰρ τέλος τούτῳ μὲν οὐ δῆλον τῷ δὲ προηπορηκότι δῆλον. ἔτι δὲ βέλτιον ἀνάγκη ἔχειν πρὸς τὸ κρῖναι τὸν ὥσπερ ἀντιδίκων καὶ τῶν ἀμφισβητούντων λόγων ἀκηκοότα πάντων.—ἔστι δ' ἀπορία πρώτη μὲν περὶ ὧν ἐν τοῖς πεφροιμιασμένοις διηπορήσαμεν, πότερον μιᾶς ἢ πολλῶν ἐπιστημῶν θεωρῆσαι τὰς αἰτίας· καὶ πότερον τὰς τῆς οὐσίας ἀρχὰς τὰς πρώτας ἐστὶ τῆς ἐπιστήμης ἰδεῖν μόνον ἢ καὶ περὶ τῶν ἀρχῶν ἐξ ὧν δεικνύουσι πάντες, οἷον πότερον ἐνδέχεται ταὐτὸ καὶ ἓν ἅμα φάναι καὶ ἀποφάναι ἢ οὔ, καὶ περὶ τῶν ἄλλων τῶν τοιούτων· εἴ τ' ἐστὶ περὶ τὴν οὐσίαν, πότερον μία περὶ πάσας ἢ πλείονές εἰσι, κἂν εἰ πλείονες πότερον ἅπασαι συγγενεῖς ἢ τὰς μὲν σοφίας τὰς δὲ ἄλλο τι λεκτέον αὐτῶν. καὶ τοῦτο δ' αὐτὸ τῶν ἀναγκαίων ἐστὶ ζητῆσαι, πότερον τὰς αἰσθητὰς οὐσίας εἶναι μόνον φατέον ἢ καὶ παρὰ ταύτας ἄλλας, καὶ πότερον μοναχῶς ἢ πλείονα γένη τῶν οὐσιῶν, οἷον οἱ ποιοῦντες τά τε εἴδη καὶ τὰ μαθηματικὰ μεταξὺ τούτων τε καὶ τῶν αἰσθητῶν. περί τε τούτων οὖν, καθάπερ φαμέν, ἐπισκεπτέον, καὶ πότερον περὶ τὰς οὐσίας ἡ θεωρία μόνον ἐστὶν ἢ καὶ περὶ τὰ συμβεβηκότα καθ' αὑτὰ ταῖς οὐσίαις, πρὸς δὲ τούτοις περὶ ταὐτοῦ καὶ ἑτέρου καὶ ὁμοίου καὶ ἀνομοίου καὶ ἐναντιότητος, καὶ περὶ προτέρου καὶ ὑστέρου καὶ τῶν ἄλλων ἁπάντων τῶν τοιούτων περὶ ὅσων οἱ διαλεκτικοὶ πειρῶνται σκοπεῖν ἐκ τῶν ἐνδόξων μόνων ποιούμενοι τὴν σκέψιν, τίνος ἐστὶ θεωρῆσαι περὶ πάντων· ἔτι δὲ τούτοις αὐτοῖς ὅσα καθ'

995ᵇ4–6, cf. 996ᵃ18—ᵇ26   6–10, cf. 996ᵇ26—997ᵃ15   10–13,
cf. 997ᵃ15–25   13–18, cf. 997ᵃ34—998ᵃ19   18–27, cf. 997ᵃ25–34

36 οὐδὲ πότε⟨ρον⟩ scripsi : οὐδ' εἴ ποτε E : οὐδέποτε JAᵇ Ascl   995ᵇ 1 εἰ εὕρηκεν Aᵇ   2 δὲ alt. om. Aᵇ   5 πεπροοιμ. E   πρότερον J 6 ἐστὶν post πολλῶν add. Aᵇ; cf. 995ᵃ19   16 πλεοναχῶς τὰ γ. τ. οὐσιῶν Aᵇ ex var. lect. ¦πλείονα γένη τ. οὐσιῶν et πλεοναχῶς conflatum vid. ; cf. 997ᵃ35 24 μόνον Π

ΤΩΝ ΜΕΤΑ ΤΑ ΦΥΣΙΚΑ Β

αὐτὰ συμβέβηκεν, καὶ μὴ μόνον τί ἐστι τούτων ἕκαστον ἀλλὰ καὶ ἆρα ἓν ἑνὶ ἐναντίον· καὶ πότερον αἱ ἀρχαὶ καὶ τὰ στοιχεῖα τὰ γένη ἐστὶν ἢ εἰς ἃ διαιρεῖται ἐνυπάρχοντα ἕκαστον· καὶ εἰ τὰ γένη, πότερον ὅσα ἐπὶ τοῖς ἀτόμοις λέ-
30 γεται τελευταῖα ἢ τὰ πρῶτα, οἷον πότερον ζῷον ἢ ἄνθρωπος ἀρχή τε καὶ μᾶλλον ἔστι παρὰ τὸ καθ' ἕκαστον. μάλιστα δὲ ζητητέον καὶ πραγματευτέον πότερον ἔστι τι παρὰ τὴν ὕλην αἴτιον καθ' αὑτὸ ἢ οὔ, καὶ τοῦτο χωριστὸν ἢ οὔ, καὶ πότερον ἓν ἢ πλείω τὸν ἀριθμόν, καὶ πότερον ἔστι τι παρὰ τὸ
35 σύνολον (λέγω δὲ τὸ σύνολον, ὅταν κατηγορηθῇ τι τῆς ὕλης) ἢ οὐθέν, ἢ τῶν μὲν τῶν δ' οὔ, καὶ ποῖα τοιαῦτα τῶν ὄντων.
996ᵃ ἔτι αἱ ἀρχαὶ πότερον ἀριθμῷ ἢ εἴδει ὡρισμέναι, καὶ αἱ ἐν τοῖς λόγοις καὶ αἱ ἐν τῷ ὑποκειμένῳ; καὶ πότερον τῶν φθαρτῶν καὶ ἀφθάρτων αἱ αὐταὶ ἢ ἕτεραι, καὶ πότερον ἄφθαρτοι πᾶσαι ἢ τῶν φθαρτῶν φθαρταί; ἔτι δὲ τὸ πάν-
5 των χαλεπώτατον καὶ πλείστην ἀπορίαν ἔχον, πότερον τὸ ἓν καὶ τὸ ὄν, καθάπερ οἱ Πυθαγόρειοι καὶ Πλάτων ἔλεγον, οὐχ ἕτερόν τί ἐστιν ἀλλ' οὐσία τῶν ὄντων, ἢ οὔ, ἀλλ' ἕτερόν τι τὸ ὑποκείμενον, ὥσπερ Ἐμπεδοκλῆς φησὶ φιλίαν ἄλλος δέ τις πῦρ ὁ δὲ ὕδωρ ἢ ἀέρα· καὶ πότερον αἱ ἀρχαὶ
10 καθόλου εἰσὶν ἢ ὡς τὰ καθ' ἕκαστα τῶν πραγμάτων, καὶ δυνάμει ἢ ἐνεργείᾳ· ἔτι πότερον ἄλλως ἢ κατὰ κίνησιν· καὶ γὰρ ταῦτα ἀπορίαν ἂν παράσχοι πολλήν. πρὸς δὲ τούτοις πότερον οἱ ἀριθμοὶ καὶ τὰ μήκη καὶ τὰ σχήματα

995ᵇ27-29, cf. 998ᵃ20—ᵇ14   29-31, cf. 998ᵇ14—999ᵃ23   31-36,
cf. 999ᵃ24—ᵇ24   996ᵃ1-2, cf. 999ᵇ24—1000ᵃ4   2-4, cf.
1000ᵃ5—1001ᵃ3   4-9, cf. 1001ᵃ4—ᵇ25   9-10, cf. 1003ᵃ5-17
10-11, cf. 1002ᵇ32—1003ᵃ5   12-15, cf. 1001ᵇ26—1002ᵇ11

---

29 εἰ om. Π   31 μάλιστα Π: μᾶλλον Aᵇ   33 καθ' αὑτὸ ἢ οὔ Π
Alᵖ: om. Aᵇ   καὶ ... οὔ J Aᵇ Alᵖ: om. E; eratne var. lect. an excidit homoeoteleuto?   36 ὁπόσα Alᵖ   τοιαῦτα AᵇΠ: ταῦτα recc. Alᵖ
996ᵃ 1 αἱ alt. t ˜ αἱ om. Aᵇ Syrᶜ, alt. om. J   6 ἔλεγον J corr. E²:
ἔλεγεν Aᵇ E s   9 ἢ Π: ὁ δὲ Aᵇ   11 δυνάμει ἢ ἐνεργείᾳ Π
Alᶜ: om. Aᵇ

ΤΩΝ ΜΕΤΑ ΤΑ ΦΥΣΙΚΑ Β 996ª

καὶ αἱ στιγμαὶ οὐσίαι τινές εἰσιν ἢ οὔ, κἂν εἰ οὐσίαι πότερον κεχωρισμέναι τῶν αἰσθητῶν ἢ ἐνυπάρχουσαι ἐν τούτοις; περὶ γὰρ τούτων ἁπάντων οὐ μόνον χαλεπὸν τὸ εὐπορῆσαι τῆς ἀληθείας ἀλλ' οὐδὲ τὸ διαπορῆσαι τῷ λόγῳ ῥᾴδιον καλῶς.

2 Πρῶτον μὲν οὖν περὶ ὧν πρῶτον εἴπομεν, πότερον μιᾶς ἢ πλειόνων ἐστὶν ἐπιστημῶν θεωρῆσαι πάντα τὰ γένη τῶν αἰτίων. μιᾶς μὲν γὰρ ἐπιστήμης πῶς ἂν εἴη μὴ ἐναντίας οὔσας τὰς ἀρχὰς γνωρίζειν; ἔτι δὲ πολλοῖς τῶν ὄντων οὐχ ὑπάρχουσι πᾶσαι· τίνα γὰρ τρόπον οἷόν τε κινήσεως ἀρχὴν εἶναι ⟨ἐν⟩ τοῖς ἀκινήτοις ἢ τὴν τἀγαθοῦ φύσιν, εἴπερ ἅπαν ὃ ἂν ᾖ ἀγαθὸν καθ' αὑτὸ καὶ διὰ τὴν αὑτοῦ φύσιν τέλος ἐστὶν καὶ οὕτως αἴτιον ὅτι ἐκείνου ἕνεκα καὶ γίγνεται καὶ ἔστι τἆλλα, τὸ δὲ τέλος καὶ τὸ οὗ ἕνεκα πράξεώς τινός ἐστι τέλος, αἱ δὲ πράξεις πᾶσαι μετὰ κινήσεως; ὥστ' ἐν τοῖς ἀκινήτοις οὐκ ἂν ἐνδέχοιτο ταύτην εἶναι τὴν ἀρχὴν οὐδ' εἶναί τι αὐτοαγαθόν. διὸ καὶ ἐν τοῖς μαθήμασιν οὐθὲν δείκνυται διὰ ταύτης τῆς αἰτίας, οὐδ' ἔστιν ἀπόδειξις οὐδεμία διότι βέλτιον ἢ χεῖρον, ἀλλ' οὐδὲ τὸ παράπαν μέμνηται οὐθεὶς οὐθενὸς τῶν τοιούτων, ὥστε διὰ ταῦτα τῶν σοφιστῶν τινὲς οἷον Ἀρίστιππος προεπηλάκιζεν αὐτάς· ἐν μὲν γὰρ ταῖς ἄλλαις τέχναις, καὶ ταῖς βαναύσοις, οἷον ἐν τεκτονικῇ καὶ σκυτικῇ, διότι βέλτιον ἢ χεῖρον λέγεσθαι πάντα, τὰς δὲ μαθηματικὰς οὐθένα ποιεῖσθαι λόγον περὶ ἀγαθῶν καὶ κακῶν.—ἀλλὰ μὴν 996ᵇ εἴ γε πλείους ἐπιστῆμαι τῶν αἰτίων εἰσὶ καὶ ἑτέρα ἑτέρας ἀρχῆς, τίνα τούτων φατέον εἶναι τὴν ζητουμένην, ἢ τίνα μάλιστα τοῦ πράγματος τοῦ ζητουμένου ἐπιστήμονα τῶν ἐχόντων αὐτάς; ἐνδέχεται γὰρ τῷ αὐτῷ πάντας τοὺς τρόπους [τοὺς] τῶν

996ª18—ᵇ26, cf. 995ᵇ4–6, K 1059ª20–23 (996ª21—ᵇ1, cf. 1059ª34–38)

15 ἐνυπάρχουσαι om. Π Al(?)   23 ἐν addidi, fort. Al Ascl; cf. 27, 1059ª38, 1072ᵇ1; *Herm.* 52. 492   33 αὐτά Goebel, sed attrahitur ad sq. 33, 35   34 βαναύσοις αὐταῖς Aᵇ   996ᵇ 1 κακῶν Π Alᶜ: καλῶν Aᵇ   2 ἑτέρα Π Alᵖ: ἕτεραι Aᵇ   4 τοῦ ζητουμένου Π Alᶜ: om. Aᵇ   5 τοὺς om. recc. Alᶜ, del. Bonitz

αἰτίων ὑπάρχειν, οἷον οἰκίας ὅθεν μὲν ἡ κίνησις ἡ τέχνη καὶ ὁ οἰκοδόμος, οὗ δ' ἕνεκα τὸ ἔργον, ὕλη δὲ γῆ καὶ λίθοι, τὸ δ' εἶδος ὁ λόγος. ἐκ μὲν οὖν τῶν πάλαι διωρισμένων τίνα χρὴ καλεῖν τῶν ἐπιστημῶν σοφίαν ἔχει λόγον ἑκάστην 10 προσαγορεύειν· ᾗ μὲν γὰρ ἀρχικωτάτη καὶ ἡγεμονικωτάτη καὶ ᾗ ὥσπερ δούλας οὐδ' ἀντειπεῖν τὰς ἄλλας ἐπιστήμας δίκαιον, ἡ τοῦ τέλους καὶ τἀγαθοῦ τοιαύτη (τούτου γὰρ ἕνεκα τἆλλα), ᾗ δὲ τῶν πρώτων αἰτίων καὶ τοῦ μάλιστα ἐπιστητοῦ διωρίσθη εἶναι, ἡ τῆς οὐσίας ἂν εἴη τοιαύτη· πολλαχῶς γὰρ 15 ἐπισταμένων τὸ αὐτὸ μᾶλλον μὲν εἰδέναι φαμὲν τὸν τῷ εἶναι γνωρίζοντα τί τὸ πρᾶγμα ἢ τῷ μὴ εἶναι, αὐτῶν δὲ τούτων ἕτερον ἑτέρου μᾶλλον, καὶ μάλιστα τὸν τί ἐστιν ἀλλ' οὐ τὸν πόσον ἢ ποῖον ἢ τί ποιεῖν ἢ πάσχειν πέφυκεν. ἔτι δὲ καὶ ἐν τοῖς ἄλλοις τὸ εἰδέναι ἕκαστον [καὶ ὧν ἀποδείξεις 20 εἰσί,] τότ' οἰόμεθα ὑπάρχειν ὅταν εἰδῶμεν τί ἐστιν (οἷον τί ἐστι τὸ τετραγωνίζειν, ὅτι μέσης εὕρεσις· ὁμοίως δὲ καὶ ἐπὶ τῶν ἄλλων), περὶ δὲ τὰς γενέσεις καὶ τὰς πράξεις καὶ περὶ πᾶσαν μεταβολὴν ὅταν εἰδῶμεν τὴν ἀρχὴν τῆς κινήσεως· τοῦτο δ' ἕτερον καὶ ἀντικείμενον τῷ τέλει, ὥστ' ἄλλης ἂν 25 δόξειεν ἐπιστήμης εἶναι τὸ θεωρῆσαι τῶν αἰτίων τούτων ἕκαστον.——ἀλλὰ μὴν καὶ περὶ τῶν ἀποδεικτικῶν ἀρχῶν, πότερον μιᾶς ἐστὶν ἐπιστήμης ἢ πλειόνων, ἀμφισβητήσιμόν ἐστιν (λέγω δὲ ἀποδεικτικὰς τὰς κοινὰς δόξας ἐξ ὧν ἅπαντες δεικνύουσιν) οἷον ὅτι πᾶν ἀναγκαῖον ἢ φάναι ἢ ἀποφάναι, καὶ 30 ἀδύνατον ἅμα εἶναι καὶ μὴ εἶναι, καὶ ὅσαι ἄλλαι τοιαῦται προτάσεις, πότερον μία τούτων ἐπιστήμη καὶ τῆς οὐσίας ἢ ἑτέρα, κἂν εἰ μὴ μία, ποτέραν χρὴ προσαγορεύειν τὴν ζη-

996[b]26—997[a]15, cf. 995[b]6–10, 1059[a]23–26

8 cf. 982[a]4 sq.   9 οὐδαμῶς ἔχει λ. A[b], cf. 24   10 ᾗ γενικωτάτη A[b]   13–14 ᾗ δὲ ... διωρίσθη] cf. 982[b]1 sq.   19–20 verba καὶ ... εἰσί, quae definitionem sciendi interrumpunt, delevi, in perversa eorum collocatione iam haesitabat Al p. 185. 22. ad 22 ἄλλων pertinere videntur 24 οὐκ ἄλλης coniecit Al ex quo E γρ, cf. ad 9

τουμένην νῦν. μιᾶς μὲν οὖν οὐκ εὔλογον εἶναι· τί γὰρ μᾶλλον γεωμετρίας ἢ ὁποιασοῦν περὶ τούτων ἐστὶν ἴδιον τὸ ἐπαΐειν; εἴπερ οὖν ὁμοίως μὲν ὁποιασοῦν ἐστίν, ἁπασῶν δὲ μὴ ἐνδέχεται, ὥσπερ οὐδὲ τῶν ἄλλων οὕτως οὐδὲ τῆς γνωριζούσης τὰς οὐσίας ἴδιόν ἐστι τὸ γιγνώσκειν περὶ αὐτῶν. ἅμα δὲ καὶ τίνα τρόπον ἔσται αὐτῶν ἐπιστήμη; τί μὲν γὰρ ἕκαστον τούτων τυγχάνει ὂν καὶ νῦν γνωρίζομεν (χρῶνται γοῦν ὡς γιγνωσκομένοις αὐτοῖς καὶ ἄλλαι τέχναι)· εἰ δὲ ἀποδεικτικὴ περὶ αὐτῶν ἐστί, δεήσει τι γένος εἶναι ὑποκείμενον καὶ τὰ μὲν πάθη τὰ δ' ἀξιώματ' αὐτῶν (περὶ πάντων γὰρ ἀδύνατον ἀπόδειξιν εἶναι), ἀνάγκη γὰρ ἔκ τινων εἶναι καὶ περί τι καὶ τινῶν τὴν ἀπόδειξιν· ὥστε συμβαίνει πάντων εἶναι γένος ἕν τι τῶν δεικνυμένων, πᾶσαι γὰρ αἱ ἀποδεικτικαὶ χρῶνται τοῖς ἀξιώμασιν.—ἀλλὰ μὴν εἰ ἑτέρα ἡ τῆς οὐσίας καὶ ἡ περὶ τούτων, ποτέρα κυριωτέρα καὶ προτέρα πέφυκεν αὐτῶν; καθόλου γὰρ μάλιστα καὶ πάντων ἀρχαὶ τὰ ἀξιώματά ἐστιν, εἴ τ' ἐστὶ μὴ τοῦ φιλοσόφου, τίνος ἔσται περὶ αὐτῶν ἄλλου τὸ θεωρῆσαι τὸ ἀληθὲς καὶ τὸ ψεῦδος;—ὅλως τε τῶν οὐσιῶν πότερον μία πασῶν ἐστὶν ἢ πλείους ἐπιστῆμαι; εἰ μὲν οὖν μὴ μία, ποίας οὐσίας θετέον τὴν ἐπιστήμην ταύτην; τὸ δὲ μίαν πασῶν οὐκ εὔλογον· καὶ γὰρ ἂν ἀποδεικτικὴ μία περὶ πάντων εἴη τῶν συμβεβηκότων, εἴπερ πᾶσα ἀποδεικτικὴ περί τι ὑποκείμενον θεωρεῖ τὰ καθ' αὑτὰ συμβεβηκότα ἐκ τῶν κοινῶν δοξῶν. περὶ οὖν τὸ αὐτὸ γένος τὰ συμβεβηκότα καθ' αὑτὰ τῆς αὐτῆς ἐστι θεωρῆσαι ἐκ τῶν αὐτῶν δοξῶν. περί τε γὰρ ὃ μιᾶς καὶ ἐξ ὧν μιᾶς, εἴτε τῆς αὐτῆς εἴτε ἀλ-

997ᵃ15-25, cf. 995ᵇ10-13, 1059ᵃ26-29

33 τί γὰρ ⟨οὐ⟩ μᾶλλον Schwegler, potius μᾶλλον ταύτης ἢ γεωμετρίας postulabat Christ, sed τί μᾶλλον idem est quod οὐδὲν μᾶλλον de cuius usu Aristotelico cf. ad 990ᵃ14 et 985ᵇ9 (Herm. 52. 487)   34 τῶν περὶ Aᵇ 997ᵃ 5 καὶ αἱ Al (?) Richards   9 ἐν Π Alᶜ: om. Aᵇ   15 τὸ alt. om. Π Alᵖ   18 εὔλογον Π Ascl Syr: ἄλογον Aᵇ   23 ὃ Aᵇ Alᶜ: τὸ ὅτι Π Syr

λης, ὥστε καὶ τὰ συμβεβηκότα εἴθ' αὗται θεωροῦσιν εἴτ'
ἐκ τούτων μία.—ἔτι δὲ πότερον περὶ τὰς οὐσίας ἡ
θεωρία μόνον ἐστὶν ἢ καὶ περὶ τὰ συμβεβηκότα ταύταις; λέγω
δ' οἷον, εἰ τὸ στερεὸν οὐσία τίς ἐστι καὶ γραμμαὶ καὶ ἐπί-
πεδα, πότερον τῆς αὐτῆς ταῦτα γνωρίζειν ἐστὶν ἐπιστήμης καὶ
τὰ συμβεβηκότα περὶ ἕκαστον γένος περὶ ὧν αἱ μαθημα-
τικαὶ δεικνύουσιν, ἢ ἄλλης. εἰ μὲν γὰρ τῆς αὐτῆς, ἀπο-
δεικτική τις ἂν εἴη καὶ ἡ τῆς οὐσίας, οὐ δοκεῖ δὲ τοῦ τί
ἐστιν ἀπόδειξις εἶναι· εἰ δ' ἑτέρας, τίς ἔσται ἡ θεωροῦσα περὶ
τὴν οὐσίαν τὰ συμβεβηκότα; τοῦτο γὰρ ἀποδοῦναι παγχά-
λεπον.—ἔτι δὲ πότερον τὰς αἰσθητὰς οὐσίας μόνας εἶναι
φατέον ἢ καὶ παρὰ ταύτας ἄλλας, καὶ πότερον μοναχῶς ἢ
πλείω γένη τετύχηκεν ὄντα τῶν οὐσιῶν, οἷον οἱ λέγοντες τά
τε εἴδη καὶ τὰ μεταξύ, περὶ ἃ τὰς μαθηματικὰς εἶναί φα-
σιν ἐπιστήμας; ὡς μὲν οὖν λέγομεν τὰ εἴδη αἴτιά τε καὶ
οὐσίας εἶναι καθ' ἑαυτὰς εἴρηται ἐν τοῖς πρώτοις λόγοις περὶ
αὐτῶν· πολλαχῇ δὲ ἐχόντων δυσκολίαν, οὐθενὸς ἧττον ἄτο-
πον τὸ φάναι μὲν εἶναί τινας φύσεις παρὰ τὰς ἐν τῷ
οὐρανῷ, ταύτας δὲ τὰς αὐτὰς φάναι τοῖς αἰσθητοῖς πλὴν ὅτι
τὰ μὲν ἀίδια τὰ δὲ φθαρτά. αὐτὸ γὰρ ἄνθρωπόν φασιν
εἶναι καὶ ἵππον καὶ ὑγίειαν, ἄλλο δ' οὐδέν, παραπλήσιον
ποιοῦντες τοῖς θεοὺς μὲν εἶναι φάσκουσιν ἀνθρωποειδεῖς δέ·
οὔτε γὰρ ἐκεῖνοι οὐδὲν ἄλλο ἐποίουν ἢ ἀνθρώπους ἀιδίους, οὔθ'

997ᵃ25–34, cf. 995ᵇ18–27, 1059ᵃ29–34   34—998ᵃ19, cf. 995ᵇ13–
18, 1059ᵃ38—ᵇ21

24 εἴθ' αὗται Aᵇ Alᶜ (194. 3): εἴθ' αἱ αὐταὶ Al γρ: εἴτ' αὐταὶ Π   θεω-
ροῦσιν Aᵇ Alᶜ: θεωρήσουσιν Π Ascl Syr   25 μόνον ἡ θεωρία Aᵇ; cf.
995ᵇ19, 997ᵇ27, 998ᵃ11   28 ἐστὶν Aᵇ: om. Π   34 πότερον ...
997ᵇ3 ἐπιστήμας] haec verba iterantur 995ᵇ14–17   997ᵇ 3 λέγομεν]
ad hanc primam personam pluralis qua utitur Ar. iunior ubi de doctrina
Platonica loquitur; cf. ad 990ᵇ, Alex. 196. 122 sq. et Entst. d. Met. 73
4 εἴρηται] cf. lib. A cap. 6 et 9   5 πολλαχῇ ... δυσκολίαν Π Ascl
Syr: πολλὰς ... δυσκολίας Aᵇ Alᵖ   7 ὅτι] τι Aᵇ; cf. 999ᵃ20   10
θεοὺς Π Al: τοὺς θ. Aᵇ   δὲ εἶναι Aᵇ

ΤΩΝ ΜΕΤΑ ΤΑ ΦΥΣΙΚΑ Β

οὗτοι τὰ εἴδη ἄλλ' ἢ αἰσθητὰ ἀίδια. ἔτι δὲ εἴ τις παρὰ τὰ εἴδη καὶ τὰ αἰσθητὰ τὰ μεταξὺ θήσεται, πολλὰς ἀπορίας ἕξει· δῆλον γὰρ ὡς ὁμοίως γραμμαί τε παρ' αὐτὰς καὶ τὰς αἰσθητὰς ἔσονται καὶ ἕκαστον τῶν ἄλλων γενῶν· ὥστ' ἐπείπερ ἡ ἀστρολογία μία τούτων ἐστίν, ἔσται τις καὶ οὐρανὸς παρὰ τὸν αἰσθητὸν οὐρανὸν καὶ ἥλιός τε καὶ σελήνη καὶ τἆλλα ὁμοίως τὰ κατὰ τὸν οὐρανόν. καίτοι πῶς δεῖ πιστεῦσαι τούτοις; οὐδὲ γὰρ ἀκίνητον εὔλογον εἶναι, κινούμενον δὲ καὶ παντελῶς ἀδύνατον· ὁμοίως δὲ καὶ περὶ ὧν ἡ ὀπτικὴ πραγματεύεται καὶ ἡ ἐν τοῖς μαθήμασιν ἁρμονική· καὶ γὰρ ταῦτα ἀδύνατον εἶναι παρὰ τὰ αἰσθητὰ διὰ τὰς αὐτὰς αἰτίας· εἰ γὰρ ἔστιν αἰσθητὰ μεταξὺ καὶ αἰσθήσεις, δῆλον ὅτι καὶ ζῷα ἔσονται μεταξὺ αὐτῶν τε καὶ τῶν φθαρτῶν. ἀπορήσειε δ' ἄν τις καὶ περὶ ποῖα τῶν ὄντων δεῖ ζητεῖν ταύτας τὰς ἐπιστήμας. εἰ γὰρ τούτῳ διοίσει τῆς γεωδαισίας ἡ γεωμετρία μόνον, ὅτι ἡ μὲν τούτων ἐστὶν ὧν αἰσθανόμεθα ἡ δ' οὐκ αἰσθητῶν, δῆλον ὅτι καὶ παρ' ἰατρικὴν ἔσται τις ἐπιστήμη καὶ παρ' ἑκάστην τῶν ἄλλων μεταξὺ αὐτῆς τε ἰατρικῆς καὶ τῆσδε τῆς ἰατρικῆς· καίτοι πῶς τοῦτο δυνατόν; καὶ γὰρ ἂν ὑγιείν' ἄττα εἴη παρὰ τὰ αἰσθητὰ καὶ αὐτὸ τὸ ὑγιεινόν. ἅμα δὲ οὐδὲ τοῦτο ἀληθές, ὡς ἡ γεωδαισία τῶν αἰσθητῶν ἐστὶ μεγεθῶν καὶ φθαρτῶν· ἐφθείρετο γὰρ ἂν φθιρομένων.—ἀλλὰ μὴν οὐδὲ τῶν αἰσθητῶν ἂν εἴη μεγεθῶν οὐδὲ περὶ τὸν οὐρανὸν ἡ ἀστρολογία τόνδε. οὔτε γὰρ αἱ αἰσθηταὶ γραμμαὶ τοιαῦταί εἰσιν οἵας λέγει ὁ γεωμέτρης (οὐθὲν γὰρ εὐθὺ τῶν αἰσθητῶν οὕτως οὐδὲ στρογγύλον· ἅπτεται γὰρ τοῦ κανόνος οὐ κατὰ στιγμὴν ὁ κύκλος ἀλλ' ὥσπερ Πρωταγόρας ἔλεγεν ἐλέγχων τοὺς γεωμέτρας), οὔθ' αἱ κινήσεις καὶ ἕλικες τοῦ οὐρανοῦ οἷαι περὶ ὧν ἡ ἀστρολογία ποιεῖται τοὺς

14 παρὰ ταύτας Aᵇ; cf. 991ᵃ30, 997ᵇ24: παρά τ' αὐτὰς ex Alᵖ Ross   23 μεταξύ, καὶ αἰσθήσεις ⟨εἰ δ' αἰσθήσεις⟩ δῆλον Alᵖ   25 περὶ Aᵇ: παρὰ Π   27 ὧν Aᵇ: ἆ Π   34 τῶν om. Λᵇ   35 οὐδὲ ... ἡ ἀστρ. Π Al: οὐδ' ἡ ... ἀστρ. Aᵇ   998ᵃ 5 οἷαι correxi: ὅμοιαι Π: om. Aᵇ: τοιαῦται ὁποῖαι Alᵖ hic et al.; cf. Herm. 52. 488-90

λόγους, οὔτε τὰ σημεῖα τοῖς ἄστροις τὴν αὐτὴν ἔχει φύσιν. εἰσὶ δέ τινες οἵ φασιν εἶναι μὲν τὰ μεταξὺ ταῦτα λεγόμενα τῶν τε εἰδῶν καὶ τῶν αἰσθητῶν, οὐ μὴν χωρίς γε τῶν αἰσθητῶν ἀλλ' ἐν τούτοις· οἷς τὰ συμβαίνοντα ἀδύνατα πάντα
10 μὲν πλείονος λόγου διελθεῖν, ἱκανὸν δὲ καὶ τὰ τοιαῦτα θεωρῆσαι. οὔτε γὰρ ἐπὶ τούτων εὔλογον ἔχειν οὕτω μόνον, ἀλλὰ δῆλον ὅτι καὶ τὰ εἴδη ἐνδέχοιτ' ἂν ἐν τοῖς αἰσθητοῖς εἶναι (τοῦ γὰρ αὐτοῦ λόγου ἀμφότερα ταῦτά ἐστιν), ἔτι δὲ δύο στερεὰ ἐν τῷ αὐτῷ ἀναγκαῖον εἶναι τόπῳ, καὶ μὴ εἶναι ἀκί-
15 νητα ἐν κινουμένοις γε ὄντα τοῖς αἰσθητοῖς. ὅλως δὲ τίνος ἕνεκ' ἄν τις θείη εἶναι μὲν αὐτά, εἶναι δ' ἐν τοῖς αἰσθητοῖς; ταὐτὰ γὰρ συμβήσεται ἄτοπα τοῖς προειρημένοις· ἔσται γὰρ οὐρανός τις παρὰ τὸν οὐρανόν, πλήν γ' οὐ χωρὶς ἀλλ' ἐν τῷ αὐτῷ τόπῳ· ὅπερ ἐστὶν ἀδυνατώτερον.

20 Περί τε τούτων οὖν ἀπορία πολλὴ πῶς δεῖ θέμενον τυ- 3 χεῖν τῆς ἀληθείας, καὶ περὶ τῶν ἀρχῶν πότερον δεῖ τὰ γένη στοιχεῖα καὶ ἀρχὰς ὑπολαμβάνειν ἢ μᾶλλον ἐξ ὧν ἐνυπαρχόντων ἐστὶν ἕκαστον πρώτων, οἷον φωνῆς στοιχεῖα καὶ ἀρχαὶ δοκοῦσιν εἶναι ταῦτ' ἐξ ὧν σύγκεινται αἱ φωναὶ
25 πρώτων, ἀλλ' οὐ τὸ κοινὸν ἡ φωνή· καὶ τῶν διαγραμμάτων ταῦτα στοιχεῖα λέγομεν ὧν αἱ ἀποδείξεις ἐνυπάρχουσιν ἐν ταῖς τῶν ἄλλων ἀποδείξεσιν ἢ πάντων ἢ τῶν πλείστων· ἔτι δὲ τῶν σωμάτων καὶ οἱ πλείω λέγοντες εἶναι στοιχεῖα καὶ οἱ ἕν, ἐξ ὧν σύγκειται [καὶ ἐξ ὧν συνέστηκεν] ἀρχὰς λέ-
30 γουσιν εἶναι, οἷον Ἐμπεδοκλῆς πῦρ καὶ ὕδωρ καὶ τὰ μετὰ

998ᵃ20—ᵇ14, ᵇ14—999ᵃ23, cf. 995ᵇ27-29, 29-31, 1059ᵇ21—1060ᵃ1

9 οἷς] Eudoxus, cf. 991ᵃ14 sq. et Al 201. 15 οἵ E¹ J²   13 δὲ J Aᵇ : τε E
19 ὃ Aᵇ   20 οὖν om. Aᵇ   21 πότερα Π   22 ὑπαρχόντων Aᵇ
23 πρώτων E² Al : πρῶτον Π Aᵇ   24 φωναὶ πᾶσαι Π Asclᶜ   26
ἐνυπάρχοντα Aᵇ falso ex Al 202. 13 et 17   27 τῶν ἄλλων Π Asclᶜ :
τούτων Aᵇ   29 σύγκειται Asclᶜ : σύγκεινται Π Aᵇ, cf. 24   καὶ ...
συνέστηκεν var. lect. seclusi, cf. 1001ᵇ33 al.   30 μετὰ E (eras.) J
Asclᶜ : μεταξὺ Aᵇ

ΤΩΝ ΜΕΤΑ ΤΑ ΦΥΣΙΚΑ Β 998ᵃ

τούτων στοιχεῖά φησιν εἶναι ἐξ ὧν ἐστὶ τὰ ὄντα ἐνυπαρχόντων, ἀλλ' οὐχ ὡς γένη λέγει ταῦτα τῶν ὄντων. πρὸς δὲ τούτοις καὶ τῶν ἄλλων εἴ τις ἐθέλει τὴν φύσιν ἀθρεῖν, οἷον κλίνης, ⟨ὅταν 998ᵇ γνῷ⟩ ἐξ ὧν μορίων συνέστηκε καὶ πῶς συγκειμένων, τότε γνωρίζει τὴν φύσιν αὐτῆς.—ἐκ μὲν οὖν τούτων τῶν λόγων οὐκ ἂν εἴησαν αἱ ἀρχαὶ τὰ γένη τῶν ὄντων· εἰ δ' ἕκαστον μὲν γνωρίζομεν διὰ τῶν ὁρισμῶν, ἀρχαὶ δὲ τὰ γένη τῶν ὁρισμῶν 5 εἰσίν, ἀνάγκη καὶ τῶν ὁριστῶν ἀρχὰς εἶναι τὰ γένη. κἂν εἰ ἔστι τὴν τῶν ὄντων λαβεῖν ἐπιστήμην τὸ τῶν εἰδῶν λαβεῖν καθ' ἃ λέγονται τὰ ὄντα, τῶν γε εἰδῶν ἀρχαὶ τὰ γένη εἰσίν. φαίνονται δέ τινες καὶ τῶν λεγόντων στοιχεῖα τῶν ὄντων τὸ ἓν ἢ τὸ ὂν ἢ τὸ μέγα καὶ μικρὸν ὡς γένεσιν αὐτοῖς χρῆ- 10 σθαι.—ἀλλὰ μὴν οὐδὲ ἀμφοτέρως γε οἷόν τε λέγειν τὰς ἀρχάς. ὁ μὲν γὰρ λόγος τῆς οὐσίας εἷς· ἕτερος δ' ἔσται ὁ διὰ τῶν γενῶν ὁρισμὸς καὶ ὁ λέγων ἐξ ὧν ἔστιν ἐνυπαρχόντων.——πρὸς δὲ τούτοις εἰ καὶ ὅτι μάλιστα ἀρχαὶ τὰ γένη εἰσί, πότερον δεῖ νομίζειν τὰ πρῶτα τῶν γενῶν ἀρχὰς ἢ τὰ 15 ἔσχατα κατηγορούμενα ἐπὶ τῶν ἀτόμων; καὶ γὰρ τοῦτο ἔχει ἀμφισβήτησιν. εἰ μὲν γὰρ ἀεὶ τὰ καθόλου μᾶλλον ἀρχαί, φανερὸν ὅτι τὰ ἀνωτάτω τῶν γενῶν· ταῦτα γὰρ λέγεται κατὰ πάντων. τοσαῦται οὖν ἔσονται ἀρχαὶ τῶν ὄντων ὅσα- περ τὰ πρῶτα γένη, ὥστ' ἔσται τό τε ὂν καὶ τὸ ἓν ἀρχαὶ καὶ 20 οὐσίαι· ταῦτα γὰρ κατὰ πάντων μάλιστα λέγεται [τῶν ὄντων]. οὐχ οἷόν τε δὲ τῶν ὄντων ἓν εἶναι γένος οὔτε τὸ ἓν οὔτε τὸ ὄν· ἀνάγκη μὲν γὰρ τὰς διαφορὰς ἑκάστου γένους καὶ εἶναι καὶ

998ᵇ 1 τῶν ἄλλων] scil. τεχνητῶν   κλίνην codd. : κλίνης Alᵖ Susemihl   ὅταν γνῷ supplevi, cf. ad orationis formam 983ᵃ25, 996ᵇ20, 1028ᵃ36 sq. 2 συνέστηκε Aᵇ Alᵖ : ἐστὶ Π   καὶ τότε Aᵇ ex coniectura   4 εἰ Aᵇ Ascl: ᾗ Π   6 κἂν Π: καὶ Aᵇ   8 καθ' ἃ Π Alᵖ: καθὸ Aᵇ 10 ᾗ pr. Π: καὶ Aᵇ   15 πότερα Π   17 ἀεὶ ex Alᵖ Bonitz: δεῖ Aᵇ: ὅτι Π Ascl; de ἀεὶ cum compar. cf. ad 993ᵇ27   ἀρχάς Aᵇ E corr. E² 18–19 ταῦτα ... πάντων om. Al, var. lect. est ad 21, cf. Herm. 52. 490 21 τῶν ὄντων om. Alᶜ, seclusi, cf. 18.   κατὰ π. μάλιστα idem est quod μάλιστα καθόλου, cf. 999ᵃ21, 1001ᵃ21 al.   22 εἶναι γένος post ὄν coll. Aᵇ, om. τῶν ὄντων ἓν

ΤΩΝ ΜΕΤΑ ΤΑ ΦΥΣΙΚΑ Β

μίαν εἶναι ἑκάστην, ἀδύνατον δὲ κατηγορεῖσθαι ἢ τὰ εἴδη τοῦ
γένους ἐπὶ τῶν οἰκείων διαφορῶν ἢ τὸ γένος ἄνευ τῶν αὐτοῦ
εἰδῶν, ὥστ' εἴπερ τὸ ἓν γένος ἢ τὸ ὄν, οὐδεμία διαφορὰ οὔτε
ὂν οὔτε ἓν ἔσται. ἀλλὰ μὴν εἰ μὴ γένη, οὐδ' ἀρχαὶ ἔσονται,
εἴπερ ἀρχαὶ τὰ γένη. ἔτι καὶ τὰ μεταξὺ συλλαμβανό-
μενα μετὰ τῶν διαφορῶν ἔσται γένη μέχρι τῶν ἀτόμων
(νῦν δὲ τὰ μὲν δοκεῖ τὰ δ' οὐ δοκεῖ)· πρὸς δὲ τούτοις ἔτι μᾶλ-
λον αἱ διαφοραὶ ἀρχαὶ ἢ τὰ γένη· εἰ δὲ καὶ αὗται ἀρχαί,
ἄπειροι ὡς εἰπεῖν ἀρχαὶ γίγνονται, ἄλλως τε κἂν τις τὸ
πρῶτον γένος ἀρχὴν τιθῇ. ἀλλὰ μὴν καὶ εἰ μᾶλλόν γε
ἀρχοειδὲς τὸ ἕν ἐστιν, ἓν δὲ τὸ ἀδιαίρετον, ἀδιαίρετον δὲ
ἅπαν ἢ κατὰ τὸ ποσὸν ἢ κατ' εἶδος, πρότερον δὲ τὸ κατ'
εἶδος, τὰ δὲ γένη διαιρετὰ εἰς εἴδη, μᾶλλον ἂν ἓν τὸ
ἔσχατον εἴη κατηγορούμενον· οὐ γάρ ἐστι γένος ὁ ἄνθρωπος
τῶν τινῶν ἀνθρώπων. ἔτι ἐν οἷς τὸ πρότερον καὶ ὕστερόν
ἐστιν, οὐχ οἷόν τε τὸ ἐπὶ τούτων εἶναί τι παρὰ ταῦτα (οἷον
εἰ πρώτη τῶν ἀριθμῶν ἡ δυάς, οὐκ ἔσται τις ἀριθμὸς παρὰ
τὰ εἴδη τῶν ἀριθμῶν· ὁμοίως δὲ οὐδὲ σχῆμα παρὰ τὰ εἴδη
τῶν σχημάτων· εἰ δὲ μὴ τούτων, σχολῇ τῶν γε ἄλλων
ἔσται τὰ γένη παρὰ τὰ εἴδη· τούτων γὰρ δοκεῖ μάλιστα εἶναι
γένη)· ἐν δὲ τοῖς ἀτόμοις οὐκ ἔστι τὸ μὲν πρότερον τὸ δ' ὕστε-
ρον. ἔτι ὅπου τὸ μὲν βέλτιον τὸ δὲ χεῖρον, ἀεὶ τὸ βέλτιον
πρότερον· ὥστ' οὐδὲ τούτων ἂν εἴη γένος.—ἐκ μὲν οὖν τούτων
μᾶλλον φαίνεται τὰ ἐπὶ τῶν ἀτόμων κατηγορούμενα ἀρχαὶ
εἶναι τῶν γενῶν· πάλιν δὲ πῶς αὖ δεῖ ταύτας ἀρχὰς ὑπο-
λαβεῖν οὐ ῥᾴδιον εἰπεῖν. τὴν μὲν γὰρ ἀρχὴν δεῖ καὶ τὴν
αἰτίαν εἶναι παρὰ τὰ πράγματα ὧν ἀρχή, καὶ δύνασθαι
εἶναι χωριζομένην αὐτῶν· τοιοῦτον δέ τι παρὰ τὰ καθ' ἕκαστον
εἶναι διὰ τί ἄν τις ὑπολάβοι, πλὴν ὅτι καθόλου κατηγο-

---

24 τοῦ J A^b Al^c: ἄνευ τοῦ E   25 ἐπὶ A^b Al^c: καὶ E: om. J   τῶν
alt. Π Al^c: τούτων τῶν Λ^b   27 τὸ ἓν οὔτε τὸ ὂν Π: τὸ utrumque del.
E²   31 αὗται Π   999^a 3 κατ' pr. A^b Al: κατὰ τὸ Π   5
τὸ γένος Π   ὁ om. Π   9 οὐδὲ om. A^b   17 εἰπεῖν om. A^b
19 τὰ scripsi cum Al^p: τὸ codd.

ΤΩΝ ΜΕΤΑ ΤΑ ΦΥΣΙΚΑ Β

ρεῖται καὶ κατὰ πάντων; ἀλλὰ μὴν εἰ διὰ τοῦτο, τὰ μᾶλλον καθόλου μᾶλλον θετέον ἀρχάς· ὥστε ἀρχαὶ τὰ πρῶτ᾽ ἂν εἴησαν γένη.

4 Ἔστι δ᾽ ἐχομένη τε τούτων ἀπορία καὶ πασῶν χαλεπωτάτη καὶ ἀναγκαιοτάτη θεωρῆσαι, περὶ ἧς ὁ λόγος ἐφέ- 25 στηκε νῦν. εἴτε γὰρ μὴ ἔστι τι παρὰ τὰ καθ᾽ ἕκαστα, τὰ δὲ καθ᾽ ἕκαστα ἄπειρα, τῶν δ᾽ ἀπείρων πῶς ἐνδέχεται λαβεῖν ἐπιστήμην; ᾗ γὰρ ἕν τι καὶ ταὐτόν, καὶ ᾗ καθόλου τι ὑπάρχει, ταύτῃ πάντα γνωρίζομεν.—ἀλλὰ μὴν εἰ τοῦτο ἀναγκαῖόν ἐστι καὶ δεῖ τι εἶναι παρὰ τὰ καθ᾽ ἕκαστα, ἀναγκαῖον ἂν εἴη τὰ γένη 30 εἶναι παρὰ τὰ καθ᾽ ἕκαστα, ἤτοι τὰ ἔσχατα ἢ τὰ πρῶτα· τοῦτο δ᾽ ὅτι ἀδύνατον ἄρτι διηπορήσαμεν.—ἔτι εἰ ὅτι μάλιστα ἔστι τι παρὰ τὸ σύνολον (⟨λέγω δὲ σύνολον⟩ ὅταν κατηγορηθῇ τι τῆς ὕλης) πότερον, εἰ ἔστι, παρὰ πάντα δεῖ εἶναί τι, ἢ παρὰ μὲν ἔνια εἶναι παρὰ δ᾽ ἔνια μὴ εἶναι, ἢ παρ᾽ οὐδέν; εἰ μὲν οὖν μηδέν ἐστι παρὰ τὰ καθ᾽ ἕκαστα, οὐθὲν ἂν εἴη νοητὸν ἀλλὰ πάντα αἰσθητὰ καὶ ἐπιστήμη οὐδενός, εἰ μή τις εἶναι λέγει τὴν αἴσθησιν ἐπιστήμην. ἔτι δ᾽ οὐδ᾽ ἀίδιον οὐθὲν οὐδ᾽ ἀκίνητον (τὰ γὰρ αἰσθητὰ πάντα φθείρεται καὶ ἐν κινήσει ἐστίν)· ἀλλὰ μὴν εἴ γε ἀίδιον 5 μηθέν ἐστιν, οὐδὲ γένεσιν εἶναι δυνατόν. ἀνάγκη γὰρ εἶναί τι τὸ γιγνόμενον καὶ ἐξ οὗ γίγνεται καὶ τούτων τὸ ἔσχατον ἀγένητον, εἴπερ ἵσταταί τε καὶ ἐκ μὴ ὄντος γίγνεσθαι ἀδύνατον· ἔτι δὲ γενέσεως οὔσης καὶ κινήσεως ἀνάγκη καὶ πέρας εἶναι (οὔτε γὰρ ἄπειρός ἐστιν οὐδεμία κίνησις ἀλλὰ πάσης ἔστι τέλος, 10 γίγνεσθαί τε οὐχ οἷόν τε τὸ ἀδύνατον γενέσθαι· τὸ δὲ γεγονὸς ἀνάγκη εἶναι ὅτε πρῶτον γέγονεν)· ἔτι δ᾽ εἴπερ ἡ ὕλη ἔστι διὰ τὸ ἀγένητος εἶναι, πολὺ ἔτι μᾶλλον εὔλογον εἶναι

999ᵃ24—ᵇ24, cf. 995ᵇ31-36, 1060ᵃ3-27, ᵇ23-28

26 εἰ Aᵇ   27 τῶν γ᾽ J: δ᾽ secl. Bonitz, Christ, sed cf. BBA 265   32 ἔτι δ᾽ om. εἰ Aᵇ   33 supplevi et parenthesin indicavi, cf. 995ᵇ35: λέγω δὲ add. Arab   34 ἔστι Aᵇ Al: ἔστι τι Π   999ᵇ 4 δ᾽ om. Π   6 οὐδέν Aᵇ Alᶜ   8 γίγνεσθαι Alᶜ: γενέσθαι codd.

ΤΩΝ ΜΕΤΑ ΤΑ ΦΥΣΙΚΑ Β

τὴν οὐσίαν, ὅ ποτε ἐκείνη γίγνεται· εἰ γὰρ μήτε τοῦτο ἔσται μήτε ἐκείνη, οὐθὲν ἔσται τὸ παράπαν, εἰ δὲ τοῦτο ἀδύνατον, ἀνάγκη τι εἶναι παρὰ τὸ σύνολον, τὴν μορφὴν καὶ τὸ εἶδος.— εἰ δ' αὖ τις τοῦτο θήσει, ἀπορία ἐπὶ τίνων τε θήσει τοῦτο καὶ ἐπὶ τίνων οὔ. ὅτι μὲν γὰρ ἐπὶ πάντων οὐχ οἷόν τε, φανερόν· οὐ γὰρ ἂν θείημεν εἶναί τινα οἰκίαν παρὰ τὰς τινὰς οἰκίας. πρὸς δὲ τούτοις πότερον ἡ οὐσία μία πάντων ἔσται, οἷον τῶν ἀνθρώπων; ἀλλ' ἄτοπον· ἓν γὰρ πάντα ὦν ἡ οὐσία μία. ἀλλὰ πολλὰ καὶ διάφορα; ἀλλὰ καὶ τοῦτο ἄλογον. ἅμα δὲ καὶ πῶς γίγνεται ἡ ὕλη τούτων ἕκαστον καὶ ἔστι τὸ σύνολον ἄμφω ταῦτα;——ἔτι δὲ περὶ τῶν ἀρχῶν καὶ τόδε ἀπορήσειεν ἄν τις. εἰ μὲν γὰρ εἴδει εἰσὶν ἕν, οὐθὲν ἔσται ἀριθμῷ ἕν, οὐδ' αὐτὸ τὸ ἓν καὶ τὸ ὄν· καὶ τὸ ἐπίστασθαι πῶς ἔσται, εἰ μή τι ἔσται ἓν ἐπὶ πάντων;—ἀλλὰ μὴν εἰ ἀριθμῷ ἓν καὶ μία ἑκάστη τῶν ἀρχῶν, καὶ μὴ ὥσπερ ἐπὶ τῶν αἰσθητῶν ἄλλαι ἄλλων (οἷον τῆσδε τῆς συλλαβῆς τῷ εἴδει τῆς αὐτῆς οὔσης καὶ αἱ ἀρχαὶ εἴδει αἱ αὐταί· καὶ γὰρ αὗται ὑπάρχουσιν ἀριθμῷ ἕτεραι),—εἰ δὲ μὴ οὕτως ἀλλ' αἱ τῶν ὄντων ἀρχαὶ ἀριθμῷ ἕν εἰσιν, οὐκ ἔσται παρὰ τὰ στοιχεῖα οὐθὲν ἕτερον· τὸ γὰρ ἀριθμῷ ἓν ἢ τὸ καθ' ἕκαστον λέγειν διαφέρει οὐθέν· οὕτω γὰρ λέγομεν τὸ καθ' ἕκαστον, τὸ ἀριθμῷ ἕν, καθόλου δὲ τὸ ἐπὶ τούτων. ὥσπερ οὖν εἰ τὰ τῆς φωνῆς ἀριθμῷ ἦν στοιχεῖα ὡρισμένα, ἀναγκαῖον ἦν ἂν τοσαῦτα εἶναι τὰ πάντα γράμματα ὅσαπερ τὰ στοιχεῖα, μὴ ὄντων γε δύο τῶν αὐτῶν μηδὲ πλειόνων.

999ᵇ24—1000ᵃ4, cf. 996ᵃ1-2, 1060ᵇ28-30

14 ὅ ποτε E Alᶜ: ὁπότε J Aᵇ   21 ἓν γὰρ πάντα Alᵖ Syrᶜ: οὐ γὰρ ἓν ἅπαντα codd. (e corr. E)   ἡ om. Aᵇ   22 τούτοις Aᵇ   23 ποτε ἡ Aᵇ   24 περὶ ... 25 τόδε om. Aᵇ   26 αὐτὸ ἓν κ. ὂν Π   30 αἱ pr. om. Π   32 ἀρχαὶ om. Π   ἓν Aᵇ Alᶜ E²: om. Π   1000ᵃ 1 ⟨ὡς⟩ τὸ ἀρ. Schwegler   οὖν Aᵇ Π Alᶜ: ἂν Fonseca, Bonitz; cf. Anal. pr. 34ᵃ22   2 ἓν ante ἀρ. add. Π (ἓν E)   ὡρισμένῳ Aᵇ   3 τὰ alt. om. Aᵇ

ΤΩΝ ΜΕΤΑ ΤΑ ΦΥΣΙΚΑ Β

Οὐθενὸς δ' ἐλάττων ἀπορία παραλέλειπται καὶ τοῖς νῦν καὶ τοῖς πρότερον, πότερον αἱ αὐταὶ τῶν φθαρτῶν καὶ τῶν ἀφθάρτων ἀρχαί εἰσιν ἢ ἕτεραι. εἰ μὲν γὰρ αἱ αὐταί, πῶς τὰ μὲν φθαρτὰ τὰ δὲ ἄφθαρτα, καὶ διὰ τίν' αἰτίαν; οἱ μὲν οὖν περὶ Ἡσίοδον καὶ πάντες ὅσοι θεολόγοι μόνον ἐφρόντισαν τοῦ πιθανοῦ τοῦ πρὸς αὐτούς, ἡμῶν δ' ὠλιγώρησαν (θεοὺς γὰρ ποιοῦντες τὰς ἀρχὰς καὶ ἐκ θεῶν γεγονέναι, τὰ μὴ γευσάμενα τοῦ νέκταρος καὶ τῆς ἀμβροσίας θνητὰ γενέσθαι φασίν, δῆλον ὡς ταῦτα τὰ ὀνόματα γνώριμα λέγοντες αὐτοῖς· καίτοι καὶ περὶ αὐτῆς τῆς προσφορᾶς τῶν αἰτίων τούτων ὑπὲρ ἡμᾶς εἰρήκασιν· εἰ μὲν γὰρ χάριν ἡδονῆς αὐτῶν θιγγάνουσιν, οὐθὲν αἴτια τοῦ εἶναι τὸ νέκταρ καὶ ἡ ἀμβροσία, εἰ δὲ τοῦ εἶναι, πῶς ἂν εἶεν ἀΐδιοι δεόμενοι τροφῆς;)—ἀλλὰ περὶ μὲν τῶν μυθικῶς σοφιζομένων οὐκ ἄξιον μετὰ σπουδῆς σκοπεῖν· παρὰ δὲ τῶν δι' ἀποδείξεως λεγόντων δεῖ πυνθάνεσθαι διερωτῶντας τί δή ποτ' ἐκ τῶν αὐτῶν ὄντα τὰ μὲν ἀΐδια τὴν φύσιν ἐστὶ τὰ δὲ φθείρεται τῶν ὄντων. ἐπεὶ δὲ οὔτε αἰτίαν λέγουσιν οὔτε εὔλογον οὕτως ἔχειν, δῆλον ὡς οὐχ αἱ αὐταὶ ἀρχαὶ οὐδὲ αἰτίαι αὐτῶν ἂν εἶεν. καὶ γὰρ ὅνπερ οἰηθείη λέγειν ἄν τις μάλιστα ὁμολογουμένως αὑτῷ, Ἐμπεδοκλῆς, καὶ οὗτος ταὐτὸν πέπονθεν· τίθησι μὲν γὰρ ἀρχήν τινα αἰτίαν τῆς φθορᾶς τὸ νεῖκος, δόξειε δ' ἂν οὐθὲν ἧττον καὶ τοῦτο γεννᾶν ἔξω τοῦ ἑνός· ἅπαντα γὰρ ἐκ τούτου τἆλλά ἐστι

1000ᵃ5—1001ᵃ3, cf. 996ᵃ2-4, 1060ᵃ27-36

---

5 δ' om. Π   7 αὐταί Aᵇ Alᵖ: αὐτ. εἰσι Π   10 αὑτούς ex Alᵖ Christ: αὐτούς codd.   14 καὶ Π Alᵖ: om. Aᵇ   προσφορᾶς Aᵇ Π Alᵖ: φύσεως E γρ   18 μυθικῶς Π Alᶜ: μυθικῶν Aᵇ   25 αὑτῷ E Aᵇ 27 νεῖκος ὡς Aᵇ dittographia, inde δόξειεν scripsit, δὲ post οὐθὲν posito, et 28 γεννᾷ   28 ἐκ γὰρ τοῦ ἑνὸς ἅπαντα καὶ ἐκ τούτου τἆλλα Alᶜ; varias lectiones miscet

ΤΩΝ ΜΕΤΑ ΤΑ ΦΥΣΙΚΑ Β

πλὴν ὁ θεός. λέγει γοῦν

" ἐξ ὧν πάνθ᾽ ὅσα τ᾽ ἦν ὅσα τ᾽ ἔστιν,
δένδρεά τ᾽ ἐβλάστησε καὶ ἀνέρες ἠδὲ γυναῖκες,
θῆρές τ᾽ οἰωνοί τε καὶ ὑδατοθρέμμονες ἰχθῦς,
καί τε θεοὶ δολιχαίωνες".

καὶ χωρὶς δὲ τούτων δῆλον· εἰ γὰρ μὴ ἐνῆν ἐν τοῖς πράγμασιν, ἓν ἂν ἦν ἅπαντα, ὥς φησιν· ὅταν γὰρ συνέλθῃ, τότε δ᾽

" ἔσχατον ἵστατο νεῖκος ".

διὸ καὶ συμβαίνει αὐτῷ τὸν εὐδαιμονέστατον θεὸν ἧττον φρόνιμον εἶναι τῶν ἄλλων· οὐ γὰρ γνωρίζει ἅπαντα· τὸ γὰρ νεῖκος οὐκ ἔχει, ἡ δὲ γνῶσις τοῦ ὁμοίου τῷ ὁμοίῳ.

" γαίῃ μὲν γάρ," φησί, " γαῖαν ὀπώπαμεν, ὕδατι δ᾽ ὕδωρ,
αἰθέρι δ᾽ αἰθέρα δῖον,
στοργὴν δὲ στοργῇ, νεῖκος δέ τε νείκεϊ λυγρῷ."

ἀλλ᾽ ὅθεν δὴ ὁ λόγος, τοῦτό γε φανερόν, ὅτι συμβαίνει αὐτῷ τὸ νεῖκος μηθὲν μᾶλλον φθορᾶς ἢ τοῦ εἶναι αἴτιον· ὁμοίως δ᾽ οὐδ᾽ ἡ φιλότης τοῦ εἶναι, συνάγουσα γὰρ εἰς τὸ ἓν φθείρει τὰ ἄλλα. καὶ ἅμα δὲ αὐτῆς τῆς μεταβολῆς αἴτιον οὐθὲν λέγει ἀλλ᾽ ἢ ὅτι οὕτως πέφυκεν·

" ἀλλ᾽ ὅτε δὴ μέγα νεῖκος ἐνὶ μελέεσσιν ἐθρέφθη,
εἰς τιμάς τ᾽ ἀνόρουσε τελειομένοιο χρόνοιο
ὅς σφιν ἀμοιβαῖος πλατέος παρ᾽ ἐλήλαται ὅρκου·"

29 a ὅσα τ᾽ ἦν ὅσα τ᾽ ἔστιν Al^c: ὅσα τ᾽ ἦν ὅσα τ᾽ ἔσται (J, ἔστ᾽ E) ὀπίσσω Π: ὅσα τ᾽ ἦν ὅσα τ᾽ ἐστὶν ὅσα τ᾽ ἔσται A^b (cum Simpl^c om. ὀπίσσω); Ar. versum non integrum citaverat 30 τ᾽ ante ἠδὲ coll. A^b 1000^b 1 μὴ ἐνῆν Π (μηδὲν ἦν corr. J): μὴ ἦν A^b τὸ νεῖκος ante ἐν add. A^b man. alt. ex Al^p ut vid. 2 συνέλθῃ Π Al^p: συνέλθωσιν A^b δ᾽ om. Π 3 διὸ] ὦ A^b 4–5 γν. τὰ στοιχεῖα πάντα Π 7 αἰθέρι ... δῖον om. Π δῖον Ar. De an.: θεῖον A^b ἀτὰρ πυρὶ πῦρ ἀΐδηλον post δῖον add. edd. e recc. verba ex De an. hic interpolata, om. A^b Π 8 στοργῇ τε στοργήν Π: στοργῇ δὲ στοργήν De an. 11 αἴτιον om. A^b 15 a παρ᾽ ἐλήλαται Sturz: παρελήλαται A^b Simpl^c: παρελήλατο Π

ΤΩΝ ΜΕΤΑ ΤΑ ΦΥΣΙΚΑ Β   1000ᵇ

ὡς ἀναγκαῖον μὲν ὂν μεταβάλλειν· αἰτίαν δὲ τῆς ἀνάγκης οὐδεμίαν δηλοῖ. ἀλλ' ὅμως τοσοῦτόν γε μόνος λέγει ὁμολογουμένως· οὐ γὰρ τὰ μὲν φθαρτὰ τὰ δὲ ἄφθαρτα ποιεῖ τῶν ὄντων ἀλλὰ πάντα φθαρτὰ πλὴν τῶν στοιχείων. ἡ δὲ νῦν λεγομένη ἀπορία 20 ἐστὶ διὰ τί τὰ μὲν τὰ δ' οὔ, εἴπερ ἐκ τῶν αὐτῶν ἐστίν.—ὅτι μὲν οὖν οὐκ ἂν εἴησαν αἱ αὐταὶ ἀρχαί, τοσαῦτα εἰρήσθω· εἰ δὲ ἕτεραι ἀρχαί, μία μὲν ἀπορία πότερον ἄφθαρτοι καὶ αὐταὶ ἔσονται ἢ φθαρταί· εἰ μὲν γὰρ φθαρταί, δῆλον ὡς ἀναγκαῖον καὶ ταύτας ἔκ τινων εἶναι (πάντα γὰρ φθεί- 25 ρεται εἰς ταῦτ' ἐξ ὧν ἔστιν), ὥστε συμβαίνει τῶν ἀρχῶν ἑτέρας ἀρχὰς εἶναι προτέρας, τοῦτο δ' ἀδύνατον, καὶ εἰ ἵσταται καὶ εἰ βαδίζει εἰς ἄπειρον· ἔτι δὲ πῶς ἔσται τὰ φθαρτά, εἰ αἱ ἀρχαὶ ἀναιρεθήσονται; εἰ δὲ ἄφθαρτοι, διὰ τί ἐκ μὲν τούτων ἀφθάρτων οὐσῶν φθαρτὰ ἔσται, ἐκ δὲ τῶν 30 ἑτέρων ἄφθαρτα; τοῦτο γὰρ οὐκ εὔλογον, ἀλλ' ἢ ἀδύνατον ἢ πολλοῦ λόγου δεῖται. ἔτι δὲ οὐδ' ἐγκεχείρηκεν οὐδεὶς ἑτέρας, ἀλλὰ τὰς αὐτὰς ἁπάντων λέγουσιν ἀρχάς. ἀλλὰ 1001ᵃ τὸ πρῶτον ἀπορηθὲν ἀποτρώγουσιν ὥσπερ τοῦτο μικρόν τι λαμβάνοντες.

Πάντων δὲ καὶ θεωρῆσαι χαλεπώτατον καὶ πρὸς τὸ γνῶναι τἀληθὲς ἀναγκαιότατον πότερόν ποτε τὸ ὂν καὶ τὸ 5 ἓν οὐσίαι τῶν ὄντων εἰσί, καὶ ἑκάτερον αὐτῶν οὐχ ἕτερόν τι ὂν τὸ μὲν ἓν τὸ δὲ ὄν ἐστιν, ἢ δεῖ ζητεῖν τί ποτ' ἐστὶ τὸ ὂν καὶ τὸ ἓν ὡς ὑποκειμένης ἄλλης φύσεως. οἱ μὲν γὰρ ἐκείνως οἱ δ' οὕτως οἴονται τὴν φύσιν ἔχειν. Πλάτων μὲν γὰρ καὶ οἱ Πυθαγόρειοι οὐχ ἕτερόν τι τὸ ὂν οὐδὲ τὸ 10 ἓν ἀλλὰ τοῦτο αὐτῶν τὴν φύσιν εἶναι, ὡς οὔσης τῆς οὐσίας

1001ᵃ4—ᵇ25, ᵇ26—1002ᵇ11, cf. 996ᵃ4–9, 12–15, 1060ᵃ36—ᵇ19

---

17 δὲ τῆς om. J: δ' ἐξ E   18 μόνον Π   24 αὐταὶ ex αὐταὶ E (sine acc. J): αἱ αὐταὶ Aᵇ, correxi ex Asclᶜ   28 τὰ om. Aᵇ   32 εἴρηκεν ex Alᵖ ci. Bonitz   1001ᵃ 1 λέγειν post ἑτέρας add. Aᵇ J² (sine ν). om. Π   10 τὸ pr. om. E; cf. 987ᵃ16, ᵇ23

ΤΩΝ ΜΕΤΑ ΤΑ ΦΥΣΙΚΑ Β

αὐτοῦ τοῦ ἑνὶ εἶναι καὶ ὄντι· οἱ δὲ περὶ φύσεως, οἷον Ἐμπεδοκλῆς ὡς εἰς γνωριμώτερον ἀνάγων λέγει ὅ τι τὸ ἓν ἐστιν· δόξειε γὰρ ἂν λέγειν τι τοιοῦτο τὴν φιλίαν εἶναι (αἰτία 15 γοῦν ἐστὶν αὕτη τοῦ ἓν εἶναι πᾶσιν), ἕτεροι δὲ πῦρ, οἱ δ' ἀέρα φασὶν εἶναι τὸ ἓν τοῦτο καὶ τὸ ὄν, ἐξ οὗ τὰ ὄντα εἶναί τε καὶ γεγονέναι. ὣς δ' αὕτως καὶ οἱ πλείω τὰ στοιχεῖα τιθέμενοι· ἀνάγκη γὰρ καὶ τούτοις τοσαῦτα λέγειν τὸ ἓν καὶ τὸ ὂν ὅσας περ ἀρχὰς εἶναί φασιν. συμβαίνει 20 δέ, εἰ μέν τις μὴ θήσεται εἶναί τινα οὐσίαν τὸ ἓν καὶ τὸ ὄν, μηδὲ τῶν ἄλλων εἶναι τῶν καθόλου μηθέν (ταῦτα γάρ ἐστι καθόλου μάλιστα πάντων, εἰ δὲ μή ἔστι τι ἓν αὐτὸ μηδ' αὐτὸ ὄν, σχολῇ τῶν γε ἄλλων τι ἂν εἴη παρὰ τὰ λεγόμενα καθ' ἕκαστα), ἔτι δὲ μὴ ὄντος τοῦ ἑνὸς οὐσίας, 25 δῆλον ὅτι οὐδ' ἂν ἀριθμὸς εἴη ὡς κεχωρισμένη τις φύσις τῶν ὄντων (ὁ μὲν γὰρ ἀριθμὸς μονάδες, ἡ δὲ μονὰς ὅπερ ἕν τί ἐστιν)· εἰ δ' ἔστι τι αὐτὸ ἓν καὶ ὄν, ἀναγκαῖον οὐσίαν αὐτῶν εἶναι τὸ ἓν καὶ τὸ ὄν· οὐ γὰρ ἕτερόν τι καθ' οὗ κατηγορεῖται ἀλλὰ ταῦτα αὐτά.—ἀλλὰ μὴν εἴ γ' ἔσται 30 τι αὐτὸ ὂν καὶ αὐτὸ ἕν, πολλὴ ἀπορία πῶς ἔσται τι παρὰ ταῦτα ἕτερον, λέγω δὲ πῶς ἔσται πλείω ἑνὸς τὰ ὄντα. τὸ γὰρ ἕτερον τοῦ ὄντος οὐκ ἔστιν, ὥστε κατὰ τὸν Παρμενίδου συμβαίνειν ἀνάγκη λόγον ἓν ἅπαντα εἶναι τὰ ὄντα καὶ τοῦτο εἶναι τὸ ὄν. ἀμφοτέρως δὲ δύσκολον· ἄν τε γὰρ μὴ ᾖ τὸ ἓν οὐσία ἄν τε ᾖ τι αὐτὸ ἕν, ἀδύνατον τὸν ἀριθμὸν οὐσίαν εἶναι. ἐὰν μὲν οὖν μὴ ᾖ, εἴρηται πρότερον δι' ὅ· ἐὰν δὲ ᾖ, ἡ αὐτὴ ἀπορία καὶ περὶ τοῦ ὄντος. ἐκ τίνος γὰρ

---

12 αὐτοῦ τὸ (ταὐτὸ Π: αὐτὸ Al[c]) ἓν εἶναι καὶ ὄν τι A[b] Π (ὄντι) Al[c] corr. Bonitz, cf. 1053[b]11; ad τὸ ἑνὶ εἶναι cf. 1016[b]18   13 ὅ τί ποτε A[b] ἓν A[b] Al[p]: ἓν ὂν Π   14 λέγειν τί τοῦτο A[b]: τί om. Π, correxi 19 ἓν καὶ τὸ ὂν A[b] Al[p]: ὂν καὶ τὸ ἓν Π   20 τινα οὐσίαν Π Al[c]: τινας οὐσίας A[b]: τινος οὐσίαν λέγει Al γρ   τὸ ἓν J A[b] in marg. E, cf. [a]11 22 δὲ Π Al[c]: γὰρ A[b]Al[p]   28 ἓν καὶ τὸ ὄν A[b] Al[p]: ὂν καὶ τὸ ἓν Π καθόλου codd., corr. Bonitz   1001[b] 2 τι A[b]: τὸ Π   4 γὰρ A[b] Al[c]: γὰρ καὶ Π

ΤΩΝ ΜΕΤΑ ΤΑ ΦΥΣΙΚΑ Β

παρὰ τὸ ἓν ἔσται αὐτὸ ἄλλο ἕν; ἀνάγκη γὰρ μὴ ἓν εἶναι· ἅπαντα δὲ τὰ ὄντα ἢ ἓν ἢ πολλὰ ὧν ἓν ἕκαστον. ἔτι εἰ ἀδιαίρετον αὐτὸ τὸ ἕν, κατὰ μὲν τὸ Ζήνωνος ἀξίωμα οὐθὲν ἂν εἴη· ὃ γὰρ μήτε προστιθέμενον μήτε ἀφαιρούμενον ποιεῖ μεῖζον μηδὲ ἔλαττον, οὔ φησιν εἶναι τοῦτο τῶν ὄντων, ὡς δηλονότι ὄντος μεγέθους τοῦ ὄντος· καὶ εἰ μέγεθος, σωματικόν· τοῦτο γὰρ πάντῃ ὄν· τὰ δὲ ἄλλα πῶς μὲν προστιθέμενα ποιήσει μεῖζον, πῶς δ' οὐθέν, οἷον ἐπίπεδον καὶ γραμμή, στιγμὴ δὲ καὶ μονὰς οὐδαμῶς. ἀλλ' ἐπειδὴ οὗτος θεωρεῖ φορτικῶς καὶ ἐνδέχεται εἶναι ἀδιαίρετόν τι, ὥστε καὶ οὕτως καὶ πρὸς ἐκεῖνόν τιν' ἀπολογίαν ἔχειν· μεῖζον μὲν γὰρ οὐ ποιήσει πλεῖον δὲ προστιθέμενον τὸ τοιοῦτον. ἀλλὰ πῶς δὴ ἐξ ἑνὸς τοιούτου ἢ πλειόνων τοιούτων ἔσται μέγεθος; ὅμοιον γὰρ καὶ τὴν γραμμὴν ἐκ στιγμῶν εἶναι φάσκειν. ἀλλὰ μὴν καὶ εἴ τις οὕτως ὑπολαμβάνει ὥστε γενέσθαι, καθάπερ λέγουσί τινες, ἐκ τοῦ ἑνὸς αὐτοῦ καὶ ἄλλου μὴ ἑνός τινος τὸν ἀριθμόν, οὐθὲν ἧττον ζητητέον διὰ τί καὶ πῶς ὁτὲ μὲν ἀριθμὸς ὁτὲ δὲ μέγεθος ἔσται τὸ γενόμενον, εἴπερ τὸ μὴ ἓν ἡ ἀνισότης καὶ ἡ αὐτὴ φύσις ἦν. οὔτε γὰρ ὅπως ἐξ ἑνὸς καὶ ταύτης οὔτε ὅπως ἐξ ἀριθμοῦ τινὸς καὶ ταύτης γένοιτ' ἂν τὰ μεγέθη, δῆλον.

5 Τούτων δ' ἐχομένη ἀπορία πότερον οἱ ἀριθμοὶ καὶ τὰ σώματα καὶ τὰ ἐπίπεδα καὶ αἱ στιγμαὶ οὐσίαι τινές εἰσιν ἢ οὔ. εἰ μὲν γὰρ μή εἰσιν, διαφεύγει τί τὸ ὂν καὶ τίνες αἱ οὐσίαι τῶν ὄντων· τὰ μὲν γὰρ πάθη καὶ αἱ κινήσεις καὶ τὰ πρός τι καὶ αἱ διαθέσεις καὶ οἱ λόγοι οὐθενὸς δοκοῦσιν οὐσίαν σημαίνειν (λέγονται γὰρ πάντα καθ' ὑποκειμένου τινός, καὶ οὐθὲν τόδε τι)· ἃ δὲ μάλιστ' ἂν δόξειε σημαίνειν οὐσίαν, ὕδωρ καὶ γῆ καὶ πῦρ καὶ ἀήρ, ἐξ ὧν

5 μηδὲν Π   9 μηδὲ ἔλαττον om. Π   13 εἰ δὴ A^b Al^p   14 καὶ οὐκ Π: οὐκ om. A^b Al   τι om. Π   15 de ὥστε in apodosi praecedente ἐπεί cf. 994^b9, 1035^b14–18   ἔχει ἀπολογίαν Π (post ἔχει ν eras. E)   16 ποιεῖ Al^c   17 τοιούτων om. Π   23 ἢ pr. om. Al^c   28 μὲν om. E   33 καὶ ἀήρ om. Π

ΤΩΝ ΜΕΤΑ ΤΑ ΦΥΣΙΚΑ Β

1002ª τὰ σύνθετα σώματα συνέστηκε, τούτων θερμότητες μὲν καὶ ψυχρότητες καὶ τὰ τοιαῦτα πάθη, οὐκ οὐσίαι, τὸ δὲ σῶμα τὸ ταῦτα πεπονθὸς μόνον ὑπομένει ὡς ὄν τι καὶ οὐσία τις οὖσα. ἀλλὰ μὴν τό γε σῶμα ἧττον οὐσία τῆς ἐπιφανείας,
5 καὶ αὕτη τῆς γραμμῆς, καὶ αὕτη τῆς μονάδος καὶ τῆς στιγμῆς· τούτοις γὰρ ὥρισται τὸ σῶμα, καὶ τὰ μὲν ἄνευ σώματος ἐνδέχεσθαι δοκεῖ εἶναι τὸ δὲ σῶμα ἄνευ τούτων ἀδύνατον. διόπερ οἱ μὲν πολλοὶ καὶ οἱ πρότερον τὴν οὐσίαν καὶ τὸ ὂν ᾤοντο τὸ σῶμα εἶναι τὰ δὲ ἄλλα
10 τούτου πάθη, ὥστε καὶ τὰς ἀρχὰς τὰς τῶν σωμάτων τῶν ὄντων εἶναι ἀρχάς· οἱ δ' ὕστεροι καὶ σοφώτεροι τούτων εἶναι δόξαντες ἀριθμούς. καθάπερ οὖν εἴπομεν, εἰ μὴ ἔστιν οὐσία ταῦτα, ὅλως οὐδέν ἐστιν οὐσία οὐδὲ ὂν οὐθέν· οὐ γὰρ δὴ τά γε συμβεβηκότα τούτοις ἄξιον ὄντα καλεῖν.
15 —ἀλλὰ μὴν εἰ τοῦτο μὲν ὁμολογεῖται, ὅτι μᾶλλον οὐσία τὰ μήκη τῶν σωμάτων καὶ αἱ στιγμαί, ταῦτα δὲ μὴ ὁρῶμεν ποίων ἂν εἶεν σωμάτων (ἐν γὰρ τοῖς αἰσθητοῖς ἀδύνατον εἶναι), οὐκ ἂν εἴη οὐσία οὐδεμία. ἔτι δὲ φαίνεται ταῦτα πάντα διαιρέσεις ὄντα τοῦ σώματος, τὸ μὲν εἰς πλάτος
20 τὸ δ' εἰς βάθος τὸ δ' εἰς μῆκος. πρὸς δὲ τούτοις ὁμοίως ἔνεστιν ἐν τῷ στερεῷ ὁποιονοῦν σχῆμα ἢ οὐδέν· ὥστ' εἰ μηδ' ἐν τῷ λίθῳ Ἑρμῆς, οὐδὲ τὸ ἥμισυ τοῦ κύβου ἐν τῷ κύβῳ οὕτως ὡς ἀφωρισμένον· οὐκ ἄρα οὐδ' ἐπιφάνεια (εἰ γὰρ ὁποιαοῦν, κἂν αὕτη ἂν ἦν ἡ ἀφορίζουσα τὸ ἥμισυ), ὁ δ'
25 αὐτὸς λόγος καὶ ἐπὶ γραμμῆς καὶ στιγμῆς καὶ μονάδος, ὥστ' εἰ μάλιστα μὲν οὐσία τὸ σῶμα, τούτου δὲ μᾶλλον ταῦτα, μὴ ἔστι δὲ ταῦτα μηδὲ οὐσίαι τινές, διαφεύγει τί τὸ ὂν καὶ τίς ἡ οὐσία τῶν ὄντων. πρὸς γὰρ τοῖς εἰρημένοις καὶ τὰ περὶ τὴν γένεσιν καὶ τὴν φθορὰν συμβαίνει ἄλογα.

1002ª 5 αὕτη alt.] ἡ γραμμὴ Aᵇ; cf. 985ᵇ27, 989ᵇ10   9 τἆλλα δὲ Π
11 ὕστεροι Aᵇ J : ὕστερον E   καὶ οἱ Aᵇ   13 οὐδὲν] οὐδεμία Π;
cf. 18   ἐστιν] ἔσται Bonitz, sed cf. meum *Emend. Ar. Spec.* p. 55   18
δὲ om. Π   21 ἐν ἐστιν E   ἢ οὐδέν Aᵇ Al : om. Π   24 ἂν
ἐνῆν Christ

ΤΩΝ ΜΕΤΑ ΤΑ ΦΥΣΙΚΑ Β

δοκεῖ μὲν γὰρ ἡ οὐσία, ἐὰν μὴ οὖσα πρότερον νῦν ᾖ ἢ πρότερον οὖσα ὕστερον μὴ ᾖ, μετὰ τοῦ γίγνεσθαι καὶ φθείρεσθαι ταῦτα πάσχειν· τὰς δὲ στιγμὰς καὶ τὰς γραμμὰς καὶ τὰς ἐπιφανείας οὐκ ἐνδέχεται οὔτε γίγνεσθαι οὔτε φθείρεσθαι, ὁτὲ μὲν οὔσας ὁτὲ δὲ οὐκ οὔσας. ὅταν γὰρ ἅπτηται ἢ διαιρῆται τὰ σώματα, ἅμα ὁτὲ μὲν μία ἁπτομένων ὁτὲ δὲ δύο διαιρουμένων γίγνονται· ὥστ' οὔτε συγκειμένων ἔστιν ἀλλ' ἔφθαρται, διῃρημένων τε εἰσὶν αἱ πρότερον οὐκ οὖσαι (οὐ γὰρ δὴ ἥ γ' ἀδιαίρετος στιγμὴ διῃρέθη εἰς δύο), εἴ τε γίγνονται καὶ φθείρονται, ἐκ τίνος γίγνονται; παραπλησίως δ' ἔχει καὶ περὶ τὸ νῦν τὸ ἐν τῷ χρόνῳ· οὐδὲ γὰρ τοῦτο ἐνδέχεται γίγνεσθαι καὶ φθείρεσθαι, ἀλλ' ὅμως ἕτερον ἀεὶ δοκεῖ εἶναι, οὐκ οὐσία τις οὖσα. ὁμοίως δὲ δῆλον ὅτι ἔχει καὶ περὶ τὰς στιγμὰς καὶ γραμμὰς καὶ τὰ ἐπίπεδα· ὁ γὰρ αὐτὸς λόγος· ἅπαντα γὰρ ὁμοίως ἢ πέρατα ἢ διαιρέσεις εἰσίν.

6 Ὅλως δ' ἀπορήσειεν ἄν τις διὰ τί καὶ δεῖ ζητεῖν ἄλλ' ἄττα παρά τε τὰ αἰσθητὰ καὶ τὰ μεταξύ, οἷον ἃ τίθεμεν εἴδη. εἰ γὰρ διὰ τοῦτο, ὅτι τὰ μὲν μαθηματικὰ τῶν δεῦρο ἄλλῳ μέν τινι διαφέρει, τῷ δὲ πολλὰ τὰ ὁμοειδῆ εἶναι οὐθὲν διαφέρει, ὥστ' οὐκ ἔσονται αὐτῶν αἱ ἀρχαὶ ἀριθμῷ ἀφωρισμέναι (ὥσπερ οὐδὲ τῶν ἐνταῦθα γραμμάτων ἀριθμῷ μὲν πάντων οὐκ εἰσὶν αἱ ἀρχαὶ ὡρισμέναι, εἴδει δέ, ἐὰν μὴ λαμβάνῃ τις τησδὶ τῆς συλλαβῆς ἢ τησδὶ τῆς φωνῆς· τούτων δ' ἔσονται καὶ ἀριθμῷ

---

30 μὲν om. A^b   ἐὰν om. Π, ante ἡ coll. A^b, corr. Brandis   τὸ πρότερον A^b   νῦν ᾖ ex Al^p Brandis: νῦν εἶναι Π: om. A^b   31 ᾖ om. Π   1002^b 2 γίγνονται A^b E² in ras.: γίγνονται (sic) J: γίγνεται Al^c E¹ συγκειμένου A^b   3 ἔφθαρτο E²   5 τινος codd., corr. Ross   7 εἶναι om. A^b   8 ὡς οὐκ A^b: εἶναι ὡς ci. Ross   9 κ. τὰς γρ. A^b γρ   10 διαίρεσις E Ascl^c Al^p   13 ἄλλα τοιαῦτα A^b   τε om. Π   τὰ alt. A^b J: om. E   15 πολλὰ τὰ A^b Lat: πόλλ' ἄττα Π, cf. ^b21. aliter ^b13 et 23 de ideis ἀλλ' ἄττα vel ἕτερ' ἄττα dicitur   17 ἀριθμῶν A^b, sed cf. 18 et 1000^a2   ἐνταυθὶ A^b contra usum   19–20 τῆσδε A^b bis scribit

57

1002ᵇ ΤΩΝ ΜΕΤΑ ΤΑ ΦΥΣΙΚΑ Β

ὡρισμέναι—ὁμοίως δὲ καὶ ἐπὶ τῶν μεταξύ· ἄπειρα γὰρ κἀκεῖ τὰ ὁμοειδῆ), ὥστ' εἰ μὴ ἔστι παρὰ τὰ αἰσθητὰ καὶ τὰ μαθηματικὰ ἕτερ' ἄττα οἷα λέγουσι τὰ εἴδη τινές, οὐκ ἔσται μία ἀριθμῷ [καὶ εἴδει] οὐσία, οὐδ' αἱ ἀρχαὶ τῶν 25 ὄντων ἀριθμῷ ἔσονται ποσαί τινες ἀλλὰ εἴδει·—εἰ οὖν τοῦτο ἀναγκαῖον, καὶ τὰ εἴδη ἀναγκαῖον διὰ τοῦτο εἶναι [τιθέναι]. καὶ γὰρ εἰ μὴ καλῶς διαρθροῦσιν οἱ λέγοντες, ἀλλ' ἔστι γε τοῦθ' ὃ βούλονται, καὶ ἀνάγκη ταῦτα λέγειν αὐτοῖς, ὅτι τῶν εἰδῶν οὐσία τις ἕκαστόν ἐστι καὶ οὐθὲν κατὰ συμ-
30 βεβηκός.—ἀλλὰ μὴν εἴ γε θήσομεν τά τε εἴδη εἶναι καὶ ἓν ἀριθμῷ τὰς ἀρχὰς ἀλλὰ μὴ εἴδει, εἰρήκαμεν ἃ συμβαίνειν ἀναγκαῖον ἀδύνατα.—σύνεγγυς δὲ τούτων ἐστὶ τὸ διαπορῆσαι πότερον δυνάμει ἔστι τὰ στοιχεῖα ἤ τιν' ἕτερον τρόπον. εἰ μὲν γὰρ ἄλλως πως, πρότερόν τι ἔσται τῶν ἀρ-
1003ᵃ χῶν ἄλλο (πρότερον γὰρ ἡ δύναμις ἐκείνης τῆς αἰτίας, τὸ δὲ δυνατὸν οὐκ ἀναγκαῖον ἐκείνως πᾶν ἔχειν)· εἰ δ' ἔστι δυνάμει τὰ στοιχεῖα, ἐνδέχεται μηθὲν εἶναι τῶν ὄντων· δυνατὸν γὰρ εἶναι καὶ τὸ μήπω ὄν· γίγνεται μὲν γὰρ τὸ
5 μὴ ὄν, οὐθὲν δὲ γίγνεται τῶν εἶναι ἀδυνάτων.—ταύτας τε οὖν τὰς ἀπορίας ἀναγκαῖον ἀπορῆσαι περὶ τῶν ἀρχῶν, καὶ πότερον καθόλου εἰσὶν ἢ ὡς λέγομεν τὰ καθ' ἕκαστα. εἰ μὲν γὰρ καθόλου, οὐκ ἔσονται οὐσίαι (οὐθὲν γὰρ τῶν κοινῶν τόδε τι σημαίνει ἀλλὰ τοιόνδε, ἡ δ' οὐσία τόδε τι· εἰ δ'
10 ἔσται τόδε τι καὶ ⟨δεῖ⟩ ἐκθέσθαι τὸ κοινῇ κατηγορούμενον, πολλὰ

1002ᵇ32—1003ᵃ5, cf. 996ᵃ10-11   1003ᵃ5-17, cf. 996ᵃ9-10, 1060ᵇ 19-23

---

24 καὶ εἴδει codd. Alᶜ: delevi, ἀλλ' εἴδει ci. Al cum μία εἴδει opposita sit ei quae est μία ἀριθμῷ, cf. 31   25 ἓν ante ἔσονται add. Aᵇ   26 τιθέναι om. Π: add. Aᵇ et J marg.; est var. lect. pro εἶναι   28 γε Aᵇ Al: om. Π   αὑτούς Aᵇ   30 τε om. Π   31 ἐν om. Π   32 post ἀδ. add. πρότερον Aᵇ J²   34 πως J Alᶜ: πῶς Aᵇ E   1003ᵃ 10 δεῖ supplevi   ἐκθέσθαι codd. Alᶜ: ἐν θέσθαι Richards, sed cf. Bonitz p. 124 et Al ad Metaph. A 9, 992ᵇ10. ἐκθέσθαι idem est quod χωρίζειν τὰς ἰδέας

ΤΩΝ ΜΕΤΑ ΤΑ ΦΥΣΙΚΑ Β, Γ

ἔσται [ζῷα] ὁ Σωκράτης, αὐτός τε καὶ ὁ ἄνθρωπος καὶ τὸ ζῷον, εἴπερ σημαίνει ἕκαστον τόδε τι καὶ ἕν)·—εἰ μὲν οὖν καθόλου αἱ ἀρχαί, ταῦτα συμβαίνει· εἰ δὲ μὴ καθόλου ἀλλ' ὡς τὰ καθ' ἕκαστα, οὐκ ἔσονται ἐπιστηταί· καθόλου γὰρ ἡ ἐπιστήμη πάντων· ὥστ' ἔσονται ἀρχαὶ ἕτεραι πρό- 15 τεραι τῶν ἀρχῶν αἱ καθόλου κατηγορούμεναι, ἄνπερ μέλλῃ ἔσεσθαι αὐτῶν ἐπιστήμη.

Γ

Ἔστιν ἐπιστήμη τις ἣ θεωρεῖ τὸ ὂν ᾗ ὂν καὶ τὰ τούτῳ ὑπάρχοντα καθ' αὐτό. αὕτη δ' ἐστὶν οὐδεμιᾷ τῶν ἐν μέρει λεγομένων ἡ αὐτή· οὐδεμία γὰρ τῶν ἄλλων ἐπισκοπεῖ καθόλου περὶ τοῦ ὄντος ᾗ ὄν, ἀλλὰ μέρος αὐτοῦ τι ἀποτεμόμεναι περὶ τοῦτο θεωροῦσι τὸ συμβεβηκός, οἷον αἱ μαθη- 25 ματικαὶ τῶν ἐπιστημῶν. ἐπεὶ δὲ τὰς ἀρχὰς καὶ τὰς ἀκροτάτας αἰτίας ζητοῦμεν, δῆλον ὡς φύσεώς τινος αὐτὰς ἀναγκαῖον εἶναι καθ' αὑτήν. εἰ οὖν καὶ οἱ τὰ στοιχεῖα τῶν ὄντων ζητοῦντες ταύτας τὰς ἀρχὰς ἐζήτουν, ἀνάγκη καὶ τὰ στοιχεῖα τοῦ ὄντος εἶναι μὴ κατὰ συμβεβηκὸς ἀλλ' ᾗ 30 ὄν· διὸ καὶ ἡμῖν τοῦ ὄντος ᾗ ὂν τὰς πρώτας αἰτίας ληπτέον.

2 Τὸ δὲ ὂν λέγεται μὲν πολλαχῶς, ἀλλὰ πρὸς ἓν καὶ μίαν τινὰ φύσιν καὶ οὐχ ὁμωνύμως· ἀλλ' ὥσπερ καὶ τὸ ὑγιεινὸν ἅπαν πρὸς ὑγίειαν, τὸ μὲν τῷ φυλάττειν τὸ δὲ 35 τῷ ποιεῖν τὸ δὲ τῷ σημεῖον εἶναι τῆς ὑγιείας τὸ δ' ὅτι

11 ζῷα seclusi, addubitabat Christ   14 ἐπιστηταί Π Al : ἐπιστῆμαι Aᵇ
15 ἡ ἐπιστήμη Aᵇ Alᵖ : αἱ ἐπιστῆμαι Π; cf. quae Alex. ad A 9, 990ᵇ10 servavit ex Ar. de ideis libro unde haec sumpta videntur   16 αἱ om. Π
20 liber Γ cum praecedente B et sequente E olim introductionem ad primam philosophiam continebat, cf. notam ad initium libri B (995ᵃ24). correspondent libro Γ in versione breviore illius introductionis, quam liber K 1-8 exhibet, capp. 3-6   22 αὐτά Al   25 τοῦτο cod. T : τούτου Aᵇ Π; cf. 990ᵃ1   28 αὑτάς Aᵇ   31 ὄν Bonitz : ὄντα Π   ὄν ... ᾗ om. Aᵇ   34 ἀλλ' om. Aᵇ; cf. ᵇ5

ΤΩΝ ΜΕΤΑ ΤΑ ΦΥΣΙΚΑ Γ

1003ᵇ δεκτικὸν αὐτῆς, καὶ τὸ ἰατρικὸν πρὸς ἰατρικήν (τὸ μὲν γὰρ τῷ ἔχειν ἰατρικὴν λέγεται ἰατρικὸν τὸ δὲ τῷ εὐφυὲς εἶναι πρὸς αὐτὴν τὸ δὲ τῷ ἔργον εἶναι τῆς ἰατρικῆς, ὁμοιοτρόπως δὲ καὶ ἄλλα ληψόμεθα λεγόμενα τούτοις),
5 οὕτω δὲ καὶ τὸ ὂν λέγεται πολλαχῶς μὲν ἀλλ' ἅπαν πρὸς μίαν ἀρχήν· τὰ μὲν γὰρ ὅτι οὐσίαι, ὄντα λέγεται, τὰ δ' ὅτι πάθη οὐσίας, τὰ δ' ὅτι ὁδὸς εἰς οὐσίαν ἢ φθοραὶ ἢ στερήσεις ἢ ποιότητες ἢ ποιητικὰ ἢ γεννητικὰ οὐσίας ἢ τῶν πρὸς τὴν οὐσίαν λεγομένων, ἢ τούτων τινὸς
10 ἀποφάσεις ἢ οὐσίας· διὸ καὶ τὸ μὴ ὂν εἶναι μὴ ὂν φαμεν. καθάπερ οὖν καὶ τῶν ὑγιεινῶν ἁπάντων μία ἐπιστήμη ἔστιν, ὁμοίως τοῦτο καὶ ἐπὶ τῶν ἄλλων. οὐ γὰρ μόνον ⟨περὶ⟩ τῶν καθ' ἓν λεγομένων ἐπιστήμης ἐστὶ θεωρῆσαι μιᾶς ἀλλὰ καὶ τῶν πρὸς μίαν λεγομένων φύσιν· καὶ γὰρ ταῦτα τρόπον τινὰ
15 λέγεται καθ' ἕν. δῆλον οὖν ὅτι καὶ τὰ ὄντα μιᾶς θεωρῆσαι ᾗ ὄντα. πανταχοῦ δὲ κυρίως τοῦ πρώτου ἡ ἐπιστήμη, καὶ ἐξ οὗ τὰ ἄλλα ἤρτηται, καὶ δι' ὃ λέγονται. εἰ οὖν τοῦτ' ἐστὶν ἡ οὐσία, τῶν οὐσιῶν ἂν δέοι τὰς ἀρχὰς καὶ τὰς αἰτίας ἔχειν τὸν φιλόσοφον.—ἅπαντος δὲ γένους καὶ αἴσθησις μία ἑνὸς
20 καὶ ἐπιστήμη, οἷον ἡ γραμματικὴ μία οὖσα πάσας θεωρεῖ τὰς φωνάς· διὸ καὶ τοῦ ὄντος ᾗ ὂν ὅσα εἴδη θεωρῆσαι μιᾶς ἐστὶν ἐπιστήμης τῷ γένει, τά τε εἴδη τῶν εἰδῶν. [εἰ δὴ τὸ ὂν καὶ τὸ ἓν ταὐτὸν καὶ μία φύσις τῷ ἀκολουθεῖν ἀλλήλοις ὥσπερ ἀρχὴ καὶ αἴτιον, ἀλλ' οὐχ ὡς ἑνὶ λόγῳ δηλού-
25 μενα (διαφέρει δὲ οὐθὲν οὐδ' ἂν ὁμοίως ὑπολάβωμεν, ἀλλὰ

1003ᵇ 2 τὴν ἰατρικὴν Aᵇ   3 τὴν ἰατρικήν Aᵇ   4 ὁμοίως J   5 δὴ Bonitz, sed ab οὕτω δὲ apodosis incipit, cf. *Gen. et corr.* 314ᵃ12, *Meteor.* 349ᵇ13, *Metaph.* 1035ᵃ29   6 οὐσία Aᵇ   7 ὁδοὶ Aˡᶜ   8 φθορὰ ἢ στέρησις Aᵇ   10 ἀπόφασις Aᵇ   12 περὶ add. Lasson   15 λέγονται Aᵇ   17 an λέγεται? cf. 15   20 ἡ Aᵇ Aˡᶜ: om. Π   21 ᾗ ὂν Aᵇ J² in marg.: om. Π   22 τε] δὲ Aˡᶜ   verba εἰ δὴ . . . 1004ᵃ2 τῶν ἐναντίων nexum sententiarum interrumpunt, quod primus intellexit Al; alterius recensionis esse putant Schwegler, Christ   23–24 τῷ ἀκολ. ἀλλ. ὥσπερ ἀρχὴ καὶ αἴτιον] cf. 1013ᵃ16

ΤΩΝ ΜΕΤΑ ΤΑ ΦΥΣΙΚΑ Γ

καὶ πρὸ ἔργου μᾶλλον)· ταὐτὸ γὰρ εἷς ἄνθρωπος καὶ ὢν ἄνθρωπος καὶ ἄνθρωπος, καὶ οὐχ ἕτερόν τι δηλοῖ κατὰ τὴν λέξιν ἐπαναδιπλούμενον τὸ εἷς ἐστιν ἄνθρωπος καὶ ἔστιν εἷς ὢν ἄνθρωπος· δῆλον δ' ὅτι οὐ χωρίζεται οὔτ' ἐπὶ γενέσεως οὔτ' ἐπὶ φθορᾶς, ὁμοίως δὲ καὶ ἐπὶ τοῦ ἑνός· ὥστε φανερὸν ὅτι 30 ἡ πρόσθεσις ἐν τούτοις ταὐτὸ δηλοῖ, καὶ οὐδὲν ἕτερον τὸ ἓν παρὰ τὸ ὄν, ἔτι δ' ἡ ἑκάστου οὐσία ἕν ἐστιν οὐ κατὰ συμβεβηκός, ὁμοίως δὲ καὶ ὅπερ ὄν τι·—ὥσθ' ὅσαπερ τοῦ ἑνὸς εἴδη, τοσαῦτα καὶ τοῦ ὄντος· περὶ ὧν τὸ τί ἐστι τῆς αὐτῆς ἐπιστήμης τῷ γένει θεωρῆσαι, λέγω δ' οἷον περὶ 35 ταὐτοῦ καὶ ὁμοίου καὶ τῶν ἄλλων τῶν τοιούτων. σχεδὸν δὲ πάντα ἀνάγεται τἀναντία εἰς τὴν ἀρχὴν ταύτην· τεθεω- 1004ᵃ ρήσθω δ' ἡμῖν ταῦτα ἐν τῇ ἐκλογῇ τῶν ἐναντίων.]] καὶ τοσαῦτα μέρη φιλοσοφίας ἔστιν ὅσαιπερ αἱ οὐσίαι· ὥστε ἀναγκαῖον εἶναί τινα πρώτην καὶ ἐχομένην αὐτῶν. ὑπάρχει γὰρ εὐθὺς γένη ἔχον τὸ ὂν [καὶ τὸ ἕν]· διὸ καὶ αἱ 5 ἐπιστῆμαι ἀκολουθήσουσι τούτοις. ἔστι γὰρ ὁ φιλόσοφος ὥσπερ ὁ μαθηματικὸς λεγόμενος· καὶ γὰρ αὕτη ἔχει μέρη, καὶ πρώτη τις καὶ δευτέρα ἔστιν ἐπιστήμη καὶ ἄλλαι ἐφεξῆς ἐν τοῖς μαθήμασιν.—ἐπεὶ δὲ μιᾶς τἀντικείμενα

26 post εἷς ἄνθρωπος add. καὶ ἄνθρωπος Aᵇ Alᵖ: om. Π Ascl Syr: ἄνθρωπος sscr. J² (ex Al ut vid.), sed Al quid Ar. demonstrare voluerit hoc loco non recte intellexit   27 καὶ ἄνθρωπος om. Ascl   28 τὸ] τί E εἷς ἐστιν ἅ. καὶ ἔστιν ἅ. Aᵇ Alᶜ (qui geminat alt. ἄνθρωπος): ἐστιν ὁ ἅ. καὶ ἅ. καὶ εἷς ἅ. Π; multa turbant Ascl Syr   31 ἔτι ante ἕτερον add. Aᵇ: om. Π Alᶜ   34 ὄντος ἐστίν Π (ν eras. E)   36 post τοιούτων add. καὶ τῶν τούτοις ἀντικειμένων Al quod receperunt Bonitz, Christ; sed Alexandri explicatio haec est ex 1004ᵃ17 sumpta   1004ᵃ 1 τεθεωρήσθω Aᵇ Alᶜ: τεθεώρηται Π   2 ἐκλογῇ τῶν ἐναντίων] e libro ii Περὶ τἀγαθοῦ haec sumpta putat Al   καὶ ... 9 μαθήμασιν ante εἰ 1003ᵇ22 collocanda censet Al, post 1003ᵇ19 φιλόσοφον Schwegler   5 ἔχον Aᵇ Al γρ: ἔχοντα Π Alᶜ   καὶ τὸ ἕν del. Natorp, Ross   αἱ om. Π   7 οὕτως ὥσπερ Aᵇ   9 ἐπεὶ: ἔτι Luthe (sed cf. 994ᵇ9), qui delet 10 τῷ ... πλήθος; sed genuina haec sunt verba et repetitio eorum 16–17 indicat, ubi olim collocata fuerint (ante ὥστε κτλ.). haec sententiae structura (ἐπεὶ ... cum ὥστε in apodosi) iam perrumpitur alt. rec. interiecta (10 ἀπόφασιν ... 16 στέρησις); cf. huius rei exemplum 1005ᵃ8 et 11

ΤΩΝ ΜΕΤΑ ΤΑ ΦΥΣΙΚΑ Γ

θεωρῆσαι, τῷ δὲ ἑνὶ ἀντίκειται πλῆθος ⟦ἀπόφασιν δὲ καὶ στέρησιν μιᾶς ἐστὶ θεωρῆσαι διὰ τὸ ἀμφοτέρως θεωρεῖσθαι τὸ ἓν οὗ ἡ ἀπόφασις ἢ ἡ στέρησις. ἢ ⟨γὰρ⟩ ἁπλῶς λέγομεν ὅτι οὐχ ὑπάρχει ἐκεῖνο, ἤ τινι γένει· ἔνθα μὲν οὖν †τῷ ἑνὶ ἡ διαφορὰ πρόσεστι παρὰ τὸ ἐν τῇ ἀποφάσει†, ἀπουσία γὰρ ἡ ἀπόφασις ἐκείνου ἐστίν, ἐν δὲ τῇ στερήσει καὶ ὑποκειμένη τις φύσις γίγνεται καθ' ἧς λέγεται ἡ στέρησις⟧ [τῷ δ' ἑνὶ πλῆθος ἀντίκειται] ὥστε καὶ τἀντικείμενα τοῖς εἰρημένοις, τό τε ἕτερον καὶ ἀνόμοιον καὶ ἄνισον καὶ ὅσα ἄλλα λέγεται ἢ κατὰ ταῦτα ἢ κατὰ πλῆθος καὶ τὸ ἕν, τῆς εἰρημένης γνωρίζειν ἐπιστήμης· ὧν ἐστὶ καὶ ἡ ἐναντιότης· διαφορὰ γάρ τις ἡ ἐναντιότης, ἡ δὲ διαφορὰ ἑτερότης. ὥστ' ἐπειδὴ πολλαχῶς τὸ ἓν λέγεται, καὶ ταῦτα πολλαχῶς μὲν λεχθήσεται, ὅμως δὲ μιᾶς ἅπαντά ἐστι γνωρίζειν· οὐ γὰρ εἰ πολλαχῶς, ἑτέρας, ἀλλ' εἰ μήτε καθ' ἓν μήτε πρὸς ἓν οἱ λόγοι ἀναφέρονται. ἐπεὶ δὲ πάντα πρὸς τὸ πρῶτον ἀναφέρεται, οἷον ὅσα ἓν λέγεται πρὸς τὸ πρῶτον ἕν, ὡσαύτως φατέον καὶ περὶ ταὐτοῦ καὶ ἑτέρου καὶ τῶν ἐναντίων ἔχειν· ὥστε διελόμενον ποσαχῶς λέγεται ἕκαστον, οὕτως ἀποδοτέον πρὸς τὸ πρῶτον ἐν ἑκάστῃ κατηγορίᾳ πῶς πρὸς ἐκεῖνο λέγεται· τὰ μὲν γὰρ τῷ ἔχειν ἐκεῖνο τὰ δὲ τῷ ποιεῖν τὰ δὲ κατ' ἄλλους λεχθήσεται τοιούτους τρόπους.—φανερὸν οὖν [ὅπερ ἐν ταῖς ἀπορίαις ἐλέχθη] ὅτι μιᾶς περὶ τούτων καὶ τῆς οὐσίας ἐστὶ λόγον ἔχειν (τοῦτο δ' ἦν ἓν τῶν ἐν τοῖς ἀπορήμασιν), καὶ ἔστι τοῦ φιλοσόφου περὶ πάντων δύνασθαι θεωρεῖν. εἰ γὰρ μὴ τοῦ φιλοσόφου, τίς ἔσται

12 ἢ γὰρ ἁ. λ. ex Al Bonitz, Schwegler: ἡ (ἢ ἡ E² J) ἁπλῶς λεγομένη A^b Π   13 ἐκεῖνο ex Al Bonitz: ἐκείνῳ A^b Π (ex -o corr. E) 16–17 τῷ ... ἀντίκειται del. Ross, cf. 10   17 τοῖς εἰρημένοις] cf. 1003^b35 19 ταῦτα Ascl^c Al^c : ταὐτὰ A^b Π   20 ὧν ἕν τι Π, ἐστί post ἐναντ. coll. 25 post ἀναφέρονται add. τότε ἑτέρας Π   26 ἀναφέρετε E (id est -ται): ἀναφέρονται A^b J   πρώτως A^b   32 ὅπερ ... ἐλέχθη om. A^b E γρ; var. lect. ad 33–34, delevi (cf. Herm. 52. 491)   34 ἀπορήμασιν] cf. 997^a25

ΤΩΝ ΜΕΤΑ ΤΑ ΦΥΣΙΚΑ Γ   1004ᵇ

ὁ ἐπισκεψόμενος εἰ ταὐτὸ Σωκράτης καὶ Σωκράτης καθήμενος, ἢ εἰ ἓν ἑνὶ ἐναντίον, ἢ τί ἐστι τὸ ἐναντίον ἢ ποσαχῶς λέγεται; ὁμοίως δὲ καὶ περὶ τῶν ἄλλων τῶν τοιούτων. ἐπεὶ οὖν τοῦ ἑνὸς ᾗ ἓν καὶ τοῦ ὄντος ᾗ ὂν ταῦτα καθ' αὑτά 5 ἐστι πάθη, ἀλλ' οὐχ ᾗ ἀριθμοὶ ἢ γραμμαὶ ἢ πῦρ, δῆλον ὡς ἐκείνης τῆς ἐπιστήμης καὶ τί ἐστι γνωρίσαι καὶ τὰ συμβεβηκότ' αὐτοῖς· καὶ οὐ ταύτῃ ἁμαρτάνουσιν οἱ περὶ αὐτῶν σκοπούμενοι ὡς οὐ φιλοσοφοῦντες, ἀλλ' ὅτι πρότερον ἡ οὐσία, περὶ ἧς οὐθὲν ἐπαΐουσιν. ἐπεὶ ὥσπερ ἔστι καὶ ἀριθμοῦ ᾗ ἀρι- 10 θμὸς ἴδια πάθη (οἷον περιττότης ἀρτιότης, συμμετρία ἰσότης, ὑπεροχὴ ἔλλειψις) καὶ ταῦτα καὶ καθ' αὑτοὺς καὶ πρὸς ἀλλήλους ὑπάρχει τοῖς ἀριθμοῖς (ὁμοίως δὲ καὶ στερεῷ καὶ ἀκινήτῳ καὶ κινουμένῳ ἀβαρεῖ τε καὶ βάρος ἔχοντι ἔστιν ἕτερα ἴδια), οὕτω καὶ τῷ ὄντι ᾗ ὂν ἔστι τινὰ 15 ἴδια, καὶ ταῦτ' ἐστὶ περὶ ὧν τοῦ φιλοσόφου ἐπισκέψασθαι τὸ ἀληθές. σημεῖον δέ· οἱ γὰρ· διαλεκτικοὶ καὶ σοφισταὶ τὸ αὐτὸ μὲν ὑποδύονται σχῆμα τῷ φιλοσόφῳ· ἡ γὰρ σοφιστικὴ φαινομένη μόνον σοφία ἐστί, καὶ οἱ διαλεκτικοὶ διαλέγονται περὶ ἁπάντων, κοινὸν δὲ πᾶσι τὸ ὄν ἐστιν, 20 διαλέγονται δὲ περὶ τούτων δῆλον ὅτι διὰ τὸ τῆς φιλοσοφίας ταῦτα εἶναι οἰκεῖα. περὶ μὲν γὰρ τὸ αὐτὸ γένος στρέφεται ἡ σοφιστικὴ καὶ ἡ διαλεκτικὴ τῇ φιλοσοφίᾳ, ἀλλὰ διαφέρει τῆς μὲν τῷ τρόπῳ τῆς δυνάμεως, τῆς δὲ τοῦ βίου τῇ προαιρέσει· ἔστι δὲ ἡ διαλεκτικὴ πειραστικὴ περὶ ὧν ἡ 25 φιλοσοφία γνωριστική, ἡ δὲ σοφιστικὴ φαινομένη, οὖσα δ' οὔ.

Ἔτι τῶν ἐναντίων ἡ ἑτέρα συστοιχία στέρησις, καὶ πάντα ἀνάγεται εἰς τὸ ὂν καὶ τὸ μὴ ὄν, καὶ εἰς ἓν καὶ πλῆθος, οἷον στάσις τοῦ ἑνὸς κίνησις δὲ τοῦ πλήθους· τὰ δ' ὄντα καὶ τὴν οὐσίαν ὁμολογοῦσιν ἐξ ἐναντίων σχεδὸν ἅπαντες συγκεῖσθαι· 30

1004ᵇ 2 Σωκρ. καθ.] cf. Plat. *Soph.* 263 Α, Div. Ar. c. 69   6 ἀριθμὸς Αᵇ Αlᶜ   γραμμὴ Αᵇ   14 καὶ ἀβαρεῖ Αᵇ om. τε   22 εἶναι αὐτὰ Π   23 ἡ alt. om. Π   25 πειραστικὴ] cf. *Soph. El.* 169ᵇ24–25, 171ᵇ8   28 τὸ alt. om. Αᵇ   εἰς alt. om. Αᵇ   29 verba τὰ δ' ὄντα ... 33 νεῖκος orationem interrumpunt, sed ex eodem fonte sumpta vid. ac sq.

ΤΩΝ ΜΕΤΑ ΤΑ ΦΥΣΙΚΑ Γ

πάντες γοῦν τὰς ἀρχὰς ἐναντίας λέγουσιν· οἱ μὲν γὰρ περιττὸν καὶ ἄρτιον, οἱ δὲ θερμὸν καὶ ψυχρόν, οἱ δὲ πέρας καὶ ἄπειρον, οἱ δὲ φιλίαν καὶ νεῖκος. πάντα δὲ καὶ τἆλλα ἀναγόμενα φαίνεται εἰς τὸ ἓν καὶ πλῆθος (εἰλήφθω γὰρ ἡ ἀναγωγὴ ἡμῖν), αἱ δ' ἀρχαὶ καὶ παντελῶς αἱ παρὰ τῶν ἄλλων ὡς εἰς γένη ταῦτα πίπτουσιν. φανερὸν οὖν καὶ ἐκ τούτων ὅτι μιᾶς ἐπιστήμης τὸ ὂν ᾗ ὂν θεωρῆσαι. πάντα γὰρ ἢ ἐναντία ἢ ἐξ ἐναντίων, ἀρχαὶ δὲ τῶν ἐναντίων τὸ ἓν καὶ πλῆθος. ταῦτα δὲ μιᾶς ἐπιστήμης, εἴτε καθ' ἓν λέγεται εἴτε μή, ὥσπερ ἴσως ἔχει καὶ τἀληθές. ἀλλ' ὅμως εἰ καὶ πολλαχῶς λέγεται τὸ ἕν, πρὸς τὸ πρῶτον τἆλλα λεχθήσεται καὶ τὰ ἐναντία ὁμοίως, [καὶ διὰ τοῦτο] [[καὶ εἰ μὴ ἔστι τὸ ὂν ἢ τὸ ἓν καθόλου καὶ ταὐτὸ ἐπὶ πάντων ἢ χωριστόν, ὥσπερ ἴσως οὐκ ἔστιν ἀλλὰ τὰ μὲν πρὸς ἓν τὰ δὲ τῷ ἐφεξῆς.]] καὶ διὰ τοῦτο οὐ τοῦ γεωμέτρου θεωρῆσαι τί τὸ ἐναντίον ἢ τέλειον ἢ ἓν ἢ ὂν ἢ ταὐτὸν ἢ ἕτερον, ἀλλ' ἢ ἐξ ὑποθέσεως. ὅτι μὲν οὖν μιᾶς ἐπιστήμης τὸ ὂν ᾗ ὂν θεωρῆσαι καὶ τὰ ὑπάρχοντα αὐτῷ ᾗ ὄν, δῆλον, καὶ ὅτι οὐ μόνον τῶν οὐσιῶν ἀλλὰ καὶ τῶν ὑπαρχόντων ἡ αὐτὴ θεωρητική, τῶν τε εἰρημένων καὶ περὶ προτέρου καὶ ὑστέρου, καὶ γένους καὶ εἴδους, καὶ ὅλου καὶ μέρους καὶ τῶν ἄλλων τῶν τοιούτων.

Λεκτέον δὲ πότερον μιᾶς ἢ ἑτέρας ἐπιστήμης περί τε 3 τῶν ἐν τοῖς μαθήμασι καλουμένων ἀξιωμάτων καὶ περὶ τῆς οὐσίας. φανερὸν δὴ ὅτι μιᾶς τε καὶ τῆς τοῦ φιλοσόφου καὶ ἡ περὶ τούτων ἐστὶ σκέψις· ἅπασι γὰρ ὑπάρχει τοῖς

1005^a19—^b2, cf. K 4

1005^a 1 ἀναγωγὴ] iterum Aristotelem ad Platonis lib. ii Περὶ τἀγαθοῦ referre ait Al (cf. ad 1004^a2)   6 καὶ om. Π   8 καὶ διὰ τοῦτο om. A^b de coniectura ut vid. propter repetitionem ^a11, seclusit Christ. ego verba 8 καὶ εἰ ... 11 ἐφεξῆς alt. rec. esse puto, quibus additis καὶ διὰ τοῦτο primo loco deleri debebat; cf. ad 1004^a10 et 16 sq.   22 ἐπίσκεψις A^b

ΤΩΝ ΜΕΤΑ ΤΑ ΦΥΣΙΚΑ Γ

οὖσιν ἀλλ' οὐ γένει τινὶ χωρὶς ἰδίᾳ τῶν ἄλλων. καὶ χρῶνται μὲν πάντες, ὅτι τοῦ ὄντος ἐστὶν ᾗ ὄν, ἕκαστον δὲ τὸ γένος ὄν· ἐπὶ τοσοῦτον δὲ χρῶνται ἐφ' ὅσον αὐτοῖς ἱκανόν, τοῦτο 25 δ' ἔστιν ὅσον ἐπέχει τὸ γένος περὶ οὗ φέρουσι τὰς ἀποδείξεις· ὥστ' ἐπεὶ δῆλον ὅτι ᾗ ὄντα ὑπάρχει πᾶσι (τοῦτο γὰρ αὐτοῖς τὸ κοινόν), τοῦ περὶ τοῦ ὄντος ᾗ ὂν γνωρίζοντος καὶ περὶ τούτων ἐστὶν ἡ θεωρία. διόπερ οὐθεὶς τῶν κατὰ μέρος ἐπισκοπούντων ἐγχειρεῖ λέγειν τι περὶ αὐτῶν, εἰ ἀληθῆ ἢ μή, 30 οὔτε γεωμέτρης οὔτ' ἀριθμητικός, ἀλλὰ τῶν φυσικῶν ἔνιοι, εἰκότως τοῦτο δρῶντες· μόνοι γὰρ ᾤοντο περί τε τῆς ὅλης φύσεως σκοπεῖν καὶ περὶ τοῦ ὄντος. ἐπεὶ δ' ἔστιν ἔτι τοῦ φυσικοῦ τις ἀνωτέρω (ἓν γάρ τι γένος τοῦ ὄντος ἡ φύσις), τοῦ ⟨περὶ τὸ⟩ καθόλου καὶ [τοῦ] περὶ τὴν πρώτην οὐσίαν θεωρητικοῦ 35 καὶ ἡ περὶ τούτων ἂν εἴη σκέψις· ἔστι δὲ σοφία τις καὶ ἡ φυ- 1005ᵇ σική, ἀλλ' οὐ πρώτη. ⟦ὅσα δ' ἐγχειροῦσι τῶν λεγόντων τινὲς περὶ τῆς ἀληθείας ὃν τρόπον δεῖ ἀποδέχεσθαι, δι' ἀπαιδευσίαν τῶν ἀναλυτικῶν τοῦτο δρῶσιν· δεῖ γὰρ περὶ τούτων ἥκειν προεπισταμένους ἀλλὰ μὴ ἀκούοντας ζητεῖν.⟧ ὅτι μὲν 5 οὖν τοῦ φιλοσόφου καὶ τοῦ περὶ πάσης τῆς οὐσίας θεωροῦντος, ᾗ πέφυκεν, καὶ περὶ τῶν συλλογιστικῶν ἀρχῶν ἐστιν ἐπισκέψασθαι, δῆλον· προσήκει δὲ τὸν μάλιστα γνωρίζοντα περὶ ἕκαστον γένος ἔχειν λέγειν τὰς βεβαιοτάτας ἀρχὰς τοῦ πράγματος, ὥστε καὶ τὸν περὶ τῶν ὄντων ᾗ ὄντα τὰς 10 πάντων βεβαιοτάτας. ἔστι δ' οὗτος ὁ φιλόσοφος. βεβαιοτάτη δ' ἀρχὴ πασῶν περὶ ἣν διαψευσθῆναι ἀδύνατον· γνωριμωτάτην τε γὰρ ἀναγκαῖον εἶναι τὴν τοιαύτην (περὶ

1005ᵇ8–34, cf. 1061ᵇ34–1062ᵃ2 (23–26, cf. 1062ᵃ31–35)

28 τοῦ ὄντος] τὸ ὄν Aᵇ E : τοῦ ὄν (sic) J, correxi ; cf. 1037ᵃ16, *Phys*. 208ᵃ28 etc.   32 τε om. Aᵇ   34 τι ἀνωτ. Alᶜ   35 περὶ τὸ addidi   τοῦ om. cod. T, de coniect. ut vid., delevi   1005ᵇ 2–5 seclusa Al post 8 δῆλον collocari iubet, ea a contextu aliena esse scribendi genere ostendit J, ab Ar. postea addita vid. ; cf. ad huius libri retractationem 1003ᵃ12–1004ᵃ2, 1004ᵃ10–16, 1005ᵃ8–11, 1005ᵇ2–5, 1006ᵃ26–28   4 ἀναλυτικῶν] cf. *Anal. post*. i. 1 et ii. 19   10–11 τὰς περὶ πάντων Aᵇ

1005ᵇ ΤΩΝ ΜΕΤΑ ΤΑ ΦΥΣΙΚΑ Γ

γὰρ ἃ μὴ γνωρίζουσιν ἀπατῶνται πάντες) καὶ ἀνυπόθετον. ἦν γὰρ ἀναγκαῖον ἔχειν τὸν ὁτιοῦν ξυνιέντα τῶν ὄντων, τοῦτο οὐχ ὑπόθεσις· ὃ δὲ γνωρίζειν ἀναγκαῖον τῷ ὁτιοῦν γνωρίζοντι, καὶ ἥκειν ἔχοντα ἀναγκαῖον. ὅτι μὲν οὖν βεβαιοτάτη ἡ τοιαύτη πασῶν ἀρχή, δῆλον· τίς δ' ἔστιν αὕτη, μετὰ ταῦτα λέγωμεν. τὸ γὰρ αὐτὸ ἅμα ὑπάρχειν τε καὶ μὴ ὑπάρχειν ἀδύνατον τῷ αὐτῷ καὶ κατὰ τὸ αὐτό (καὶ ὅσα ἄλλα προσδιορισαίμεθ' ἄν, ἔστω προσδιωρισμένα πρὸς τὰς λογικὰς δυσχερείας)· αὕτη δὴ πασῶν ἐστὶ βεβαιοτάτη τῶν ἀρχῶν· ἔχει γὰρ τὸν εἰρημένον διορισμόν. ἀδύνατον γὰρ ὁντινοῦν ταὐτὸν ὑπολαμβάνειν εἶναι καὶ μὴ εἶναι, καθάπερ τινὲς οἴονται λέγειν Ἡράκλειτον. οὐκ ἔστι γὰρ ἀναγκαῖον, ἅ τις λέγει, ταῦτα καὶ ὑπολαμβάνειν· εἰ δὲ μὴ ἐνδέχεται ἅμα ὑπάρχειν τῷ αὐτῷ τἀναντία (προσδιωρίσθω δ' ἡμῖν καὶ ταύτῃ τῇ προτάσει τὰ εἰωθότα), ἐναντία δ' ἐστὶ δόξα δόξῃ ἡ τῆς ἀντιφάσεως, φανερὸν ὅτι ἀδύνατον ἅμα ὑπολαμβάνειν τὸν αὐτὸν εἶναι καὶ μὴ εἶναι τὸ αὐτό· ἅμα γὰρ ἂν ἔχοι τὰς ἐναντίας δόξας ὁ διεψευσμένος περὶ τούτου. διὸ πάντες οἱ ἀποδεικνύντες εἰς ταύτην ἀνάγουσιν ἐσχάτην δόξαν· φύσει γὰρ ἀρχὴ καὶ τῶν ἄλλων ἀξιωμάτων αὕτη πάντων.

Εἰσὶ δέ τινες οἵ, καθάπερ εἴπομεν, αὐτοί τε ἐνδέχε- 4 σθαί φασι τὸ αὐτὸ εἶναι καὶ μὴ εἶναι, καὶ ὑπολαμβάνειν οὕτως. χρῶνται δὲ τῷ λόγῳ τούτῳ πολλοὶ καὶ τῶν περὶ φύσεως. ἡμεῖς δὲ νῦν εἰλήφαμεν ὡς ἀδυνάτου ὄντος ἅμα εἶναι καὶ μὴ εἶναι, καὶ διὰ τούτου ἐδείξαμεν ὅτι βεβαιοτάτη αὕτη τῶν ἀρχῶν πασῶν. ἀξιοῦσι δὴ καὶ τοῦτο ἀποδεικνύναι τινὲς δι' ἀπαιδευσίαν· ἔστι γὰρ ἀπαιδευσία

1006ᵃ5–18, cf. K 1062ᵃ2–5

16 ὑποθέσει Aᵇ   17 ἔχοντι E : ἔχοντ' J; cf. 1005ᵇ5   19 λέγωμεν J : λέγομεν Aᵇ E   τε Aᵇ Alᶜ : om. Π   21 τὰ προδιωρισμένα Aᵇ   27 προδωρίσθω om. δ' Aᵇ   31 διεψευσμένος Aᵇ J Alᶜ : διαψευσάμενος E   32 οἵ Aᵇ Alᶜ : om. Π   35 αὐτοί τε Aᵇ Π All, sed non interpr. Al, om. Lat

ΤΩΝ ΜΕΤΑ ΤΑ ΦΥΣΙΚΑ Γ

τὸ μὴ γιγνώσκειν τίνων δεῖ ζητεῖν ἀπόδειξιν καὶ τίνων οὐ δεῖ· ὅλως μὲν γὰρ ἁπάντων ἀδύνατον ἀπόδειξιν εἶναι (εἰς ἄπειρον γὰρ ἂν βαδίζοι, ὥστε μηδ᾽ οὕτως εἶναι ἀπόδειξιν), εἰ δέ τινων μὴ δεῖ ζητεῖν ἀπόδειξιν, τίνα ἀξιοῦσιν εἶναι μᾶλλον τοιαύτην ἀρχὴν οὐκ ἂν ἔχοιεν εἰπεῖν. ἔστι δ᾽ ἀποδεῖξαι ἐλεγκτικῶς καὶ περὶ τούτου ὅτι ἀδύνατον, ἂν μόνον τι λέγῃ ὁ ἀμφισβητῶν· ἂν δὲ μηθέν, γελοῖον τὸ ζητεῖν λόγον πρὸς τὸν μηθενὸς ἔχοντα λόγον, ᾗ μὴ ἔχει· ὅμοιος γὰρ φυτῷ ὁ τοιοῦτος ᾗ τοιοῦτος ἤδη. τὸ δ᾽ ἐλεγκτικῶς ἀποδεῖξαι λέγω διαφέρειν καὶ τὸ ἀποδεῖξαι, ὅτι ἀποδεικνύων μὲν ἂν δόξειεν αἰτεῖσθαι τὸ ἐν ἀρχῇ, ἄλλου δὲ τοῦ τοιούτου αἰτίου ὄντος ἔλεγχος ἂν εἴη καὶ οὐκ ἀπόδειξις. ἀρχὴ δὲ πρὸς ἅπαντα τὰ τοιαῦτα οὐ τὸ ἀξιοῦν ἢ εἶναί τι λέγειν ἢ μὴ εἶναι (τοῦτο μὲν γὰρ τάχ᾽ ἄν τις ὑπολάβοι τὸ ἐξ ἀρχῆς αἰτεῖν), ἀλλὰ σημαίνειν γέ τι καὶ αὑτῷ καὶ ἄλλῳ· τοῦτο γὰρ ἀνάγκη, εἴπερ λέγοι τι. εἰ γὰρ μή, οὐκ ἂν εἴη τῷ τοιούτῳ λόγος, οὔτ᾽ αὐτῷ πρὸς αὑτὸν οὔτε πρὸς ἄλλον. ἂν δέ τις τοῦτο διδῷ, ἔσται ἀπόδειξις· ἤδη γάρ τι ἔσται ὡρισμένον. ἀλλ᾽ αἴτιος οὐχ ὁ ἀποδεικνὺς ἀλλ᾽ ὁ ὑπομένων· ἀναιρῶν γὰρ λόγον ὑπομένει λόγον. [ἔτι δὲ ὁ τοῦτο συγχωρήσας συγκεχώρηκέ τι ἀληθὲς εἶναι χωρὶς ἀποδείξεως]] [ὥστε οὐκ ἂν πᾶν οὕτως καὶ οὐχ οὕτως ἔχοι].—πρῶτον μὲν οὖν δῆλον ὡς τοῦτό γ᾽ αὐτὸ ἀληθές, ὅτι σημαίνει τὸ ὄνομα τὸ εἶναι ἢ μὴ εἶναι τοδί, ὥστ᾽ οὐκ ἂν πᾶν οὕτως καὶ οὐχ οὕτως ἔχοι· ἔτι εἰ τὸ ἄνθρωπος σημαίνει ἕν, ἔστω τοῦτο

1006ᵃ18—1007ᵃ20, cf. 1062ᵃ5–19 (1006ᵇ28–34, cf. 1062ᵃ19–23)

1006ᵃ 14 ᾗ μὴ ἔχει Aᵇ Alᶜ: ᾗ μηθένα ἔχει λόγον Π interpretamentum esse suspicatur Christ, sed cf. 1016ᵇ4 sim.   15 ἤδη Aᵇ Alᶜ J: om. E ἔστιν post ἤδη add. J   16 ὅτι ὁ ἀποδ. Π   18 αἰτίου om. Aᵇ 19 οὐ Π Al γρ: οὐχὶ Aᵇ: om. Al   20 γὰρ om. Al γρ   21 τι om. Aᵇ   αὑτῷ Π   23 οὔθ᾽ αὑτῷ Π   26 ἔτι ... 27 ἀποδείξεως Aᵇ Alᵖ: om. Π: del. Bonitz. ego haec non spuria, sed postea ab Ar. addita esse puto   28 ὥστε ... ἔχοι om. Π, non novit Alᵖ, del. Bonitz ut ex 30 huc delata   29 τ᾽ αὐτὸ J

ΤΩΝ ΜΕΤΑ ΤΑ ΦΥΣΙΚΑ Γ

τὸ ζῷον δίπουν. λέγω δὲ τὸ ἓν σημαίνειν τοῦτο· εἰ τοῦτ' ἔστιν ἄνθρωπος, ἂν ᾖ τι ἄνθρωπος, τοῦτ' ἔσται τὸ ἀνθρώπῳ εἶναι (διαφέρει δ' οὐθὲν οὐδ' εἰ πλείω τις φαίη σημαίνειν μόνον δὲ ὡρισμένα, τεθείη γὰρ ἂν ἐφ' ἑκάστῳ λόγῳ ἕτερον ὄνομα· λέγω δ' οἷον, εἰ μὴ φαίη τὸ ἄνθρωπος ἓν σημαίνειν, πολλὰ δέ, ὧν ἑνὸς μὲν εἴη λόγος τὸ ζῷον δίπουν, εἶεν δὲ καὶ ἕτεροι πλείους, ὡρισμένοι δὲ τὸν ἀριθμόν· [τεθείη γὰρ ἂν ἴδιον ὄνομα καθ' ἕκαστον τῶν λόγων·] εἰ δὲ μὴ τεθείη, ἀλλ' ἄπειρα σημαίνειν φαίη, φανερὸν ὅτι οὐκ ἂν εἴη λόγος· τὸ γὰρ μὴ ἓν σημαίνειν οὐθὲν σημαίνειν ἐστίν, μὴ σημαινόντων δὲ τῶν ὀνομάτων ἀνῄρηται τὸ διαλέγεσθαι πρὸς ἀλλήλους, κατὰ δὲ τὴν ἀλήθειαν καὶ πρὸς αὑτόν· οὐδὲ γὰρ ἐνδέχεται νοεῖν μὴ νοοῦντα ἕν, εἰ δ' ἐνδέχεται, τεθείη ἂν ὄνομα τούτῳ τῷ πράγματι ἕν).—ἔστω δή, ὥσπερ ἐλέχθη κατ' ἀρχάς, σημαῖνόν τι τὸ ὄνομα καὶ σημαῖνον ἕν· οὐ δὴ ἐνδέχεται τὸ ἀνθρώπῳ εἶναι σημαίνειν ὅπερ μὴ εἶναι ἀνθρώπῳ, εἰ τὸ ἄνθρωπος σημαίνει μὴ μόνον καθ' ἑνὸς ἀλλὰ καὶ ἕν (οὐ γὰρ τοῦτο ἀξιοῦμεν τὸ ἓν σημαίνειν, τὸ καθ' ἑνός, ἐπεὶ οὕτω γε κἂν τὸ μουσικὸν καὶ τὸ λευκὸν καὶ τὸ ἄνθρωπος ἓν ἐσήμαινεν, ὥστε ἓν ἅπαντα ἔσται· συνώνυμα γάρ). καὶ οὐκ ἔσται εἶναι καὶ μὴ εἶναι τὸ αὐτὸ ἀλλ' ἢ καθ' ὁμωνυμίαν, ὥσπερ ἂν εἰ ὃν ἡμεῖς ἄνθρωπον καλοῦμεν, ἄλλοι μὴ ἄνθρωπον καλοῖεν· τὸ δ' ἀπορούμενον οὐ τοῦτό ἐστιν, εἰ ἐνδέχεται τὸ αὐτὸ ἅμα εἶναι καὶ μὴ εἶναι ἄνθρωπον τὸ ὄνομα, ἀλλὰ τὸ πρᾶγμα. εἰ δὲ μὴ σημαίνει ἕτερον τὸ ἄνθρωπος καὶ τὸ μὴ ἄνθρωπος, δῆλον ὅτι καὶ

33 ἄνθρωπος pr. Π: om. A^b Al^p ut vid.   ἔσται A^b Al^c: ἐστὶ Π
34 ἐπὶ πλείω A^b   1006^b 1 τῷ λόγῳ ex 5 A^b   2 τὸν ἄνθρωπον Π
3 ἑνὸς μὲν εἴη Christ: εἷς μὲν εἴη A^b: ἑνὸς μὲν εἷς Π   4 εἰσὶ Π   5
verba seclusi, cf. ^b1-2 (sim. ^a28 et 30, 1005^a8 et 11)   τῶν λόγων E: τὸν
λόγον A^b J, cf. 1   6 τεθείη del. Gompertz, sed cf. ^a33-^b1   9
αὑτόν J Al^c Ascl^c: αὐτόν A^b E   10 οὐδὲ Al^c: οὐδὲν A^b Π   μὴ A^b Al^c:
μηθὲν Π   12 καὶ κατ' E   κατ' ἀρχάς] cf. 1006^a31 sq.   13
ὅπερ Π Al^c: om. A^b   13–14 ἀνθρ. μὴ εἶναι A^b   16 καὶ λ. Π   17
καὶ ἄνθρ. Π

ΤΩΝ ΜΕΤΑ ΤΑ ΦΥΣΙΚΑ Γ   1006ᵇ

τὸ μὴ εἶναι ἀνθρώπῳ τοῦ εἶναι ἀνθρώπῳ, ὥστ' ἔσται τὸ ἀνθρώπῳ εἶναι μὴ ἀνθρώπῳ εἶναι· ἓν γὰρ ἔσται. τοῦτο γὰρ 25
σημαίνει τὸ εἶναι ἕν, τὸ ὡς λώπιον καὶ ἱμάτιον, εἰ ὁ λόγος
εἷς· εἰ δὲ ἔσται ἕν, ἓν σημαίνει τὸ ἀνθρώπῳ εἶναι καὶ μὴ
ἀνθρώπῳ. ἀλλ' ἐδέδεικτο ὅτι ἕτερον σημαίνει. ἀνάγκη τοίνυν, εἴ τί ἐστιν ἀληθὲς εἰπεῖν ὅτι ἄνθρωπος, ζῷον εἶναι δίπουν (τοῦτο γὰρ ἦν ὃ ἐσήμαινε τὸ ἄνθρωπος)· εἰ δ' ἀνάγκη 30
τοῦτο, οὐκ ἐνδέχεται μὴ εἶναι ⟨τότε⟩ τὸ αὐτὸ ζῷον δίπουν (τοῦτο
γὰρ σημαίνει τὸ ἀνάγκη εἶναι, τὸ ἀδύνατον εἶναι μὴ εἶναι
[ἄνθρωπον])· οὐκ ἄρα ἐνδέχεται ἅμα ἀληθὲς εἶναι εἰπεῖν τὸ
αὐτὸ ἄνθρωπον εἶναι καὶ μὴ εἶναι ἄνθρωπον. ὁ δ' αὐτὸς
λόγος καὶ ἐπὶ τοῦ μὴ εἶναι ἄνθρωπον· τὸ γὰρ ἀνθρώπῳ 1007ᵃ
εἶναι καὶ τὸ μὴ ἀνθρώπῳ εἶναι ἕτερον σημαίνει, εἴπερ καὶ
τὸ λευκὸν εἶναι καὶ τὸ ἄνθρωπον εἶναι ἕτερον· πολὺ γὰρ
ἀντίκειται ἐκεῖνο μᾶλλον, ὥστε σημαίνειν ἕτερον. εἰ δὲ καὶ
τὸ λευκὸν φήσει τὸ αὐτὸ καὶ ἓν σημαίνειν, πάλιν τὸ αὐτὸ 5
ἐροῦμεν ὅπερ καὶ πρότερον ἐλέχθη, ὅτι ἓν πάντα ἔσται καὶ οὐ
μόνον τὰ ἀντικείμενα. εἰ δὲ μὴ ἐνδέχεται τοῦτο, συμβαίνει τὸ λεχθέν, ἂν ἀποκρίνηται τὸ ἐρωτώμενον. ἐὰν δὲ
προστιθῇ ἐρωτῶντος ἁπλῶς καὶ τὰς ἀποφάσεις, οὐκ ἀποκρίνεται τὸ ἐρωτώμενον. οὐθὲν γὰρ κωλύει εἶναι τὸ αὐτὸ καὶ 10
ἄνθρωπον καὶ λευκὸν καὶ ἄλλα μυρία τὸ πλῆθος· ἀλλ'
ὅμως ἐρομένου εἰ ἀληθὲς εἰπεῖν ἄνθρωπον τοῦτο εἶναι ἢ οὔ,
ἀποκριτέον τὸ ἓν σημαῖνον καὶ οὐ προσθετέον ὅτι καὶ λευκὸν καὶ μέγα. καὶ γὰρ ἀδύνατον ἄπειρά γ' ὄντα τὰ
συμβεβηκότα διελθεῖν· ἢ οὖν ἅπαντα διελθέτω ἢ μηθέν. 15
ὁμοίως τοίνυν εἰ καὶ μυριάκις ἐστὶ τὸ αὐτὸ ἄνθρωπος καὶ
οὐκ ἄνθρωπος, οὐ προσαποκριτέον τῷ ἐρομένῳ εἰ ἔστιν ἄνθρω-

26 τὸ εἶναι om. Aᵇ   τὸ alt. om. Π; cf. 994ᵃ31   27 σημανεῖ ex Al
Ross   31 τοῦτο Aᵇ E²: τότε Π   τότε τὸ ex Alᵖ Bonitz: τότε om. Aᵇ: τὸ
om. Π   33 ἄνθρωπον om. Al ut vid., secl. Christ   1007ᵃ 4 σημαίνει Aᵇ
5 φησι Aᵇ   6 πρότερον] cf. 1006ᵇ17   ἔσται Al Bonitz: ἐστὶ
codd.   9 ἀποκρινεῖται Alᵖ, sed cf. 20   15 τὰ ἄπειρα πάντα Aᵇ
διελθετέον Aᵇ

ΤΩΝ ΜΕΤΑ ΤΑ ΦΥΣΙΚΑ Γ

πος, ὅτι ἐστὶν ἅμα καὶ οὐκ ἄνθρωπος, εἰ μὴ καὶ τἆλλα ὅσα συμβέβηκε προσαποκριτέον, ὅσα ἐστὶν ἢ μὴ ἔστιν· ἐὰν δὲ τοῦτο ποιῇ, οὐ διαλέγεται.—ὅλως δ' ἀναιροῦσιν οἱ τοῦτο λέγοντες οὐσίαν καὶ τὸ τί ἦν εἶναι. πάντα γὰρ ἀνάγκη συμβεβηκέναι φάσκειν αὐτοῖς, καὶ τὸ ὅπερ ἀνθρώπῳ εἶναι ἢ ζῴῳ εἶναι μὴ εἶναι. εἰ γὰρ ἔσται τι ὅπερ ἀνθρώπῳ εἶναι, τοῦτο οὐκ ἔσται μὴ ἀνθρώπῳ εἶναι ἢ μὴ εἶναι ἀνθρώπῳ (καίτοι αὗται ἀποφάσεις τούτου)· ἓν γὰρ ἦν ὃ ἐσήμαινε, καὶ ἦν τοῦτό τινος οὐσία. τὸ δ' οὐσίαν σημαίνειν ἐστὶν ὅτι οὐκ ἄλλο τι τὸ εἶναι αὐτῷ. εἰ δ' ἔσται αὐτῷ τὸ ὅπερ ἀνθρώπῳ εἶναι ἢ ὅπερ μὴ ἀνθρώπῳ εἶναι ἢ ὅπερ μὴ εἶναι ἀνθρώπῳ, ἄλλο τι ἔσται, ὥστ' ἀναγκαῖον αὐτοῖς λέγειν ὅτι οὐθενὸς ἔσται τοιοῦτος λόγος, ἀλλὰ πάντα κατὰ συμβεβηκός· τούτῳ γὰρ διώρισται οὐσία καὶ τὸ συμβεβηκός· τὸ γὰρ λευκὸν τῷ ἀνθρώπῳ συμβέβηκεν ὅτι ἔστι μὲν λευκός ἀλλ' οὐχ ὅπερ λευκόν. εἰ δὲ πάντα κατὰ συμβεβηκὸς λέγεται, οὐθὲν ἔσται πρῶτον τὸ καθ' οὗ, εἰ ἀεὶ τὸ συμβεβηκὸς καθ' ὑποκειμένου τινὸς σημαίνει τὴν κατηγορίαν. ἀνάγκη ἄρα εἰς ἄπειρον ἰέναι. ἀλλ' ἀδύνατον· οὐδὲ γὰρ πλείω συμπλέκεται δυοῖν· τὸ γὰρ συμβεβηκὸς οὐ συμβεβηκότι συμβεβηκός, εἰ μὴ ὅτι ἄμφω συμβέβηκε ταὐτῷ, λέγω δ' οἷον τὸ λευκὸν μουσικὸν καὶ τοῦτο λευκὸν ὅτι ἄμφω τῷ ἀνθρώπῳ συμβέβηκεν. ἀλλ' οὐχ ὁ Σωκράτης μουσικὸς οὕτως, ὅτι ἄμφω συμβέβηκεν ἑτέρῳ τινί. ἐπεὶ τοίνυν τὰ μὲν οὕτως τὰ δ' ἐκείνως λέγεται συμβεβηκότα, ὅσα οὕτως λέγεται ὡς τὸ λευκὸν τῷ Σωκράτει, οὐκ ἐνδέχεται ἄπειρα εἶναι ἐπὶ τὸ ἄνω, οἷον τῷ Σωκράτει τῷ λευκῷ ἕτερόν τι συμβεβηκός· οὐ γὰρ γίγνεταί τι ἓν ἐξ ἁπάντων.

18 εἰ δὲ μὴ Casaubonus   23 μὴ εἶναι Π (in ras. E): μὴ εἶναι τί ἦν εἶναί τινος A[b]: τί ἦν εἶναι μὴ εἶναι ex Al[c] Bonitz   25 ἐσήμαινε A[b] Al[c]: ἐσήμηνε Π   26 αὐτῆς ἐστὶν A[b]   27 αὐτῷ τὸ Π Al[c]: τι A[b]   28 ἢ pr. om. Π: ἅμα καὶ Al   μὴ ἀνθρώπῳ ... 29 ἀνθρώπῳ] cf. 24-25   29 τι A[b] Al[c]: om. Π   34 καθ' οὗ emendavit Al: καθόλου   εἰ A[b] Al[c]: εἰ δ' Π   1007[b] 2 πλείω] δύο A[b]

ΤΩΝ ΜΕΤΑ ΤΑ ΦΥΣΙΚΑ Γ   1007ᵇ

οὐδὲ δὴ τῷ λευκῷ ἕτερόν τι ἔσται συμβεβηκός, οἷον τὸ μουσικόν· οὐθέν τε γὰρ μᾶλλον τοῦτο ἐκείνῳ ἢ ἐκεῖνο τούτῳ συμβέβηκεν, καὶ ἅμα διώρισται ὅτι τὰ μὲν οὕτω συμβέβηκε τὰ δ' ὡς τὸ μουσικὸν Σωκράτει· ὅσα δ' οὕτως, οὐ συμβεβηκότι συμβέβηκε τὸ συμβεβηκός, ἀλλ' ὅσα ἐκείνως, 15 ὥστ' οὐ πάντα κατὰ συμβεβηκὸς λεχθήσεται. ἔσται ἄρα τι καὶ ⟨οὕτ⟩ως οὐσίαν σημαῖνον. εἰ δὲ τοῦτο, δέδεικται ὅτι ἀδύνατον ἅμα κατηγορεῖσθαι τὰς ἀντιφάσεις.—ἔτι εἰ ἀληθεῖς αἱ ἀντιφάσεις ἅμα κατὰ τοῦ αὐτοῦ πᾶσαι, δῆλον ὡς ἅπαντα ἔσται ἕν. ἔσται γὰρ τὸ αὐτὸ καὶ τριήρης καὶ τοῖ- 20 χος καὶ ἄνθρωπος, εἰ κατὰ παντός τι ἢ καταφῆσαι ἢ ἀποφῆσαι ἐνδέχεται, καθάπερ ἀνάγκη τοῖς τὸν Πρωταγόρου λέγουσι λόγον. εἰ γάρ τῳ δοκεῖ μὴ εἶναι τριήρης ὁ ἄνθρωπος, δῆλον ὡς οὐκ ἔστι τριήρης· ὥστε καὶ ἔστιν, εἴπερ ἡ ἀντίφασις ἀληθής. καὶ γίγνεται δὴ τὸ τοῦ Ἀναξαγόρου, 25 ὁμοῦ πάντα χρήματα· ὥστε μηθὲν ἀληθῶς ἓν ὑπάρχειν. τὸ ἀόριστον οὖν ἐοίκασι λέγειν, καὶ οἰόμενοι τὸ ὂν λέγειν περὶ τοῦ μὴ ὄντος λέγουσιν· τὸ γὰρ δυνάμει ὂν καὶ μὴ ἐντελεχείᾳ τὸ ἀόριστόν ἐστιν. ἀλλὰ μὴν λεκτέον γ' αὐτοῖς κατὰ παντὸς ⟨παντὸς⟩ τὴν κατάφασιν ἢ τὴν ἀπόφασιν· ἄτοπον γὰρ 30 εἰ ἑκάστῳ ἡ μὲν αὐτοῦ ἀπόφασις ὑπάρξει, ἡ δ' ἑτέρου ὃ μὴ ὑπάρχει αὐτῷ οὐχ ὑπάρξει· λέγω δ' οἷον εἰ ἀληθὲς εἰπεῖν τὸν ἄνθρωπον ὅτι οὐκ ἄνθρωπος, δῆλον ὅτι καὶ ἢ τριήρης ἢ οὐ τριήρης. εἰ μὲν οὖν ἡ κατάφασις, ἀνάγκη καὶ τὴν ἀπόφασιν·

1007ᵇ18—1008ᵃ2, cf. 1062ᵃ23-30

11 ἔσται om. Alᶜ   13 οὕτως Π (ς eras. E): τούτῳ Aᵇ; ad hunc usum vocum οὕτως et ὡς cf. 994ᵃ22-25   15 συμβέβηκε τὸ om. Aᵇ   τὸ codd. recc.: om. Π; cf. ᵇ2   17 οὕτως correxi: ὡς codd.: ὡς Ross quae facilior esset emendatio, sed minus id est Aristotelicum   21 τι om. Aᵇ   24 ὡς Aᵇ Alᶜ: ὅτι Π   25 ἡ Π: ἦν ἡ Aᵇ   26 ἐν ὑπάρχειν J Al Lat: ἐνυπάρχειν E: ὑπάρχειν Aᵇ   30 παντὸς alt. ex Alᵖ add. Bonitz, sed cf. BBA 264   32-33 τὸ ἄνθρωπος Aᵇ   33 ἢ τριήρης ἢ ante οὐ add. Aᵇ: om. Π Al; cf. 30-32 ubi non de affirmatione, sed solum de negatione dicitur, cuius rei ὁ ἄνθρωπος οὐ τριήρης exemplum est

71

εἰ δὲ μὴ ὑπάρχει ἡ κατάφασις, ἥ γε ἀπόφασις ὑπάρξει μᾶλλον ἢ ἡ αὐτοῦ. εἰ οὖν κἀκείνη ὑπάρχει, ὑπάρξει καὶ ἡ τῆς τριήρους· εἰ δ' αὕτη, καὶ ἡ κατάφασις.—ταὐτά τε οὖν συμβαίνει τοῖς λέγουσι τὸν λόγον τοῦτον, καὶ ὅτι οὐκ ἀνάγκη ἢ φάναι ἢ ἀποφάναι. εἰ γὰρ ἀληθὲς ὅτι ἄνθρωπος καὶ οὐκ ἄνθρωπος, δῆλον ὅτι καὶ οὔτ' ἄνθρωπος οὔτ' οὐκ ἄνθρωπος ἔσται· τοῖν γὰρ δυοῖν δύο ἀποφάσεις, εἰ δὲ μία ἐξ ἀμφοῖν ἐκείνη, καὶ αὕτη μία ἂν εἴη ἀντικειμένη.—ἔτι ἤτοι περὶ ἅπαντα οὕτως ἔχει, καὶ ἔστι καὶ λευκὸν καὶ οὐ λευκὸν καὶ ὂν καὶ οὐκ ὄν, καὶ περὶ τὰς ἄλλας φάσεις καὶ ἀποφάσεις ὁμοιοτρόπως, ἢ οὔ ἀλλὰ περὶ μέν τινας, περί τινας δ' οὔ. καὶ εἰ μὲν μὴ περὶ πάσας, αὗται ἂν εἶεν ὁμολογούμεναι· εἰ δὲ περὶ πάσας, πάλιν ἤτοι καθ' ὅσων τὸ φῆσαι καὶ ἀποφῆσαι καὶ καθ' ὅσων ἀποφῆσαι καὶ φῆσαι, ἢ κατὰ μὲν ὧν φῆσαι καὶ ἀποφῆσαι, καθ' ὅσων δὲ ἀποφῆσαι οὐ πάντων φῆσαι. καὶ εἰ μὲν οὕτως, εἴη ἄν τι παγίως οὐκ ὄν, καὶ αὕτη βεβαία δόξα, καὶ εἰ τὸ μὴ εἶναι βέβαιόν τι καὶ γνώριμον, γνωριμωτέρα ἂν εἴη ἡ φάσις ἡ ἀντικειμένη· εἰ δὲ ὁμοίως καὶ ὅσα ἀποφῆσαι φάναι, ἀνάγκη ἤτοι ἀληθὲς διαιροῦντα λέγειν, οἷον ὅτι λευκὸν καὶ πάλιν ὅτι οὐ λευκόν, ἢ οὔ. καὶ εἰ μὲν μὴ ἀληθὲς διαιροῦντα λέγειν, οὐ λέγει τε ταῦτα καὶ οὐκ ἔστιν οὐθέν (τὰ δὲ μὴ ὄντα πῶς ἂν φθέγξαιτο ἢ βαδίσειεν;), καὶ πάντα δ' ἂν εἴη ἕν, ὥσπερ καὶ πρότερον εἴρηται, καὶ ταὐτὸν ἔσται καὶ ἄνθρωπος καὶ θεὸς καὶ τριήρης ⟨καὶ λίθος⟩ καὶ αἱ ἀντιφάσεις αὐτῶν (εἰ γὰρ ὁμοίως καθ' ἑκάστου,

1008ᵃ4–7, cf. 1062ᵃ36—ᵇ7

1008ᵃ 1 ἢ ἡ Π Alᵖ: om. Aᵇ   4 ἀληθές ἐστιν Aᵇ   7 ἀμφοῖν Aᵇ Alᵖ: ἀμφοτέρων Π   17 γνωρ. γὰρ ἂν Aᵇ   18 ἡ ἀντ. Π Alᵖ: ἢ ἡ ἀντ. ἀντίφασις Aᵇ   ὅσα . . . φάναι Π Alᵖ: ὧν ἐστιν ἀποφῆσαι, κατὰ τούτων ἐστὶ φάναι Aᵇ   21 λέγει Aᵇ   23 βαδίσειεν Π Alᵖ: νοήσειε Aᵇ   πρότερον] 1007ᵇ19 sq.   25–26 καὶ λίθος ex Alᵖ addidi qui bis sic citat   εἰ γὰρ Aᵇ Alᵖ: εἰ δ' Π Alˡ

ΤΩΝ ΜΕΤΑ ΤΑ ΦΥΣΙΚΑ Γ

οὐδὲν διοίσει ἕτερον ἑτέρου· εἰ γὰρ διοίσει, τοῦτ' ἔσται ἀληθὲς καὶ ἴδιον)· ὁμοίως δὲ καὶ εἰ διαιροῦντα ἐνδέχεται ἀληθεύειν, συμβαίνει τὸ λεχθέν, πρὸς δὲ τούτῳ ὅτι πάντες ἂν ἀληθεύοιεν καὶ πάντες ἂν ψεύδοιντο, καὶ αὐτὸς αὑτὸν ὁμολογεῖ ψεύδεσθαι. ἅμα δὲ φανερὸν ὅτι περὶ οὐθενός ἐστι πρὸς τοῦτον ἡ σκέψις· οὐθὲν γὰρ λέγει. οὔτε γὰρ οὕτως οὔτ' οὐχ οὕτως λέγει, ἀλλ' οὕτως τε καὶ οὐχ οὕτως· καὶ πάλιν γε ταῦτα ἀπόφησιν ἄμφω, ὅτι οὔθ' οὕτως οὔτε οὐχ οὕτως· εἰ γὰρ μή, ἤδη ἄν τι εἴη ὡρισμένον.—ἔτι εἰ ὅταν ἡ φάσις ἀληθὴς ᾖ, ἡ ἀπόφασις ψευδής, κἂν αὕτη ἀληθὴς ᾖ, ἡ κατάφασις ψευδής, οὐκ ἂν εἴη τὸ αὐτὸ ἅμα φάναι καὶ ἀποφάναι ἀληθῶς. ἀλλ' ἴσως φαῖεν ἂν τοῦτ' εἶναι τὸ ἐξ ἀρχῆς κείμενον.—ἔτι ἆρα ὁ μὲν ᾗ ἔχειν πως ὑπολαμβάνων ᾗ μὴ ἔχειν διέψευσται, ὁ δὲ ἄμφω ἀληθεύει; εἰ γὰρ ἀληθεύει, τί ἂν εἴη τὸ λεγόμενον ὅτι τοιαύτη τῶν ὄντων ἡ φύσις; εἰ δὲ μὴ ἀληθεύει, ἀλλὰ μᾶλλον ἀληθεύει ἢ ὁ ἐκείνως ὑπολαμβάνων, ἤδη πως ἔχοι ἂν τὰ ὄντα, καὶ τοῦτ' ἀληθὲς ἂν εἴη, καὶ οὐχ ἅμα καὶ οὐκ ἀληθές. εἰ δὲ ὁμοίως ἅπαντες καὶ ψεύδονται καὶ ἀληθῆ λέγουσιν, οὔτε φθέγξασθαι οὔτ' εἰπεῖν τῷ τοιούτῳ ἔσται· ἅμα γὰρ ταὐτά τε καὶ οὐ ταὐτὰ λέγει. εἰ δὲ μηθὲν ὑπολαμβάνει ἀλλ' ὁμοίως οἴεται καὶ οὐκ οἴεται, τί ἂν διαφερόντως ἔχοι τῶν φυτῶν; ὅθεν καὶ μάλιστα φανερόν ἐστιν ὅτι οὐδεὶς οὕτω διάκειται οὔτε τῶν ἄλλων οὔτε τῶν λεγόντων τὸν λόγον τοῦτον. διὰ τί γὰρ βαδίζει Μέγαράδε ἀλλ' οὐχ ἡσυχάζει, οἰόμενος βαδίζειν δεῖν; οὐδ' εὐθὺς ἕωθεν πορεύεται εἰς φρέαρ ἢ εἰς

1008ᵇ12–27, cf. 1063ᵃ28–35

26 οὐδὲν Π Alᵖ: οὐδενὶ Aᵇ   28 ἀληθεύσειεν Aᵇ   30 fort. καὶ αὐτὸς δὲ Al   1008ᵇ 4 μὴ ἀληθεύει Aᵇ Alᵖ   5 ᾗ Aᵇ Alᵖ: om. Π Bonitz   8 οὐκ ante ἀληθῆ add. E: om. Aᵇ J Alᶜ   9 ἔσται Aᵇ Alᵖ: ἔστιν Π   9–10 ταὐτὰ utrobique Π   11 φυτῶν Eˆ²: γε φυτῶν Bonitz: φυτοῦ Alᵖ (om. τῶν): πεφυκότων Aᵇ Π; cf. 1006ᵃ14   15 δεῖν Aᵇ Alᵖ: om. Π   εὐθὺς (-έως Π) ἕωθεν proverbialiter dictum cf. Pol. v. 11. 1314ᵇ29   εἰς alt. Aᵇ Alᵖ: om. Π

φάραγγα, ἐὰν τύχῃ, ἀλλὰ φαίνεται εὐλαβούμενος, ὡς οὐχ ὁμοίως οἰόμενος μὴ ἀγαθὸν εἶναι τὸ ἐμπεσεῖν καὶ ἀγαθόν; δῆλον ἄρα ὅτι τὸ μὲν βέλτιον ὑπολαμβάνει τὸ δ' οὐ βέλτιον. εἰ δὲ τοῦτο, καὶ τὸ μὲν ἄνθρωπον τὸ δ' οὐκ ἄνθρωπον καὶ τὸ μὲν γλυκὺ τὸ δ' οὐ γλυκὺ ἀνάγκη ὑπολαμβάνειν. οὐ γὰρ ἐξ ἴσου ἅπαντα ζητεῖ καὶ ὑπολαμβάνει, ὅταν οἰηθεὶς βέλτιον εἶναι τὸ πιεῖν ὕδωρ καὶ ἰδεῖν ἄνθρωπον εἶτα ζητῇ αὐτά· καίτοι ἔδει γε, εἰ ταὐτὸν ἦν ὁμοίως καὶ ἄνθρωπος καὶ οὐκ ἄνθρωπος. ἀλλ᾽ ὅπερ ἐλέχθη, οὐθεὶς ὃς οὐ φαίνεται τὰ μὲν εὐλαβούμενος τὰ δ' οὔ· ὥστε, ὡς ἔοικε, πάντες ὑπολαμβάνουσιν ἔχειν ἁπλῶς, εἰ μὴ περὶ ἅπαντα, ἀλλὰ περὶ τὸ ἄμεινον καὶ χεῖρον. εἰ δὲ μὴ ἐπιστάμενοι ἀλλὰ δοξάζοντες, πολὺ μᾶλλον ἐπιμελητέον ἂν εἴη τῆς ἀληθείας, ὥσπερ καὶ νοσώδει ὄντι ἢ ὑγιεινῷ τῆς ὑγιείας· καὶ γὰρ ὁ δοξάζων πρὸς τὸν ἐπιστάμενον οὐχ ὑγιεινῶς διάκειται πρὸς τὴν ἀλήθειαν.—ἔτι εἰ ὅτι μάλιστα πάντα οὕτως ἔχει καὶ οὐχ οὕτως, ἀλλὰ τό γε μᾶλλον καὶ ἧττον ἔνεστιν ἐν τῇ φύσει τῶν ὄντων· οὐ γὰρ ἂν ὁμοίως φήσαιμεν εἶναι τὰ δύο ἄρτια καὶ τὰ τρία, οὐδ᾽ ὁμοίως διέψευσται ὁ τὰ τέτταρα πέντε οἰόμενος καὶ ὁ χίλια. εἰ οὖν μὴ ὁμοίως, δῆλον ὅτι ἅτερος ἧττον, ὥστε μᾶλλον ἀληθεύει. εἰ οὖν τὸ μᾶλλον ἐγγύτερον, εἴη γε ἄν τι ἀληθὲς οὗ ἐγγύτερον τὸ μᾶλλον ἀληθές. κἂν εἰ μὴ ἔστιν, ἀλλ᾽ ἤδη γέ τι ἔστι βεβαιότερον καὶ ἀληθινώτερον, καὶ τοῦ λόγου ἀπηλλαγμένοι ἂν εἴημεν τοῦ ἀκράτου καὶ κωλύοντός τι τῇ διανοίᾳ ὁρίσαι.

Ἔστι δ' ἀπὸ τῆς αὐτῆς δόξης καὶ ὁ Πρωταγόρου λόγος, 5 καὶ ἀνάγκη ὁμοίως αὐτοὺς ἄμφω ἢ εἶναι ἢ μὴ εἶναι· εἴτε γὰρ τὰ δοκοῦντα πάντα ἐστὶν ἀληθῆ καὶ τὰ φαινόμενα,

1009ᵃ6-16, 22-30, cf. 1062ᵇ12-24

20 ὡρισμένως ante ὑπολ. add E²   23 γ' ἔδει Aᵇ   1009ᵃ 1 τι om. Aᵇ

ΤΩΝ ΜΕΤΑ ΤΑ ΦΥΣΙΚΑ Γ 1009ᵃ

ἀνάγκη εἶναι πάντα ἅμα ἀληθῆ καὶ ψευδῆ (πολλοὶ γὰρ
τἀναντία ὑπολαμβάνουσιν ἀλλήλοις, καὶ τοὺς μὴ ταὐτὰ 10
δοξάζοντας ἑαυτοῖς διεψεῦσθαι νομίζουσιν· ὥστ' ἀνάγκη τὸ
αὐτὸ εἶναί τε καὶ μὴ εἶναι), καὶ εἰ τοῦτ' ἔστιν, ἀνάγκη τὰ
δοκοῦντα εἶναι πάντ' ἀληθῆ (τὰ ἀντικείμενα γὰρ δοξάζουσιν
ἀλλήλοις οἱ διεψευσμένοι καὶ ⟨οἱ⟩ ἀληθεύοντες· εἰ οὖν ἔχει τὰ
ὄντα οὕτως, ἀληθεύσουσι πάντες). ὅτι μὲν οὖν ἀπὸ τῆς αὐτῆς 15
εἰσὶ διανοίας ἀμφότεροι οἱ λόγοι, δῆλον· ἔστι δ' οὐχ ὁ
αὐτὸς τρόπος πρὸς ἅπαντας τῆς ἐντεύξεως· οἱ μὲν γὰρ πει-
θοῦς δέονται οἱ δὲ βίας. ὅσοι μὲν γὰρ ἐκ τοῦ ἀπορῆσαι
ὑπέλαβον οὕτως, τούτων εὐΐατος ἡ ἄγνοια (οὐ γὰρ πρὸς τὸν
λόγον ἀλλὰ πρὸς τὴν διάνοιαν ἡ ἀπάντησις αὐτῶν)· ὅσοι 20
δὲ λόγου χάριν λέγουσι, τούτων δ' ἔλεγχος ἴασις τοῦ ἐν τῇ
φωνῇ λόγου καὶ τοῦ ἐν τοῖς ὀνόμασιν. ἐλήλυθε δὲ τοῖς δι-
απoροῦσιν αὕτη ἡ δόξα ἐκ τῶν αἰσθητῶν, ἡ μὲν τοῦ ἅμα
τὰς ἀντιφάσεις καὶ τἀναντία ὑπάρχειν ὁρῶσιν ἐκ ταὐτοῦ
γιγνόμενα τἀναντία· εἰ οὖν μὴ ἐνδέχεται γίγνεσθαι τὸ μὴ 25
ὄν, προϋπῆρχεν ὁμοίως τὸ πρᾶγμα ἄμφω ὄν, ὥσπερ καὶ
Ἀναξαγόρας μεμῖχθαι πᾶν ἐν παντί φησι καὶ Δημόκρι-
τος· καὶ γὰρ οὗτος τὸ κενὸν καὶ τὸ πλῆρες ὁμοίως καθ'
ὁτιοῦν ὑπάρχειν μέρος, καίτοι τὸ μὲν ὂν τούτων εἶναι τὸ δὲ
μὴ ὄν. πρὸς μὲν οὖν τοὺς ἐκ τούτων ὑπολαμβάνοντας ἐροῦμεν 30
ὅτι τρόπον μέν τινα ὀρθῶς λέγουσι τρόπον δέ τινα ἀγνοοῦσιν·
τὸ γὰρ ὂν λέγεται διχῶς, ὥστ' ἔστιν ὃν τρόπον ἐνδέχεται
γίγνεσθαί τι ἐκ τοῦ μὴ ὄντος, ἔστι δ' ὃν οὔ, καὶ ἅμα τὸ

1009ᵃ16–22, 1011ᵃ3–16, cf. 1063ᵇ7–16   30–36, cf. 1062ᵇ
24–33

---

14 οἱ alt. addidi   15 ἀληθεύουσι Π   16 ἀμφότεροι οἱ] οἱ
τοιοῦτοι Aᵇ   21 τοῦ τ' Π; an γ' corrigendum? cf. μέχρι γὰρ φων. Alᵖ
23 μὲν] cui non correspondet δέ longius progrediente sententia, sed cf. 38
24 ὑπάρξειν Π   25 γίγνεσθαι Aᵇ Alᵖ: γενέσθαι Π   26 post ἄμφω
ὄν add. Aᵇ τουτέστιν ὂν καὶ μὴ ὄν sed hoc interpretamentum est e marg.
intrusum   33 ὂν] ὅπως Aᵇ

ΤΩΝ ΜΕΤΑ ΤΑ ΦΥΣΙΚΑ Γ

αὐτὸ εἶναι καὶ ὂν καὶ μὴ ὄν, ἀλλ' οὐ κατὰ ταὐτὸ [ὄν]· δυ-
νάμει μὲν γὰρ ἐνδέχεται ἅμα ταὐτὸ εἶναι τὰ ἐναντία,
ἐντελεχείᾳ δ' οὔ. ἔτι δ' ἀξιώσομεν αὐτοὺς ὑπολαμβάνειν
καὶ ἄλλην τινὰ οὐσίαν εἶναι τῶν ὄντων ᾗ οὔτε κίνησις ὑπάρ-
χει οὔτε φθορὰ οὔτε γένεσις τὸ παράπαν.—ὁμοίως δὲ καὶ
ἡ περὶ τὰ φαινόμενα ἀλήθεια ἐνίοις ἐκ τῶν αἰσθητῶν ἐλή-
λυθεν. τὸ μὲν γὰρ ἀληθὲς οὐ πλήθει κρίνεσθαι οἴονται
προσήκειν οὐδὲ ὀλιγότητι, τὸ δ' αὐτὸ τοῖς μὲν γλυκὺ γευο-
μένοις δοκεῖν εἶναι τοῖς δὲ πικρόν, ὥστ' εἰ πάντες ἔκαμνον
ἢ πάντες παρεφρόνουν, δύο δ' ἢ τρεῖς ὑγίαινον ἢ νοῦν εἶχον,
δοκεῖν ἂν τούτους κάμνειν καὶ παραφρονεῖν τοὺς δ' ἄλλους οὔ·
ἔτι δὲ καὶ πολλοῖς τῶν ἄλλων ζῴων τἀναντία περὶ τῶν αὐτῶν
φαίνεσθαι καὶ ἡμῖν, καὶ αὐτῷ δὲ ἑκάστῳ πρὸς αὑτὸν οὐ
ταὐτὰ κατὰ τὴν αἴσθησιν ἀεὶ δοκεῖν. ποῖα οὖν τούτων ἀληθῆ
ἢ ψευδῆ, ἄδηλον· οὐθὲν γὰρ μᾶλλον τάδε ἢ τάδε ἀληθῆ,
ἀλλ' ὁμοίως. διὸ Δημόκριτός γέ φησιν ἤτοι οὐθὲν εἶναι
ἀληθὲς ἢ ἡμῖν γ' ἄδηλον. ὅλως δὲ διὰ τὸ ὑπολαμβάνειν
φρόνησιν μὲν τὴν αἴσθησιν, ταύτην δ' εἶναι ἀλλοίωσιν, τὸ
φαινόμενον κατὰ τὴν αἴσθησιν ἐξ ἀνάγκης ἀληθὲς εἶναί
φασιν· ἐκ τούτων γὰρ καὶ Ἐμπεδοκλῆς καὶ Δημόκριτος
καὶ τῶν ἄλλων ὡς ἔπος εἰπεῖν ἕκαστος τοιαύταις δόξαις
γεγένηνται ἔνοχοι. καὶ γὰρ Ἐμπεδοκλῆς μεταβάλλοντας
τὴν ἕξιν μεταβάλλειν φησὶ τὴν φρόνησιν·

" πρὸς παρεὸν γὰρ μῆτις ἐναύξεται ἀνθρώποισιν."

καὶ ἐν ἑτέροις δὲ λέγει

1009ᵃ38—ᵇ33, cf. 1063ᵃ35—ᵇ7

34 καὶ pr. om. Π   κατὰ Π Alᵖ : om. Aᵇ   ὄν tert. secl. Christ   36
ἔτι ... 38 παράπαν hoc argumentum minus elaboratum et laxius ag-
glutinatum, sed per se gravissimum nescio an postea addiderit Ar.   37
τινὰ om. Π   1009ᵇ 4 δοκεῖ Π   7 καὶ om. Π   ἄλλων om. Aᵇ
ὑγιαίνουσι post ζῴων add. Aᵇ   περὶ τῶν αὐτῶν om. Π   12 ὅλως]
ὁμοίως Aᵇ   19 ἐναύξεται Aᵇ J E² Alᶜ : ἀέξεται E¹ Ascl; cf. De an.
427ᵃ23, ubi E¹ ἐναέξεται praebet, corr. in αὔξεται E²

ΤΩΝ ΜΕΤΑ ΤΑ ΦΥΣΙΚΑ Γ

ὅτι

" ὅσσον ⟨δ'⟩ ἀλλοῖοι μετέφυν, τόσον ἄρ σφισιν αἰεὶ
καὶ τὸ φρονεῖν ἀλλοῖα παρίστατο ".

καὶ Παρμενίδης δὲ ἀποφαίνεται τὸν αὐτὸν τρόπον·

" ὡς γὰρ ἑκάστοτ' ἔχει κρᾶσιν μελέων πολυκάμπτων,
τὼς νόος ἀνθρώποισι παρίσταται· τὸ γὰρ αὐτὸ
ἔστιν ὅπερ φρονέει, μελέων φύσις ἀνθρώποισιν
καὶ πᾶσιν καὶ παντί· τὸ γὰρ πλέον ἐστὶ νόημα·"

Ἀναξαγόρου δὲ καὶ ἀπόφθεγμα μνημονεύεται πρὸς τῶν ἑταίρων τινάς, ὅτι τοιαῦτ' αὐτοῖς ἔσται τὰ ὄντα οἷα ἂν ὑπολάβωσιν. φασὶ δὲ καὶ τὸν Ὅμηρον ταύτην ἔχοντα φαίνεσθαι τὴν δόξαν, ὅτι ἐποίησε τὸν Ἕκτορα, ὡς ἐξέστη ὑπὸ τῆς πληγῆς, κεῖσθαι ἀλλοφρονέοντα, ὡς φρονοῦντας μὲν καὶ τοὺς παραφρονοῦντας ἀλλ' οὐ ταὐτά. δῆλον οὖν ὅτι, εἰ ἀμφότεραι φρονήσεις, καὶ τὰ ὄντα ἅμα οὕτω τε καὶ οὐχ οὕτως ἔχει. ᾗ καὶ χαλεπώτατον τὸ συμβαῖνόν ἐστιν· εἰ γὰρ οἱ μάλιστα τὸ ἐνδεχόμενον ἀληθὲς ἑωρακότες—οὗτοι δ' εἰσὶν οἱ μάλιστα ζητοῦντες αὐτὸ καὶ φιλοῦντες—οὗτοι τοιαύτας ἔχουσι τὰς δόξας καὶ ταῦτα ἀποφαίνονται περὶ τῆς ἀληθείας, πῶς οὐκ ἄξιον ἀθυμῆσαι τοὺς φιλοσοφεῖν ἐγχειροῦντας; τὸ γὰρ τὰ πετόμενα διώκειν τὸ ζητεῖν ἂν εἴη τὴν ἀλήθειαν.—αἴτιον δὲ τῆς δόξης τούτοις ὅτι περὶ τῶν ὄντων μὲν τὴν ἀλήθειαν ἐσκόπουν, τὰ δ' ὄντα ὑπέλαβον εἶναι τὰ αἰσθητὰ μόνον· ἐν δὲ τούτοις πολλὴ ἡ τοῦ ἀορίστου φύσις ἐνυπάρχει καὶ ἡ τοῦ ὄντος οὕτως ὥσπερ εἴπομεν· διὸ εἰκότως μὲν λέγουσιν, οὐκ ἀληθῆ δὲ λέγουσιν (οὕτω γὰρ

20 a ὅσον (ex ὅσσον corr. E²) ... τόσσον E: ὅσον ... τόσον Aᵇ J Alᶜ post ὅσσον δ' vel τ' vel γ' supplent edd.   20 b παρίσταται Alᶜ   22 ἑκάστοτ' Π: ἑκάστῳ Aᵇ: ἕκαστος E² Alᶜ   23 τὼς Π: τ' ὣς Aᵇ: ὣς Alᶜ: ὣς ex τὼς corr. E²   παρίσταται Aᵇ Π Alᶜ: παριστᾶται Diels   24 φύσις Π Alᶜ: om. Aᵇ   ἀνθρώποισιν om. Aᵇ Alᶜ   27 τινάς Alᵖ Sylburg: τινός Aᵇ Π   31 εἰ om. Aᵇ   33 ᾗ Π: ἢ Aᵇ   37 ἀθυμῆσαι Aᵇ J Ascl: ἀθυμεῖν E Alᵖ   1010ᵃ 4 ὡς προείπομεν Alᶜ

ΤΩΝ ΜΕΤΑ ΤΑ ΦΥΣΙΚΑ Γ

ἁρμόττει μᾶλλον εἰπεῖν ἢ ὥσπερ 'Επίχαρμος εἰς Ξενοφάνην). ἔτι δὲ πᾶσαν ὁρῶντες ταύτην κινουμένην τὴν φύσιν, κατὰ δὲ τοῦ μεταβάλλοντος οὐθὲν ἀληθευόμενον, περί γε τὸ πάντῃ πάντως μεταβάλλον οὐκ ἐνδέχεσθαι ἀληθεύειν.
10 ἐκ γὰρ ταύτης τῆς ὑπολήψεως ἐξήνθησεν ἡ ἀκροτάτη δόξα τῶν εἰρημένων, ἡ τῶν φασκόντων ἡρακλειτίζειν καὶ οἵαν Κρατύλος εἶχεν, ὃς τὸ τελευταῖον οὐθὲν ᾤετο δεῖν λέγειν ἀλλὰ τὸν δάκτυλον ἐκίνει μόνον, καὶ Ἡρακλείτῳ ἐπετίμα εἰπόντι ὅτι δὶς τῷ αὐτῷ ποταμῷ οὐκ ἔστιν ἐμβῆναι· αὐτὸς
15 γὰρ ᾤετο οὐδ' ἅπαξ. ἡμεῖς δὲ καὶ πρὸς τοῦτον τὸν λόγον ἐροῦμεν ὅτι τὸ μὲν μεταβάλλον ὅτε μεταβάλλει ἔχει τινὰ αὐτοῖς λόγον μὴ οἴεσθαι εἶναι, καίτοι ἔστι γε ἀμφισβητήσιμον· τό τε γὰρ ἀποβάλλον ἔχει τι τοῦ ἀποβαλλομένου, καὶ τοῦ γιγνομένου ἤδη ἀνάγκη τι εἶναι, ὅλως
20 τε εἰ φθείρεται, ὑπάρξει τι ὄν, καὶ εἰ γίγνεται, ἐξ οὗ γίγνεται καὶ ὑφ' οὗ γεννᾶται ἀναγκαῖον εἶναι, καὶ τοῦτο μὴ ἰέναι εἰς ἄπειρον. ἀλλὰ ταῦτα παρέντες ἐκεῖνα λέγωμεν, ὅτι οὐ ταὐτό ἐστι τὸ μεταβάλλειν κατὰ τὸ ποσὸν καὶ κατὰ τὸ ποιόν· κατὰ μὲν οὖν τὸ ποσὸν ἔστω μὴ μένον,
25 ἀλλὰ κατὰ τὸ εἶδος ἅπαντα γιγνώσκομεν. ἔτι δ' ἄξιον ἐπιτιμῆσαι τοῖς οὕτως ὑπολαμβάνουσιν, ὅτι καὶ αὐτῶν τῶν αἰσθητῶν ἐπὶ τῶν ἐλαττόνων τὸν ἀριθμὸν ἰδόντες οὕτως ἔχοντα περὶ ὅλου τοῦ οὐρανοῦ ὁμοίως ἀπεφήναντο· ὁ γὰρ περὶ ἡμᾶς τοῦ αἰσθητοῦ τόπος ἐν φθορᾷ καὶ γενέσει διατε-
30 λεῖ μόνος ὤν, ἀλλ' οὗτος οὐθὲν ὡς εἰπεῖν μόριον τοῦ παντός ἐστιν, ὥστε δικαιότερον ἂν δι' ἐκεῖνα τούτων ἀπεψηφίσαντο ἢ διὰ ταῦτα ἐκείνων κατεψηφίσαντο. ἔτι δὲ δῆλον ὅτι καὶ πρὸς τούτους ταὐτὰ τοῖς πάλαι λεχθεῖσιν ἐροῦμεν· ὅτι

1010ᵃ22–25, cf. 1063ᵃ22–28   25–32, cf. 1063ᵃ10–17

14 ὅτι om. Π   15 ἀληθῆ λόγον Π Alᵖ   18 τι ἔτι ex Al Bonitz
19 ἤδη] δὴ Alᶜ   22 ἰέναι Bekker: εἶναι Aᵇ Π Alᶜ; Bonitz confert
1074ᵃ29, *Pol.* 1258ᵃ1, sed cf. ad 994ᵃ1   31 ἂν Π Alᵖ: εἰ Aᵇ τούτων Alᵖ Ascl: τοῦτον codd.   33 πάλαι] 1009ᵃ36

ΤΩΝ ΜΕΤΑ ΤΑ ΦΥΣΙΚΑ Γ   1010ᵃ

γὰρ ἔστιν ἀκίνητός τις φύσις δεικτέον αὐτοῖς καὶ πειστέον
αὐτούς. καίτοι γε συμβαίνει τοῖς ἅμα φάσκουσιν εἶναι 35
καὶ μὴ εἶναι ἠρεμεῖν μᾶλλον φάναι πάντα ἢ κινεῖσθαι·
οὐ γὰρ ἔστιν εἰς ὃ τι μεταβαλεῖ· ἅπαντα γὰρ ὑπάρχει
πᾶσιν.—περὶ δὲ τῆς ἀληθείας, ὡς οὐ πᾶν τὸ φαινόμενον 1010ᵇ
ἀληθές, πρῶτον μὲν ὅτι οὐδ' ⟨εἰ⟩ ἡ αἴσθησις ⟨μὴ⟩ ψευδὴς τοῦ
γε ἰδίου ἐστίν, ἀλλ' ἡ φαντασία οὐ ταὐτὸν τῇ αἰσθήσει. εἶτ'
ἄξιον θαυμάσαι εἰ τοῦτ' ἀποροῦσι, πότερον τηλικαῦτά ἐστι
τὰ μεγέθη καὶ τὰ χρώματα τοιαῦτα οἷα τοῖς ἄπωθεν φαί- 5
νεται ἢ οἷα τοῖς ἐγγύθεν, καὶ πότερον οἷα τοῖς ὑγιαίνουσιν
ἢ οἷα τοῖς κάμνουσιν, καὶ βαρύτερα πότερον ἃ τοῖς ἀσθε-
νοῦσιν ἢ ἃ τοῖς ἰσχύουσιν, καὶ ἀληθῆ πότερον ἃ τοῖς καθ-
εύδουσιν ἢ ἃ τοῖς ἐγρηγορόσιν. ὅτι μὲν γὰρ οὐκ οἴονταί
γε, φανερόν· οὐθεὶς γοῦν, ἐὰν ὑπολάβῃ νύκτωρ Ἀθήνησιν 10
εἶναι ὢν ἐν Λιβύῃ, πορεύεται εἰς τὸ ᾠδεῖον. ἔτι δὲ περὶ
τοῦ μέλλοντος, ὥσπερ καὶ Πλάτων λέγει, οὐ δήπου ὁμοίως
κυρία ἡ τοῦ ἰατροῦ δόξα καὶ ἡ τοῦ ἀγνοοῦντος, οἷον περὶ τοῦ
μέλλοντος ἔσεσθαι ὑγιοῦς ἢ μὴ μέλλοντος. ἔτι δὲ ἐπ' αὐ-
τῶν τῶν αἰσθήσεων οὐχ ὁμοίως κυρία ἡ τοῦ ἀλλοτρίου καὶ 15
ἰδίου ἢ τοῦ πλησίον καὶ τοῦ αὐτῆς, ἀλλὰ περὶ μὲν χρώ-
ματος ὄψις, οὐ γεῦσις, περὶ δὲ χυμοῦ γεῦσις, οὐκ ὄψις·
ὧν ἑκάστη ἐν τῷ αὐτῷ χρόνῳ περὶ τὸ αὐτὸ οὐδέποτε φη-
σιν ἅμα οὕτω καὶ οὐχ οὕτως ἔχειν. ἀλλ' οὐδὲ ἐν ἑτέρῳ
χρόνῳ περί γε τὸ πάθος ἠμφισβήτησεν, ἀλλὰ περὶ τὸ ᾧ 20

1010ᵃ35—ᵇ1, cf. 1063ᵃ17-21   ᵇ1-26, 1011ᵃ31-34, cf. 1062ᵇ33—1063ᵃ10

35 συμβ. γε Aᵇ   36 ἠρεμεῖν] cf. longius additamentum in calce libri Γ   37 μεταβαλεῖ Richards: μεταβάλλει Π Alᵖ: -ειν Aᵇ   1010ᵇ 2 εἰ et μὴ ex Alᶜ add. ci. Bonitz   3 γε om. Π Alᵖ; cf. Plat. Theaet. 152 c   7, 8 (bis), et 9 ἃ Aᵇ: οἷα Π   8 ἰσχύουσιν Π Alᵖ: ἰσχυροῖς Aᵇ   10 ὑπολαβὼν Aᵇ om. ἐὰν   12 cf. Plat. Theaet. 171 E, 178 c   16 αὑτῆς Ross: αὐτῆς codd.: ἄποθεν Alᵖ   17 οὐκ] ἀλλ' οὐκ Π   18 καὶ post ὧν add. Aᵇ: om. Π Alᶜ   οὐδέποτε Π Alᶜ: οὐδὲ πώποτε Aᵇ   20 γε] δὲ Aᵇ

79

ΤΩΝ ΜΕΤΑ ΤΑ ΦΥΣΙΚΑ Γ

συμβέβηκε τὸ πάθος. λέγω δ' οἷον ὁ μὲν αὐτὸς οἶνος δόξειεν ἂν ἢ μεταβαλὼν ἢ τοῦ σώματος μεταβαλόντος ὁτὲ μὲν εἶναι γλυκὺς ὁτὲ δὲ οὐ γλυκύς· ἀλλ' οὐ τό γε γλυκύ, οἷόν ἐστιν ὅταν ᾖ, οὐδεπώποτε μετέβαλεν, ἀλλ' ἀεὶ ἀληθεύει περὶ αὐτοῦ, καὶ ἔστιν ἐξ ἀνάγκης τὸ ἐσόμενον γλυκὺ τοιοῦτον. καίτοι τοῦτο ἀναιροῦσιν οὗτοι οἱ λόγοι ἅπαντες, ὥσπερ καὶ οὐσίαν μὴ εἶναι μηθενός, οὕτω μηδ' ἐξ ἀνάγκης μηθέν· τὸ γὰρ ἀναγκαῖον οὐκ ἐνδέχεται ἄλλως καὶ ἄλλως ἔχειν, ὥστ' εἴ τι ἔστιν ἐξ ἀνάγκης, οὐχ ἕξει οὕτω τε καὶ οὐχ οὕτως.—ὅλως τ' εἴπερ ἔστι τὸ αἰσθητὸν μόνον, οὐθὲν ἂν εἴη μὴ ὄντων τῶν ἐμψύχων· αἴσθησις γὰρ οὐκ ἂν εἴη. τὸ μὲν οὖν μήτε τὰ αἰσθητὰ εἶναι μήτε τὰ αἰσθήματα ἴσως ἀληθές (τοῦ γὰρ αἰσθανομένου πάθος τοῦτό ἐστι), τὸ δὲ τὰ ὑποκείμενα μὴ εἶναι, ἃ ποιεῖ τὴν αἴσθησιν, καὶ ἄνευ αἰσθήσεως, ἀδύνατον. οὐ γὰρ δὴ ἥ γ' αἴσθησις αὐτὴ ἑαυτῆς ἐστίν, ἀλλ' ἔστι τι καὶ ἕτερον παρὰ τὴν αἴσθησιν, ὃ ἀνάγκη πρότερον εἶναι τῆς αἰσθήσεως· τὸ γὰρ κινοῦν τοῦ κινουμένου φύσει πρότερόν ἐστι, κἂν εἰ λέγεται πρὸς ἄλληλα ταῦτα, οὐθὲν ἧττον.

Εἰσὶ δέ τινες οἳ ἀποροῦσι καὶ τῶν ταῦτα πεπεισμένων 6 καὶ τῶν τοὺς λόγους τούτους μόνον λεγόντων· ζητοῦσι γὰρ τίς ὁ κρινῶν τὸν ὑγιαίνοντα καὶ ὅλως τὸν περὶ ἕκαστα κρι-

ΤΩΝ ΜΕΤΑ ΤΑ ΦΥΣΙΚΑ Γ   1011ᵃ

νοῦντα ὀρθῶς. τὰ δὲ τοιαῦτα ἀπορήματα ὅμοιά ἐστι τῷ ἀπορεῖν πότερον καθεύδομεν νῦν ἢ ἐγρηγόραμεν, δύνανται δ' αἱ ἀπορίαι αἱ τοιαῦται πᾶσαι τὸ αὐτό· πάντων γὰρ λόγον ἀξιοῦσιν εἶναι οὗτοι· ἀρχὴν γὰρ ζητοῦσι, καὶ ταύτην δι' ἀποδείξεως λαμβάνειν, ἐπεὶ ὅτι γε πεπεισμένοι οὐκ εἰσί, 10 φανεροί εἰσιν ἐν ταῖς πράξεσιν. ἀλλ' ὅπερ εἴπομεν, τοῦτο αὐτῶν τὸ πάθος ἐστίν· λόγον γὰρ ζητοῦσιν ὧν οὐκ ἔστι λόγος· ἀποδείξεως γὰρ ἀρχὴ οὐκ ἀπόδειξίς ἐστιν. οὗτοι μὲν οὖν ῥᾳδίως ἂν τοῦτο πεισθεῖεν (ἔστι γὰρ οὐ χαλεπὸν λαβεῖν)· οἱ δ' ἐν τῷ λόγῳ τὴν βίαν μόνον ζητοῦντες ἀδύνατον ζη- 15 τοῦσιν· ἐναντία γὰρ εἰπεῖν ἀξιοῦσιν, εὐθὺς ἐναντία λέγοντες. εἰ δὲ μὴ ἔστι πάντα πρός τι, ἀλλ' ἔνιά ἐστι καὶ αὐτὰ καθ' αὑτά, οὐκ ἂν εἴη πᾶν τὸ φαινόμενον ἀληθές· τὸ γὰρ φαινόμενον τινί ἐστι φαινόμενον· ὥστε ὁ λέγων ἅπαντα τὰ φαινόμενα εἶναι ἀληθῆ ἅπαντα ποιεῖ τὰ ὄντα πρός τι. 20 διὸ καὶ φυλακτέον τοῖς τὴν βίαν ἐν τῷ λόγῳ ζητοῦσιν, ἅμα δὲ καὶ ὑπέχειν λόγον ἀξιοῦσιν, ὅτι οὐ τὸ φαινόμενον ἔστιν ἀλλὰ τὸ φαινόμενον ᾧ φαίνεται καὶ ὅτε φαίνεται καὶ ᾗ καὶ ὥς. ἂν δ' ὑπέχωσι μὲν λόγον, μὴ οὕτω δ' ὑπέχωσι, συμβήσεται αὐτοῖς τἀναντία ταχὺ λέγειν. ἐν- 25 δέχεται γὰρ τῷ αὐτῷ κατὰ μὲν τὴν ὄψιν μέλι φαίνεσθαι τῇ δὲ γεύσει μή, καὶ τῶν ὀφθαλμῶν δυοῖν ὄντοιν μὴ ταὐτὰ ἑκατέρᾳ τῇ ὄψει, ἂν ὦσιν ἀνόμοιαι· ἐπεὶ πρός γε τοὺς διὰ τὰς πάλαι εἰρημένας αἰτίας τὸ φαινόμενον φάσκοντας ἀληθὲς εἶναι,† . . . †καὶ διὰ τοῦτο πάνθ' ὁμοίως εἶναι 30

8 αἱ τοιαῦται Π Alᵖ: αὗται Aᵇ   15 μόνην Aᵇ   25 αὐτοῖς Aᵇ, sed cf. 16   26 τῷ αὐτῷ Π: τὸ αὐτὸ Aᵇ: τὸ αὐτὸ τῷ αὐτῷ Alᵖ; cf. 28 ἑκατέρᾳ τῇ ὄψει. opponuntur in eadem persona diversa testimonia oculorum et linguae, et testimonia diversa utriusque oculi   28 ταὐτὰ Aᵇ J: ταῦθ' E   30 lacunam cognovit Al, cuius tamen supplementum ⟨ῥᾳδία ἡ ἀπάντησις⟩ post ἀληθὲς εἶναι non sufficit, sed ibi homoeoteleuto haec fere interiisse puto ⟨ἐροῦμεν ὅτι συμβαίνει αὐτοῖς τὸ πᾶσι φαινόμενον ἀληθὲς εἶναι⟩. ad hanc orationis formam cf. 1009ᵃ30, 1010ᵃ15, ᵃ32 (ab ἐροῦμεν pendet etiam 31 φαίνεσθαι) cf. Herm. 52. 513 sq.

ΤΩΝ ΜΕΤΑ ΤΑ ΦΥΣΙΚΑ Γ

ψευδῆ καὶ ἀληθῆ· οὔτε γὰρ ἅπασι ταὐτὰ φαίνεσθαι οὔτε ταὐτῷ ἀεὶ ταὐτά, ἀλλὰ πολλάκις τἀναντία κατὰ τὸν αὐτὸν χρόνον (ἡ μὲν γὰρ ἁφὴ δύο λέγει ἐν τῇ ἐπαλλάξει τῶν δακτύλων ἡ δ' ὄψις ἕν)· ἀλλ' οὔ τι τῇ αὐτῇ γε καὶ
35 κατὰ τὸ αὐτὸ αἰσθήσει καὶ ὡσαύτως καὶ ἐν τῷ αὐτῷ
1011ᵇ χρόνῳ, ὥστε τοῦτ' ἂν εἴη ἀληθές. ἀλλ' ἴσως διὰ τοῦτ' ἀνάγκη λέγειν τοῖς μὴ δι' ἀπορίαν ἀλλὰ λόγου χάριν λέγουσιν, ὅτι οὐκ ἔστιν ἀληθὲς τοῦτο ἀλλὰ τούτῳ ἀληθές. καὶ ὥσπερ δὴ πρότερον εἴρηται, ἀνάγκη πρός τι ποιεῖν
5 ἅπαντα καὶ πρὸς δόξαν καὶ αἴσθησιν, ὥστ' οὔτε γέγονεν οὔτ' ἔσται οὐθὲν μηθενὸς προδοξάσαντος. εἰ δὲ γέγονεν ἢ ἔσται, δῆλον ὅτι οὐκ ἂν εἴη ἅπαντα πρὸς δόξαν. †ἔτι εἰ ἕν,† πρὸς ἕν ἢ πρὸς ὡρισμένον· καὶ εἰ τὸ αὐτὸ καὶ ἥμισυ καὶ ἴσον, ἀλλ' οὐ πρὸς τὸ διπλάσιόν γε τὸ ἴσον. πρὸς δὴ τὸ δοξά-
10 ζον εἰ ταὐτὸ ἄνθρωπος καὶ τὸ δοξαζόμενον, οὐκ ἔσται ἄνθρωπος τὸ δοξάζον ἀλλὰ τὸ δοξαζόμενον. εἰ δ' ἕκαστον ἔσται πρὸς τὸ δοξάζον, πρὸς ἄπειρα ἔσται τῷ εἴδει τὸ δοξάζον.

Ὅτι μὲν οὖν βεβαιοτάτη δόξα πασῶν τὸ μὴ εἶναι ἀληθεῖς ἅμα τὰς ἀντικειμένας φάσεις, καὶ τί συμβαίνει τοῖς οὕτω
15 λέγουσι, καὶ διὰ τί οὕτω λέγουσι, τοσαῦτα εἰρήσθω· ἐπεὶ δ' ἀδύνατον τὴν ἀντίφασιν ἅμα ἀληθεύεσθαι κατὰ τοῦ αὐτοῦ, φανερὸν ὅτι οὐδὲ τἀναντία ἅμα ὑπάρχειν ἐνδέχεται τῷ αὐτῷ· τῶν μὲν γὰρ ἐναντίων θάτερον στέρησίς ἐστιν οὐχ ἧττον, οὐσίας δὲ στέρησις· ἡ δὲ στέρησις ἀπόφασίς ἐστιν ἀπό
20 τινος ὡρισμένου γένους· εἰ οὖν ἀδύνατον ἅμα καταφάναι καὶ

1011ᵃ31-34, cf. 1062ᵇ33—1063ᵃ10   ᵇ17-22, cf. 1063ᵇ17-19

31 φαίνεσθαι Aᵇ Π: φαίνεται Alᵖ quod e correctione ortum vid.   32 ταὐτῷ Alᵖ Asclᶜ: αὐτῷ Π: ἑαυτῷ Aᵇ   35 αἰσθήσει ante κατὰ coll. Alᶜ 1011ᵇ 4 πρότερον] cf. 1011ᵃ20   καὶ πρός Π   7 ἔτι εἰ ἕν] locus corruptus: ἔτι εἴ ἐστι (sc. πρὸς δόξαν) Christ, ἔτι εἰ πρός τι, πρὸς ἕν ἢ πρός τι ὡρισμένον Lasson Alᵖ secutus   10 ἔσται Aᵇ Alᵖ: ἔστιν Π   11 δὲ καθ' ἕκ. Aᵇ Alᶜ   12 πρός alt. Aᵇ Alᶜ: om. Π   19 δὲ pr. Π Alᶜ: om. Aᵇ   ἡ δὲ στέρησις Aᵇ Alᶜ: om. Π   20 καὶ] ἢ Aᵇ

ΤΩΝ ΜΕΤΑ ΤΑ ΦΥΣΙΚΑ Γ 1011ᵇ

ἀποφάναι ἀληθῶς, ἀδύνατον καὶ τἀναντία ὑπάρχειν ἅμα, ἀλλ᾽ ἢ πῇ ἄμφω ἢ θάτερον μὲν πῇ θάτερον δὲ ἁπλῶς.

7 Ἀλλὰ μὴν οὐδὲ μεταξὺ ἀντιφάσεως ἐνδέχεται εἶναι οὐθέν, ἀλλ᾽ ἀνάγκη ἢ φάναι ἢ ἀποφάναι ἓν καθ᾽ ἑνὸς ὁτιοῦν. δῆλον δὲ πρῶτον μὲν ὁρισαμένοις τί τὸ ἀληθὲς καὶ ψεῦδος. 25 τὸ μὲν γὰρ λέγειν τὸ ὂν μὴ εἶναι ἢ τὸ μὴ ὂν εἶναι ψεῦδος, τὸ δὲ τὸ ὂν εἶναι καὶ τὸ μὴ ὂν μὴ εἶναι ἀληθές, ὥστε καὶ ὁ λέγων εἶναι ἢ μὴ ἀληθεύσει ἢ ψεύσεται· ἀλλ᾽ οὔτε τὸ ὂν λέγεται μὴ εἶναι ἢ εἶναι οὔτε τὸ μὴ ὄν. ἔτι ἤτοι μεταξὺ ἔσται τῆς ἀντιφάσεως ὥσπερ τὸ φαιὸν 30 μέλανος καὶ λευκοῦ, ἢ ὡς τὸ μηδέτερον ἀνθρώπου καὶ ἵππου. εἰ μὲν οὖν οὕτως, οὐκ ἂν μεταβάλλοι (ἐκ μὴ ἀγαθοῦ γὰρ εἰς ἀγαθὸν μεταβάλλει ἢ ἐκ τούτου εἰς μὴ ἀγαθόν), νῦν δ᾽ ἀεὶ φαίνεται (οὐ γὰρ ἔστι μεταβολὴ ἀλλ᾽ ἢ εἰς τὰ ἀντικείμενα καὶ ⟨τὰ⟩ μεταξύ)· εἰ δ᾽ ἔστι μεταξύ, καὶ οὕτως εἴη ἄν 35 τις εἰς λευκὸν οὐκ ἐκ μὴ λευκοῦ γένεσις, νῦν δ᾽ οὐχ ὁρᾶται. 1012ᵃ ἔτι πᾶν τὸ διανοητὸν καὶ νοητὸν ἡ διάνοια ἢ κατάφησιν ἢ ἀπόφησιν—τοῦτο δ᾽ ἐξ ὁρισμοῦ δῆλον—ὅταν ἀληθεύῃ ἢ ψεύδηται· ὅταν μὲν ὡδὶ συνθῇ φᾶσα ἢ ἀποφᾶσα, ἀληθεύει, ὅταν δὲ ὡδί, ψεύδεται. ἔτι παρὰ πάσας δεῖ εἶναι τὰς 5 ἀντιφάσεις, εἰ μὴ λόγου ἕνεκα λέγεται· ὥστε καὶ οὔτε ἀληθεύσει τις οὔτ᾽ οὐκ ἀληθεύσει, καὶ παρὰ τὸ ὂν καὶ τὸ μὴ ὂν ἔσται, ὥστε καὶ παρὰ γένεσιν καὶ φθορὰν μεταβολή τις ἔσται. ἔτι ἐν ὅσοις γένεσιν ἡ ἀπόφασις τὸ ἐναντίον ἐπιφέρει, καὶ ἐν τούτοις ἔσται, οἷον ἐν ἀριθμοῖς οὔτε περιττὸς οὔτε 10

1011ᵇ23—1012ᵃ24, cf. 1063ᵇ19-24

---

22 μὲν om. Aᵇ Alᵖ   24 ἓν Π Alᶜ: om. Aᵇ   25 τί om. Aᵇ
26 τὸ μὴ ὂν Aᵇ Alᵖ: τοῦτο Π   27 τὸ ante ὂν Aᵇ J Alᵖ: om. E   καὶ
τὸ Aᵇ Alᵖ: τὸ δὲ Π   28 καὶ ὁ Π Alᶜ: ἐκεῖνο Aᵇ   τοῦτο post λέγων
add. Alᶜ   29 λέγει Π Al   30 τὸ post ἤτοι add. Aᵇ: τι Alᵖ: om.
Π; cf. 35 et 994ᵃ27   ἔστι Aᵇ   34 ἀεὶ Π Alᶜ: om. Aᵇ   35
τὰ addidi ex Alᵖ Ascl   35-36 εἴη ἄν τις Π: ἢ ἡ ἀντίφασις Aᵇ: ἡ ἀντίφασις Alᶜ

ΤΩΝ ΜΕΤΑ ΤΑ ΦΥΣΙΚΑ Γ

οὐ περιττὸς ἀριθμός· ἀλλ' ἀδύνατον· ἐκ τοῦ ὁρισμοῦ δὲ δῆλον. ἔτι εἰς ἄπειρον βαδιεῖται, καὶ οὐ μόνον ἡμιόλια τὰ ὄντα ἔσται ἀλλὰ πλείω. πάλιν γὰρ ἔσται ἀποφῆσαι τοῦτο πρὸς τὴν φάσιν καὶ τὴν ἀπόφασιν, καὶ τοῦτ' ἔσται τι· ἡ γὰρ οὐσία ἐστί τις αὐτοῦ ἄλλη. ἔτι ὅταν ἐρομένου εἰ λευκόν ἐστιν εἴπῃ ὅτι οὔ, οὐθὲν ἄλλο ἀποπέφηκεν ἢ τὸ εἶναι· ἀπόφασις δὲ τὸ μὴ εἶναι. ἐλήλυθε δ' ἐνίοις αὕτη ἡ δόξα ὥσπερ καὶ ἄλλαι τῶν παραδόξων· ὅταν γὰρ λύειν μὴ δύνωνται λόγους ἐριστικούς, ἐνδόντες τῷ λόγῳ σύμφασιν ἀληθὲς εἶναι τὸ συλλογισθέν. οἱ μὲν οὖν διὰ τοιαύτην αἰτίαν λέγουσιν, οἱ δὲ διὰ τὸ πάντων ζητεῖν λόγον. ἀρχὴ δὲ πρὸς ἅπαντας τούτους ἐξ ὁρισμοῦ. ὁρισμὸς δὲ γίγνεται ἐκ τοῦ σημαίνειν τι ἀναγκαῖον εἶναι αὐτούς· ὁ γὰρ λόγος οὗ τὸ ὄνομα σημεῖον ὁρισμὸς ἔσται. ἔοικε δ' ὁ μὲν Ἡρακλείτου λόγος, λέγων πάντα εἶναι καὶ μὴ εἶναι, ἅπαντα ἀληθῆ ποιεῖν, ὁ δ' Ἀναξαγόρου, εἶναί τι μεταξὺ τῆς ἀντιφάσεως, πάντα ψευδῆ· ὅταν γὰρ μιχθῇ, οὔτε ἀγαθὸν οὔτε οὐκ ἀγαθὸν τὸ μῖγμα, ὥστ' οὐδὲν εἰπεῖν ἀληθές.

Διωρισμένων δὲ τούτων φανερὸν ὅτι καὶ τὰ μοναχῶς 8 λεγόμενα καὶ ⟨τὰ⟩ κατὰ πάντων ἀδύνατον ὑπάρχειν ὥσπερ τινὲς λέγουσιν, οἱ μὲν οὐθὲν φάσκοντες ἀληθὲς εἶναι (οὐθὲν γὰρ κωλύειν φασὶν οὕτως ἅπαντα εἶναι ὥσπερ τὸ τὴν διάμετρον σύμμετρον εἶναι), οἱ δὲ πάντ' ἀληθῆ. σχεδὸν γὰρ οὗτοι οἱ λόγοι οἱ αὐτοὶ τῷ Ἡρακλείτου· ὁ γὰρ λέγων ὅτι πάντ' ἀληθῆ καὶ πάντα ψευδῆ, καὶ χωρὶς λέγει τῶν λόγων ἑκάτερον τούτων, ὥστ' εἴπερ ἀδύνατα ἐκεῖνα, καὶ

1012ᵃ24—ᵇ18, cf. 1063ᵇ24–35 (ᵇ13–18, cf. 1062ᵇ7–9)

1012ᵃ 12–13 τὰ ὄντα *Π* Alᵖ: ταῦτα Aᵇ   13 τοῦτο *Π* Alᶜ: τοῦ Aᵇ   15 εἰ om. Aᵇ   16 οὔ om. J   ἄλλο om. Aᵇ   ἀποπέφηκεν J: ἀποπέφυκεν Aᵇ E; ἀποφάσκει interpr. Al Ascl   18 καὶ αἱ E Alᵖ ut vid.   γὰρ om. Aᵇ   24 ἔσται] γίνεται *Π*   27 ὥστε πάντα *Π*   30 τὰ ex Alᶜ addidi   32 κωλύειν *Π* Alᶜ: κωλύει Aᵇ   34 οὗτοι Aᵇ Ascl: αὐτοῖς *Π*   τῷ τοῦ Aᵇ Alᶜ

ΤΩΝ ΜΕΤΑ ΤΑ ΦΥΣΙΚΑ Γ   1012ᵇ

ταῦτα ἀδύνατον εἶναι. ἔτι δὲ φανερῶς ἀντιφάσεις εἰσὶν
ἃς οὐχ οἷόν τε ἅμα ἀληθεῖς εἶναι—οὐδὲ δὴ ψευδεῖς πάσας·
καίτοι δόξειέ γ' ἂν μᾶλλον ἐνδέχεσθαι ἐκ τῶν εἰρημένων.
ἀλλὰ πρὸς πάντας τοὺς τοιούτους λόγους αἰτεῖσθαι δεῖ, καθά- 5
περ ἐλέχθη καὶ ἐν τοῖς ἐπάνω λόγοις, οὐχὶ εἶναί τι ἢ μὴ
εἶναι ἀλλὰ σημαίνειν τι, ὥστε ἐξ ὁρισμοῦ διαλεκτέον λα-
βόντας τί σημαίνει τὸ ψεῦδος ἢ τὸ ἀληθές. εἰ δὲ μηθὲν
ἄλλο τὸ ἀληθὲς ἢ φάναι, ⟨ὃ⟩ ἀποφάναι ψεῦδός ἐστιν, ἀδύ-
νατον πάντα ψευδῆ εἶναι· ἀνάγκη γὰρ τῆς ἀντιφάσεως 10
θάτερον εἶναι μόριον ἀληθές. ἔτι εἰ πᾶν ἢ φάναι ἢ ἀπο-
φάναι ἀναγκαῖον, ἀδύνατον ἀμφότερα ψευδῆ εἶναι· θά-
τερον γὰρ μόριον τῆς ἀντιφάσεως ψεῦδός ἐστιν. συμβαίνει
δὴ καὶ τὸ θρυλούμενον πᾶσι τοῖς τοιούτοις λόγοις, αὐτοὺς
ἑαυτοὺς ἀναιρεῖν. ὁ μὲν γὰρ πάντα ἀληθῆ λέγων καὶ τὸν 15
ἐναντίον αὐτοῦ λόγον ἀληθῆ ποιεῖ, ὥστε τὸν ἑαυτοῦ οὐκ ἀληθῆ
(ὁ γὰρ ἐναντίος οὔ φησιν αὐτὸν ἀληθῆ), ὁ δὲ πάντα ψευδῆ
καὶ αὐτὸς αὑτόν. ἐὰν δ' ἐξαιρῶνται ὁ μὲν τὸν ἐναντίον ὡς
οὐκ ἀληθὴς μόνος ἐστίν, ὁ δὲ τὸν αὑτοῦ ὡς οὐ ψευδής,
οὐδὲν ἧττον ἀπείρους συμβαίνει αὐτοῖς αἰτεῖσθαι λόγους ἀλη- 20
θεῖς καὶ ψευδεῖς· ὁ γὰρ λέγων τὸν ἀληθῆ λόγον ἀληθῆ
ἀληθής, τοῦτο δ' εἰς ἄπειρον βαδιεῖται. ⟦φανερὸν δ' ὅτι οὐδ'

1012ᵇ 4 δόξειεν ἂν Aᵇ Alᶜ   6 ἐλέχθη] cf. 1006ᵃ18   οὐχὶ Π Alᵖ: οὐκ
Aᵇ   7 λαβόντα Aᵇ   8 σημαίνειν Π quod qui recipit, τι scribat
oportet   9 ἢ φάναι, ὃ ἀποφάναι ψεῦδός ἐστιν ex Ascl et Al restitui:
φάναι ἢ ἀποφάναι ψ. ἐ. Aᵇ Π (ἢ ante τὸ ἀληθὲς add. Π); corruptela
vetustissima. multa turbant Al γρ ἢ φάναι ἢ ἀποφάναι καὶ τὸ ψεῦδός ἐστι,
et Ascl, qui interpr. φάναι ἢ ὅπερ ἀποφάναι ψ. ὑπάρχει, unde Ross ὃ
recte recepit, nisi quod cum Alᶜ ἢ φάναι pro φάναι ἢ transponi oportet:
'si verum nil aliud est quam affirmare id quod negare falsum est'   13
μέρος Π   17 εἶναι αὐτὸν J   ὃν φησιν αὐτὸς εἶναι ἀληθῆ ἐκεῖνός φησι
μὴ εἶναι Aᵇ   19 αὑτὸς αὑτοῦ Π (αὐτοῦ E): αὐτοῦ Aᵇ om. αὑτὸς   ἐστίν om.
Aᵇ   21–22 ἀληθῆ ἀληθής Π Alᶜ: ἀληθῆ om. Aᵇ   22 φανε-
ρὸν ... 31 αὑτό] in nonnullis libris deesse dicit Al. de talibus ἐλλείμμασι
in calce voluminum ab Ar. vel potius ab editore antiquissimo adiectis cf.
Enist. d. Met. 38–62. hoc ἔλλειμμα pertinet ad 1010ᵃ35–37, sed non ab
omnibus editoribus receptum fuisse videtur

85

ΤΩΝ ΜΕΤΑ ΤΑ ΦΥΣΙΚΑ Γ, Δ

οἱ πάντα ἠρεμεῖν λέγοντες ἀληθῆ λέγουσιν οὐδ' οἱ πάντα κινεῖσθαι. εἰ μὲν γὰρ ἠρεμεῖ πάντα, ἀεὶ ταὐτὰ ἀληθῆ καὶ ψευδῆ ἔσται, φαίνεται δὲ τοῦτο μεταβάλλον (ὁ γὰρ λέγων ποτὲ αὐτὸς οὐκ ἦν καὶ πάλιν οὐκ ἔσται)· εἰ δὲ πάντα κινεῖται, οὐθὲν ἔσται ἀληθές· πάντα ἄρα ψευδῆ· ἀλλὰ δέδεικται ὅτι ἀδύνατον. ἔτι ἀνάγκη τὸ ὂν μεταβάλλειν· ἔκ τινος γὰρ εἴς τι ἡ μεταβολή. ἀλλὰ μὴν οὐδὲ πάντα ἠρεμεῖ ἢ κινεῖται ποτέ, ἀεὶ δ' οὐθέν· ἔστι γάρ τι ὃ ἀεὶ κινεῖ τὰ κινούμενα, καὶ τὸ πρῶτον κινοῦν ἀκίνητον αὐτό.]]

Δ

Ἀρχὴ λέγεται ἡ μὲν ὅθεν ἄν τις τοῦ πράγματος κινηθείη πρῶτον, οἷον [τοῦ] μήκους καὶ ὁδοῦ ἐντεῦθεν μὲν αὕτη ἀρχή, ἐξ ἐναντίας δὲ ἑτέρα· ἡ δὲ ὅθεν ἂν κάλλιστα ἕκαστον γένοιτο, οἷον καὶ μαθήσεως οὐκ ἀπὸ τοῦ πρώτου καὶ τῆς τοῦ πράγματος ἀρχῆς ἐνίοτε ἀρκτέον ἀλλ' ὅθεν ῥᾷστ' ἂν μάθοι· ἡ δὲ ὅθεν πρῶτον γίγνεται ἐνυπάρχοντος, οἷον ὡς πλοίου τρόπις καὶ οἰκίας θεμέλιος, καὶ τῶν ζῴων οἱ μὲν καρδίαν οἱ δὲ ἐγκέφαλον οἱ δ' ὅ τι ἂν τύχωσι τοιοῦτον ὑπολαμβάνουσιν· ἡ δὲ ὅθεν γίγνεται πρῶτον μὴ ἐνυπάρχοντος καὶ ὅθεν πρῶτον ἡ κίνησις πέφυκεν ἄρχεσθαι καὶ ἡ μεταβολή, οἷον τὸ τέκνον ἐκ τοῦ πατρὸς καὶ τῆς μητρὸς καὶ ἡ μάχη

24 πάντα καὶ ἀεὶ A[b]   30 ποτέ J Al[p] Ascl[c]: ποτὲ δέ A[b] E   τι ὃ Π Al[c]: τιν' ἃ A[b]   31 πρώτως E γρ   αὐτὸ ἀρχὴ λέγεται A[b], i.e. in codice A[b] initium sequentis libri in fine voluminis praecedentis adscriptum erat, cf. *Entst. d. Met.* 181 sq. hic igitur codex redit ad antiquam editionem papyraceam   34 de libro Δ ab editore antiquo (Andronico?) hic male inculcato cf. *Entst. d. Met.* 118 sq. exstabat liber separatus, quo tempore Diogenis catalogus librorum Aristotelis compilatus est, sub titulo (n. 36) περὶ τῶν ποσαχῶς (sic) λεγομένων ἢ τῶν κατὰ πρόσθεσιν ᾱ. deest in versione breviore libr. B-E, quae lib. K 1-8 continetur, ubi E recte librum Γ sequitur   35 τοῦ delevi, om. Al   1013[a] 9 καὶ τῆς μητρός] non est bonum exemplum τῆς ἀρχῆς ὅθεν ἡ κίνησις nam Aristoteli pater est causa movens, at mater causa materialis cf. 1013[a]31, *De gen.* 716[a]5, 729[a]9 (aliter comparatus est locus 1023[b]4, ex quo nescio an hic mutatus sit)

ΤΩΝ ΜΕΤΑ ΤΑ ΦΥΣΙΚΑ Δ

ἐκ τῆς λοιδορίας· ἡ δὲ οὐ κατὰ προαίρεσιν κινεῖται τὰ κινούμενα καὶ μεταβάλλει τὰ μεταβάλλοντα, ὥσπερ αἵ τε κατὰ πόλεις ἀρχαὶ καὶ αἱ δυναστεῖαι καὶ αἱ βασιλεῖαι καὶ τυραννίδες ἀρχαὶ λέγονται καὶ αἱ τέχναι, καὶ τούτων αἱ ἀρχιτεκτονικαὶ μάλιστα. ἔτι ὅθεν γνωστὸν τὸ πρᾶγμα πρῶτον, καὶ αὕτη ἀρχὴ λέγεται τοῦ πράγματος, οἷον τῶν ἀποδείξεων αἱ ὑποθέσεις. ἰσαχῶς δὲ καὶ τὰ αἴτια λέγεται· πάντα γὰρ τὰ αἴτια ἀρχαί. πασῶν μὲν οὖν κοινὸν τῶν ἀρχῶν τὸ πρῶτον εἶναι ὅθεν ἢ ἔστιν ἢ γίγνεται ἢ γιγνώσκεται· τούτων δὲ αἱ μὲν ἐνυπάρχουσαί εἰσιν αἱ δὲ ἐκτός. διὸ ἥ τε φύσις ἀρχὴ καὶ τὸ στοιχεῖον καὶ ἡ διάνοια καὶ ἡ προαίρεσις καὶ ⟨ἡ⟩ οὐσία καὶ τὸ οὗ ἕνεκα· πολλῶν γὰρ καὶ τοῦ γνῶναι καὶ τῆς κινήσεως ἀρχὴ τἀγαθὸν καὶ τὸ καλόν.

2 Αἴτιον λέγεται ἕνα μὲν τρόπον ἐξ οὗ γίγνεταί τι ἐνυπάρχοντος, οἷον ὁ χαλκὸς τοῦ ἀνδριάντος καὶ ὁ ἄργυρος τῆς φιάλης καὶ τὰ τούτων γένη· ἄλλον δὲ τὸ εἶδος καὶ τὸ παράδειγμα, τοῦτο δ' ἐστὶν ὁ λόγος τοῦ τί ἦν εἶναι καὶ τὰ τούτου γένη (οἷον τοῦ διὰ πασῶν τὰ δύο πρὸς ἓν καὶ ὅλως ὁ ἀριθμός) καὶ τὰ μέρη τὰ ἐν τῷ λόγῳ. ἔτι ὅθεν ἡ ἀρχὴ τῆς μεταβολῆς ἡ πρώτη ἢ τῆς ἠρεμήσεως, οἷον ὁ βουλεύσας αἴτιος καὶ ὁ πατὴρ τοῦ τέκνου καὶ ὅλως τὸ ποιοῦν τοῦ ποιουμένου καὶ τὸ μεταβλητικὸν τοῦ μεταβάλλοντος. ἔτι

cap. 2 = Phys. 194ᵇ23—195ᵇ21

14 ἀρχὴ λέγεται ἔτι Aᵇ   15 καὶ γὰρ Aᵇ   21 ἡ supplevi   23 καλόν Alᶜ: κακόν codd. Al γρ; cf. 984ᵇ11   24-1014ᵃ25 caput de causis e Phys. (= Φ) 194ᵇ23 sq. hic iteratur, sed a priore libri Δ recensione alienum fuisse vid., cum Ar. satis haberet 1013ᵃ16 commemorasse ὅτι ἰσαχῶς τὰ αἴτια λέγεται (scil. ταῖς ἀρχαῖς)   24 δὲ post αἴτιον add. Π τὸ ἐξ Φ   27 ὁ om. Aᵇ   ὁ λόγος ὁ Φ   28 τὰ alt. Π Alᶜ Φ: τὸ Aᵇ 32 μεταβαλλομένου Al Simpl: μεταβάλλον τοῦ μεταβαλλομένου Φ

ΤΩΝ ΜΕΤΑ ΤΑ ΦΥΣΙΚΑ Δ

ὡς τὸ τέλος· τοῦτο δ' ἐστὶ τὸ οὗ ἕνεκα, οἷον τοῦ περιπατεῖν ἡ ὑγίεια. διὰ τί γὰρ περιπατεῖ; φαμὲν "ἵνα ὑγιαίνῃ". καὶ εἰπόντες οὕτως οἰόμεθα ἀποδεδωκέναι τὸ αἴτιον. καὶ ὅσα δὴ κινήσαντος ἄλλου μεταξὺ γίγνεται τοῦ τέλους, οἷον τῆς ὑγιείας ἡ ἰσχνασία ἢ ἡ κάθαρσις ἢ τὰ φάρμακα ἢ τὰ ὄργανα· πάντα γὰρ ταῦτα τοῦ τέλους ἕνεκά ἐστι, διαφέρει δὲ ἀλλήλων ὡς ὄντα τὰ μὲν ὄργανα τὰ δ' ἔργα. τὰ μὲν οὖν αἴτια σχεδὸν τοσαυταχῶς λέγεται, συμβαίνει δὲ πολλαχῶς λεγομένων τῶν αἰτίων καὶ πολλὰ τοῦ αὐτοῦ αἴτια εἶναι οὐ κατὰ συμβεβηκός (οἷον τοῦ ἀνδριάντος καὶ ἡ ἀνδριαντοποιητικὴ καὶ ὁ χαλκὸς οὐ καθ' ἕτερόν τι ἀλλ' ᾗ ἀνδριάς· ἀλλ' οὐ τὸν αὐτὸν τρόπον ἀλλὰ τὸ μὲν ὡς ὕλη τὸ δ' ὡς ὅθεν ἡ κίνησις), καὶ ἀλλήλων αἴτια (οἷον τὸ πονεῖν τῆς εὐεξίας καὶ αὕτη τοῦ πονεῖν· ἀλλ' οὐ τὸν αὐτὸν τρόπον ἀλλὰ τὸ μὲν ὡς τέλος τὸ δ' ὡς ἀρχὴ κινήσεως). ἔτι δὲ ταὐτὸ τῶν ἐναντίων ἐστίν· ὃ γὰρ παρὸν αἴτιον τουδί, τοῦτ' ἀπὸν αἰτιώμεθα ἐνίοτε τοῦ ἐναντίου, οἷον τὴν ἀπουσίαν τοῦ κυβερνήτου τῆς ἀνατροπῆς, οὗ ἦν ἡ παρουσία αἰτία τῆς σωτηρίας· ἄμφω δέ, καὶ ἡ παρουσία καὶ ἡ στέρησις, αἴτια ὡς κινοῦντα.—ἅπαντα δὲ τὰ νῦν εἰρημένα αἴτια εἰς τέτταρας τρόπους πίπτει τοὺς φανερωτάτους. τὰ μὲν γὰρ στοιχεῖα τῶν συλλαβῶν καὶ ἡ ὕλη τῶν σκευαστῶν καὶ τὸ πῦρ καὶ ἡ γῆ καὶ τὰ τοιαῦτα πάντα τῶν σωμάτων καὶ τὰ μέρη τοῦ ὅλου καὶ αἱ ὑποθέσεις τοῦ συμπεράσματος ὡς τὸ ἐξ οὗ αἴτιά ἐστιν· τούτων δὲ τὰ μὲν ὡς τὸ ὑποκείμενον, οἷον τὰ μέρη, τὰ δὲ ὡς τὸ τί ἦν εἶναι, τό τε ὅλον καὶ ἡ σύνθεσις καὶ τὸ εἶδος. τὸ δὲ σπέρμα καὶ ὁ ἰατρὸς καὶ ὁ βουλεύσας καὶ ὅλως τὸ ποιοῦν, πάντα ὅθεν ἡ ἀρχὴ τῆς μετα-

---

1013ᵇ 3 τὰ μὲν ἔργα τὰ δ' ὄργανα Φ Simpl Alᵖ   ὡς ante ὄργ. et ἔργα add. Π   6 ἀνδριαντοποιητικὴ Aᵇ Alᶜ (var. lect. Simpl. in Φ 303. 6, cf. *Metaph.* 1027ᵃ4): ἀνδριαντοποιικὴ Π   9 ἔστιν δέ τινα κ. ἀλλ. Φ   10 αἴτιον τῆς Aᵇ   12 τῶν Aᵇ Φ Alᵖ: ἐνίοτε τῶν Π   13 ἀπὸν Π Alᶜ Φ: αὐτὸ Aᵇ   14 τῆς τοῦ πλοίου ἀν. Φ   15 δὲ τὸ αὐτὸ Aᵇ   16 δὲ καὶ ᵇ   19 καὶ ἡ γῆ et πάντα om. Aᵇ Φ

ΤΩΝ ΜΕΤΑ ΤΑ ΦΥΣΙΚΑ Δ 1013ᵇ

βολῆς ἢ στάσεως. τὰ δ' ὡς τὸ τέλος καὶ τἀγαθὸν 25
τῶν ἄλλων· τὸ γὰρ οὗ ἕνεκα βέλτιστον καὶ τέλος τῶν
ἄλλων ἐθέλει εἶναι· διαφερέτω δὲ μηδὲν αὐτὸ εἰπεῖν ἀγαθὸν ἢ φαινόμενον ἀγαθόν.—τὰ μὲν οὖν αἴτια ταῦτα καὶ
τοσαῦτά ἐστι τῷ εἴδει, τρόποι δὲ τῶν αἰτίων ἀριθμῷ μέν
εἰσι πολλοί, κεφαλαιούμενοι δὲ καὶ οὗτοι ἐλάττους. λέγεται 30
γὰρ αἴτια πολλαχῶς, καὶ αὐτῶν τῶν ὁμοειδῶν προτέρως
καὶ ὑστέρως ἄλλο ἄλλου, οἷον ὑγιείας ὁ ἰατρὸς καὶ ὁ τεχνίτης, καὶ τοῦ διὰ πασῶν τὸ διπλάσιον καὶ ⟨ὁ⟩ ἀριθμός, καὶ ἀεὶ
τὰ περιέχοντα ὁτιοῦν τῶν καθ' ἕκαστα. ἔτι δ' ὡς τὸ συμβεβηκὸς καὶ τὰ τούτων γένη, οἷον ἀνδριάντος ἄλλως Πολύ- 35
κλειτος καὶ ἄλλως ἀνδριαντοποιός, ὅτι συμβέβηκε τῷ ἀνδριαντοποιῷ Πολυκλείτῳ εἶναι· καὶ τὰ περιέχοντα δὲ τὸ 1014ᵃ
συμβεβηκός, οἷον ἄνθρωπος αἴτιος ἀνδριάντος, ἢ καὶ ὅλως
ζῷον, ὅτι ὁ Πολύκλειτος ἄνθρωπος ὁ δὲ ἄνθρωπος ζῷον.
ἔστι δὲ καὶ τῶν συμβεβηκότων ἄλλα ἄλλων πορρώτερον καὶ
ἐγγύτερον, οἷον εἰ ὁ λευκὸς καὶ ὁ μουσικὸς αἴτιος λέγοιτο 5
τοῦ ἀνδριάντος [ἀλλὰ μὴ μόνον Πολύκλειτος ἢ ἄνθρωπος].
[παρὰ] πάντα δὲ καὶ τὰ οἰκείως λεγόμενα καὶ τὰ κατὰ
συμβεβηκός, τὰ μὲν ὡς δυνάμενα λέγεται τὰ δ' ὡς ἐνεργοῦντα, οἷον τοῦ οἰκοδομεῖσθαι οἰκοδόμος ἢ οἰκοδομῶν οἰκοδόμος. ὁμοίως δὲ λεχθήσεται καὶ ἐφ' ὧν αἴτια τὰ αἴτια 10
τοῖς εἰρημένοις, οἷον τοῦδε τοῦ ἀνδριάντος ἢ ἀνδριάντος ἢ ὅλως
εἰκόνος, καὶ χαλκοῦ τοῦδε ἢ χαλκοῦ ἢ ὅλως ὕλης· καὶ ἐπὶ
τῶν συμβεβηκότων ὡσαύτως. ἔτι δὲ συμπλεκόμενα καὶ
ταῦτα κἀκεῖνα λεχθήσεται, οἷον οὐ Πολύκλειτος οὐδὲ ἀν-

25 τὰ δ' Aᵇ Alᶜ: τὰ δ' ἄλλα Π   27–28 ἢ ἀγαθὸν ἢ Π   30 λέγεται
Π Alᶜ: λέγονται Aᵇ   32 ὁ pr. om. Φ ὁ alt. om. Π Φ   33 ὁ ex Φ
addidi   34 ὁτιοῦν τῶν Aᵇ Π: πρὸς τὸ Alᶜ Φ: πρὸς τὰ Simpl
ἕκαστα Π Simpl.: ἕκαστον Aᵇ   1014ᵃ 2 οἷον εἰ Aᵇ Φ   ἢ Π: εἴη ἢ
Aᵇ Φ   καὶ om. Φ   3 ὅτι . . . ζῷον om. Φ, sed leg. vid. Simpl
4–5 πορρώτερον καὶ ἐγγύτερον Π Φ Simpl: -τερα bis Aᵇ   5 οἴοιτο Aᵇ
6 ἀλλὰ . . . ἄνθρωπος om. Φ, non interpr. Simpl Al, seclusi   7 παρὰ
Aᵇ Π Simpl, om. Φ (codd. EF), secl. Bonitz cf. 19   9 τὸ τοῦ Aᵇ   11
τουδὶ Φ   12 καὶ pr. Aᵇ Alᶜ Φ: ἢ Π

89

ΤΩΝ ΜΕΤΑ ΤΑ ΦΥΣΙΚΑ Δ

δριαντοποιὸς ἀλλὰ Πολύκλειτος ἀνδριαντοποιός. ἀλλ' ὅμως ἅπαντά γε ταῦτ' ἐστὶ τὸ μὲν πλῆθος ἕξ, λεγόμενα δὲ διχῶς· ἢ γὰρ ὡς τὸ καθ' ἕκαστον ἢ ὡς τὸ γένος, ἢ ὡς τὸ συμβεβηκὸς ἢ ὡς τὸ γένος τοῦ συμβεβηκότος, ἢ ὡς συμπλεκόμενα ταῦτα ἢ ὡς ἁπλῶς λεγόμενα, πάντα δὲ ἢ ὡς ἐνεργοῦντα ἢ κατὰ δύναμιν. διαφέρει δὲ τοσοῦτον, ὅτι τὰ μὲν ἐνεργοῦντα καὶ τὰ καθ' ἕκαστον ἅμα ἔστι καὶ οὐκ ἔστι καὶ ὧν αἴτια, οἷον ὅδε ὁ ἰατρεύων τῷδε τῷ ὑγιαζομένῳ καὶ ὅδε ὁ οἰκοδόμος τῷδε τῷ οἰκοδομουμένῳ, τὰ δὲ κατὰ δύναμιν οὐκ ἀεί· φθείρεται γὰρ οὐχ ἅμα ἡ οἰκία καὶ ὁ οἰκοδόμος.

Στοιχεῖον λέγεται ἐξ οὗ σύγκειται πρώτου ἐνυπάρ- 3 χοντος ἀδιαιρέτου τῷ εἴδει εἰς ἕτερον εἶδος, οἷον φωνῆς στοιχεῖα ἐξ ὧν σύγκειται ἡ φωνὴ καὶ εἰς ἃ διαιρεῖται ἔσχατα, ἐκεῖνα δὲ μηκέτ' εἰς ἄλλας φωνὰς ἑτέρας τῷ εἴδει αὐτῶν, ἀλλὰ κἂν διαιρῆται, τὰ μόρια ὁμοειδῆ, οἷον ὕδατος τὸ μόριον ὕδωρ, ἀλλ' οὐ τῆς συλλαβῆς. ὁμοίως δὲ καὶ τὰ τῶν σωμάτων στοιχεῖα λέγουσιν οἱ λέγοντες εἰς ἃ διαιρεῖται τὰ σώματα ἔσχατα, ἐκεῖνα δὲ μηκέτ' εἰς ἄλλα εἴδει διαφέροντα· καὶ εἴτε ἓν εἴτε πλείω τὰ τοιαῦτα, ταῦτα στοιχεῖα λέγουσιν. παραπλησίως δὲ καὶ τὰ τῶν διαγραμμάτων στοιχεῖα λέγεται, καὶ ὅλως τὰ τῶν ἀποδείξεων· αἱ γὰρ πρῶται ἀποδείξεις καὶ ἐν πλείοσιν ἀποδείξεσιν ἐνυπάρχουσαι, αὗται στοιχεῖα τῶν ἀποδείξεων λέγονται· εἰσὶ δὲ τοιοῦτοι συλλογισμοὶ οἱ πρῶτοι ἐκ τῶν τριῶν δι' ἑνὸς μέσου. καὶ μεταφέροντες δὲ στοιχεῖον καλοῦσιν ἐντεῦθεν ὃ ἂν ἓν ὂν καὶ μικρὸν ἐπὶ πολλὰ ᾖ χρήσι-

16 γε om. Al^c Simpl Φ   17 ἢ ὡς τὸ γένος A^b Φ: om. Π   τοῦ καθ' αὐτά post γένος add. A^b interpretamentum ex 18 ortum   19 πάντα δὲ ἢ A^b Φ Simpl: ἔτι Π   22 καὶ A^b Al^c Φ: αὐτά τε καὶ Π   23 οἰκοδομῶν Φ   27 εἰς ἕτερον εἶδος om. Al^c: ἀδιαιρέτου τῷ εἴδει εἰς ἕτερον εἶδος et ἀδιαιρέτου εἰς τὸ αὐτὸ εἶδος Al γρ; cf. 29, 34   30 κἂν Π Al^c: ἂν καὶ A^b   32 οἱ λέγοντες om. Al^c Ascl   34 διαφέροντα σώματα Π   1014^b 2 ἐκ om. Al^c   3 μέσων post τριῶν add. A^b Al γρ

ΤΩΝ ΜΕΤΑ ΤΑ ΦΥΣΙΚΑ Δ   1014^b

μον, διὸ καὶ τὸ μικρὸν καὶ ἁπλοῦν καὶ ἀδιαίρετον στοι- 5
χεῖον λέγεται. ὅθεν ἐλήλυθε τὰ μάλιστα καθόλου στοιχεῖα
εἶναι, ὅτι ἕκαστον αὐτῶν ἓν ὂν καὶ ἁπλοῦν ἐν πολλοῖς ὑπάρ-
χει ἢ πᾶσιν ἢ ὅτι πλείστοις, καὶ τὸ ἓν καὶ τὴν στιγμὴν
ἀρχάς τισι δοκεῖν εἶναι. ἐπεὶ οὖν τὰ καλούμενα γένη
καθόλου καὶ ἀδιαίρετα (οὐ γὰρ ἔστι λόγος αὐτῶν), στοιχεῖα 10
τὰ γένη λέγουσί τινες, καὶ μᾶλλον ἢ τὴν διαφορὰν ὅτι
καθόλου μᾶλλον τὸ γένος· ᾧ μὲν γὰρ ἡ διαφορὰ ὑπάρ-
χει, καὶ τὸ γένος ἀκολουθεῖ, ᾧ δὲ τὸ γένος, οὐ παντὶ ἡ
διαφορά. ἁπάντων δὲ κοινὸν τὸ εἶναι στοιχεῖον ἑκάστου τὸ
πρῶτον ἐνυπάρχον ἑκάστῳ.   15

4   Φύσις λέγεται ἕνα μὲν τρόπον ἡ τῶν φυομένων γέ-
νεσις, οἷον εἴ τις ἐπεκτείνας λέγοι τὸ υ, ἕνα δὲ ἐξ οὗ φύε-
ται πρώτου τὸ φυόμενον ἐνυπάρχοντος· ἔτι ὅθεν ἡ κίνησις
ἡ πρώτη ἐν ἑκάστῳ τῶν φύσει ὄντων ἐν αὐτῷ ᾗ αὐτὸ
ὑπάρχει· φύεσθαι δὲ λέγεται ὅσα αὔξησιν ἔχει δι' ἑτέρου 20
τῷ ἅπτεσθαι καὶ συμπεφυκέναι ἢ προσπεφυκέναι ὥσπερ
τὰ ἔμβρυα· διαφέρει δὲ σύμφυσις ἁφῆς, ἔνθα μὲν γὰρ
οὐδὲν παρὰ τὴν ἁφὴν ἕτερον ἀνάγκη εἶναι, ἐν δὲ τοῖς συμ-
πεφυκόσιν ἔστι τι ἓν τὸ αὐτὸ ἐν ἀμφοῖν ὃ ποιεῖ ἀντὶ τοῦ
ἅπτεσθαι συμπεφυκέναι καὶ εἶναι ἓν κατὰ τὸ συνεχὲς καὶ 25
ποσόν, ἀλλὰ μὴ κατὰ τὸ ποιόν. ἔτι δὲ φύσις λέγεται
ἐξ οὗ πρώτου ἢ ἔστιν ἢ γίγνεταί τι τῶν φύσει ὄντων, ἀρρυθ-
μίστου ὄντος καὶ ἀμεταβλήτου ἐκ τῆς δυνάμεως τῆς αὐτοῦ,
οἷον ἀνδριάντος καὶ τῶν σκευῶν τῶν χαλκῶν ὁ χαλκὸς ἡ
φύσις λέγεται, τῶν δὲ ξυλίνων ξύλον· ὁμοίως δὲ καὶ ἐπὶ 30

8 ἢ τοῖς πλείστοις Al^c; Christ confert 998^a27   καὶ pr. Π Al^c : διὸ καὶ A^b
9 ἀρχὰς καὶ στοιχεῖά τισι Al^c   δοκεῖ A^b Al^c   10 οὐ A^b : εἶς J : εἰς E
11 τινες εἶναι καὶ A^b   16 φύσις δὲ Π   18 πρώτου E² Al^c : πρῶτον
Π A^b   21 συμπεφυκέναι ἢ Π Al^c : om. A^b   26 δὲ om. A^b
27 φύσει Π Al^c Φ : μὴ φύσει A^b ex coniectura ut vid., ut opponantur hic
τὰ τεχνητά verbis 32 καὶ τῶν φύσει ὄντων. at φύσει ὄντων hic non res ipsas
significat, sed materiem et cum ἐξ οὗ coniungendum est, non cum τι
29 ἡ om. A^b

ΤΩΝ ΜΕΤΑ ΤΑ ΦΥΣΙΚΑ Δ

τῶν ἄλλων· ἐκ τούτων γάρ ἐστιν ἕκαστον διασωζομένης τῆς πρώτης ὕλης· τοῦτον γὰρ τὸν τρόπον καὶ τῶν φύσει ὄντων τὰ στοιχεῖά φασιν εἶναι φύσιν, οἱ μὲν πῦρ οἱ δὲ γῆν οἱ δ' ἀέρα οἱ δ' ὕδωρ οἱ δ' ἄλλο τι τοιοῦτον λέγοντες, οἱ δ' ἔνια τούτων οἱ δὲ πάντα ταῦτα. ἔτι δ' ἄλλον τρόπον λέγεται ἡ φύσις ἡ τῶν φύσει ὄντων οὐσία, οἷον οἱ λέγοντες τὴν φύσιν εἶναι τὴν πρώτην σύνθεσιν, ἢ ὥσπερ Ἐμπεδοκλῆς λέγει ὅτι

"φύσις οὐδενὸς ἔστιν ἐόντων,
ἀλλὰ μόνον μῖξίς τε διάλλαξίς τε μιγέντων
ἔστι, φύσις δ' ἐπὶ τοῖς ὀνομάζεται ἀνθρώποισιν".

διὸ καὶ ὅσα φύσει ἔστιν ἢ γίγνεται, ἤδη ὑπάρχοντος ἐξ οὗ πέφυκε γίγνεσθαι ἢ εἶναι, οὔπω φαμὲν τὴν φύσιν ἔχειν ἐὰν μὴ ἔχῃ τὸ εἶδος καὶ τὴν μορφήν. φύσει μὲν οὖν τὸ ἐξ ἀμφοτέρων τούτων ἐστίν, οἷον τὰ ζῷα καὶ τὰ μόρια αὐτῶν· φύσις δὲ ἥ τε πρώτη ὕλη (καὶ αὕτη διχῶς, ἢ ἡ πρὸς αὐτὸ πρώτη ἢ ἡ ὅλως πρώτη, οἷον τῶν χαλκῶν ἔργων πρὸς αὐτὰ μὲν πρῶτος ὁ χαλκός, ὅλως δ' ἴσως ὕδωρ, εἰ πάντα τὰ τηκτὰ ὕδωρ) καὶ τὸ εἶδος καὶ ἡ οὐσία· τοῦτο δ' ἐστὶ τὸ τέλος τῆς γενέσεως. μεταφορᾷ δ' ἤδη καὶ ὅλως πᾶσα οὐσία φύσις λέγεται διὰ ταύτην, ὅτι καὶ ἡ φύσις οὐσία τίς ἐστιν. ἐκ δὴ τῶν εἰρημένων ἡ πρώτη φύσις καὶ κυρίως λεγομένη ἐστὶν ἡ οὐσία ἡ τῶν ἐχόντων ἀρχὴν κινήσεως ἐν αὑτοῖς ᾗ αὐτά· ἡ γὰρ ὕλη τῷ ταύτης δεκτικὴ εἶναι λέγεται φύσις, καὶ αἱ γενέσεις καὶ τὸ φύεσθαι τῷ ἀπὸ ταύτης εἶναι κινήσεις. καὶ ἡ ἀρχὴ τῆς κινήσεως τῶν φύσει ὄντων αὕτη ἐστίν, ἐνυπάρχουσά πως ἢ δυνάμει ἢ ἐντελεχείᾳ.

Ἀναγκαῖον λέγεται οὗ ἄνευ οὐκ ἐνδέχεται ζῆν ὡς συναιτίου οἷον τὸ ἀναπνεῖν καὶ ἡ τροφὴ τῷ ζῴῳ ἀναγ-

ΤΩΝ ΜΕΤΑ ΤΑ ΦΥΣΙΚΑ Δ   1015ᵃ

καῖον, ἀδύνατον γὰρ ἄνευ τούτων εἶναι, καὶ ὧν ἄνευ τὸ ἀγαθὸν μὴ ἐνδέχεται ἢ εἶναι ἢ γενέσθαι, ἢ τὸ κακὸν ἀποβαλεῖν ἢ στερηθῆναι οἷον τὸ πιεῖν τὸ φάρμακον ἀναγκαῖον ἵνα μὴ κάμνῃ, καὶ τὸ πλεῦσαι εἰς Αἴγιναν ἵνα ἀπολάβῃ 25 τὰ χρήματα. ἔτι τὸ βίαιον καὶ ἡ βία· τοῦτο δ' ἐστὶ τὸ παρὰ τὴν ὁρμὴν καὶ τὴν προαίρεσιν ἐμποδίζον καὶ κωλυτικόν, τὸ γὰρ βίαιον ἀναγκαῖον λέγεται, διὸ καὶ λυπηρόν, ὥσπερ καὶ Εὔηνός φησι

" πᾶν γὰρ ἀναγκαῖον πρᾶγμ' ἀνιαρὸν ἔφυ ",   29a
καὶ ἡ βία ἀνάγκη τις ὥσπερ καὶ Σοφοκλῆς λέγει   30
" ἀλλ' ἡ βία με ταῦτ' ἀναγκάζει ποιεῖν ",   31
καὶ δοκεῖ ἡ 31a

ἀνάγκη ἀμετάπειστόν τι εἶναι, ὀρθῶς· ἐναντίον γὰρ τῇ κατὰ τὴν προαίρεσιν κινήσει καὶ κατὰ τὸν λογισμόν. ἔτι τὸ μὴ ἐνδεχόμενον ἄλλως ἔχειν ἀναγκαῖόν φαμεν οὕτως ἔχειν· καὶ κατὰ τοῦτο τὸ ἀναγκαῖον καὶ τἆλλα λέγεταί 35 πως ἅπαντα ἀναγκαῖα· τό τε γὰρ βίαιον ἀναγκαῖον λέγεται ἢ ποιεῖν ἢ πάσχειν τότε, ὅταν μὴ ἐνδέχηται κατὰ 1015ᵇ τὴν ὁρμὴν διὰ τὸ βιαζόμενον, ὡς ταύτην ἀνάγκην οὖσαν δι' ἣν μὴ ἐνδέχεται ἄλλως, καὶ ἐπὶ τῶν συναιτίων τοῦ ζῆν καὶ τοῦ ἀγαθοῦ ὡσαύτως· ὅταν γὰρ μὴ ἐνδέχηται ἔνθα μὲν τὸ ἀγαθὸν ἔνθα δὲ τὸ ζῆν [καὶ τὸ] εἶναι ἄνευ τινῶν, 5 ταῦτα ἀναγκαῖα καὶ ἡ αἰτία ἀνάγκη τίς ἐστιν αὕτη. ἔτι ἡ ἀπόδειξις τῶν ἀναγκαίων, ὅτι οὐκ ἐνδέχεται ἄλλως ἔχειν, εἰ ἀποδέδεικται ἁπλῶς· τούτου δ' αἴτια τὰ πρῶτα, εἰ ἀδύνατον ἄλλως ἔχειν ἐξ ὧν ὁ συλλογισμός. τῶν μὲν δὴ ἕτερον αἴτιον τοῦ ἀναγκαῖα εἶναι, τῶν δὲ οὐδέν, ἀλλὰ 10 διὰ ταῦτα ἕτερά ἐστιν ἐξ ἀνάγκης. ὥστε τὸ πρῶτον καὶ κυρίως ἀναγκαῖον τὸ ἁπλοῦν ἐστίν· τοῦτο γὰρ οὐκ ἐνδέχεται πλεοναχῶς ἔχειν, ὥστ' οὐδὲ ἄλλως καὶ ἄλλως· ἤδη γὰρ

23 τὸ Aᵇ Alᵖ: τι Π   27 τὴν alt. om. Aᵇ et fort. Al   33 καὶ τῇ κατὰ Alᵖ   1015ᵇ 5 καὶ τὸ secl. Bonitz   6 αὐτῆς Aᵇ   10 δὴ Π Alᵖ: δι' Aᵇ   ἀναγκαῖον Aᵇ

1015ᵇ ΤΩΝ ΜΕΤΑ ΤΑ ΦΥΣΙΚΑ Δ

πλεοναχῶς ἂν ἔχοι. εἰ ἄρα ἔστιν ἄττα ἀίδια καὶ ἀκί-
15 νητα, οὐδὲν ⟨ἐν⟩ ἐκείνοις ἐστὶ βίαιον οὐδὲ παρὰ φύσιν.

Ἓν λέγεται τὸ μὲν κατὰ συμβεβηκὸς τὸ δὲ καθ' 6
αὑτό, κατὰ συμβεβηκὸς μὲν οἷον Κορίσκος καὶ τὸ μουσι-
κόν, καὶ Κορίσκος μουσικός (ταὐτὸ γὰρ εἰπεῖν Κορίσκος καὶ
τὸ μουσικὸν ⟨ἓν⟩ καὶ Κορίσκος μουσικός), καὶ τὸ μουσικὸν καὶ τὸ
20 δίκαιον, καὶ μουσικὸς καὶ δίκαιος Κορίσκος· πάντα γὰρ
ταῦτα ἓν λέγεται κατὰ συμβεβηκός, τὸ μὲν δίκαιον καὶ τὸ
μουσικὸν ὅτι μιᾷ οὐσίᾳ συμβέβηκεν, τὸ δὲ μουσικὸν καὶ Κο-
ρίσκος ὅτι θάτερον θατέρῳ συμβέβηκεν· ὁμοίως δὲ τρόπον
τινὰ καὶ ὁ μουσικὸς Κορίσκος τῷ Κορίσκῳ ἓν ὅτι θάτερον
25 τῶν μορίων θατέρῳ συμβέβηκε τῶν ἐν τῷ λόγῳ, οἷον τὸ
μουσικὸν τῷ Κορίσκῳ· καὶ ὁ μουσικὸς Κορίσκος δικαίῳ Κο-
ρίσκῳ ὅτι ἑκατέρου μέρος τῷ αὐτῷ ἑνὶ συμβέβηκεν [ἕν].
ὡσαύτως δὲ κἂν ἐπὶ γένους κἂν ἐπὶ τῶν καθόλου τινὸς ὀνο-
μάτων λέγηται τὸ συμβεβηκός, οἷον ὅτι ἄνθρωπος τὸ αὐτὸ
30 καὶ μουσικὸς ἄνθρωπος· ἢ γὰρ ὅτι τῷ ἀνθρώπῳ μιᾷ οὔσῃ
οὐσίᾳ συμβέβηκε τὸ μουσικόν, ἢ ὅτι ἄμφω τῶν καθ' ἕκα-
στόν τινι συμβέβηκεν, οἷον Κορίσκῳ. πλὴν οὐ τὸν αὐτὸν
τρόπον ἄμφω ὑπάρχει, ἀλλὰ τὸ μὲν ἴσως ὡς γένος καὶ
ἐν τῇ οὐσίᾳ τὸ δὲ ὡς ἕξις ἢ πάθος τῆς οὐσίας.—ὅσα μὲν
35 οὖν κατὰ συμβεβηκὸς λέγεται ἕν, τοῦτον τὸν τρόπον λέγε-
ται· τῶν δὲ καθ' αὑτὰ ἓν λεγομένων τὰ μὲν λέγεται τῷ
1016ᵃ συνεχῆ εἶναι, οἷον φάκελος δεσμῷ καὶ ξύλα κόλλῃ·
καὶ γραμμή, κἂν κεκαμμένη ᾖ, συνεχὴς δέ, μία λέγεται,

14 ἄρα Π Alᵖ: γὰρ Aᵇ   ἄττα καὶ ἀίδ. Aᵇ   15 οὐδὲν ἐν restitui:
οὐδ' ἐν Π: οὐδὲν Aᵇ; cf. 996ᵃ27, 1059ᵃ36 et 38 et Al Ascl ad loc.   18
καὶ post pr. Κορίσκος add. Aᵇ   19 ἐν ex Alᵖ supplet Bonitz   20
μουσικὸς Κορίσκος καὶ δίκ. Κ. Alᶜ Ross   καὶ ὁ Aᵇ   δίκαιος om. Jⁱ
(propter 22 τὸ δὲ μουσικὸν κτλ.)   21 τὸ alt. Π Alᵖ: om. Aᵇ   27
μέρος Π Alᵖ: μέρους Aᵇ   ἐν Π Alᵖ: om. Aᵇ dittographia ortum; ad μέρος
perperam trahit Alᵖ (cf. 25), ad sequentem sententiam J   post ἓν add.
verba οὐδὲν γὰρ διαφέρει ἢ Κορίσκῳ τὸ μουσικὸν συμβεβηκέναι Π, om. Aᵇ
Alᵖ, post quae ἢ ἐκεῖνο τούτῳ legit Bessario   29 ὅτι ὁ Aᵇ   36 ἑαυτὰ
codd., correxi; cf. 1015ᵇ17

ΤΩΝ ΜΕΤΑ ΤΑ ΦΥΣΙΚΑ Δ   1016ᵃ

ὥσπερ καὶ τῶν μερῶν ἕκαστον, οἷον σκέλος καὶ βραχίων. αὐτῶν δὲ τούτων μᾶλλον ἓν τὰ φύσει συνεχῆ ἢ τέχνῃ. συνεχὲς δὲ λέγεται οὗ ⟨ἡ⟩ κίνησις μία καθ' αὑτὸ καὶ μὴ οἷόν 5 τε ἄλλως· μία δ' οὗ ἀδιαίρετος, ἀδιαίρετος δὲ κατὰ χρόνον. καθ' αὑτὰ δὲ συνεχῆ ὅσα μὴ ἁφῇ ἕν· εἰ γὰρ θείης ἁπτόμενα ἀλλήλων ξύλα, οὐ φήσεις ταῦτα εἶναι ἓν οὔτε ξύλον οὔτε σῶμα οὔτ' ἄλλο συνεχὲς οὐδέν. τά τε δὴ ὅλως συνεχῆ ἓν λέγεται κἂν ἔχῃ κάμψιν, καὶ ἔτι μᾶλλον τὰ μὴ ἔχοντα 10 κάμψιν, οἷον κνήμη ἢ μηρὸς σκέλους, ὅτι ἐνδέχεται μὴ μίαν εἶναι τὴν κίνησιν τοῦ σκέλους. καὶ ἡ εὐθεῖα τῆς κεκαμμένης μᾶλλον ἕν· τὴν δὲ κεκαμμένην καὶ ἔχουσαν γωνίαν καὶ μίαν καὶ οὐ μίαν λέγομεν, ὅτι ἐνδέχεται καὶ μὴ ἅμα τὴν κίνησιν αὐτῆς εἶναι καὶ ἅμα· τῆς δ' εὐθείας ἀεὶ ἅμα, καὶ 15 οὐδὲν μόριον ἔχον μέγεθος τὸ μὲν ἠρεμεῖ τὸ δὲ κινεῖται, ὥσπερ τῆς κεκαμμένης. ἔτι ἄλλον τρόπον ἓν λέγεται τῷ τὸ ὑποκείμενον τῷ εἴδει εἶναι ἀδιάφορον· ἀδιάφορον δ' ὧν ἀδιαίρετον τὸ εἶδος κατὰ τὴν αἴσθησιν· τὸ δ' ὑποκείμενον ἢ τὸ πρῶτον ἢ τὸ τελευταῖον πρὸς τὸ τέλος· καὶ γὰρ οἶνος 20 εἷς λέγεται καὶ ὕδωρ ἕν, ᾗ ἀδιαίρετον κατὰ τὸ εἶδος, καὶ οἱ χυμοὶ πάντες λέγονται ἕν (οἷον ἔλαιον οἶνος) καὶ τὰ τηκτά, ὅτι πάντων τὸ ἔσχατον ὑποκείμενον τὸ αὐτό· ὕδωρ γὰρ ἢ ἀὴρ πάντα ταῦτα. λέγεται δ' ἓν καὶ ὧν τὸ γένος ἓν διαφέρον ταῖς ἀντικειμέναις διαφοραῖς—καὶ ταῦτα λέγεται 25 πάντα ἓν ὅτι τὸ γένος ἓν τὸ ὑποκείμενον ταῖς διαφοραῖς (οἷον ἵππος ἄνθρωπος κύων ἕν τι ὅτι πάντα ζῷα), καὶ τρόπον δὴ παραπλήσιον ὥσπερ ⟨ὧν⟩ ἡ ὕλη μία. ταῦτα δὲ ὁτὲ μὲν οὕτως ἓν λέγεται, ὁτὲ δὲ ⟨ὅτι⟩ τὸ ἄνω γένος ταὐτὸν λέγε-

1016ᵃ 3 οἷον Aᵇ Alᵖ: om. Π   4 ἢ] ἢ τὰ Alᵖ, sed cf. 1023ᵇ35   5 ἡ add· Alᵖ; cf. ᵃ24; ᵇ8–9, 11, 33   17 ἓν om. Π   21 ἓν] ἂν Aᵇ   24 ταῦτ' ἐστίν Π   27 τι om. Aᵇ   ζῷον Aᵇ   28 ὧν ex Alᵖ addidi; cf. 1018ᵃ6   29 ὅτι supplevi cf. 23 et 26, 1015ᵇ29   κατὰ ante τὸ ἄνω ex Alᵖ Ascl add. Christ, sed cave ταὐτὸν coniungas cum λέγεται, immo ἓν animo supplendum est ad λέγεται ex eis quae praecedunt (29), nam non dicit hoc loco de variis significationibus τοῦ αὐτοῦ, sed τοῦ ἑνός.   ὃ post γένος add. Π e coniectura ut vid. ut τὴν ταυτότητα generis causam faciat unitatis, quia ὅτι exciderat

ται, ἂν ᾖ τελευταῖα τοῦ γένους εἴδη [τὰ ἀνωτέρω τούτων], οἷον τὸ ἰσοσκελὲς καὶ τὸ ἰσόπλευρον ταὐτὸ καὶ ἓν σχῆμα ὅτι ἄμφω τρίγωνα· τρίγωνα δ' οὐ ταὐτά. ἔτι δὲ ἓν λέγεται ὅσων ὁ λόγος ὁ τὸ τί ἦν εἶναι λέγων ἀδιαίρετος πρὸς ἄλλον τὸν δηλοῦντα [τί ἦν εἶναι] τὸ πρᾶγμα (αὐτὸς γὰρ καθ' αὑτὸν πᾶς λόγος διαιρετός). οὕτω γὰρ καὶ τὸ ηὐξημένον καὶ φθῖνον ἕν ἐστιν, ὅτι ὁ λόγος εἷς, ὥσπερ ἐπὶ τῶν ἐπιπέδων ὁ τοῦ εἴδους. ὅλως δὲ ὧν ἡ νόησις ἀδιαίρετος ἡ νοοῦσα τὸ τί ἦν εἶναι, καὶ μὴ δύναται χωρίσαι μήτε χρόνῳ μήτε τόπῳ μήτε λόγῳ, μάλιστα ταῦτα ἕν, καὶ τούτων ὅσα οὐσίαι· καθόλου γὰρ ὅσα μὴ ἔχει διαίρεσιν, ᾖ μὴ ἔχει, ταύτῃ ἓν λέγεται, οἷον εἰ ᾖ ἄνθρωπος μὴ ἔχει διαίρεσιν, εἷς ἄνθρωπος, εἰ δ' ᾖ ζῷον, ἓν ζῷον, εἰ δὲ ᾖ μέγεθος, ἓν μέγεθος. τὰ μὲν οὖν πλεῖστα ἓν λέγεται τῷ ἕτερόν τι ἢ ποιεῖν ἢ ἔχειν ἢ πάσχειν ἢ πρός τι εἶναι ἕν, τὰ δὲ πρώτως λεγόμενα ἓν ὧν ἡ οὐσία μία, μία δὲ ἢ συνεχείᾳ ἢ εἴδει ἢ λόγῳ· καὶ γὰρ ἀριθμοῦμεν ὡς πλείω ἢ τὰ μὴ συνεχῆ ἢ ὧν μὴ ἓν τὸ εἶδος ἢ ὧν ὁ λόγος μὴ εἷς. ἔτι δ' ἔστι μὲν ὡς ὁτιοῦν ἕν φαμεν εἶναι ἂν ᾖ ποσὸν καὶ συνεχές, ἔστι δ' ὡς οὔ, ἂν μή τι ὅλον ᾖ, τοῦτο δὲ ἂν μὴ τὸ εἶδος ἔχῃ ἕν· οἷον οὐκ ἂν φαῖμεν ὁμοίως ἓν ἰδόντες ὁπωσοῦν τὰ μέρη συγκείμενα τοῦ ὑποδήματος, ἐὰν μὴ διὰ τὴν συνέχειαν, ἀλλ' ἐὰν οὕτως ὥστε ὑπόδημα εἶναι καὶ εἶδός τι ἔχειν ἤδη ἕν· διὸ καὶ ἡ τοῦ κύκλου μάλιστα μία τῶν γραμμῶν, ὅτι ὅλη καὶ τέλειός ἐστιν.—τὸ

30 τὰ ἀ. τ. del. Christ, legit Al: τὰ in τὸ mut. Bonitz sed τὸ (Al 365. 22) non ad verba citata pertinet: τῶν Ascl^c: τοῦ Lat   32 ἄμφω τρίγωνον Π; cf. ad ^a27   33 ὁ alt. om. A^b   34 del. Ross, verba τὸν δηλοῦντα ... πρᾶγμα non interpr. Al   35 διαιρετός Π Al^c: ἀδιαίρετος A^b   1016^b 1 εἰς post εἴδους add. Π: om. A^b Al^c   4 γὰρ] δὲ E   ᾖ μὴ ἔχει om. A^b; cf. 5-6 et 1006^a14   10 ᾖ pr. Π Al^c: om. A^b   11 ᾖ ... εἷς om. A^b Al^c   ἔτι J E γρ ci. Al: ἐπεὶ E A^b Al^c   συνεχείᾳ post ἕν add. J   13 τὸ Π Al^p: τι A^b

ΤΩΝ ΜΕΤΑ ΤΑ ΦΥΣΙΚΑ Δ

δὲ ἑνὶ εἶναι ἀρχὴ ⟨τοῦ⟩ τινί ἐστιν ἀριθμῷ εἶναι· τὸ γὰρ πρῶτον μέτρον ἀρχή· ᾧ γὰρ πρώτῳ γνωρίζομεν, τοῦτο πρῶτον μέτρον ἑκάστου γένους· ἀρχὴ οὖν τοῦ γνωστοῦ περὶ ἕκαστον τὸ ἕν. οὐ ταὐτὸ δὲ ἐν πᾶσι τοῖς γένεσι τὸ ἕν. ἔνθα μὲν γὰρ δίεσις ἔνθα δὲ τὸ φωνῆεν ἢ ἄφωνον· βάρους δὲ ἕτερον καὶ κινήσεως ἄλλο. πανταχοῦ δὲ τὸ ἓν ἢ τῷ ποσῷ ἢ τῷ εἴδει ἀδιαίρετον. τὸ μὲν οὖν κατὰ τὸ ποσὸν ἀδιαίρετον, τὸ μὲν πάντῃ καὶ ἄθετον λέγεται μονάς, τὸ δὲ πάντῃ καὶ θέσιν ἔχον στιγμή. τὸ δὲ μοναχῇ γραμμή, τὸ δὲ διχῇ ἐπίπεδον, τὸ δὲ πάντῃ καὶ τριχῇ διαιρετὸν κατὰ τὸ ποσὸν σῶμα· καὶ ἀντιστρέψαντι δὴ τὸ μὲν διχῇ διαιρετὸν ἐπίπεδον, τὸ δὲ μοναχῇ γραμμή, τὸ δὲ μηδαμῇ διαιρετὸν κατὰ τὸ ποσὸν στιγμὴ καὶ μονάς, ἡ μὲν ἄθετος μονὰς ἡ δὲ θετὸς στιγμή. ἔτι δὲ τὰ μὲν κατ' ἀριθμόν ἐστιν ἕν, τὰ δὲ κατ' εἶδος, τὰ δὲ κατὰ γένος, τὰ δὲ κατ' ἀναλογίαν, ἀριθμῷ μὲν ὧν ἡ ὕλη μία, εἴδει δ' ὧν ὁ λόγος εἷς, γένει δ' ὧν τὸ αὐτὸ σχῆμα τῆς κατηγορίας, κατ' ἀναλογίαν δὲ ὅσα ἔχει ὡς ἄλλο πρὸς ἄλλο. ἀεὶ δὲ τὰ ὕστερα τοῖς ἔμπροσθεν ἀκολουθεῖ, οἷον ὅσα ἀριθμῷ καὶ εἴδει ἕν, ὅσα δ' εἴδει οὐ πάντα ἀριθμῷ· ἀλλὰ γένει πάντα ἕν ὅσαπερ καὶ εἴδει, ὅσα δὲ γένει οὐ πάντα εἴδει ἀλλ' ἀναλογίᾳ· ὅσα δὲ ἀναλογίᾳ οὐ πάντα γένει. φανερὸν δὲ καὶ ὅτι τὰ πολλὰ ἀντικειμένως λεχθήσεται τῷ ἑνί· τὰ μὲν γὰρ τῷ μὴ συνεχῆ εἶναι, τὰ δὲ τῷ διαιρετὴν ἔχειν τὴν ὕλην κατὰ τὸ εἶδος, ἢ τὴν πρώτην ἢ τὴν τελευταίαν, τὰ δὲ τῷ τοὺς λόγους πλείους τοὺς τί ἦν εἶναι λέγοντας.

---

18 ἑνὶ Π Alᵖ: ἐν Aᵇ   ἀρχὴ Π Alᵖ Ascl, cf. 19 et 20: ἀρχῇ Aᵇ Ross τοῦ supplevi (*Herm*. 52. 504), nam notio ἑνός principium est notionis numeri cuiuslibet, τὸ γὰρ πρῶτον μέτρον ἀρχή (18)   ἀριθμῷ Π: ἀριθμοῦ Aᵇ Alᵖ Ross. τινί ad ἀριθμῷ pertinet; cf. τὸ ἀνθρώπῳ εἶναι sim.   19 γὰρ] δὲ Christ   γνωρίζομεν τι Alᶜ   24 κ. τ. ποσὸν Aᵇ: κ. τ. ποσὸν καὶ ᾗ ποσὸν Π (καὶ om. et κατὰ τὸ ποσὸν in ras. J)   26 τὸ δὲ μοναχῇ ⟨διαιρετόν⟩ ex Alᵖ conieci, cf. *Herm*. 52. 505   31 δὲ pr. et ἐστιν om. Aᵇ   33 μὲν οὖν ὧν Aᵇ   εἷς Π Alᶜ: om. Aᵇ   35 δὴ Π   36 ὅσα alt.] ὃ Aᵇ   1017ᵃ 2 δὲ ἕν Π (ἐν J)

ΤΩΝ ΜΕΤΑ ΤΑ ΦΥΣΙΚΑ Δ

Τὸ ὂν λέγεται τὸ μὲν κατὰ συμβεβηκὸς τὸ δὲ καθ' 7 αὑτό, κατὰ συμβεβηκὸς μέν, οἷον τὸν δίκαιον μουσικὸν εἶναί φαμεν καὶ τὸν ἄνθρωπον μουσικὸν καὶ τὸν μουσικὸν ἄνθρωπον, παραπλησίως λέγοντες ὡσπερεὶ τὸν μουσικὸν οἰκοδομεῖν ὅτι συμβέβηκε τῷ οἰκοδόμῳ μουσικῷ εἶναι ἢ τῷ μουσικῷ οἰκοδόμῳ (τὸ γὰρ τόδε εἶναι τόδε σημαίνει τὸ συμβεβηκέναι τῷδε τόδε),—οὕτω δὲ καὶ ἐπὶ τῶν εἰρημένων· τὸν γὰρ ἄνθρωπον ὅταν μουσικὸν λέγωμεν καὶ τὸν μουσικὸν ἄνθρωπον, ἢ τὸν λευκὸν μουσικὸν ἢ τοῦτον λευκόν, τὸ μὲν ὅτι ἄμφω τῷ αὐτῷ συμβεβήκασι, τὸ δ' ὅτι τῷ ὄντι συμβέβηκε, τὸ δὲ μουσικὸν ἄνθρωπον ὅτι τούτῳ τὸ μουσικὸν συμβέβηκεν (οὕτω δὲ λέγεται καὶ τὸ μὴ λευκὸν " εἶναι ", ὅτι ᾧ συμβέβηκεν, ἐκεῖνο ἔστιν)·—τὰ μὲν οὖν κατὰ συμβεβηκὸς εἶναι λεγόμενα οὕτω λέγεται ἢ διότι τῷ αὐτῷ ὄντι ἄμφω ὑπάρχει, ἢ ὅτι ὄντι ἐκεῖνο ὑπάρχει, ἢ ὅτι αὐτὸ ἔστιν ᾧ ὑπάρχει οὗ αὐτὸ κατηγορεῖται· καθ' αὑτὰ δὲ εἶναι λέγεται ὅσαπερ σημαίνει τὰ σχήματα τῆς κατηγορίας· ὁσαχῶς γὰρ λέγεται, τοσαυταχῶς τὸ εἶναι σημαίνει. ἐπεὶ οὖν τῶν κατηγορουμένων τὰ μὲν τί ἐστι σημαίνει, τὰ δὲ ποιόν, τὰ δὲ ποσόν, τὰ δὲ πρός τι, τὰ δὲ ποιεῖν ἢ πάσχειν, τὰ δὲ πού, τὰ δὲ ποτέ, ἑκάστῳ τούτων τὸ εἶναι ταὐτὸ σημαίνει· οὐθὲν γὰρ διαφέρει τὸ ἄνθρωπος ὑγιαίνων ἐστὶν ἢ τὸ ἄνθρωπος ὑγιαίνει, οὐδὲ τὸ ἄνθρωπος βαδίζων ἐστὶν ἢ τέμνων τοῦ ἄνθρωπος βαδίζει ἢ τέμνει, ὁμοίως δὲ καὶ ἐπὶ τῶν ἄλλων. ἔτι τὸ εἶναι σημαίνει καὶ τὸ ἔστιν ὅτι ἀληθές, τὸ δὲ μὴ εἶναι ὅτι οὐκ ἀληθὲς ἀλλὰ ψεῦδος, ὁμοίως ἐπὶ καταφάσεως καὶ ἀποφάσεως, οἷον ὅτι ἔστι Σωκράτης μουσικός, ὅτι ἀληθὲς τοῦτο, ἢ ὅτι ἔστι Σωκράτης οὐ λευκός, ὅτι ἀληθές· τὸ δ' οὐκ

ΤΩΝ ΜΕΤΑ ΤΑ ΦΥΣΙΚΑ Δ   1017ᵃ

ἔστιν ἡ διάμετρος σύμμετρος, ὅτι ψεῦδος. ἔτι τὸ εἶναι ση- 35
μαίνει καὶ τὸ ὂν τὸ μὲν δυνάμει [ῥητὸν], τὸ δ' ἐντελεχείᾳ 1017ᵇ
τῶν εἰρημένων τούτων· ὁρῶν τε γὰρ εἶναί φαμεν καὶ τὸ δυ-
νάμει [ῥητῶς] ὁρῶν καὶ τὸ ἐντελεχείᾳ, καὶ [τὸ] ἐπίστασθαι
ὡσαύτως καὶ τὸ δυνάμενον χρῆσθαι τῇ ἐπιστήμῃ καὶ τὸ
χρώμενον, καὶ ἠρεμοῦν καὶ ᾧ ἤδη ὑπάρχει ἠρεμία καὶ 5
τὸ δυνάμενον ἠρεμεῖν. ὁμοίως δὲ καὶ ἐπὶ τῶν οὐσιῶν· καὶ
γὰρ Ἑρμῆν ἐν τῷ λίθῳ φαμὲν εἶναι, καὶ τὸ ἥμισυ τῆς
γραμμῆς, καὶ σῖτον τὸν μήπω ἁδρόν. πότε δὲ δυνατὸν καὶ
πότε οὔπω, ἐν ἄλλοις διοριστέον.

8   Οὐσία λέγεται τά τε ἁπλᾶ σώματα, οἷον γῆ καὶ πῦρ 10
καὶ ὕδωρ καὶ ὅσα τοιαῦτα, καὶ ὅλως σώματα καὶ τὰ
ἐκ τούτων συνεστῶτα ζῷά τε καὶ δαιμόνια καὶ τὰ μόρια
τούτων· ἅπαντα δὲ ταῦτα λέγεται οὐσία ὅτι οὐ καθ' ὑπο-
κειμένου λέγεται ἀλλὰ κατὰ τούτων τὰ ἄλλα. ἄλλον δὲ
τρόπον ὃ ἂν ᾖ αἴτιον τοῦ εἶναι, ἐνυπάρχον ἐν τοῖς τοιούτοις 15
ὅσα μὴ λέγεται καθ' ὑποκειμένου, οἷον ἡ ψυχὴ τῷ ζῴῳ.
ἔτι ὅσα μόρια ἐνυπάρχοντά ἐστιν ἐν τοῖς τοιούτοις ὁρίζοντά
τε καὶ τόδε τι σημαίνοντα, ὧν ἀναιρουμένων ἀναιρεῖται τὸ
ὅλον, οἷον ἐπιπέδου σῶμα, ὥς φασί τινες, καὶ ἐπίπεδον
γραμμῆς· καὶ ὅλως ὁ ἀριθμὸς δοκεῖ εἶναί τισι τοιοῦτος 20
(ἀναιρουμένου τε γὰρ οὐδὲν εἶναι, καὶ ὁρίζειν πάντα)· ἔτι τὸ τί
ἦν εἶναι, οὗ ὁ λόγος ἐστὶν ὁρισμός, καὶ τοῦτο οὐσία λέγεται ἑκά-
στου. συμβαίνει δὴ κατὰ δύο τρόπους τὴν οὐσίαν λέγεσθαι, τό
θ' ὑποκείμενον ἔσχατον, ὃ μηκέτι κατ' ἄλλου λέγεται, καὶ ὃ

35 σύμμετρος ex Alᵖ corr. Bonitz: ἀσύμμετρος codd.   1017ᵇ 1
τὸ ὂν duplicat J   καὶ post ὂν add. Aᵇ   δυνάμει ῥητὸν Π: ῥητὸν δυνά-
μει Aᵇ: ῥητὸν var. lect. ad δυνάμει esse testantur E Al; cf. 3   2
ὁρῶντες γάρ φαμεν εἶναι Aᵇ   3 ῥητῶς om. Aᵇ et Alᵖ ut vid.; cf. 1
τὸ alt. om. Alᵖ, del. Bonitz   5 καὶ τὸ ἠρεμοῦν Π   ἤδη Π Alᵖ: δὴ
Aᵇ   16 τῶν ζῴων Aᵇ   17 ἐνυπάρχοντά ... τοιούτοις Π Alᵖ:
ἐστιν Aᵇ   18 τε om. Aᵇ   καὶ τὸ Alᶜ   22 οὗ λόγος ἐστὶν ὁ ὁρισμός
Alᶜ: ἐστὶν om. Aᵇ   23 κατὰ om. Aᵇ

ΤΩΝ ΜΕΤΑ ΤΑ ΦΥΣΙΚΑ Δ

ἂν τόδε τι ὂν καὶ χωριστὸν ᾖ· τοιοῦτον δὲ ἑκάστου ἡ μορφὴ καὶ τὸ εἶδος.

Ταὐτὰ λέγεται τὰ μὲν κατὰ συμβεβηκός, οἷον τὸ 9 λευκὸν καὶ τὸ μουσικὸν τὸ αὐτὸ ὅτι τῷ αὐτῷ συμβέβηκε, καὶ ἄνθρωπος καὶ μουσικὸν ὅτι θάτερον θατέρῳ συμβέβηκεν, τὸ δὲ μουσικὸν ἄνθρωπος ὅτι τῷ ἀνθρώπῳ συμβέβηκεν· ἑκατέρῳ δὲ τοῦτο καὶ τούτῳ ἑκάτερον ἐκείνων, καὶ γὰρ τῷ ἀνθρώπῳ τῷ μουσικῷ καὶ ὁ ἄνθρωπος καὶ τὸ μουσικὸν ταὐτὸ λέγεται, καὶ τούτοις ἐκεῖνο (διὸ καὶ πάντα ταῦτα καθόλου οὐ λέγεται· οὐ γὰρ ἀληθὲς εἰπεῖν ὅτι πᾶς ἄνθρωπος ταὐτὸ καὶ τὸ μουσικόν· τὰ γὰρ καθόλου καθ᾽ αὑτὰ ὑπάρχει, τὰ δὲ συμβεβηκότα οὐ καθ᾽ αὑτά· ἀλλ᾽ ἐπὶ τῶν καθ᾽ ἕκαστα ἁπλῶς λέγεται· ταὐτὸ γὰρ δοκεῖ Σωκράτης καὶ Σωκράτης εἶναι μουσικός· τὸ δὲ Σωκράτης οὐκ ἐπὶ πολλῶν, διὸ οὐ πᾶς Σωκράτης λέγεται ὥσπερ πᾶς ἄνθρωπος)·—καὶ τὰ μὲν οὕτως λέγεται ταὐτά, τὰ δὲ καθ᾽ αὑτὰ ὁσαχῶσπερ καὶ τὸ ἕν· καὶ γὰρ ὧν ἡ ὕλη μία ἢ εἴδει ἢ ἀριθμῷ ταὐτὰ λέγεται καὶ ὧν ἡ οὐσία μία, ὥστε φανερὸν ὅτι ἡ ταυτότης ἑνότης τίς ἐστιν ἢ πλειόνων τοῦ εἶναι ἢ ὅταν χρῆται ὡς πλείοσιν, οἷον ὅταν λέγῃ αὐτὸ αὑτῷ ταὐτόν· ὡς δυσὶ γὰρ χρῆται αὐτῷ.—ἕτερα δὲ λέγεται ὧν ἢ τὰ εἴδη πλείω ἢ ἡ ὕλη ἢ ὁ λόγος τῆς οὐσίας· καὶ ὅλως ἀντικειμένως τῷ ταὐτῷ λέγεται τὸ ἕτερον.

Διάφορα λέγεται ὅσ᾽ ἕτερά ἐστι τὸ αὐτό τι ὄντα, μὴ μόνον ἀριθμῷ ἀλλ᾽ ἢ εἴδει ἢ γένει ἢ ἀναλογίᾳ· ἔτι ὧν ἕτερον τὸ γένος, καὶ τὰ ἐναντία, καὶ ὅσα ἔχει ἐν τῇ οὐσίᾳ τὴν ἑτερότητα. ὅμοια λέγεται τά τε πάντῃ ταὐτὸ πεπονθότα, καὶ τὰ πλείω ταὐτὰ πεπονθότα ἢ ἕτερα, καὶ ὧν ἡ

ΤΩΝ ΜΕΤΑ ΤΑ ΦΥΣΙΚΑ Δ

ποιότης μία· καὶ καθ' ὅσα ἀλλοιοῦσθαι ἐνδέχεται τῶν ἐναντίων, τούτων τὸ πλείω ἔχον ἢ κυριώτερα ὅμοιον τούτῳ. ἀντικειμένως δὲ τοῖς ὁμοίοις τὰ ἀνόμοια.

Ἀντικείμενα λέγεται ἀντίφασις καὶ τἀναντία καὶ τὰ πρός τι καὶ στέρησις καὶ ἕξις καὶ ἐξ ὧν καὶ εἰς ἃ ἔσχατα αἱ γενέσεις καὶ φθοραί· καὶ ὅσα μὴ ἐνδέχεται ἅμα παρεῖναι τῷ ἀμφοῖν δεκτικῷ, ταῦτα ἀντικεῖσθαι λέγεται ἢ αὐτὰ ἢ ἐξ ὧν ἐστίν. φαιὸν γὰρ καὶ λευκὸν ἅμα τῷ αὐτῷ οὐχ ὑπάρχει, διότι ἐξ ὧν ἐστὶν ἀντίκειται. ἐναντία λέγεται τά τε μὴ δυνατὰ ἅμα τῷ αὐτῷ παρεῖναι τῶν διαφερόντων κατὰ γένος, καὶ τὰ πλεῖστον διαφέροντα τῶν ἐν τῷ αὐτῷ γένει, καὶ τὰ πλεῖστον διαφέροντα τῶν ἐν ταὐτῷ δεκτικῷ, καὶ τὰ πλεῖστον διαφέροντα τῶν ὑπὸ τὴν αὐτὴν δύναμιν, καὶ ὧν ἡ διαφορὰ μεγίστη ἢ ἁπλῶς ἢ κατὰ γένος ἢ κατ' εἶδος. τὰ δ' ἄλλα ἐναντία λέγεται τὰ μὲν τῷ τὰ τοιαῦτα ἔχειν, τὰ δὲ τῷ δεκτικὰ εἶναι τῶν τοιούτων, τὰ δὲ τῷ ποιητικὰ ἢ παθητικὰ εἶναι τῶν τοιούτων, ἢ ποιοῦντα ἢ πάσχοντα, ἢ ἀποβολαὶ ἢ λήψεις, ἢ ἕξεις ἢ στερήσεις εἶναι τῶν τοιούτων. ἐπεὶ δὲ τὸ ἓν καὶ τὸ ὂν πολλαχῶς λέγεται, ἀκολουθεῖν ἀνάγκη καὶ τἆλλα ὅσα κατὰ ταῦτα λέγεται, ὥστε καὶ τὸ ταὐτὸν καὶ τὸ ἕτερον καὶ τὸ ἐναντίον [ὥστ'] εἶναι ἕτερον καθ' ἑκάστην κατηγορίαν. [ἕτερα δὲ τῷ εἴδει λέγεται ὅσα τε ταὐτοῦ γένους ὄντα μὴ ὑπάλληλά ἐστι, καὶ ὅσα ἐν τῷ αὐτῷ γένει ὄντα διαφορὰν ἔχει, καὶ ὅσα ἐν τῇ οὐσίᾳ ἐναντίωσιν ἔχει· καὶ τὰ ἐναντία ἕτερα τῷ εἴδει ἀλλή-

22 αἱ Aᵇ Alᵖ: οἷον αἱ Π   25 διότι correxi: διὸ Aᵇ Π Alᶜ; de lectione iam Al dubitabat, sic intellege: τὸ φαιόν et τὸ λευκὸν eidem rei non competunt propterea quod τὸ μέλαν et τὸ λευκόν (i.e. ἐξ ὧν ἐστὶ τὸ φαιόν) inter se opposita sunt   τούτοις post ἀντίκειται add. Π: om. Aᵇ Alᶜ   28 τῶν Aᵇ: τῶι Π   32 τῷ ταῦτα Aᵇ   35 εἶναι τούτων Aᵇ   38 ὥστ' delevi; verba ὥστε εἶναι ... κατηγορίαν seclusit Christ sed in eis summa totius sententiae posita est   ἕτερα... 1018ᵇ8 hoc loco postea inserta esse apparet, cum sententia universali 1018ᵃ35–38 tota haec series clausa esse videatur. verba melius post 1018ᵃ11 collocarentur   τὰ ἕτερα τῷ εἴδει fusius tractat I 1057ᵇ35

1018ᵇ   ΤΩΝ ΜΕΤΑ ΤΑ ΦΥΣΙΚΑ Δ

λων ἢ πάντα ἢ τὰ λεγόμενα πρώτως, καὶ ὅσων ἐν τῷ
5 τελευταίῳ τοῦ γένους εἴδει οἱ λόγοι ἕτεροι (οἷον ἄνθρωπος
καὶ ἵππος ἄτομα τῷ γένει οἱ δὲ λόγοι ἕτεροι αὐτῶν), καὶ
ὅσα ἐν τῇ αὐτῇ οὐσίᾳ ὄντα ἔχει διαφοράν. ταὐτὰ δὲ τῷ
εἴδει τὰ ἀντικειμένως λεγόμενα τούτοις.]]

Πρότερα καὶ ὕστερα λέγεται ἔνια μέν, ὡς ὄντος τινὸς 11
10 πρώτου καὶ ἀρχῆς ἐν ἑκάστῳ γένει, τῷ ⟨εἶναι⟩ ἐγγύτερον ἀρχῆς
τινὸς ὡρισμένης ἢ ἁπλῶς καὶ τῇ φύσει ἢ πρός τι ἢ ποὺ
ἢ ὑπό τινων, οἷον τὰ μὲν κατὰ τόπον τῷ εἶναι ἐγγύτερον ἢ
φύσει τινὸς τόπου ὡρισμένου (οἷον τοῦ μέσου ἢ τοῦ ἐσχάτου)
ἢ πρὸς τὸ τυχόν, τὸ δὲ πορρώτερον ὕστερον· τὰ δὲ κατὰ
15 χρόνον (τὰ μὲν γὰρ τῷ πορρώτερον τοῦ νῦν, οἷον ἐπὶ τῶν
γενομένων, πρότερον γὰρ τὰ Τρωϊκὰ τῶν Μηδικῶν ὅτι πορ-
ρώτερον ἀπέχει τοῦ νῦν· τὰ δὲ τῷ ἐγγύτερον τοῦ νῦν, οἷον
ἐπὶ τῶν μελλόντων, πρότερον γὰρ Νέμεα Πυθίων ὅτι ἐγ-
γύτερον [τοῦ νῦν] τῷ νῦν ὡς ἀρχῇ καὶ πρώτῳ χρησαμένων)· τὰ
20 δὲ κατὰ κίνησιν (τὸ γὰρ ἐγγύτερον τοῦ πρώτου κινήσαντος
πρότερον, οἷον παῖς ἀνδρός· ἀρχὴ δὲ καὶ αὕτη τις ἁπλῶς)·
τὰ δὲ κατὰ δύναμιν (τὸ γὰρ ὑπερέχον τῇ δυνάμει πρότερον,
καὶ τὸ δυνατώτερον· τοιοῦτον δ' ἐστὶν οὗ κατὰ τὴν προαίρεσιν
ἀνάγκη ἀκολουθεῖν θάτερον καὶ τὸ ὕστερον, ὥστε μὴ κινοῦντός
25 τε ἐκείνου μὴ κινεῖσθαι καὶ κινοῦντος κινεῖσθαι· ἡ δὲ προ-
αίρεσις ἀρχή)· τὰ δὲ κατὰ τάξιν (ταῦτα δ' ἐστὶν ὅσα πρός
τι ἓν ὡρισμένον διέστηκε κατά τινα λόγον, οἷον παραστάτης
τριτοστάτου πρότερον καὶ παρανήτη νήτης· ἔνθα μὲν γὰρ ὁ
κορυφαῖος ἔνθα δὲ ἡ μέση ἀρχή)·—ταῦτα μὲν οὖν πρότερα

4 ὅσα Aᵇ   ὅσων ὄντων τελευταίων ... εἰδῶν temptat Ross, sed cf. 7 ὅσα ἐν τῇ αὐτῇ οὐσίᾳ   6 ἐν τῷ αὐτῷ γένει Alᵖ; re vera homo et equus ἄτομα εἴδη eiusdem generis sunt, non 'genere individua', sed cf. 995ᵇ29–30 τελευταῖα γένη pro εἴδη hoc sensu dicta   9 τὰ πρότερα Π   10 γένει Π Alᶜ: om. Aᵇ   τῷ ex Al Bonitz: τὸ codd.   εἶναι addidi (Herm. 52. 506); cf. 12 et Alᵖ   15 τῷ] τὸ Aᵇ   πορρωτέρω Π   19 τοῦ νῦν delevi, om. Alᵖ   τῷ νῦν om. recc. e coniectura, legit Alᵖ   χρησαμένων Π Alᵖ: χρησάμενοι Aᵇ   20 τὸ Π: τὰ Aᵇ: de Al non constat   27 τινα] ex Al correxi (Herm. 52. 508): τὸν codd.   28 καὶ ἡ Π

102

ΤΩΝ ΜΕΤΑ ΤΑ ΦΥΣΙΚΑ Δ   1018ᵇ

τοῦτον λέγεται τὸν τρόπον, ἄλλον δὲ τρόπον τὸ τῇ γνώσει 30
πρότερον ὡς καὶ ἁπλῶς πρότερον. τούτων δὲ ἄλλως τὰ κατὰ
τὸν λόγον καὶ τὰ κατὰ τὴν αἴσθησιν. κατὰ μὲν γὰρ τὸν
λόγον τὰ καθόλου πρότερα κατὰ δὲ τὴν αἴσθησιν τὰ καθ'
ἕκαστα· καὶ κατὰ τὸν λόγον δὲ τὸ συμβεβηκὸς τοῦ ὅλου
πρότερον, οἷον τὸ μουσικὸν τοῦ μουσικοῦ ἀνθρώπου· οὐ γὰρ 35
ἔσται ὁ λόγος ὅλος ἄνευ τοῦ μέρους· καίτοι οὐκ ἐνδέχεται
μουσικὸν εἶναι μὴ ὄντος μουσικοῦ τινός. ἔτι πρότερα λέγε
ται τὰ τῶν προτέρων πάθη, οἷον εὐθύτης λειότητος· τὸ μὲν
γὰρ γραμμῆς καθ' αὑτὴν πάθος τὸ δὲ ἐπιφανείας. τὰ 1019ᵃ
μὲν δὴ οὕτω λέγεται πρότερα καὶ ὕστερα, τὰ δὲ κατὰ φύσιν
καὶ οὐσίαν, ὅσα ἐνδέχεται εἶναι ἄνευ ἄλλων, ἐκεῖνα δὲ ἄνευ
ἐκείνων μή· ᾗ διαιρέσει ἐχρῆτο Πλάτων. (ἐπεὶ δὲ τὸ εἶναι
πολλαχῶς, πρῶτον μὲν τὸ ὑποκείμενον πρότερον, διὸ ἡ 5
οὐσία πρότερον, ἔπειτα ἄλλως τὰ κατὰ δύναμιν καὶ κατ'
ἐντελέχειαν· τὰ μὲν γὰρ κατὰ δύναμιν πρότερά ἐστι τὰ
δὲ κατὰ ἐντελέχειαν, οἷον κατὰ δύναμιν μὲν ἡ ἡμίσεια
τῆς ὅλης καὶ τὸ μόριον τοῦ ὅλου καὶ ἡ ὕλη τῆς οὐσίας, κατ'
ἐντελέχειαν δ' ὕστερον· διαλυθέντος γὰρ κατ' ἐντελέχειαν 10
ἔσται.) τρόπον δή τινα πάντα τὰ πρότερον καὶ ὕστερον λεγό
μενα κατὰ ταῦτα λέγεται· τὰ μὲν γὰρ κατὰ γένεσιν ἐνδέχεται
ἄνευ τῶν ἑτέρων εἶναι, οἷον τὸ ὅλον τῶν μορίων, τὰ δὲ κατὰ
φθοράν, οἷον τὸ μόριον τοῦ ὅλου. ὁμοίως δὲ καὶ τἆλλα.

12 Δύναμις λέγεται ἡ μὲν ἀρχὴ κινήσεως ἢ μεταβολῆς 15
ἢ ἐν ἑτέρῳ ἢ ᾗ ἕτερον, οἷον ἡ οἰκοδομικὴ δύναμίς ἐστιν ἣ οὐχ
ὑπάρχει ἐν τῷ οἰκοδομουμένῳ, ἀλλ' ἡ ἰατρικὴ δύναμις οὖσα
ὑπάρχοι ἂν ἐν τῷ ἰατρευομένῳ, ἀλλ' οὐχ ᾗ ἰατρευόμενος.
ἡ μὲν οὖν οὕτως ἀρχὴ μεταβολῆς ἢ κινήσεως λέγεται δύνα

32 τὰ Π Alᵖ: om. Aᵇ   1019ᵃ 4 ἐχρήσατο Aᵇ Alᵖ qui addit πρῶ
τος (!), sed cf. 987ᵇ24; 996ᵃ6; 1083ᵃ32; E.N. 1095ᵃ32   7-8 τὰ μὲν
... ἐντελέχειαν om. Aᵇ   11 καὶ ante τρόπον add. Aᵇ   16 ᾗ pr.
Π: ἡ Aᵇ: om. Alᵖ; cf. 20   ᾗ alt. Π Alᶜ: om. Aᵇ   ἡ om. Aᵇ   19
οὕτως ex Al (389. 8) correxi (Herm. 52. 516): ὅλως codd.

1019ª ΤΩΝ ΜΕΤΑ ΤΑ ΦΥΣΙΚΑ Δ

20 μις ἐν ἑτέρῳ ἢ ᾗ ἕτερον, ἡ δ' ὑφ' ἑτέρου ἢ ᾗ ἕτερον. καθ' ἣν γὰρ τὸ πάσχον πάσχει τι, ὁτὲ μὲν ἐὰν ὁτιοῦν, δυνατὸν αὐτό φαμεν εἶναι παθεῖν, ὁτὲ δ' οὐ κατὰ πᾶν πάθος ἀλλ' ἂν ἐπὶ τὸ βέλτιον· ἔτι ἡ τοῦ καλῶς τοῦτ' ἐπιτελεῖν ἢ κατὰ προαίρεσιν· ἐνίοτε γὰρ τοὺς μόνον ἂν πορευθέντας ἢ εἰπόντας, μὴ
25 καλῶς δὲ ἢ μὴ ὡς προείλοντο, οὔ φαμεν δύνασθαι λέγειν ἢ βαδίζειν· ὁμοίως δὲ καὶ ἐπὶ τοῦ πάσχειν. ἔτι ὅσαι ἕξεις καθ' ἃς ἀπαθῆ ὅλως ἢ ἀμετάβλητα ἢ μὴ ῥᾳδίως ἐπὶ τὸ χεῖρον εὐμετακίνητα, δυνάμεις λέγονται· κλᾶται μὲν γὰρ καὶ συντρίβεται καὶ κάμπτεται καὶ ὅλως φθείρεται οὐ τῷ
30 δύνασθαι ἀλλὰ τῷ μὴ δύνασθαι καὶ ἐλλείπειν τινός· ἀπαθῆ δὲ τῶν τοιούτων ἃ μόλις καὶ ἠρέμα πάσχει διὰ δύναμιν καὶ τῷ δύνασθαι καὶ τῷ ἔχειν πώς. λεγομένης δὲ τῆς δυνάμεως τοσαυταχῶς, καὶ τὸ δυνατὸν ἕνα μὲν τρόπον λεχθήσεται τὸ ἔχον κινήσεως ἀρχὴν ἢ μεταβολῆς (καὶ γὰρ
35 τὸ στατικὸν δυνατόν τι) ἐν ἑτέρῳ ἢ ᾗ ἕτερον, ἕνα δ' ἐὰν ἔχῃ
1019ᵇ τι αὐτοῦ ἄλλο δύναμιν τοιαύτην, ἕνα δ' ἐὰν ἔχῃ μεταβάλλειν ἐφ' ὁτιοῦν δύναμιν, εἴτ' ἐπὶ τὸ χεῖρον εἴτ' ἐπὶ τὸ βέλτιον (καὶ γὰρ τὸ φθειρόμενον δοκεῖ δυνατὸν εἶναι φθείρεσθαι, ἢ οὐκ ἂν φθαρῆναι εἰ ἦν ἀδύνατον· νῦν δὲ ἔχει τινὰ
5 διάθεσιν καὶ αἰτίαν καὶ ἀρχὴν τοῦ τοιούτου πάθους· ὁτὲ μὲν δὴ τῷ ἔχειν τι δοκεῖ, ὁτὲ δὲ τῷ ἐστερῆσθαι τοιοῦτον εἶναι· εἰ δ' ἡ στέρησίς ἐστιν ἕξις πως, πάντα τῷ ἔχειν ἂν εἴη τι,

---

20 ἢ ᾗ bis Π Alᶜ: ᾗ om. Aᵇ   post ἕτερον pr. lac. suspicatur J marg., vix recte   verba καθ'... 23 βέλτιον post 26 πάσχειν transp. Christ, sed noli movere, cum haec verba antecedentibus 20 ἡ δὲ ὑφ' ἑτ.... ἕτερον illustrationem addant; immo 23–26 disputandi ordinem interrumpunt, cum hic de facultate passiva agatur; cf. 21, 26–27, 31. ego verba 23–26 ad alt. rec. pertinere censeo   21 ⟨παθεῖν ᾗ⟩ δυνατόν Π quod si recipias, δυνατόν, ⟨δυνατὸν⟩ cum E γρ scribendum: τὸ δυνατὸν Aᵇ   21–22 φαμεν εἶναι αὐτὸ Π   23 ἡ Aᵇ: ᾗ Π   30 καὶ Π: κἂν Aᵇ   31 ἃ Ascl E²: ἢ Π (eras. E): ἃ ἂν Aᵇ: ἃ ἂν Christ qui recipit πάσχῃ Aᵇ   μόγις Aᵇ   32 τῷ... τῷ correxi (Herm. 52. 505): τὸ... τὸ codd.   35 ᾗ Π Alᶜ: om. Aᵇ   1019ᵇ 4 εἰ μὴ ἦν δυνατόν Aᵇ   7 δὲ καὶ Alᵖ (om. Alᶜ); cf. Φ 193ᵇ19   ἕξις om. Aᵇ   τι om. Alᶜ

104

ΤΩΝ ΜΕΤΑ ΤΑ ΦΥΣΙΚΑ Δ

εἰ δὲ μή, [τῷ τε ἔχειν ἕξιν τινὰ καὶ ἀρχήν ἐστι δυνατὸν] ὁμωνύμως, ὥστε τῷ τε ἔχειν ἕξιν τινὰ καὶ ἀρχήν ἐστι δυνατὸν καὶ τῷ ἔχειν τὴν τούτου στέρησιν, εἰ ἐνδέχεται " ἔχειν " στέρησιν)· ἕνα δὲ 10 τῷ μὴ ἔχειν αὐτοῦ δύναμιν ἢ ἀρχὴν ἄλλο ἢ ᾗ ἄλλο φθαρτικήν. ἔτι δὲ ταῦτα πάντα ἢ τῷ μόνον ἂν συμβῆναι γενέσθαι ἢ μὴ γενέσθαι, ἢ τῷ καλῶς. καὶ γὰρ ἐν τοῖς ἀψύχοις ἔνεστιν ἡ τοιαύτη δύναμις, οἷον ἐν τοῖς ὀργάνοις· τὴν μὲν γὰρ δύνασθαί φασι φθέγγεσθαι λύραν, τὴν δ' οὐδέν, ἂν ᾖ μὴ εὔφωνος. ἀδυνα- 15 μία δὲ ἐστὶ στέρησις δυνάμεως καὶ τῆς τοιαύτης ἀρχῆς οἵα εἴρηται, ἢ ὅλως ἢ τῷ πεφυκότι ἔχειν, ἢ καὶ ὅτε πέφυκεν ἤδη ἔχειν· οὐ γὰρ ὁμοίως ἂν φαῖεν ἀδύνατον εἶναι γεννᾶν παῖδα καὶ ἄνδρα καὶ εὐνοῦχον. ἔτι δὲ καθ' ἑκατέραν δύναμιν ἔστιν ἀδυναμία ἀντικειμένη, τῇ τε μόνον κινητικῇ 20 καὶ τῇ καλῶς κινητικῇ. καὶ ἀδύνατα δὲ τὰ μὲν κατὰ τὴν ἀδυναμίαν ταύτην λέγεται, τὰ δὲ ἄλλον τρόπον [οἷον] δυνατόν τε καὶ ἀδύνατον, ἀδύνατον μὲν οὗ τὸ ἐναντίον ἐξ ἀνάγκης ἀληθές (οἷον τὸ τὴν διάμετρον σύμμετρον εἶναι ἀδύνατον ὅτι ψεῦδος τὸ τοιοῦτον, οὗ τὸ ἐναντίον οὐ μόνον ἀλη- 25 θὲς ἀλλὰ καὶ ἀνάγκη †ἀσύμμετρον εἶναι· τὸ ἄρα σύμ-

---

8 locus in utraque recensione corruptus. τῷ... δυνατὸν A^b: om. Π, delevi (Herm. 52. 511). verba ex 9, ubi recte post ὥστε ea ponit Π, errore huc delata (erantne in marg. exemplaris, unde A^b hausit, suppleta?) εἰ δὲ μή, ὁμωνύμως ex Al^p restituit Christ, post 10 στέρησιν alt. coll. Ross: pro eis Π praebet ὁμωνύμως δὲ λεγόμενον (λέγουσι Lat et cod. T) τὸ ὄν. est scholium lectoris mutilum e prima sententia Categoriarum sumptum, quod e marg. in locum verborum εἰ δὲ μή, ὁμωνύμως intrusum esse vid. (Herm. 52. 512) fuitque ὁμώνυμον λέγομεν ⟨ὧν⟩ τὸ ὄν⟨ομα μόνον κοινόν⟩ 9 τῷ τε Ascl A^b, cf. ad 8 : τε om. Π   11 ἄλλο pr. ex Al corr. Bonitz: ἄλλῳ A^b: ἐν ἄλλῳ Π   ᾖ om. A^b   16 ἄροις τις post ἀρχῆς add. Π: ἄρνησις Ascl^c: om. A^b Al^p   17 ὅτε Π Al^c: ὅτι A^b   19 καὶ alt. A^b Al^p: om. Π   εὐνουχίαν E γρ   ἑτέραν Π   20 τὴν δύναμιν A^b   21 δὴ A^b   22 οἷον secl. Christ, om. Al ut vid.   25 ψεῦδος τὸ τοιοῦτον 'id genus falsi'   καὶ οὐ E   26 ἀσύμμετρον εἶναι secl. Ross, sed ἀνάγκη infinitivum postulat; homoeoteleuto haec fere verba excidisse puto: ἀλλὰ καὶ ἀνάγκη ⟨ἀληθὲς εἶναι· τὴν δὲ διάμετρον ἀνάγκη⟩ ἀσύμμετρον εἶναι· τὸ ἄρα σύμμετρον...

ΤΩΝ ΜΕΤΑ ΤΑ ΦΥΣΙΚΑ Δ

μέτρον οὐ μόνον ψεῦδος ἀλλὰ καὶ ἐξ ἀνάγκης ψεῦδος)· τὸ δ' ἐναντίον τούτῳ, [τὸ] δυνατόν, ὅταν μὴ ἀναγκαῖον ᾖ τὸ ἐναντίον ψεῦδος εἶναι, οἷον τὸ καθῆσθαι ἄνθρωπον δυνατόν· οὐ γὰρ ἐξ ἀνάγκης τὸ μὴ καθῆσθαι ψεῦδος. τὸ μὲν οὖν δυνατὸν ἕνα μὲν τρόπον, ὥσπερ εἴρηται, τὸ μὴ ἐξ ἀνάγκης ψεῦδος σημαίνει, ἕνα δὲ τὸ ἀληθές [εἶναι], ἕνα δὲ τὸ ἐνδεχόμενον ἀληθὲς εἶναι. κατὰ μεταφορὰν δὲ ἡ ἐν γεωμετρίᾳ λέγεται δύναμις. ταῦτα μὲν οὖν δυνατὰ οὐ κατὰ δύναμιν· τὰ δὲ λεγόμενα κατὰ δύναμιν πάντα λέγεται πρὸς τὴν πρώτην μίαν· αὕτη δ' ἐστὶν ἀρχὴ μεταβολῆς ἐν ἄλλῳ ἢ ᾗ ἄλλο. τὰ γὰρ ἄλλα λέγεται δυνατὰ τῷ τὰ μὲν ἔχειν αὐτῶν ἄλλο τι τοιαύτην δύναμιν τὰ δὲ μὴ ἔχειν τὰ δὲ ὡδὶ ἔχειν. ὁμοίως δὲ καὶ τὰ ἀδύνατα. ὥστε ὁ κύριος ὅρος τῆς πρώτης δυνάμεως ἂν εἴη ἀρχὴ μεταβλητικὴ ἐν ἄλλῳ ἢ ᾗ ἄλλο.

Ποσὸν λέγεται τὸ διαιρετὸν εἰς ἐνυπάρχοντα ὧν [ἑκάτερον ἢ] ἕκαστον ἕν τι καὶ τόδε τι πέφυκεν εἶναι. πλῆθος μὲν οὖν ποσόν τι ἐὰν ἀριθμητὸν ᾖ, μέγεθος δὲ ἂν μετρητὸν ᾖ. λέγεται δὲ πλῆθος μὲν τὸ διαιρετὸν δυνάμει εἰς μὴ συνεχῆ, μέγεθος δὲ τὸ εἰς συνεχῆ· μεγέθους δὲ τὸ μὲν ἐφ' ἓν συνεχὲς μῆκος τὸ δ' ἐπὶ δύο πλάτος τὸ δ' ἐπὶ τρία βάθος. τούτων δὲ πλῆθος μὲν τὸ πεπερασμένον ἀριθμὸς μῆκος δὲ γραμμὴ πλάτος δὲ ἐπιφάνεια βάθος δὲ σῶμα. ἔτι τὰ μὲν λέγεται καθ' αὑτὰ ποσὰ ἄττα, τὰ δὲ κατὰ συμβεβηκός οἷον ἡ μὲν γραμμὴ ποσόν τι καθ' ἑαυτό, τὸ δὲ μουσικὸν κατὰ συμβεβηκός. τῶν δὲ καθ' αὑτὰ τὰ μὲν κατ' οὐσίαν ἐστίν, οἷον ἡ γραμμὴ ποσόν τι (ἐν γὰρ τῷ λόγῳ τῷ

28 τὸ cum Al^p om. Bonitz   32 εἶναι om. Al^p, secl. Ross   33 εἶναι E Al^c : ἤδη J A^b   ἐν A^b Al^p : ἐν τῇ Π ; cf. 1046^a7   34 δυνατὰ A^b Al^p : τὰ δυνατὰ Π   1020^a 1 μίαν om. Al^p Ascl, μίαν Ascl gr, secl. Brandis, Ross, sed cf. 1046^a10 ubi hunc locum citat Ar.   2 ᾖ om. J A^b Al^p   ᾖ om. E^1   3 τῷ μὴ Π Al^p   4 τῷ ὡδὶ Al^p   6 ᾖ om. J A^b Al^p   7 ἑκάτερον ᾖ seclusi, erat var. lect. ad ἕκαστον ; cf. Al.   8 ἕν τε E (e corr.)   15 ἄττα Π : om. A^b Al^p ; cf. 29 ubi habet Al^c   17 αὐτὸ A^b

ΤΩΝ ΜΕΤΑ ΤΑ ΦΥΣΙΚΑ Α   1020ᵃ

τί ἐστι λέγοντι τὸ ποσόν τι ὑπάρχει), τὰ δὲ πάθη καὶ ἕξεις τῆς τοιαύτης ἐστὶν οὐσίας, οἷον τὸ πολὺ καὶ τὸ ὀλίγον, καὶ μακρὸν καὶ βραχύ, καὶ πλατὺ καὶ στενόν, καὶ βαθὺ καὶ ταπεινὸν [καὶ βαρὺ καὶ κοῦφον] καὶ τὰ ἄλλα τὰ τοιαῦτα. ἔστι δὲ καὶ τὸ μέγα καὶ τὸ μικρὸν καὶ μεῖζον καὶ ἔλαττον, καὶ καθ' αὑτὰ καὶ πρὸς ἄλληλα λεγόμενα, τοῦ ποσοῦ πάθη καθ' αὑτά· μεταφέρεται μέντοι καὶ ἐπ' ἄλλα ταῦτα τὰ ὀνόματα. τῶν δὲ κατὰ συμβεβηκὸς λεγομένων ποσῶν τὰ μὲν οὕτως λέγεται ὥσπερ ἐλέχθη ὅτι τὸ μουσικὸν ποσὸν καὶ τὸ λευκὸν τῷ εἶναι ποσόν τι ᾧ ὑπάρχουσι, τὰ δὲ ὡς κίνησις καὶ χρόνος· καὶ γὰρ ταῦτα πόσ' ἄττα λέγεται καὶ συνεχῆ τῷ ἐκεῖνα διαιρετὰ εἶναι ὧν ἐστὶ ταῦτα πάθη. λέγω δὲ οὐ τὸ κινούμενον ἀλλ' ὃ ἐκινήθη· τῷ γὰρ ποσὸν εἶναι ἐκεῖνο καὶ ἡ κίνησις ποσή, ὁ δὲ χρόνος τῷ ταύτην.

14 [Τὸ] ποιὸν λέγεται ἕνα μὲν τρόπον ἡ διαφορὰ τῆς οὐσίας, οἷον ποιόν τι ἄνθρωπος ζῷον ὅτι δίπουν, ἵππος δὲ τετράπουν, καὶ κύκλος ποιόν τι σχῆμα ὅτι ἀγώνιον, ὡς τῆς διαφορᾶς τῆς κατὰ τὴν οὐσίαν ποιότητος οὔσης.—ἕνα μὲν δὴ τρόπον 1020ᵇ τοῦτον λέγεται ἡ ποιότης [διαφορὰ οὐσίας], ἕνα δὲ ὡς τὰ ἀκίνητα καὶ τὰ μαθηματικά, ὥσπερ οἱ ἀριθμοὶ ποιοί τινες, οἷον οἱ σύνθετοι καὶ μὴ μόνον ἐφ' ἓν ὄντες ἀλλ' ὧν μίμημα τὸ ἐπίπεδον καὶ τὸ στερεόν (οὗτοι δ' εἰσὶν οἱ ποσάκις ποσοὶ ἢ ποσάκις ποσάκις ποσοί), καὶ ὅλως ὃ παρὰ τὸ ποσὸν ὑπάρχει ἐν τῇ οὐσίᾳ· οὐσία γὰρ ἑκάστου τὸ ἅπαξ, οἷον τῶν ἓξ οὐχ ὃ δὶς ἢ τρὶς εἰσὶν ἀλλ' ὃ ἅπαξ· ἓξ γὰρ ἅπαξ ἕξ. ἔτι ὅσα

19 τὸ ποσὸν ἐνυπάρχει Alᵖ   20 τὸ alt. om. Aᵇ   21 τὸ μακρὸν Aᵇ   21-22 καὶ πλατὺ... βαρὺ J Alᵖ: om. E   καὶ βαθὺ καὶ ταπεινὸν om. Aᵇ   22 καὶ βαρὺ καὶ κοῦφον secl. Christ, dubitabat iam Al, cum hae notiones ᵇ10 ad ποιόν referantur; cf. etiam 1089ᵇ11–14   τὰ alt. Π Alᶜ: om. Aᵇ   25 μεταφέρονται Aᵇ Asclᶜ   27 τὰ correxi: τὸ codd.   ἐλέχθη] ᵃ16   30 ταῦτα Π Alᶜ: τὰ Aᵇ   33 τὸ om. Alᵖ, secl. Bonitz   ἡ διαφορὰ Π Alᵖ: αἱ διαφοραὶ Aᵇ   34 οἷον] ὥσπερ Aᵇ   1020ᵇ 2 τοῦτον om. Alᵖ   διαφορὰ οὐσίας secl. Christ; cf. ᵃ33   7 ὑπάρχει καὶ τὴν οὐσίαν interpr. Al   τὸ] ὃ Bonitz, sed cf. Al 399. 38 ἑκάστου... ἡ οὐσία... ἐν τῷ ἅπαξ   8 ἓξ alt. om. Aᵇ

107

1020ᵇ ΤΩΝ ΜΕΤΑ ΤΑ ΦΥΣΙΚΑ Δ

πάθη τῶν κινουμένων οὐσιῶν, οἷον θερμότης καὶ ψυχρότης, καὶ λευκότης καὶ μελανία, καὶ βαρύτης καὶ κουφότης, καὶ ὅσα τοιαῦτα, καθ' ἃ λέγονται καὶ ἀλλοιοῦσθαι τὰ σώματα μεταβαλλόντων. ἔτι κατ' ἀρετὴν καὶ κακίαν καὶ ὅλως τὸ κακὸν καὶ ἀγαθόν. σχεδὸν δὴ κατὰ δύο τρόπους λέγοιτ' ἂν τὸ ποιόν, καὶ τούτων ἕνα τὸν κυριώτατον· πρώτη μὲν γὰρ ποιότης ἡ τῆς οὐσίας διαφορά (ταύτης δέ τι καὶ ἡ ἐν τοῖς ἀριθμοῖς ποιότης μέρος· διαφορὰ γάρ τις οὐσιῶν, ἀλλ' ἢ οὐ κινουμένων ἢ οὐχ ᾗ κινούμενα), τὰ δὲ ⟨τὰ⟩ πάθη τῶν κινουμένων ᾗ κινούμενα, καὶ αἱ τῶν κινήσεων διαφοραί. ἀρετὴ δὲ καὶ κακία τῶν παθημάτων μέρος τι· διαφορὰς γὰρ δηλοῦσι τῆς κινήσεως καὶ τῆς ἐνεργείας, καθ' ἃς ποιοῦσιν ἢ πάσχουσι καλῶς ἢ φαύλως τὰ ἐν κινήσει ὄντα· τὸ μὲν γὰρ ὡδὶ δυνάμενον κινεῖσθαι ἢ ἐνεργεῖν ἀγαθὸν τὸ δ' ὡδὶ καὶ ἐναντίως μοχθηρόν. μάλιστα δὲ τὸ ἀγαθὸν καὶ τὸ κακὸν σημαίνει τὸ ποιὸν ἐπὶ τῶν ἐμψύχων, καὶ τούτων μάλιστα ἐπὶ τοῖς ἔχουσι προαίρεσιν.

Πρός τι λέγεται τὰ μὲν ὡς διπλάσιον πρὸς ἥμισυ καὶ τριπλάσιον πρὸς τριτημόριον, καὶ ὅλως πολλαπλάσιον πρὸς πολλοστημόριον καὶ ὑπερέχον πρὸς ὑπερεχόμενον· τὰ δ' ὡς τὸ θερμαντικὸν πρὸς τὸ θερμαντὸν καὶ τὸ τμητικὸν πρὸς τὸ τμητόν, καὶ ὅλως τὸ ποιητικὸν πρὸς τὸ παθητικόν· τὰ δ' ὡς τὸ μετρητὸν πρὸς τὸ μέτρον καὶ ἐπιστητὸν πρὸς ἐπιστήμην καὶ αἰσθητὸν πρὸς αἴσθησιν. λέγεται δὲ τὰ μὲν πρῶτα κατ' ἀριθμὸν ἢ ἁπλῶς ἢ ὡρισμένως, πρὸς αὐτοὺς ἢ πρὸς ἕν (οἷον τὸ μὲν διπλάσιον πρὸς ἓν ἀριθμὸς ὡρισμένος, τὸ δὲ πολλαπλάσιον κατ' ἀριθμὸν πρὸς ἕν, οὐχ ὡρισμένον δέ, οἷον τόνδε ἢ τόνδε· τὸ δὲ ἡμιόλιον πρὸς τὸ ὑφημιόλιον κατ' ἀριθμὸν πρὸς ἀριθμὸν ὡρισμένον· τὸ δ' ἐπιμόριον πρὸς τὸ ὑπεπιμόριον κατ'

11 ἃ Π Alᵖ : ὅσα Aᵇ   καὶ Π Alᵖ : om. Aᵇ   15 τι E² Lat : τις Aᵇ Π ; cf. 19   17 τὰ addidi ; cf. 18 αἱ, 15 ἡ, Alᵖ 401. 7   18 αἱ Π Alᵖ : om. Aᵇ   23 τὸ alt. Π : om. Aᵇ Alᵖ   26 πρὸς alt. Π Alᶜ : πρὸς τὸ Aᵇ   29 τὸ pr., sec., et tert. Aᵇ Alᶜ : om. Π   33 ὡρισμένως E² Alᶜ : ὡρισμένον Aᵇ Π   35 ἓν μέν Alᵖ   1021ᵃ 2 δ' om. Aᵇ

ΤΩΝ ΜΕΤΑ ΤΑ ΦΥΣΙΚΑ Δ   1021ᵃ

⟨ἀριθμὸν⟩ ἀόριστον, ὥσπερ τὸ πολλαπλάσιον πρὸς τὸ ἕν· τὸ δ᾽
ὑπερέχον πρὸς τὸ ὑπερεχόμενον ὅλως ἀόριστον κατ᾽ ἀριθμόν·
ὁ γὰρ ἀριθμὸς σύμμετρος, κατὰ μὴ συμμέτρου δὲ ἀριθμὸς οὐ 5
λέγεται, τὸ δὲ ὑπερέχον πρὸς τὸ ὑπερεχόμενον τοσοῦτόν
τέ ἐστι καὶ ἔτι, τοῦτο δ᾽ ἀόριστον· ὁπότερον γὰρ ἔτυχέν ἐστιν,
ἢ ἴσον ἢ οὐκ ἴσον)· ταῦτά τε οὖν τὰ πρός τι πάντα κατ᾽
ἀριθμὸν λέγεται καὶ ἀριθμοῦ πάθη, καὶ ἔτι τὸ ἴσον καὶ
ὅμοιον καὶ ταὐτὸ κατ᾽ ἄλλον τρόπον (κατὰ γὰρ τὸ ἓν λέ- 10
γεται πάντα, ταὐτὰ μὲν γὰρ ὧν μία ἡ οὐσία, ὅμοια δ᾽
ὧν ἡ ποιότης μία, ἴσα δὲ ὧν τὸ ποσὸν ἕν· τὸ δ᾽ ἓν τοῦ
ἀριθμοῦ ἀρχὴ καὶ μέτρον, ὥστε ταῦτα πάντα πρός τι
λέγεται κατ᾽ ἀριθμὸν μέν, οὐ τὸν αὐτὸν δὲ τρόπον)· τὰ δὲ
ποιητικὰ καὶ παθητικὰ κατὰ δύναμιν ποιητικὴν καὶ παθη- 15
τικὴν καὶ ἐνεργείας τὰς τῶν δυνάμεων, οἷον τὸ θερμαντικὸν
πρὸς τὸ θερμαντὸν ὅτι δύναται, καὶ πάλιν τὸ θερμαῖνον
πρὸς τὸ θερμαινόμενον καὶ τὸ τέμνον πρὸς τὸ τεμνόμενον
ὡς ἐνεργοῦντα. τῶν δὲ κατ᾽ ἀριθμὸν οὐκ εἰσὶν ἐνέργειαι ἀλλ᾽
ἢ ὃν τρόπον ἐν ἑτέροις εἴρηται· αἱ δὲ κατὰ κίνησιν ἐνέργειαι 20
οὐχ ὑπάρχουσιν. τῶν δὲ κατὰ δύναμιν καὶ κατὰ χρόνους ἤδη
λέγονταί ⟨τινα⟩ πρός τι οἷον τὸ πεποιηκὸς πρὸς τὸ πεποιημένον
καὶ τὸ ποιῆσον πρὸς τὸ ποιηθησόμενον. οὕτω γὰρ καὶ πατὴρ
υἱοῦ λέγεται πατήρ· τὸ μὲν γὰρ πεποιηκὸς τὸ δὲ πεπονθός
τί ἐστιν. ἔτι ἔνια κατὰ στέρησιν δυνάμεως, ὥσπερ τὸ ἀδύνα- 25

3 ἀόριστον Ascl Alᵖ: ἀορίστου Aᵇ: ἀορίστους Π: ἀριθμὸν ἀόριστον ex
Alᵖ scripsi: non omnino (ὅλως) κατ᾽ ἀριθμὸν ἀόριστον (1021ᵃ4) est τὸ ἐπι-
μόριον πρὸς τὸ ὑπεπιμόριον, immo sicut τὸ πολλαπλάσιον πρὸς τὸ ἕν se habet
(cf. 1020ᵇ35)   5 σύμμετρος Π Alᶜ: σύμμετρον Aᵇ   συμμέτρου Ross
(-ων Apelt): σύμμετρον codd. Alᶜ   ἀριθμὸς οὐ Aᵇ: ἀριθμὸν Π Alᶜ
6 λέγεται Aᵇ Alᶜ: λέγονται Π   δὲ Aᵇ: γὰρ Π Alᶜ   7 τε om. Alᶜ
8 ἢ pr. Π Alᶜ: om. Aᵇ   10 κατ᾽ Π Alᶜ: om. Aᵇ   11 πάντα
ταὐτά· τὸ μὲν γὰρ ταὐτὸ ὧν Aᵇ   ἡ om. Aᵇ Alᶜ   ὅμοια ... 12 μία
post 12 ἕν pr. coll. Aᵇ   13 πάντα πρός τι Π: μὲν τὰ πρός τι πάντα Aᵇ,
Alᵖ ut vid.; cf. 27   20 κίνησιν] δύναμιν E   22 τινα ex Alᶜ
supplevi: τὰ E² J: om. E¹ Aᵇ Asclᶜ   23 ποιηθησόμενον ex Al scripsi:
ποιησόμενον codd.

1021ᵃ ΤΩΝ ΜΕΤΑ ΤΑ ΦΥΣΙΚΑ Δ

τον καὶ ὅσα οὕτω λέγεται, οἷον τὸ ἀόρατον. τὰ μὲν οὖν κατ' ἀριθμὸν καὶ δύναμιν λεγόμενα πρός τι πάντα ἐστὶ πρός τι τῷ ὅπερ ἐστὶν ἄλλου λέγεσθαι ⟦αὐτὸ ὅ ἐστιν⟧, ἀλλὰ μὴ τῷ ἄλλο πρὸς ἐκεῖνο· τὸ δὲ μετρητὸν καὶ τὸ ἐπιστητὸν καὶ τὸ
30 διανοητὸν τῷ ἄλλο πρὸς αὐτὸ λέγεσθαι πρός τι λέγονται. τό τε γὰρ διανοητὸν σημαίνει ὅτι ἔστιν αὐτοῦ διάνοια, οὐκ ἔστι δ' ἡ διάνοια πρὸς τοῦτο οὗ ἐστὶ διάνοια (δὶς γὰρ ταὐτὸν εἰρημένον ἂν εἴη), ὁμοίως δὲ καὶ τινός ἐστιν ἡ ὄψις ὄψις, οὐχ
1021ᵇ οὗ ἐστὶν ὄψις (καίτοι γ' ἀληθὲς τοῦτο εἰπεῖν) ἀλλὰ πρὸς χρῶμα ἢ πρὸς ἄλλο τι τοιοῦτον. ἐκείνως δὲ δὶς τὸ αὐτὸ λεχθήσεται, ὅτι ἐστὶν ⟨ἡ⟩ ὄψις οὗ ἐστὶν [ἡ] ὄψις. τὰ μὲν οὖν καθ'
ἑαυτὰ λεγόμενα πρός τι τὰ μὲν οὕτω λέγεται, τὰ δὲ ἂν τὰ
5 γένη αὐτῶν ᾖ τοιαῦτα, οἷον ἡ ἰατρικὴ τῶν πρός τι ὅτι τὸ γένος αὐτῆς, ἡ ἐπιστήμη, δοκεῖ εἶναι πρός τι· ἔτι καθ' ὅσα τὰ ἔχοντα λέγεται πρός τι, οἷον ἰσότης ὅτι τὸ ἴσον καὶ ὁμοιότης ὅτι τὸ ὅμοιον· τὰ δὲ κατὰ συμβεβηκός, οἷον ἄνθρωπος πρός τι ὅτι συμβέβηκεν αὐτῷ διπλασίῳ εἶναι,
10 τοῦτο δ' ἐστὶ τῶν πρός τι· ἢ τὸ λευκόν, εἰ τῷ αὐτῷ συμβέβηκε διπλασίῳ καὶ λευκῷ εἶναι.

Τέλειον λέγεται ἓν μὲν οὗ μὴ ἔστιν ἔξω τι λαβεῖν μηδὲ 16 ἓν μόριον (οἷον χρόνος τέλειος ἑκάστου οὗτος οὗ μὴ ἔστιν ἔξω λαβεῖν χρόνον τινὰ ὃς τούτου μέρος ἐστὶ τοῦ χρόνου), καὶ τὸ
15 κατ' ἀρετὴν καὶ τὸ εὖ μὴ ἔχον ὑπερβολὴν πρὸς τὸ γένος, οἷον τέλειος ἰατρὸς καὶ τέλειος αὐλητὴς ὅταν κατὰ τὸ εἶδος τῆς οἰκείας ἀρετῆς μηθὲν ἐλλείπωσιν (οὕτω δὲ μεταφέροντες

---

28 αὐτὸ ὅ ἐστιν var. lect. ad ὅπερ ἐστὶν vid.; modo unum modo alterum om. Alᵖ   29 τὸ tert. om. Π   30 πρός τι Π: τι ἃ Aᵇ   32 πρὸς τὸ οὗ E   1021ᵇ 1 γ' om. Aᵇ Alᶜ   3 ὅτι ἐστὶν Π Alᶜ: om. Aᵇ   ἡ ex Asclᶜ addidi, ci. Bonitz   ὄψις pr. Π Alᶜ: om. Aᵇ   ἡ alt. om. Alᶜ recte, delevi cum Bonitzio   5 ἡ om. Aᵇ   τῶν om. Alᶜ   6 τῶν πρός Π   9 ἄνθρωπος Π Alᶜ: ὁ ἄνθρωπος Aᵇ   12-13 μηδὲ ἓν Aᵇ: μηθὲν Π Alᵖ (μηδὲν)   13 χρόνος Aᵇ Alᵖ: ὁ χρ. Π   14 τὰ Aᵇ Alᵖ   15 τὸ εὖ Aᵇ Alᶠ· τὸ τοῦ εὖ Π   ἔχοντι δ' (sic) Aᵇ: fort. ἔχοντα Alᵖ; cf. 17

καὶ ἐπὶ τῶν κακῶν λέγομεν συκοφάντην τέλειον καὶ κλέ-
πτην τέλειον, ἐπειδὴ καὶ ἀγαθοὺς λέγομεν αὐτούς, οἷον κλέ-
πτην ἀγαθὸν καὶ συκοφάντην ἀγαθόν· καὶ ἡ ἀρετὴ τελείω- 20
σίς τις· ἕκαστον γὰρ τότε τέλειον καὶ οὐσία πᾶσα τότε τε-
λεία, ὅταν κατὰ τὸ εἶδος τῆς οἰκείας ἀρετῆς μηδὲν ἐλλείπῃ
μόριον τοῦ κατὰ φύσιν μεγέθους)· ἔτι οἷς ὑπάρχει τὸ τέλος,
σπουδαῖον ⟨ὄν⟩, ταῦτα λέγεται τέλεια· κατὰ γὰρ τὸ ἔχειν τὸ
τέλος τέλεια, ὥστ' ἐπεὶ τὸ τέλος τῶν ἐσχάτων τί ἐστι, καὶ 25
ἐπὶ τὰ φαῦλα μεταφέροντες λέγομεν τελείως ἀπολωλέναι
καὶ τελείως ἐφθάρθαι, ὅταν μηδὲν ἐλλείπῃ τῆς φθορᾶς καὶ
τοῦ κακοῦ ἀλλ' ἐπὶ τῷ ἐσχάτῳ ᾖ· διὸ καὶ ἡ τελευτὴ κατὰ
μεταφορὰν λέγεται τέλος, ὅτι ἄμφω ἔσχατα· ⟨τὸ⟩ τέλος δὲ
καὶ τὸ οὗ ἕνεκα ἔσχατον. τὰ μὲν οὖν καθ' αὑτὰ λεγόμενα 30
τέλεια τοσαυταχῶς λέγεται, τὰ μὲν τῷ κατὰ τὸ εὖ μηδὲν
ἐλλείπειν μηδ' ἔχειν ὑπερβολὴν μηδὲ ἔξω τι λαβεῖν, τὰ δ'
ὅλως κατὰ τὸ μὴ ἔχειν ὑπερβολὴν ἐν ἑκάστῳ γένει μηδ'
εἶναί τι ἔξω· τὰ δὲ ἄλλα ἤδη κατὰ ταῦτα τῷ ἢ ποιεῖν τι 1022ᵃ
τοιοῦτον ἢ ἔχειν ἢ ἁρμόττειν τοιούτῳ ἢ ἁμῶς γέ πως λέγε-
σθαι πρὸς τὰ πρώτως λεγόμενα τέλεια.

17 Πέρας λέγεται τό τε ἔσχατον ἑκάστου καὶ οὗ ἔξω μηδὲν
ἔστι λαβεῖν πρώτου καὶ οὗ ἔσω πάντα πρώτου, καὶ ὃ ἂν ᾖ 5
εἶδος μεγέθους ἢ ἔχοντος μέγεθος, καὶ τὸ τέλος ἑκάστου
(τοιοῦτον δ' ἐφ' ὃ ἡ κίνησις καὶ ἡ πρᾶξις, καὶ οὐκ ἀφ' οὗ—ὁτὲ
δὲ ἄμφω, καὶ ἀφ' οὗ καὶ ἐφ' ὅ) καὶ τὸ οὗ ἕνεκα καὶ ἡ οὐσία
ἡ ἑκάστου καὶ τὸ τί ἦν εἶναι ἑκάστῳ· τῆς γνώσεως γὰρ τοῦτο
πέρας· εἰ δὲ τῆς γνώσεως, καὶ τοῦ πράγματος. ὥστε φανε- 10

1022ᵃ ΤΩΝ ΜΕΤΑ ΤΑ ΦΥΣΙΚΑ Δ

ρὸν ὅτι ὁσαχῶς τε ἡ ἀρχὴ λέγεται, τοσαυταχῶς καὶ τὸ πέρας, καὶ ἔτι πλεοναχῶς· ἡ μὲν γὰρ ἀρχὴ πέρας τι, τὸ δὲ πέρας οὐ πᾶν ἀρχή.

Τὸ καθ' ὃ λέγεται πολλαχῶς, ἕνα μὲν τρόπον τὸ εἶδος 18
15 καὶ ἡ οὐσία ἑκάστου πράγματος, οἷον καθ' ὃ ἀγαθός, αὐτὸ ἀγαθόν, ἕνα δὲ ἐν ᾧ πρώτῳ πέφυκε γίγνεσθαι, οἷον τὸ χρῶμα ἐν τῇ ἐπιφανείᾳ. τὸ μὲν οὖν πρώτως λεγόμενον καθ' ὃ τὸ εἶδός ἐστι, δευτέρως δὲ ὡς ἡ ὕλη ἑκάστου καὶ τὸ ὑποκείμενον ἑκάστῳ πρῶτον. ὅλως δὲ τὸ καθ' ὃ ἰσαχῶς καὶ
20 τὸ αἴτιον ὑπάρξει· κατὰ τί γὰρ ἐλήλυθεν ἢ οὗ ἕνεκα ἐλήλυθε λέγεται, καὶ κατὰ τί παραλελόγισται ἢ συλλελόγισται, ἢ τί τὸ αἴτιον τοῦ συλλογισμοῦ ἢ παραλογισμοῦ. ἔτι δὲ [τὸ] καθ' ὃ τὸ κατὰ θέσιν λέγεται, καθ' ὃ ἕστηκεν ἢ καθ' ὃ βαδίζει· πάντα γὰρ θέσιν σημαίνει καὶ τόπον. ὥστε καὶ
25 τὸ καθ' αὑτὸ πολλαχῶς ἀνάγκη λέγεσθαι. ἕν μὲν γὰρ καθ' αὑτὸ τὸ τί ἦν εἶναι ἑκάστῳ, οἷον ὁ Καλλίας καθ' αὑτὸν Καλλίας καὶ τὸ τί ἦν εἶναι Καλλίᾳ· ἓν δὲ ὅσα ἐν τῷ τί ἐστιν ὑπάρχει, οἷον ζῷον ὁ Καλλίας καθ' αὑτόν· ἐν γὰρ τῷ λόγῳ ἐνυπάρχει τὸ ζῷον· ζῷον γάρ τι ὁ Καλλίας. ἔτι
30 δὲ εἰ ἐν αὑτῷ δέδεκται πρώτῳ ἢ τῶν αὑτοῦ τινί, οἷον ἡ ἐπιφάνεια λευκὴ καθ' ἑαυτήν, καὶ ζῇ ὁ ἄνθρωπος καθ' αὑτόν· ἡ γὰρ ψυχὴ μέρος τι τοῦ ἀνθρώπου, ἐν ᾗ πρώτῃ τὸ ζῆν. ἔτι οὗ μὴ ἔστιν ἄλλο αἴτιον· τοῦ γὰρ ἀνθρώπου πολλὰ αἴτια, τὸ ζῷον, τὸ δίπουν, ἀλλ' ὅμως καθ' αὑτὸν ἄνθρωπος ὁ ἄνθρω-
35 πός ἐστιν. ἔτι ὅσα μόνῳ ὑπάρχει καὶ ᾗ μόνον· διὸ τὸ κεχωρισμένον καθ' αὑτό.

11 τε om. Alᶜ; an γε corrigendum est? 15 ἀγαθὸς ὁ ἀγαθός ex Alᵖ Christ 18 δεύτερον Aᵇ ἡ ὡς Aᵇ: ἡ om. J 20 ὑπάρχει Alᶜ ἢ om. Aᵇ 22 τί] ὅτι Π 23 τὸ seclusi; cf. ᵇ10, 13 24 θέσιν... τόπον Π Alᵖ: τόπον... θέσιν Aᵇ 26 K. καθ' αὑτό Alᵖ Καλλίας καθ' αὑτὸν om. Π fort. recte, cf. 27 29 ἔτι Π Alᵖ: ἐν Aᵇ 30 αὑτοῦ codd., corr. Christ 31 ζῇ Aᵇ Alᶜ: ζῷον E: ζῶν J Lat 33 ἔστιν Aᵇ Alᶜ: ἔστιν τι Π 35 διὸ τὸ E Alᶜ: διότι J Aᵇ: δι' αὑτὸ Ross, sed noli tentare διὸ in clausulis; cf. 1022ᵇ13, 1023ᵃ5, ᵇ24, 1024ᵃ28 διότι ὡρισμένον Alᵖ E γρ κεχωρισμένον Π Aᵇ Alᶜ: κεχρωσμένον Al γρ

ΤΩΝ ΜΕΤΑ ΤΑ ΦΥΣΙΚΑ Δ

19 Διάθεσις λέγεται τοῦ ἔχοντος μέρη τάξις ἢ κατὰ τόπον ἢ κατὰ δύναμιν ἢ κατ' εἶδος· θέσιν γὰρ δεῖ τινὰ εἶναι, ὥσπερ καὶ τοὔνομα δηλοῖ ἡ διάθεσις.

20 Ἕξις δὲ λέγεται ἕνα μὲν τρόπον οἷον ἐνέργειά τις τοῦ ἔχοντος καὶ ἐχομένου, ὥσπερ πρᾶξίς τις ἢ κίνησις (ὅταν γὰρ τὸ μὲν ποιῇ τὸ δὲ ποιῆται, ἔστι ποίησις μεταξύ· οὕτω καὶ τοῦ ἔχοντος ἐσθῆτα καὶ τῆς ἐχομένης ἐσθῆτος ἔστι μεταξὺ ἕξις)·—ταύτην μὲν οὖν φανερὸν ὅτι οὐκ ἐνδέχεται ἔχειν τὴν ἕξιν (εἰς ἄπειρον γὰρ βαδιεῖται, εἰ τοῦ ἐχομένου ἔσται ἔχειν τὴν ἕξιν), ἄλλον δὲ τρόπον ἕξις λέγεται διάθεσις καθ' ἣν ἢ εὖ ἢ κακῶς διάκειται τὸ διακείμενον, καὶ ἢ καθ' αὐτὸ ἢ πρὸς ἄλλο, οἷον ἡ ὑγίεια ἕξις τις· διάθεσις γάρ ἐστι τοιαύτη. ἔτι ἕξις λέγεται ἂν ᾖ μόριον διαθέσεως τοιαύτης· διὸ καὶ ἡ τῶν μερῶν ἀρετὴ ἕξις τίς ἐστιν.

21 Πάθος λέγεται ἕνα μὲν τρόπον ποιότης καθ' ἣν ἀλλοιοῦσθαι ἐνδέχεται, οἷον τὸ λευκὸν καὶ τὸ μέλαν, καὶ γλυκὺ καὶ πικρόν, καὶ βαρύτης καὶ κουφότης, καὶ ὅσα ἄλλα τοιαῦτα· ἕνα δὲ αἱ τούτων ἐνέργειαι καὶ ἀλλοιώσεις ἤδη. ἔτι τούτων μᾶλλον αἱ βλαβεραὶ ἀλλοιώσεις καὶ κινήσεις, καὶ μάλιστα αἱ λυπηραὶ βλάβαι. ἔτι τὰ μεγέθη τῶν συμφορῶν [καὶ λυπηρῶν] πάθη λέγεται.

22 Στέρησις λέγεται ἕνα μὲν τρόπον ἂν μὴ ἔχῃ τι τῶν πεφυκότων ἔχεσθαι, κἂν μὴ αὐτὸ ᾖ πεφυκὸς ἔχειν, οἷον φυτὸν ὀμμάτων ἐστερῆσθαι λέγεται· ἕνα δὲ ἂν πεφυκὸς ἔχειν, ἢ αὐτὸ ἢ τὸ γένος, μὴ ἔχῃ, οἷον ἄλλως ἄνθρωπος ὁ τυφλὸς ὄψεως ἐστέρηται καὶ ἀσπάλαξ, τὸ μὲν κατὰ τὸ γένος τὸ δὲ καθ' αὑτό. ἔτι ἂν πεφυκὸς καὶ ὅτε πέφυκεν ἔχειν μὴ ἔχῃ· ἡ γὰρ τυφλότης στέρησίς τις, τυφλὸς δ' οὐ

1022ᵇ 1 τὸν τόπον Aᵇ   3 καὶ Aᵇ Alᶜ: om. Π   5 μεταξύ post ἐχομένου suppl. Rassow, om. Alᵖ   8 τὴν Π Alᵖ: om. Aᵇ   10 ἢ Aᵇ Alᵖ: om. Π   11 καὶ om. Aᵇ   16 τὸ alt. om. Aᵇ   20 βλαβεραί Π   21 συμφορῶν Π Alᶜ Simplᶜ: ἡδέων Aᵇ   καὶ λυπηρῶν om. Al, seclusi; ἡδέων καὶ λυπηρῶν var. lect. ad συμφ. fuisse vid.   28 ἔχειν om. Aᵇ

1022ᵇ ΤΩΝ ΜΕΤΑ ΤΑ ΦΥΣΙΚΑ Δ

κατὰ πᾶσαν ἡλικίαν, ἀλλ' ἐν ᾗ πέφυκεν ἔχειν, ἂν μὴ ἔχῃ.
30 ὁμοίως δὲ καὶ ἐν ᾧ ἂν ᾖ ⟨πεφυκὸς⟩ καὶ καθ' ὃ καὶ πρὸς ὃ καὶ ὥς,
ἂν μὴ ἔχῃ [πεφυκός]. ἔτι ἡ βιαία ἑκάστου ἀφαίρεσις στέρησις
λέγεται. καὶ ὁσαχῶς δὲ αἱ ἀπὸ τοῦ ā ἀποφάσεις λέγονται,
τοσαυταχῶς καὶ αἱ στερήσεις λέγονται· ἄνισον μὲν
γὰρ τῷ μὴ ἔχειν ἰσότητα πεφυκὸς λέγεται, ἀόρατον δὲ
35 καὶ τῷ ὅλως μὴ ἔχειν χρῶμα καὶ τῷ φαύλως, καὶ ἄπουν
καὶ τῷ μὴ ἔχειν ὅλως πόδας καὶ τῷ φαύλους. ἔτι καὶ τῷ
1023ᵃ μικρὸν ἔχειν, οἷον τὸ ἀπύρηνον· τοῦτο δ' ἐστὶ τῷ φαύλως πως
ἔχειν. ἔτι τῷ μὴ ῥᾳδίως ἢ τῷ μὴ καλῶς, οἷον τὸ ἄτμητον
οὐ μόνον τῷ μὴ τέμνεσθαι ἀλλὰ καὶ τῷ μὴ ῥᾳδίως ἢ μὴ
καλῶς. ἔτι τῷ πάντῃ μὴ ἔχειν· τυφλὸς γὰρ οὐ λέγεται ὁ
5 ἑτερόφθαλμος ἀλλ' ὁ ἐν ἀμφοῖν μὴ ἔχων ὄψιν· διὸ οὐ
πᾶς ἀγαθὸς ἢ κακός, ἢ δίκαιος ἢ ἄδικος, ἀλλὰ καὶ τὸ
μεταξύ.

Τὸ ἔχειν λέγεται πολλαχῶς, ἕνα μὲν τρόπον τὸ ἄγειν 23
κατὰ τὴν αὐτοῦ φύσιν ἢ κατὰ τὴν αὐτοῦ ὁρμήν, διὸ
10 λέγεται πυρετός τε ἔχειν τὸν ἄνθρωπον καὶ οἱ τύραννοι τὰς
πόλεις καὶ τὴν ἐσθῆτα οἱ ἀμπεχόμενοι· ἕνα δ' ἐν ᾧ ἄν
τι ὑπάρχῃ ὡς δεκτικῷ, οἷον ὁ χαλκὸς ἔχει τὸ εἶδος τοῦ
ἀνδριάντος καὶ τὴν νόσον τὸ σῶμα· ἕνα δὲ ὡς τὸ περιέχον
τὰ περιεχόμενα· ἐν ᾧ γάρ ἐστι περιέχοντι, ἔχεσθαι ὑπὸ
15 τούτου λέγεται, οἷον τὸ ἀγγεῖον ἔχειν τὸ ὑγρόν φαμεν
καὶ τὴν πόλιν ἀνθρώπους καὶ τὴν ναῦν ναύτας· οὕτω δὲ καὶ
τὸ ὅλον ἔχει τὰ μέρη. ἔτι τὸ κωλῦον κατὰ τὴν αὐτοῦ

30 ἂν ᾖ Π Alᶜ: ἐὰν Aᵇ: secl. Christ: om. Ascl e coniectura ut vid., alia tentabat Bonitz. ego (*Herm.* 52. 503) πεφυκός e linea antecedenti delapsum restitui (ad orationis formam cf. 29) καὶ alt. et 31 ἂν om. Aᵇ 34 ἰσότητα om. Aᵇ 35 τῷ pr.] τὸ Aᵇ (sic ter 36) καὶ τῷ φαύλως om. Aᵇ Alᶜ, secl. Bonitz 36 ἔτι om. Aᵇ 1023ᵃ 1 ἐστὶ τὸ Aᵇ E² 2 τῷ ... τῷ E¹: τὸ ... τὸ J Aᵇ E² 3 ᾖ Aᵇ Alᵖ: ἢ τῷ Π 4 τῷ] τὸ J Aᵇ E² 6 καὶ τὸ om. Aᵇ; an ἐστι καί? cf. 1061ᵃ21 8 ἄγειν Π Alᶜ: ἄγον Aᵇ 13 τὰ περιέχοντα Aᵇ Alᵖ; cf. 22, ᵇ27, 30 14 τὰ Π Alᵖ: καὶ Aᵇ περιέχοντι Aᵇ: -τι om. J: περιεχόμενόν τι E e coniectura (cf. *Herm.* 52. 503) 17 ἔχει E Lat: ἔχειν J Aᵇ: φησὶν ἔχειν Alᵖ (ergo legit ἔχει)

ΤΩΝ ΜΕΤΑ ΤΑ ΦΥΣΙΚΑ Δ 1023ᵃ

ὁρμήν τι κινεῖσθαι ἢ πράττειν ἔχειν λέγεται τοῦτο αὐτό,
οἷον καὶ οἱ κίονες τὰ ἐπικείμενα βάρη, καὶ ὡς οἱ ποιηταὶ
τὸν Ἄτλαντα ποιοῦσι τὸν οὐρανὸν ἔχειν ὡς συμπεσόντ' ἂν 20
ἐπὶ τὴν γῆν, ὥσπερ καὶ τῶν φυσιολόγων τινές φασιν· τοῦ-
τον δὲ τὸν τρόπον καὶ τὸ συνέχον λέγεται ἃ συνέχει ἔχειν,
ὡς διαχωρισθέντα ἂν κατὰ τὴν αὐτοῦ ὁρμὴν ἕκαστον. καὶ
τὸ ἔν τινι δὲ εἶναι ὁμοιοτρόπως λέγεται καὶ ἑπομένως τῷ
ἔχειν. 25

24 Τὸ ἔκ τινος εἶναι λέγεται ἕνα μὲν τρόπον ἐξ οὗ ἐστιν
ὡς ὕλης, καὶ τοῦτο διχῶς, ἢ κατὰ τὸ πρῶτον γένος ἢ κατὰ
τὸ ὕστατον εἶδος, οἷον ἔστι μὲν ὡς ἅπαντα τὰ τηκτὰ ἐξ
ὕδατος, ἔστι δ' ὡς ἐκ χαλκοῦ ὁ ἀνδριάς· ἕνα δ' ὡς ἐκ τῆς
πρώτης κινησάσης ἀρχῆς (οἷον ἐκ τίνος ἡ μάχη; ἐκ λοι- 30
δορίας, ὅτι αὕτη ἀρχὴ τῆς μάχης)· ἕνα δ' ⟨ὡς⟩ ἐκ τοῦ συνθέτου
ἐκ τῆς ὕλης καὶ τῆς μορφῆς, ὥσπερ ἐκ τοῦ ὅλου τὰ μέρη
καὶ ἐκ τῆς Ἰλιάδος τὸ ἔπος καὶ ἐκ τῆς οἰκίας οἱ λίθοι·
τέλος μὲν γάρ ἐστιν ἡ μορφή, τέλειον δὲ τὸ ἔχον τέλος.
τὰ δὲ ὡς ἐκ τοῦ μέρους τὸ εἶδος, οἷον ὁ ἄνθρωπος ἐκ τοῦ δί- 35
ποδος καὶ ἡ συλλαβὴ ἐκ τοῦ στοιχείου· ἄλλως γὰρ τοῦτο
καὶ ὁ ἀνδριὰς ἐκ χαλκοῦ· ἐκ τῆς αἰσθητῆς γὰρ ὕλης ἡ 1023ᵇ
συνθετὴ οὐσία, ἀλλὰ καὶ τὸ εἶδος ἐκ τῆς τοῦ εἴδους ὕλης.
τὰ μὲν οὖν οὕτω λέγεται, τὰ δ' ἐὰν κατὰ μέρος τι τούτων τις
ὑπάρχῃ τῶν τρόπων, οἷον ἐκ πατρὸς καὶ μητρὸς τὸ τέκνον
καὶ ἐκ γῆς τὰ φυτά, ὅτι ἔκ τινος μέρους αὐτῶν. ἕνα δὲ 5
μεθ' ὃ τῷ χρόνῳ, οἷον ἐξ ἡμέρας νὺξ καὶ ἐξ εὐδίας χειμών,
ὅτι τοῦτο μετὰ τοῦτο· τούτων δὲ τὰ μὲν τῷ ἔχειν μεταβολὴν

18 αὐτό Π: ταῦτα Aᵇ   21 καὶ Aᵇ Alᵖ: om. Π   post φασιν add.
Aᵇ Ἄτλας δ' οὐρανὸν εὐρὺν ἔχει κρατερῆς ὑπ' ἀνάγκης (Hes. Theog. 517),
rectius post 20 ἔχειν affert Alᵖ unde sumpsit Aᵇ   22 λέγεται...
ἔχειν] ἔχειν λέγεται Aᵇ (Al?) fort. recte   24 ὁμοιοτρόπως Bekker, sic
recc.: ὁμοτρόπως Π Aᵇ, quod extat Soph. el. 183ᵇ6, at ὁμοιότροπος sescen-
ties apud Ar.: ὁμοίως (!) Alᵖ   29 ὡς alt. om. Π   τῆς..., 30
λοιδορίας Π: τοῦ πρώτου κινήσαντος οἷον ἐκ λοιδορίας ἡ μάχη Aᵇ (ex Alᵖ?)
31 ὡς ex Alᵖ addidi; cf. 29, 35   35 ὁ Π Alᵖ: om. Aᵇ   1023ᵇ 1 ὁ
om. Alᵖ   ἐκ pr. Aᵇ Alᵖ: ἐκ τοῦ Π

ΤΩΝ ΜΕΤΑ ΤΑ ΦΥΣΙΚΑ Δ

εἰς ἄλληλα οὕτω λέγεται, ὥσπερ καὶ τὰ νῦν εἰρημένα, τὰ δὲ τῷ κατὰ τὸν χρόνον ἐφεξῆς μόνον, οἷον ἐξ ἰσημερίας ἐγένετο ὁ πλοῦς ὅτι μετ' ἰσημερίαν ἐγένετο, καὶ ἐκ Διονυσίων Θαργήλια ὅτι μετὰ τὰ Διονύσια.

Μέρος λέγεται ἕνα μὲν τρόπον εἰς ὃ διαιρεθείη ἂν τὸ ποσὸν ὁπωσοῦν (ἀεὶ γὰρ τὸ ἀφαιρούμενον τοῦ ποσοῦ ᾗ ποσὸν μέρος λέγεται ἐκείνου, οἷον τῶν τριῶν τὰ δύο μέρος λέγεταί πως), ἄλλον δὲ τρόπον τὰ καταμετροῦντα τῶν τοιούτων μόνον· διὸ τὰ δύο τῶν τριῶν ἔστι μὲν ὡς λέγεται μέρος, ἔστι δ' ὡς οὔ. ἔτι εἰς ἃ τὸ εἶδος διαιρεθείη ἂν ἄνευ τοῦ ποσοῦ, καὶ ταῦτα μόρια λέγεται τούτου· διὸ τὰ εἴδη τοῦ γένους φασὶν εἶναι μόρια. ἔτι εἰς ἃ διαιρεῖται ἢ ἐξ ὧν σύγκειται τὸ ὅλον, ἢ τὸ εἶδος ἢ τὸ ἔχον [τὸ] εἶδος, οἷον τῆς σφαίρας τῆς χαλκῆς ἢ τοῦ κύβου τοῦ χαλκοῦ καὶ ὁ χαλκὸς μέρος (τοῦτο δ' ἐστὶν ἡ ὕλη ἐν ᾗ τὸ εἶδος) καὶ ἡ γωνία μέρος. ἔτι τὰ ἐν τῷ λόγῳ τῷ δηλοῦντι ἕκαστον, καὶ ταῦτα μόρια τοῦ ὅλου· διὸ τὸ γένος τοῦ εἴδους καὶ μέρος λέγεται, ἄλλως δὲ τὸ εἶδος τοῦ γένους μέρος.

Ὅλον λέγεται οὗ τε μηθὲν ἄπεστι μέρος ἐξ ὧν λέγεται ὅλον φύσει, καὶ τὸ περιέχον τὰ περιεχόμενα ὥστε ἕν τι εἶναι ἐκεῖνα· τοῦτο δὲ διχῶς· ἢ γὰρ ὡς ἕκαστον ἓν ἢ ὡς ἐκ τούτων τὸ ἕν. τὸ μὲν γὰρ καθόλου, καὶ τὸ ὅλως λεγόμενον ὡς ὅλον τι ὄν, οὕτως ἐστὶ καθόλου ὡς πολλὰ περιέχον τῷ κατηγορεῖσθαι καθ' ἑκάστου καὶ ἓν ἅπαντα εἶναι ὡς ἕκαστον, οἷον ἄνθρωπον ἵππον θεόν, διότι ἅπαντα ζῷα· τὸ δὲ συνεχὲς καὶ πεπερασμένον, ὅταν ἕν τι ἐκ πλειόνων ᾖ, ἐνυπαρχόντων μάλιστα μὲν δυνάμει, εἰ δὲ μή, ἐνεργείᾳ. τούτων δ' αὐτῶν μᾶλλον τὰ φύσει ἢ τέχνῃ τοιαῦτα, ὥσπερ καὶ ἐπὶ τοῦ ἑνὸς ἐλέγομεν, ὡς οὔσης τῆς ὁλότητος ἑνότητός τινος.

13 ὁπωσοῦν A^b Π (-οσ- J): ᾗ ποσόν Al^c, sed cf. 15-16   19 τι ἢ E J²
20 τὸ ult. om. Al^c recte ut vid.; cf. ᵃ34, 1022ᵃ6 sim.   27 ἓν καὶ ante
τὰ add. A^b   29 τὸ ὅλως Π: ὅλον A^b Al^p   32 ὅτι Π   34 ἐνεργείᾳ
E Al^p: ἐντελεχείᾳ A^b in marg. add. J²   36 ἐλέγομεν A^b Al^p ut vid.
(cf. 1016ᵃ4): λέγομεν Π

ΤΩΝ ΜΕΤΑ ΤΑ ΦΥΣΙΚΑ Δ 1024ᵃ

ἔτι τοῦ ποσοῦ ἔχοντος δὲ ἀρχὴν καὶ μέσον καὶ ἔσχατον, ὅσων 1024ᵃ
μὲν μὴ ποιεῖ ἡ θέσις διαφοράν, πᾶν λέγεται, ὅσων δὲ ποιεῖ,
ὅλον. ὅσα δὲ ἄμφω ἐνδέχεται, καὶ ὅλα καὶ πάντα· ἔστι
δὲ ταῦτα ὅσων ἡ μὲν φύσις ἡ αὐτὴ μένει τῇ μεταθέσει, ἡ
δὲ μορφὴ οὔ, οἷον κηρὸς καὶ ἱμάτιον· καὶ γὰρ ὅλον καὶ 5
πᾶν λέγεται· ἔχει γὰρ ἄμφω. ὕδωρ δὲ καὶ ὅσα ὑγρὰ
καὶ ἀριθμὸς πᾶν μὲν λέγεται, ὅλος δ' ἀριθμὸς καὶ ὅλον
ὕδωρ οὐ λέγεται, ἂν μὴ μεταφορᾷ. πάντα δὲ λέγεται ἐφ'
οἷς τὸ πᾶν ὡς ἐφ' ἑνί, ἐπὶ τούτοις τὸ πάντα ὡς ἐπὶ διῃρημένοις·
πᾶς οὗτος ὁ ἀριθμός, πᾶσαι αὗται αἱ μονάδες. 10

27 Κολοβὸν δὲ λέγεται τῶν ποσῶν οὐ τὸ τυχόν, ἀλλὰ
μεριστόν τε δεῖ αὐτὸ εἶναι καὶ ὅλον. τά τε γὰρ δύο οὐ κο-
λοβὰ θατέρου ἀφαιρουμένου ἑνός (οὐ γὰρ ἴσον τὸ κολόβωμα
καὶ τὸ λοιπὸν οὐδέποτ' ἐστίν) οὐδ' ὅλως ἀριθμὸς οὐδείς· καὶ
γὰρ τὴν οὐσίαν δεῖ μένειν· εἰ κύλιξ κολοβός, ἔτι εἶναι κύ- 15
λικα· ὁ δὲ ἀριθμὸς οὐκέτι ὁ αὐτός. πρὸς δὲ τούτοις κἂν ἀν-
ομοιομερῆ ᾖ, οὐδὲ ταῦτα πάντα (ὁ γὰρ ἀριθμός ἐστιν ὡς καὶ
ἀνόμοια ἔχει μέρη, οἷον δυάδα τριάδα), ἀλλ' ὅλως ὧν
μὴ ποιεῖ ἡ θέσις διαφορὰν οὐδὲν κολοβόν, οἷον ὕδωρ ἢ πῦρ,
ἀλλὰ δεῖ τοιαῦτα εἶναι ἃ κατὰ τὴν οὐσίαν θέσιν ἔχει. ἔτι 20
συνεχῆ· ἡ γὰρ ἁρμονία ἐξ ἀνομοιομερῶν μὲν καὶ θέσιν
ἔχει, κολοβὸς δὲ οὐ γίγνεται. πρὸς δὲ τούτοις οὐδ' ὅσα ὅλα,
οὐδὲ ταῦτα ὁτουοῦν μορίου στερήσει κολοβά. οὐ γὰρ δεῖ οὔτε
τὰ κύρια τῆς οὐσίας οὔτε τὰ ὁπουοῦν ὄντα· οἷον ἂν τρυπηθῇ ἡ
κύλιξ, οὐ κολοβός, ἀλλ' ἂν τὸ οὖς ἢ ἀκρωτήριόν τι, καὶ ὁ 25
ἄνθρωπος οὐκ ἐὰν σάρκα ἢ τὸν σπλῆνα, ἀλλ' ἐὰν ἀκρωτή-

1024ᵃ 1 δὲ Aᵇ Asclᶜ: om. Π (καὶ ἔχοντος Alᵖ)   3 πᾶν Π   7
ὅλος Π: ὁ δὲ πᾶς ὅλος Aᵇ   καὶ alt. Π: ἢ Aᵇ   8 μεταφορᾷ Π: κατὰ
μεταφοράν Aᵇ   πᾶν Aᵇ   9 οἷς Π Alᵖ: ὅσοις Aᵇ   τὸ alt. ex Alᵖ
Christ: τὰ Aᵇ: om. Π   12 δεῖ αὐτὸ Π Alᵖ: om. Aᵇ   13 ἀφῃρη-
μένον corr. E   14 λεῖπον αὐτῷ Alᵖ   15 ἔτι] ἔστιν E   δεῖ
εἶναι Π   16 κἂν Π Alᵖ: καὶ Aᵇ E γρ   ἂν ὁμ. Aᵇ   17 ἢ E γρ
18 ὧν Π: ὅσων Aᵇ   21 ἀνομοιομερῶν Π Alᵖ: ἀνομοίων Aᵇ   23
δεῖ Π: δὴ Aᵇ scil. ἀφαιρεῖσθαι

1024ᵃ ΤΩΝ ΜΕΤΑ ΤΑ ΦΥΣΙΚΑ Δ

ριόν τι, καὶ τοῦτο οὐ πᾶν ἀλλ' ὃ ⟨ἂν⟩ μὴ ἔχῃ γένεσιν ἀφαιρεθὲν ὅλον. διὰ τοῦτο οἱ φαλακροὶ οὐ κολοβοί.

Γένος λέγεται τὸ μὲν ἐὰν ᾖ ἡ γένεσις συνεχὴς τῶν τὸ 28 εἶδος ἐχόντων τὸ αὐτό, οἷον λέγεται ἕως ἂν ἀνθρώπων γένος ᾖ, ὅτι ἕως ἂν ᾖ ἡ γένεσις συνεχὴς αὐτῶν· τὸ δὲ ἀφ' οὗ ἂν ὦσι πρώτου κινήσαντος εἰς τὸ εἶναι· οὕτω γὰρ λέγονται Ἕλληνες τὸ γένος οἱ δὲ Ἴωνες, τῷ οἱ μὲν ἀπὸ Ἕλληνος οἱ δὲ ἀπὸ Ἴωνος εἶναι πρώτου γεννήσαντος· καὶ μᾶλλον οἱ ἀπὸ τοῦ γεννήσαντος ἢ τῆς ὕλης (λέγονται γὰρ καὶ ἀπὸ τοῦ θήλεος τὸ γένος, οἷον οἱ ἀπὸ Πύρρας). ἔτι δὲ ὡς τὸ ἐπίπεδον τῶν σχημάτων γένος τῶν ἐπιπέδων καὶ τὸ στερεὸν τῶν στερεῶν· ἕκαστον γὰρ τῶν σχημάτων τὸ μὲν ἐπίπεδον τοιονδὶ τὸ δὲ στερεόν ἐστι τοιονδί· τοῦτο δ' ἐστὶ τὸ ὑποκείμενον ταῖς διαφοραῖς. ἔτι ὡς ἐν τοῖς λόγοις τὸ πρῶτον ἐνυπάρχον, ὃ λέγεται ἐν τῷ τί ἐστι· τοῦτο ⟨γὰρ⟩ γένος, οὗ διαφοραὶ λέγονται αἱ ποιότητες. τὸ μὲν οὖν γένος τοσαυταχῶς λέγεται, τὸ μὲν κατὰ γένεσιν συνεχῆ τοῦ αὐτοῦ εἴδους, τὸ δὲ κατὰ τὸ πρῶτον κινῆσαν ὁμοειδές, τὸ δ' ὡς ὕλη· οὗ γὰρ ἡ διαφορὰ καὶ ἡ ποιότης ἐστί, τοῦτ' ἔστι τὸ ὑποκείμενον, ὃ λέγομεν ὕλην. ἕτερα δὲ τῷ γένει λέγεται ὧν τε ἕτερον τὸ πρῶτον ὑποκείμενον καὶ μὴ ἀναλύεται θάτερον εἰς θάτερον μηδ' ἄμφω εἰς ταὐτόν, οἷον τὸ εἶδος καὶ ἡ ὕλη ἕτερον τῷ γένει, καὶ ὅσα καθ' ἕτερον σχῆμα κατηγορίας τοῦ ὄντος λέγεται (τὰ μὲν γὰρ τί ἐστι σημαίνει τῶν ὄντων τὰ δὲ ποιόν τι τὰ δ' ὡς διῄρηται πρότερον)· οὐδὲ γὰρ ταῦτα ἀναλύεται οὔτ' εἰς ἄλληλα οὔτ' εἰς ἕν τι.

Τὸ ψεῦδος λέγεται ἄλλον μὲν τρόπον ὡς πρᾶγμα 29 ψεῦδος, καὶ τούτου τὸ μὲν τῷ μὴ συγκεῖσθαι ἢ ἀδύνατον εἶναι συντεθῆναι (ὥσπερ λέγεται τὸ τὴν διάμετρον εἶναι

27 τι om. Π   ἂν supplevi   ἔχῃ Aᵇ Π: ἔχει Alᶜ   29 μὲν ἐν ἐὰν Aᵇ (om. ᾖ)   31 ὁτιοῦν ἕως Aᵇ   ᾖ alt. om. Aᵇ   33 οἱ μὲν Ἕλληνες Aᵇ   36 οἱ om. Π   δὲ om. Aᵇ   1024ᵇ 1 τὸ γένος Π   4 ὃ Π Alᶜ: om. Aᵇ   5 γὰρ ex Alᵖ addidi et post ἐστι distinxi   8 ὕλη Π Alᶜ: ἡ ὕλη Aᵇ   10 τε Π Alᶜ: om. Aᵇ   13–15 cf. 1017ᵃ23 sq.

ΤΩΝ ΜΕΤΑ ΤΑ ΦΥΣΙΚΑ Δ 1024^b

σύμμετρον ἢ τὸ σὲ καθῆσθαι· τούτων γὰρ ψεῦδος τὸ μὲν 20
ἀεὶ τὸ δὲ ποτέ· οὕτω γὰρ οὐκ ὄντα ταῦτα), τὰ δὲ ὅσα ἔστι
μὲν ὄντα, πέφυκε μέντοι φαίνεσθαι ἢ μὴ οἷά ἐστιν ἢ ἃ μὴ
ἔστιν (οἷον ἡ σκιαγραφία καὶ τὰ ἐνύπνια· ταῦτα γὰρ ἔστι
μέν τι, ἀλλ' οὐχ ὧν ἐμποιεῖ τὴν φαντασίαν)·—πράγματα
μὲν οὖν ψευδῆ οὕτω λέγεται, ἢ τῷ μὴ εἶναι αὐτὰ ἢ τῷ 25
τὴν ἀπ' αὐτῶν φαντασίαν μὴ ὄντος εἶναι· λόγος δὲ ψευ-
δὴς ὁ τῶν μὴ ὄντων, ᾗ ψευδής, διὸ πᾶς λόγος ψευδὴς ἑτέ-
ρου ἢ οὗ ἐστὶν ἀληθής, οἷον ὁ τοῦ κύκλου ψευδὴς τριγώνου.
ἑκάστου δὲ λόγος ἔστι μὲν ὡς εἷς, ὁ τοῦ τί ἦν εἶναι, ἔστι δ' ὡς
πολλοί, ἐπεὶ ταὐτό πως αὐτὸ καὶ αὐτὸ πεπονθός, οἷον Σω- 30
κράτης καὶ Σωκράτης μουσικός (ὁ δὲ ψευδὴς λόγος οὐθενός
ἐστιν ἁπλῶς λόγος)· διὸ Ἀντισθένης ᾤετο εὐήθως μηθὲν ἀξιῶν
λέγεσθαι πλὴν τῷ οἰκείῳ λόγῳ, ἓν ἐφ' ἑνός· ἐξ ὧν συν-
έβαινε μὴ εἶναι ἀντιλέγειν, σχεδὸν δὲ μηδὲ ψεύδεσθαι. ἔστι
δ' ἕκαστον λέγειν οὐ μόνον τῷ αὐτοῦ λόγῳ ἀλλὰ καὶ τῷ 35
ἑτέρου, ψευδῶς μὲν καὶ παντελῶς, ἔστι δ' ὡς καὶ ἀληθῶς,
ὥσπερ τὰ ὀκτὼ διπλάσια τῷ τῆς δυάδος λόγῳ. τὰ μὲν οὖν **1025**^a
οὕτω λέγεται ψευδῆ, ἄνθρωπος δὲ ψευδὴς ὁ εὐχερὴς καὶ
προαιρετικὸς τῶν τοιούτων λόγων, μὴ δι' ἕτερόν τι ἀλλὰ
δι' αὐτό, καὶ ὁ ἄλλοις ἐμποιητικὸς τῶν τοιούτων λόγων,
ὥσπερ καὶ τὰ πράγματά φαμεν ψευδῆ εἶναι ὅσα ἐμποιεῖ 5
φαντασίαν ψευδῆ. διὸ ὁ ἐν τῷ Ἱππίᾳ λόγος παρακρούεται
ὡς ὁ αὐτὸς ψευδὴς καὶ ἀληθής. τὸν δυνάμενον γὰρ ψεύ-
σασθαι λαμβάνει ψευδῆ (οὗτος δ' ὁ εἰδὼς καὶ ὁ φρόνιμος)· ἔτι
τὸν ἑκόντα ⟨πράττοντα⟩ τὰ φαῦλα βελτίω. τοῦτο δὲ ψεῦδος
λαμβάνει διὰ τῆς ἐπαγωγῆς—ὁ γὰρ ἑκὼν χωλαίνων τοῦ 10
ἄκοντος κρείττων—τὸ χωλαίνειν τὸ μιμεῖσθαι λέγων, ἐπεὶ

27 utrum ᾗ an ἢ dubitat Al^p   32 λόγος om. Al^c   1025^a
3 μὴ Π: οὐ A^b   4 αὐτά A^b   5 καὶ ... φαμεν A^b Al^p: φαμὲν καὶ
πράγματα Π   6 ὁ Π (add. E) Al^p: om. A^b; cf. Plat. *Hipp. min.*
373 sq.   9 ἑκόντα Π Al^p: εἰδότα A^b   πράττοντα ex Al^p addidi
τὰ φαῦλα Π A^b Lat Al^p (om. τὰ) Ascl: φαῦλον e coniectura recc. (cf.
Herm. 52. 502)   11 τὸ alt. om. A^b

1025ᵃ ΤΩΝ ΜΕΤΑ ΤΑ ΦΥΣΙΚΑ Δ

εἴ γε χωλὸς ἑκών, χείρων ἴσως, ὥσπερ ἐπὶ τοῦ ἤθους, καὶ οὕτως.

Συμβεβηκὸς λέγεται ὃ ὑπάρχει μέν τινι καὶ ἀληθὲς 30 εἰπεῖν, οὐ μέντοι οὔτ' ἐξ ἀνάγκης οὔτε ⟨ὡς⟩ ἐπὶ τὸ πολύ, οἷον εἴ τις ὀρύττων φυτῷ βόθρον εὗρε θησαυρόν. τοῦτο τοίνυν συμβεβηκὸς τῷ ὀρύττοντι τὸν βόθρον, τὸ εὑρεῖν θησαυρόν· οὔτε γὰρ ἐξ ἀνάγκης τοῦτο ἐκ τούτου ἢ μετὰ τοῦτο, οὔθ' ὡς ἐπὶ τὸ πολὺ ἄν τις φυτεύῃ θησαυρὸν εὑρίσκει. καὶ μουσικὸς δ' ἄν τις εἴη λευκός· ἀλλ' ἐπεὶ οὔτε ἐξ ἀνάγκης οὔθ' ὡς ἐπὶ τὸ πολὺ τοῦτο γίγνεται, συμβεβηκὸς αὐτὸ λέγομεν. ὥστ' ἐπεὶ ἔστιν ὑπάρχον τι καὶ τινί, καὶ ἔνια τούτων καὶ ποὺ καὶ ποτέ, ὅ τι ἂν ὑπάρχῃ μέν, ἀλλὰ μὴ διότι τοδὶ ἦν ἢ νῦν ἢ ἐνταῦθα, συμβεβηκὸς ἔσται. οὐδὲ δὴ αἴτιον ὡρισμένον οὐδὲν τοῦ συμβεβηκότος ἀλλὰ τὸ τυχόν· τοῦτο δ' ἀόριστον. συνέβη τῳ εἰς Αἴγιναν ἐλθεῖν, εἰ μὴ διὰ τοῦτο ἀφίκετο ὅπως ἐκεῖ ἔλθῃ, ἀλλ' ὑπὸ χειμῶνος ἐξωσθεὶς ἢ ὑπὸ λῃστῶν ληφθείς. γέγονε μὲν δὴ ἢ ἔστι τὸ συμβεβηκός, ἀλλ' οὐχ ᾗ αὐτὸ ἀλλ' ᾗ ἕτερον· ὁ γὰρ χειμὼν αἴτιος τοῦ μὴ ὅπου ἔπλει ἐλθεῖν [τοῦτο δ' ἦν Αἴγινα]. λέγεται δὲ καὶ ἄλλως συμβεβηκός, οἷον ὅσα ὑπάρχει ἑκάστῳ καθ' αὐτὸ μὴ ἐν τῇ οὐσίᾳ ὄντα, οἷον τῷ τριγώνῳ τὸ δύο ὀρθὰς ἔχειν. καὶ ταῦτα μὲν ἐνδέχεται ἀίδια εἶναι, ἐκείνων δὲ οὐδέν. λόγος δὲ τούτου ἐν ἑτέροις.

---

13 οὕτως Aᵇ: οὗτος Alᵖ: τοῦτο Π   15 ὡς Al Ascl, add. Eucken: δὲ Aᵇ: om. Π   18 ἢ μετὰ τοῦτο om. J   19 δ' scripsi: δὲ Aᵇ Alᵖ: γ' Π   20 οὐκ ... οὐδ' Aᵇ   22 τι Π Alᵖ: om. Aᵇ   25 ἀλλὰ Aᵇ J Alᶜ: om. E   26 τῳ Π (τῶ J) Alᵖ: τὸ Aᵇ Ascl   27 ἢ ὑπὸ λῃστῶν ληφθείς non interpr. Al   28 ἢ ex Alᶜ Ross: ᾗ Aᵇ: καὶ E: om. J   29 ὅπου Π: οὗ Aᵇ   30 τοῦτο δ' ἦν Αἴγινα delevi, om. Alᵖ Ascl Arab, iam susp. Christ   ἦν Π: εἶναι Aᵇ sscr. E; εἶναι ex ἦν et sequenti αι ortum   31 καὶ μὴ Alᶜ   32 οἷον Π: ὥσπερ Aᵇ   καὶ ταῦτα ἴδια αἴτια Al γρ ex dittographia?   34 cf. Anal. post. I. 6–7

ΤΩΝ ΜΕΤΑ ΤΑ ΦΥΣΙΚΑ Ε

Ε

Αἱ ἀρχαὶ καὶ τὰ αἴτια ζητεῖται τῶν ὄντων, δῆλον δὲ ὅτι ᾗ ὄντα. ἔστι γάρ τι αἴτιον ὑγιείας καὶ εὐεξίας, καὶ τῶν μαθηματικῶν εἰσὶν ἀρχαὶ καὶ στοιχεῖα καὶ αἴτια, καὶ ὅλως δὲ πᾶσα ἐπιστήμη διανοητικὴ ἢ μετέχουσά τι διανοίας περὶ αἰτίας καὶ ἀρχάς ἐστιν ἢ ἀκριβεστέρας ἢ ἁπλουστέρας. ἀλλὰ πᾶσαι αὗται περὶ ὄν τι καὶ γένος τι περιγραψάμεναι περὶ τούτου πραγματεύονται, ἀλλ' οὐχὶ περὶ ὄντος ἁπλῶς οὐδὲ ᾗ ὄν, οὐδὲ τοῦ τί ἐστιν οὐθένα λόγον ποιοῦνται, ἀλλ' ἐκ τούτου, αἱ μὲν αἰσθήσει ποιήσασαι αὐτὸ δῆλον αἱ δ' ὑπόθεσιν λαβοῦσαι τὸ τί ἐστιν, οὕτω τὰ καθ' αὑτὰ ὑπάρχοντα τῷ γένει περὶ ὅ εἰσιν ἀποδεικνύουσιν ἢ ἀναγκαιότερον ἢ μαλακώτερον· διόπερ φανερὸν ὅτι οὐκ ἔστιν ἀπόδειξις οὐσίας οὐδὲ τοῦ τί ἐστιν ἐκ τῆς τοιαύτης ἐπαγωγῆς, ἀλλά τις ἄλλος τρόπος τῆς δηλώσεως. ὁμοίως δὲ οὐδ' εἰ ἔστιν ἢ μὴ ἔστι τὸ γένος περὶ ὃ πραγματεύονται οὐδὲν λέγουσι, διὰ τὸ τῆς αὐτῆς εἶναι διανοίας τό τε τί ἐστι δῆλον ποιεῖν καὶ εἰ ἔστιν.—ἐπεὶ δὲ καὶ ἡ φυσικὴ ἐπιστήμη τυγχάνει οὖσα περὶ γένος τι τοῦ ὄντος (περὶ γὰρ τὴν τοιαύτην ἐστὶν οὐσίαν ἐν ᾗ ἡ ἀρχὴ τῆς κινήσεως καὶ στάσεως ἐν αὐτῇ), δῆλον ὅτι οὔτε πρακτική ἐστιν οὔτε ποιητική (τῶν μὲν γὰρ ποιητῶν ἐν τῷ ποιοῦντι ἡ ἀρχή, ἢ νοῦς ἢ τέχνη ἢ δύναμίς τις, τῶν δὲ πρακτῶν ἐν τῷ πράττοντι, ἡ προαίρεσις· τὸ αὐτὸ γὰρ τὸ πρακτὸν καὶ τὸ προαιρετόν), ὥστε εἰ πᾶσα διάνοια ἢ πρακτικὴ ἢ ποιητικὴ ἢ θεωρητική, ἡ φυσικὴ θεωρητική τις ἂν εἴη, ἀλλὰ θεωρητικὴ περὶ τοιοῦ-

Ε 1, cf. Κ 7

ΤΩΝ ΜΕΤΑ ΤΑ ΦΥΣΙΚΑ Ε

τον ὃν ὅ ἐστι δυνατὸν κινεῖσθαι, καὶ περὶ οὐσίαν τὴν κατὰ τὸν λόγον ὡς ἐπὶ τὸ πολύ, οὐ χωριστὴν μόνον. δεῖ δὲ τὸ τί ἦν εἶναι καὶ τὸν λόγον πῶς ἐστὶ μὴ λανθάνειν, ὡς ἄνευ γε
30 τούτου τὸ ζητεῖν μηδέν ἐστι ποιεῖν. ἔστι δὲ τῶν ὁριζομένων καὶ τῶν τί ἐστι τὰ μὲν ὡς τὸ σιμὸν τὰ δ' ὡς τὸ κοῖλον. διαφέρει δὲ ταῦτα ὅτι τὸ μὲν σιμὸν συνειλημμένον ἐστὶ μετὰ τῆς ὕλης (ἔστι γὰρ τὸ σιμὸν κοίλη ῥίς), ἡ δὲ κοιλότης ἄνευ ὕλης αἰσθητῆς. εἰ δὴ πάντα τὰ φυσικὰ ὁμοίως τῷ
1026ᵃ σιμῷ λέγονται, οἷον ῥὶς ὀφθαλμὸς πρόσωπον σὰρξ ὀστοῦν, ὅλως ζῷον, φύλλον ῥίζα φλοιός, ὅλως φυτόν (οὐθενὸς γὰρ ἄνευ κινήσεως ὁ λόγος αὐτῶν, ἀλλ' ἀεὶ ἔχει ὕλην), δῆλον πῶς δεῖ ἐν τοῖς φυσικοῖς τὸ τί ἐστι ζητεῖν καὶ ὁρίζε-
5 σθαι, καὶ διότι καὶ περὶ ψυχῆς ἐνίας θεωρῆσαι τοῦ φυσικοῦ, ὅση μὴ ἄνευ τῆς ὕλης ἐστίν. ὅτι μὲν οὖν ἡ φυσικὴ θεωρητική ἐστι, φανερὸν ἐκ τούτων· ἀλλ' ἔστι καὶ ἡ μαθηματικὴ θεωρητική· ἀλλ' εἰ ἀκινήτων καὶ χωριστῶν ἐστί, νῦν ἄδηλον, ὅτι μέντοι ἔνια μαθήματα ᾗ ἀκίνητα καὶ ᾗ χωρι-
10 στὰ θεωρεῖ, δῆλον. εἰ δέ τί ἐστιν ἀΐδιον καὶ ἀκίνητον καὶ χωριστόν, φανερὸν ὅτι θεωρητικῆς τὸ γνῶναι, οὐ μέντοι φυσικῆς γε [περὶ κινητῶν γάρ τινων ἡ φυσική] οὐδὲ μαθηματικῆς, ἀλλὰ προτέρας ἀμφοῖν. ἡ μὲν γὰρ φυσικὴ περὶ χωριστὰ μὲν ἀλλ' οὐκ ἀκίνητα, τῆς δὲ μαθηματικῆς ἔνια
15 περὶ ἀκίνητα μὲν οὐ χωριστὰ δὲ ἴσως ἀλλ' ὡς ἐν ὕλῃ· ἡ

---

28 ὥς ante οὐ add. E, sed οὐ χ. μόνον idem est quod πλὴν οὐ χ., sic et Alᵖ 30 ἔστι δὲ τῶν Aᵇ Alᶜ: τῶν δ' Π: τῶν δὴ E γρ 31 μὲν Aᵇ et fort. Al: μὲν οὕτως ὑπάρχει Π Ascl 33 τὸ μὲν Aᵇ 1026ᵃ 3 ἀεὶ om. Aᵇ 5 an ἔνια? cf. *Part. an.* 641ᵇ9-10 (cf. 9, 14) 7 τίς ἐστι Aᵇ 8 ἐστί Aᵇ E Al: ἔτι J et Asclᵖ ut vid. 9 μέντοι Aᵇ J: μὲν οὖν E μαθήματα codd. Alᵖ, sed dubium hoc sensu (= θεωρήματα) cf. *Ind. Ar.* 441ᵃ33 (de ἔνια cf. 5, 14) ᾗ alt.] μὴ Schwegler 10 θεωρεῖται J coniectura a verbo μαθήματα orta; cf. ad 9 12 verba seclusi, non interpr. Al, leg. vid. Ascl; cf. 13-14 12-13 μαθ. γε ἀλλ' ἑτέρας προτέρας Aᵇ, ἑτ. om. Π Asclᵖ; ἑτέρας est var. lect. ex 1064ᵃ34 illata 14 χωριστὰ Schwegler: ἀχώριστα codd. Alᶜ: difficultatem circumiit Ascl, vidit ergo. error fort. ex loco 1025ᵇ28 male intellecto ortus

ΤΩΝ ΜΕΤΑ ΤΑ ΦΥΣΙΚΑ Ε

δὲ πρώτη καὶ περὶ χωριστὰ καὶ ἀκίνητα. ἀνάγκη δὲ πάντα μὲν τὰ αἴτια ἀίδια εἶναι, μάλιστα δὲ ταῦτα· ταῦτα γὰρ αἴτια τοῖς φανεροῖς τῶν θείων. ὥστε τρεῖς ἂν εἶεν φιλοσοφίαι θεωρητικαί, μαθηματική, φυσική, θεολογική· οὐ γὰρ ἄδηλον ὅτι εἴ που τὸ θεῖον ὑπάρχει, ἐν τῇ τοιαύτῃ φύσει 20 ὑπάρχει, καὶ τὴν τιμιωτάτην δεῖ περὶ τὸ τιμιώτατον γένος εἶναι. αἱ μὲν οὖν θεωρητικαὶ τῶν ἄλλων ἐπιστημῶν αἱρετώτεραι, αὕτη δὲ τῶν θεωρητικῶν. ἀπορήσειε γὰρ ἄν τις πότερόν ποθ' ἡ πρώτη φιλοσοφία καθόλου ἐστὶν ἢ περί τι γένος καὶ φύσιν τινὰ μίαν (οὐ γὰρ ὁ αὐτὸς τρόπος οὐδ' ἐν 25 ταῖς μαθηματικαῖς, ἀλλ' ἡ μὲν γεωμετρία καὶ ἀστρολογία περί τινα φύσιν εἰσίν, ἡ δὲ καθόλου πασῶν κοινή)· εἰ μὲν οὖν μὴ ἔστι τις ἑτέρα οὐσία παρὰ τὰς φύσει συνεστηκυίας, ἡ φυσικὴ ἂν εἴη πρώτη ἐπιστήμη· εἰ δ' ἔστι τις οὐσία ἀκίνητος, αὕτη προτέρα καὶ φιλοσοφία πρώτη, καὶ καθόλου οὕτως 30 ὅτι πρώτη· καὶ περὶ τοῦ ὄντος ᾗ ὂν ταύτης ἂν εἴη θεωρῆσαι, καὶ τί ἐστι καὶ τὰ ὑπάρχοντα ᾗ ὄν.

2 Ἀλλ' ἐπεὶ τὸ ὂν τὸ ἁπλῶς λεγόμενον λέγεται πολλαχῶς, ὧν ἓν μὲν ἦν τὸ κατὰ συμβεβηκός, ἕτερον δὲ τὸ ὡς ἀληθές, καὶ τὸ μὴ ὂν τὸ ὡς ψεῦδος, παρὰ ταῦτα δ' 35 ἐστὶ τὰ σχήματα τῆς κατηγορίας (οἷον τὸ μὲν τί, τὸ δὲ ποιόν, τὸ δὲ ποσόν, τὸ δὲ πού, τὸ δὲ ποτέ, καὶ εἴ τι ἄλλο σημαίνει τὸν τρόπον τοῦτον), ἔτι παρὰ ταῦτα πάντα τὸ δυνάμει καὶ ἐνεργείᾳ·—ἐπεὶ δὴ πολλαχῶς λέγεται τὸ ὄν,

E 2-4, cf. K 8. 1064[b]15—1065[a]26

17 εἶναι om. Π Al[1]   18 θείων E Al[c] : θείων ἢ A[b] : αἰσθητῶν J E γρ Al γρ; cf. Phys. 196[a]33   19 οὐ ... 22 εἶναι post 23 θεωρητικῶν ponenda esse vidit Ross collato 1064[b]3-6   22 καὶ τῶν A[b]   αἱρετώτεραι Π Al[p] : αἱρετώταται A[b]   23 γὰρ codd. Al[c] : an δ' ? cf. 1064[b]6   25 τινὰ A[b] Al[p] : om. Π   27 ἡ A[b] : ἐκείνη Π   πασῶν] καὶ πᾶσι E γρ   33 λέγεται πολλαχῶς] cf. Δ 1017[a]7 sq., qui tamen liber non antecedebat, cum Ar. haec scripsit (cf. ad 1012[b]34)   35 τὸ ὡς Bonitz: ὡς τὸ A[b] J: τὸ om. E; cf. 1051[b]33-34 et 1027[b]18   1026[b] 2 καὶ τὸ A[h]   ἐπεὶ δὲ A[b]: ἐπειδὴ E

123

1026ᵇ ΤΩΝ ΜΕΤΑ ΤΑ ΦΥΣΙΚΑ Ε

πρῶτον περὶ τοῦ κατὰ συμβεβηκὸς λεκτέον, ὅτι οὐδεμία ἐστὶ περὶ αὐτὸ θεωρία. σημεῖον δέ· οὐδεμιᾷ γὰρ ἐπιστήμῃ ἐπι-
5 μελὲς περὶ αὐτοῦ οὔτε πρακτικῇ οὔτε ποιητικῇ οὔτε θεωρητικῇ. οὔτε γὰρ ὁ ποιῶν οἰκίαν ποιεῖ ὅσα συμβαίνει ἅμα τῇ οἰκίᾳ γιγνομένῃ (ἄπειρα γάρ ἐστιν· τοῖς μὲν γὰρ ἡδεῖαν τοῖς δὲ βλαβερὰν τοῖς δ' ὠφέλιμον οὐθὲν εἶναι κωλύει τὴν ποιηθεῖ-σαν, καὶ ἑτέραν ὡς εἰπεῖν πάντων τῶν ὄντων· ὧν οὐθενός
10 ἐστιν ἡ οἰκοδομικὴ ποιητική), τὸν αὐτὸν δὲ τρόπον οὐδ' ὁ γεω-μέτρης θεωρεῖ τὰ οὕτω συμβεβηκότα τοῖς σχήμασιν, οὐδ' εἰ ἕτερόν ἐστι τρίγωνον καὶ τρίγωνον δύο ὀρθὰς ἔχον. καὶ τοῦτ' εὐλόγως συμπίπτει· ὥσπερ γὰρ ὄνομά τι μόνον τὸ συμβεβη-κός ἐστιν. διὸ Πλάτων τρόπον τινὰ οὐ κακῶς τὴν σοφιστι-
15 κὴν περὶ τὸ μὴ ὂν ἔταξεν. εἰσὶ γὰρ οἱ τῶν σοφιστῶν λόγοι περὶ τὸ συμβεβηκὸς ὡς εἰπεῖν μάλιστα πάντων, πότερον ἕτερον ἢ ταὐτὸν μουσικὸν καὶ γραμματικόν, καὶ μουσικὸς Κορίσκος καὶ Κορίσκος, καὶ εἰ πᾶν ὃ ἂν ᾖ, μὴ ἀεὶ δέ, γέ-γονεν, ὥστ' εἰ μουσικὸς ὢν γραμματικὸς γέγονε, καὶ γραμ-
20 ματικὸς ὢν μουσικός, καὶ ὅσοι δὴ ἄλλοι τοιοῦτοι τῶν λόγων εἰσίν· φαίνεται γὰρ τὸ συμβεβηκὸς ἐγγύς τι τοῦ μὴ ὄντος. δῆλον δὲ καὶ ἐκ τῶν τοιούτων λόγων· τῶν μὲν γὰρ ἄλλον τρόπον ὄντων ἔστι γένεσις καὶ φθορά, τῶν δὲ κατὰ συμ-βεβηκὸς οὐκ ἔστιν. ἀλλ' ὅμως λεκτέον ἔτι περὶ τοῦ συμβεβη-
25 κότος ἐφ' ὅσον ἐνδέχεται, τίς ἡ φύσις αὐτοῦ καὶ διὰ τίν' αἰτίαν ἔστιν· ἅμα γὰρ δῆλον ἴσως ἔσται καὶ διὰ τί ἐπιστήμη οὐκ ἔστιν αὐτοῦ.—ἐπεὶ οὖν ἐστιν ἐν τοῖς οὖσι τὰ μὲν ἀεὶ ὡσ-αύτως ἔχοντα καὶ ἐξ ἀνάγκης, οὐ τῆς κατὰ τὸ βίαιον λεγο-μένης ἀλλ' ἣν λέγομεν τῷ μὴ ἐνδέχεσθαι ἄλλως, τὰ δ'
30 ἐξ ἀνάγκης μὲν οὐκ ἔστιν οὐδ' ἀεί, ὡς δ' ἐπὶ τὸ πολύ, . . . αὕτη

3-4 περὶ αὐτό ἐστι Π (ταὐτὸ E)   7 τοῖς μὲν γὰρ ἡδεῖαν ⟨τοῖς δὲ λυπη-ράν, καὶ τοῖς μὲν⟩ βλαβερὰν conicio ex Alᵖ   9 ὄντων tuetur Alᵖ; cf. E.N. 1141ᵃ32-33   13 ὄνομά τι Alᶜ: ὀνόματι Aᵇ Π   τὸ κατὰ συμβ. Alᶜ   14 Plat. Soph. 237 sq.   17 καὶ pr. Π Alᵖ: ἢ Aᵇ   18 καὶ Κορίσκος Aᵇ J: om. E   30 τὸ πολύ, ⟨τὰ δ' οὔτ' ἀεὶ οὔθ' ὡς ἐπὶ τὸ πολὺ⟩ collato ᵇ35, 1064ᵇ35, et Al 453. 1 supplendum censeo (cf. Herm. 52. 491)

ΤΩΝ ΜΕΤΑ ΤΑ ΦΥΣΙΚΑ Ε

ἀρχὴ καὶ αὕτη αἰτία ἐστὶ τοῦ εἶναι τὸ συμβεβηκός· ὃ γὰρ ἂν ᾖ μήτ' ἀεὶ μήθ' ὡς ἐπὶ τὸ πολύ, τοῦτό φαμεν συμβεβηκὸς εἶναι. οἷον ἐπὶ κυνὶ ἂν χειμὼν γένηται καὶ ψῦχος, τοῦτο συμβῆναί φαμεν, ἀλλ' οὐκ ἂν πνῖγος καὶ ἀλέα, ὅτι τὸ μὲν ἀεὶ ἢ ὡς ἐπὶ τὸ πολὺ τὸ δ' οὔ. καὶ τὸν ἄνθρωπον 35 λευκὸν εἶναι συμβέβηκεν (οὔτε γὰρ ἀεὶ οὔθ' ὡς ἐπὶ τὸ πολύ), ζῷον δ' οὐ κατὰ συμβεβηκός. καὶ τὸ ὑγιάζειν δὲ τὸν οἰκοδόμον συμβεβηκός, ὅτι οὐ πέφυκε τοῦτο ποιεῖν οἰκοδόμος ἀλλὰ ἰατρός, ἀλλὰ συνέβη ἰατρὸν εἶναι τὸν οἰκοδόμον. καὶ ὀψοποιὸς ἡδονῆς στοχαζόμενος ποιήσειεν ἄν τινι ὑγίειαν, ἀλλ' οὐ κατὰ τὴν ὀψοποιητικήν· διὸ συνέβη, φαμέν, καὶ ἔστιν ὡς ποιεῖ, ἁπλῶς δ' οὔ. τῶν μὲν γὰρ ἄλλων ἐνίοτε †δυ- 5 νάμεις εἰσὶν [αἱ] ποιητικαί, τῶν δ' οὐδεμία τέχνη οὐδὲ δύναμις ὡρισμένη· τῶν γὰρ κατὰ συμβεβηκὸς ὄντων ἢ γιγνομένων καὶ τὸ αἴτιόν ἐστι κατὰ συμβεβηκός. ὥστ' ἐπεὶ οὐ πάντα ἐστὶν ἐξ ἀνάγκης καὶ ἀεὶ ἢ ὄντα ἢ γιγνόμενα, ἀλλὰ τὰ πλεῖστα ὡς ἐπὶ τὸ πολύ, ἀνάγκη εἶναι τὸ κατὰ συμβεβη- 10 κὸς ὄν· οἷον οὔτ' ἀεὶ οὔθ' ὡς ἐπὶ τὸ πολὺ ὁ λευκὸς μουσικός ἐστιν, ἐπεὶ δὲ γίγνεταί ποτε, κατὰ συμβεβηκὸς ἔσται (εἰ δὲ μή, πάντ' ἔσται ἐξ ἀνάγκης)· ὥστε ἔσται ἡ ὕλη ἡ ἐνδεχομένη παρὰ τὸ ὡς ἐπὶ τὸ πολὺ ἄλλως τοῦ συμβεβηκότος αἰτία. ἀρχὴν δὲ τηνδὶ ληπτέον, πότερον οὐδέν ἐστιν οὔτ' αἰεὶ 15 οὔθ' ὡς ἐπὶ τὸ πολύ, ἢ τοῦτο ἀδύνατον. ἔστιν ἄρα τι παρὰ

37 τὸ ... οἰκοδόμον A^b Al^p: τὸ τὸν οἰκοδόμον ὑγείαν ποιῆσαι Π (cf. 1027^a3) 1027^a 1 κατὰ συμβ. A^b: κατὰ om. Π Al^p 3 τινι A^b J Al^p Ascl: τι E ὑγίειαν scripsi: ὑγιεινόν A^b Π Al^p (qui τι βρῶμα supplet); cf. ad 1026^b37 4 ὀψοποιητικήν A^b E² Ascl^c: ὀψοποιικήν Π; cf. ad 1013^b7 5 ἄλλων E Al^p: ἄλλαι A^b J ἐνίοτε corruptum: αἰτίαι καὶ δυνάμεις Al^p unde αἰτίαι τε καὶ pro ἐνίοτε corr. Bonitz 6 αἱ seclusi, om. Al^p Ascl^c 7 γιγνομένων Π Al^p: γενομένων A^b 8 ἐπεὶ A^b Al^p: ἐπειδὴ Π 13 ὥστε ... 16 ἀδύνατον ante 8 ὥστε coll. Bonitz (non Al^p) ἡ ὕλη ἔσται Π ἡ ὕλη ἡ ἐνδ. ... αἴτιον τοῦ συμβ. Al^p 14 ἄλλως Π Al: om. A^b 15 αἰτία ante 13 ἡ ἐνδ. coll. Π τήνδε A^b 15–17 nota memorialis margini adscripta fuisse vid., quae consilium amplificandae disputationis prodit 16 ἔστιν] εἴη A^b

ΤΩΝ ΜΕΤΑ ΤΑ ΦΥΣΙΚΑ Ε

ταῦτα τὸ ὁπότερ᾽ ἔτυχε καὶ κατὰ συμβεβηκός. ἀλλὰ πότερον τὸ ὡς ἐπὶ τὸ πολύ, τὸ δ᾽ ἀεὶ οὐθενὶ ὑπάρχει, ἢ ἔστιν ἄττα ἀΐδια; περὶ μὲν οὖν τούτων ὕστερον σκεπτέον, ὅτι δ᾽ ἐπιστήμη οὐκ ἔστι τοῦ συμβεβηκότος φανερόν· ἐπιστήμη μὲν γὰρ πᾶσα ἢ τοῦ ἀεὶ ἢ τοῦ ὡς ἐπὶ τὸ πολύ—πῶς γὰρ ἢ μαθήσεται ἢ διδάξει ἄλλον; δεῖ γὰρ ὡρίσθαι ἢ τῷ ἀεὶ ἢ τῷ ὡς ἐπὶ τὸ πολύ, οἷον ὅτι ὠφέλιμον τὸ μελίκρατον τῷ πυρέττοντι ὡς ἐπὶ τὸ πολύ—τὸ δὲ παρὰ τοῦτο οὐχ ἕξει λέγειν, πότε οὔ, οἷον νουμηνίᾳ· ἢ γὰρ ἀεὶ ἢ ὡς ἐπὶ τὸ πολὺ καὶ τὸ τῇ νουμηνίᾳ· τὸ δὲ συμβεβηκός ἐστι παρὰ ταῦτα. τί μὲν οὖν ἐστὶ τὸ συμβεβηκὸς καὶ διὰ τίν᾽ αἰτίαν καὶ ὅτι ἐπιστήμη οὐκ ἔστιν αὐτοῦ, εἴρηται.

Ὅτι δ᾽ εἰσὶν ἀρχαὶ καὶ αἴτια γενητὰ καὶ φθαρτὰ 3 ἄνευ τοῦ γίγνεσθαι καὶ φθείρεσθαι, φανερόν. εἰ γὰρ μὴ τοῦτ᾽, ἐξ ἀνάγκης πάντ᾽ ἔσται, εἰ τοῦ γιγνομένου καὶ φθειρομένου μὴ κατὰ συμβεβηκὸς αἴτιόν τι ἀνάγκη εἶναι. πότερον γὰρ ἔσται τοδὶ ἢ οὔ; ἐάν γε τοδὶ γένηται· εἰ δὲ μή, οὔ. τοῦτο δὲ ἂν ἄλλο. καὶ οὕτω δῆλον ὅτι ἀεὶ χρόνου ἀφαιρουμένου ἀπὸ πεπερασμένου χρόνου ἥξει ἐπὶ τὸ νῦν, ὥστε ὁδὶ ἀποθανεῖται [νόσῳ ἢ] βίᾳ, ἐάν γε ἐξέλθῃ· τοῦτο δὲ ἐὰν διψήσῃ· τοῦτο δὲ ἐὰν ἄλλο· καὶ οὕτως ἥξει εἰς ὃ νῦν ὑπάρχει, ἢ εἰς τῶν γεγονότων τι. οἷον ἐὰν διψήσῃ· τοῦτο δὲ εἰ ἐσθίει δριμέα· τοῦτο δ᾽ ἤτοι ὑπάρχει ἢ οὔ· ὥστ᾽ ἐξ ἀνάγκης ἀποθανεῖται ἢ οὐκ ἀποθανεῖται. ὁμοίως δὲ κἂν ὑπερπηδήσῃ τις εἰς τὰ γενόμενα, ὁ αὐτὸς λόγος· ἤδη γὰρ ὑπάρχει τοῦτο ἔν

---

18 τὸ pr. A^b Π: τὸ μὲν E γρ Al^c: ἔστι μὲν τὸ Christ, verbum aliquod legit et Al^p   19 cf. Λ 7   21 πῶς γὰρ ἂν ἢ Π   25 οὔ om. A^b J Al^p   ἢ pr.: ᾗ E γρ   26 τὸ pr. Π Al^p: om. A^b   29 tertium caput postea interpositum esse videtur peracta iam de accidente quaestione, cf. 27 et 1026^b25–27   ante 29 ἀρχαὶ supplet Al τῶν κατὰ συμβεβηκὸς ὄντων, quae nescio an ex 1065^a6 sumpserit   30 ἄνευ τοῦ γίγνεσθαι (scil. τὰ συμβεβηκότα) cf. 1026^b22–23   34 τούτου E γρ ἂν Al^c sscr. A^b: om. Π   ἄλλου J E γρ   1027^b 1 χρόνου om. Al^c ὅδε Π   2 νόσῳ ἢ secl. Ross; cf. 10   τοῦτο ... διψήσῃ Π Al^c: om. A^b

ΤΩΝ ΜΕΤΑ ΤΑ ΦΥΣΙΚΑ Ε 1027ᵇ

τινι, λέγω δὲ τὸ γεγονός· ἐξ ἀνάγκης ἄρα πάντα ἔσται τὰ
ἐσόμενα, οἷον τὸ ἀποθανεῖν τὸν ζῶντα· ἤδη γάρ τι γέγονεν,
οἷον τὰ ἐναντία ἐν τῷ αὐτῷ. ἀλλ' εἰ νόσῳ ἢ βίᾳ, 10
οὔπω, ἀλλ' ἐὰν τοδὶ γένηται. δῆλον ἄρα ὅτι μέχρι τινὸς
βαδίζει ἀρχῆς, αὕτη δ' οὐκέτι εἰς ἄλλο. ἔσται οὖν ἡ τοῦ
ὁπότερ' ἔτυχεν αὕτη, καὶ αἴτιον τῆς γενέσεως αὐτῆς ἄλλο
οὐθέν. ἀλλ' εἰς ἀρχὴν ποίαν καὶ αἴτιον ποῖον ἡ ἀναγωγὴ ἡ
τοιαύτη, πότερον ὡς εἰς ὕλην ἢ ὡς εἰς τὸ οὗ ἕνεκα ἢ ὡς εἰς 15
τὸ κινῆσαν, μάλιστα σκεπτέον.

4 Περὶ μὲν οὖν τοῦ κατὰ συμβεβηκὸς ὄντος ἀφείσθω.
διώρισται γὰρ ἱκανῶς· τὸ δὲ ὡς ἀληθὲς ὂν καὶ ⟨τὸ⟩ μὴ ὂν ὡς
ψεῦδος ἐπειδὴ περὶ σύνθεσίν ἐστι καὶ διαίρεσιν, τὸ δὲ σύν-
ολον περὶ μερισμὸν ἀντιφάσεως (τὸ μὲν γὰρ ἀληθὲς τὴν 20
κατάφασιν ἐπὶ τῷ συγκειμένῳ ἔχει τὴν δ' ἀπόφασιν ἐπὶ
τῷ διῃρημένῳ, τὸ δὲ ψεῦδος τούτου τοῦ μερισμοῦ τὴν ἀντί-
φασιν· πῶς δὲ τὸ ἅμα ἢ τὸ χωρὶς νοεῖν συμβαίνει, ἄλλος
λόγος, λέγω δὲ τὸ ἅμα καὶ τὸ χωρὶς ὥστε μὴ τῷ ἐφεξῆς
ἀλλ' ἕν τι γίγνεσθαι)· οὐ γάρ ἐστι τὸ ψεῦδος καὶ τὸ ἀληθὲς 25
ἐν τοῖς πράγμασιν, οἷον τὸ μὲν ἀγαθὸν ἀληθὲς τὸ δὲ κα-
κὸν εὐθὺς ψεῦδος, ἀλλ' ἐν διανοίᾳ, περὶ δὲ τὰ ἁπλᾶ καὶ
τὰ τί ἐστιν οὐδ' ἐν διανοίᾳ·—ὅσα μὲν οὖν δεῖ θεωρῆσαι περὶ
τὸ οὕτως ὂν καὶ μὴ ὄν, ὕστερον ἐπισκεπτέον· ἐπεὶ δὲ ἡ συμ-
πλοκή ἐστιν καὶ ἡ διαίρεσις ἐν διανοίᾳ ἀλλ' οὐκ ἐν τοῖς 30
πράγμασι, τὸ δ' οὕτως ὂν ἕτερον ὂν τῶν κυρίως (ἢ γὰρ τὸ
τί ἐστιν ἢ ὅτι ποιὸν ἢ ὅτι ποσὸν ἢ εἴ τι ἄλλο συνάπτει ἢ

10 σώματι post αὐτῷ add. Π: om. Aᵇ Alᶜ; cf. 1046ᵇ16   13 ἄλλο
Aᵇ Alᵖ: om. Π   15 εἰς alt. om. Aᵇ   16 post σκεπτέον in medio
abrumpitur disputatio   17 de hoc capite additicio disputavi Entst.
d. Met. 20–28   18 ἀληθῶς E γρ   τὸ alt. ex Alᶜ addidi   19 περὶ
Asclᶜ recc.: παρὰ Aᵇ Π Alᶜ   24 τὸ alt. om. Aᵇ Alᶜ   τῷ codd.
(scil. τοιοῦτον εἶναι), cf. 1005ᵃ11: τὸ Alᶜ   25–29 an ad alt. rec.
pertinent? (cf. Entst. d. Met. l.c.)   25 καὶ Aᵇ J: τε καὶ E   27
εὐθὺς Alᶜ Aᵇ (εὐθὺ): om. Π   28 ἐν τῇ Ε   29 ὕστερον] cf. 1051ᵇ17
30 καὶ ἡ Aᵇ Alᶜ: ἢ Π   ἐν τῇ δ. Alᶜ   31 κυρίως Aᵇ Alᶜ: κυρίων Π
32 εἰ om. Aᵇ et fort. Al

1027ᵇ   ΤΩΝ ΜΕΤΑ ΤΑ ΦΥΣΙΚΑ Ε, Ζ

διαιρεῖ ἡ διάνοια), τὸ μὲν ὡς συμβεβηκὸς καὶ τὸ ὡς ἀληθὲς ὂν ἀφετέον—τὸ γὰρ αἴτιον τοῦ μὲν ἀόριστον τοῦ δὲ τῆς
1028ᵃ διανοίας τι πάθος, καὶ ἀμφότερα περὶ τὸ λοιπὸν γένος τοῦ ὄντος, καὶ οὐκ ἔξω δηλοῦσιν οὖσάν τινα φύσιν τοῦ ὄντος—διὸ ταῦτα μὲν ἀφείσθω, σκεπτέον δὲ τοῦ ὄντος αὐτοῦ τὰ αἴτια καὶ τὰς ἀρχὰς ᾗ ὄν. [φανερὸν δ' ἐν οἷς διωρισάμεθα περὶ
5 τοῦ ποσαχῶς λέγεται ἕκαστον, ὅτι πολλαχῶς λέγεται τὸ ὄν.]

Ζ

10 Τὸ ὂν λέγεται πολλαχῶς, καθάπερ διειλόμεθα πρότερον ἐν τοῖς περὶ τοῦ ποσαχῶς· σημαίνει γὰρ τὸ μὲν τί ἐστι καὶ τόδε τι, τὸ δὲ ποιὸν ἢ ποσὸν ἢ τῶν ἄλλων ἕκαστον τῶν οὕτω κατηγορουμένων. τοσαυταχῶς δὲ λεγομένου τοῦ ὄντος φανερὸν ὅτι τούτων πρῶτον ὂν τὸ τί ἐστιν, ὅπερ σημαί-
15 νει τὴν οὐσίαν (ὅταν μὲν γὰρ εἴπωμεν ποῖόν τι τόδε, ἢ ἀγαθὸν λέγομεν ἢ κακόν, ἀλλ' οὐ τρίπηχυ ἢ ἄνθρωπον· ὅταν δὲ τί ἐστιν, οὐ λευκὸν οὐδὲ θερμὸν οὐδὲ τρίπηχυ, ἀλλὰ ἄνθρωπον ἢ θεόν), τὰ δ' ἄλλα λέγεται ὄντα τῷ τοῦ οὕτως ὄντος τὰ μὲν ποσότητες εἶναι, τὰ δὲ ποιότητες, τὰ δὲ πάθη, τὰ δὲ
20 ἄλλο τι τοιοῦτον. διὸ καὶ ἀπορήσειεν ⟨ἄν⟩ τις πότερον τὸ βαδί-

---

33 διαιρεῖ ex Al Bonitz: ἀφαιρεῖ Aᵇ Π, sed cf. 30 ἀληθὲς Π Alᵖ: ἀληθῶς Aᵇ 1028ᵃ 2 τοῦ om. Aᵇ 4–6 a vetere redactore post lib. Δ insertum adiecta esse vidit Christ (cf. 1017ᵃ22 sq.); legit hoc loco Al; de huiusmodi 'custodibus', qui ordinem voluminum indicabant, cf. *Entst. d. Met.* 168 5 ὅτι ... 6 ὄν om. Aᵇ 6 post ὄν verba σημαίνει γὰρ τὸ μὲν τί ἐστιν add. Π τοῦτο δοκεῖ ἀτελὲς εἶναι add. E² J² 10 liber Ζ una cum ΗΘ olim separatus extitisse videtur sic ut Δ (cf. ad 1012ᵇ34). Ζ 1029ᵇ1 ad hunc locum refert verbis ἐν ἀρχῇ διειλόμεθα et *I* 1053ᵇ17 librum Ζ appellat τοὺς περὶ οὐσίας λόγους (cf. *Entst. d. Met.* 109 sq.). at si verba ᵃ10 διειλόμεθα πρότερον et *I* 1052ᵃ16 εἴρηται πρότερον ad librum Δ eodem loco quo nunc exstat praecedentem spectant, ab editore Peripatetico, non ab Ar. addita sunt 12 δὲ Aᵇ Alᵖ: δὲ ὅτι Π 16 κακόν Π: καλόν Aᵇ Alᶜ 18 οὕτως] ὄντως J γρ 20 τοιοῦτον om. Aᵇ καὶ Aᵇ Alᶜ: κἂν Π ἄν addidi ex Alᶜ

ΤΩΝ ΜΕΤΑ ΤΑ ΦΥΣΙΚΑ Ζ   1028ᵃ

ζειν καὶ τὸ ὑγιαίνειν καὶ τὸ καθῆσθαι ἕκαστον αὐτῶν ὂν ἢ μὴ ὄν, ὁμοίως δὲ καὶ ἐπὶ τῶν ἄλλων ὁτουοῦν τῶν τοιούτων· οὐδὲν γὰρ αὐτῶν ἐστὶν οὔτε καθ' αὑτὸ [πεφυκὸς] οὔτε χωρίζεσθαι δυνατὸν τῆς οὐσίας, ἀλλὰ μᾶλλον, εἴπερ, τὸ βαδίζον τῶν ὄντων καὶ τὸ καθήμενον καὶ τὸ ὑγιαῖνον. ταῦτα δὲ 25 μᾶλλον φαίνεται ὄντα, διότι ἔστι τι τὸ ὑποκείμενον αὐτοῖς ὡρισμένον (τοῦτο δ' ἐστὶν ἡ οὐσία καὶ τὸ καθ' ἕκαστον), ὅπερ ἐμφαίνεται ἐν τῇ κατηγορίᾳ τῇ τοιαύτῃ· τὸ ἀγαθὸν γὰρ ἢ τὸ καθήμενον οὐκ ἄνευ τούτου λέγεται. δῆλον οὖν ὅτι διὰ ταύτην κἀκείνων ἕκαστον ἔστιν, ὥστε τὸ πρώτως ὂν καὶ οὐ τὶ 30 ὂν ἀλλ' ὂν ἁπλῶς ἡ οὐσία ἂν εἴη. πολλαχῶς μὲν οὖν λέγεται τὸ πρῶτον· ὅμως δὲ πάντως ἡ οὐσία πρῶτον, καὶ λόγῳ καὶ γνώσει καὶ χρόνῳ. τῶν μὲν γὰρ ἄλλων κατηγορημάτων οὐθὲν χωριστόν, αὕτη δὲ μόνη· καὶ τῷ λόγῳ δὲ τοῦτο πρῶτον (ἀνάγκη γὰρ ἐν τῷ ἑκάστου λόγῳ τὸν τῆς οὐσίας ἐν- 35 υπάρχειν)· καὶ εἰδέναι δὲ τότ' οἰόμεθα ἕκαστον μάλιστα, ὅταν τί ἐστιν ὁ ἄνθρωπος γνῶμεν ἢ τὸ πῦρ, μᾶλλον ἢ τὸ ποιὸν ἢ τὸ ποσὸν ἢ τὸ πού, ἐπεὶ καὶ αὐτῶν τούτων τότε ἕκαστον ἴσμεν, **1028ᵇ** ὅταν τί ἐστι τὸ ποσὸν ἢ τὸ ποιὸν γνῶμεν. καὶ δὴ καὶ τὸ πάλαι τε καὶ νῦν καὶ ἀεὶ ζητούμενον καὶ ἀεὶ ἀπορούμενον, τί τὸ ὄν, τοῦτό ἐστι τίς ἡ οὐσία (τοῦτο γὰρ οἱ μὲν ἓν εἶναί φασιν οἱ δὲ πλείω ἢ ἕν, καὶ οἱ μὲν πεπερασμένα οἱ δὲ 5 ἄπειρα), διὸ καὶ ἡμῖν καὶ μάλιστα καὶ πρῶτον καὶ μόνον ὡς εἰπεῖν περὶ τοῦ οὕτως ὄντος θεωρητέον τί ἐστιν.

2 Δοκεῖ δ' ἡ οὐσία ὑπάρχειν φανερώτατα μὲν τοῖς σώμασιν (διὸ τά τε ζῷα καὶ τὰ φυτὰ καὶ τὰ μόρια αὐτῶν

21 τὸ καθῆσθαι om. Alᶜ   ἢ μὴ ὄν Π: σημαίνει Aᵇ: λέγεται ἢ οὔ Alᵖ, unde ἢ μὴ ὂν σημαίνει Christ   23 πεφυκὸς seclusi, om. hic Al; erat var. lect. ad 24 δυνατὸν ubi οὔτε πέφυκε χωρίζεσθαι legit Alᵖ (de πεφυκός cum inf. cf. *Ind. Ar.* 833ᵃ15)   24 μᾶλλον om. Alᶜ   25 ὄντων Aᵇ Alᶜ: ὄντων τι Π   27 κεχωρισμένον Luthe (ὡρισμ. Al)   32 πάντως Aᵇ E γρ: πάντων Π   καὶ φύσει post alt. πρῶτον add. Asclᶜ, non legit Al   35 οὐσίας λόγον Π   36 δὲ om. Aᵇ   37 ὁ om. Alᵖ   τὸ pr. om. Aᵇ Alᵖ   1028ᵇ 2 ἐστιν ἢ Π   γνῶμεν Aᵇ Alᵖ: εἰδῶμεν Π   7 οὕτως] ὄντως Al Ascl; cf. ad ᵃ18   8 μὲν ἓν Alᵖ

129

ΤΩΝ ΜΕΤΑ ΤΑ ΦΥΣΙΚΑ Ζ

οὐσίας εἶναί φαμεν, καὶ τὰ φυσικὰ σώματα, οἷον πῦρ καὶ ὕδωρ καὶ γῆν καὶ τῶν τοιούτων ἕκαστον, καὶ ὅσα ἢ μόρια τούτων ἢ ἐκ τούτων ἐστίν, ἢ τινῶν ἢ πάντων, οἷον ὅ τε οὐρανὸς καὶ τὰ μόρια αὐτοῦ, ἄστρα καὶ σελήνη καὶ ἥλιος)· πότερον δὲ αὗται μόναι οὐσίαι εἰσὶν ἢ καὶ ἄλλαι, ἢ τούτων τινὲς ἢ καὶ ἄλλων, ἢ τούτων μὲν οὐθὲν ἕτεραι δέ τινες, σκεπτέον. δοκεῖ δέ τισι τὰ τοῦ σώματος πέρατα, οἷον ἐπιφάνεια καὶ γραμμὴ καὶ στιγμὴ καὶ μονάς, εἶναι οὐσίαι, καὶ μᾶλλον ἢ τὸ σῶμα καὶ τὸ στερεόν. ἔτι παρὰ τὰ αἰσθητὰ οἱ μὲν οὐκ οἴονται εἶναι οὐδὲν τοιοῦτον, οἱ δὲ πλείω καὶ μᾶλλον ὄντα ἀΐδια, ὥσπερ Πλάτων τά τε εἴδη καὶ τὰ μαθηματικὰ δύο οὐσίας, τρίτην δὲ τὴν τῶν αἰσθητῶν σωμάτων οὐσίαν, Σπεύσιππος δὲ καὶ πλείους οὐσίας ἀπὸ τοῦ ἑνὸς ἀρξάμενος, καὶ ἀρχὰς ἑκάστης οὐσίας, ἄλλην μὲν ἀριθμῶν ἄλλην δὲ μεγεθῶν, ἔπειτα ψυχῆς· καὶ τοῦτον δὴ τὸν τρόπον ἐπεκτείνει τὰς οὐσίας. ἔνιοι δὲ τὰ μὲν εἴδη καὶ τοὺς ἀριθμοὺς τὴν αὐτὴν ἔχειν φασὶ φύσιν, τὰ δὲ ἄλλα ἐχόμενα, γραμμὰς καὶ ἐπίπεδα, μέχρι πρὸς τὴν τοῦ οὐρανοῦ οὐσίαν καὶ τὰ αἰσθητά. περὶ δὴ τούτων τί λέγεται καλῶς ἢ μὴ καλῶς, καὶ τίνες εἰσὶν οὐσίαι, καὶ πότερον εἰσί τινες παρὰ τὰς αἰσθητὰς ἢ οὐκ εἰσί, καὶ αὗται πῶς εἰσί, καὶ πότερον ἔστι τις χωριστὴ οὐσία, καὶ διὰ τί καὶ πῶς, ἢ οὐδεμία, παρὰ τὰς αἰσθητάς, σκεπτέον, ὑποτυπωσαμένοις τὴν οὐσίαν πρῶτον τί ἐστιν.

Λέγεται δ' ἡ οὐσία, εἰ μὴ πλεοναχῶς, ἀλλ' ἐν τέτ- 3 ταρσί γε μάλιστα· καὶ γὰρ τὸ τί ἦν εἶναι καὶ τὸ καθόλου καὶ τὸ γένος οὐσία δοκεῖ εἶναι ἑκάστου, καὶ τέταρτον τούτων τὸ ὑποκείμενον. τὸ δ' ὑποκείμενόν ἐστι καθ' οὗ τὰ ἄλλα λέγεται, ἐκεῖνο δὲ αὐτὸ μηκέτι κατ' ἄλλου· διὸ πρῶτον περὶ τούτου διοριστέον· μάλιστα γὰρ δοκεῖ εἶναι οὐσία τὸ ὑποκείμενον

11 ἢ] δὴ Aᵇ   12 τινῶν ex Alᵖ Bonitz: μορίων Aᵇ Π Alᶜ (cf. *Ind. Ar.* 763ª37)   14 ἢ alt. .... 15 ἄλλων Aᵇ Π (ἢ ante καὶ 15 om. Aᵇ): om. Alᵖ: del. Christ   15 ἄλλαι cod. T e coniectura, Ross   21 καὶ om. Aᵇ   28 τίνων Aᵇ Ascl   32 πρῶτον hic et 1029ª2 om. Al   33 ἢ ... μὴ Π Alᵖ: om. Aᵇ

πρῶτον. τοιοῦτον δὲ τρόπον μέν τινα ἡ ὕλη λέγεται, ἄλλον δὲ τρόπον ἡ μορφή, τρίτον δὲ τὸ ἐκ τούτων (λέγω δὲ τὴν μὲν ὕλην οἷον τὸν χαλκόν, τὴν δὲ μορφὴν τὸ σχῆμα τῆς ἰδέας, τὸ δ' ἐκ τούτων τὸν ἀνδριάντα [τὸ σύνολον]), ὥστε εἰ τὸ εἶδος τῆς ὕλης πρότερον καὶ μᾶλλον ὄν, καὶ τοῦ ἐξ ἀμφοῖν πρότερον ἔσται διὰ τὸν αὐτὸν λόγον. νῦν μὲν οὖν τύπῳ εἴρηται τί ποτ' ἐστὶν ἡ οὐσία, ὅτι τὸ μὴ καθ' ὑποκειμένου ἀλλὰ καθ' οὗ τὰ ἄλλα· δεῖ δὲ μὴ μόνον οὕτως· οὐ γὰρ ἱκανόν· αὐτό τε γὰρ τοῦτο ἄδηλον, καὶ ἔτι ἡ ὕλη οὐσία γίγνεται. εἰ γὰρ μὴ αὕτη οὐσία, τίς ἐστιν ἄλλη διαφεύγει· περιαιρουμένων γὰρ τῶν ἄλλων οὐ φαίνεται οὐδὲν ὑπομένον· τὰ μὲν γὰρ ἄλλα τῶν σωμάτων πάθη καὶ ποιήματα καὶ δυνάμεις, τὸ δὲ μῆκος καὶ πλάτος καὶ βάθος ποσότητές τινες ἀλλ' οὐκ οὐσίαι (τὸ γὰρ ποσὸν οὐκ οὐσία), ἀλλὰ μᾶλλον ᾧ ὑπάρχει ταῦτα πρώτῳ, ἐκεῖνό ἐστιν οὐσία. ἀλλὰ μὴν ἀφαιρουμένου μήκους καὶ πλάτους καὶ βάθους οὐδὲν ὁρῶμεν ὑπολειπόμενον, πλὴν εἴ τί ἐστι τὸ ὁριζόμενον ὑπὸ τούτων, ὥστε τὴν ὕλην ἀνάγκη φαίνεσθαι μόνην οὐσίαν οὕτω σκοπουμένοις. λέγω δ' ὕλην ἣ καθ' αὑτὴν μήτε τὶ μήτε ποσὸν μήτε ἄλλο μηδὲν λέγεται οἷς ὥρισται τὸ ὄν. ἔστι γάρ τι καθ'· οὗ κατηγορεῖται τούτων ἕκαστον, ᾧ τὸ εἶναι ἕτερον καὶ τῶν κατηγοριῶν ἑκάστη (τὰ μὲν γὰρ ἄλλα τῆς οὐσίας κατηγορεῖται, αὕτη δὲ τῆς ὕλης), ὥστε τὸ ἔσχατον καθ' αὑτὸ οὔτε τὶ οὔτε ποσὸν οὔτε ἄλλο οὐδέν ἐστιν· οὐδὲ δὴ αἱ ἀποφάσεις, καὶ γὰρ αὗται ὑπάρξουσι κατὰ συμβεβηκός. ἐκ μὲν οὖν τούτων θεωροῦσι συμβαίνει οὐσίαν εἶναι τὴν ὕλην· ἀδύνατον δέ· καὶ γὰρ τὸ χωριστὸν καὶ τὸ τόδε τι ὑπάρχειν δοκεῖ μάλιστα τῇ οὐσίᾳ, διὸ τὸ εἶδος καὶ τὸ ἐξ ἀμφοῖν οὐσία δόξειεν ἂν εἶναι μᾶλ-

---

1029ᵃ 2 λέγεται Π Alᶜ: φαίνεται Aᵇ Ascl   3 λέγω δὲ om. Aᵇ   5 τὸν om. Aᵇ   τὸ σύνολον nota lectoris, delevi, om. Alᵖ (cf. ᵃ3)   6 τοῦ Π: τὸ Aᵇ (o ex ov corr.) Alᵖ E²   10 τε om. Aᵇ   11 ἔσται Bonitz   16 ταῦτα Aᵇ Alᵖ Ascl: ταῦτα αὐτὰ Π   πρώτῳ Aᵇ Alᵖ: πρώτως Π   οὐσία Aᵇ Ascl: ἡ οὐσία Π   μὴν καὶ Aᵇ   20 μήτε τὶ codd. Alᶜ: μηκέτι E γρ   22 ᾧ] ὥστε Aᵇ

ΤΩΝ ΜΕΤΑ ΤΑ ΦΥΣΙΚΑ Ζ

λον τῆς ὕλης. τὴν μὲν τοίνυν ἐξ ἀμφοῖν οὐσίαν, λέγω δὲ τὴν ἐκ τῆς ὕλης καὶ τῆς μορφῆς, ἀφετέον, ὑστέρα γὰρ καὶ δήλη· φανερὰ δέ πως καὶ ἡ ὕλη· περὶ δὲ τῆς τρίτης σκεπτέον, αὕτη γὰρ ἀπορωτάτη. ὁμολογοῦνται δ' οὐσίαι εἶναι τῶν αἰσθητῶν τινές, ὥστε ἐν ταύταις ζητητέον πρῶτον. ⟦πρὸ ἔργου γὰρ τὸ μεταβαίνειν εἰς τὸ γνωριμώτερον. ἡ γὰρ μάθησις οὕτω γίγνεται πᾶσι διὰ τῶν ἧττον γνωρίμων φύσει εἰς τὰ γνώριμα μᾶλλον· καὶ τοῦτο ἔργον ἐστίν, ὥσπερ ἐν ταῖς πράξεσι τὸ ποιῆσαι ἐκ τῶν ἑκάστῳ ἀγαθῶν τὰ ὅλως ἀγαθὰ ἑκάστῳ ἀγαθά, οὕτως ἐκ τῶν αὐτῷ γνωριμωτέρων τὰ τῇ φύσει γνώριμα αὐτῷ γνώριμα. τὰ δ' ἑκάστοις γνώριμα καὶ πρῶτα πολλάκις ἠρέμα ἐστὶ γνώριμα, καὶ μικρὸν ἢ οὐθὲν ἔχει τοῦ ὄντος· ἀλλ' ὅμως ἐκ τῶν φαύλως μὲν γνωστῶν αὐτῷ δὲ γνωστῶν τὰ ὅλως γνωστὰ γνῶναι πειρατέον, μεταβαίνοντας, ὥσπερ εἴρηται, διὰ τούτων αὐτῶν.⟧

Ἐπεὶ δ' ἐν ἀρχῇ διειλόμεθα πόσοις ὁρίζομεν τὴν οὐσίαν, καὶ τούτων ἕν τι δοκεῖ εἶναι τὸ τί ἦν εἶναι, θεωρητέον περὶ αὐτοῦ. καὶ πρῶτον εἴπωμεν ἔνια περὶ αὐτοῦ λογικῶς, ὅτι ἐστὶ τὸ τί ἦν εἶναι ἑκάστῳ ὃ λέγεται καθ' αὑτό. οὐ γάρ ἐστι τὸ σοὶ εἶναι τὸ μουσικῷ εἶναι· οὐ γὰρ κατὰ σαυτὸν εἶ μουσικός. ὃ ἄρα κατὰ σαυτόν. οὐδὲ δὴ τοῦτο πᾶν· οὐ γὰρ τὸ οὕτως καθ' αὑτὸ ὡς ἐπιφανείᾳ λευκόν, ὅτι οὐκ ἔστι τὸ ἐπιφανείᾳ εἶναι τὸ λευκῷ εἶναι. ἀλλὰ μὴν οὐδὲ τὸ ἐξ ἀμφοῖν, τὸ ἐπιφανείᾳ λευκῇ, ὅτι πρόσεστιν αὐτό. ἐν ᾧ ἄρα μὴ ἐνέσται λόγῳ

31 ἐκ Π Alᵖ: ἔκ τε Aᵇ   1029ᵇ 3 πρό ... 12 αὐτῶν post 2-3 θεωρητέον περὶ αὐτοῦ coll. codd. Al, huc transp. Spengel; Bonitz. est alt. rec. falso loco addita. post 12 αὐτῶν disputatio vix incohata abrumpitur 9 ἐστὶ Aᵇ Alᶜ: om. Π   12 μεταβαίνοντας Π Alᵖ: -τα Aᵇ   1 διειλόμεθα] 1028ᵃ10   2 δοκεῖ Π: ἐδόκει Aᵇ Alᵖ corr. E²   14 ἑκάστῳ Bonitz (cf. 20, 26): ἕκαστον codd. Alᵖ (post λέγεται coll.): ἑκάστου Ross 15 ὃ .. 16 σαυτόν om. Aᵇ   17 ἐπιφάνεια bis Aᵇ, sed cogitando supple ὑπάρχει   ἐπιφανείᾳ alt. E² J Alᵖ: ἐπιφάνεια Aᵇ E¹   18 λευκῷ Π Alᵖ: λευκὸν Aᵇ   18–19 ἐπιφανείᾳ λευκῇ Π Alᵖ Ross: ἐπιφάνεια λευκή Aᵇ: ἐπιφανείᾳ λευκῇ εἶναι E² J²   19 ὅτι Aᵇ Alᶜ: διὰ τί; ὅτι Π Al γρ αὐτό Aᵇ Alᶜ: αὐτῆι E: αὕτη J (ὁ sscr.): αὐτή Al γρ   ἔνεστι Alᶜ

ΤΩΝ ΜΕΤΑ ΤΑ ΦΥΣΙΚΑ Ζ   1029ᵇ

αὐτό, λέγοντι αὐτό, οὗτος ὁ λόγος τοῦ τί ἦν εἶναι ἑκάστῳ, 20
ὥστ' εἰ τὸ ἐπιφανείᾳ λευκῇ εἶναί ἐστι τὸ ἐπιφανείᾳ εἶναι
λείᾳ, τὸ λευκῷ καὶ λείῳ εἶναι τὸ αὐτὸ καὶ ἕν. ἐπεὶ δ'
ἔστι καὶ κατὰ τὰς ἄλλας κατηγορίας σύνθετα (ἔστι γάρ
τι ὑποκείμενον ἑκάστῳ, οἷον τῷ ποιῷ καὶ τῷ ποσῷ καὶ τῷ
ποτὲ καὶ τῷ ποὺ καὶ τῇ κινήσει), σκεπτέον ἆρ' ἔστι λόγος τοῦ 25
τί ἦν εἶναι ἑκάστῳ αὐτῶν, καὶ ὑπάρχει καὶ τούτοις τὸ τί ἦν
εἶναι, οἷον λευκῷ ἀνθρώπῳ [τί ἦν λευκῷ ἀνθρώπῳ]. ἔστω δὴ
ὄνομα αὐτῷ ἱμάτιον. τί ἐστι τὸ ἱματίῳ εἶναι; ἀλλὰ μὴν
οὐδὲν τῶν καθ' αὐτὸ λεγομένων οὐδὲ τοῦτο. ἢ τὸ οὐ καθ' αὑτὸ
λέγεται διχῶς, καὶ τούτου ἐστὶ τὸ μὲν ἐκ προσθέσεως τὸ δὲ 30
οὔ. τὸ μὲν γὰρ τῷ αὐτὸ ἄλλῳ προσκεῖσθαι λέγεται ὃ ὁρίζεται, οἷον εἰ τὸ λευκῷ εἶναι ὁριζόμενος λέγοι λευκοῦ ἀνθρώπου λόγον· τὸ δὲ τῷ ἄλλο αὐτῷ, οἷον εἰ σημαίνοι τὸ
ἱμάτιον λευκὸν ἄνθρωπον, ὁ δὲ ὁρίζοιτο ⟨τὸ⟩ ἱμάτιον ὡς λευκόν.
τὸ δὴ λευκὸς ἄνθρωπος ἔστι μὲν λευκόν, οὐ μέντοι τί ἦν [εἶναι] 1030ᵃ
λευκῷ εἶναι.—ἀλλὰ τὸ ἱματίῳ εἶναι ἆρά ἐστι τί ἦν εἶναί τι
[ἢ] ὅλως; ἢ οὔ; ὅπερ γὰρ ⟨τόδε⟩ τι ἐστὶ τὸ τί ἦν εἶναι· ὅταν
δ' ἄλλο κατ' ἄλλου λέγηται, οὐκ ἔστιν ὅπερ τόδε τι, οἷον ὁ
λευκὸς ἄνθρωπος οὐκ ἔστιν ὅπερ τόδε τι, εἴπερ τὸ τόδε 5
ταῖς οὐσίαις ὑπάρχει μόνον· ὥστε τὸ τί ἦν εἶναί ἐστιν ὅσων ὁ
λόγος ἐστὶν ὁρισμός. ὁρισμὸς δ' ἐστὶν οὐκ ἂν ὄνομα λόγῳ
ταὐτὸ σημαίνῃ (πάντες γὰρ ἂν εἶεν οἱ λόγοι ὅροι· ἔσται
γὰρ ὄνομα ὁτῳοῦν λόγῳ, ὥστε καὶ ἡ Ἰλιὰς ὁρισμὸς ἔσται),

20 αὐτό pr. Π Alᶜ: om. Aᵇ   21 ἐπιφανείᾳ λευκῇ Π Alᶜ: ἐπιφάνεια
λευκὴ Aᵇ   ἐπιφανείᾳ alt. Alᶜ E²: ἐπιφάνεια Aᵇ Π   22 λείᾳ Alᶜ:
ἀεί Π: λεία Aᵇ E² J marg.   25 τῇ om. Aᵇ   26 ἑκάστῳ Aᵇ
Alᵖ: ἑκάστου Π (εἶναι post αὐτῶν coll.)   27 verba seclusi cum Ross: om.
Aᵇ Alᵖ   ἦν εἶναι Bonitz   29 οὐδὲν correxi: οὐδὲ Π Alᶜ: om. Aᵇ e
coniectura ut vid.   30 ἔστι τὸ Aᵇ Alᶜ: ἔστι τι τὸ Π   34 ὁ δὲ om. J
ὁρίζοιτο τὸ correxi cum E²: ὁρίζοιτο Aᵇ J Al(?): ὁρίζοι τὸ E   1030ᵃ 1
τὸ τί Ross   εἶναι secl. Bonitz   2 τῷ Bonitz   3 ἢ pr. secl. Bonitz
τόδε add. Bonitz; cf. 4 et 5   τι Aᵇ Alᶜ E γρ: τί ἦν εἶναι Π (ἐστὶ post
εἶναι coll.)   4 οἷον ... 5 τι Π Alᵖ: om. Aᵇ   5 τόδε alt.] τόδε τι
Alᵖ   9 λόγῳ Aᵇ Alᵖ Ascl: λόγῳ ταυτόν Π; cf. 1029ᵇ28

ΤΩΝ ΜΕΤΑ ΤΑ ΦΥΣΙΚΑ Ζ

ἀλλ' ἐὰν πρώτου τινὸς ᾖ· τοιαῦτα δ' ἐστὶν ὅσα λέγεται μὴ τῷ ἄλλο κατ' ἄλλου λέγεσθαι. οὐκ ἔσται ἄρα οὐδενὶ τῶν μὴ γένους εἰδῶν ὑπάρχον τὸ τί ἦν εἶναι, ἀλλὰ τούτοις μόνον (ταῦτα γὰρ δοκεῖ οὐ κατὰ μετοχὴν λέγεσθαι καὶ πάθος οὐδ' ὡς συμβεβηκός)· ἀλλὰ λόγος μὲν ἔσται ἑκάστου καὶ τῶν ἄλλων τί σημαίνει, ἐὰν ᾖ ὄνομα, ὅτι τόδε τῷδε ὑπάρχει, ἢ ἀντὶ λόγου ἁπλοῦ ἀκριβέστερος· ὁρισμὸς δ' οὐκ ἔσται οὐδὲ τὸ τί ἦν εἶναι. ἢ καὶ ὁ ὁρισμὸς ὥσπερ καὶ τὸ τί ἐστι πλεοναχῶς λέγεται; καὶ γὰρ τὸ τί ἐστιν ἕνα μὲν τρόπον σημαίνει τὴν οὐσίαν καὶ τὸ τόδε τι, ἄλλον δὲ ἕκαστον τῶν κατηγορουμένων, ποσὸν ποιὸν καὶ ὅσα ἄλλα τοιαῦτα. ὥσπερ γὰρ καὶ τὸ ἔστιν ὑπάρχει πᾶσιν, ἀλλ' οὐχ ὁμοίως ἀλλὰ τῷ μὲν πρώτως τοῖς δ' ἑπομένως, οὕτω καὶ τὸ τί ἐστιν ἁπλῶς μὲν τῇ οὐσίᾳ πὼς δὲ τοῖς ἄλλοις· καὶ γὰρ τὸ ποιὸν ἐροίμεθ' ἂν τί ἐστιν, ὥστε καὶ τὸ ποιὸν τῶν τί ἐστιν, ἀλλ' οὐχ ἁπλῶς, ἀλλ' ὥσπερ ἐπὶ τοῦ μὴ ὄντος λογικῶς φασί τινες εἶναι τὸ μὴ ὄν, οὐχ ἁπλῶς ἀλλὰ μὴ ὄν, οὕτω καὶ τὸ ποιόν.—δεῖ μὲν οὖν σκοπεῖν καὶ τὸ πῶς δεῖ λέγειν περὶ ἕκαστον, οὐ μὴν μᾶλλόν γε ἢ τὸ πῶς ἔχει· διὸ καὶ νῦν ἐπεὶ τὸ λεγόμενον φανερόν, καὶ τὸ τί ἦν εἶναι ὁμοίως ὑπάρξει πρώτως μὲν καὶ ἁπλῶς τῇ οὐσίᾳ, εἶτα καὶ τοῖς ἄλλοις, ὥσπερ καὶ τὸ τί ἐστιν, οὐχ ἁπλῶς τί ἦν εἶναι ἀλλὰ ποιῷ ἢ ποσῷ τί ἦν εἶναι. δεῖ γὰρ ἢ ὁμωνύμως ταῦτα φάναι εἶναι ὄντα, ἢ προστιθέντας καὶ ἀφαιροῦντας, ὥσπερ καὶ τὸ μὴ ἐπιστητὸν ἐπιστητόν, ἐπεὶ τό γε ὀρθόν ἐστι μήτε ὁμωνύμως φάναι μήτε ὡσαύτως ἀλλ' ὥσπερ τὸ ἰατρικὸν τῷ πρὸς τὸ αὐτὸ μὲν καὶ ἕν, οὐ τὸ αὐτὸ δὲ καὶ ἕν, οὐ μέντοι οὐδὲ ὁμωνύμως· οὐδὲ γὰρ ἰατρικὸν σῶμα καὶ ἔργον καὶ σκεῦος λέγεται οὔτε

10 ᾖ Π Al^p: om. A^b   11 κατ' ἄλλου om. A^b Al^c   17 ὁ om. Al^c
18 γὰρ om. A^b   21 τὸ τί ἐστιν A^b Al^p   23 τοῖς ... γὰρ Π Al^c:
καὶ A^b   24 ἀλλ' A^b Al^c: μὲν ἀλλ' Π   27 τὸ om. Al^c
ἕκαστα Al^c   32 γὰρ] δὲ postulabat Al   1030^b 2 οὐδὲ A^b Al^c:
οὐδὲν Π   καὶ ἔργον om. Al Ascl^c

ΤΩΝ ΜΕΤΑ ΤΑ ΦΥΣΙΚΑ Ζ

ὁμωνύμως οὔτε καθ' ἓν ἀλλὰ πρὸς ἕν. ἀλλὰ ταῦτα μὲν ὁποτέρως τις ἐθέλει λέγειν διαφέρει οὐδέν· ἐκεῖνο δὲ φανερὸν ὅτι ὁ πρώτως καὶ ἁπλῶς ὁρισμὸς καὶ τὸ τί ἦν εἶναι τῶν οὐσιῶν ἐστίν. οὐ μὴν ἀλλὰ καὶ τῶν ἄλλων ὁμοίως ἐστί, πλὴν οὐ πρώτως. οὐ γὰρ ἀνάγκη, ἂν τοῦτο τιθῶμεν, τούτου ὁρισμὸν εἶναι ὃ ἂν ⟨ὄνομα⟩ λόγῳ τὸ αὐτὸ σημαίνῃ, ἀλλὰ τινὶ λόγῳ· τοῦτο δὲ ἐὰν ἑνὸς ᾖ, μὴ τῷ συνεχεῖ ὥσπερ ἡ Ἰλιὰς ἢ ὅσα συνδέσμῳ, ἀλλ' ἐὰν ὁσαχῶς λέγεται τὸ ἕν· τὸ δ' ἓν λέγεται ὥσπερ τὸ ὄν· τὸ δὲ ὂν τὸ μὲν τόδε τι τὸ δὲ ποσὸν τὸ δὲ ποιόν τι σημαίνει. διὸ καὶ λευκοῦ ἀνθρώπου ἔσται λόγος καὶ ὁρισμός, ἄλλον δὲ τρόπον καὶ τοῦ λευκοῦ καὶ οὐσίας.

5 Ἔχει δ' ἀπορίαν, ἐάν τις μὴ φῇ ὁρισμὸν εἶναι τὸν ἐκ προσθέσεως λόγον, τίνος ἔσται ὁρισμὸς τῶν οὐχ ἁπλῶν ἀλλὰ συνδεδυασμένων· ἐκ προσθέσεως γὰρ ἀνάγκη δηλοῦν. λέγω δὲ οἷον ἔστι ῥὶς καὶ κοιλότης, καὶ σιμότης τὸ ἐκ τῶν δυοῖν λεγόμενον τόδε ἐν τῷδε, καὶ οὐ κατὰ συμβεβηκός γε οὔθ' ἡ κοιλότης οὔθ' ἡ σιμότης πάθος τῆς ῥινός, ἀλλὰ καθ' αὑτήν· οὐδ' ὡς τὸ λευκὸν Καλλίᾳ, ἢ ἀνθρώπῳ, ὅτι Καλλίας λευκὸς ᾧ συμβέβηκεν ἀνθρώπῳ εἶναι, ἀλλ' ὡς τὸ ἄρρεν τῷ ζῴῳ καὶ τὸ ἴσον τῷ ποσῷ καὶ πάντα ὅσα λέγεται καθ' αὑτὰ ὑπάρχειν. ταῦτα δ' ἐστὶν ἐν ὅσοις ὑπάρχει ἢ ὁ λόγος ἢ τοὔνομα οὗ ἐστι τοῦτο τὸ πάθος, καὶ μὴ ἐνδέχεται δηλῶσαι χωρίς, ὥσπερ τὸ λευκὸν ἄνευ τοῦ ἀνθρώπου ἐνδέχεται ἀλλ' οὐ τὸ θῆλυ ἄνευ τοῦ ζῴου· ὥστε τούτων τὸ τί ἦν εἶναι καὶ ὁρισμὸς ἢ οὐκ ἔστιν οὐδενὸς ἤ, εἰ ἔστιν, ἄλλως, καθάπερ εἰρήκαμεν. ἔστι δὲ ἀπορία καὶ ἑτέρα περὶ αὐτῶν. εἰ μὲν γὰρ τὸ αὐτὸ

3 ἀλλὰ ταῦτα μὲν A[b] Al[c]: ταῦτα μὲν οὖν Π   5 πρώτως Π Al[c]: πρῶτος A[b]; cf. [a]29   6 ὁμοίως Π: ὅμως A[b] Al[p]; cf. [a]29   ἐστί ... πρώτως om. A[b] Al(?)   8 ὄνομα ex Al (qui citat decies) et Ascl[c] restitui; cf. [a]7 et 9   9 ᾖ om. A[b]   10 λέγεται pr. A[b] Al[c]: λέγηται Π   13 δὲ et τοῦ om. A[b]   15 ὁ ante ὁρισμός add. A[b]: om. Π Al[p]   18 τόδε E; τῷ τόδε A[b]: τωδε J το sscr.: cf. τόδε μετὰ τόδε 994[a]22–23, De gen. 734[a]28   26 καὶ A[b] Al[c]: καὶ ὁ Π   27 εἰ om. A[b] Al[c]   ἀλλὰ καθάπερ Al[c]; eratne ὡς in ΑΛΛΩΣ var. lect. ad καθάπερ?   εἰρήκαμεν] cf. 1030[b]6

ΤΩΝ ΜΕΤΑ ΤΑ ΦΥΣΙΚΑ Ζ

ἔστι σιμὴ ῥὶς καὶ κοίλη ῥίς, τὸ αὐτὸ ἔσται τὸ σιμὸν καὶ τὸ κοῖλον· εἰ δὲ μή, διὰ τὸ ἀδύνατον εἶναι εἰπεῖν τὸ σιμὸν ἄνευ τοῦ πράγματος οὗ ἐστὶ πάθος καθ' αὑτό (ἔστι γὰρ τὸ σιμὸν κοιλότης ἐν ῥινί), τὸ ῥῖνα σιμὴν εἰπεῖν ἢ οὐκ ἔστιν ἢ δὶς τὸ αὐτὸ ἔσται εἰρημένον, ῥὶς ῥὶς κοίλη (ἡ γὰρ ῥὶς ἡ σιμὴ ῥὶς ῥὶς κοίλη ἔσται), διὸ ἄτοπον τὸ ὑπάρχειν τοῖς τοιούτοις τὸ τί ἦν εἶναι· εἰ δὲ μή, εἰς ἄπειρον εἶσιν· ῥινὶ γὰρ ῥινὶ σιμῇ ἔτι ἄλλο ἐνέσται. δῆλον τοίνυν ὅτι μόνης τῆς οὐσίας ἐστὶν ὁ ὁρισμός. εἰ γὰρ καὶ τῶν ἄλλων κατηγοριῶν, ἀνάγκη ἐκ προσθέσεως εἶναι, οἷον τοῦ [ποιοῦ καὶ] περιττοῦ· οὐ γὰρ ἄνευ ἀριθμοῦ, οὐδὲ τὸ θῆλυ ἄνευ ζῴου (τὸ δὲ ἐκ προσθέσεως λέγω ἐν οἷς συμβαίνει δὶς τὸ αὐτὸ λέγειν ὥσπερ ἐν τούτοις). εἰ δὲ τοῦτο ἀληθές, οὐδὲ συνδυαζομένων ἔσται, οἷον ἀριθμοῦ περιττοῦ· ἀλλὰ λανθάνει ὅτι οὐκ ἀκριβῶς λέγονται οἱ λόγοι. εἰ δ' εἰσὶ καὶ τούτων ὅροι, ἤτοι ἄλλον τρόπον εἰσὶν ἢ καθάπερ ἐλέχθη πολλαχῶς λεκτέον εἶναι τὸν ὁρισμὸν καὶ τὸ τί ἦν εἶναι, ὥστε ὡδὶ μὲν οὐδενὸς ἔσται ὁρισμὸς οὐδὲ τὸ τί ἦν εἶναι οὐδενὶ ὑπάρξει πλὴν ταῖς οὐσίαις, ὡδὶ δ' ἔσται. ὅτι μὲν οὖν ἐστὶν ὁ ὁρισμὸς ὁ τοῦ τί ἦν εἶναι λόγος, καὶ τὸ τί ἦν εἶναι ἢ μόνων τῶν οὐσιῶν ἐστὶν ἢ μάλιστα καὶ πρώτως καὶ ἁπλῶς, δῆλον.

Πότερον δὲ ταὐτόν ἐστιν ἢ ἕτερον τὸ τί ἦν εἶναι καὶ 6 ἕκαστον, σκεπτέον. ἔστι γάρ τι πρὸ ἔργου πρὸς τὴν περὶ τῆς οὐσίας σκέψιν· ἕκαστόν τε γὰρ οὐκ ἄλλο δοκεῖ εἶναι τῆς ἑαυτοῦ οὐσίας, καὶ τὸ τί ἦν εἶναι λέγεται εἶναι ἡ ἑκάστου οὐσία. ἐπὶ μὲν δὴ τῶν λεγομένων κατὰ συμβεβηκὸς δόξειεν ἂν

31 ἔστι γὰρ] καὶ ἔστι Π   33 ῥὶς ῥὶς κοίλη ... 34 ῥὶς κοίλη Π Al: σιμὴ ῥὶς εἰ Aᵇ   35 ῥῖν γὰρ Aᵇ   ἔτι om. Aᵇ   1031ᵃ 1 ἄλλο ἔσται Aᵇ   μόνης Π: μόνον Aᵇ E γρ J γρ   3 ποιοῦ Aᵇ Π: ποσοῦ Alᵖ: ἀρτίου Bonitz: ποιοῦ καὶ seclusi; ad verba τῶν ἄλλων κατηγοριῶν (ᵃ2) aliquis ποιοῦ καὶ ποσοῦ adscripserat, ut vid., quae ex parte in textum pervenerunt, cf. 6   4 τὸ θῆλυ Aᵇ Ascl: ὁ τοῦ θήλεος Π   λέγω ἐν] λέγομεν Aᵇ   7 ἀλλ' εἰ, λανθάνει Lasson   λαμβάνει corr. E²   9 ἐλέχθη] cf. 1030ᵃ17 sq.   12 ὁ pr. om. Π Alᶜ   13 μόνον Aᵇ J Alᶜ E²: -ων E, cf. ᵃ1   17 τε om. E

ΤΩΝ ΜΕΤΑ ΤΑ ΦΥΣΙΚΑ Ζ   1031ᵃ

ἕτερον εἶναι, οἷον λευκὸς ἄνθρωπος ἕτερον καὶ τὸ λευκῷ ἀν- 20
θρώπῳ εἶναι (εἰ γὰρ τὸ αὐτό, καὶ τὸ ἀνθρώπῳ εἶναι καὶ τὸ
λευκῷ ἀνθρώπῳ τὸ αὐτό· τὸ αὐτὸ γὰρ ἄνθρωπος καὶ λευ-
κὸς ἄνθρωπος, ὥς φασιν, ὥστε καὶ τὸ λευκῷ ἀνθρώπῳ καὶ
τὸ ἀνθρώπῳ· ἢ οὐκ ἀνάγκη ὅσα κατὰ συμβεβηκὸς εἶναι
ταὐτά, οὐ γὰρ ὡσαύτως τὰ ἄκρα γίγνεται ταὐτά· ἀλλ' 25
ἴσως γε ἐκεῖνο δόξειεν ἂν συμβαίνειν, τὰ ἄκρα γίγνεσθαι
ταὐτὰ τὰ κατὰ συμβεβηκός, οἷον τὸ λευκῷ εἶναι καὶ τὸ μου-
σικῷ· δοκεῖ δὲ οὔ)· ἐπὶ δὲ τῶν καθ' αὑτὰ λεγομένων
ἆρ' ἀνάγκη ταὐτὸ εἶναι, οἷον εἴ τινες εἰσὶν οὐσίαι ὧν ἕτεραι
μὴ εἰσὶν οὐσίαι μηδὲ φύσεις [ἕτεραι] πρότεραι, οἵας φασὶ τὰς 30
ἰδέας εἶναί τινες; εἰ γὰρ ἔσται ἕτερον αὐτὸ τὸ ἀγαθὸν καὶ
τὸ ἀγαθῷ εἶναι, καὶ ζῷον καὶ τὸ ζῴῳ, καὶ τὸ ὄντι καὶ τὸ ὄν,
ἔσονται ἄλλαι τε οὐσίαι καὶ φύσεις καὶ ἰδέαι παρὰ τὰς λεγομένας, 1031ᵇ
καὶ πρότεραι καὶ ⟨μᾶλλον⟩ οὐσίαι ἐκεῖναι, εἰ τὸ τί ἦν εἶναι
οὐσία ἐστίν. καὶ εἰ μὲν ἀπολελυμέναι ἀλλήλων, τῶν μὲν
οὐκ ἔσται ἐπιστήμη τὰ δ' οὐκ ἔσται ὄντα (λέγω δὲ τὸ ἀπο-
λελύσθαι εἰ μήτε τῷ ἀγαθῷ αὐτῷ ὑπάρχει τὸ εἶναι ἀγαθῷ 5
μήτε τούτῳ τὸ εἶναι ἀγαθόν)· ἐπιστήμη τε γὰρ ἑκάστου ἔστιν
ὅταν τὸ τί ἦν ἐκείνῳ εἶναι γνῶμεν, καὶ ἐπὶ ⟨τοῦ⟩ ἀγαθοῦ καὶ τῶν
ἄλλων ὁμοίως ἔχει, ὥστε εἰ μηδὲ τὸ ἀγαθῷ εἶναι ἀγαθόν, οὐδὲ
τὸ ὄντι ὂν οὐδὲ τὸ ἑνὶ ἕν· ὁμοίως δὲ πάντα ἔστιν ἢ οὐδὲν τὰ
τί ἦν εἶναι, ὥστ' εἰ μηδὲ τὸ ὄντι ὄν, οὐδὲ τῶν ἄλλων οὐδέν. 10
ἔτι ᾧ μὴ ὑπάρχει ἀγαθῷ εἶναι, οὐκ ἀγαθόν. ἀνάγκη ἄρα

21 καὶ τὸ pr. Aᵇ Alᵖ: om. Π   τὸ tert. Aᵇ Alᵖ: om. Π   23 ὥστε
Π Al: εἶναι Aᵇ   26 γε] τ' Aᵇ   ἂν om. Aᵇ   γενέσθαι Aᵇ   27 τὰ Aᵇ
Alᶜ: om. Π   εἶναι ὡς post μουσικῷ add. E²: εἶναι sine ὡς E γρ in marg.
sscr. J, om. Aᵇ Π Alᵖ   29 ἆρ' Aᵇ Alᵖ: ἀεὶ Π   30 ἕτεραι om. Alᵖ
Asclᵖ, seclusi; duae lectiones verborum ordinem variantes contaminatae
sunt   30 πρότερον οἷον Aᵇ   1031ᵇ 2 καὶ alt. Aᵇ Alᵖ: om. Π
μᾶλλον ex Alᵖ recuperavi, quod si excidit, καὶ bene conservavit Aᵇ   3
οὐσία Aᵇ Alᵖ Asclᶜ: οὐσίας Π   εἰ μέν εἰσιν ἀπ. Alᶜ   6 τε om. Aᵇ
Alᶜ   6-7 ἑκάστου αὕτη τὸ (om. γνῶμεν) Π   7 τοῦ addidi ex Ascl
8 τὸ Al corr. E: τῷ Aᵇ J   9 τὸ ... τὸ J Alᶜ corr. E: τῷ ... τῷ Aᵇ
ἔσται Bonitz et ut vid. Ascl, recte, puto

ἓν εἶναι τὸ ἀγαθὸν καὶ ἀγαθῷ εἶναι καὶ καλὸν καὶ καλῷ εἶναι, ⟨καὶ⟩ ὅσα μὴ κατ' ἄλλο λέγεται, ἀλλὰ καθ' αὑτὰ καὶ πρῶτα· καὶ γὰρ τοῦτο ἱκανὸν ἂν ὑπάρχῃ, κἂν μὴ ᾖ εἴδη, 15 μᾶλλον δ' ἴσως κἂν ᾖ εἴδη (ἅμα δὲ δῆλον καὶ ὅτι εἴπερ εἰσὶν αἱ ἰδέαι οἵας τινές φασιν, οὐκ ἔσται τὸ ὑποκείμενον οὐσία· ταύτας γὰρ οὐσίας μὲν ἀναγκαῖον εἶναι, μὴ καθ' ὑποκειμένου δέ· ἔσονται γὰρ κατὰ μέθεξιν).—ἔκ τε δὴ τούτων τῶν λόγων ἓν καὶ ταὐτὸ οὐ κατὰ συμβεβηκὸς αὐτὸ ἕκαστον 20 καὶ τὸ τί ἦν εἶναι, καὶ ὅτι γε τὸ ἐπίστασθαι ἕκαστον τοῦτό ἐστι, τὸ τί ἦν εἶναι ἐπίστασθαι, ὥστε καὶ κατὰ τὴν ἔκθεσιν ἀνάγκη ἕν τι εἶναι ἄμφω (τὸ δὲ κατὰ συμβεβηκὸς λεγόμενον, οἷον τὸ μουσικὸν ἢ λευκόν, διὰ τὸ διττὸν σημαίνειν οὐκ ἀληθὲς εἰπεῖν ὡς ταὐτὸ τὸ τί ἦν εἶναι καὶ αὐτό· καὶ 25 γὰρ ᾧ συμβέβηκε λευκὸν καὶ τὸ συμβεβηκός, ὥστ' ἔστι μὲν ὡς ταὐτόν, ἔστι δὲ ὡς οὐ ταὐτὸ τὸ τί ἦν εἶναι καὶ αὐτό· τῷ μὲν γὰρ ἀνθρώπῳ καὶ τῷ λευκῷ ἀνθρώπῳ οὐ ταὐτό, τῷ πάθει δὲ ταὐτό). ἄτοπον δ' ἂν φανείη κἂν εἴ τις ἑκάστῳ ὄνομα θεῖτο τῶν τί ἦν εἶναι· ἔσται γὰρ καὶ παρ' ἐκεῖνο 30 ἄλλο, οἷον τῷ τί ἦν εἶναι ἵππῳ τί ἦν εἶναι [ἵππῳ] ἕτερον. καίτοι τί κωλύει καὶ νῦν εἶναι ἔνια εὐθὺς τί ἦν εἶναι, εἴπερ οὐσία τὸ τί ἦν εἶναι; ἀλλὰ μὴν οὐ μόνον ἕν, ἀλλὰ καὶ ὁ λόγος ὁ αὐτὸς αὐτῶν, ὡς δῆλον καὶ ἐκ τῶν εἰρημένων· οὐ γὰρ κατὰ συμβεβηκὸς ἓν τὸ ἑνὶ εἶναι καὶ ἕν. ἔτι εἰ ἄλλο ἔσται, εἰς ἄπειρον εἰσιν· τὸ μὲν γὰρ ἔσται τί ἦν εἶναι τοῦ ἑνὸς

---

12 ἀγαθῷ A[b] Al[c] Asc l[c]: τὸ ἀγ. Π   13 καὶ pr. Al[c]: om. A[b] Π   14 ἐὰν Π   ὑπάρχοι A[b] Al[p]   15 ᾖ om. A[b]   17 ἀνάγκη A[b] et ut vid. Al[p]   20 τοῦτό A[b] Al[c]: τούτων Π corr. E[2]; an αὐτό legendum? cf. 19, 24   21 καὶ A[b] Al[p]: om. Π   22 τι Π Al[p]: om. A[b]   23 ᾖ Π: καὶ A[b]   25 συμβέβηκε Π Al[p]: συμβαίνει A[b]   λευκὸν om. A[b]   27 τὸ μὲν Al[p]   εἶναι post ἀνθρ. pr. add. Al[p]   τὸ λευκῷ A[b] Al[p]   29 θεῖτο Π Al[p]: τιθεῖτο A[b]   30 οἷον A[b] Al[p]: om. Π   τῷ] τὸ corr. E   τῷ ante alt. τί add. J: τὸ add. E post quod γὰρ inseruit postea   ἵππῳ alt. secl. Bonitz   οἷον παρὰ τὸ τί ἦν εἶναι ἵππῳ τί ἦν εἶναι ἕτερον Al[p] (παρὰ τὸ dativum τῷ illustrat)   1032[a] 1 ὡς δῆλον] cf. 1031[b]19   2 καὶ om. A[b]   3 τοῦ ἑνὸς A[b] Al[p]: τὸ ἑνὶ εἶναι Π

τὸ δὲ τὸ ἕν, ὥστε καὶ ἐπ' ἐκείνων ὁ αὐτὸς ἔσται λόγος. ὅτι μὲν οὖν ἐπὶ τῶν πρώτων καὶ καθ' αὑτὰ λεγομένων τὸ ἑκάστῳ εἶναι καὶ ἕκαστον τὸ αὐτὸ καὶ ἕν ἐστι, δῆλον· οἱ δὲ σοφιστικοὶ ἔλεγχοι πρὸς τὴν θέσιν ταύτην φανερὸν ὅτι τῇ αὐτῇ λύονται λύσει καὶ εἰ ταὐτὸ Σωκράτης καὶ Σωκράτει εἶναι· οὐδὲν γὰρ διαφέρει οὔτε ἐξ ὧν ἐρωτήσειεν ἄν τις οὔτε ἐξ ὧν λύων ἐπιτύχοι. πῶς μὲν οὖν τὸ τί ἦν εἶναι ταὐτὸν καὶ πῶς οὐ ταὐτὸν ἑκάστῳ, εἴρηται.

7 Τῶν γιγνομένων τὰ μὲν φύσει γίγνεται τὰ δὲ τέχνῃ τὰ δὲ ἀπὸ ταὐτομάτου, πάντα δὲ τὰ γιγνόμενα ὑπό τέ τινος γίγνεται καὶ ἔκ τινος καὶ τί· τὸ δὲ τὶ λέγω καθ' ἑκάστην κατηγορίαν· ἢ γὰρ τόδε ἢ ποσὸν ἢ ποιὸν ἢ πού. αἱ δὲ γενέσεις αἱ μὲν φυσικαὶ αὗταί εἰσιν ὧν ἡ γένεσις ἐκ φύσεώς ἐστιν, τὸ δ' ἐξ οὗ γίγνεται ἣν λέγομεν ὕλην, τὸ δὲ ὑφ' οὗ τῶν φύσει τι ὄντων, τὸ δὲ τὶ ἄνθρωπος ἢ φυτὸν ἢ ἄλλο τι τῶν τοιούτων, ἃ δὴ μάλιστα λέγομεν οὐσίας εἶναι —ἅπαντα δὲ τὰ γιγνόμενα ἢ φύσει ἢ τέχνῃ ἔχει ὕλην· δυνατὸν γὰρ καὶ εἶναι καὶ μὴ εἶναι ἕκαστον αὐτῶν, τοῦτο δ' ἐστὶν ἡ ἐν ἑκάστῳ ὕλη—καθόλου δὲ καὶ ἐξ οὗ φύσις καὶ καθ' ὃ φύσις (τὸ γὰρ γιγνόμενον ἔχει φύσιν, οἷον φυτὸν ἢ ζῷον) καὶ ὑφ' οὗ ἡ κατὰ τὸ εἶδος λεγομένη φύσις ἡ ὁμοειδής (αὕτη δὲ ἐν ἄλλῳ· ἄνθρωπος γὰρ ἄνθρωπον γεννᾷ·)—οὕτω μὲν οὖν γίγνεται τὰ γιγνόμενα διὰ τὴν φύσιν, αἱ δ' ἄλλαι γενέσεις λέγονται ποιήσεις. πᾶσαι δὲ εἰσὶν αἱ ποιήσεις ἢ ἀπὸ τέχνης ἢ ἀπὸ δυνάμεως ἢ ἀπὸ διανοίας. τούτων δέ τινες γίγνονται καὶ ἀπὸ ταὐτομάτου καὶ ἀπὸ τύχης παρα-

6 καὶ alt. om. A[b]   8 εἰ] εἰς A[b]; ad hunc usum cf. *Phys.* 225[a]30 et *Em. Ar. Spec.* p. 58   Σωκράτει Π Al[p] : Σωκράτην A[b]   9 ἐρωτήσειεν Π et Al ut vid.: ἐρωτηθεὶς A[b]: ἐρωτηθείη Ascl[c]   12 τῶν A[b] Al[c]: τῶν δὲ Π; nova disputatio sine particula adiungitur, cf. ad 1029[b]3   15 ποσὸν Π Al[p]: τοσόνδε A[b]   18 τὶ A[b]: τι ὁ Π fort. contaminatum ex var. lect. τὸ δὲ τὶ et τὸ δὲ ὁ (sic Al[p]!)   20 δυνατὸν codd. Ascl: δύναται Al[c]   22 ἡ ἐν J: ἐν om. E: ἡ om. A[b]: fort. τούτου δ' αἰτία ἐστὶν ἡ ἐν ἐκ. ὕλῃ legit Al   27 ἢ om. A[b]: αἱ Joachim, sed cf. 1025[b]22   28 ἀπὸ alt. om. Π

ΤΩΝ ΜΕΤΑ ΤΑ ΦΥΣΙΚΑ Ζ

πλησίως ὥσπερ ἐν τοῖς ἀπὸ φύσεως γιγνομένοις· ἔνια γὰρ κἀκεῖ ταὐτὰ καὶ ἐκ σπέρματος γίγνεται καὶ ἄνευ σπέρματος. περὶ μὲν οὖν τούτων ὕστερον ἐπισκεπτέον, ἀπὸ τέχνης δὲ γίγνεται ὅσων τὸ εἶδος ἐν τῇ ψυχῇ (εἶδος δὲ λέγω τὸ τί ἦν εἶναι ἑκάστου καὶ τὴν πρώτην οὐσίαν)· καὶ γὰρ τῶν ἐναντίων τρόπον τινὰ τὸ αὐτὸ εἶδος· τῆς γὰρ στερήσεως οὐσία ἡ οὐσία ἡ ἀντικειμένη, οἷον ὑγίεια νόσου, ἐκείνης γὰρ ἀπουσίᾳ ἡ νόσος, ἡ δὲ ὑγίεια ὁ ἐν τῇ ψυχῇ λόγος καὶ ἡ ἐπιστήμη. γίγνεται δὲ τὸ ὑγιὲς νοήσαντος οὕτως· ἐπειδὴ τοδὶ ὑγίεια, ἀνάγκη εἰ ὑγιὲς ἔσται τοδὶ ὑπάρξαι, οἷον ὁμαλότητα, εἰ δὲ τοῦτο, θερμότητα· καὶ οὕτως ἀεὶ νοεῖ, ἕως ἂν ἀγάγῃ εἰς τοῦτο ὃ αὐτὸς δύναται ἔσχατον ποιεῖν. εἶτα ἤδη ἡ ἀπὸ τούτου κίνησις ποίησις καλεῖται, ἡ ἐπὶ τὸ ὑγιαίνειν. ὥστε συμβαίνει τρόπον τινὰ τὴν ὑγίειαν ἐξ ὑγιείας γίγνεσθαι καὶ τὴν οἰκίαν ἐξ οἰκίας, τῆς ἄνευ ὕλης τὴν ἔχουσαν ὕλην· ἡ γὰρ ἰατρική ἐστι καὶ ἡ οἰκοδομικὴ τὸ εἶδος τῆς ὑγιείας καὶ τῆς οἰκίας, λέγω δὲ οὐσίαν ἄνευ ὕλης τὸ τί ἦν εἶναι.

Τῶν δὲ γενέσεων καὶ κινήσεων ἡ μὲν νόησις καλεῖται ἡ δὲ ποίησις, ἡ μὲν ἀπὸ τῆς ἀρχῆς καὶ τοῦ εἴδους νόησις ἡ δ' ἀπὸ τοῦ τελευταίου τῆς νοήσεως ποίησις. ὁμοίως δὲ καὶ τῶν ἄλλων τῶν μεταξὺ ἕκαστον γίγνεται. λέγω δ' οἷον εἰ ὑγιανεῖ, δεῖ ὁμαλυνθῆναι. τί οὖν ἐστὶ τὸ ὁμαλυνθῆναι; τοδί,

30 ἀπὸ A^b Al^p: ὑπὸ Π   32 ὕστερον] cf. ^b23   1032^b 2 ἑκάστῳ A^b   3–4 οὐσία ἡ οὐσία ἡ ἀντ. Al^c: οὐσία ἡ τῆι οὐσία (sic) ἀντ. Π A^b (τῆι exp.): τῇ οὐσίᾳ ἡ ἀντ. Ε γρ   an αἰτία ἡ οὐσία?   4 δηλοῦται post ἀπουσίᾳ add. Π, om. A^b Al^p   5–6 καὶ ἐν τῇ ἐπιστήμῃ Π   6 δὲ A^b Al^c: δὴ Π   7 ἔσται om. A^b   9 τοῦτο ὃ αὐτὸς δύναται Π: τὸ αὐτὸ (volebatne αὐτὸς?) δύνασθαι τὸ A^b   ἔσχατον post τοῦτο transponendum vid., neque enim rem ad id deducit, quod ipse ultimum facere potest, sed deducit rationem ad id ultimum, quod ipse iam facere potest, cf. sim. de φρονήσεως usu E.N. 1112^b19 et 23, quae quaerit ἔσχατον, quod idem initium est actionis (aliter ἔσχατον usurpatur De an. 433^a16)   13 ἡ alt. Π Al^c: om. A^b   15 δὴ Bywater, at verba τῶν δὲ ... 17 ποίησις olim in marg. addita fuisse putabat Christ nec recapitulatio sunt antecedentium, quae ignorare videntur   17 τῶν A^b Al^c: ἐπὶ τῶν Π   19 δεῖ Π Ascl^c Al^p: δέοι ἂν A^b

ΤΩΝ ΜΕΤΑ ΤΑ ΦΥΣΙΚΑ Ζ 1032ᵇ

τοῦτο δ' ἔσται εἰ θερμανθήσεται· τοῦτο δὲ τί ἐστι; τοδί. ὑπάρ- 20
χει δὲ τοδὶ δυνάμει· τοῦτο δὲ ἤδη ἐπ' αὐτῷ. τὸ δὴ ποιοῦν
καὶ ὅθεν ἄρχεται ἡ κίνησις τοῦ ὑγιαίνειν, ἂν μὲν ἀπὸ
τέχνης, τὸ εἶδός ἐστι τὸ ἐν τῇ ψυχῇ, ἐὰν δ' ἀπὸ ταὐτο-
μάτου, ἀπὸ τούτου ὅ ποτε τοῦ ποιεῖν ἀρχὴ τῷ ποιοῦντι ἀπὸ
τέχνης, ὥσπερ καὶ ἐν τῷ ἰατρεύειν ἴσως ἀπὸ τοῦ θερμαίνειν 25
ἡ ἀρχή (τοῦτο δὲ ποιεῖ τῇ τρίψει)· ἡ θερμότης τοίνυν ἡ ἐν
τῷ σώματι ἢ μέρος τῆς ὑγιείας ἢ ἕπεταί τι αὐτῇ τοιοῦτον ὅ ἐστι
μέρος τῆς ὑγιείας ⟨ἢ εὐθὺς⟩ ἢ διὰ πλειόνων· τοῦτο δ' ἔσχατον τὸ
ποιοῦν τὸ μέρος καὶ ⟨αὐ⟩τὸ οὕτως μέρος ἐστὶ τῆς ὑγιείας, καὶ
τῆς οἰκίας (οἷον οἱ λίθοι) καὶ τῶν ἄλλων· ὥστε, καθάπερ λέγεται, 30
ἀδύνατον γενέσθαι εἰ μηδὲν προϋπάρχοι. ὅτι μὲν οὖν τι μέρος
ἐξ ἀνάγκης ὑπάρξει φανερόν· ἡ γὰρ ὕλη μέρος (ἐνυπάρ-
χει γὰρ καὶ γίγνεται αὕτη). ἀλλ' ἆρα καὶ τῶν ἐν τῷ 1033ᵃ
λόγῳ; ἀμφοτέρως δὲ λέγομεν τοὺς χαλκοῦς κύκλους τί εἰσι,
καὶ τὴν ὕλην λέγοντες ὅτι χαλκός, καὶ τὸ εἶδος ὅτι σχῆμα
τοιόνδε, καὶ τοῦτό ἐστι τὸ γένος εἰς ὃ πρῶτον τίθεται. ὁ δὴ
χαλκοῦς κύκλος ἔχει ἐν τῷ λόγῳ τὴν ὕλην.—ἐξ οὗ δὲ ὡς 5
ὕλης γίγνεται ἔνια λέγεται, ὅταν γένηται, οὐκ ἐκεῖνο ἀλλ'
ἐκείνινον, οἷον ὁ ἀνδριὰς οὐ λίθος ἀλλὰ λίθινος, ὁ δὲ ἄνθρω-
πος ὁ ὑγιαίνων οὐ λέγεται ἐκεῖνο ἐξ οὗ· αἴτιον δὲ ὅτι γίγνε-
ται ἐκ τῆς στερήσεως καὶ τοῦ ὑποκειμένου, ὃ λέγομεν τὴν
ὕλην (οἷον καὶ ὁ ἄνθρωπος καὶ ὁ κάμνων γίγνεται ὑγιής), 10

20 τί om. Aᵇ   21 τοδὶ J Alᶜ E γρ, corr. Aᵇ: τωδὶ Aᵇ E   22
τοῦ Π Alᵖ: τὸ Aᵇ   24 ἀρχὴ Alᶜ Bonitz: ἄρχει codd.   26 τοίνυν]
οὖν Aᵇ   ἡ tert. om. Aᵇ   27 ⟨ἢ ὑγίεια⟩ ἢ μέρος fort. scribendum
est; cf. 1034ᵃ28   28 ἢ εὐθὺς ex Alᵖ addidi   ἐστι post ἔσχατόν
add. Aᵇ Asclᵖ: om. Π Alᶜ   29 τὸ μέρος Aᵇ: καὶ τὸ οὕτως μέρος ἐστὶ
Π quod in καὶ αὐτό πως μ. ἐστὶ corr. Bonitz, sed in utroque aliquid ex-
cidit, quare Ross utramque lectionem coniungens ci. μέρος καὶ τὸ οὕτως
μέρος. sic ego sed ⟨αὐ⟩τὸ scripsi cum Bonitzio et aliis, ne τὸ superabundet:
ὕλη ante τῆς ὑγιείας suppl. Christ, Lasson   31 τι Aᵇ Alᵖ: τὸ Π
1033ᵃ 1 ἆρα Ascl Bonitz: ἄρα codd.   2 χαλκοῦς Aᵇ Alᵖ E γρ: πολλοὺς Π
3 εἰ τὴν Aᵇ (εἰ in οἰ corr.)   4 καὶ ... τίθεται spuria habet Ross
5 δὴ Aᵇ   7 λίθοι Aᵇ   8 ὁ om. Aᵇ

ΤΩΝ ΜΕΤΑ ΤΑ ΦΥΣΙΚΑ Ζ

μᾶλλον μέντοι λέγεται γίγνεσθαι ἐκ τῆς στερήσεως, οἷον ἐκ κάμνοντος ὑγιὴς ἢ ἐξ ἀνθρώπου, διὸ κάμνων μὲν ὁ ὑγιὴς οὐ λέγεται, ἄνθρωπος δέ, καὶ ὁ ἄνθρωπος ὑγιής· ὧν δ' ἡ στέρησις ἄδηλος καὶ ἀνώνυμος, οἷον ἐν χαλκῷ σχήματος ὁποιουοῦν ἢ 15 ἐν πλίνθοις καὶ ξύλοις οἰκίας, ἐκ τούτων δοκεῖ γίγνεσθαι ὡς ἐκεῖ ἐκ κάμνοντος· διὸ ὥσπερ οὐδ' ἐκεῖ ἐξ οὗ τοῦτο, ἐκεῖνο οὐ λέγεται, οὐδ' ἐνταῦθα ὁ ἀνδριὰς ξύλον, ἀλλὰ παράγεται ξύλινος, οὐ ξύλον, καὶ χαλκοῦς ἀλλ' οὐ χαλκός, καὶ λίθινος ἀλλ' οὐ λίθος, καὶ ἡ οἰκία πλινθίνη ἀλλ' οὐ πλίνθοι, ἐπεὶ οὐδὲ 20 ὡς ἐκ ξύλου γίγνεται ἀνδριὰς ἢ ἐκ πλίνθων οἰκία, ἐάν τις ἐπιβλέπῃ σφόδρα, οὐκ ἂν ἁπλῶς εἴπειεν, διὰ τὸ δεῖν μεταβάλλοντος γίγνεσθαι ἐξ οὗ, ἀλλ' οὐχ ὑπομένοντος. διὰ μὲν οὖν τοῦτο οὕτως λέγεται.

Ἐπεὶ δὲ ὑπό τινός τε γίγνεται τὸ γιγνόμενον (τοῦτο δὲ 8
25 λέγω ὅθεν ἡ ἀρχὴ τῆς γενέσεώς ἐστι) καὶ ἔκ τινος (ἔστω δὲ μὴ ἡ στέρησις τοῦτο ἀλλ' ἡ ὕλη· ἤδη γὰρ διώρισται ὃν τρόπον τοῦτο λέγομεν) καὶ τὶ γίγνεται (τοῦτο δ' ἐστὶν ἢ σφαῖρα ἢ κύκλος ἢ ὅ τι ἔτυχε τῶν ἄλλων), ὥσπερ οὐδὲ τὸ ὑποκείμενον ποιεῖ, τὸν χαλκόν, οὕτως οὐδὲ τὴν σφαῖραν, εἰ μὴ 30 κατὰ συμβεβηκὸς ὅτι ἡ χαλκῆ σφαῖρα σφαῖρά ἐστιν ἐκείνην δὲ ποιεῖ. τὸ γὰρ τόδε τι ποιεῖν ἐκ τοῦ ὅλως ὑποκειμένου τόδε τι ποιεῖν ἐστίν (λέγω δ' ὅτι τὸν χαλκὸν στρογγύλον ποιεῖν ἐστὶν οὐ τὸ στρογγύλον ἢ τὴν σφαῖραν ποιεῖν ἀλλ' ἕτερόν τι, οἷον τὸ εἶδος τοῦτο ἐν ἄλλῳ· εἰ γὰρ ποιεῖ, ἔκ τινος ἂν ποιοίη ἄλλου, τοῦτο γὰρ ὑπέκειτο· οἷον ποιεῖ χαλκῆν σφαῖραν, τοῦτο δὲ οὕτως ὅτι ἐκ τουδί, ὅ ἐστι χαλκός, τοδὶ ποιεῖ, ὅ ἐστι σφαῖρα)· εἰ οὖν καὶ τοῦτο ποιεῖ αὐτό, δῆλον ὅτι ὡσαύτως ποιήσει, καὶ βαδιοῦνται αἱ γενέσεις εἰς ἄπει-
5 ρον. φανερὸν ἄρα ὅτι [οὐδὲ] τὸ εἶδος, ἢ ὁτιδήποτε χρὴ καλεῖν

12 ὁ om. A^b Al^p   13 ὁ om. Al^c Ascl^c   14 ἐν A^b E Al^p: ἐκ J E
γρ χαλκοῦ E γρ   21 εἴπειεν J: εἴποιε (sic) E: εἶπε A^b: εἴποι Al^c
26 διώρισται] cf. ^a9 sq.   27 τὶ Al^c Bonitz: ὁ A^b Π; cf. 1032^a18
31 ποιεῖν Π Al^c: om. A^b   32 τι A^b Al^p: om. Π   1033^b 1 ποιεῖ
A^b Al^p: ποιεῖν Π   5 οὐδὲ seclusi; cf. ^b16

ΤΩΝ ΜΕΤΑ ΤΑ ΦΥΣΙΚΑ Ζ

τὴν ἐν τῷ αἰσθητῷ μορφήν, οὐ γίγνεται οὐδ' ἔστιν αὐτοῦ γένεσις, οὐδὲ τὸ τί ἦν εἶναι (τοῦτο γάρ ἐστιν ὃ ἐν ἄλλῳ γίγνεται ἢ ὑπὸ τέχνης ἢ ὑπὸ φύσεως ἢ δυνάμεως). τὸ δὲ χαλκῆν σφαῖραν εἶναι ποιεῖ· ποιεῖ γὰρ ἐκ χαλκοῦ καὶ σφαίρας· εἰς τοδὶ γὰρ τὸ εἶδος ποιεῖ, καὶ ἔστι τοῦτο σφαῖρα χαλκῆ. τοῦ δὲ σφαίρᾳ εἶναι ὅλως εἰ ἔσται γένεσις, ἔκ τινος τὶ ἔσται. δεήσει γὰρ διαιρετὸν εἶναι ἀεὶ τὸ γιγνόμενον, καὶ εἶναι τὸ μὲν τόδε τὸ δὲ τόδε, λέγω δ' ὅτι τὸ μὲν ὕλην τὸ δὲ εἶδος. εἰ δή ἐστι σφαῖρα τὸ ἐκ τοῦ μέσου σχῆμα ἴσον, τούτου τὸ μὲν ἐν ᾧ ἔσται ὃ ποιεῖ, τὸ δ' ἐν ἐκείνῳ, τὸ δὲ ἅπαν τὸ γεγονός, οἷον ἡ χαλκῆ σφαῖρα. φανερὸν δὴ ἐκ τῶν εἰρημένων ὅτι τὸ μὲν ὡς εἶδος ἢ οὐσία λεγόμενον οὐ γίγνεται, ἡ δὲ σύνολος ἡ κατὰ ταύτην λεγομένη γίγνεται, καὶ ὅτι ἐν παντὶ τῷ γινομένῳ ὕλη ἔνεστι, καὶ ἔστι τὸ μὲν τόδε τὸ δὲ τόδε.—πότερον οὖν ἔστι τις σφαῖρα παρὰ τάσδε ἢ οἰκία παρὰ τὰς πλίνθους; ἢ οὐδ' ἄν ποτε ἐγίγνετο, εἰ οὕτως ἦν, τόδε τι, ἀλλὰ τὸ τοιόνδε σημαίνει, τόδε δὲ καὶ ὡρισμένον οὐκ ἔστιν, ἀλλὰ ποιεῖ καὶ γεννᾷ ἐκ τοῦδε τοιόνδε, καὶ ὅταν γεννηθῇ, ἔστι τόδε τοιόνδε; τὸ δὲ ἅπαν τόδε, Καλλίας ἢ Σωκράτης, ἐστὶν ὥσπερ ἡ σφαῖρα ἡ χαλκῆ ἡδί, ὁ δ' ἄνθρωπος καὶ τὸ ζῷον ὥσπερ σφαῖρα χαλκῆ ὅλως. φανερὸν ἄρα ὅτι ἡ τῶν εἰδῶν αἰτία, ὡς εἰώθασί τινες λέγειν τὰ εἴδη, εἰ ἔστιν ἄττα παρὰ τὰ καθ' ἕκαστα, πρός γε τὰς γενέσεις καὶ τὰς οὐσίας οὐθὲν χρήσιμα·

6 οὐ om. A^b; vel οὐ vel 5 οὐδὲ om. Al, est var. lect. 7 οὐδὲ τὸ τί ἦν εἶναι τοῦτό ἐστιν ὃ leg. vid. Al (om. γάρ) εἶναι A^b: εἶναι τούτῳ Π 8 ἢ pr. om. A^b 9 καὶ σφαίρας Π Al^p: σφαῖραν A^b 10 τὸ] τοδὶ τὸ Π 11 τοῦτο δὲ J σφαίρᾳ Lat recc.: σφαῖρα A^b Π Al^p: σφαῖραν Christ ἔσται pr. A^b Al^c E^2: ἔστι Π ὅλως δ' εἰ ἔσται J γρ 12 ἀεὶ Π Al^p: om. A^b 15 ὃ Π Al^p: οὐ A^b 17 ἢ A^b Ascl^c: ἢ ὡς Π Al^c σύνολος correxi: σύνολος, cf. Em. Ar. Spec. 27 sq. et 1037^{a}32 18 λεγομένη scil. οὐσία 19 γινομένῳ Al^c: γενομένῳ A^b: γεννωμένῳ Π; differt ^{b}23, 29 sq. ἔνεστι Π Al^c: ἔστι A^b 21 ἀλλὰ τὸ A^b Al^p: ἀλλ' ὅτι E: ἄλλο τι J; fort. ἀλλά τι σημαίνει, scil. τὸ εἶδος 27 εἰώθασί τινες] nota quantum differat hoc disputandi genus a libro A 990^{b}9, 11, 16, 18, 23; 991^{b}8 et fort. ^{b}3 28 τε Π τὰς alt. om. Π χρήσιμα Π Al^p: χρησίμη A^b constr. ad sensum

ΤΩΝ ΜΕΤΑ ΤΑ ΦΥΣΙΚΑ Ζ

οὐδ' ἂν εἶεν διά γε ταῦτα οὐσίαι καθ' αὑτάς. ἐπὶ μὲν δή
30 τινων καὶ φανερὸν ὅτι τὸ γεννῶν τοιοῦτον μὲν οἷον τὸ γεννώ-
μενον, οὐ μέντοι τὸ αὐτό γε, οὐδὲ ἓν τῷ ἀριθμῷ ἀλλὰ τῷ
εἴδει, οἷον ἐν τοῖς φυσικοῖς—ἄνθρωπος γὰρ ἄνθρωπον γεννᾷ—
ἂν μή τι παρὰ φύσιν γένηται, οἷον ἵππος ἡμίονον (καὶ
ταῦτα δὲ ὁμοίως· ὃ γὰρ ἂν κοινὸν εἴη ἐφ' ἵππου καὶ ὄνου
1034ᵃ οὐκ ὠνόμασται, τὸ ἐγγύτατα γένος, εἴη δ' ἂν ἄμφω ἴσως,
οἷον ἡμίονος)· ὥστε φανερὸν ὅτι οὐθὲν δεῖ ὡς παράδειγμα εἶδος
κατασκευάζειν (μάλιστα γὰρ ἂν ἐν τούτοις ἐπεζητοῦντο·
οὐσίαι γὰρ αἱ μάλιστα αὗται) ἀλλὰ ἱκανὸν τὸ γεννῶν ποιῆ-
5 σαι καὶ τοῦ εἴδους αἴτιον εἶναι ἐν τῇ ὕλῃ. τὸ δ' ἅπαν ἤδη,
τὸ τοιόνδε εἶδος ἐν ταῖσδε ταῖς σαρξὶ καὶ ὀστοῖς, Καλλίας
καὶ Σωκράτης· καὶ ἕτερον μὲν διὰ τὴν ὕλην (ἑτέρα γάρ),
ταὐτὸ δὲ τῷ εἴδει (ἄτομον γὰρ τὸ εἶδος).

Ἀπορήσειε δ' ἄν τις διὰ τί τὰ μὲν γίγνεται καὶ τέχνῃ 9
10 καὶ ἀπὸ ταὐτομάτου, οἷον ὑγίεια, τὰ δ' οὔ, οἷον οἰκία. αἴτιον
δὲ ὅτι τῶν μὲν ἡ ὕλη ἡ ἄρχουσα τῆς γενέσεως ἐν τῷ ποιεῖν
καὶ γίγνεσθαί τι τῶν ἀπὸ τέχνης, ἐν ᾗ ὑπάρχει τι μέρος
τοῦ πράγματος,—ἡ μὲν τοιαύτη ἐστὶν οἵα κινεῖσθαι ὑφ' αὑτῆς
ἡ δ' οὔ, καὶ ταύτης ἡ μὲν ὡδὶ οἵα τε ἡ δὲ ἀδύνατος· πολλὰ
15 γὰρ δυνατὰ μὲν ὑφ' αὑτῶν κινεῖσθαι ἀλλ' οὐχ ὡδί, οἷον
ὀρχήσασθαι. ὅσων οὖν τοιαύτη ἡ ὕλη, οἷον οἱ λίθοι, ἀδύνα-
τον ὡδὶ κινηθῆναι εἰ μὴ ὑπ' ἄλλου, ὡδὶ μέντοι ναί [καὶ τὸ
πῦρ]. διὰ τοῦτο τὰ μὲν οὐκ ἔσται ἄνευ τοῦ ἔχοντος τὴν τέχνην
τὰ δὲ ἔσται· ὑπὸ γὰρ τούτων κινηθήσεται τῶν οὐκ ἐχόντων
20 μὲν τὴν τέχνην, κινεῖσθαι δὲ δυναμένων αὐτῶν ὑπ' ἄλλων
οὐκ ἐχόντων τὴν τέχνην ἢ ἐκ μέρους. δῆλον δ' ἐκ τῶν

---

30 καὶ om. Aᵇ an recte?   31 ἀλλ' ἐν τῷ Π (ἐν J)   1034ᵃ 2
οὐ δεῖ Alᶜ   4 αἱ om. Aᵇ Alᵖ   8 ταυτὰ Aᵇ   11 τῶν μὲν super-
abundat; cf. 14, 15, 18   16 ἀδύνατος Π Alᵖ: ἀδύνατοι Aᵇ   17–18
seclusi notam e marg. intrusam; cum 16 λίθοι connectit Alᵖ   19 τῶν
τοιούτων Alᵖ   20 μὲν om. Aᵇ Alᵖ   κινεῖσθαι ... 21 τέχνην secl. ci.
Ross, om. Alᵖ sed homoeoteleuto   ἢ ὑπ' Π

ΤΩΝ ΜΕΤΑ ΤΑ ΦΥΣΙΚΑ Ζ   1034ᵃ

εἰρημένων καὶ ὅτι τρόπον τινὰ πάντα γίγνεται ἐξ ὁμωνύμου,
ὥσπερ τὰ φύσει, [ἢ ἐκ μέρους ὁμωνύμου] (οἷον ἡ οἰκία ἐξ οἰκίας,
ᾗ ὑπὸ νοῦ· ἡ γὰρ τέχνη τὸ εἶδος) ἢ ἐκ μέρους ⟨ὁμωνύμου⟩ ἢ
ἔχοντός τι μέρος, ἐὰν μὴ κατὰ συμβεβηκὸς γίγνηται· τὸ 25
γὰρ αἴτιον τοῦ ποιεῖν πρῶτον καθ' αὑτὸ μέρος. θερμότης γὰρ
ἡ ἐν τῇ κινήσει θερμότητα ἐν τῷ σώματι ἐποίησεν· αὕτη
δέ ἐστιν ἢ ὑγίεια ἢ μέρος, ἢ ἀκολουθεῖ αὐτῇ μέρος τι τῆς
ὑγιείας ἢ αὐτὴ ἡ ὑγίεια· διὸ καὶ λέγεται ποιεῖν, ὅτι ἐκεῖνο
ποιεῖ [τὴν ὑγίειαν] ᾧ ἀκολουθεῖ καὶ συμβέβηκε [θερμότης]. ὥστε, 30
ὥσπερ ἐν τοῖς συλλογισμοῖς, πάντων ἀρχὴ ἡ οὐσία· ἐκ γὰρ
τοῦ τί ἐστιν οἱ συλλογισμοί εἰσιν, ἐνταῦθα δὲ αἱ γενέσεις.
ὁμοίως δὲ καὶ τὰ φύσει συνιστάμενα τούτοις ἔχει. τὸ μὲν
γὰρ σπέρμα ποιεῖ ὥσπερ τὰ ἀπὸ τέχνης, ἔχει γὰρ δυνά-
μει τὸ εἶδος, καὶ ἀφ' οὗ τὸ σπέρμα, ἐστί πως ὁμώνυμον· οὐ   1034ᵇ
γὰρ πάντα οὕτω δεῖ ζητεῖν ὡς ἐξ ἀνθρώπου ἄνθρωπος· καὶ
γὰρ γυνὴ ἐξ ἀνδρός ⟦ἐὰν μὴ πήρωμα ᾖ· διὸ ἡμίονος οὐκ
ἐξ ἡμιόνου⟧. ὅσα δὲ ἀπὸ ταὐτομάτου ὥσπερ ἐκεῖ γίγνε-
ται, ὅσων ἡ ὕλη δύναται καὶ ὑφ' αὑτῆς κινεῖσθαι ταύτην 5
τὴν κίνησιν ἣν τὸ σπέρμα κινεῖ· ὅσων δὲ μή, ταῦτα ἀδύ-

---

22 εἰρημένων non respicit 1032ᵇ11 sq.   23 ἢ κτλ secl. Christ, om.
Alᵖ. haec verba exemplum οἰκίας separant a re illustranda (τὸ ἐξ ὁμωνύμου);
cf. 1032ᵇ11 sq.   24 ᾗ Robin, conieci et ipse (BBA 267): ἢ codd.   ἢ ἐκ
μέρους secl. Ross (cf. BBA 271): μέρους ἢ om. Aᵇ   ἢ ἐκ μέρους (24) et
ἢ ἐκ μέρους ὁμωνύμου (23) var. lect. sunt; Alᵖ recte ea primo loco om., altero
post μέρους add. ὁμωνύμου (vel συνωνύμου), quod suppl. Christ   25
τι Π Alᶜ: τὸ Aᵇ   26 αἴτιον om. Aᵇ   θερμότης γὰρ] haec iam supra
dicta sunt 1032ᵇ25 sq.   28 ἢ pr. Aᵇ: ἤτοι Π   ἢ tert. olim in
ᾗ mutabam sed cf. 1032ᵇ27   30 τὴν ὑγίειαν secl. Bonitz   θερμό-
της (ἡ θ. E²) delevi, om. Alᵖ; et θερμότης et τὴν ὑγίειαν glossae erant ad
λέγεται ποιεῖν e marg. in textum intrusae. Alᵖ post συμβέβηκε cogitando
supplebat ἡ ὑγίεια recte, noli tamen cum Bonitzio in textum recipere
33 δὴ Π; cf. BBA 266   1034ᵇ 3 ἐὰν ... ᾖ post 4 ἡμιόνου coll. codd.:
ante 3 διὸ recte cum Alᶜ transp. Ross, sed dubito an 1–3 οὐ γὰρ ... ἀνδρός
parenthesis esse possint; Alᶜ verbis ἐὰν ... ᾖ ante διὸ ... ἡμιόνου positis
haec omnia ante 1 οὐ γὰρ collocat, sed sunt verba incertae sedis e nota
marginali (Aristotelis?) in textum illata, seclusi (cf. BBA 11)   ἐὰν Aᵇ
Alᶜ: ἀλλ' ἐὰν Π   5 δύναται om. Aᵇ

ΤΩΝ ΜΕΤΑ ΤΑ ΦΥΣΙΚΑ Ζ

νατα γίγνεσθαι ἄλλως πως ἢ ἐξ αὐτῶν.—⟦οὐ μόνον δὲ περὶ τῆς οὐσίας ὁ λόγος δηλοῖ τὸ μὴ γίγνεσθαι τὸ εἶδος, ἀλλὰ περὶ πάντων ὁμοίως τῶν πρώτων κοινὸς ὁ λόγος, οἷον ποσοῦ ποιοῦ καὶ τῶν ἄλλων κατηγοριῶν. γίγνεται γὰρ ὥσπερ ἡ χαλκῆ σφαῖρα ἀλλ' οὐ σφαῖρα οὐδὲ χαλκός, καὶ ἐπὶ χαλκοῦ, εἰ γίγνεται (ἀεὶ γὰρ δεῖ προϋπάρχειν τὴν ὕλην καὶ τὸ εἶδος), οὕτως καὶ ἐπὶ τοῦ τί ἐστι καὶ ἐπὶ τοῦ ποιοῦ καὶ ποσοῦ καὶ τῶν ἄλλων ὁμοίως κατηγοριῶν· οὐ γὰρ γίγνεται τὸ ποιὸν ἀλλὰ τὸ ποιὸν ξύλον, οὐδὲ τὸ ποσὸν ἀλλὰ τὸ ποσὸν ξύλον ἢ ζῷον. ἀλλ' ἴδιον τῆς οὐσίας ἐκ τούτων λαβεῖν ἔστιν ὅτι ἀναγκαῖον προϋπάρχειν ἑτέραν οὐσίαν ἐντελεχείᾳ οὖσαν ἣ ποιεῖ, οἷον ζῷον εἰ γίγνεται ζῷον· ποιὸν δ' ἢ ποσὸν οὐκ ἀνάγκη ἀλλ' ἢ δυνάμει μόνον.⟧

Ἐπεὶ δὲ ὁ ὁρισμὸς λόγος ἐστί, πᾶς δὲ λόγος μέρη ἔχει, ὡς δὲ ὁ λόγος πρὸς τὸ πρᾶγμα, καὶ τὸ μέρος τοῦ λόγου πρὸς τὸ μέρος τοῦ πράγματος ὁμοίως ἔχει, ἀπορεῖται ἤδη πότερον δεῖ τὸν τῶν μερῶν λόγον ἐνυπάρχειν ἐν τῷ τοῦ ὅλου λόγῳ ἢ οὔ. ἐνίων μὲν γὰρ φαίνονται ἐνόντες ἐνίων δ' οὔ. τοῦ μὲν γὰρ κύκλου ὁ λόγος οὐκ ἔχει τὸν τῶν τμημάτων, ὁ δὲ τῆς συλλαβῆς ἔχει τὸν τῶν στοιχείων· καίτοι διαιρεῖται καὶ ὁ κύκλος εἰς τὰ τμήματα ὥσπερ καὶ ἡ συλλαβὴ εἰς τὰ στοιχεῖα. ἔτι δὲ εἰ πρότερα τὰ μέρη τοῦ ὅλου, τῆς δὲ ὀρθῆς ἡ ὀξεῖα μέρος καὶ ὁ δάκτυλος τοῦ ζῴου, πρότερον ἂν εἴη ἡ ὀξεῖα τῆς ὀρθῆς καὶ ὁ δάκτυλος τοῦ ἀνθρώπου. δοκεῖ δ' ἐκεῖνα εἶναι πρότερα· τῷ λόγῳ γὰρ λέγονται ἐξ ἐκείνων, καὶ τῷ εἶναι δὲ ἄνευ ἀλλήλων πρότερα.—ἢ πολλαχῶς λέγεται τὸ μέρος,

---

7 οὐ μόνον ... 19 μόνον additamentum est ad 1033ᵇ19 sq. postea sub finem huius disputatiunculae, quae est περὶ γενέσεως (cf. ad init. cap. 7), agglutinatum   12 ἀεὶ Π: εἰ Aᵇ   13 οὕτως om. J   17 ἀναγκαῖον Aᵇ Alᵖ: ἀνάγκη Π   ἑτέραν Aᵇ Alᵖ: ἀεὶ ἑτ. Π   19 ἀλλ' ἢ Π: ἀλλὰ Aᵇ Alᵖ   20 ὁ om. Π   24 ἢ οὔ om. Aᵇ   ἐνίων pr.] Aᵇ Alᶜ, sed cf. 1035ᵃ22–23; ἐν τῷ λόγῳ intellege   ἐνόντα Alᶜ recc.; οἱ λόγοι intellege; cf. 1035ᵃ22   ἐπ' ἐνίων Alᶜ recc.   28 πρότερα E Alᵖ Asclᶜ: πρότερον Aᵇ J   τὰ μέρη Π Alᵖ: τὸ μέρος Aᵇ

ΤΩΝ ΜΕΤΑ ΤΑ ΦΥΣΙΚΑ Ζ

ὧν εἷς μὲν τρόπος τὸ μετροῦν κατὰ τὸ ποσόν—ἀλλὰ τοῦτο μὲν ἀφείσθω· ἐξ ὧν δὲ ἡ οὐσία ὡς μερῶν, τοῦτο σκεπτέον. εἰ οὖν ἐστὶ τὸ μὲν ὕλη τὸ δὲ εἶδος τὸ δ' ἐκ τούτων, καὶ οὐσία ἥ τε ὕλη καὶ τὸ εἶδος καὶ τὸ ἐκ τούτων, ἔστι μὲν ὡς καὶ ἡ ὕλη μέρος τινὸς λέγεται, ἔστι δ' ὡς οὔ, ἀλλ' ἐξ ὧν ὁ τοῦ εἴδους λόγος. οἷον τῆς μὲν κοιλότητος οὐκ ἔστι μέρος ἡ σάρξ (αὕτη γὰρ ἡ ὕλη ἐφ' ἧς γίγνεται), τῆς δὲ σιμό- 5 τητος μέρος· καὶ τοῦ μὲν συνόλου ἀνδριάντος μέρος ὁ χαλκὸς τοῦ δ' ὡς εἴδους λεγομένου ἀνδριάντος οὔ (λεκτέον γὰρ τὸ εἶδος καὶ ᾗ εἶδος ἔχει ἕκαστον, τὸ δ' ὑλικὸν οὐδέποτε καθ' αὑτὸ λεκτέον)· διὸ ὁ μὲν τοῦ κύκλου λόγος οὐκ ἔχει τὸν τῶν τμημάτων, ὁ δὲ τῆς συλλαβῆς ἔχει τὸν τῶν στοιχείων· 10 τὰ μὲν γὰρ στοιχεῖα τοῦ λόγου μέρη τοῦ εἴδους καὶ οὐχ ὕλη, τὰ δὲ τμήματα οὕτως μέρη ὡς ὕλη ἐφ' ἧς ἐπιγίγνεται· ἐγγυτέρω μέντοι τοῦ εἴδους ἢ ὁ χαλκὸς ὅταν ἐν χαλκῷ ἡ στρογγυλότης ἐγγένηται. ἔστι δ' ὡς οὐδὲ τὰ στοιχεῖα πάντα τῆς συλλαβῆς ἐν τῷ λόγῳ ἐνέσται, οἷον ταδὶ τὰ κήρινα 15 ἢ τὰ ἐν τῷ ἀέρι· ἤδη γὰρ καὶ ταῦτα μέρος τῆς συλλαβῆς ὡς ὕλη αἰσθητή. καὶ γὰρ ἡ γραμμὴ οὐκ εἰ διαιρουμένη εἰς τὰ ἡμίση φθείρεται, ἢ ὁ ἄνθρωπος εἰς τὰ ὀστᾶ καὶ νεῦρα καὶ σάρκας, διὰ τοῦτο καὶ εἰσὶν ἐκ τούτων οὕτως ὡς ὄντων τῆς οὐσίας μερῶν, ἀλλ' ὡς ἐξ ὕλης, καὶ τοῦ μὲν 20 συνόλου μέρη, τοῦ εἴδους δὲ καὶ οὗ ὁ λόγος οὐκέτι· διόπερ οὐδ' ἐν τοῖς λόγοις. τῶν μὲν οὖν ἐνέσται ὁ τῶν τοιούτων μερῶν λόγος, τῶν δ' οὐ δεῖ ἐνεῖναι [[ἂν μὴ ᾖ τοῦ συνειλημμένου]]

1035ᵃ 2 ἡ οὐσία Alᶜ   6 καὶ Aᵇ Al: τι καὶ Π   10 ἔχει om. Π
11 ὡς οὐχ ὕλη E γρ, sed erat οὐχ ὡς ὕλη cf. 12   12 τούτων οὕτως Π
ἧς correxi: οἷς codd. (scil. τὸ εἶδος) cf. ᵃ5, 1036ᵃ31, ᵇ6 (BBA 268)   19
εἰσὶν Π Alᶜ: ἐκεῖν' Aᵇ   ἐκ τούτων εἰσὶν Alᶜ   21-22 οὐδ' ἐν Π (οὐδὲν
]): καὶ ἐν Aᵇ   22 τῶν pr.] τῷ Ross; cf. 23 et 1034ᵇ24   οὖν om. Aᵇ
τῶν alt. ... 23 ἐνεῖναι] διόπερ τοῖς μὲν ἐνέσται ὁ τῶν τοιούτων μερῶν λόγος,
τοῖς δ' οὐ δεῖ ἐνεῖναι E γρ e coniectura, immo cogitando supplendum ἐν
τῷ λόγῳ   23 τῶν Π: τοῖς Aᵇ (Al?): τῷ Ross; cf. 22   ἂν ... συν-
ειλημμένου nota ab Ar.(?) postea addita vid., seclusi (Em. Ar. Spec. 30)

ΤΩΝ ΜΕΤΑ ΤΑ ΦΥΣΙΚΑ Ζ

διὰ γὰρ τοῦτο ἔνια μὲν ἐκ τούτων ὡς ἀρχῶν ἐστὶν εἰς ἃ φθείρονται, ἔνια δὲ οὐκ ἔστιν. ὅσα μὲν οὖν συνειλημμένα τὸ εἶδος καὶ ἡ ὕλη ἐστίν, οἷον τὸ σιμὸν ἢ ὁ χαλκοῦς κύκλος, ταῦτα μὲν φθείρεται εἰς αὐτὰ καὶ μέρος αὐτῶν ἡ ὕλη· ὅσα δὲ μὴ συνείληπται τῇ ὕλῃ ἀλλὰ ἄνευ ὕλης, ὧν οἱ λόγοι τοῦ εἴδους μόνον, ταῦτα δ' οὐ φθείρεται, ἢ ὅλως ἢ οὔτοι οὕτω γε· ὥστ' ἐκείνων μὲν ἀρχαὶ καὶ μέρη ταῦτα τοῦ δὲ εἴδους οὔτε μέρη οὔτε ἀρχαί. καὶ διὰ τοῦτο φθείρεται ὁ πήλινος ἀνδριὰς εἰς πηλὸν καὶ ἡ σφαῖρα εἰς χαλκὸν καὶ ὁ Καλλίας εἰς σάρκα καὶ ὀστᾶ, ἔτι δὲ ὁ κύκλος εἰς τὰ τμήματα· ἔστι γάρ τις ὃς συνείληπται τῇ ὕλῃ· ὁμωνύμως γὰρ λέγεται κύκλος ὅ τε ἁπλῶς λεγόμενος καὶ ὁ καθ' ἕκαστον διὰ τὸ μὴ εἶναι ἴδιον ὄνομα τοῖς καθ' ἕκαστον.—εἴρηται μὲν οὖν καὶ νῦν τὸ ἀληθές, ὅμως δ' ἔτι σαφέστερον εἴπωμεν ἐπαναλαβόντες. ὅσα μὲν γὰρ τοῦ λόγου μέρη καὶ εἰς ἃ διαιρεῖται ὁ λόγος, ταῦτα πρότερα ἢ πάντα ἢ ἔνια· ὁ δὲ τῆς ὀρθῆς λόγος οὐ διαιρεῖται εἰς ὀξείας λόγον, ἀλλ' ⟨ὁ⟩ τῆς ὀξείας εἰς ὀρθήν· χρῆται γὰρ ὁ ὁριζόμενος τὴν ὀξεῖαν τῇ ὀρθῇ· ἐλάττων γὰρ ὀρθῆς ἡ ὀξεῖα. ὁμοίως δὲ καὶ ὁ κύκλος καὶ τὸ ἡμικύκλιον ἔχουσιν· τὸ γὰρ ἡμικύκλιον τῷ κύκλῳ ὁρίζεται καὶ ὁ δάκτυλος τῷ ὅλῳ· τὸ γὰρ τοιόνδε μέρος ἀνθρώπου δάκτυλος. ὥσθ' ὅσα μὲν μέρη ὡς ὕλη καὶ εἰς ἃ διαιρεῖται ὡς εἰς ὕλην, ὕστερα· ὅσα δὲ ὡς τοῦ λόγου καὶ τῆς οὐσίας τῆς κατὰ τὸν λόγον, πρότερα ἢ πάντα ἢ ἔνια. ἐπεὶ δὲ ἡ τῶν ζῴων ψυχή

---

24 ὡς om. Aᵇ   25 ὅσα Π Alᶜ Aᵇ γρ: ἔνια Aᵇ   27 αὐτὰ cum Alᶜ scripsi: ταῦτα codd.   28 ἄνευ τῆς Π   ὧν οἱ Aᵇ Alᵖ: οἷον Π: ὧν ex οἷον corr. Aᵇ   30 οὗτοι οὕτω J Alᶜ Aᵇ (οὐ τοιούτω): οὔτι οὕτω E sscr. Aᵇ²   ταῦτα Aᵇ Alᵖ: τὰ ὑφ' αὑτὰ Π e glossa ortum vid. 31 ταῦτα post ἀρχαὶ iterat Π   32 ἡ χαλκῆ σφαῖρα ex Alᵖ Bonitz 33 σάρκα Π Alᵖ: σάρκας Aᵇ   δὲ ὁμοίως Aᵇ: δὲ καὶ E² Alᵖ   34 ἔστι γάρ τι ὅπερ Alᵖ   τι ὃ Aᵇ   1035ᵇ 1 λεγόμενος om. Alᶜ   2 ὁ Aᵇ J Alᶜ: οἱ E   ἕκαστον scripsi cum Alᶜ: ἕκαστα codd.   7 ἀλλ' ὁ ex Alᵖ Ross: ἀλλὰ codd.   9 ὁ et τὸ pr. Aᵇ Alᶜ: om. Π   12 εἰς alt. om. Aᵇ; cf. 21

ΤΩΝ ΜΕΤΑ ΤΑ ΦΥΣΙΚΑ Ζ

(τοῦτο γὰρ οὐσία τοῦ ἐμψύχου) ἡ κατὰ τὸν λόγον οὐσία καὶ 15 τὸ εἶδος καὶ τὸ τί ἦν εἶναι τῷ τοιῷδε σώματι (ἕκαστον γοῦν, [τὸ μέρος] ἐὰν ὁρίζηται καλῶς, οὐκ ἄνευ τοῦ ἔργου ὁριεῖται, ὃ οὐχ ὑπάρξει ἄνευ αἰσθήσεως), ὥστε τὰ ταύτης μέρη πρότερα ἢ πάντα ἢ ἔνια τοῦ συνόλου ζῴου, καὶ καθ' ἕκαστον δὴ ὁμοίως, τὸ δὲ σῶμα καὶ τὰ τούτου μόρια ὕστερα 20 ταύτης τῆς οὐσίας, καὶ διαιρεῖται εἰς ταῦτα ὡς εἰς ὕλην οὐχ ἡ οὐσία ἀλλὰ τὸ σύνολον,—τοῦ μὲν οὖν συνόλου πρότερα ταῦτ' ἔστιν ὥς, ἔστι δ' ὡς οὔ (οὐδὲ γὰρ εἶναι δύναται χωριζόμενα· οὐ γὰρ ὁ πάντως ἔχων δάκτυλος ζῴου, ἀλλ' ὁμώνυμος ὁ τεθνεώς)· ἔνια δὲ ἅμα, ὅσα κύρια καὶ ἐν ᾧ 25 πρώτῳ ὁ λόγος καὶ ἡ οὐσία, οἷον εἰ τοῦτο καρδία ἢ ἐγκέφαλος· διαφέρει γὰρ οὐθὲν πότερον τοιοῦτον. ὁ δ' ἄνθρωπος καὶ ὁ ἵππος καὶ τὰ οὕτως ἐπὶ τῶν καθ' ἕκαστα, καθόλου δέ, οὐκ ἔστιν οὐσία ἀλλὰ σύνολόν τι ἐκ τουδὶ τοῦ λόγου καὶ τησδὶ τῆς ὕλης ὡς καθόλου· καθ' ἕκαστον δ' ἐκ τῆς ἐσχάτης ὕλης ὁ 30 Σωκράτης ἤδη ἐστίν, καὶ ἐπὶ τῶν ἄλλων ὁμοίως.—μέρος μὲν οὖν ἐστὶ καὶ τοῦ εἴδους (εἶδος δὲ λέγω τὸ τί ἦν εἶναι) καὶ τοῦ συνόλου τοῦ ἐκ τοῦ εἴδους καὶ τῆς ὕλης ⟨καὶ τῆς ὕλης⟩ αὐτῆς. ἀλλὰ τοῦ λόγου μέρη τὰ τοῦ εἴδους μόνον ἐστίν, ὁ δὲ λόγος ἐστὶ τοῦ καθόλου· τὸ γὰρ κύκλῳ εἶναι καὶ κύκλος καὶ ψυχῇ εἶναι καὶ ψυχὴ ταὐτό. τοῦ δὲ συνόλου ἤδη, οἷον κύκλου τουδὶ καὶ τῶν καθ' ἕκαστά τινος ἢ αἰσθητοῦ ἢ νοητοῦ—λέγω δὲ νοητοὺς μὲν οἷον τοὺς μαθηματικούς, αἰσθητοὺς δὲ οἷον τοὺς χαλκοῦς

---

16 τοιῷδε Aᵇ Al: τοιούτῳ Π   ἕκαστον Aᵇ Alᶜ: ἑκάστου Π propter articulum insolitum   17 τὸ μέρος delevi: γοῦν τὸ μέρος Aᵇ Π Alᶜ   ante καλῶς iterat τὸ μέρος Aᵇ, post καλῶς Alᶜ var. lect. miscentes, delevi   22 οὐχ ἡ οὐσία Π Alᵖ: οὐκ οὐσίαν Aᵇ   24 οὐ Π: οὐδὲ Aᵇ Alᶜ   ὁ πάντως Π Alᶜ: ἄλλως πως Aᵇ   ζῴου] δάκτυλος vel μέρος intellege, nisi forte ita scribendum est; cf. 1036ᵇ31 et BBA 264   25 τεθνηκώς Aᵇ Alᵖ   27 ὁ δὲ καθόλου ἄνθρωπος Alᶜ fort. ex 28   28 τὰ Π Alᶜ: ταῦτα Aᵇ; eratne πάντα τά?   33 καὶ pr. Π: ὡς Aᵇ: ὥσπερ καὶ Alᵖ (legebatne ὡς καὶ?) var. lect. contaminans   καὶ τῆς ὕλης add. Bonitz, non leg. vid. Al, quod qui non recipit, αὐτῆς (i.e. 'solius') delere debet   34 τοῦ tert. Π Alᵖ (bis): τὸ Aᵇ

ΤΩΝ ΜΕΤΑ ΤΑ ΦΥΣΙΚΑ Ζ

καὶ τοὺς ξυλίνους—τούτων δὲ οὐκ ἔστιν ὁρισμός, ἀλλὰ μετὰ νοήσεως ἢ αἰσθήσεως γνωρίζονται, ἀπελθόντες δὲ ἐκ τῆς ἐντελεχείας οὐ δῆλον πότερον εἰσὶν ἢ οὐκ εἰσίν· ἀλλ' ἀεὶ λέγονται καὶ γνωρίζονται τῷ καθόλου λόγῳ. ἡ δ' ὕλη ἄγνωστος καθ' αὑτήν. [ὕλη δὲ ἡ μὲν αἰσθητή ἐστιν ἡ δὲ νοητή, αἰσθητὴ μὲν οἷον χαλκὸς καὶ ξύλον καὶ ὅση κινητὴ ὕλη, νοητὴ δὲ ἡ ἐν τοῖς αἰσθητοῖς ὑπάρχουσα μὴ ᾗ αἰσθητά, οἷον τὰ μαθηματικά.] πῶς μὲν οὖν ἔχει περὶ ὅλου καὶ μέρους καὶ περὶ τοῦ προτέρου καὶ ὑστέρου, εἴρηται· πρὸς δὲ τὴν ἐρώτησιν ἀνάγκη ἀπαντᾶν, ὅταν τις ἔρηται πότερον ἡ ὀρθὴ καὶ ὁ κύκλος καὶ τὸ ζῷον πρότερα ᾖ εἰς ἃ διαιροῦνται καὶ ἐξ ὧν εἰσί, τὰ μέρη, ὅτι οὐχ ἁπλῶς. εἰ μὲν γάρ ἐστι καὶ ἡ ψυχὴ ζῷον ἢ ἔμψυχον, ἢ ἕκαστον ἡ ἑκάστου, καὶ ⟨ὁ⟩ κύκλος τὸ κύκλῳ εἶναι, καὶ ἡ ὀρθὴ τὸ ὀρθῇ εἶναι καὶ ἡ οὐσία ἡ τῆς ὀρθῆς, τὶ μὲν καὶ τινὸς φατέον ὕστερον, οἷον τῶν ἐν τῷ λόγῳ καὶ τινὸς ὀρθῆς (καὶ γὰρ ἡ μετὰ τῆς ὕλης, ἡ χαλκῆ ὀρθή, καὶ ἡ ἐν ταῖς γραμμαῖς ταῖς καθ' ἕκαστα), ἡ δ' ἄνευ ὕλης τῶν μὲν ἐν τῷ λόγῳ ὑστέρα τῶν δ' ἐν τῷ καθ' ἕκαστα μορίων προτέρα, ἁπλῶς δ' οὐ φατέον· εἰ δ' ἑτέρα καὶ μὴ ἔστιν ἡ ψυχὴ ζῷον, καὶ οὕτω τὰ μὲν φατέον τὰ δ' οὐ φατέον, ὥσπερ εἴρηται.

Ἀπορεῖται δὲ εἰκότως καὶ ποῖά ἐστι τοῦ εἴδους μέρη καὶ ποῖα οὔ, ἀλλὰ τοῦ συνειλημμένου. καίτοι τούτου μὴ δήλου ὄντος οὐκ ἔστιν ὁρίσασθαι ἕκαστον· τοῦ γὰρ καθόλου καὶ τοῦ εἴδους ὁ ὁρισμός· ποῖα οὖν ἐστι τῶν μερῶν ὡς ὕλη καὶ ποῖα

1036ᵃ 5 τοὺς om. Π   7 πότερόν Aᵇ Alᵖ: πότερόν ποτε Π   9
ὕλη ... 12 μαθηματικά postea (nescio an ab Aristotele) addita vid.   10
ὅσα κινεῖται Aᵇ om. ὕλη   11 νοητὴ Π Alᵖ: ἡ Aᵇ   12 οἷον Π:
ὄντα Aᵇ   15 πρότερα Π Alᵖ (bis): πρότερον Aᵇ   διαιροῦνται Π
Alᵖ: διαιρεῖται Aᵇ   16 τὰ μέρη glossema esse vid., incertum an
legerit Alᵖ   17 ψ. τὸ ζῷον Alᶜ, sed cf. 24   ᾖ pr. codd. Alᵖ: ᾗ Christ,
rectius om. Bonitz   ἔμψυχον Aᵇ J Alᵖ: ἔμψυχος E   ἡ alt. Aᵇ E Alᶜ: ᾗ J
E γρ   18 ὁ addidi, leg. vid. Alᵖ   καὶ pr. Π Alᵖ: om. Aᵇ   ἡ pr. Π
Alᵖ: om. Aᵇ   20 καὶ τῶν τινὸς ci. Ross   26 ἐστι cum Alᵖ scripsi:
ἔσται Aᵇ: om. Π

ΤΩΝ ΜΕΤΑ ΤΑ ΦΥΣΙΚΑ Ζ

οὗ, ἐὰν μὴ ᾖ φανερά, οὐδὲ ὁ λόγος ἔσται φανερὸς ὁ τοῦ 30 πράγματος. ὅσα μὲν οὖν φαίνεται ἐπιγιγνόμενα ἐφ᾽ ἑτέρων τῷ εἴδει, οἷον κύκλος ἐν χαλκῷ καὶ λίθῳ καὶ ξύλῳ, ταῦτα μὲν δῆλα εἶναι δοκεῖ ὅτι οὐδὲν τῆς τοῦ κύκλου οὐσίας ὁ χαλκὸς οὐδ᾽ ὁ λίθος διὰ τὸ χωρίζεσθαι αὐτῶν· ὅσα δὲ μὴ ὁρᾶται χωριζόμενα, οὐδὲν μὲν κωλύει ὁμοίως ἔχειν 35 τούτοις, ὥσπερ κἂν εἰ οἱ κύκλοι πάντες ἑωρῶντο χαλκοῖ· οὐδὲν γὰρ ἂν ἧττον ἦν ὁ χαλκὸς οὐδὲν ⟨μέρος⟩ τοῦ εἴδους· χαλεπὸν δὲ ἀφελεῖν τοῦτον τῇ διανοίᾳ. οἷον τὸ τοῦ ἀνθρώπου εἶδος ἀεὶ ἐν σαρκὶ φαίνεται καὶ ὀστοῖς καὶ τοῖς τοιούτοις μέρεσιν· ἆρ᾽ οὖν καὶ ἐστὶ ταῦτα μέρη τοῦ εἴδους καὶ τοῦ λόγου; ἢ οὔ, 5 ἀλλ᾽ ὕλη, ἀλλὰ διὰ τὸ μὴ καὶ ἐπ᾽ ἄλλων ἐπιγίγνεσθαι ἀδυνατοῦμεν χωρίσαι; ἐπεὶ δὲ τοῦτο δοκεῖ μὲν ἐνδέχεσθαι ἄδηλον δὲ πότε, ἀποροῦσί τινες ἤδη καὶ ἐπὶ τοῦ κύκλου καὶ τοῦ τριγώνου ὡς οὐ προσῆκον γραμμαῖς ὁρίζεσθαι καὶ τῷ συνεχεῖ, ἀλλὰ πάντα καὶ ταῦτα ὁμοίως λέγεσθαι ὡσανεὶ 10 σάρκες καὶ ὀστᾶ τοῦ ἀνθρώπου καὶ χαλκὸς καὶ λίθος τοῦ ἀνδριάντος· καὶ ἀνάγουσι πάντα εἰς τοὺς ἀριθμούς, καὶ γραμμῆς τὸν λόγον τὸν τῶν δύο εἶναί φασιν. καὶ τῶν τὰς ἰδέας λεγόντων οἱ μὲν αὐτογραμμὴν τὴν δυάδα, οἱ δὲ τὸ εἶδος τῆς γραμμῆς, ἔνια μὲν γὰρ εἶναι ταὐτὰ τὸ εἶδος 15 καὶ οὗ τὸ εἶδος (οἷον δυάδα καὶ εἶδος δυάδος), ἐπὶ γραμμῆς δὲ οὐκέτι. συμβαίνει δὴ ἕν τε πολλῶν εἶδος εἶναι ὧν τὸ εἶδος φαίνεται ἕτερον (ὅπερ καὶ τοῖς Πυθαγορείοις συνέβαινεν), καὶ ἐνδέχεται ἓν πάντων ποιεῖν αὐτὸ εἶδος, τὰ δ᾽ ἄλλα μὴ εἴδη· καίτοι οὕτως ἓν πάντα ἔσται. 20

Ὅτι μὲν οὖν ἔχει τινὰ ἀπορίαν τὰ περὶ τοὺς ὁρισμούς, καὶ διὰ τίν᾽ αἰτίαν, εἴρηται· διὸ καὶ τὸ πάντα ἀνάγειν οὕτω καὶ

1036ᵇ 1 εἰ om. Aᵇ Alᵖ   2 οὐδὲν alt. om. Π   μέρος addidi   3 τοῦτον Aᵇ Alᵖ : τοῦτο Π   4 φαίνεται] γίνεται Alᶜ   9 ἐπὶ τοῦ Π   10 καὶ om. Π   1 καὶ pr. Aᵇ Alᵖ : ἢ Π   τοῦ ἀνδριάντος Aᵇ Alᵖ : κύκλου Π   var. lect. fort. melior cf. ᵃ32   12 πάντα Aᵇ E Alᵖ : πάντας J : πάντως E γρ   15 ταὐτὰ Π Alᵖ (bis) : τὸ αὐτὸ Aᵇ Alᵖ (semel)   16 καὶ τὸ εἶδος Π   17 τε codd. : τῶν Alᶜ   22 καὶ τὸ E Alᶜ : καὶ om. J : τὸ om. Aᵇ

ΤΩΝ ΜΕΤΑ ΤΑ ΦΥΣΙΚΑ Ζ

ἀφαιρεῖν τὴν ὕλην περίεργον· ἔνια γὰρ ἴσως τόδ' ἐν τῷδ'
ἐστὶν ἢ ὡδὶ ταδὶ ἔχοντα. καὶ ἡ παραβολὴ ἡ ἐπὶ τοῦ ζῴου,
ἣν εἰώθει λέγειν Σωκράτης ὁ νεώτερος, οὐ καλῶς ἔχει·
ἀπάγει γὰρ ἀπὸ τοῦ ἀληθοῦς, καὶ ποιεῖ ὑπολαμβάνειν ὡς
ἐνδεχόμενον εἶναι τὸν ἄνθρωπον ἄνευ τῶν μερῶν, ὥσπερ
ἄνευ τοῦ χαλκοῦ τὸν κύκλον. τὸ δ' οὐχ ὅμοιον· αἰσθητὸν
γάρ τι τὸ ζῷον, καὶ ἄνευ κινήσεως οὐκ ἔστιν ὁρίσασθαι, διὸ
οὐδ' ἄνευ τῶν μερῶν ἐχόντων πώς. οὐ γὰρ πάντως τοῦ ἀν-
θρώπου μέρος ἡ χείρ, ἀλλ' ἡ δυναμένη τὸ ἔργον ἀποτελεῖν,
ὥστε ἔμψυχος οὖσα· μὴ ἔμψυχος δὲ οὐ μέρος. [περὶ δὲ τὰ
μαθηματικὰ διὰ τί οὐκ εἰσὶ μέρη οἱ λόγοι τῶν λόγων,
οἷον τοῦ κύκλου τὰ ἡμικύκλια; οὐ γάρ ἐστιν αἰσθητὰ ταῦτα.
ἢ οὐθὲν διαφέρει; ἔσται γὰρ ὕλη ἐνίων καὶ μὴ αἰσθητῶν·
καὶ παντὸς γὰρ ὕλη τις ἔστιν ὃ μὴ ἔστι τί ἦν εἶναι καὶ
εἶδος αὐτὸ καθ' αὑτὸ ἀλλὰ τόδε τι. κύκλου μὲν οὖν οὐκ
ἔσται τοῦ καθόλου, τῶν δὲ καθ' ἕκαστα ἔσται μέρη ταῦτα,
ὥσπερ εἴρηται πρότερον· ἔστι γὰρ ὕλη ἡ μὲν αἰσθητὴ ἡ
δὲ νοητή.]] δῆλον δὲ καὶ ὅτι ἡ μὲν ψυχὴ οὐσία ἡ πρώτη,
τὸ δὲ σῶμα ὕλη, ὁ δ' ἄνθρωπος ἢ τὸ ζῷον τὸ ἐξ ἀμφοῖν
ὡς καθόλου· Σωκράτης δὲ καὶ Κορίσκος, εἰ μὲν καὶ ἡ ψυχὴ
Σωκράτης, διττόν (οἱ μὲν γὰρ ὡς ψυχὴν οἱ δ' ὡς τὸ σύνολον),
εἰ δ' ἁπλῶς ἡ ψυχὴ ἥδε καὶ ⟨τὸ⟩ σῶμα τόδε, ὥσπερ τὸ

---

24 ταδὶ om. Al^c   29 τι A^b Al^c : τι ἴσως Π : ἴσως post καὶ collocandum vid.   30 οὐδ' om. A^b Al^c   31 ἡ ante χείρ om. A^b Al^c   ἀλλ' ἡ Π : ἀλλὰ A^b : ἀλλ' ἢ Joachim ; sed οὐ πάντως ... ἡ χείρ idem est quod οὐχ ἡ πάντως ἔχουσα χείρ, cui opponitur ἀλλ' ἡ δυναμένη, cf. 1035^b24   32 ἔμψυχος οὖσα] scil. μέρος ἔσται   περὶ ... 1037^a5 νοητή] verba a me seclusa ab Eudemo i.e. primo Metaphysicorum editore hic insulse posita esse suspicatur Al et re vera ad 1034^b24–1035^a17 pertinere, sed cf. 1037^a4. additamentum est sub finem disputatiunculae olim separatae adnexum (cf. ad 1034^b7 et 1036^a9)   34 τοῦ om. Π   1037^a 1 γὰρ ὕλη τις ἔστιν et καὶ ... 2 τόδε τι om. Π, leg. A^b Al^p   2–3 τοῦ μὲν καθόλου κύκλου οὐκ ἔσται μέρη A^b Al^p   4 ἡ ὕλη ἡ Π   5 καὶ om. A^b Al^p   7 καὶ alt. et 8 Σωκράτης om. Π, leg. Al^p   8 ψυχὴ A^b   9 καὶ Π Al^c : om. A^b   τὸ pr. cum Ald Ross   τόδε Π : τὰ δὲ A^b   τὸ alt.] τὰ A^b

ΤΩΝ ΜΕΤΑ ΤΑ ΦΥΣΙΚΑ Ζ

καθόλου [τε] καὶ τὸ καθ' ἕκαστον. πότερον δὲ ἔστι παρὰ τὴν ὕλην τῶν τοιούτων οὐσιῶν τις ἄλλη, καὶ δεῖ ζητεῖν οὐσίαν ἑτέραν τινὰ οἷον ἀριθμοὺς ἤ τι τοιοῦτον, σκεπτέον ὕστερον. τούτου γὰρ χάριν καὶ περὶ τῶν αἰσθητῶν οὐσιῶν πειρώμεθα διορίζειν, ἐπεὶ τρόπον τινὰ τῆς φυσικῆς καὶ δευτέρας φιλοσοφίας ἔργον ἡ περὶ τὰς αἰσθητὰς οὐσίας θεωρία· οὐ γὰρ μόνον περὶ τῆς ὕλης δεῖ γνωρίζειν τὸν φυσικὸν ἀλλὰ καὶ ⟨περὶ τῆς οὐσίας⟩ τῆς κατὰ τὸν λόγον, καὶ μᾶλλον. ἐπὶ δὲ τῶν ὁρισμῶν πῶς μέρη τὰ ἐν τῷ λόγῳ, καὶ διὰ τί εἷς λόγος ὁ ὁρισμός (δῆλον γὰρ ὅτι τὸ πρᾶγμα ἕν, τὸ δὲ πρᾶγμα τίνι ἕν, μέρη γε ἔχον;), σκεπτέον ὕστερον.

Τί μὲν οὖν ἐστὶ τὸ τί ἦν εἶναι καὶ πῶς αὐτὸ καθ' αὑτό, καθόλου περὶ παντὸς εἴρηται, καὶ διὰ τί τῶν μὲν ὁ λόγος ὁ τοῦ τί ἦν εἶναι ἔχει τὰ μόρια τοῦ ὁριζομένου τῶν δ' οὔ, καὶ ὅτι ἐν μὲν τῷ τῆς οὐσίας λόγῳ τὰ οὕτω μόρια ὡς ὕλη οὐκ ἐνέσται—οὐδὲ γὰρ ἔστιν ἐκείνης μόρια τῆς οὐσίας ἀλλὰ τῆς συνόλης, ταύτης δέ γ' ἐστί πως λόγος καὶ οὐκ ἔστιν· μετὰ μὲν γὰρ τῆς ὕλης οὐκ ἔστιν (ἀόριστον γάρ), κατὰ τὴν πρώτην δ' οὐσίαν ἔστιν, οἷον ἀνθρώπου ὁ τῆς ψυχῆς λόγος· ἡ γὰρ οὐσία ἐστὶ τὸ εἶδος τὸ ἐνόν, ἐξ οὗ καὶ τῆς ὕλης ἡ σύνολος λέγεται οὐσία, οἷον ἡ κοιλότης (ἐκ γὰρ ταύτης καὶ τῆς ῥινὸς σιμὴ ῥὶς καὶ ἡ σιμότης ἐστί, δὶς γὰρ ἐν τούτοις ὑπάρξει ἡ ῥίς)—ἐν δὲ τῇ συνόλῳ οὐσίᾳ, οἷον ῥινὶ σιμῇ ἢ Καλλίᾳ, ἐνέσται καὶ ἡ ὕλη· καὶ ὅτι τὸ τί ἦν εἶναι καὶ ἕκαστον ἐπὶ τινῶν μὲν ταὐτό, ὥσπερ ἐπὶ τῶν πρώ-

10 τε codd.: om. Al^p, del. Bonitz   12 αὐτῶν ἑτέραν Π σκεπτέον ὕστερον] cf. Μ 1-9   16 ὑλικῆς Christ   17 περὶ ... οὐσίας supplevi (*BBA* 275); cf. 1025^b26 ubi physica περὶ οὐσίαν τὴν κατὰ λόγον versari dicitur   20 σκεπτ. ὑστ.] de Ζ 12 et Η 6 cf. *Entst. d. Met.* 53 sq., quae ut postea addita videntur, sic etiam haec verba quae ad ea referunt   23 ὁ om. A^b Al^c   26 συνόλης codd., cf. Al 517. 13: συνόλου Al^p, Christ   30 σύνολος Π: συνόλη Al^p: σύνοδος A^b   31 δὶς ... 32 ῥίς codd. Al^p, secl. Ross   δὶς Π Al^p (cf. 1030^b33): δι' ἆ A^b   33 τὸ τί om. A^b

ΤΩΝ ΜΕΤΑ ΤΑ ΦΥΣΙΚΑ Ζ

τῶν οὐσιῶν [οἷον καμπυλότης καὶ καμπυλότητι εἶναι, εἰ πρώτη ἐστίν] (λέγω δὲ πρώτην ᾗ μὴ λέγεται τῷ ἄλλο ἐν ἄλλῳ εἶναι καὶ ὑποκειμένῳ ὡς ὕλῃ), ὅσα δὲ ὡς ὕλῃ ἢ ὡς συνειλημμένα τῇ ὕλῃ, οὐ ταὐτό, οὐδ' ⟨εἰ⟩ κατὰ συμβεβηκὸς ἕν, οἷον ὁ Σωκράτης καὶ τὸ μουσικόν· ταῦτα γὰρ ταὐτὰ κατὰ συμβεβηκός.

Νῦν δὲ λέγωμεν πρῶτον ἐφ' ὅσον ἐν τοῖς ἀναλυτικοῖς περὶ ὁρισμοῦ μὴ εἴρηται· ἡ γὰρ ἐν ἐκείνοις ἀπορία λεχθεῖσα πρὸ ἔργου τοῖς περὶ τῆς οὐσίας ἐστὶ λόγοις. λέγω δὲ ταύτην τὴν ἀπορίαν, διὰ τί ποτε ἕν ἐστιν οὗ τὸν λόγον ὁρισμὸν εἶναί φαμεν, οἷον τοῦ ἀνθρώπου τὸ ζῷον δίπουν· ἔστω γὰρ οὗτος αὐτοῦ λόγος. διὰ τί δὴ τοῦτο ἕν ἐστιν ἀλλ' οὐ πολλά, ζῷον καὶ δίπουν; ἐπὶ μὲν γὰρ τοῦ ἄνθρωπος καὶ λευκὸν πολλὰ μέν ἐστιν ὅταν μὴ ὑπάρχῃ θατέρῳ θάτερον, ἓν δὲ ὅταν ὑπάρχῃ καὶ πάθῃ τι τὸ ὑποκείμενον, ὁ ἄνθρωπος (τότε γὰρ ἓν γίγνεται καὶ ἔστιν ὁ λευκὸς ἄνθρωπος)· ἐνταῦθα δ' οὐ μετέχει θατέρου θάτερον· τὸ γὰρ γένος οὐ δοκεῖ μετέχειν τῶν διαφορῶν (ἅμα γὰρ ἂν τῶν ἐναντίων τὸ αὐτὸ μετεῖχεν· αἱ γὰρ διαφοραὶ ἐναντίαι αἷς διαφέρει τὸ γένος). εἰ δὲ καὶ μετέχει, ὁ αὐτὸς λόγος, εἴπερ εἰσὶν αἱ διαφοραὶ πλείους, οἷον πεζὸν δίπουν ἄπτερον. διὰ τί γὰρ ταῦθ' ἓν ἀλλ' οὐ πολλά; οὐ γὰρ ὅτι ἐνυπάρχει· οὕτω μὲν γὰρ ἐξ ἁπάντων ἔσται ἕν. δεῖ δέ γε ἓν εἶναι ὅσα ἐν τῷ ὁρισμῷ· ὁ γὰρ ὁρισμὸς λόγος τίς ἐστιν εἷς καὶ οὐσίας, ὥστε ἑνός τινος δεῖ αὐτὸν εἶναι λόγον· καὶ γὰρ ἡ οὐσία ἕν τι καὶ τόδε τι σημαίνει, ὡς φαμέν.—δεῖ δὲ ἐπισκοπεῖν πρῶτον περὶ τῶν κατὰ τὰς διαιρέσεις ὁρισμῶν. οὐδὲν γὰρ ἕτερόν ἐστιν ἐν τῷ ὁρισμῷ πλὴν τό τε πρῶτον λεγόμενον γένος καὶ αἱ διαφοραί· τὰ δ' ἄλλα 30 γένη ἐστὶ τό τε πρῶτον καὶ μετὰ τούτου αἱ συλλαμβανόμεναι διαφοραί, οἷον τὸ πρῶτον ζῷον, τὸ δὲ ἐχόμενον ζῷον δίπουν, καὶ πάλιν ζῷον δίπουν ἄπτερον· ὁμοίως δὲ κἂν διὰ πλειόνων λέγηται. ὅλως δ' οὐδὲν διαφέρει διὰ **1038**ᵃ πολλῶν ἢ δι' ὀλίγων λέγεσθαι, ὥστ' οὐδὲ δι' ὀλίγων ἢ διὰ δυοῖν· τοῖν δυοῖν δὲ τὸ μὲν διαφορὰ τὸ δὲ γένος, οἷον τοῦ ζῷον δίπουν τὸ μὲν ζῷον γένος διαφορὰ δὲ θάτερον. εἰ οὖν τὸ γένος ἁπλῶς μὴ ἔστι παρὰ τὰ ὡς γένους εἴδη, 5 ἢ εἰ ἔστι μὲν ὡς ὕλη δ' ἐστίν (ἡ μὲν γὰρ φωνὴ γένος καὶ ὕλη, αἱ δὲ διαφοραὶ τὰ εἴδη καὶ τὰ στοιχεῖα ἐκ ταύτης ποιοῦσιν), φανερὸν ὅτι ὁ ὁρισμός ἐστιν ὁ ἐκ τῶν διαφορῶν λόγος. ἀλλὰ μὴν καὶ δεῖ γε διαιρεῖσθαι τὴν τῆς διαφορᾶς διαφοράν, οἷον ζῴου διαφορὰ τὸ ὑπόπουν· πάλιν τοῦ 10 ζῴου τοῦ ὑπόποδος τὴν διαφορὰν δεῖ εἰδέναι ᾗ ὑπόπουν, ὥστ' οὐ λεκτέον τοῦ ὑπόποδος τὸ μὲν πτερωτὸν τὸ δὲ ἄπτερον, ἐάνπερ λέγῃ καλῶς (ἀλλὰ διὰ τὸ ἀδυνατεῖν ποιήσει τοῦτο), ἀλλ' ἢ τὸ μὲν σχιζόπουν τὸ δ' ἄσχιστον· αὗται γὰρ διαφοραὶ ποδός· ἡ γὰρ σχιζοποδία ποδότης τις. καὶ 15 οὕτως ἀεὶ βούλεται βαδίζειν ἕως ἂν ἔλθῃ εἰς τὰ ἀδιάφορα· τότε δ' ἔσονται τοσαῦτα εἴδη ποδὸς ὅσαιπερ αἱ διαφοραί, καὶ τὰ ὑπόποδα ζῷα ἴσα ταῖς διαφοραῖς. εἰ δὴ ταῦτα οὕτως ἔχει, φανερὸν ὅτι ἡ τελευταία διαφορὰ ἡ οὐσία τοῦ πράγματος ἔσται καὶ ὁ ὁρισμός, εἴπερ μὴ δεῖ πολλάκις 20 ταὐτὰ λέγειν ἐν τοῖς ὅροις· περίεργον γάρ. συμβαίνει δέ γε τοῦτο· ὅταν γὰρ εἴπῃ ζῷον ὑπόπουν δίπουν, οὐδὲν ἄλλο εἴρηκεν ἢ ζῷον πόδας ἔχον, δύο πόδας ἔχον· κἂν τοῦτο

29 τε om. Aᵇ Alᵖ (cf. 31)   30 ἡ διαφορά E γρ Al ut vid.; cf. 1038ᵃ7: αἱ om. Aᵇ J   1038ᵃ 2 δι' pr. et 3 διὰ om. Aᵇ   7 δ' ἐκ E   9 τὴν ... 10 διαφοράν codd. Alᶜ: τῇ ... διαφορᾷ Joachim: εἰς τὴν δ. Alᵖ   11 εἰδέναι Π: εἶναι Aᵇ ex haplographia: διαιρεῖν Alᵖ unde διελεῖν ci. Bonitz   23 ἢ Π Alᵖ: εἰ μὴ Aᵇ   πόδας pr. om. Π: add. J²   ἔχον alt. om. J: add. J²

1038ª   ΤΩΝ ΜΕΤΑ ΤΑ ΦΥΣΙΚΑ Ζ

διαιρῇ τῇ οἰκείᾳ διαιρέσει, πλεονάκις ἐρεῖ καὶ ἰσάκις ταῖς
25 διαφοραῖς. ἐὰν μὲν δὴ διαφορᾶς διαφορὰ γίγνηται, μία
ἔσται ἡ τελευταία τὸ εἶδος καὶ ἡ οὐσία· ἐὰν δὲ κατὰ συμ-
βεβηκός, οἷον εἰ διαιροῖ τοῦ ὑπόποδος τὸ μὲν λευκὸν τὸ δὲ
μέλαν, τοσαῦται ὅσαι ἂν αἱ τομαὶ ὦσιν. ὥστε φανερὸν ὅτι
ὁ ὁρισμὸς λόγος ἐστὶν ὁ ἐκ τῶν διαφορῶν, καὶ τούτων τῆς τελευ-
30 ταίας κατά γε τὸ ὀρθόν. δῆλον δ' ἂν εἴη, εἴ τις μετατάξειε
τοὺς τοιούτους ὁρισμούς, οἷον τὸν τοῦ ἀνθρώπου, λέγων ζῷον
δίπουν ὑπόπουν· περίεργον γὰρ τὸ ὑπόπουν εἰρημένου τοῦ δί-
ποδος. τάξις δ' οὐκ ἔστιν ἐν τῇ οὐσίᾳ· πῶς γὰρ δεῖ νοῆσαι τὸ
μὲν ὕστερον τὸ δὲ πρότερον; περὶ μὲν οὖν τῶν κατὰ τὰς διαιρέ-
35 σεις ὁρισμῶν τοσαῦτα εἰρήσθω τὴν πρώτην, ποῖοί τινές εἰσιν.
1038ᵇ   Ἐπεὶ δὲ περὶ τῆς οὐσίας ἡ σκέψις ἐστί, πάλιν ἐπαν- 13
έλθωμεν. λέγεται δ' ὥσπερ τὸ ὑποκείμενον οὐσία εἶναι καὶ
τὸ τί ἦν εἶναι καὶ τὸ ἐκ τούτων, καὶ τὸ καθόλου. περὶ μὲν
οὖν τοῖν δυοῖν εἴρηται (καὶ γὰρ περὶ τοῦ τί ἦν εἶναι καὶ τοῦ
5 ὑποκειμένου, ὅτι διχῶς ὑπόκειται, ἢ τόδε τι ὄν, ὥσπερ τὸ
ζῷον τοῖς πάθεσιν, ἢ ὡς ἡ ὕλη τῇ ἐντελεχείᾳ), δοκεῖ δὲ
καὶ τὸ καθόλου αἴτιόν τισιν εἶναι μάλιστα, καὶ εἶναι ἀρχὴ
τὸ καθόλου· διὸ ἐπέλθωμεν καὶ περὶ τούτου. ἔοικε γὰρ ἀδύ-
νατον εἶναι οὐσίαν εἶναι ὁτιοῦν τῶν καθόλου λεγομένων. πρῶτον
10 μὲν γὰρ οὐσία ἑκάστου ἡ ἴδιος ἑκάστῳ, ἣ οὐχ ὑπάρχει ἄλλῳ,
τὸ δὲ καθόλου κοινόν· τοῦτο γὰρ λέγεται καθόλου ὃ πλείοσιν
ὑπάρχειν πέφυκεν. τίνος οὖν οὐσία τοῦτ' ἔσται; ἢ γὰρ πάν-
των ἢ οὐδενός, πάντων δ' οὐχ οἷόν τε· ἑνὸς δ' εἰ ἔσται, καὶ
τἆλλα τοῦτ' ἔσται· ὧν γὰρ μία ἡ οὐσία καὶ τὸ τί ἦν εἶναι
15 ἕν, καὶ αὐτὰ ἕν. ἔτι οὐσία λέγεται τὸ μὴ καθ' ὑποκειμένου,
τὸ δὲ καθόλου καθ' ὑποκειμένου τινὸς λέγεται ἀεί. ἀλλ'
ἆρα οὕτω μὲν οὐκ ἐνδέχεται ὡς τὸ τί ἦν εἶναι, ἐν τούτῳ δὲ

1038ᵇ 5 ἢ Π Alᶜ: om. Aᵇ   9 εἶναι pr. om. Aᵇ Alᶜ   πρῶτον
Aᵇ: πρώτη Π; cf. 15   10 οὐσία ἑκάστου ἡ Ross quod et ego coniece-
ram: οὐσία ἡ ἐκ. Π: ἡ οὐσία Aᵇ (om. ἐκ.): ἡ ἐκ. οὐσία Alᵖ   ἑκάστῳ Aᵇ Alᵖ:
ἑκάστου Π   ἢ Aᵇ E: ἦ J   13 δ' εἰ] δὴ E γρ   17 τούτῳ
Aᵇ Alᵖ: αὐτῷ Π: αὐτοῖς E γρ

156

ΤΩΝ ΜΕΤΑ ΤΑ ΦΥΣΙΚΑ Ζ

ἐνυπάρχει, οἷον τὸ ζῷον ἐν τῷ ἀνθρώπῳ καὶ ἵππῳ; οὐκοῦν δῆλον ὅτι ἔσται τις αὐτοῦ λόγος. διαφέρει δ' οὐθὲν οὐδ' εἰ μὴ πάντων λόγος ἔστι τῶν ἐν τῇ οὐσίᾳ· οὐδὲν γὰρ ἧττον οὐσία τοῦτ' ἔσται τινός, ὡς ὁ ἄνθρωπος τοῦ ἀνθρώπου ἐν ᾧ ὑπάρχει, ὥστε τὸ αὐτὸ συμβήσεται πάλιν· ἔσται γὰρ ἐκείνου οὐσία, [οἷον τὸ ζῷον,] ἐν ᾧ εἴδει ὡς ἴδιον ὑπάρχει. ἔτι δὲ καὶ ἀδύνατον καὶ ἄτοπον τὸ τόδε καὶ οὐσίαν, εἰ ἔστιν ἔκ τινων, μὴ ἐξ οὐσιῶν εἶναι μηδ' ἐκ τοῦ τόδε τι ἀλλ' ἐκ ποιοῦ· πρότερον γὰρ ἔσται μὴ οὐσία τε καὶ τὸ ποιὸν οὐσίας τε καὶ τοῦ τόδε. ὅπερ ἀδύνατον· οὔτε λόγῳ γὰρ οὔτε χρόνῳ οὔτε γενέσει οἷόν τε τὰ πάθη τῆς οὐσίας εἶναι πρότερα· ἔσται γὰρ καὶ χωριστά. ἔτι τῷ Σωκράτει ἐνυπάρξει οὐσία, ὥστε δυοῖν ἔσται οὐσία. ὅλως δὲ συμβαίνει, εἰ ἔστιν οὐσία ὁ ἄνθρωπος καὶ ὅσα οὕτω λέγεται, μηθὲν τῶν ἐν τῷ λόγῳ εἶναι μηδενὸς οὐσίαν μηδὲ χωρὶς ὑπάρχειν αὐτῶν μηδ' ἐν ἄλλῳ, λέγω δ' οἷον οὐκ εἶναί τι ζῷον παρὰ τὰ τινά, οὐδ' ἄλλο τῶν ἐν τοῖς λόγοις οὐδέν. ἔκ τε δὴ τούτων θεωροῦσι φανερὸν ὅτι οὐδὲν τῶν καθόλου ὑπαρχόντων οὐσία ἐστί, καὶ ὅτι οὐδὲν σημαίνει τῶν κοινῇ κατηγορουμένων τόδε τι, ἀλλὰ τοιόνδε. εἰ δὲ μή, ἄλλα τε πολλὰ συμβαίνει καὶ ὁ τρίτος ἄνθρωπος. ἔτι δὲ καὶ ὧδε δῆλον. ἀδύνατον γὰρ οὐσίαν ἐξ οὐσιῶν εἶναι ἐνυπαρχουσῶν [ὡς] ἐντελεχείᾳ· τὰ γὰρ δύο οὕτως ἐντελεχείᾳ οὐδέποτε ἓν ἐντελεχείᾳ, ἀλλ' ἐὰν δυνάμει δύο ᾖ, ἔσται ἕν (οἷον ἡ διπλασία ἐκ δύο ἡμίσεων δυνάμει γε· ἡ γὰρ ἐντελέχεια χωρίζει), ὥστ' εἰ ἡ οὐσία ἕν, οὐκ

18 ἐνυπάρχει J Alᶜ Lat: ἐνυπάρχειν Aᵇ E   19 ἔσται correxi: ἔστι codd.; cf. 21 sq. et *Em. Ar.* 55   22 οὐσία ante ἐκ. οὐσία add. Π: om. Aᵇ Ascl; fort. οὐσίας ἐκ. οὐσ. Al, Joachim   23 seclusi exemplum, quod structuram sententiae interrumpit   εἴδει ὡς E Lat: ἰδίως Ascl itacismo scriptum: ὡς Aᵇ J Alᵖ, cf. 18: εἴδει secl. Brandis   26 τε alt. om. Aᵇ   28 γνώσει Lord; cf. 1028ᵃ32   29 καὶ om. Π   οὐσία οὐσίᾳ E γρ J (sine iota)   30 ὅλως Π Alᶜ: ἄλλως Aᵇ   33 δὴ οἷον Alᶜ   1039ᵃ 3 γὰρ om. Aᵇ Alᵖ   4 ὡς Aᵇ: seclusi, om. Alᵖ qui ὡς ante 3 ἀδύνατον habet (cf. ad 3): οὕτως Ascl, ortum ex 5 ut vid.: οὕτως ὡς Π var. lect. contaminans   5 οὕτως ὡς J E²   ἐντελεχείᾳ pr. an glossa est?   6 ἡ Π: εἰ Aᵇ Alᵖ   7 εἰ om. Π

ΤΩΝ ΜΕΤΑ ΤΑ ΦΥΣΙΚΑ Ζ

ἔσται ἐξ οὐσιῶν ἐνυπαρχουσῶν καὶ κατὰ τοῦτον τὸν τρόπον, ὃν λέγει Δημόκριτος ὀρθῶς· ἀδύνατον γὰρ εἶναί φησιν ἐκ δύο ἓν ἢ ἐξ ἑνὸς δύο γενέσθαι· τὰ γὰρ μεγέθη τὰ ἄτομα τὰς οὐσίας ποιεῖ. ὁμοίως τοίνυν δῆλον ὅτι καὶ ἐπ' ἀριθμοῦ ἕξει, εἴπερ ἐστὶν ὁ ἀριθμὸς σύνθεσις μονάδων, ὥσπερ λέγεται ὑπό τινων· ἢ γὰρ οὐχ ἓν ἡ δυὰς ἢ οὐκ ἔστι μονὰς ἐν αὐτῇ ἐντελεχείᾳ.—ἔχει δὲ τὸ συμβαῖνον ἀπορίαν. εἰ γὰρ μήτε ἐκ τῶν καθόλου οἷόν τ' εἶναι μηδεμίαν οὐσίαν διὰ τὸ τοιόνδε ἀλλὰ μὴ τόδε τι σημαίνειν, μήτ' ἐξ οὐσιῶν ἐνδέχεται ἐντελεχείᾳ εἶναι μηδεμίαν οὐσίαν σύνθετον, ἀσύνθετον ἂν εἴη οὐσία πᾶσα, ὥστ' οὐδὲ λόγος ἂν εἴη οὐδεμιᾶς οὐσίας. ἀλλὰ μὴν δοκεῖ γε πᾶσι καὶ ἐλέχθη πάλαι ἢ μόνον οὐσίας εἶναι ὅρον ἢ μάλιστα· νῦν δ' οὐδὲ ταύτης. οὐδενὸς ἄρ' ἔσται ὁρισμός· ἢ τρόπον μέν τινα ἔσται τρόπον δέ τινα οὔ. δῆλον δ' ἔσται τὸ λεγόμενον ἐκ τῶν ὕστερον μᾶλλον.

Φανερὸν δ' ἐξ αὐτῶν τούτων τὸ συμβαῖνον καὶ τοῖς 14 τὰς ἰδέας λέγουσιν οὐσίας τε χωριστὰς εἶναι καὶ ἅμα τὸ εἶδος ἐκ τοῦ γένους ποιοῦσι καὶ τῶν διαφορῶν. εἰ γὰρ ἔστι τὰ εἴδη, καὶ τὸ ζῷον ἐν τῷ ἀνθρώπῳ καὶ ἵππῳ, ἤτοι ἓν καὶ ταὐτὸν τῷ ἀριθμῷ ἐστὶν ἢ ἕτερον· τῷ μὲν γὰρ λόγῳ δῆλον ὅτι ἕν· τὸν γὰρ αὐτὸν διέξεισι λόγον ὁ λέγων ἐν ἑκατέρῳ. εἰ οὖν ἐστί τις ἄνθρωπος αὐτὸς καθ' αὑτὸν τόδε τι καὶ κεχωρισμένον, ἀνάγκη καὶ ἐξ ὧν, οἷον τὸ ζῷον καὶ τὸ δίπουν, τόδε τι σημαίνειν καὶ εἶναι χωριστὰ καὶ οὐσίας· ὥστε καὶ τὸ ζῷον. εἰ μὲν οὖν τὸ αὐτὸ καὶ ἓν τὸ ἐν τῷ

11 τὰς om. Ascl, del. Christ   12 ὁ et σύνθεσις om. A[b]   13 ἔστι A[b] Al[p]: ἔνεστι Π   17 σύνθετον A[b] Al[p]: om. Π   19 ἐλέχθη] cf. 1030[b]5, 1031[a]1   25 τε A[b] Al[c]: τε καὶ Π: καὶ om. E γρ   26 τὸ A[b] Al[c]: καὶ τὸ Π   28 γὰρ om. A[b]   30 αὐτὸς καθ' αὑτὸν A[b] Al[c]: αὐτὸ καθ' αὑτὸ Π   30–31 καὶ τόδε τι κεχ. Al[c], sed cf. 32   33 ὥστε... ζῷον om. Al[p], spuria putat Christ cum haec verba iterent quae 31 iam dicta sint, sed ὥστε... ζῷον (33) propter ea quae sequuntur necessaria sunt   post ζῷον levius interp. et οὖν del. Joachim   ἓν τὸ om. Π (καὶ ἓν E γρ), leg. A[b] Al[p]

ΤΩΝ ΜΕΤΑ ΤΑ ΦΥΣΙΚΑ Ζ

ἵππῳ καὶ τῷ ἀνθρώπῳ, ὥσπερ σὺ σαυτῷ, πῶς τὸ ὂν ἐν τοῖς οὖσι χωρὶς ἓν ἔσται, καὶ διὰ τί οὐ καὶ χωρὶς αὐτοῦ ἔσται τὸ ζῷον τοῦτο; ἔπειτα εἰ μὲν μεθέξει τοῦ δίποδος καὶ τοῦ πολύποδος, ἀδύνατόν τι συμβαίνει, τἀναντία γὰρ ἅμα ὑπάρξει αὐτῷ ἑνὶ καὶ τῷδέ τινι ὄντι· εἰ δὲ μή, τίς ὁ τρόπος ὅταν εἴπῃ τις τὸ ζῷον εἶναι δίπουν ἢ πεζόν; ἀλλ' ἴσως 5 σύγκειται καὶ ἅπτεται ἢ μέμικται· ἀλλὰ πάντα ἄτοπα. ἀλλ' ἕτερον ἐν ἑκάστῳ· οὐκοῦν ἄπειρα ὡς ἔπος εἰπεῖν ἔσται ὧν ἡ οὐσία ζῷον· οὐ γὰρ κατὰ συμβεβηκὸς ἐκ ζῴου ὁ ἄνθρωπος. ἔτι πολλὰ ἔσται αὐτὸ τὸ ζῷον· οὐσία τε γὰρ τὸ ἐν ἑκάστῳ ζῷον (οὐ γὰρ κατ' ἄλλο λέγεται· εἰ δὲ μή, ἐξ 10 ἐκείνου ἔσται ὁ ἄνθρωπος καὶ γένος αὐτοῦ ἐκεῖνο), καὶ ἔτι ἰδέαι ἅπαντα ἐξ ὧν ὁ ἄνθρωπος· οὐκοῦν οὐκ ἄλλου μὲν ἰδέα ἔσται ἄλλου δ' οὐσία (ἀδύνατον γάρ)· αὐτὸ ἄρα ζῷον ἓν ἕκαστον ἔσται τῶν ἐν τοῖς ζῴοις. ἔτι ἐκ τίνος τοῦτο, καὶ πῶς ἐξ αὐτοῦ ζῴου; ἢ πῶς οἷόν τε εἶναι τὸ ζῷον, ᾧ οὐσία 15 τοῦτο αὐτό, παρ' αὐτὸ τὸ ζῷον; ἔτι δ' ἐπὶ τῶν αἰσθητῶν ταῦτά τε συμβαίνει καὶ τούτων ἀτοπώτερα. εἰ δὴ ἀδύνατον οὕτως ἔχειν, δῆλον ὅτι οὐκ ἔστιν εἴδη αὐτῶν οὕτως ὡς τινές φασιν.

15 Ἐπεὶ δ' οὐσία ἑτέρα τό τε σύνολον καὶ ὁ λόγος 20 (λέγω δ' ὅτι ἡ μὲν οὕτως ἐστὶν οὐσία, σὺν τῇ ὕλῃ συνειλημμένος ὁ λόγος, ἡ δ' ὁ λόγος ἁπλῶς), ὅσαι μὲν οὖν οὕτω λέγονται, τούτων μὲν ἔστι φθορά (καὶ γὰρ γένεσις), τοῦ δὲ

ΤΩΝ ΜΕΤΑ ΤΑ ΦΥΣΙΚΑ Ζ

λόγου οὐκ ἔστιν οὕτως ὥστε φθείρεσθαι (οὐδὲ γὰρ γένεσις, οὐ γὰρ γίγνεται τὸ οἰκίᾳ εἶναι ἀλλὰ τὸ τῇδε τῇ οἰκίᾳ), ἀλλ' ἄνευ γενέσεως καὶ φθορᾶς εἰσὶ καὶ οὐκ εἰσίν· δέδεικται γὰρ ὅτι οὐδεὶς ταῦτα γεννᾷ οὐδὲ ποιεῖ. διὰ τοῦτο δὲ καὶ τῶν οὐσιῶν τῶν αἰσθητῶν τῶν καθ' ἕκαστα οὔτε ὁρισμὸς οὔτε ἀπόδειξις ἔστιν, ὅτι ἔχουσιν ὕλην ἧς ἡ φύσις τοιαύτη ὥστ' ἐνδέχεσθαι καὶ εἶναι καὶ μή· διὸ φθαρτὰ πάντα τὰ καθ' ἕκαστα αὐτῶν. εἰ οὖν ἥ τ' ἀπόδειξις τῶν ἀναγκαίων καὶ ὁ ὁρισμὸς ⟨ὁ⟩ ἐπιστημονικός, καὶ οὐκ ἐνδέχεται, ὥσπερ οὐδ' ἐπιστήμην ὁτὲ μὲν ἐπιστήμην ὁτὲ δ' ἄγνοιαν εἶναι, ἀλλὰ δόξα τὸ τοιοῦτόν ἐστιν, οὕτως οὐδ' ἀπόδειξιν οὐδ' ὁρισμόν, ἀλλὰ δόξα ἐστὶ τοῦ ἐνδεχομένου ἄλλως ἔχειν, δῆλον ὅτι οὐκ ἂν εἴη αὐτῶν οὔτε ὁρισμὸς οὔτε ἀπόδειξις. ἄδηλά τε γὰρ τὰ φθειρόμενα τοῖς ἔχουσι τὴν ἐπιστήμην, ὅταν ἐκ τῆς αἰσθήσεως ἀπέλθῃ, καὶ σῳζομένων τῶν λόγων ἐν τῇ ψυχῇ τῶν αὐτῶν οὐκ ἔσται οὔτε ὁρισμὸς ἔτι οὔτε ἀπόδειξις. διὸ δεῖ, τῶν πρὸς ὅρον ὅταν τις ὁρίζηταί τι τῶν καθ' ἕκαστον, μὴ ἀγνοεῖν ὅτι ἀεὶ ἀναιρεῖν ἔστιν· οὐ γὰρ ἐνδέχεται ὁρίσασθαι.

Οὐδὲ δὴ ἰδέαν οὐδεμίαν ἔστιν ὁρίσασθαι. τῶν γὰρ καθ' ἕκαστον ἡ ἰδέα, ὥς φασί, καὶ χωριστή· ἀναγκαῖον δὲ ἐξ ὀνομάτων εἶναι τὸν λόγον, ὄνομα δ' οὐ ποιήσει ὁ ὁριζόμενος (ἄγνωστον γὰρ ἔσται), τὰ δὲ κείμενα κοινὰ πᾶσιν· ἀνάγκη ἄρα ὑπάρχειν καὶ ἄλλῳ ταῦτα· οἷον εἴ τις σὲ ὁρίσαιτο, ζῷον ἐρεῖ ἰσχνὸν ἢ λευκὸν ἢ ἕτερόν τι ὃ καὶ ἄλλῳ ὑπάρξει. εἰ δέ τις φαίη μηδὲν κωλύειν χωρὶς μὲν πάντα πολλοῖς ἅμα δὲ μόνῳ τούτῳ ὑπάρχειν, λεκτέον πρῶτον μὲν ὅτι καὶ ἀμφοῖν, οἷον τὸ ζῷον δίπουν τῷ ζῴῳ καὶ τῷ δί-

24 οὕτως ὥστε φθείρεσθαι suspecta   οὐ A^b Al^c: οὐδὲ J: οὐδὲν E   26
δέδεικται] 1033^a28–^b16   32 ὁ add. Joachim   ἐπιστημονικόν A^b   34
ἀπόδειξιν et ὁρισμόν Π Al^p: -ις et -ός A^b   1040^a 3 τὴν om. Al^c
6 τῶν πρὸς ὅρον] aliquid excidisse vid.   7 ἀεὶ om. E (legit J)   12
οἷον A^b Al^p E γρ: καὶ Π   13 ἢ pr. om. Al^p Ascl, secl. Christ   ὑπάρχει
A^b Al^p   15 λεκτέον A^b Al^c E γρ: om. Π   16 ὅτι καὶ Π Al^c: ὅτι
τὸ A^b

ΤΩΝ ΜΕΤΑ ΤΑ ΦΥΣΙΚΑ Ζ

ποδι (καὶ τοῦτο ἐπὶ μὲν τῶν ἀϊδίων καὶ ἀνάγκη εἶναι†
πρότερά γ' ὄντα καὶ μέρη τοῦ συνθέτου· ἀλλὰ μὴν καὶ
χωριστά, εἴπερ τὸ ἄνθρωπος χωριστόν· ἢ γὰρ οὐθὲν ἢ ἄμφω·
εἰ μὲν οὖν μηθέν, οὐκ ἔσται τὸ γένος παρὰ τὰ εἴδη, εἰ δ' 20
ἔσται, καὶ ἡ διαφορά)· εἶθ' ὅτι πρότερα τῷ εἶναι· ταῦτα
δὲ οὐ συναναιρεῖται. ἔπειτα εἰ ἐξ ἰδεῶν αἱ ἰδέαι
(ἀσυνθετώτερα γὰρ τὰ ἐξ ὧν), [ἔτι] ἐπὶ πολλῶν δεήσει
κἀκεῖνα κατηγορεῖσθαι ἐξ ὧν ἡ ἰδέα, οἷον τὸ ζῷον καὶ τὸ
δίπουν. εἰ δὲ μή, πῶς γνωρισθήσεται; ἔσται γὰρ ἰδέα τις 25
ἣν ἀδύνατον ἐπὶ πλειόνων κατηγορῆσαι ἢ ἑνός. οὐ δοκεῖ
δέ, ἀλλὰ πᾶσα ἰδέα εἶναι μεθεκτή. ὥσπερ οὖν εἴρηται,
λανθάνει ὅτι ἀδύνατον ὁρίσασθαι ἐν τοῖς ἀϊδίοις, μάλιστα
δὲ ὅσα μοναχά, οἷον ἥλιος ἢ σελήνη. οὐ μόνον γὰρ δι-
αμαρτάνουσι τῷ προστιθέναι τοιαῦτα ὧν ἀφαιρουμένων ἔτι 30
ἔσται ἥλιος, ὥσπερ τὸ "περὶ γῆν ἰὸν" ἢ "νυκτικρυφές" (ἂν γὰρ
στῇ ἢ φανῇ, οὐκέτι ἔσται ἥλιος· ἀλλ' ἄτοπον εἰ μή· ὁ γὰρ
ἥλιος οὐσίαν τινὰ σημαίνει)· ἔτι ὅσα ἐπ' ἄλλου ἐνδέχεται,
οἷον ἐὰν ἕτερος γένηται τοιοῦτος, δῆλον ὅτι ἥλιος ἔσται· κοι-
νὸς ἄρα ὁ λόγος· ἀλλ' ἦν τῶν καθ' ἕκαστα ὁ ἥλιος, ὥσπερ 1040ᵇ
Κλέων ἢ Σωκράτης· ἐπεὶ διὰ τί οὐδεὶς ὅρον ἐκφέρει αὐτῶν
ἰδέας; γένοιτο γὰρ ἂν δῆλον πειρωμένων ὅτι ἀληθὲς τὸ
νῦν εἰρημένον.

16 Φανερὸν δὲ ὅτι καὶ τῶν δοκουσῶν εἶναι οὐσιῶν αἱ πλεῖ- 5
σται δυνάμεις εἰσί, τά τε μόρια τῶν ζῴων (οὐθὲν γὰρ κε-
χωρισμένον αὐτῶν ἐστιν· ὅταν δὲ χωρισθῇ, καὶ τότε ὄντα
ὡς ὕλη πάντα) καὶ γῆ καὶ πῦρ καὶ ἀήρ· οὐδὲν γὰρ αὐτῶν

31 Parmenides ut vid.; cf. Mus. Rhen. 100 (1957), 42.
17 γε εἶναι Π 18 πρότερά γ' ὄντα ... συνθέτου cum antecedentibus iungi non possunt; exciderunt nonnulla ante πρότερά γ' ὄντα quibus hoc participium subiungebatur 21 ἡ διαφορά Bonitz, Ross: αἱ διαφοραί codd. Alᵖ εἶθ' codd.: ἔσται Bonitz 22 οὐ συναναιρεῖται Bonitz: οὐκ ἀνταναιρεῖται codd. Alᶜ (prius est essentia id quod non συναναιρεῖται) ἔπειτα δὲ εἰ Π: ἔτι δ' εἰ Ε γρ Alᶜ (om. δ' εἰ) 23 ἔτι] ὅτι Joachim: cum Christ seclusi ἔτι quod ex var. lect. ad 22 ἔπειτα ortum puto; cf. ad 22 29 γὰρ Aᵇ J: δὲ Ε 32 ἢ ἀεὶ Ascl Brandis

1040ᵇ ΤΩΝ ΜΕΤΑ ΤΑ ΦΥΣΙΚΑ Ζ

ἕν ἐστιν, ἀλλ' οἷον σωρός, πρὶν ἢ πεφθῇ καὶ γένηταί τι
10 ἐξ αὐτῶν ἕν. μάλιστα δ' ἄν τις τὰ τῶν ἐμψύχων ὑπο-
λάβοι μόρια καὶ τὰ τῆς ψυχῆς πάρεγγυς ἄμφω γίγνε-
σθαι, ὄντα καὶ ἐντελεχείᾳ καὶ δυνάμει, τῷ ἀρχὰς ἔχειν
κινήσεως ἀπό τινος ἐν ταῖς καμπαῖς· διὸ ἔνια ζῷα δι-
αιρούμενα ζῇ. ἀλλ' ὅμως δυνάμει πάντ' ἔσται, ὅταν ᾖ ἓν καὶ
15 συνεχὲς φύσει, ἀλλὰ μὴ βίᾳ ἢ συμφύσει· τὸ γὰρ
τοιοῦτον πήρωσις. ἐπεὶ δὲ τὸ ἓν λέγεται ὥσπερ καὶ τὸ ὄν,
καὶ ἡ οὐσία ἡ τοῦ ἑνὸς μία, καὶ ὧν μία ἀριθμῷ ἓν ἀριθμῷ,
φανερὸν ὅτι οὔτε τὸ ἓν οὔτε τὸ ὂν ἐνδέχεται οὐσίαν εἶναι τῶν
πραγμάτων, ὥσπερ οὐδὲ τὸ στοιχείῳ εἶναι ἢ ἀρχῇ· ἀλλὰ
20 ζητοῦμεν τίς οὖν ἡ ἀρχή, ἵνα εἰς γνωριμώτερον ἀναγάγω-
μεν. μᾶλλον μὲν οὖν τούτων οὐσία τὸ ὂν καὶ ἓν ἢ ἥ τε
ἀρχὴ καὶ τὸ στοιχεῖον καὶ τὸ αἴτιον, οὔπω δὲ οὐδὲ ταῦτα,
εἴπερ μηδ' ἄλλο κοινὸν μηδὲν οὐσία· οὐδενὶ γὰρ ὑπάρχει ἡ
οὐσία ἀλλ' ἢ αὐτῇ τε καὶ τῷ ἔχοντι αὐτήν, οὗ ἐστιν οὐσία.
25 ἔτι τὸ ἓν πολλαχῇ οὐκ ἂν εἴη ἅμα, τὸ δὲ κοινὸν ἅμα
πολλαχῇ ὑπάρχει· ὥστε δῆλον ὅτι οὐδὲν τῶν καθόλου
ὑπάρχει παρὰ τὰ καθ' ἕκαστα χωρίς. ἀλλ' οἱ τὰ εἴδη
λέγοντες τῇ μὲν ὀρθῶς λέγουσι χωρίζοντες αὐτά, εἴπερ
οὐσίαι εἰσί, τῇ δ' οὐκ ὀρθῶς, ὅτι τὸ ἓν ἐπὶ πολλῶν εἶδος
30 λέγουσιν. αἴτιον δ' ὅτι οὐκ ἔχουσιν ἀποδοῦναι τίνες αἱ
τοιαῦται οὐσίαι αἱ ἄφθαρτοι παρὰ τὰς καθ' ἕκαστα καὶ
αἰσθητάς· ποιοῦσιν οὖν τὰς αὐτὰς τῷ εἴδει τοῖς φθαρτοῖς
(ταύτας γὰρ ἴσμεν), αὐτοάνθρωπον καὶ αὐτόϊππον, προσ-
τιθέντες τοῖς αἰσθητοῖς τὸ ῥῆμα τὸ ' αὐτό '. καίτοι κἂν εἰ μὴ

1040ᵇ 9 ὁ σωρός Aᵇ Alᶜ: ὁ ὀρρός Al γρ E γρ; cf. 1041ᵇ12   11 post
μόρια add. οὐ πάντων ἀλλὰ τινῶν Alᶜ; an glossa?   11–12 ὄντα post
πάρεγγυς transp. Christ   15 ἢ Π Alᶜ: ἢ καὶ Aᵇ   24 ἢ om. Π
αὑτῇ Christ: αὐτῇ Aᵇ Alᵖ (ἑαυτῇ): αὑτῇ corr. E²: αὕτη Π   25 ἐν Π
Alᶜ: ὂν Aᵇ Al γρ: ἓν ὂν Joachim   27 χωρίς Π Alᵖ: om. Aᵇ   28
εἶναι post λέγοντες add. Aᵇ: om. Π Alᵖ   32 ποιοῦσιν Π Alᵖ: ποιοῦντες
Aᵇ, om. οὖν τὰς   33 ταύτας] τὰς αὐτάς Aᵇ   γὰρ ἴσμεν] τὸ μὲν γὰρ Aᵇ
καὶ] τὸ δὲ Aᵇ

ἑωράκειμεν τὰ ἄστρα, οὐδὲν ἂν ἧττον, οἶμαι, ἦσαν οὐσίαι 1041ᵃ
ἀΐδιοι παρ' ἃς ἡμεῖς ᾔδειμεν· ὥστε καὶ νῦν εἰ μὴ ἔχομεν
τίνες εἰσίν, ἀλλ' εἶναί γέ τινας ἴσως ἀναγκαῖον. ὅτι μὲν
οὖν οὔτε τῶν καθόλου λεγομένων οὐδὲν οὐσία οὔτ' ἐστὶν οὐσία
οὐδεμία ἐξ οὐσιῶν, δῆλον.   5
17 Τί δὲ χρὴ λέγειν καὶ ὁποῖόν τι τὴν οὐσίαν, πάλιν
ἄλλην οἷον ἀρχὴν ποιησάμενοι λέγωμεν· ἴσως γὰρ ἐκ τού-
των ἔσται δῆλον καὶ περὶ ἐκείνης τῆς οὐσίας ἥτις ἐστὶ κεχω-
ρισμένη τῶν αἰσθητῶν οὐσιῶν. ἐπεὶ οὖν ἡ οὐσία ἀρχὴ καὶ
αἰτίᾳ τις ἐστίν, ἐντεῦθεν μετιτέον. ζητεῖται δὲ τὸ διὰ τί 10
ἀεὶ οὕτως, διὰ τί ἄλλο ἄλλῳ τινὶ ὑπάρχει. τὸ γὰρ ζη-
τεῖν διὰ τί ὁ μουσικὸς ἄνθρωπος μουσικὸς ἄνθρωπός ἐστιν,
ἤτοι ἐστὶ τὸ εἰρημένον ζητεῖν, διὰ τί ὁ ἄνθρωπος μουσικός
ἐστιν, ἢ ἄλλο. τὸ μὲν οὖν διὰ τί αὐτό ἐστιν αὐτό, οὐδέν ἐστι
ζητεῖν (δεῖ γὰρ τὸ ὅτι καὶ τὸ εἶναι ὑπάρχειν δῆλα ὄντα 15
—λέγω δ' οἷον ὅτι ἡ σελήνη ἐκλείπει—, αὐτὸ δὲ ὅτι αὐτό,
εἷς λόγος καὶ μία αἰτία ἐπὶ πάντων, διὰ τί ὁ ἄνθρωπος
ἄνθρωπος ἢ ὁ μουσικὸς μουσικός, πλὴν εἴ τις λέγοι ὅτι ἀδιαί-
ρετον πρὸς αὑτὸ ἕκαστον, τοῦτο δ' ἦν τὸ ἑνὶ εἶναι· ἀλλὰ τοῦτο
κοινόν γε κατὰ πάντων καὶ σύντομον)· ζητήσειε δ' ἄν τις 20
διὰ τί ὁ ἄνθρωπός ἐστι ζῷον τοιονδί. τοῦτο μὲν τοίνυν
δῆλον, ὅτι οὐ ζητεῖ διὰ τί ὅς ἐστιν ἄνθρωπος ἄνθρωπός ἐστιν·
τὶ ἄρα κατά τινος ζητεῖ διὰ τί ὑπάρχει (ὅτι δ' ὑπάρχει,
δεῖ δῆλον εἶναι· εἰ γὰρ μὴ οὕτως, οὐδὲν ζητεῖ), οἷον διὰ τί
βροντᾷ; διὰ τί ψόφος γίγνεται ἐν τοῖς νέφεσιν; ἄλλο γὰρ 25
οὕτω κατ' ἄλλου ἐστὶ τὸ ζητούμενον. καὶ διὰ τί ταδί, οἷον
πλίνθοι καὶ λίθοι, οἰκία ἐστίν; φανερὸν τοίνυν ὅτι ζητεῖ τὸ
αἴτιον· [τοῦτο δ' ἐστὶ τὸ τί ἦν εἶναι, ὡς εἰπεῖν λογικῶς,] ὃ

1041ᵃ 2 ἃς Π: ἃ Aᵇ Alᵖ   11 ἀεὶ om. Aᵇ Alᵖ   ἄλλο τι Π   13
διὰ τί ... 14 ἐστιν pr. om. Alᵖ, secludenda vid.   ἄνθρωπος μουσικός bis
ponit Christ, alii alia   16 αὐτὸ δὲ Aᵇ Alᵖ: αὐτοῦ δὲ Π   18 ὁ
μουσικός om. Aᵇ   19 ἐν Π   20 γε] τε Π   21 ὁ om. Aᵇ
22 διὰ τί om. Aᵇ   25 διὰ τί Aᵇ Alᶜ: διότι Π   26 τοδὶ Aᵇ
28 verba ut spuria del. Al

1041ᵃ ΤΩΝ ΜΕΤΑ ΤΑ ΦΥΣΙΚΑ Ζ

ἐπ' ἐνίων μέν ἐστι τίνος ἕνεκα, οἷον ἴσως ἐπ' οἰκίας ἢ κλί-
30 νης, ἐπ' ἐνίων δὲ τί ἐκίνησε πρῶτον· αἴτιον γὰρ καὶ τοῦτο.
ἀλλὰ τὸ μὲν τοιοῦτον αἴτιον ἐπὶ τοῦ γίγνεσθαι ζητεῖται καὶ
φθείρεσθαι, θάτερον δὲ καὶ ἐπὶ τοῦ εἶναι. λανθάνει δὲ μά-
λιστα τὸ ζητούμενον ἐν τοῖς μὴ κατ' ἀλλήλων λεγομένοις,
1041ᵇ οἷον ἄνθρωπος τί ἐστι ζητεῖται διὰ τὸ ἁπλῶς λέγεσθαι
ἀλλὰ μὴ διορίζειν ὅτι τάδε τόδε. ἀλλὰ δεῖ διαρθρώ-
σαντας ζητεῖν· εἰ δὲ μή, κοινὸν τοῦ μηθὲν ζητεῖν καὶ τοῦ
ζητεῖν τι γίγνεται. ἐπεὶ δὲ δεῖ ἔχειν τε καὶ ὑπάρχειν τὸ
5 εἶναι, δῆλον δὴ ὅτι τὴν ὕλην ζητεῖ διὰ τί ⟨τὶ⟩ ἐστίν· οἷον
οἰκία ταδὶ διὰ τί; ὅτι ὑπάρχει ὃ ἦν οἰκίᾳ εἶναι. καὶ ἄν-
θρωπος τοδί, ἢ τὸ σῶμα τοῦτο τοδὶ ἔχον. ὥστε τὸ αἴτιον
ζητεῖται τῆς ὕλης [τοῦτο δ' ἐστὶ τὸ εἶδος] ᾧ τὶ ἐστίν· τοῦτο
δ' ἡ οὐσία. φανερὸν τοίνυν ὅτι ἐπὶ τῶν ἁπλῶν οὐκ ἔστι ζήτη-
10 σις οὐδὲ δίδαξις, ἀλλ' ἕτερος τρόπος τῆς ζητήσεως τῶν τοιού-
των.—ἐπεὶ δὲ τὸ ἔκ τινος σύνθετον οὕτως ὥστε ἓν εἶναι τὸ πᾶν,
[ἂν] μὴ ὡς σωρὸς ἀλλ' ὡς ἡ συλλαβή—ἡ δὲ συλλαβὴ
οὐκ ἔστι τὰ στοιχεῖα, οὐδὲ τῷ β̄ᾱ ταὐτὸ τὸ β καὶ ᾱ, οὐδ'
ἡ σὰρξ πῦρ καὶ γῆ (διαλυθέντων γὰρ τὰ μὲν οὐκέτι ἔστιν,
15 οἷον ἡ σὰρξ καὶ ἡ συλλαβή, τὰ δὲ στοιχεῖα ἔστι, καὶ τὸ
πῦρ καὶ ἡ γῆ)· ἔστιν ἄρα τι ἡ συλλαβή, οὐ μόνον τὰ στοι-
χεῖα τὸ φωνῆεν καὶ ἄφωνον ἀλλὰ καὶ ἕτερόν τι, καὶ ἡ

33 κατ' ἀλλήλων E γρ: Al γρ (om. μή): καταλλήλως Aᵇ Alᶜ: κατ' ἄλλων Π (confusio est in E, quam corr. E γρ)   1041ᵇ 1 οἷον ὅταν Alᵖ, unde οἷον εἰ ci. Schwegler   τί] διὰ τί E γρ Ascl   2 τάδε Aᵇ Alᶜ: τάδε ἢ Aᵇ   διαρθρώσαντας Aᵇ Alᶜ: διορθώσαντας Π   4 τε om. Aᵇ   5 τὶ add. Christ: τοδὶ conieceram, sic et Joachim   6 διὰ τί; ὅτι Π Alᶜ: διότι Aᵇ   ταδὶ et ὃ ἦν Π Alᶜ: om. Aᵇ   7 ὁδὶ ἢ Π   τοῦτο om. Aᵇ   τοδὶ alt.] τοδὶ vel ὡδὶ Alᵖ: ὡδὶ Bonitz   8 del. Christ, est var. lect. ad τοῦτο δ' ἡ οὐσία   9 ἔστιν ἡ αὐτὴ ζήτησις ci. Christ (cf. 10) sed paulo neglegentius hoc dictum est   12 ἂν μὴ Aᵇ: ἀλλὰ μὴ Π: μὴ ὡς Alᶜ (om. ἂν) recte, delevi dittographiam (ἂν post πᾶν); est 'μὴ correctivum' frequens apud Ar. usus   δὲ Π: τε Aᵇ: om. Alᵖ   13 ἔστι Π Alᵖ: ἔσται Aᵇ   τῷ βα Aᵇ Alᵖ: om. Π   ταὐτὸ τὸ Π Alᵖ: αὐτὸ τῷ Aᵇ: ταὐτὸ τῷ Ascl   14 τὸ Aᵇ   16 ἔστιν δὲ τῆς συλλαβῆς Aᵇ

ΤΩΝ ΜΕΤΑ ΤΑ ΦΥΣΙΚΑ Ζ, Η

σὰρξ οὐ μόνον πῦρ καὶ γῆ ἢ τὸ θερμὸν καὶ ψυχρὸν ἀλλὰ καὶ ἕτερόν τι—εἰ τοίνυν ἀνάγκη κἀκεῖνο ἢ στοιχεῖον ἢ ἐκ στοιχείων εἶναι, εἰ μὲν στοιχεῖον, πάλιν ὁ αὐτὸς ἔσται 20 λόγος (ἐκ τούτου γὰρ καὶ πυρὸς καὶ γῆς ἔσται ἡ σὰρξ καὶ εἴ τι ἄλλο, ὥστ' εἰς ἄπειρον βαδιεῖται)· εἰ δὲ ἐκ στοιχείου, δῆλον ὅτι οὐχ ἑνὸς ἀλλὰ πλειόνων, ἢ ἐκεῖνο αὐτὸ ἔσται, ὥστε πάλιν ἐπὶ τούτου τὸν αὐτὸν ἐροῦμεν λόγον καὶ ἐπὶ τῆς σαρκὸς ἢ συλλαβῆς. δόξειε δ' ἂν εἶναι τὶ τοῦτο καὶ οὐ 25 στοιχεῖον, καὶ αἴτιόν γε τοῦ εἶναι τοδὶ μὲν σάρκα τοδὶ δὲ συλλαβήν· ὁμοίως δὲ καὶ ἐπὶ τῶν ἄλλων. οὐσία δὲ ἑκάστου μὲν τοῦτο (τοῦτο γὰρ αἴτιον πρῶτον τοῦ εἶναι)—ἐπεὶ δ' ἔνια οὐκ οὐσίαι τῶν πραγμάτων, ἀλλ' ὅσαι οὐσίαι, κατὰ φύσιν [καὶ φύσει] συνεστήκασι, φανείη ἂν αὕτη ἡ φύσις οὐσία, 30 ᾗ ἐστιν οὐ στοιχεῖον ἀλλ' ἀρχή·— στοιχεῖον δ' ἐστὶν εἰς ὃ διαιρεῖται ἐνυπάρχον ὡς ὕλην, οἷον τῆς συλλαβῆς τὸ ᾱ καὶ τὸ β.

Η

1042ᵃ

Ἐκ δὴ τῶν εἰρημένων συλλογίσασθαι δεῖ καὶ συναγαγόντας τὸ κεφάλαιον τέλος ἐπιθεῖναι. εἴρηται δὴ ὅτι τῶν οὐσιῶν ζητεῖται τὰ αἴτια καὶ αἱ ἀρχαὶ καὶ τὰ στοι- 5 χεῖα. οὐσίαι δὲ αἱ μὲν ὁμολογούμεναί εἰσιν ὑπὸ πάντων, περὶ δὲ ἐνίων ἰδίᾳ τινὲς ἀπεφήναντο· ὁμολογούμεναι μὲν αἱ φυσικαί, οἷον πῦρ γῆ ὕδωρ ἀὴρ καὶ τἆλλα τὰ ἁπλᾶ

22 εἴ τι ἄλλο Aᵇ: ἔτι ἄλλου Π: εἴ τινος ἄλλου ἄλλο Alᵖ, legit igitur εἰ cum forma pron. indef. aliqua   στοιχείων sexies Alᵖ   23 ἢ del. Christ, leg. Al   25 δ' om. Aᵇ   οὐ om. Π, sscr. E   26 ὅσαι οὐσίαι Π: αἱ οὐσίαι Aᵇ: ὅσα Alᵖ   29–30 κατὰ φύσιν καὶ om. Aᵇ: καὶ φύσει om. E; utrumque coniunctum leg. J Alᵖ, var. lect. esse indicavi   30 ἄν τισι Π   ὅτι αὕτη Aᵇ   33 τὸ om. Aᵇ   1042ᵃ 3 συλλογίσασθαι Aᵇ Alᶜ: συλλογίζεσθαι Π   συναγαγόντας J: συνάγοντας E, sed s in ras.: συναγαγόντα Aᵇ; aor. leg. Alᵖ (συναγαγεῖν), cf. 995ᵃ30   4 εἴρηται] 1028ᵇ 8 sq.   δὴ codd. Alᶜ: δὲ E γρ   5 τὰ alt. om. Aᵇ Alᶜ   7 ἴδια Alᶜ (cf. 11)

165

ΤΩΝ ΜΕΤΑ ΤΑ ΦΥΣΙΚΑ Η

σώματα, ἔπειτα τὰ φυτὰ καὶ τὰ μόρια αὐτῶν, καὶ τὰ
ζῷα καὶ τὰ μόρια τῶν ζῴων, καὶ τέλος ὁ οὐρανὸς καὶ τὰ
μόρια τοῦ οὐρανοῦ· ἰδίᾳ δέ τινες οὐσίας λέγουσιν εἶναι τά τ'
εἴδη καὶ τὰ μαθηματικά. ἄλλως δὲ δὴ συμβαίνει ἐκ τῶν
λόγων οὐσίας εἶναι τὸ τί ἦν εἶναι καὶ τὸ ὑποκείμενον· ἔτι
ἄλλως τὸ γένος μᾶλλον τῶν εἰδῶν καὶ τὸ καθόλου τῶν
καθ' ἕκαστα· τῷ δὲ καθόλου καὶ τῷ γένει καὶ αἱ ἰδέαι
συνάπτουσιν (κατὰ τὸν αὐτὸν γὰρ λόγον οὐσίαι δοκοῦσιν εἶναι).
ἐπεὶ δὲ τὸ τί ἦν εἶναι οὐσία, τούτου δὲ λόγος ὁ ὁρισμός, διὰ
τοῦτο περὶ ὁρισμοῦ καὶ περὶ τοῦ καθ' αὑτὸ διώρισται· ἐπεὶ δὲ
ὁ ὁρισμὸς λόγος, ὁ δὲ λόγος μέρη ἔχει, ἀναγκαῖον καὶ
περὶ μέρους ἦν ἰδεῖν, ποῖα τῆς οὐσίας μέρη καὶ ποῖα οὔ, καὶ
εἰ ταὐτὰ καὶ τοῦ ὁρισμοῦ. ἔτι τοίνυν οὔτε τὸ καθόλου οὐσία
οὔτε τὸ γένος· περὶ δὲ τῶν ἰδεῶν καὶ τῶν μαθηματικῶν
ὕστερον σκεπτέον· παρὰ γὰρ τὰς αἰσθητὰς οὐσίας ταύτας
λέγουσί τινες εἶναι.—νῦν δὲ περὶ τῶν ὁμολογουμένων οὐσιῶν
ἐπέλθωμεν. αὗται δ' εἰσὶν αἱ αἰσθηταί. αἱ δ' αἰσθηταὶ
οὐσίαι πᾶσαι ὕλην ἔχουσιν. ἔστι δ' οὐσία τὸ ὑποκείμενον,
ἄλλως μὲν ἡ ὕλη (ὕλην δὲ λέγω ἣ μὴ τόδε τι οὖσα
ἐνεργείᾳ δυνάμει ἐστὶ τόδε τι), ἄλλως δ' ὁ λόγος καὶ ἡ
μορφή, ὃ τόδε τι ὂν τῷ λόγῳ χωριστόν ἐστιν· τρίτον δὲ τὸ
ἐκ τούτων, οὗ γένεσις μόνου καὶ φθορά ἐστι, καὶ χωριστὸν
ἁπλῶς· τῶν γὰρ κατὰ τὸν λόγον οὐσιῶν αἱ μὲν αἱ δ' οὔ.

11 δέ Π Al[c]: τέ A[b]   τινες Π Al[c]: τινας A[b] ex corr.   12 ἄλλως
Christ: ἄλλας codd. Al[c]; cf. 14, 27, 28   17 ὁ λόγος ὁρισμός Al[p]
20 περὶ μερῶν Al[p]   καὶ alt. Π Al[p]: om. A[b]   21 ταὐτὰ Al[c]: ταῦτα codd.
ὁρισμοῦ καὶ τοῦ ὡρισμένου Al[p]: ὡρισμένου E γρ; var. lect. igitur conflavit Al
δὴ (η in ras.) post ὁρισμοῦ E: δεῖ J   ἔστι τοίνυν Christ   22 τῶν
pr. om. A[b]   24 νῦν ... 25 αἰσθηταί A[b] Al[p]: om. Π   26 τὰ
ὑποκείμενα E γρ Al[c] ex coniectura, ut glossam secl. Christ, nisi forte ante
27 ἡ ὕλη transponenda sunt   28 verba ἄλλως δ' ὁ λόγος post 27
ἡ ὕλη praebet, sed post 28 τόδε τι iterat A[b] et ut vid. Al[p], post 27 ὕλη
coll. E γρ; aliquid simile cf. 1005[a]8 et 11. apparet verba in parenthesi
posita incertae sedis et nescio an additicia fuisse   τι om. Al[c]   29 ὃ
om. A[b]

ΤΩΝ ΜΕΤΑ ΤΑ ΦΥΣΙΚΑ Η   1042ᵃ

ὅτι δ' ἐστὶν οὐσία καὶ ἡ ὕλη, δῆλον· ἐν πάσαις γὰρ ταῖς ἀντικειμέναις μεταβολαῖς ἐστί τι τὸ ὑποκείμενον ταῖς μεταβολαῖς, οἷον κατὰ τόπον τὸ νῦν μὲν ἐνταῦθα πάλιν δ' ἄλλοθι, καὶ κατ' αὔξησιν ὃ νῦν μὲν τηλικόνδε πάλιν δ' 35 ἔλαττον ἢ μεῖζον, καὶ κατ' ἀλλοίωσιν ὃ νῦν μὲν ὑγιὲς πάλιν δὲ κάμνον· ὁμοίως δὲ καὶ κατ' οὐσίαν ὃ νῦν μὲν ἐν 1042ᵇ γενέσει πάλιν δ' ἐν φθορᾷ, καὶ νῦν μὲν ὑποκείμενον ὡς τόδε τι πάλιν δ' ὑποκείμενον ὡς κατὰ στέρησιν. καὶ ἀκολουθοῦσι δὴ ταύτῃ αἱ ἄλλαι μεταβολαί, τῶν δ' ἄλλων ἢ μιᾷ ἢ δυοῖν αὕτη οὐκ ἀκολουθεῖ· οὐ γὰρ ἀνάγκη, εἴ τι 5 ὕλην ἔχει τοπικήν, τοῦτο καὶ γεννητὴν καὶ φθαρτὴν ἔχειν. τίς μὲν οὖν διαφορὰ τοῦ ἁπλῶς γίγνεσθαι καὶ μὴ ἁπλῶς, ἐν τοῖς φυσικοῖς εἴρηται.

2 Ἐπεὶ δ' ἡ μὲν ὡς ὑποκειμένη καὶ ὡς ὕλη οὐσία ὁμολογεῖται, αὕτη δ' ἐστὶν ἡ δυνάμει, λοιπὸν τὴν ὡς ἐνέργειαν 10 οὐσίαν τῶν αἰσθητῶν εἰπεῖν τίς ἐστιν. Δημόκριτος μὲν οὖν τρεῖς διαφορὰς ἔοικεν οἰομένῳ εἶναι (τὸ μὲν γὰρ ὑποκείμενον σῶμα, τὴν ὕλην, ἓν καὶ ταὐτόν, διαφέρειν δὲ ἢ ῥυσμῷ, ὅ ἐστι σχῆμα, ἢ τροπῇ, ὅ ἐστι θέσις, ἢ διαθιγῇ, ὅ ἐστι τάξις). φαίνονται δὲ πολλαὶ διαφοραὶ οὖσαι, οἷον τὰ 15 μὲν συνθέσει λέγεται τῆς ὕλης, ὥσπερ ὅσα κράσει καθάπερ μελίκρατον, τὰ δὲ δεσμῷ οἷον φάκελος, τὰ δὲ κόλλῃ οἷον βιβλίον, τὰ δὲ γόμφῳ οἷον κιβώτιον, τὰ δὲ πλείοσι τούτων, τὰ δὲ θέσει οἷον οὐδὸς καὶ ὑπέρθυρον (ταῦτα γὰρ τῷ κεῖσθαί πως διαφέρει), τὰ δὲ χρόνῳ οἷον δεῖπνον καὶ 20 ἄριστον, τὰ δὲ τόπῳ οἷον τὰ πνεύματα· τὰ δὲ τοῖς τῶν

32 ἢ eras. E   1042ᵇ 2 μὲν Π Alᶜ: om. Aᵇ   8 cf. Phys. v. 1, Gen. et corr. i. 7   10 ἐνέργεια Aᵇ: ἐνεργείᾳ Alᵖ (om. ὡς)   11–15 haec omnia etsi iam 985ᵇ5 sq. dicta sunt, ut nova hic introducuntur, quo denuo demonstratur lib. Ζ (et ΗΘ) olim separatim exstitisse (cf. Entst. d. Met. 111)   13 καὶ τὴν ὕλην Alᵖ; an est explanatio e marg. intrusa? διαφέρει Aᵇ, sed cf. 985ᵇ15 unde haec sumpta   16 ὥσπερ om. Aᵇ   18 ἐν πλείοσι Aᵇ J (ἐμπλ.) Alᶜ; idem 24 dicitur, nescio an series exemplorum postea ab Ar. aucta sit

ΤΩΝ ΜΕΤΑ ΤΑ ΦΥΣΙΚΑ Η

αἰσθητῶν πάθεσιν οἷον σκληρότητι καὶ μαλακότητι, καὶ πυκνότητι καὶ μανότητι, καὶ ξηρότητι καὶ ὑγρότητι, καὶ τὰ μὲν ἐνίοις τούτων τὰ δὲ πᾶσι τούτοις, καὶ ὅλως τὰ
25 μὲν ὑπεροχῇ τὰ δὲ ἐλλείψει. ὥστε δῆλον ὅτι καὶ τὸ ἔστι τοσαυταχῶς λέγεται· οὐδὸς γὰρ ἔστιν ὅτι οὕτως κεῖται, καὶ τὸ εἶναι ⟨οὐδῷ⟩ τὸ οὕτως αὐτὸ κεῖσθαι σημαίνει, καὶ τὸ κρυστάλλῳ εἶναι τὸ οὕτω πεπυκνῶσθαι. ἐνίων δὲ τὸ εἶναι καὶ πᾶσι τούτοις ὁρισθήσεται, τῷ τὰ μὲν μεμῖχθαι, τὰ δὲ κε-
30 κρᾶσθαι, τὰ δὲ δεδέσθαι, τὰ δὲ πεπυκνῶσθαι, τὰ δὲ ταῖς ἄλλαις διαφοραῖς κεχρῆσθαι, ὥσπερ χεὶρ ἢ πούς. ληπτέα οὖν τὰ γένη τῶν διαφορῶν (αὗται γὰρ ἀρχαὶ ἔσονται τοῦ εἶναι), οἷον τὰ τῷ μᾶλλον καὶ ἧττον ἢ πυκνῷ καὶ μανῷ καὶ τοῖς ἄλλοις τοῖς τοιούτοις· πάντα γὰρ ταῦτα
35 ὑπεροχὴ καὶ ἔλλειψίς ἐστιν. εἰ δέ τι σχήματι ἢ λειότητι καὶ τραχύτητι, πάντα εὐθεῖ καὶ καμπύλῳ. τοῖς δὲ τὸ
1043ᵃ εἶναι τῷ μεμῖχθαι ἔσται, ἀντικειμένως δὲ τὸ μὴ εἶναι. φανερὸν δὴ ἐκ τούτων ὅτι εἴπερ ἡ οὐσία αἰτία τοῦ εἶναι ἕκαστον, [ὅτι] ἐν τούτοις ζητητέον τί τὸ αἴτιον τοῦ εἶναι τούτων ἕκαστον. οὐσία μὲν οὖν οὐδὲν τούτων οὐδὲ συνδυαζόμενον, ὅμως
5 δὲ τὸ ἀνάλογον ἐν ἑκάστῳ· καὶ ὡς ἐν ταῖς οὐσίαις τὸ τῆς ὕλης κατηγορούμενον αὐτὴ ἡ ἐνέργεια, καὶ ἐν τοῖς ἄλλοις ὁρισμοῖς μάλιστα. οἷον εἰ οὐδὸν δέοι ὁρίσασθαι, ξύλον ἢ λίθον ὡδὶ κείμενον ἐροῦμεν, καὶ οἰκίαν πλίνθους καὶ ξύλα ὡδὶ κείμενα (ἢ ἔτι καὶ τὸ οὗ ἕνεκα ἐπ' ἐνίων ἔστιν), εἰ δὲ κρύσταλ-
10 λον, ὕδωρ πεπηγὸς ἢ πεπυκνωμένον ὡδί· συμφωνία δὲ ὀξέος καὶ βαρέος μῖξις τοιαδί· τὸν αὐτὸν δὲ τρόπον καὶ ἐπὶ τῶν

23 μανότητι Π Alᶜ: ἀραιότητι Aᵇ   24 ἐν πᾶσι Alᶜ, sed cf. 29   27 οὐδῷ ex Alᵖ supplevi, suasit Bonitz   κρυστάλλῳ cum Alᵖ Bonitz scripsi: κρύσταλλον Aᵇ Π   28 εἶναι alt. Π et fort Al: εἶδος Aᵇ   31 ἢ χεὶρ Π (ἡ E)   ληπτέον E   35 ὑπεροχὴ κ. ἔλλειψις Π Alᶜ: ὑπεροχῇ κ. ἐλλείψει Aᵇ; cf. 992ᵇ6   1043ᵃ 1 τῷ correxi: τὸ codd.; cf. 1042ᵇ29   3 ὅτι om. Alᵖ, seclusi; cf. 34   5 an δέ τι scribendum? ἀναλογίαν ἔχουσι interpr. Alᵖ etsi legit τὸ ἀν. Alᶜ; 'etwas analoges' Bonitz   6 αὕτη Aᵇ   11 μίξει Aᵇ

ἄλλων. φανερὸν δὴ ἐκ τούτων ὅτι ἡ ἐνέργεια ἄλλη ἄλλης ὕλης καὶ ὁ λόγος· τῶν μὲν γὰρ ἡ σύνθεσις τῶν δ' ἡ μῖξις τῶν δὲ ἄλλο τι τῶν εἰρημένων. διὸ τῶν ὁριζομένων οἱ μὲν λέγοντες τί ἐστιν οἰκία, ὅτι λίθοι πλίνθοι ξύλα, τὴν δυνάμει οἰκίαν λέγουσιν, ὕλη γὰρ ταῦτα· οἱ δὲ ἀγγεῖον σκεπαστικὸν χρημάτων καὶ σωμάτων ἤ τι ἄλλο τοιοῦτον προσθέντες τὴν ἐνέργειαν λέγουσιν· οἱ δ' ἄμφω ταῦτα συντιθέντες τὴν τρίτην καὶ τὴν ἐκ τούτων οὐσίαν (ἔοικε γὰρ ὁ μὲν διὰ τῶν διαφορῶν λόγος τοῦ εἴδους καὶ τῆς ἐνεργείας εἶναι, ὁ δ' ἐκ τῶν ἐνυπαρχόντων τῆς ὕλης μᾶλλον)· ὁμοίως δὲ καὶ οἴους Ἀρχύτας ἀπεδέχετο ὅρους· τοῦ συνάμφω γάρ εἰσιν. οἷον τί ἐστι νηνεμία; ἠρεμία ἐν πλήθει ἀέρος· ὕλη μὲν γὰρ ὁ ἀήρ, ἐνέργεια δὲ καὶ οὐσία ἡ ἠρεμία. τί ἐστι γαλήνη; ὁμαλότης θαλάττης· τὸ μὲν ὑποκείμενον ὡς ὕλη ἡ θάλαττα, ἡ δὲ ἐνέργεια καὶ ἡ μορφὴ ἡ ὁμαλότης. φανερὸν δὴ ἐκ τῶν εἰρημένων τίς ἡ αἰσθητὴ οὐσία ἐστὶ καὶ πῶς· ἡ μὲν γὰρ ὡς ὕλη, ἡ δ' ὡς μορφὴ καὶ ἐνέργεια, ἡ δὲ τρίτη ἡ ἐκ τούτων.

3 Δεῖ δὲ μὴ ἀγνοεῖν ὅτι ἐνίοτε λανθάνει πότερον σημαίνει τὸ ὄνομα τὴν σύνθετον οὐσίαν ἢ τὴν ἐνέργειαν καὶ τὴν μορφήν, οἷον ἡ οἰκία πότερον σημεῖον τοῦ κοινοῦ ὅτι σκέπασμα ἐκ πλίνθων καὶ λίθων ὡδὶ κειμένων, ἢ τῆς ἐνεργείας καὶ τοῦ εἴδους ὅτι σκέπασμα, καὶ γραμμὴ πότερον δυὰς ἐν μήκει ἢ [ὅτι] δυάς, καὶ ζῷον πότερον ψυχὴ ἐν σώματι ἢ ψυχή· αὕτη γὰρ οὐσία καὶ ἐνέργεια σώματός τινος. εἴη δ' ἂν καὶ ἐπ' ἀμφοτέροις τὸ ζῷον, οὐχ ὡς ἑνὶ λόγῳ λεγόμενον ἀλλ' ὡς πρὸς ἕν. ἀλλὰ ταῦτα πρὸς μέν τι ἄλλο διαφέρει, πρὸς δὲ τὴν ζήτησιν τῆς οὐσίας τῆς αἰσθητῆς οὐδέν· τὸ γὰρ τί ἦν εἶναι τῷ εἴδει καὶ τῇ ἐνεργείᾳ ὑπάρχει. ψυχὴ μὲν γὰρ καὶ ψυχῇ εἶναι ταὐτόν,

15 τὴν Al[p]: τῇ codd.; cf. 18 17 προσθέντες secl. Christ: προτιθέντες Ross; cf. 1079[b]6 18 ἐνεργείᾳ Bekker; cf. 15 21 οἴους A[b] E γρ Al[p]: οὓς Π: οἷ sscr. J 23 γὰρ A[b] Al[c]: om. Π 26 ἡ utrumque om. A[b] 28 καὶ ex Al[p] Bonitz: ὅτι A[b] Π; cf. 25, 30 34 ὅτι secl. Bywater

ΤΩΝ ΜΕΤΑ ΤΑ ΦΥΣΙΚΑ Η

ἀνθρώπῳ δὲ καὶ ἄνθρωπος οὐ ταὐτόν, εἰ μὴ καὶ ἡ ψυχὴ
ἄνθρωπος λεχθήσεται· οὕτω δὲ τινὶ μὲν τινὶ δ' οὔ.—οὐ φαί-
νεται δὴ ζητοῦσιν ἡ συλλαβὴ ἐκ τῶν στοιχείων οὖσα καὶ
συνθέσεως, οὐδ' ἡ οἰκία πλίνθοι τε καὶ σύνθεσις. καὶ τοῦτο
ὀρθῶς· οὐ γάρ ἐστιν ἡ σύνθεσις οὐδ' ἡ μῖξις ἐκ τούτων ὧν
ἐστὶ σύνθεσις ἢ μῖξις. ὁμοίως δὲ οὐδὲ τῶν ἄλλων οὐθέν,
οἷον εἰ ὁ οὐδὸς θέσει, οὐκ ἐκ τοῦ οὐδοῦ ἡ θέσις ἀλλὰ μᾶλλον
οὗτος ἐξ ἐκείνης. οὐδὲ δὴ ὁ ἄνθρωπός ἐστι τὸ ζῷον καὶ ⟨τὸ⟩
δίπουν, ἀλλά τι δεῖ εἶναι ὃ παρὰ ταῦτά ἐστιν, εἰ ταῦθ' ὕλη,
οὔτε δὲ στοιχεῖον οὔτ' ἐκ στοιχείου, ἀλλ' [ἡ οὐσία] ὃ ἐξαιροῦντες
τὴν ὕλην λέγουσιν. εἰ οὖν τοῦτ' αἴτιον τοῦ εἶναι καὶ οὐσίας,
τοῦτο αὐτὴν ἂν τὴν οὐσίαν λέγοιεν. (ἀνάγκη δὴ ταύτην ἢ
ἀΐδιον εἶναι ἢ φθαρτὴν ἄνευ τοῦ φθείρεσθαι καὶ γεγονέναι
ἄνευ τοῦ γίγνεσθαι. δέδεικται δὲ καὶ δεδήλωται ἐν ἄλλοις
ὅτι τὸ εἶδος οὐθεὶς ποιεῖ οὐδὲ γεννᾷ, ἀλλὰ ποιεῖται τόδε,
γίγνεται δὲ τὸ ἐκ τούτων. εἰ δ' εἰσὶ τῶν φθαρτῶν αἱ οὐσίαι
χωρισταί, οὐδέν πω δῆλον· πλὴν ὅτι γ' ἐνίων οὐκ ἐνδέχεται
δῆλον, ὅσα μὴ οἷόν τε παρὰ τὰ τινὰ εἶναι, οἷον οἰκίαν ἢ
σκεῦος. ἴσως μὲν οὖν οὐδ' οὐσίαι εἰσὶν οὔτ' αὐτὰ ταῦτα οὔτε
τι τῶν ἄλλων ὅσα μὴ φύσει συνέστηκεν· τὴν γὰρ φύσιν
μόνην ἄν τις θείη τὴν ἐν τοῖς φθαρτοῖς οὐσίαν.) ὥστε ἡ
ἀπορία ἣν οἱ Ἀντισθένειοι καὶ οἱ οὕτως ἀπαίδευτοι ἠπόρουν
ἔχει τινὰ καιρόν, ὅτι οὐκ ἔστι τὸ τί ἐστιν ὁρίσασθαι (τὸν γὰρ ὅρον

1043ᵇ 4 δὲ Π Alᶜ: δ' ἐπὶ Aᵇ   5 καὶ τῆς Aᵇ   7 οὐδ' Aᵇ Alᶜ: καὶ Π
9 εἰ ὁ om. Π (add. E γρ): ὁ om. Alᶜ   10 καὶ τὸ Alᶜ: τὸ om. Aᵇ Π
11 ταῦτά Π Alᵖ: τὰ ἄλλα Aᵇ   12 οὔτε δὲ Π: ὃ οὔτε Aᵇ Alᶜ, sed ante
οὔτε eras. o E et ὕλης scr. J (σ pro o corr.), var. igitur lect. norat Π   ἀλλ'
ἡ οὐσία codd. Alᶜ, secl. Christ, minus apte, cum ἀλλὰ post ὃ οὔτε ... neces-
sarium sit; seclusi ἡ οὐσία, quia non debebat Ar hic antecapere, quod 14
dicturus erat, immo verbis ὃ ... λέγουσιν hic notionem τοῦ εἴδους circum-
scribit, ut iam intellexit Al   13-14 οὐσίας, τοῦτο Bonitz et fort. Al;
sic vitatur inanis tautologia et rhetorica pronominis τοῦτο iteratio: οὐσία
τοῦτο, codd.   14 λέγοιεν Aᵇ Π Alᵖ: οὐ λέγοιεν Π, sed οὐ eras. et in
marg. coll. E γρ   16 ἐν ἄλλοις] cf. 1033ᵃ28–ᵇ6 et ᵇ17   17 γεν-
νᾶται Π   21 οὔτ' Bekker: οὐδέ τι Π: οὐδὲ Aᵇ E γρ   23 μόνον
E γρ   τὴν Alᵖ Bessario: τῶν Aᵇ Π

170

ΤΩΝ ΜΕΤΑ ΤΑ ΦΥΣΙΚΑ Η

λόγον εἶναι μακρόν), ἀλλὰ ποῖον μέν τί ἐστιν ἐνδέχεται [καὶ] διδάξαι, ⟨ὁρίσασθαι δ' οὔ,⟩ ὥσπερ ἄργυρον, τί μέν ἐστιν οὔ, ὅτι δ' οἷον καττίτερος· ὥστ' οὐσίας ἔστι μὲν ἧς ἐνδέχεται εἶναι ὅρον καὶ λόγον, οἷον τῆς συνθέτου, ἐάν τε αἰσθητὴ ἐάν τε νοητὴ ᾖ· ἐξ ὧν δ' αὕτη πρώτων, οὐκέτι, εἴπερ τὶ 30 κατὰ τινὸς σημαίνει ὁ λόγος ὁ ὁριστικὸς καὶ δεῖ τὸ μὲν ὥσπερ ὕλην εἶναι τὸ δὲ ὡς μορφήν.—φανερὸν δὲ καὶ διότι, εἴπερ εἰσί πως ἀριθμοὶ αἱ οὐσίαι, οὕτως εἰσὶ καὶ οὐχ ὥς τινες λέγουσι μονάδων· ὅ τε γὰρ ὁρισμὸς ἀριθμός τις· διαιρετός τε γὰρ καὶ εἰς ἀδιαίρετα (οὐ γὰρ ἄπειροι οἱ 35 λόγοι), καὶ ὁ ἀριθμὸς δὲ τοιοῦτον. καὶ ὥσπερ οὐδ' ἀπ' ἀριθμοῦ ἀφαιρεθέντος τινὸς ἢ προστεθέντος ἐξ ὧν ὁ ἀριθμός ἐστιν, οὐκέτι ὁ αὐτὸς ἀριθμός ἐστιν ἀλλ' ἕτερος, κἂν τοὐλάχιστον ἀφαιρεθῇ ἢ προστεθῇ, οὕτως οὐδὲ ὁ ὁρισμὸς οὐδὲ τὸ τί ἦν **1044**[a] εἶναι οὐκέτι ἔσται ἀφαιρεθέντος τινὸς ἢ προστεθέντος. καὶ ⟨γὰρ⟩ τὸν ἀριθμὸν δεῖ εἶναί τι ᾧ εἷς, ὃ νῦν οὐκ ἔχουσι λέγειν τίνι εἷς [εἴπερ ἐστὶν εἷς] (ἢ γὰρ οὐκ ἔστιν ἀλλ' οἷον σωρός, ἢ εἴπερ ἐστί, λεκτέον τί τὸ ποιοῦν ἓν ἐκ πολλῶν), καὶ ὁ ὁρι- 5 σμὸς εἷς ἐστίν, ὁμοίως δὲ οὐδὲ τοῦτον ἔχουσι λέγειν. καὶ τοῦτο εἰκότως συμβαίνει· τοῦ αὐτοῦ γὰρ λόγου, καὶ ἡ οὐσία ἓν οὕτως, ἀλλ' οὐχ ὡς λέγουσί τινες οἷον μονάς τις οὖσα ἢ στιγμή, ἀλλ' ἐντελέχεια καὶ φύσις τις ἑκάστη. καὶ ὥσπερ οὐδὲ ὁ ἀριθμὸς ἔχει τὸ μᾶλλον καὶ ἧττον, οὐδ' ἡ κατὰ τὸ εἶδος 10 οὐσία, ἀλλ' εἴπερ, ἡ μετὰ τῆς ὕλης. περὶ μὲν οὖν γενέσεως καὶ φθορᾶς τῶν λεγομένων οὐσιῶν, πῶς τ' ἐνδέχεται καὶ

26–27 ἐνδέχεται διδάξαι, ὁρίσασθαι δ' οὔ ex Al restitui, nam particulae μὲν (26) correspondere debet δὲ velut in exemplo argenti: ἐνδέχεσθαι A[b] 30 ᾖ om. A[b]   οὐκ ἔστι Π Al[p]   32 ὡς om. A[b]   34 an πλῆθος μονάδων legit Al? nisi forte μονάδες conicias collato 1044[a]8   38 ἐστιν alt. om. A[b]   1044[a] 2 καὶ γὰρ scribendum vid., cf. 1043[b]36 ὥσπερ ... [a]1 οὕτως   3 τὸν ἀριθμὸν codd. Al[p] corruptum vid.: τῷ ἀριθμῷ Bonitz   εἶναι τί ⟨τὸ ἑνοῦν καὶ⟩ ᾧ εἷς Al[p], sensit igitur difficultatem (cf. 5); an ἔχειν pro εἶναι scribendum est?   4 εἴπερ ἐστὶν εἷς om. A[b] Al[p], seclusi; erat var. lect. ad 5 εἴπερ ἐστί ᾖ pr. Π Al[c]: εἷς A[b]   12 τ' om. Π

ΤΩΝ ΜΕΤΑ ΤΑ ΦΥΣΙΚΑ Η

πῶς ἀδύνατον, καὶ περὶ τῆς εἰς τὸν ἀριθμὸν ἀναγωγῆς, ἔστω μέχρι τούτων διωρισμένον.

15 Περὶ δὲ τῆς ὑλικῆς οὐσίας δεῖ μὴ λανθάνειν ὅτι εἰ 4 καὶ ἐκ τοῦ αὐτοῦ πάντα πρώτου ἢ τῶν αὐτῶν ὡς πρώτων καὶ ἡ αὐτὴ ὕλη ὡς ἀρχὴ τοῖς γιγνομένοις, ὅμως ἔστι τις οἰκεία ἑκάστου, οἷον φλέγματος [ἐστι πρώτη ὕλη] τὰ γλυκέα ἢ λιπαρά, χολῆς δὲ τὰ πικρὰ ἢ ἄλλ᾽ ἄττα· ἴσως δὲ
20 ταῦτα ἐκ τοῦ αὐτοῦ. γίγνονται δὲ πλείους ὗλαι τοῦ αὐτοῦ ὅταν θατέρου ἡ ἑτέρα ᾖ, οἷον φλέγμα ἐκ λιπαροῦ καὶ γλυκέος εἰ τὸ λιπαρὸν ἐκ τοῦ γλυκέος, ἐκ δὲ χολῆς τῷ ἀναλύεσθαι εἰς τὴν πρώτην ὕλην τὴν χολήν. διχῶς γὰρ τόδ᾽ ἐκ τοῦδε, ἢ ὅτι πρὸ ὁδοῦ ἔσται ἢ ὅτι ἀναλυθέντος εἰς τὴν
25 ἀρχήν. ἐνδέχεται δὲ μιᾶς τῆς ὕλης οὔσης ἕτερα γίγνεσθαι διὰ τὴν κινοῦσαν αἰτίαν, οἷον ἐκ ξύλου καὶ κιβωτὸς καὶ κλίνη. ἐνίων δ᾽ ἑτέρα ἡ ὕλη ἐξ ἀνάγκης ἑτέρων ὄντων, οἷον πρίων οὐκ ἂν γένοιτο ἐκ ξύλου, οὐδ᾽ ἐπὶ τῇ κινούσῃ αἰτίᾳ τοῦτο· οὐ γὰρ ποιήσει πρίονα ἐξ ἐρίου ἢ ξύλου. εἰ δ᾽ ἄρα
30 τὸ αὐτὸ ἐνδέχεται ἐξ ἄλλης ὕλης ποιῆσαι, δῆλον ὅτι ἡ τέχνη καὶ ἡ ἀρχὴ ἡ ὡς κινοῦσα ἡ αὐτή· εἰ γὰρ καὶ ἡ ὕλη ἑτέρα καὶ τὸ κινοῦν, καὶ τὸ γεγονός.—ὅταν δή τις ζητῇ τὸ αἴτιον, ἐπεὶ πλεοναχῶς τὰ αἴτια λέγεται, πάσας δεῖ λέγειν τὰς ἐνδεχομένας αἰτίας. οἷον ἀνθρώπου τίς αἰτία ὡς
35 ὕλη; ἆρα τὰ καταμήνια; τί δ᾽ ὡς κινοῦν; ἆρα τὸ σπέρμα; τί δ᾽ ὡς τὸ εἶδος; τὸ τί ἦν εἶναι. τί δ᾽ ὡς οὗ ἕνεκα; τὸ τέλος. ἴσως δὲ ταῦτα ἄμφω τὸ αὐτό. δεῖ δὲ τὰ ἐγγύτατα αἴτια λέγειν. ⟨οἷον⟩ τίς ἡ ὕλη; μὴ πῦρ ἢ γῆν ἀλλὰ τὴν ἴδιον. περὶ μὲν οὖν τὰς φυσικὰς οὐσίας καὶ γενητὰς ἀνάγκη οὕτω μετιέναι εἴ τις μέτεισιν ὀρθῶς, εἴπερ ἄρα

17 ἡ om. A^b   18 verba secl. Christ, om. A^b; diversa haec notio τοῦ πρώτου est, cf. 16, 23   26 καὶ pr. om. A^b   29 ἢ ἐκ A^b   εἰ δ']
τί A^b   30 ὕλης om. A^b Al^p   31 ἡ alt. om. A^b   33 τὸ A^b
Al^p: τί τὸ Π   1044^b 2 οἷον ex Al^p supplevi   τίς ἡ Π (ἡ om. J^1)
Simpl^c: τί ὡς A^b   3 οὐσίας Π Al^p Simpl^c A^b2: αἰτίας A^b γρ quod olim hab. in textu ut vid.   4 ἆρα om. A^b Al^p

ΤΩΝ ΜΕΤΑ ΤΑ ΦΥΣΙΚΑ Η 1044b

αἰτιά τε ταῦτα καὶ τοσαῦτα καὶ δεῖ τὰ αἴτια γνωρίζειν· 5
ἐπὶ δὲ τῶν φυσικῶν μὲν ἀϊδίων δὲ οὐσιῶν ἄλλος λόγος.
ἴσως γὰρ ἔνια οὐκ ἔχει ὕλην, ἢ οὐ τοιαύτην ἀλλὰ μόνον
κατὰ τόπον κινητήν. οὐδ' ὅσα δὴ φύσει μέν, μὴ οὐσίαι δέ,
οὐκ ἔστι τούτοις ὕλη, ἀλλὰ τὸ ὑποκείμενον ἡ οὐσία. οἷον τί
αἴτιον ἐκλείψεως, τίς ὕλη; οὐ γὰρ ἔστιν,· ἀλλ' ἡ σελήνη τὸ 10
πάσχον. τί δ' αἴτιον ὡς κινῆσαν καὶ φθεῖραν τὸ φῶς; ἡ
γῆ. τὸ δ' οὗ ἕνεκα ἴσως οὐκ ἔστιν. τὸ δ' ὡς εἶδος ὁ λόγος,
ἀλλὰ ἄδηλος ἐὰν μὴ μετὰ τῆς αἰτίας ᾖ ὁ λόγος. οἷον τί
ἔκλειψις; στέρησις φωτός. ἐὰν δὲ προστεθῇ τὸ ὑπὸ γῆς ἐν
μέσῳ γιγνομένης, ὁ σὺν τῷ αἰτίῳ λόγος οὗτος. ὕπνου δ' 15
ἄδηλον τί τὸ πρῶτον πάσχον. ἀλλ' ὅτι τὸ ζῷον; ναί,
ἀλλὰ τοῦτο κατὰ τί, καὶ τί πρῶτον; καρδία ἢ ἄλλο τι.
εἶτα ὑπὸ τίνος; εἶτα τί τὸ πάθος, τὸ ἐκείνου καὶ μὴ τοῦ
ὅλου; ὅτι ἀκινησία τοιαδί; ναί, ἀλλ' αὕτη τῷ τί πάσχειν
τὸ πρῶτον; 20

5 Ἐπεὶ δ' ἔνια ἄνευ γενέσεως καὶ φθορᾶς ἔστι καὶ οὐκ
ἔστιν, οἷον αἱ στιγμαί, εἴπερ εἰσί, καὶ ὅλως τὰ εἴδη
(οὐ γὰρ τὸ λευκὸν γίγνεται ἀλλὰ τὸ ξύλον λευκόν, εἰ
ἔκ τινος καὶ τὶ πᾶν τὸ γιγνόμενον γίγνεται), οὐ πάντα
ἂν τἀναντία γίγνοιτο ἐξ ἀλλήλων, ἀλλ' ἑτέρως λευκὸς 25
ἄνθρωπος ἐκ μέλανος ἀνθρώπου καὶ λευκὸν ἐκ μέλανος·
οὐδὲ παντὸς ὕλη ἔστιν ἀλλ' ὅσων γένεσις ἔστι καὶ μεταβολὴ
εἰς ἄλληλα· ὅσα δ' ἄνευ τοῦ μεταβάλλειν ἔστιν ἢ μή, οὐκ
ἔσται τούτων ὕλη.—ἔχει δ' ἀπορίαν πῶς πρὸς τἀναντία ἡ
ὕλη ἡ ἑκάστου ἔχει. οἷον εἰ τὸ σῶμα δυνάμει ὑγιεινόν, 30
ἐναντίον δὲ νόσος ὑγιείᾳ, ἆρα ἄμφω δυνάμει; καὶ τὸ
ὕδωρ δυνάμει οἶνος καὶ ὄξος; ἢ τοῦ μὲν καθ' ἕξιν καὶ
κατὰ τὸ εἶδος ὕλη, τοῦ δὲ κατὰ στέρησιν καὶ φθορὰν τὴν

10 τίς Π Al^p: τίς ἡ A^b   11 δ' om. Π   14 τὸ om. Π   16
ἄλλο τι J Bonitz, sed cf. 19   19 ἀλλ' codd.: καὶ Al^c   22 εἴδη Π
Al^p: εἴδη καὶ αἱ μορφαί A^b   25 γίγνοιτο A^b Al^c   30 ὑγιεινόν
A^b Al^p: ὑγιαῖνον Π   32 καὶ alt. Π Al^c: ἡ A^b   33 κατὰ φθορὰν Π

1044ᵇ ΤΩΝ ΜΕΤΑ ΤΑ ΦΥΣΙΚΑ Η

παρὰ φύσιν; ἀπορία δέ τις ἔστι καὶ διὰ τί ὁ οἶνος οὐχ
35 ὕλη τοῦ ὄξους οὐδὲ δυνάμει ὄξος (καίτοι γίγνεται ἐξ αὐτοῦ
ὄξος) καὶ ὁ ζῶν δυνάμει νεκρός. ἢ οὔ, ἀλλὰ κατὰ συμ-
1045ᵃ βεβηκὸς αἱ φθοραί, ἡ δὲ τοῦ ζῴου ὕλη αὐτὴ κατὰ φθορὰν
νεκροῦ δύναμις καὶ ὕλη, καὶ τὸ ὕδωρ ὄξους· γίγνεται γὰρ
ἐκ τούτων ὥσπερ ἐξ ἡμέρας νύξ. καὶ ὅσα δὴ οὕτω μετα-
βάλλει εἰς ἄλληλα, εἰς τὴν ὕλην δεῖ ἐπανελθεῖν, οἷον 'εἰ
5 ἐκ νεκροῦ ζῷον, εἰς τὴν ὕλην πρῶτον, εἶθ' οὕτω ζῷον· καὶ
τὸ ὄξος εἰς ὕδωρ, εἶθ' οὕτως οἶνος.

Περὶ δὲ τῆς ἀπορίας τῆς εἰρημένης περί τε τοὺς ὁρι- 6
σμοὺς καὶ περὶ τοὺς ἀριθμούς, τί αἴτιον τοῦ ἓν εἶναι; πάντων
γὰρ ὅσα πλείω μέρη ἔχει καὶ μὴ ἔστιν οἷον σωρὸς τὸ πᾶν
10 ἀλλ' ἔστι τι τὸ ὅλον παρὰ τὰ μόρια, ἔστι τι αἴτιον, ἐπεὶ
καὶ ἐν τοῖς σώμασι τοῖς μὲν ἁφὴ αἰτία τοῦ ἓν εἶναι τοῖς
δὲ γλισχρότης ἤ τι πάθος ἕτερον τοιοῦτον. ὁ δ' ὁρισμὸς
λόγος ἐστὶν εἷς οὐ συνδέσμῳ καθάπερ ἡ Ἰλιὰς ἀλλὰ τῷ
ἑνὸς εἶναι. τί οὖν ἐστιν ὃ ποιεῖ ἓν τὸν ἄνθρωπον, καὶ διὰ τί
15 ἓν ἀλλ' οὐ πολλά, οἷον τό τε ζῷον καὶ τὸ δίπουν, ἄλλως
τε δὴ καὶ εἰ ἔστιν, ὥσπερ φασί τινες, αὐτό τι ζῷον καὶ
αὐτὸ δίπουν; διὰ τί γὰρ οὐκ ἐκεῖνα αὐτὰ ὁ ἄνθρωπός ἐστι,
καὶ ἔσονται κατὰ μέθεξιν οἱ ἄνθρωποι οὐκ ἀνθρώπου οὐδ'
ἑνὸς ἀλλὰ δυοῖν, ζῴου καὶ δίποδος, καὶ ὅλως δὴ οὐκ ἂν
20 εἴη ὁ ἄνθιωπος ἓν ἀλλὰ πλείω, ζῷον καὶ δίπουν; φανε-
ρὸν δὴ ὅτι οὕτω μὲν μετιοῦσιν ὡς εἰώθασιν ὁρίζεσθαι καὶ
λέγειν, οὐκ ἐνδέχεται ἀποδοῦναι καὶ λῦσαι τὴν ἀπορίαν·
εἰ δ' ἐστίν, ὥσπερ λέγομεν, τὸ μὲν ὕλη τὸ δὲ μορφή, καὶ
τὸ μὲν δυνάμει τὸ δὲ ἐνεργείᾳ, οὐκέτι ἀπορία δόξειεν ἂν
25 εἶναι τὸ ζητούμενον. ἔστι γὰρ αὕτη ἡ ἀπορία ἡ αὐτὴ κἂν
εἰ ὅρος εἴη ἱματίου ὁ στρογγύλος χαλκός· εἴη γὰρ ἂν

34 δέ τις Π Alᶜ: δ' ἔτι Aᵇ   35 καίτοι γε E²   1045ᵃ 4-5 εἰ ἐκ J Alᵖ:
om. Aᵇ: εἰ om. E   7 de hoc capite postea in fine libri adiecto cf. *Entst.
d. Met.* 53 sq.   εἰρημένης] 1044ᵃ3 sq.   8 πάντων Alᶜ: πάντα codd.
10 τὸ om. E γρ   16 δὴ om. Aᵇ Alᶜ   17 αὐτοάνθρωπος Aᵇ Alᶜ
18 οἱ Π Alᵖ: οἷον Aᵇ   26 ὅρος Aᵇ Alᶜ: ὁ ὅρος Π   ὁ Aᵇ Alᶜ: om. Π

ΤΩΝ ΜΕΤΑ ΤΑ ΦΥΣΙΚΑ Η

σημεῖον τοὔνομα τοῦτο τοῦ λόγου, ὥστε τὸ ζητούμενόν ἐστι τί αἴτιον τοῦ ἓν εἶναι τὸ στρογγύλον καὶ τὸν χαλκόν. οὐκέτι δὴ ἀπορία φαίνεται, ὅτι τὸ μὲν ὕλη τὸ δὲ μορφή. τί οὖν τούτου αἴτιον, τοῦ τὸ δυνάμει ὂν ἐνεργείᾳ εἶναι, 30 παρὰ τὸ ποιῆσαν, ἐν ὅσοις ἔστι γένεσις; οὐθὲν γάρ ἐστιν αἴτιον ἕτερον τοῦ τὴν δυνάμει σφαῖραν ἐνεργείᾳ εἶναι σφαῖραν, ἀλλὰ τοῦτ' ἦν τὸ τί ἦν εἶναι ἑκατέρῳ. ἔστι δὲ τῆς ὕλης ἡ μὲν νοητὴ ἡ δ' αἰσθητή, καὶ ἀεὶ τοῦ λόγου τὸ μὲν ὕλη τὸ δὲ ἐνέργειά ἐστιν, [οἷον ὁ κύκλος σχῆμα ἐπίπεδον] 35 ὅσα δὲ μὴ ἔχει ὕλην μήτε νοητὴν μήτε αἰσθητήν, εὐθὺς ὅπερ ἕν τί [εἶναί] ἐστιν ἕκαστον, ὥσπερ καὶ ὅπερ ὄν τι, τὸ 1045ᵇ τόδε, τὸ ποιόν, τὸ ποσόν—διὸ καὶ οὐκ ἔνεστιν ἐν τοῖς ὁρισμοῖς οὔτε τὸ ὂν οὔτε τὸ ἕν—, καὶ τὸ τί ἦν εἶναι εὐθὺς ἕν τί ἐστιν ὥσπερ καὶ ὄν τι—διὸ καὶ οὐκ ἔστιν ἕτερόν τι αἴτιον τοῦ ἓν εἶναι οὐθενὶ τούτων οὐδὲ τοῦ ὄν τι εἶναι· εὐθὺς γὰρ ἕκαστόν 5 ἐστιν ὄν τι καὶ ἕν τι, οὐχ ὡς ἐν γένει τῷ ὄντι καὶ τῷ ἑνί, οὐδ' ὡς χωριστῶν ὄντων παρὰ τὰ καθ' ἕκαστα. διὰ ταύτην δὲ τὴν ἀπορίαν οἱ μὲν μέθεξιν λέγουσι, καὶ αἴτιον τί τῆς μεθέξεως καὶ τί τὸ μετέχειν ἀποροῦσιν· οἱ δὲ συνουσίαν [ψυχῆς], ὥσπερ Λυκόφρων φησὶν εἶναι τὴν ἐπιστήμην τοῦ 10 ἐπίστασθαι καὶ ψυχῆς· οἱ δὲ σύνθεσιν ἢ σύνδεσμον ψυχῆς σώματι τὸ ζῆν. καίτοι ὁ αὐτὸς λόγος ἐπὶ πάντων· καὶ γὰρ τὸ ὑγιαίνειν ἔσται ἢ συνουσία ἢ σύνδεσμος ἢ σύνθεσις ψυχῆς καὶ ὑγιείας, καὶ τὸ τὸν χαλκὸν εἶναι τρίγωνον σύνθεσις χαλκοῦ καὶ τριγώνου, καὶ τὸ λευκὸν εἶναι σύν- 15

28 τὸν] τὸ E γρ   29 δὴ Π: δ' ἡ Aᵇ; cf. 24   30 τὸ αἴτιον Aᵇ τοῦ Π Aᵇ, sed ex τοῦτο corr. E   33-34 δέ τις ὕλη Alᶜ   35 ἐνέργειά J Aᵇ: ἐνεργείαι E   οἷον . . . ἐπίπεδον seclusi, om. Alᵖ   ὁ om. Aᵇ 1045ᵇ 1 εἶναί codd. Alᶜ: secl. Bonitz   τὸ J Aᵇ E² Alᶜ: om. E   2 τόδε] τοῦτο E γρ   καὶ om. Alᶜ   ἔστιν Alᶜ   4 καὶ alt. om. Aᵇ   5 οὐθενὶ Π Alᶜ: οὐδὲ ἑνὶ Aᵇ   6 οὐχ . . . ἑνί ante 2 διὸ transponenda censet Al, immo 4 διὸ . . . 7 ἕκαστα ante 2 διὸ coll. Schwegler, duas recensiones confusas esse putat Christ   10 ψυχῆς codd. Alᶜ: secl. Bonitz   14 fort. τὸ χαλκοῦν Alᵖ, om. τὸν   15 τὸ ⟨τὴν ἐπιφάνειαν⟩ λευκὸν ex Alᵖ esse restituendum ci. Bonitz: τὸ τὴν ἐπιφάνειαν καὶ τὸ λευκὸν ἓν εἶναι Alᵖ E γρ

1045ᵇ ΤΩΝ ΜΕΤΑ ΤΑ ΦΥΣΙΚΑ Η, Θ

θέσις ἐπιφανείας καὶ λευκότητος. αἴτιον δ' ὅτι δυνάμεως καὶ ἐντελεχείας ζητοῦσι λόγον ἑνοποιὸν καὶ διαφοράν. ⟦ἔστι δ', ὥσπερ εἴρηται, ἡ ἐσχάτη ὕλη καὶ ἡ μορφὴ ταὐτὸ καὶ ἕν, ⟨τὸ μὲν⟩ δυνάμει, τὸ δὲ ἐνεργείᾳ, ὥστε ὅμοιον τὸ ζητεῖν τοῦ
20 ἑνὸς τί αἴτιον καὶ τοῦ ἓν εἶναι· ἓν γάρ τι ἕκαστον, καὶ τὸ δυνάμει καὶ τὸ ἐνεργείᾳ ἕν πώς ἐστιν, ὥστε αἴτιον οὐθὲν ἄλλο πλὴν εἴ τι ὡς κινῆσαν ἐκ δυνάμεως εἰς ἐνέργειαν. ὅσα δὲ μὴ ἔχει ὕλην, πάντα ἁπλῶς ὅπερ ἕν τι.⟧

Θ

Περὶ μὲν οὖν τοῦ πρώτως ὄντος καὶ πρὸς ὃ πᾶσαι αἱ ἄλλαι κατηγορίαι τοῦ ὄντος ἀναφέρονται εἴρηται, περὶ τῆς οὐσίας (κατὰ γὰρ τὸν τῆς οὐσίας λόγον λέγεται τἆλλα
30 ὄντα, τό τε ποσὸν καὶ τὸ ποιὸν καὶ τἆλλα τὰ οὕτω λεγόμενα· πάντα γὰρ ἕξει τὸν τῆς οὐσίας λόγον, ὥσπερ εἴπομεν ἐν τοῖς πρώτοις λόγοις)· ἐπεὶ δὲ λέγεται τὸ ὂν τὸ μὲν τῷ τὶ ἢ ποιὸν ἢ ποσόν, τὸ δὲ κατὰ δύναμιν καὶ ἐντελέχειαν καὶ κατὰ τὸ ἔργον, διορίσωμεν καὶ περὶ δυνά-
35 μεως καὶ ἐντελεχείας, καὶ πρῶτον περὶ δυνάμεως ᾗ λέγεται μὲν μάλιστα κυρίως, οὐ μὴν χρησιμωτάτη γέ ἐστι πρὸς
1046ᵃ ὃ βουλόμεθα νῦν· ἐπὶ πλέον γάρ ἐστιν ἡ δύναμις καὶ ἡ ἐνέργεια τῶν μόνον λεγομένων κατὰ κίνησιν. ἀλλ' εἰπόντες περὶ ταύτης, ἐν τοῖς περὶ τῆς ἐνεργείας διορισμοῖς δηλώσομεν καὶ περὶ τῶν ἄλλων. ὅτι μὲν οὖν λέγεται

17 λόγον Aᵇ Alᵖ E γρ: τὸ Π   ἕν· ἔστι Aᵇ E γρ   ἔστι ... 23 ὅπερ ἕν τι in fine libri ab antecedentibus separantur et ταῦτα ἐν πολλοῖς οὐ φέρεται add. Π; in marg. habet E, alt. rec. est   18 εἴρηται ᵃ31–35 ἡ pr. Aᵇ Alᵖ: καὶ ἡ Π   19 ἓν Aᵇ: om. Π: ἓν καὶ E γρ: τὸ μὲν Casaubonus: ἕν, τὸ μὲν Bonitz   δυνάμει ... 21 πώς ἐστιν om. Aᵇ et fort. Al   22 τι Aᵇ: τὸ Π   23 ἕν τι Aᵇ Alᶜ: ὄντα τι Π quod homoeoteleuto ex ὅπερ ⟨ἕν τι ὥσπερ⟩ ὄν τι ortum esse ci. Bonitz; cf. ᵇ1 et 3–4   32 verba ἐν τ. πρ. λόγοις ad Z 1 spectant, non ad Γ 1003ᵃ33, cum libros ΖΗΘ unam 'methodum' fuisse appareat (cf. Entst. d. Met. 108)   33 τῷ Π Aᵇ(?): τὸ E² Ross (intellege τῷ ... εἶναι)   τὶ Ross: τί codd.   36 χρησιμωτάτη Aᵇ Alᵖ: χρήσιμη Π   1046ᵃ 3 δηλώσομεν] 1048ᵃ28

ΤΩΝ ΜΕΤΑ ΤΑ ΦΥΣΙΚΑ Θ

πολλαχῶς ἡ δύναμις καὶ τὸ δύνασθαι, διώρισται ἡμῖν ἐν 5
ἄλλοις· τούτων δ' ὅσαι μὲν ὁμωνύμως λέγονται δυνάμεις
ἀφείσθωσαν (ἔνιαι γὰρ ὁμοιότητί τινι λέγονται, καθάπερ
ἐν γεωμετρίᾳ καὶ δυνατὰ καὶ ἀδύνατα λέγομεν τῷ εἶναί
πως ἢ μὴ εἶναι), ὅσαι δὲ πρὸς τὸ αὐτὸ εἶδος, πᾶσαι ἀρ-
χαί τινές εἰσι, καὶ πρὸς πρώτην μίαν λέγονται, ἥ ἐστιν 10
ἀρχὴ μεταβολῆς ἐν ἄλλῳ ἢ ᾗ ἄλλο. ἡ μὲν γὰρ τοῦ παθεῖν
ἐστὶ δύναμις, ἡ ἐν αὐτῷ τῷ πάσχοντι ἀρχὴ μεταβολῆς
παθητικῆς ὑπ' ἄλλου ἢ ᾗ ἄλλο· ἡ δ' ἕξις ἀπαθείας τῆς ἐπὶ
τὸ χεῖρον καὶ φθορᾶς τῆς ὑπ' ἄλλου ἢ ᾗ ἄλλο ὑπ' ἀρχῆς
μεταβλητικῆς. ἐν γὰρ τούτοις ἔνεστι πᾶσι τοῖς ὅροις ὁ τῆς 15
πρώτης δυνάμεως λόγος. πάλιν δ' αὗται δυνάμεις λέγον-
ται ἢ τοῦ μόνον ποιῆσαι ἢ [τοῦ] παθεῖν ἢ τοῦ καλῶς, ὥστε
καὶ ἐν τοῖς τούτων λόγοις ἐνυπάρχουσί πως οἱ τῶν προ-
τέρων δυνάμεων λόγοι.—φανερὸν οὖν ὅτι ἔστι μὲν ὡς μία δύ-
ναμις τοῦ ποιεῖν καὶ πάσχειν (δυνατὸν γάρ ἐστι καὶ τῷ 20
ἔχειν αὐτὸ δύναμιν τοῦ παθεῖν καὶ τῷ ἄλλο ὑπ' αὐτοῦ),
ἔστι δὲ ὡς ἄλλη. ἡ μὲν γὰρ ἐν τῷ πάσχοντι (διὰ γὰρ
τὸ ἔχειν τινὰ ἀρχήν, καὶ εἶναι καὶ τὴν ὕλην ἀρχήν τινα,
πάσχει τὸ πάσχον, καὶ ἄλλο ὑπ' ἄλλου· τὸ λιπαρὸν μὲν
γὰρ καυστὸν τὸ δ' ὑπεῖκον ὡδὶ θλαστόν, ὁμοίως δὲ καὶ 25
ἐπὶ τῶν ἄλλων), ἡ δ' ἐν τῷ ποιοῦντι, οἷον τὸ θερμὸν καὶ
ἡ οἰκοδομική, ἡ μὲν ἐν τῷ θερμαντικῷ ἡ δ' ἐν τῷ οἰκο-
δομικῷ· διὸ ᾗ συμπέφυκεν, οὐθὲν πάσχει αὐτὸ ὑφ' ἑαυτοῦ·
ἓν γὰρ καὶ οὐκ ἄλλο. καὶ ἡ ἀδυναμία καὶ τὸ ἀδύνατον
ἡ τῇ τοιαύτῃ δυνάμει ἐναντία στέρησίς ἐστιν, ὥστε τοῦ 30
αὐτοῦ καὶ κατὰ τὸ αὐτὸ πᾶσα δύναμις ἀδυναμίᾳ. ἡ δὲ
στέρησις λέγεται πολλαχῶς· καὶ γὰρ τὸ μὴ ἔχον καὶ τὸ
πεφυκὸς ἂν μὴ ἔχῃ, ἢ ὅλως ἢ ὅτε πέφυκεν, καὶ ἢ ὡδί,

5–6 ἐν ἄλλοις] 1019ᵃ15 sq.   11 ᾗ om. Aᵇ (sic et 13, 14)   ᾗ om. J
14 ὑπ' alt. Π Alᵖ: om. Aᵇ   16 αὗται λέγονται αἱ δυνάμεις Aᵇ   17
τοῦ alt. del. Bonitz   20 καὶ τὸ J   23 καὶ τὴν ... τινα Π Alᵖ:
om. Aᵇ   30 ἡ Aᵇ Alᶜ: καὶ ἡ Π   31 ἀδυναμίᾳ recc.: ἀδυναμία Π Aᵇ
Alᶜ: nisi καὶ ἀδυναμία scribendum est   33 ᾗ ante ὡδί J Alᶜ: ἡ E: ᾗ Aᵇ

177

ΤΩΝ ΜΕΤΑ ΤΑ ΦΥΣΙΚΑ Θ

οἷον παντελῶς, ἢ κἂν ὁπωσοῦν. ἐπ' ἐνίων δέ, ἂν πεφυκότα ἔχειν μὴ ἔχῃ βίᾳ, ἐστερῆσθαι ταῦτα λέγομεν.

Ἐπεὶ δ' αἱ μὲν ἐν τοῖς ἀψύχοις ἐνυπάρχουσιν ἀρχαὶ τοιαῦται, αἱ δ' ἐν τοῖς ἐμψύχοις καὶ ἐν ψυχῇ καὶ τῆς ψυχῆς ἐν τῷ λόγον ἔχοντι, δῆλον ὅτι καὶ τῶν δυνάμεων αἱ μὲν ἔσονται ἄλογοι αἱ δὲ μετὰ λόγου· διὸ πᾶσαι αἱ τέχναι καὶ αἱ ποιητικαὶ ἐπιστῆμαι δυνάμεις εἰσίν· ἀρχαὶ γὰρ μεταβλητικαί εἰσιν ἐν ἄλλῳ ἢ ᾗ ἄλλο. καὶ αἱ μὲν μετὰ λόγου πᾶσαι τῶν ἐναντίων αἱ αὐταί, αἱ δὲ ἄλογοι μία ἑνός, οἷον τὸ θερμὸν τοῦ θερμαίνειν μόνον ἡ δὲ ἰατρικὴ νόσου καὶ ὑγιείας. αἴτιον δὲ ὅτι λόγος ἐστὶν ἡ ἐπιστήμη, ὁ δὲ λόγος ὁ αὐτὸς δηλοῖ τὸ πρᾶγμα καὶ τὴν στέρησιν, πλὴν οὐχ ὡσαύτως, καὶ ἔστιν ὡς ἀμφοῖν ἔστι δ' ὡς τοῦ ὑπάρχοντος μᾶλλον, ὥστ' ἀνάγκη καὶ τὰς τοιαύτας ἐπιστήμας εἶναι μὲν τῶν ἐναντίων, εἶναι δὲ τοῦ μὲν καθ' αὑτὰς τοῦ δὲ μὴ καθ' αὑτάς· καὶ γὰρ ὁ λόγος τοῦ μὲν καθ' αὑτὸ τοῦ δὲ τρόπον τινὰ κατὰ συμβεβηκός· ἀποφάσει γὰρ καὶ ἀποφορᾷ δηλοῖ τὸ ἐναντίον· ἡ γὰρ στέρησις ἡ πρώτη τὸ ἐναντίον, αὕτη δὲ ἀποφορὰ θατέρου. ἐπεὶ δὲ τὰ ἐναντία οὐκ ἐγγίγνεται ἐν τῷ αὐτῷ, ἡ δ' ἐπιστήμη δύναμις τῷ λόγον ἔχειν, καὶ ἡ ψυχὴ κινήσεως ἔχει ἀρχήν, τὸ μὲν ὑγιεινὸν ὑγίειαν μόνον ποιεῖ καὶ τὸ θερμαντικὸν θερμότητα καὶ τὸ ψυκτικὸν ψυχρότητα, ὁ δ' ἐπιστήμων ἄμφω. λόγος γάρ ἐστιν ἀμφοῖν μέν, οὐχ ὁμοίως δέ, καὶ ἐν ψυχῇ ἢ ἔχει κινήσεως ἀρχήν· ὥστε ἄμφω ἀπὸ τῆς αὐτῆς ἀρχῆς κινήσει πρὸς ταὐτὸ συνάψασα· διὸ τὰ κατὰ λόγον δυνατὰ τοῖς ἄνευ λόγου δυνατοῖς ποιεῖ τἀναντία· μιᾷ γὰρ ἀρχῇ περιέχεται, τῷ λόγῳ. φανερὸν δὲ καὶ ὅτι τῇ μὲν τοῦ εὖ δυνάμει ἀκολουθεῖ ἡ τοῦ μόνον ποιῆσαι ἢ

1046[b] 2 λόγοι E γρ; cf. 5   3 ποιητικαὶ καὶ αἱ Al[c] unde recc. καί hausisse vid.   4 εἰσιν A[b] Al[p]: om. Π   ἢ J: om. E A[b]; cf. [a]11   7 ὁ λόγος Al[c]: ὁ sscr. E   21 ἢ Al[p]: ἡ J: ᾗι E J[2]: ᾗ ἢ A[b]   22 τὸ αὐτὸ Al[c]: αὐτὸ Π A[b]   23 τοῖς ... δυνατοῖς spuria censet Ross   24 μία γὰρ ἀρχὴ J A[b]

ΤΩΝ ΜΕΤΑ ΤΑ ΦΥΣΙΚΑ Θ

παθεῖν δύναμις, ταύτῃ δ' ἐκείνη οὐκ ἀεί· ἀνάγκη γὰρ τὸν εὖ ποιοῦντα καὶ ποιεῖν, τὸν δὲ μόνον ποιοῦντα οὐκ ἀνάγκη καὶ εὖ ποιεῖν.

3 Εἰσὶ δέ τινες οἵ φασιν, οἷον οἱ Μεγαρικοί, ὅταν ἐνεργῇ μόνον δύνασθαι, ὅταν δὲ μὴ ἐνεργῇ οὐ δύνασθαι, οἷον τὸν 30 μὴ οἰκοδομοῦντα οὐ δύνασθαι οἰκοδομεῖν, ἀλλὰ τὸν οἰκοδομοῦντα ὅταν οἰκοδομῇ· ὁμοίως δὲ καὶ ἐπὶ τῶν ἄλλων. οἷς τὰ συμβαίνοντα ἄτοπα οὐ χαλεπὸν ἰδεῖν. δῆλον γὰρ ὅτι οὐδ' οἰκοδόμος ἔσται ἐὰν μὴ οἰκοδομῇ (τὸ γὰρ οἰκοδόμῳ εἶναι τὸ δυνατῷ εἶναί ἐστιν οἰκοδομεῖν), ὁμοίως δὲ καὶ ἐπὶ 35 τῶν ἄλλων τεχνῶν. εἰ οὖν ἀδύνατον τὰς τοιαύτας ἔχειν τέχνας μὴ μαθόντα ποτὲ καὶ λαβόντα, καὶ μὴ ἔχειν μὴ ἀποβαλόντα ποτέ (ἢ γὰρ λήθῃ ἢ πάθει τινὶ ἢ χρόνῳ· **1047**ᵃ οὐ γὰρ δὴ τοῦ γε πράγματος φθαρέντος, ἀεὶ γὰρ ἔστιν), ὅταν παύσηται, οὐχ ἕξει τὴν τέχνην, πάλιν δ' εὐθὺς οἰκοδομήσει πῶς λαβών; καὶ τὰ ἄψυχα δὴ ὁμοίως· οὔτε γὰρ ψυχρὸν οὔτε θερμὸν οὔτε γλυκὺ οὔτε ὅλως αἰσθητὸν οὐθὲν 5 ἔσται μὴ αἰσθανομένων· ὥστε τὸν Πρωταγόρου λόγον συμβήσεται λέγειν αὐτοῖς. ἀλλὰ μὴν οὐδ' αἴσθησιν ἕξει οὐδὲν ἂν μὴ αἰσθάνηται μηδ' ἐνεργῇ. εἰ οὖν τυφλὸν τὸ μὴ ἔχον ὄψιν, πεφυκὸς δὲ καὶ ὅτε πέφυκε καὶ ἔτι ὂν ⟨τρόπον⟩, οἱ αὐτοὶ τυφλοὶ ἔσονται πολλάκις τῆς ἡμέρας, καὶ κωφοί. ἔτι εἰ 10 ἀδύνατον τὸ ἐστερημένον δυνάμεως, τὸ μὴ γιγνόμενον ἀδύνατον ἔσται γενέσθαι· τὸ δ' ἀδύνατον γενέσθαι ὁ λέγων ἢ εἶναι ἢ ἔσεσθαι ψεύσεται (τὸ γὰρ ἀδύνατον τοῦτο ἐσήμαινεν), ὥστε οὗτοι οἱ λόγοι ἐξαιροῦσι καὶ κίνησιν καὶ γένεσιν.

30 et 31 μὴ δύνασθαι Π   34 οὐδ' J: οὔτ' Ε Aᵇ   ἔσται Aᵇ Alᵖ: ἐστὶν Π; cf. *Em. Ar. Spec.* 54   36 τεχνῶν om. Alᶜ; cf. 1046ᵇ32, 1049ᵇ 16, 1050ᵃ16   37 μαθόντα cum Alᵖ Bonitz: μανθάνοντα Π Aᵇ   λαβόντα Ε Aᵇ Alᵖ: λαμβάνοντα J   1047ᵃ 1 ἀποβάλλοντα J   2 ἀεὶ Π Aᵇ: εἰ Alᶜ   3 πῶς ante ὅταν add. Bonitz, Alexandrum sic interpretatus vix recte   δ' Aᵇ: ὁ vel ὃ Π   9 ὂν ⟨τρόπον⟩ correxi (scil. πέφυκε); cf. 1047ᵇ29-30, 1048ᵃ1 : ὂν J: ὂν Ε Aᵇ Alᵖ: ὡς T scil. ex coniect., Bonitz   10 καὶ κωφοί om. Alᵖ, glossema putat Bonitz   11 γιγνόμενον Aᵇ Alᵖ: γενόμενον Π

ΤΩΝ ΜΕΤΑ ΤΑ ΦΥΣΙΚΑ Θ

ἀεὶ γὰρ τό τε ἑστηκὸς ἑστήξεται καὶ τὸ καθήμενον καθεδεῖται· οὐ γὰρ ἀναστήσεται ἂν καθέζηται· ἀδύνατον γὰρ ἔσται ἀναστῆναι ὅ γε μὴ δύναται ἀναστῆναι. εἰ οὖν μὴ ἐνδέχεται ταῦτα λέγειν, φανερὸν ὅτι δύναμις καὶ ἐνέργεια ἕτερόν ἐστιν (ἐκεῖνοι δ' οἱ λόγοι δύναμιν καὶ ἐνέργειαν ταὐτὸ ποιοῦσιν, διὸ καὶ οὐ μικρόν τι ζητοῦσιν ἀναιρεῖν), ὥστε ἐνδέχεται δυνατὸν μέν τι εἶναι μὴ εἶναι δέ, καὶ δυνατὸν μὴ εἶναι εἶναι δέ, ὁμοίως δὲ καὶ ἐπὶ τῶν ἄλλων κατηγοριῶν δυνατὸν βαδίζειν ὂν μὴ βαδίζειν, καὶ μὴ βαδίζειν δυνατὸν ὂν βαδίζειν. ἔστι δὲ δυνατὸν τοῦτο ᾧ ἐὰν ὑπάρξῃ ἡ ἐνέργεια οὗ λέγεται ἔχειν τὴν δύναμιν, οὐθὲν ἔσται ἀδύνατον. λέγω δὲ οἷον, εἰ δυνατὸν καθῆσθαι καὶ ἐνδέχεται καθῆσθαι, τούτῳ ἐὰν ὑπάρξῃ τὸ καθῆσθαι, οὐδὲν ἔσται ἀδύνατον· καὶ εἰ κινηθῆναι ἢ κινῆσαι ἢ στῆναι ἢ στῆσαι ἢ εἶναι ἢ γίγνεσθαι ἢ μὴ εἶναι ἢ μὴ γίγνεσθαι, ὁμοίως. ἐλήλυθε δ' ἡ ἐνέργεια τοὔνομα, ἡ πρὸς τὴν ἐντελέχειαν συντιθεμένη, καὶ ἐπὶ τὰ ἄλλα ἐκ τῶν κινήσεων μάλιστα· δοκεῖ γὰρ ἡ ἐνέργεια μάλιστα ἡ κίνησις εἶναι, διὸ καὶ τοῖς μὴ οὖσιν οὐκ ἀποδιδόασι τὸ κινεῖσθαι, ἄλλας δέ τινας κατηγορίας, οἷον διανοητὰ καὶ ἐπιθυμητὰ εἶναι τὰ μὴ ὄντα, κινούμενα δὲ οὔ, τοῦτο δὲ ὅτι οὐκ ὄντα ἐνεργείᾳ ἔσονται ἐνεργείᾳ. τῶν γὰρ μὴ ὄντων ἔνια δυνάμει ἐστίν· οὐκ ἔστι δέ, ὅτι οὐκ ἐντελεχείᾳ ἐστίν.

Εἰ δέ ἐστι τὸ εἰρημένον τὸ δυνατὸν ᾗ ἀκολουθεῖ,† φανερὸν 4

22 ἐπὶ om. A^b   23 καὶ Π: δὲ καὶ A^b   μὴ alt. ... 24 βαδίζειν Joachim, Ross: μὴ βαδίζον δυνατὸν εἶναι βαδίζειν Π A^b: μὴ ante βαδίζειν transp. Hayduck   27 ὑπάρχῃ A^b   28 εἰ] ἢ J   τι post κινηθῆναι add. A^b E²   29 γενέσθαι pr. loco Π   31 συντεθειμένη Al^c: συντεινομένη Diels, sed debebat esse συντείνουσα, cf. 1050^a23   32 γὰρ Π A^b: δὲ Al^c   ἡ pr. om. Bonitz, sed bis citat Al   35 τοῦτο δὲ om. A^b   1047^b 1 οὐκ ἔστι δέ Π Al^p: om. A^b   2 διότι A^b   3 εἰρημένον] cf. 1047^a24   τὸ alt. om. Π Al^c   ᾗ E A^b Al^c: ἢ J   lacunam statui post ἀκολουθεῖ, post δυνατὸν Zeller haec fere excidisse putat: ⟨ᾧ ἀδύνατον μ⟩ὴ ἀκολουθεῖ. Al ἐνέργεια post ἀκολουθεῖ vel legit vel ipse supplevit, cui credit Bonitz

ΤΩΝ ΜΕΤΑ ΤΑ ΦΥΣΙΚΑ Θ

ὅτι οὐκ ἐνδέχεται ἀληθὲς εἶναι τὸ εἰπεῖν ὅτι δυνατὸν μὲν τοδί, οὐκ ἔσται δέ, ὥστε τὰ ἀδύνατα εἶναι ταύτῃ διαφεύγειν· λέγω δὲ οἷον εἴ τις φαίη δυνατὸν τὴν διάμετρον μετρηθῆναι οὐ μέντοι μετρηθήσεσθαι—ὁ μὴ λογιζόμενος τὸ ἀδύνατον εἶναι—ὅτι οὐθὲν κωλύει δυνατόν τι ὂν εἶναι ἢ γενέσθαι μὴ εἶναι μηδ' ἔσεσθαι· ἀλλ' ἐκεῖνο ἀνάγκη ἐκ τῶν κειμένων, εἰ καὶ ὑποθοίμεθα εἶναι ἢ γεγονέναι ὃ οὐκ ἔστι μὲν δυνατὸν δέ, ὅτι οὐθὲν ἔσται ἀδύνατον· συμβήσεται δέ γε, τὸ γὰρ μετρεῖσθαι ἀδύνατον. οὐ γὰρ δή ἐστι ταὐτὸ τὸ ψεῦδος καὶ τὸ ἀδύνατον· τὸ γάρ σε ἑστάναι νῦν ψεῦδος μέν, οὐκ ἀδύνατον δέ. ἅμα δὲ δῆλον καὶ ὅτι, εἰ τοῦ Α ὄντος ἀνάγκη τὸ Β εἶναι, καὶ δυνατοῦ ὄντος εἶναι τοῦ Α καὶ τὸ Β ἀνάγκη εἶναι δυνατόν· εἰ γὰρ μὴ ἀνάγκη δυνατὸν εἶναι, οὐθὲν κωλύει μὴ εἶναι δυνατὸν εἶναι. ἔστω δὴ τὸ Α δυνατόν. οὐκοῦν ὅτε τὸ Α δυνατὸν εἴη εἶναι, εἰ τεθείη τὸ Α, οὐθὲν ἀδύνατον εἶναι συνέβαινεν· τὸ δέ γε Β ἀνάγκη εἶναι. ἀλλ' ἦν ἀδύνατον. ἔστω δὴ ἀδύνατον. εἰ δὴ ἀδύνατον [ἀνάγκη] εἶναι τὸ Β, ἀνάγκη καὶ τὸ Α εἶναι. ἀλλ' ἦν ἄρα τὸ πρῶτον ἀδύνατον· καὶ τὸ δεύτερον ἄρα. ἂν ἄρα ᾖ τὸ Α δυνατόν, καὶ τὸ Β ἔσται δυνατόν, εἴπερ οὕτως εἶχον ὥστε τοῦ Α ὄντος ἀνάγκη εἶναι τὸ Β. ἐὰν δὴ οὕτως ἐχόν-

4 τὸ Aᵇ Alᵖ: τι Π   5 διαφεύγει Aᵇ   7 μέντοι Π (μὴν Alᵖ): μὲν Aᵇ   μετρηθήσεται Π   ὁ μὴ ... 8 ἀδύνατον εἶναι parenthesin esse censet Ross, nisi haec verba commentum lectoris sunt, quod interrumpit sententiam, nam 8 ὅτι ad οὐ μέντοι μετρ. referendum est   ὁ om. T ex coniect.   8 δυνατόν Π Alᶜ: ἀδύνατον Aᵇ   9 μηδ' Aᵇ Alᵖ: δὲ μηδὲ Π   10 εἰ Alᵖ recc.: εἴη Π: εἰ εἴη Aᵇ E γρ: εἶναι εἰ E² (ναι εἰ in ras.) de coniect.   11 συμβήσεται ... 12 ἀδύνατον om. E, exp. J   ἔσται et 12 δέ γε ... ἀδύνατον om. Alᵖ   πρόσκειται ἔν τισι συμβήσεται κτλ E marg.   12 δή om. Aᵇ   13 τὸ pr. Π Alᵖ: τό τε Aᵇ   15–16 τοῦ εἶναι A Brandis, τοῦ A εἶναι Bekker, Bonitz   19 τὸ A Aᵇ Alᵖ: τὰ AB legebat Π, τὸ in ras. E   20 ἔστω ... 22 δεύτερον ἄρα om. Aᵇ J et fort. Al, in marg. add. J   21 ἀνάγκη pr. del. Bonitz   B ... A Lat Bonitz: A ... B codd.   22 πρῶτον ... δεύτερον Π: A ... B recc.; cf. ad 20   ἀδύνατον Π: δυνατόν recc.   ἄρα post δεύτερον add. E²: om. Π

ΤΩΝ ΜΕΤΑ ΤΑ ΦΥΣΙΚΑ Θ

των τῶν A B μὴ ᾖ δυνατὸν τὸ B οὕτως, οὐδὲ τὰ A B ἕξει ὡς ἐτέθη· καὶ εἰ τοῦ A δυνατοῦ ὄντος ἀνάγκη τὸ B δυνατὸν εἶναι, εἰ ἔστι τὸ A ἀνάγκη εἶναι καὶ τὸ B. τὸ γὰρ δυνατὸν εἶναι ἐξ ἀνάγκης τὸ B εἶναι, εἰ τὸ A δυνατόν, τοῦτο σημαίνει, ἐὰν ᾖ τὸ A καὶ ὅτε καὶ ὡς ἦν δυνατὸν εἶναι, κἀκεῖνο τότε καὶ οὕτως εἶναι ἀναγκαῖον.

Ἁπασῶν δὲ τῶν δυνάμεων οὐσῶν τῶν μὲν συγγενῶν οἷον τῶν αἰσθήσεων, τῶν δὲ ἔθει οἷον τῆς τοῦ αὐλεῖν, τῶν δὲ μαθήσει οἷον τῆς τῶν τεχνῶν, τὰς μὲν ἀνάγκη προενεργήσαντας ἔχειν, ὅσαι ἔθει καὶ λόγῳ, τὰς δὲ μὴ τοιαύτας καὶ τὰς ἐπὶ τοῦ πάσχειν οὐκ ἀνάγκη. ἐπεὶ δὲ τὸ δυνατὸν τὶ δυνατὸν καὶ ποτὲ καὶ πῶς καὶ ὅσα ἄλλα ἀνάγκη προσεῖναι ἐν τῷ διορισμῷ, καὶ τὰ μὲν κατὰ λόγον δύναται κινεῖν καὶ αἱ δυνάμεις αὐτῶν μετὰ λόγου, τὰ δὲ ἄλογα καὶ αἱ δυνάμεις ἄλογοι, κἀκείνας μὲν ἀνάγκη ἐν ἐμψύχῳ εἶναι ταύτας δὲ ἐν ἀμφοῖν, τὰς μὲν τοιαύτας δυνάμεις ἀνάγκη, ὅταν ὡς δύνανται τὸ ποιητικὸν καὶ τὸ παθητικὸν πλησιάζωσι, τὸ μὲν ποιεῖν τὸ δὲ πάσχειν, ἐκείνας δ' οὐκ ἀνάγκη· αὗται μὲν γὰρ πᾶσαι μία ἑνὸς ποιητική, ἐκεῖναι δὲ τῶν ἐναντίων, ὥστε ἅμα ποιήσει τὰ ἐναντία· τοῦτο δὲ ἀδύνατον. ἀνάγκη ἄρα ἕτερόν τι εἶναι τὸ κύριον· λέγω δὲ τοῦτο ὄρεξιν ἢ προαίρεσιν. ὁποτέρου γὰρ ἂν ὀρέγηται κυρίως, τοῦτο ποιήσει ὅταν ὡς δύναται ὑπάρχῃ καὶ πλησιάζῃ τῷ παθητικῷ· ὥστε τὸ δυνατὸν κατὰ λόγον ἅπαν ἀνάγκη, ὅταν ὀρέγηται οὗ ἔχει τὴν δύναμιν καὶ ὡς ἔχει, τοῦτο ποιεῖν· ἔχει δὲ παρόντος τοῦ παθητικοῦ καὶ ὡδὶ ἔχοντος [ποιεῖν]· εἰ δὲ μή, ποιεῖν οὐ δυνήσεται (τὸ γὰρ μηθενὸς τῶν ἔξω κωλύοντος προσδιορίζεσθαι οὐθὲν ἔτι δεῖ· τὴν γὰρ δύναμιν ἔχει ὡς ἔστι δύναμις τοῦ ποιεῖν, ἔστι δ' οὐ πάντως

25 τῶν Ross: τοῦ codd.   τὰ] τὸ Al^c recc.   27 καὶ A^b Al^p: om. Π   30 εἶναι pr. Π Al^c: εἶναι ἦν A^b   ἀναγκαῖον A^b Al^p: ἀνάγκη Π   33 τεχνῶν Π Al^p: τεχνιτῶν A^b   35 ἀδύνατον A^b   1048^a 6 δύνωνται Π   11 τοῦτο Π: εἴτε A^b   14 οὗ Π Al^p: ὅτ' A^b: οὔ τ' recc.   16 ποιεῖν pr. del. Christ   18 δύναμις Π Al^p: δυνάμει A^b

182

ΤΩΝ ΜΕΤΑ ΤΑ ΦΥΣΙΚΑ Θ

ἀλλ' ἐχόντων πῶς, ἐν οἷς ἀφορισθήσεται καὶ τὰ ἔξω κωλύοντα· ἀφαιρεῖται γὰρ ταῦτα τῶν ἐν τῷ διορισμῷ προσόντων ἔνια)· διὸ οὐδ' ἐὰν ἅμα βούληται ἢ ἐπιθυμῇ ποιεῖν δύο ἢ τὰ ἐναντία, οὐ ποιήσει· οὐ γὰρ οὕτως ἔχει αὐτῶν τὴν δύναμιν οὐδ' ἔστι τοῦ ἅμα ποιεῖν ἡ δύναμις, ἐπεὶ ὧν ἐστὶν οὕτως ποιήσει.

6 Ἐπεὶ δὲ περὶ τῆς κατὰ κίνησιν λεγομένης δυνάμεως εἴρηται, περὶ ἐνεργείας διορίσωμεν τί τέ ἐστιν ἡ ἐνέργεια καὶ ποῖόν τι. καὶ γὰρ τὸ δυνατὸν ἅμα δῆλον ἔσται διαιροῦσιν, ὅτι οὐ μόνον τοῦτο λέγομεν δυνατὸν ὃ πέφυκε κινεῖν ἄλλο ἢ κινεῖσθαι ὑπ' ἄλλου ἢ ἁπλῶς ἢ τρόπον τινά, ἀλλὰ καὶ ἑτέρως, διὸ ζητοῦντες καὶ περὶ τούτων διήλθομεν. ἔστι δὴ ἐνέργεια τὸ ὑπάρχειν τὸ πρᾶγμα μὴ οὕτως ὥσπερ λέγομεν δυνάμει· λέγομεν δὲ δυνάμει οἷον ἐν τῷ ξύλῳ Ἑρμῆν καὶ ἐν τῇ ὅλῃ τὴν ἡμίσειαν, ὅτι ἀφαιρεθείη ἄν, καὶ ἐπιστήμονα καὶ τὸν μὴ θεωροῦντα, ἂν δυνατὸς ᾖ θεωρῆσαι· τὸ δὲ ἐνεργείᾳ. δῆλον δ' ἐπὶ τῶν καθ' ἕκαστα τῇ ἐπαγωγῇ ὃ βουλόμεθα λέγειν, καὶ οὐ δεῖ παντὸς ὅρον ζητεῖν ἀλλὰ καὶ τῷ ἀνάλογον συνορᾶν, ὅτι ὡς τὸ οἰκοδομοῦν πρὸς τὸ οἰκοδομικόν, καὶ τὸ ἐγρηγορὸς πρὸς τὸ καθεῦδον, καὶ τὸ ὁρῶν πρὸς τὸ μῦον μὲν ὄψιν δὲ ἔχον, καὶ τὸ ἀποκεκριμένον ἐκ τῆς ὕλης πρὸς τὴν ὕλην, καὶ τὸ ἀπειργασμένον πρὸς τὸ ἀνέργαστον. ταύτης δὲ τῆς διαφορᾶς θάτερον μόριον ἔστω ἡ ἐνέργεια ⟨ἡ⟩ ἀφωρισμένη, θάτερον

22 ἅμα τὴν J   23 ὧν] ὡς Christ   26 τέ om. J   28 δυνατὸν Π Al^c: om. A^b   31 δὴ E: δ' ἡ J A^b   32 λέγομεν δὲ ... 35 ἐνεργείᾳ in marg. add. J; extitit ergo recensio in qua haec deerant; iam Bonitz, qui codice J carebat, ea molesta esse sensit et 32 λέγομεν ... 34 θεωρῆσαι parenthesin fecit   32 τῷ om. J   34 καὶ alt.] τὸν θεωροῦντα καὶ E   τὸν om. J   ᾖ om. E   37 τῷ Π Al^p (δι' ἀναλογίας συνορῶμεν interpr.): τὸ A^b E²; cf. ^b7   ὅτι om. A^b   1048^b 4 ταύτης δὲ A^b Al^c: ἔστι τέ τι καὶ τὸ ταύτης Π: supra τι add. ἔστι τοῦτο E γρ   5 θάτερον μόριον A^bAl^c: θατέρῳ μορίῳ Π   ἔστω Π Al^c: ἔσται A^b   ἡ alt. supplevi; nam ἀφωρισμένη non idem est quod διωρισμένη, sed opponitur notioni τοῦ δυνάμει ὄντος, cf. Phys. 208^a6, Met. 1002^a23, 1077^b26   θάτερον scripsi cum Al^c: θατέρῳ Π A^b

δὲ τὸ δυνατόν. λέγεται δὲ ἐνεργείᾳ οὐ πάντα ὁμοίως ἀλλ' ἢ τῷ ἀνάλογον, ὡς τοῦτο ἐν τούτῳ ἢ πρὸς τοῦτο, τόδ' ἐν τῷδε ἢ πρὸς τόδε· τὰ μὲν γὰρ ὡς κίνησις πρὸς δύναμιν τὰ δ' ὡς οὐσία πρός τινα ὕλην. ἄλλως δὲ καὶ τὸ ἄπειρον
10 καὶ τὸ κενόν, καὶ ὅσα τοιαῦτα, λέγεται δυνάμει καὶ ἐνεργείᾳ †πολλοῖς τῶν ὄντων, οἷον τῷ ὁρῶντι καὶ βαδίζοντι καὶ ὁρωμένῳ. ταῦτα μὲν γὰρ ἐνδέχεται καὶ ἁπλῶς ἀληθεύεσθαί ποτε (τὸ μὲν γὰρ ὁρώμενον ὅτι ὁρᾶται, τὸ δὲ ὅτι ὁρᾶσθαι δυνατόν)· τὸ δ' ἄπειρον οὐχ οὕτω δυνάμει ἔστιν ὡς
15 ἐνεργείᾳ ἐσόμενον χωριστόν, ἀλλὰ γνώσει. τὸ γὰρ μὴ ὑπολείπειν τὴν διαίρεσιν ἀποδίδωσι τὸ εἶναι δυνάμει ταύτην τὴν ἐνέργειαν, τὸ δὲ χωρίζεσθαι οὔ.

[['Ἐπεὶ δὲ τῶν πράξεων ὧν ἔστι πέρας οὐδεμία τέλος ἀλλὰ τῶν περὶ τὸ τέλος, οἷον τὸ ἰσχναίνειν [ἡ ἰσχνασία]
20 [αὐτό], αὐτὰ δὲ ὅταν ἰσχναίνῃ οὕτως ἐστὶν ἐν κινήσει, μὴ ὑπάρχοντα ὧν ἕνεκα ἡ κίνησις, οὐκ ἔστι ταῦτα πρᾶξις ἢ οὐ τελεία γε· οὐ γὰρ τέλος· ἀλλ' ἐκείνη ⟨ᾗ⟩ ἐνυπάρχει τὸ τέλος καὶ [ἡ] πρᾶξις. οἷον ὁρᾷ ἅμα ⟨καὶ ἑώρακε,⟩ καὶ φρονεῖ ⟨καὶ

---

6 ἐνεργείᾳ Π Al^p: ἐνέργεια A^b   7 τῷ Π A^b Al^p: τὸ E²   9 ἄλλως δὲ] sic Ar. saepe in libro Δ diversas notionis alicuius significationes distinguit   καὶ om. A^b   10 τὸ om. Π   10–11 post ἐνεργείᾳ supplet ἢ Ross, ego maiorem lacunam exstare censeo homoeoteleuto ortam, quam sic exempli causa suppleverim: ⟨ἔτι δὲ ἄλλως δοκεῖ ὑπάρχειν τὸ δυνάμει καὶ ἐνεργείᾳ⟩ πολλοῖς τῶν ὄντων, οἷον (cf. ad 9)   12 εἰ ταῦτα A^b   15 τὸ A^b Al^c: τῷ Π   17 τὸ ex Al^p Christ: τῷ Π A^b   18 ἐπεὶ ... 35 κίνησιν A^b et recc. plerique: om. Π Al (add. unus Alexandri cod. F); additamentum ut vid. ab ipso Ar. ortum (cf. 35 λέγω), oratio est admodum dura et obscura et in libris corrupta; verba 35 τὸ μὲν οὖν ... 36 ἔστω recapitulatio sunt, sed eorum, quae hoc additamentum praecedunt (!)   19 τοῦ ἰσχναίνειν ἡ ἰσχνασία codd. (scil. πέρας ἐστί), sed ἰσχνασία (29) dicitur κίνησις neque est τὸ τέλος τοῦ ἰσχναίνειν, sed eius synonymum. τὸ ἰσχναίνειν ἢ ἰσχνασία ci. Bywater, cum quo τὸ scripsi, sed ᾗ (vel ἡ) ἰσχνασία lectoris notam esse puto   20 αὐτό del. Christ, vel οὕτως abundat   21 ὑπαρχόντων ὧν Fonseca; sententia construi non potest   22 ἐκείνῃ ᾗ Bonitz: ἐκείνη codd.   23 ἡ del. Bonitz   ἅμα Bonitz: ἀλλὰ codd.; cf. 25, 33; idem error est frequens in script. unciali   καὶ ἑώρακε et καὶ πεφρόνηκε (24) add. Bonitz; cf. Ross, comm. ad loc.

ΤΩΝ ΜΕΤΑ ΤΑ ΦΥΣΙΚΑ Θ 1048ᵇ

πεφρόνηκε,⟩ καὶ νοεῖ καὶ νενόηκεν, ἀλλ' οὐ μανθάνει καὶ μεμάθηκεν οὐδ' ὑγιάζεται καὶ ὑγίασται. εὖ ζῇ καὶ εὖ ἔζηκεν ἅμα, 25
καὶ εὐδαιμονεῖ καὶ εὐδαιμόνηκεν. εἰ δὲ μή, ἔδει ἄν ποτε παύεσθαι ὥσπερ ὅταν ἰσχναίνῃ, νῦν δ' οὔ, ἀλλὰ ζῇ καὶ ἔζηκεν.
τούτων δὴ ⟨δεῖ⟩ τὰς μὲν κινήσεις λέγειν, τὰς δ' ἐνεργείας.
πᾶσα γὰρ κίνησις ἀτελής, ἰσχνασία μάθησις βάδισις οἰκοδόμησις· αὗται δὲ κιῃήσεις, καὶ ἀτελεῖς γε. οὐ γὰρ ἅμα 30
βαδίζει καὶ βεβάδικεν, οὐδ' οἰκοδομεῖ καὶ ᾠκοδόμηκεν, οὐδὲ
γίγνεται καὶ γέγονεν ἢ κινεῖται καὶ κεκίνηται, ἀλλ' ἕτερον [καὶ κινεῖ καὶ κεκίνηκεν]· ἑώρακε δὲ καὶ ὁρᾷ ἅμα τὸ
αὐτό, καὶ νοεῖ καὶ νενόηκεν. τὴν μὲν οὖν τοιαύτην ἐνέργειαν
λέγω, ἐκείνην δὲ κίνησιν.] τὸ μὲν οὖν ἐνεργείᾳ τί τέ ἐστι 35
καὶ ποῖον, ἐκ τούτων καὶ τῶν τοιούτων δῆλον ἡμῖν ἔστω.

7 Πότε δὲ δυνάμει ἔστιν ἕκαστον καὶ πότε οὔ, διοριστέον·
οὐ γὰρ ὁποτεοῦν. οἷον ἡ γῆ ἆρ' ἐστὶ δυνάμει ἄνθρωπος; ἢ οὔ, **1049ᵃ**
ἀλλὰ μᾶλλον ὅταν ἤδη γένηται σπέρμα, καὶ οὐδὲ τότε
ἴσως; ὥσπερ οὖν οὐδ' ὑπὸ ἰατρικῆς ἅπαν ἂν ὑγιασθείη οὐδ'
ἀπὸ τύχης, ἀλλ' ἔστι τι ὃ δυνατόν ἐστι, καὶ τοῦτ' ἔστιν
ὑγιαῖνον δυνάμει. ὅρος δὲ τοῦ μὲν ἀπὸ διανοίας ἐντελε- 5
χείᾳ γιγνομένου ἐκ τοῦ δυνάμει ὄντος, ὅταν βουληθέντος γίγνηται μηθενὸς κωλύοντος τῶν ἐκτός, ἐκεῖ δ' ἐν τῷ ὑγιαζομένῳ, ὅταν μηθὲν κωλύῃ τῶν ἐν αὐτῷ· ὁμοίως δὲ δυνάμει καὶ οἰκία· εἰ μηθὲν κωλύει τῶν ἐν τούτῳ καὶ τῇ
ὕλῃ τοῦ γίγνεσθαι οἰκίαν, οὐδ' ἔστιν ὃ δεῖ προσγενέσθαι ἢ 10
ἀπογενέσθαι ἢ μεταβαλεῖν, τοῦτο δυνάμει οἰκία· καὶ ἐπὶ

24 verba ἀλλ' οὐ ... 25 ὑγίασται falso loco in textum intrusa post 26
εὐδαιμόνηκεν collocanda erant   25 ἅμα Bonitz: ἀλλὰ codd.; cf. 23   28
τούτων ... 35 κίνησιν delenda notat Aᵇ   δεῖ add. Bonitz   32 κινεῖ
τε καὶ κεκίνηκεν ci. Bonitz pro κινεῖται καὶ κεκίνηκεν recc.   ἀλλ' ἕτερον
post 33 κεκίνηκεν transponit Christ, immo καὶ κινεῖ καὶ κεκίνηκεν var. lect.
sunt e margine intrusa, delevi   35 ἐνεργεῖν Aᵇ   36 ἔστω Aᵇ Alᶜ:
ἔσται Π   1049ᵃ 2 τότε Aᵇ Alᵖ: τοῦτό πως E: τοῦτό πω J: τοῦτο E γρ
3 οὖν om. J, del. Bonitz virgula post ἴσως posita   ἂν] δὴ Aᵇ   9
εἰ ... 10 οἰκίαν om. Aᵇ homoeoteleuto   εἰ Π: ὅταν Alᶜ   κωλύῃ J Alᶜ
τούτοις J   καὶ τῇ ὕλῃ an var. lect. vel glossema ad τούτῳ est?

τῶν ἄλλων ὡσαύτως ὅσων ἔξωθεν ἡ ἀρχὴ τῆς γενέσεως. καὶ ὅσων δὴ ἐν αὐτῷ τῷ ἔχοντι, ὅσα μηθενὸς τῶν ἔξωθεν ἐμποδίζοντος ἔσται δι' αὐτοῦ· οἷον τὸ σπέρμα οὔπω (δεῖ γὰρ
15 ἐν ἄλλῳ καὶ μεταβάλλειν), ὅταν δ' ἤδη διὰ τῆς αὑτοῦ ἀρχῆς ᾖ τοιοῦτον, ἤδη τοῦτο δυνάμει· ἐκεῖνο δὲ ἑτέρας ἀρχῆς δεῖται, ὥσπερ ἡ γῆ οὔπω ἀνδριὰς δυνάμει (μεταβαλοῦσα γὰρ ἔσται χαλκός). ἔοικε δὲ ὃ λέγομεν εἶναι οὐ τόδε ἀλλ' ἐκείνινον—οἷον τὸ κιβώτιον οὐ ξύλον ἀλλὰ ξύλι-
20 νον, οὐδὲ τὸ ξύλον γῆ ἀλλὰ γήϊνον, πάλιν ἡ γῆ εἰ οὕτως μὴ ἄλλο ἀλλὰ ἐκείνινον—ἀεὶ ἐκεῖνο δυνάμει ἁπλῶς τὸ ὕστερόν ἐστιν. οἷον τὸ κιβώτιον οὐ γήϊνον οὐδὲ γῆ ἀλλὰ ξύλινον· τοῦτο γὰρ δυνάμει κιβώτιον καὶ ὕλη κιβωτίου αὕτη, ἁπλῶς μὲν τοῦ ἁπλῶς τουδὶ δὲ τοδὶ τὸ ξύλον. εἰ δέ τί ἐστι πρῶ-
25 τον ὃ μηκέτι κατ' ἄλλο λέγεται ἐκείνινον, τοῦτο πρώτη ὕλη· οἷον εἰ ἡ γῆ ἀερίνη, ὁ δ' ἀὴρ μὴ πῦρ ἀλλὰ πύρινος, τὸ πῦρ ὕλη πρώτη οὐ τόδε τι οὖσα. τούτῳ γὰρ διαφέρει τὸ καθ' οὗ καὶ τὸ ὑποκείμενον, τῷ εἶναι τόδε τι ἢ μὴ εἶναι· οἷον τοῖς πάθεσι τὸ ὑποκείμενον ἄνθρωπος, καὶ
30 σῶμα καὶ ψυχή, πάθος δὲ τὸ μουσικὸν καὶ λευκόν (λέγεται δὲ τῆς μουσικῆς ἐγγενομένης ἐκεῖνο οὐ μουσικὴ ἀλλὰ μουσικόν, καὶ οὐ λευκότης ὁ ἄνθρωπος ἀλλὰ λευκόν, οὐδὲ βάδισις ἢ κίνησις ἀλλὰ βαδίζον ἢ κινούμενον, ὡς τὸ ἐκείνινον)·—ὅσα μὲν οὖν οὕτω, τὸ ἔσχατον οὐσία· ὅσα δὲ μὴ
35 οὕτως ἀλλ' εἶδός τι καὶ τόδε τι τὸ κατηγορούμενον, τὸ ἔσχατον ὕλη καὶ οὐσία ὑλική. καὶ ὀρθῶς δὴ συμβαίνει τὸ

15 εἶναι post ἄλλῳ add. Bullinger, πεσεῖν ex Al^p supplet Ross; infinitivus certe post δεῖ desideratur, sed nescio an γίγνεσθαι cogitando supplendum sit   16 ᾖ A^b scil. γίγνηται, an recte?   ἐκεῖνο A^b Al: ἐκεῖνα Π   21 ἀλλὰ ἐκείνινον ἀεὶ om. A^b Al^p   δὲ post ἀεὶ add. Christ   ἐκεῖνο δὲ E²   δυνάμει om. A^b Al^p   ἀεὶ ... δυνάμει om. E γρ   25 ἄλλο A^b Al^c E γρ: ἄλλου Π   ἐκείνινον Π Al^p: ἐκεῖνο ὂν A^b   27 τόδε τι οὖσα Π Al^p (om. οὐ): ὡς ex οὐ corr. E²: εἰ δὲ τόδε τι, οὐσία A^b; cf. 18 sq.   28 καθ' οὗ Apelt, Ross: καθόλου Π A^b Al^c   29 εἶναι om. Π: add. E² post ἄνθρωπος distinxi; cf. exempla quae sequuntur   31 ἐγγινομένης (ι in ras) E   33 ἢ pr. Π Al^c: οὐδὲ A^b   ὡς τὸ Π Al^p: ὥστε A^b

ΤΩΝ ΜΕΤΑ ΤΑ ΦΥΣΙΚΑ Θ 1049ᵇ

ἐκείνινον λέγεσθαι κατὰ τὴν ὕλην καὶ τὰ πάθη· ἄμφω
γὰρ ἀόριστα. πότε μὲν οὖν λεκτέον δυνάμει καὶ πότε οὔ,
εἴρηται.

8 Ἐπεὶ δὲ τὸ πρότερον διώρισται ποσαχῶς λέγεται,
φανερὸν ὅτι πρότερον ἐνέργεια δυνάμεώς ἐστιν. λέγω δὲ 5
δυνάμεως οὐ μόνον τῆς ὡρισμένης ἣ λέγεται ἀρχὴ μεταβλητικὴ
ἐν ἄλλῳ ἢ ᾗ ἄλλο, ἀλλ' ὅλως πάσης ἀρχῆς κινητικῆς
ἢ στατικῆς. καὶ γὰρ ἡ φύσις ἐν ταὐτῷ [γίγνεται·
ἐν ταὐτῷ γὰρ] γένει τῇ δυνάμει· ἀρχὴ γὰρ κινητική, ἀλλ'
οὐκ ἐν ἄλλῳ ἀλλ' ἐν αὑτῷ ᾗ αὐτό.—πάσης δὴ τῆς τοι- 10
αύτης προτέρα ἐστὶν ἡ ἐνέργεια καὶ λόγῳ καὶ τῇ οὐσίᾳ· χρόνῳ
δ' ἔστι μὲν ὥς, ἔστι δὲ ὡς οὔ. τῷ λόγῳ μὲν οὖν ὅτι προτέρα,
δῆλον (τῷ γὰρ ἐνδέχεσθαι ἐνεργῆσαι δυνατόν ἐστι τὸ πρώτως
δυνατόν, οἷον λέγω οἰκοδομικὸν τὸ δυνάμενον οἰκοδομεῖν,
καὶ ὁρατικὸν τὸ ὁρᾶν, καὶ ὁρατὸν τὸ δυνατὸν ὁρᾶσθαι· 15
ὁ δ' αὐτὸς λόγος καὶ ἐπὶ τῶν ἄλλων, ὥστ' ἀνάγκη τὸν λόγον
⟨τοῦ λόγου⟩ προϋπάρχειν καὶ τὴν γνῶσιν τῆς γνώσεως)· τῷ
δὲ χρόνῳ πρότερον ὧδε· τὸ τῷ εἴδει τὸ αὐτὸ ἐνεργοῦν πρότερον,
ἀριθμῷ δ' οὔ. λέγω δὲ τοῦτο ὅτι τοῦδε μὲν τοῦ ἀνθρώπου τοῦ
ἤδη ὄντος κατ' ἐνέργειαν καὶ τοῦ σίτου καὶ τοῦ ὁρῶντος πρό- 20
τερον τῷ χρόνῳ ἡ ὕλη καὶ τὸ σπέρμα καὶ τὸ ὁρατικόν, ἃ
δυνάμει μέν ἐστιν ἄνθρωπος καὶ σῖτος καὶ ὁρῶν, ἐνεργείᾳ
δ' οὔπω· ἀλλὰ τούτων πρότερα τῷ χρόνῳ ἕτερα ὄντα ἐνεργείᾳ
ἐξ ὧν ταῦτα ἐγένετο· ἀεὶ γὰρ ἐκ τοῦ δυνάμει ὄντος
γίγνεται τὸ ἐνεργείᾳ ὂν ὑπὸ ἐνεργείᾳ ὄντος, οἷον ἄνθρωπος ἐξ 25
ἀνθρώπου, μουσικὸς ὑπὸ μουσικοῦ, ἀεὶ κινοῦντός τινος πρώτου·
τὸ δὲ κινοῦν ἐνεργείᾳ ἤδη ἔστιν. εἴρηται δὲ ἐν τοῖς περὶ τῆς
οὐσίας λόγοις ὅτι πᾶν τὸ γιγνόμενον γίγνεται ἔκ τινος τὶ

1049ᵇ 4 διώρισται] cf. Δ 1018ᵇ9 sq.   ποσαχῶς Aᵇ Alˡ : ὁσαχῶς Π Alᵖ
7 ἢ om. Π Aᵇ: add. E; cf. Δ 1019ᵃ20, 35   8 γίγνεται ... 9 γὰρ om.
Aᵇ Alᵖ, secl. Bonitz   δυνάμει post γίγνεται add. E: om. J   17 τοῦ
λόγου ex Alᵖ restitui   18 ὧδε Aᵇ Alˡ E²: om. Π   21 ἃ om. Aᵇ
22 ἔσται Aᵇ   25 τὸ om. Aᵇ   ὑπὸ ἐνεργείᾳ ὄντος Π Alᵖ : om. Aᵇ
27 εἴρηται] Z 1033ᵃ24 sq.; cf. Entst. d. Met. 108 sq.

1049ᵇ ΤΩΝ ΜΕΤΑ ΤΑ ΦΥΣΙΚΑ Θ

καὶ ὑπό τινος, καὶ τοῦτο τῷ εἴδει τὸ αὐτό. διὸ καὶ δοκεῖ ἀδύνατον εἶναι οἰκοδόμον εἶναι μὴ οἰκοδομήσαντα μηθὲν ἢ κιθαριστὴν μηθὲν κιθαρίσαντα· ὁ γὰρ μανθάνων κιθαρίζειν κιθαρίζων μανθάνει κιθαρίζειν, ὁμοίως δὲ καὶ οἱ ἄλλοι. ὅθεν ὁ σοφιστικὸς ἔλεγχος ἐγίγνετο ὅτι οὐκ ἔχων τις τὴν ἐπιστήμην ποιήσει οὗ ἡ ἐπιστήμη· ὁ γὰρ μανθάνων οὐκ ἔχει. ἀλλὰ διὰ τὸ τοῦ γιγνομένου γεγενῆσθαί τι καὶ τοῦ ὅλως κινουμένου κεκινῆσθαί τι (δῆλον δ' ἐν τοῖς περὶ κινήσεως τοῦτο) καὶ τὸν μανθάνοντα ἀνάγκη ἔχειν τι τῆς ἐπιστήμης ἴσως. ἀλλ' οὖν καὶ ταύτῃ γε δῆλον ὅτι ἡ ἐνέργεια καὶ οὕτω προτέρα τῆς δυνάμεως κατὰ γένεσιν καὶ χρόνον.

Ἀλλὰ μὴν καὶ οὐσίᾳ γε, πρῶτον μὲν ὅτι τὰ τῇ γενέσει ὕστερα τῷ εἴδει καὶ τῇ οὐσίᾳ πρότερα (οἷον ἀνὴρ παιδὸς καὶ ἄνθρωπος σπέρματος· τὸ μὲν γὰρ ἤδη ἔχει τὸ εἶδος τὸ δ' οὔ), καὶ ὅτι ἅπαν ἐπ' ἀρχὴν βαδίζει τὸ γιγνόμενον καὶ τέλος (ἀρχὴ γὰρ τὸ οὗ ἕνεκα, τοῦ τέλους δὲ ἕνεκα ἡ γένεσις), τέλος δ' ἡ ἐνέργεια, καὶ τούτου χάριν ἡ δύναμις λαμβάνεται. οὐ γὰρ ἵνα ὄψιν ἔχωσιν ὁρῶσι τὰ ζῷα ἀλλ' ὅπως ὁρῶσιν ὄψιν ἔχουσιν, ὁμοίως δὲ καὶ οἰκοδομικὴν ἵνα οἰκοδομῶσι καὶ τὴν θεωρητικὴν ἵνα θεωρῶσιν· ἀλλ' οὐ θεωροῦσιν ἵνα θεωρητικὴν ἔχωσιν, εἰ μὴ οἱ μελετῶντες· οὗτοι δὲ οὐχὶ θεωροῦσιν ἀλλ' ἢ ὡδί [ἢ ὅτι οὐδὲν δέονται θεωρεῖν]. ἔτι ἡ ὕλη ἔστι δυνάμει ὅτι ἔλθοι ἂν εἰς τὸ εἶδος· ὅταν δέ γε ἐνεργείᾳ ᾖ, τότε ἐν τῷ εἴδει ἐστίν. ὁμοίως δὲ καὶ ἐπὶ τῶν ἄλλων, καὶ ὧν κίνησις τὸ τέλος, διὸ ὥσπερ οἱ διδάσκοντες ἐνεργοῦντα ἐπιδείξαντες οἴονται τὸ τέλος ἀποδεδωκέναι, καὶ ἡ φύσις ὁμοίως. εἰ γὰρ μὴ οὕτω γίγνεται, ὁ Παύσωνος ἔσται Ἑρμῆς· ἄδηλος γὰρ καὶ ἡ ἐπιστήμη εἰ

---

36 δῆλον] Phys. vi. 236ᵇ33   1050ᵃ 13 θεωρητικὴν Π Alᶜ: om. Aᵇ
14 οὐχὶ Aᵇ E γρ corr. J : οὐχ ᾗ E   ᾗ Aᵇ Alᶜ: ᾑ Π (J ex corr.)   ᾗ
alt. . . . θεωρεῖν del. Diels, legit Al   ᾗ Π Alᵖ: om. Aᵇ   ὅτι an om.
Al?   16 δὲ pr. E (om. γε) ϵ in ras. plur. litt.   19 εἰ . . . γένηται
(sic) Alᶜ   20 Πάσωνος Aᵇ Alᶜ E marg.   καὶ om. Aᵇ

ΤΩΝ ΜΕΤΑ ΤΑ ΦΥΣΙΚΑ Θ

ἔσω ἢ ἔξω, ὥσπερ κἀκεῖνος. τὸ γὰρ ἔργον τέλος, ἡ δὲ ἐνέργεια τὸ ἔργον, διὸ καὶ τοὔνομα ἐνέργεια λέγεται κατὰ τὸ ἔργον καὶ συντείνει πρὸς τὴν ἐντελέχειαν. ἐπεὶ δ' ἐστὶ τῶν μὲν ἔσχατον ἡ χρῆσις (οἷον ὄψεως ὅρασις, καὶ οὐθὲν γίγνεται παρὰ ταύτην ἕτερον ἀπὸ τῆς ὄψεως ἔργον), ἀπ' ἐνίων δὲ γίγνεταί τι (οἷον ἀπὸ τῆς οἰκοδομικῆς οἰκία παρὰ τὴν οἰκοδόμησιν), ὅμως οὐθὲν ἧττον ἔνθα μὲν τέλος, ἔνθα δὲ μᾶλλον τέλος τῆς δυνάμεώς ἐστιν· ἡ γὰρ οἰκοδόμησις ἐν τῷ οἰκοδομουμένῳ, καὶ ἅμα γίγνεται καὶ ἔστι τῇ οἰκίᾳ. ὅσων μὲν οὖν ἕτερόν τί ἐστι παρὰ τὴν χρῆσιν τὸ γιγνόμενον, τούτων μὲν ἡ ἐνέργεια ἐν τῷ ποιουμένῳ ἐστίν (οἷον ἥ τε οἰκοδόμησις ἐν τῷ οἰκοδομουμένῳ καὶ ἡ ὕφανσις ἐν τῷ ὑφαινομένῳ, ὁμοίως δὲ καὶ ἐπὶ τῶν ἄλλων, καὶ ὅλως ἡ κίνησις ἐν τῷ κινουμένῳ)· ὅσων δὲ μὴ ἔστιν ἄλλο τι ἔργον παρὰ τὴν ἐνέργειαν, ἐν αὐτοῖς ὑπάρχει ἡ ἐνέργεια (οἷον ἡ ὅρασις ἐν τῷ ὁρῶντι καὶ ἡ θεωρία ἐν τῷ θεωροῦντι καὶ ἡ ζωὴ ἐν τῇ ψυχῇ, διὸ καὶ ἡ εὐδαιμονία· ζωὴ γὰρ ποιά τίς ἐστιν). ὥστε φανερὸν ὅτι ἡ οὐσία καὶ τὸ εἶδος ἐνέργειά ἐστιν. κατά τε δὴ τοῦτον τὸν λόγον φανερὸν ὅτι πρότερον τῇ οὐσίᾳ ἐνέργεια δυνάμεως, καὶ ὥσπερ εἴπομεν, τοῦ χρόνου ἀεὶ προλαμβάνει ἐνέργεια ἑτέρα πρὸ ἑτέρας ἕως τῆς τοῦ ἀεὶ κινοῦντος πρώτως.—ἀλλὰ μὴν καὶ κυριωτέρως· τὰ μὲν γὰρ ἀΐδια πρότερα τῇ οὐσίᾳ τῶν φθαρτῶν, ἔστι δ' οὐθὲν δυνάμει ἀΐδιον. λόγος δὲ ὅδε· πᾶσα δύναμις ἅμα τῆς ἀντιφάσεώς ἐστιν· τὸ μὲν γὰρ μὴ δυνατὸν ὑπάρχειν οὐκ ἂν ὑπάρξειεν οὐθενί, τὸ δυνατὸν δὲ πᾶν ἐνδέχεται μὴ ἐνεργεῖν. τὸ ἄρα δυνατὸν εἶναι ἐνδέχεται καὶ εἶναι καὶ μὴ εἶναι· τὸ αὐτὸ ἄρα δυνατὸν καὶ εἶναι καὶ μὴ εἶναι. τὸ δὲ δυνατὸν μὴ εἶναι ἐνδέχεται μὴ εἶναι· τὸ δὲ ἐνδεχόμενον μὴ εἶναι φθαρτόν, ἢ ἁπλῶς ἢ τοῦτο αὐτὸ ὃ λέγεται

21 κἀκεῖνος Π Al^p: κἀκείνω A^b 24 ἡ ante ὅρασις add. A^b Al^l 25 ἔργον om. A^b Al^p; cf. 34   ἀπ' A^b J: ἐπ' E Al^p 1050^b 8 ἅμα om. Al^p, sed cf. 33   11 καὶ pr. om. A^b, legit Al

ΤΩΝ ΜΕΤΑ ΤΑ ΦΥΣΙΚΑ Θ

ἐνδέχεσθαι μὴ εἶναι, ἢ κατὰ τόπον ἢ κατὰ τὸ ποσὸν ἢ ποιόν· ἁπλῶς δὲ τὸ κατ' οὐσίαν. οὐθὲν ἄρα τῶν ἀφθάρτων ἁπλῶς δυνάμει ἔστιν ἁπλῶς (κατά τι δὲ οὐδὲν κωλύει, οἷον ποιὸν ἢ πού)· ἐνεργείᾳ ἄρα πάντα· οὐδὲ τῶν ἐξ ἀνάγκης ὄντων (καίτοι ταῦτα πρῶτα· εἰ γὰρ ταῦτα μὴ ἦν, οὐθὲν ἂν ἦν)· οὐδὲ δὴ κίνησις, εἴ τίς ἐστιν ἀΐδιος· οὐδ' εἴ τι κινούμενον ἀΐδιον, οὐκ ἔστι κατὰ δύναμιν κινούμενον ἀλλ' ἢ ποθὲν ποί (τούτου δ' ὕλην οὐδὲν κωλύει ὑπάρχειν), διὸ ἀεὶ ἐνεργεῖ ἥλιος καὶ ἄστρα καὶ ὅλος ὁ οὐρανός, καὶ οὐ φοβερὸν μή ποτε στῇ, ὃ φοβοῦνται οἱ περὶ φύσεως. οὐδὲ κάμνει τοῦτο δρῶντα· οὐ γὰρ περὶ τὴν δύναμιν τῆς ἀντιφάσεως αὐτοῖς, οἷον τοῖς φθαρτοῖς, ἡ κίνησις, ὥστε ἐπίπονον εἶναι τὴν συνέχειαν τῆς κινήσεως· ἡ γὰρ οὐσία ὕλη καὶ δύναμις οὖσα, οὐκ ἐνέργεια, αἰτία τούτου. μιμεῖται δὲ τὰ ἄφθαρτα καὶ τὰ ἐν μεταβολῇ ὄντα, οἷον γῆ καὶ πῦρ. καὶ γὰρ ταῦτα ἀεὶ ἐνεργεῖ· καθ' αὑτὰ γὰρ καὶ ἐν αὑτοῖς ἔχει τὴν κίνησιν. αἱ δὲ ἄλλαι δυνάμεις, ἐξ ὧν διώρισται, πᾶσαι τῆς ἀντιφάσεώς εἰσιν (τὸ γὰρ δυνάμενον ὡδὶ κινεῖν δύναται καὶ μὴ ὡδί), ὅσαι γε κατὰ λόγον· αἱ δ' ἄλογοι τῷ παρεῖναι καὶ μὴ τῆς ἀντιφάσεως ἔσονται αἱ αὐταί. εἰ ἄρα τινές εἰσι φύσεις τοιαῦται ἢ οὐσίαι οἵας λέγουσιν οἱ ἐν τοῖς λόγοις τὰς ἰδέας, πολὺ μᾶλλον ἐπιστῆμον ἄν τι εἴη ἢ αὐτὸ ἐπιστήμη καὶ κινούμενον ἢ κίνησις· ταῦτα γὰρ ἐνέργειαι μᾶλλον, ἐκεῖναι δὲ δυνάμεις τούτων. ὅτι μὲν οὖν πρότερον ἡ ἐνέργεια καὶ δυνάμεως καὶ πάσης ἀρχῆς μεταβλητικῆς, φανερόν.

Ὅτι δὲ καὶ βελτίων καὶ τιμιωτέρα τῆς σπουδαίας 9

15 τὸ om. Π   16 φθαρτῶν Π   17 ἔστιν A[b] Al[p] : ἐστὶν ὂν Π   κατά A[b] Al[c] E[2] : om. Π   18 πάντα Π : ταῦτα A[b] Al[p]   19 αὐτὰ μὴ A[b] Al[c]   25 περὶ A[b] Al[c] : ὑπὲρ Π   27 δύναμις et ἐνέργεια A[b] Al[c] : δυνάμει et ἐνεργείᾳ Π   οὖσα A[b] Al[c] : om. Π   28 φθαρτὰ A[b] Al[p]   30 αὐτὰ A[b] Al[p] : αὐτὸ Π   31 διώρισται] 1046[b]5   πᾶσαι om. Al[c]   33 ὅσαι Π Al[p] : ὅσα A[b] sscr. E γρ edd.; ὅσαι tenendum est et τὸ γὰρ ... ὡδί parenthesin intellege   ἅμα post ἄλογοι add. Al[c]   34 αὗται A[b], om. αἱ   εἰ ἄρα] εἴπερ Al[c], om. τινὲς   35 οἱ Π Al[c] : om. A[b]   35–36 τὰς ἰδέας om. Al[c]   1051[a] 2 ἤ et 3 καὶ pr. om. Al[c]   4 καὶ pr. om. A[b]

ΤΩΝ ΜΕΤΑ ΤΑ ΦΥΣΙΚΑ Θ   1051ᵃ

δυνάμεως ἡ ἐνέργεια, ἐκ τῶνδε δῆλον. ὅσα γὰρ κατὰ τὸ 5
δύνασθαι λέγεται, ταὐτόν ἐστι δυνατὸν τἀναντία, οἷον τὸ
δύνασθαι λεγόμενον ὑγιαίνειν ταὐτόν ἐστι καὶ τὸ νοσεῖν,
καὶ ἅμα· ἡ αὐτὴ γὰρ δύναμις τοῦ ὑγιαίνειν καὶ κάμνειν,
καὶ ἠρεμεῖν καὶ κινεῖσθαι, καὶ οἰκοδομεῖν καὶ κατα-
βάλλειν, καὶ οἰκοδομεῖσθαι καὶ καταπίπτειν. τὸ μὲν οὖν δύ- 10
νασθαι τἀναντία ἅμα ὑπάρχει· τὰ δ' ἐναντία ἅμα ἀδύ-
νατον, καὶ τὰς ἐνεργείας δὲ ἅμα ἀδύνατον ὑπάρχειν (οἷον
ὑγιαίνειν καὶ κάμνειν), ὥστ' ἀνάγκη τούτων θάτερον εἶναι
τἀγαθόν, τὸ δὲ δύνασθαι ὁμοίως ἀμφότερον ἢ οὐδέτερον·
ἡ ἄρα ἐνέργεια βελτίων. ἀνάγκη δὲ καὶ ἐπὶ τῶν κακῶν 15
τὸ τέλος καὶ τὴν ἐνέργειαν εἶναι χεῖρον τῆς δυνάμεως· τὸ
γὰρ δυνάμενον ταὐτὸ ἄμφω τἀναντία. δῆλον ἄρα ὅτι οὐκ
ἔστι τὸ κακὸν παρὰ τὰ πράγματα· ὕστερον γὰρ τῇ φύσει
τὸ κακὸν τῆς δυνάμεως. οὐκ ἄρα οὐδ' ἐν τοῖς ἐξ ἀρχῆς
καὶ τοῖς ἀϊδίοις οὐθὲν ἔστιν οὔτε κακὸν οὔτε ἁμάρτημα οὔτε 20
διεφθαρμένον (καὶ γὰρ ἡ διαφθορὰ τῶν κακῶν ἐστίν). εὑρί-
σκεται δὲ καὶ τὰ διαγράμματα ἐνεργείᾳ· διαιροῦντες γὰρ
εὑρίσκουσιν. εἰ δ' ἦν διῃρημένα, φανερὰ ἂν ἦν· νῦν δ' ἐν-
υπάρχει δυνάμει. διὰ τί δύο ὀρθαὶ τὸ τρίγωνον; ὅτι αἱ
περὶ μίαν στιγμὴν γωνίαι ἴσαι δύο ὀρθαῖς. εἰ οὖν ἀνῆκτο 25
ἡ παρὰ τὴν πλευράν, ἰδόντι ἂν ἦν εὐθὺς δῆλον. διὰ τί
ἐν ἡμικυκλίῳ ὀρθὴ καθόλου; διότι ἐὰν ἴσαι τρεῖς, ἥ τε
βάσις δύο καὶ ἡ ἐκ μέσου ἐπισταθεῖσα ὀρθή, ἰδόντι δῆλον

---

7 τὸ νοσεῖν Alᵖ Bonitz (cf. 1049ᵇ15 τὸ ὁρᾶν scil. δυνάμενον): τὸ νοσοῦν Π Aᵇ   8 καὶ pr. om. Alᵖ   11 ἅμα alt. ... 12 ἅμα Aᵇ Alᵖ: om. E: exp. J   15 βελτίων Aᵇ Alᶜ E²: βέλτιον Π   18 ἔστι Aᵇ Alᶜ: ἔστιν τι Π (ν eras. E)   21 ἐστίν Aᵇ Alᵖ: om. Π   24 τὸ om. Alᶜ   27 ⟨ἢ⟩ ἐν ἡμ. Bonitz   διότι Alᵖ Lat recc.: διὰ τί Π Aᵇ: utrumque considerat Alᵖ. Ross et Cannan, qui 27 διὰ τί defendunt, utrobique post διὰ τί interpungunt. at διὰ τί (26) non cum δῆλον coniungendum est (cf. 28) sed initium quaestionis indicat (cf. Anal. post. 94ᵃ28 διὰ τί ὀρθὴ ἡ ἐν ἡμικυκλίῳ;), cui respondet διότι vel ὅτι (cf. 24 et Anal. post. 94ᵃ37, 95ᵃ14) ἴσαι αἱ τρεῖς Alᶜ   28 βάσις E Alᶜ: βάσεις Aᵇ J (sed ἥ τε) cf. Ross, comm. ad loc.

ΤΩΝ ΜΕΤΑ ΤΑ ΦΥΣΙΚΑ Θ

τῷ ἐκείνο εἰδότι. ὥστε φανερὸν ὅτι τὰ δυνάμει ὄντα εἰς ἐνέργειαν ἀγόμενα εὑρίσκεται· αἴτιον δὲ ὅτι νόησις ἡ ἐνέργεια· ὥστ' ἐξ ἐνεργείας ἡ δύναμις, καὶ διὰ τοῦτο ποιοῦντες γιγνώσκουσιν (ὕστερον γὰρ γενέσει ἡ ἐνέργεια ἡ κατ' ἀριθμόν).

Ἐπεὶ δὲ τὸ ὂν λέγεται καὶ τὸ μὴ ὂν τὸ μὲν κατὰ τὰ σχήματα τῶν κατηγοριῶν, τὸ δὲ κατὰ δύναμιν ἢ ἐνέργειαν τούτων ἢ τἀναντία, τὸ δὲ κυριώτατα ὂν ἀληθὲς ἢ ψεῦδος, τοῦτο δ' ἐπὶ τῶν πραγμάτων ἐστὶ τῷ συγκεῖσθαι ἢ διῃρῆσθαι, ὥστε ἀληθεύει μὲν ὁ τὸ διῃρημένον οἰόμενος διῃρῆσθαι καὶ τὸ συγκείμενον συγκεῖσθαι, ἔψευσται δὲ ὁ ἐναντίως ἔχων ἢ τὰ πράγματα, πότ' ἔστιν ἢ οὐκ ἔστι τὸ ὡς ἀληθὲς λεγόμενον ἢ ψεῦδος; τοῦτο γὰρ σκεπτέον τί λέγομεν. οὐ γὰρ διὰ τὸ ἡμᾶς οἴεσθαι ἀληθῶς σὲ λευκὸν εἶναι εἶ σὺ λευκός, ἀλλὰ διὰ τὸ σὲ εἶναι λευκὸν ἡμεῖς οἱ φάντες τοῦτο ἀληθεύομεν. εἰ δὴ τὰ μὲν ἀεὶ σύγκειται καὶ ἀδύνατα διαιρεθῆναι, τὰ δ' ἀεὶ διῄρηται καὶ ἀδύνατα συντεθῆναι, τὰ δ' ἐνδέχεται τἀναντία (τὸ μὲν ⟨γὰρ⟩ εἶναί ἐστι τὸ συγκεῖσθαι καὶ ἓν εἶναι, τὸ δὲ μὴ εἶναι τὸ μὴ συγκεῖσθαι ἀλλὰ πλείω εἶναι), περὶ μὲν οὖν τὰ ἐνδεχόμενα ἡ αὐτὴ γίγνεται ψευδὴς καὶ ἀληθὴς δόξα καὶ ὁ λόγος ὁ αὐτός, καὶ ἐνδέχεται ὁτὲ μὲν ἀληθεύειν ὁτὲ δὲ ψεύδεσθαι· περὶ δὲ τὰ ἀδύνατα ἄλλως ἔχειν οὐ γίγνεται ὁτὲ μὲν ἀληθὲς ὁτὲ δὲ ψεῦδος, ἀλλ'

---

30 ἀγόμενα Π Al^p: ἀναγόμενα A^b edd. plerique; ἂν ex ἐνέργειαν iteratum ἡ νόησις ἐνέργεια ci. Ross   34 cap. 10 in fine voluminis ab editore Peripatetico adiectum quaestionem movet huc minime pertinentem, cf. Epist. d. Met. 49 sq.; cf. ad 1045^b17   34–35 τὰ μὲν ... τὰ δὲ A^b 1051^b 1 κυριώτατα ὂν aut delendum aut post ^a34 τὸ μὲν transponendum ci. Ross, certe hic aliud est atque Z 1 τὸ πρῶτον vel πρώτως ὄν (i.e. ἡ οὐσία) vel E 1027^b31 τὰ κυρίως ὄντα (i.e. ens secundum omnes categorias). an lac. exstat post κυριώτατα ὂν velut ⟨ἡ οὐσία, λείπεται δὲ ἐπισκοπεῖν τὸ ὄν⟩ ἀληθὲς κτλ? ὂν A^b Al^p: εἰ Π   2 τῷ] τὸ Π   5 ἢ pr. om. Π: add. E²   τὸ ὡς cum Christio scripsi: ὡς τὸ E: ὥστε τὸ J: ὡς om. A^b; cf. 33 et 1026^a35   11 γὰρ ut vid. Al^p, addidi: καὶ post ἐναντία suppl. vult Bonitz 14 καὶ ὁ λόγος ὁ αὐτὸς om. Al^p: ὁ pr. om. A^b

ΤΩΝ ΜΕΤΑ ΤΑ ΦΥΣΙΚΑ Θ   1051ᵇ

ἀεὶ ταὐτὰ ἀληθῆ καὶ ψευδῆ.—περὶ δὲ δὴ τὰ ἀσύνθετα τί
τὸ εἶναι ἢ μὴ εἶναι καὶ τὸ ἀληθὲς καὶ τὸ ψεῦδος; οὐ γάρ
ἐστι σύνθετον, ὥστε εἶναι μὲν ὅταν συγκέηται, μὴ εἶναι δὲ ἐὰν
διῃρημένον ᾖ, ὥσπερ τὸ λευκὸν ⟨τὸ⟩ ξύλον ἢ τὸ ἀσύμμετρον 20
τὴν διάμετρον· οὐδὲ τὸ ἀληθὲς καὶ τὸ ψεῦδος ὁμοίως ἔτι ὑπ-
άρξει καὶ ἐπ' ἐκείνων. ἢ ὥσπερ οὐδὲ τὸ ἀληθὲς ἐπὶ τούτων τὸ
αὐτό, οὕτως οὐδὲ τὸ εἶναι, ἀλλ' ἔστι τὸ μὲν ἀληθὲς ἢ ψεῦδος,
τὸ μὲν θιγεῖν καὶ φάναι ἀληθές (οὐ γὰρ ταὐτὸ κατάφασις
καὶ φάσις), τὸ δ' ἀγνοεῖν μὴ θιγγάνειν (ἀπατηθῆναι γὰρ 25
περὶ τὸ τί ἐστιν οὐκ ἔστιν ἀλλ' ἢ κατὰ συμβεβηκός· ὁμοίως
δὲ καὶ περὶ τὰς μὴ συνθετὰς οὐσίας, οὐ γὰρ ἔστιν ἀπατηθῆ-
ναι· καὶ πᾶσαι εἰσὶν ἐνεργείᾳ, οὐ δυνάμει, ἐγίγνοντο γὰρ
ἂν καὶ ἐφθείροντο, νῦν δὲ τὸ ὂν αὐτὸ οὐ γίγνεται οὐδὲ φθεί-
ρεται, ἔκ τινος γὰρ ἂν ἐγίγνετο·—ὅσα δή ἐστιν ὅπερ εἶναί τι 30
καὶ ἐνεργείᾳ, περὶ ταῦτα οὐκ ἔστιν ἀπατηθῆναι ἀλλ' ἢ
νοεῖν ἢ μή· ἀλλὰ τὸ τί ἐστι ζητεῖται περὶ αὐτῶν, εἰ τοι-
αῦτά ἐστιν ἢ μή)· τὸ δὲ εἶναι τὸ ὡς ἀληθές, καὶ τὸ μὴ
εἶναι τὸ ὡς ψεῦδος, ἓν μέν ἐστιν, εἰ σύγκειται, ἀληθές, τὸ
δ' εἰ μὴ σύγκειται, ψεῦδος· τὸ δὲ ἕν, εἴπερ ὄν, οὕτως ἐστίν· 35
εἰ δὲ μὴ οὕτως, οὐκ ἔστιν. τὸ δὲ ἀληθὲς τὸ νοεῖν ταῦτα· τὸ 1052ᵃ
δὲ ψεῦδος οὐκ ἔστιν, οὐδὲ ἀπάτη, ἀλλὰ ἄγνοια, οὐχ οἵα ἡ
τυφλότης· ἡ μὲν γὰρ τυφλότης ἐστὶν ὡς ἂν εἰ τὸ νοητικὸν
ὅλως μὴ ἔχοι τις. φανερὸν δὲ καὶ ὅτι περὶ τῶν ἀκινήτων
οὐκ ἔστιν ἀπάτη κατὰ τὸ ποτέ, εἴ τις ὑπολαμβάνει ἀκίνητα. 5
οἷον τὸ τρίγωνον εἰ μὴ μεταβάλλειν οἴεται, οὐκ οἰήσεται

17 ταὐτὰ Casaubonus, Bonitz: ταῦτα codd.   19 ὅταν Π Alᵖ: ἐὰν Aᵇ
συγκέηται Aᵇ Alᵖ: σύγκειται Π   21 τὸ alt. Π Alᵖ: om. Aᵇ   22
ἐπὶ Aᵇ Alᶜ: ἓν ἐπὶ Π quo recepto scribi oportebat ⟨καὶ⟩ τὸ αὐτό   23 τὸ
μὲν ἀληθὲς τὸ δὲ ψεῦδος recc. Alᶜ ut vid. ex coniect., immo μὲν delendum
vid.: ἢ ψεῦδος τὸ μέν secl. Christ   27 μὴ om. Π: add. E   συν-
θέτους E Alᵖ   28 ἐνέργειαι Aᵇ Alᵖ   31 ἐνέργειαι Ross   32
τί Π Alᵖ: om. Aᵇ   οὐκ ante εἰ ex Alᵖ add. Bonitz   33 τὸ ὡς scripsi
cum Alᵖ: ὡς τὸ Π Aᵇ (cf. 1026ᵃ35, 1027ᵇ18, 33)   34 τὸ ὡς Aᵇ corr.
E²: τὸ ὡς τὸ Π et fort. Alᵖ; cf. ad 33   1052ᵃ 1 ταῦτα Aᵇ Alᶜ: αὐτὰ Π
2 οἵα Π Alᶜ: οἷον Aᵇ   4 ὅτι καὶ Aᵇ

ΤΩΝ ΜΕΤΑ ΤΑ ΦΥΣΙΚΑ Θ, Ι

ποτὲ μὲν δύο ὀρθὰς ἔχειν ποτὲ δὲ οὔ (μεταβάλλοι γὰρ ἄν),
ἀλλὰ τὶ μὲν τὶ δ' οὔ, οἷον ἄρτιον ἀριθμὸν πρῶτον εἶναι
μηθένα, ἢ τινὰς μὲν τινὰς δ' οὔ· ἀριθμῷ δὲ περὶ ἕνα οὐδὲ
10 τοῦτο· οὐ γὰρ ἔτι τινὰ μὲν τινὰ δὲ οὐ οἰήσεται, ἀλλ' ἀλη-
θεύσει ἢ ψεύσεται ὡς ἀεὶ οὕτως ἔχοντος.

I

15 Τὸ ἓν ὅτι μὲν λέγεται πολλαχῶς, ἐν τοῖς περὶ τοῦ
ποσαχῶς διῃρημένοις εἴρηται πρότερον· πλεοναχῶς δὲ λε-
γομένου οἱ συγκεφαλαιούμενοι τρόποι εἰσὶ τέτταρες τῶν
πρώτως καὶ καθ' αὑτὰ λεγομένων ἓν ἀλλὰ μὴ κατὰ
συμβεβηκός. τό τε γὰρ συνεχὲς ἢ ἁπλῶς ἢ μάλιστά γε
20 τὸ φύσει καὶ μὴ ἁφῇ μηδὲ δεσμῷ (καὶ τούτων μᾶλλον ἓν
καὶ πρότερον οὗ ἀδιαιρετωτέρα ἡ κίνησις καὶ μᾶλλον ἁπλῆ)·
ἔτι τοιοῦτον καὶ μᾶλλον τὸ ὅλον καὶ ἔχον τινὰ μορφὴν καὶ
εἶδος, μάλιστα δ' εἴ τι φύσει τοιοῦτον καὶ μὴ βίᾳ, ὥσπερ
ὅσα κόλλῃ ἢ γόμφῳ ἢ συνδέσμῳ, ἀλλὰ ἔχει ἐν αὑτῷ τὸ
25 αἴτιον αὑτῷ τοῦ συνεχὲς εἶναι. τοιοῦτον δὲ τῷ μίαν τὴν κί-
νησιν εἶναι καὶ ἀδιαίρετον τόπῳ καὶ χρόνῳ, ὥστε φανερόν,
εἴ τι φύσει κινήσεως ἀρχὴν ἔχει τῆς πρώτης τὴν πρώτην,
οἷον λέγω φορᾶς κυκλοφορίαν, ὅτι τοῦτο πρῶτον μέγεθος ἕν.
τὰ μὲν δὴ οὕτως ἓν ᾗ συνεχὲς ἢ ὅλον, τὰ δὲ ὧν ἂν ὁ λό-
30 γος εἷς ᾖ, τοιαῦτα δὲ ὧν ἡ νόησις μία, τοιαῦτα δὲ ὧν
ἀδιαίρετος, ἀδιαίρετος δὲ τοῦ ἀδιαιρέτου εἴδει ἢ ἀριθμῷ· ἀρι-

10 οὐ γὰρ ἔστι Π   15 de libro I egi Entst. d. Met. 96 sq. neque I
nec MN ad ZHΘ olim pertinebant vel eam 'methodum' continuant,
sed sui iuris erant   πλεοναχῶς Al^c   16 εἴρηται] cf. Δ 1015^b16;
haec postea inserta esse debent, cum constet librum Δ a ceteris libris
Metaphysicorum separatum exstitisse quando index libr. Ar. apud Dio-
genem conscriptus est (i.e. Hermippi Alexandrini aetate)   18
πρώτως Sylburg; cf. 1016^b8, sed cf. 1052^a32   αὐτὰ A^b Al^c E : αὐτὸ J
corr. E ; cf. 1015^b16   21 οὗ] ὧν A^b   23 τι A^b Al^1 : τι τῇ Π   24
ἔχει Π Al^p : ἔχει τι A^b   29 ᾗ Christ : ἢ A^b Al^c E² : om. Π   ᾗ
συνεχὲς ἢ ὅλον an lectoris commentum sunt?   ὧν A^b Al^c : om. Π ; cf.
1016^b1 et 8

θυμῷ μὲν οὖν τὸ καθ' ἕκαστον ἀδιαίρετον, εἴδει δὲ τὸ τῷ γνωστῷ καὶ τῇ ἐπιστήμῃ, ὥσθ' ἓν ἂν εἴη πρῶτον τὸ ταῖς οὐσίαις αἴτιον τοῦ ἑνός. λέγεται μὲν οὖν τὸ ἓν τοσαυταχῶς, τό τε συνεχὲς φύσει καὶ τὸ ὅλον, καὶ τὸ καθ' ἕκαστον καὶ τὸ καθόλου, πάντα δὲ ταῦτα ἓν τῷ ἀδιαίρετον εἶναι τῶν μὲν τὴν κίνησιν τῶν δὲ τὴν νόησιν ἢ τὸν λόγον.—δεῖ δὲ κατανοεῖν ὅτι οὐχ ὡσαύτως ληπτέον λέγεσθαι ποῖά τε ἓν λέγεται, καὶ τί ἐστι τὸ ἑνὶ εἶναι καὶ τίς αὐτοῦ λόγος. λέγεται μὲν γὰρ τὸ ἓν τοσαυταχῶς, καὶ ἕκαστον ἔσται ἓν [τούτων], ᾧ ἂν ὑπάρχῃ τις τούτων τῶν τρόπων· τὸ δὲ ἑνὶ εἶναι ὁτὲ μὲν τούτων τινὶ ἔσται, ὁτὲ δὲ ἄλλῳ ὃ καὶ μᾶλλον ἐγγὺς τῷ ὀνόματί ἐστι, τῇ δυνάμει δ' ἐκεῖνα, ὥσπερ καὶ περὶ στοιχείου καὶ αἰτίου εἰ δέοι λέγειν ἐπί τε τοῖς πράγμασι διορίζοντα καὶ τοῦ ὀνόματος ὅρον ἀποδιδόντα. ἔστι μὲν γὰρ ὡς στοιχεῖον τὸ πῦρ (ἔστι δ' ἴσως καθ' αὑτὸ καὶ τὸ ἄπειρον ἢ τι ἄλλο τοιοῦτον), ἔστι δ' ὡς οὔ· οὐ γὰρ τὸ αὐτὸ πυρὶ καὶ στοιχείῳ εἶναι, ἀλλ' ὡς μὲν πρᾶγμά τι καὶ φύσις τὸ πῦρ στοιχεῖον, τὸ δὲ ὄνομα σημαίνει τὸ τοδὶ συμβεβηκέναι αὐτῷ, ὅτι ἐστί τι ἐκ τούτου ὡς πρώτου ἐνυπάρχοντος. οὕτω καὶ ἐπὶ αἰτίου καὶ ἑνὸς καὶ τῶν τοιούτων ἁπάντων, διὸ καὶ τὸ ἑνὶ εἶναι τὸ ἀδιαιρέτῳ ἐστὶν εἶναι, ὅπερ τόδε ὄντι καὶ ἰδίᾳ χωριστῷ ἢ τόπῳ ἢ εἴδει ἢ διανοίᾳ, ἢ καὶ τὸ ὅλῳ καὶ ἀδιαιρέτῳ, μάλιστα δὲ τὸ μέτρῳ εἶναι πρώτῳ ἑκάστου γένους καὶ κυριώτατα τοῦ ποσοῦ· ἐντεῦθεν γὰρ ἐπὶ τὰ ἄλλα ἐλή-

---

32 τὸ alt. om. A^b   1052^b 3 ἑνὶ Π Al^p: ἓν A^b   4 τούτων um Bonitzio seclusi: τῶν ὄντων Al^p quod cave recipias; τούτων ex linea sequenti irrepsit   6 τούτων Π Al^p: τὸ τούτων A^b fort. recte; quod si τὸ recipias, εἶναι post τινὶ addendum, cf. ^b15–16, sed ἔσται = ὑπάρξει intellexit Al   7 ἐστι τῇ Π: ἢ A^b: ἐστι Al^p, om. τῇ   12 πράγματι καὶ φύσει Π   13 ὅλον post ὄνομα add. E   τὸ alt. A^b E corr.: τῷ Π Al^p   17 ἰδίᾳ χωριστῷ A^b Al^p var. lect.: ἀδιαχωρίστῳ Al^1 cod. A: ἀχωρίστῳ Π   καὶ pr. om. A^b (et Al^p?)   τὸ Bonitz: τῷ codd. Al^p   ἀδιαιρέτῳ A^b Al^c: διωρισμένῳ Π   18 τὸ A^b Al^c ex corr. E J: τῷ legebat Π   μέτρῳ cum Ald Christ: μέτρον J A^b Al^1p E ex corr.   πρώτῳ Christ: πρῶτον codd. Al^p   19 καὶ post γὰρ add. Al^c

ΤΩΝ ΜΕΤΑ ΤΑ ΦΥΣΙΚΑ Ι

λυθεν. μέτρον γάρ ἐστιν ᾧ τὸ ποσὸν γιγνώσκεται· γιγνώσκεται δὲ ἢ ἑνὶ ἢ ἀριθμῷ τὸ ποσὸν ᾗ ποσόν, ὁ δὲ ἀριθμὸς ἅπας ἑνί, ὥστε πᾶν τὸ ποσὸν γιγνώσκεται ᾗ ποσὸν τῷ ἑνί, καὶ ᾧ πρώτῳ ποσὰ γιγνώσκεται, τοῦτο αὐτὸ ἕν· διὸ τὸ ἓν ἀριθμοῦ ἀρχὴ ᾗ ἀριθμός. ἐντεῦθεν δὲ καὶ ἐν τοῖς ἄλλοις λέγεται μέτρον ᾧ πρώτῳ [τε] ἕκαστον γιγνώσκεται, καὶ τὸ μέτρον ἑκάστου ἕν, ἐν μήκει, ἐν πλάτει, ἐν βάθει, ἐν βάρει, ἐν τάχει (τὸ γὰρ βάρος καὶ τάχος κοινὸν ἐν τοῖς ἐναντίοις· διττὸν γὰρ ἑκάτερον αὐτῶν, οἷον βάρος τό τε ὁποσηνοῦν ἔχον ῥοπὴν καὶ τὸ ἔχον ὑπεροχὴν ῥοπῆς, καὶ τάχος τό τε ὁποσηνοῦν κίνησιν ἔχον καὶ τὸ ὑπεροχὴν κινήσεως· ἔστι γάρ τι τάχος καὶ τοῦ βραδέος καὶ βάρος τοῦ κουφοτέρου). ἐν πᾶσι δὴ τούτοις μέτρον καὶ ἀρχὴ ἕν τι καὶ ἀδιαίρετον, ἐπεὶ καὶ ἐν ταῖς γραμμαῖς χρῶνται ὡς ἀτόμῳ τῇ ποδιαίᾳ. πανταχοῦ γὰρ τὸ μέτρον ἕν τι ζητοῦσι καὶ ἀδιαίρετον· τοῦτο δὲ τὸ ἁπλοῦν ἢ τῷ ποιῷ ἢ τῷ ποσῷ. ὅπου μὲν οὖν δοκεῖ μὴ εἶναι ἀφελεῖν ἢ προσθεῖναι, τοῦτο ἀκριβὲς τὸ μέτρον, διὸ τὸ τοῦ ἀριθμοῦ ἀκριβέστατον· τὴν γὰρ μονάδα τιθέασι πάντῃ ἀδιαίρετον· ἐν δὲ τοῖς ἄλλοις μιμοῦνται τὸ τοιοῦτον· ἀπὸ γὰρ σταδίου καὶ ταλάντου καὶ ἀεὶ τοῦ μείζονος λάθοι ἂν καὶ προστεθέν τι καὶ ἀφαιρεθὲν μᾶλλον ἢ ἀπὸ ἐλάττονος· ὥστε ἀφ' οὗ πρώτου κατὰ τὴν αἴσθησιν μὴ ἐνδέχεται, τοῦτο πάντες ποιοῦνται μέτρον καὶ ὑγρῶν καὶ ξηρῶν καὶ βάρους καὶ μεγέθους· καὶ τότ' οἴονται εἰδέναι τὸ ποσόν, ὅταν εἰδῶσι διὰ τούτου τοῦ μέτρου. καὶ δὴ καὶ κίνησιν τῇ ἁπλῇ κινήσει καὶ τῇ ταχίστῃ (ὀλίγιστον γὰρ αὕτη ἔχει χρόνον)· διὸ ἐν τῇ ἀστρολογίᾳ τὸ τοιοῦτον ἓν ἀρχὴ καὶ μέτρον (τὴν κίνησιν γὰρ ὁμαλὴν ὑποτίθενται καὶ ταχίστην τὴν τοῦ οὐρανοῦ, πρὸς ἣν κρίνουσι τὰς ἄλλας), καὶ ἐν μουσικῇ δίεσις, ὅτι

23 ποσὰ om. Π: πόσα ἐστι Al[p]   25 τε om. Al[c], seclusi: ᾧ πρώτῳ τε ἕκαστον Π: τε ᾧ ἕκαστον πρώτῳ A[b]   29 καὶ τὸ τάχος τό A[b]   30 τι Π Al[c]: om. A[b]   32 δὲ Π   33 ταῖς Π Al[c]: ἄλλαις add. A[b]   36 προσθεῖναι A[b] Al[c] E γρ: προστιθέναι Π   1053[a] 1 τὸ τοῦ ἀριθμοῦ A[b] Al[p]: τοὺς ἀριθμοὺς Π

ΤΩΝ ΜΕΤΑ ΤΑ ΦΥΣΙΚΑ Ι 1053ᵃ

ἐλάχιστον, καὶ ἐν φωνῇ στοιχεῖον. καὶ ταῦτα πάντα ἕν τι οὕτως, οὐχ ὡς κοινόν τι τὸ ἓν ἀλλ' ὥσπερ εἴρηται.—οὐκ ἀεὶ δὲ τῷ ἀριθμῷ ἓν τὸ μέτρον ἀλλ' ἐνίοτε πλείω, οἷον αἱ δι- 15 έσεις δύο, αἱ μὴ κατὰ τὴν ἀκοὴν ἀλλ' ἐν τοῖς λόγοις, καὶ αἱ φωναὶ πλείους αἷς μετροῦμεν, καὶ ἡ διάμετρος δυσὶ μετρεῖται καὶ ἡ πλευρά, καὶ τὰ μεγέθη πάντα. οὕτω δὴ πάντων μέτρον τὸ ἕν, ὅτι γνωρίζομεν ἐξ ὧν ἐστὶν ἡ οὐσία διαιροῦντες ἢ κατὰ τὸ ποσὸν ἢ κατὰ τὸ εἶδος. καὶ διὰ τοῦτο τὸ 20 ἓν ἀδιαίρετον, ὅτι τὸ πρῶτον ἑκάστων ἀδιαίρετον. οὐχ ὁμοίως δὲ πᾶν ἀδιαίρετον, οἷον ποὺς καὶ μονάς, ἀλλὰ τὸ μὲν πάντῃ, τὸ δ' εἰς ἀδιαίρετα πρὸς τὴν αἴσθησιν †ἐθέλει, ὥσπερ εἴρηται ἤδη· ἴσως γὰρ πᾶν συνεχὲς διαιρετόν. ἀεὶ δὲ συγγενὲς τὸ μέτρον· μεγεθῶν μὲν γὰρ μέγεθος, καὶ καθ' ἕκα- 25 στον μήκους μῆκος, πλάτους πλάτος, φωνῶν φωνή, βάρους βάρος, μονάδων μονάς. οὕτω γὰρ δεῖ λαμβάνειν, ἀλλ' οὐχ ὅτι ἀριθμῶν ἀριθμός· καίτοι ἔδει, εἰ ὁμοίως· ἀλλ' οὐχ ὁμοίως ἀξιοῖ ἀλλ' ὥσπερ εἰ μονάδων μονάδας ἀξιώσειε μέτρον ἀλλὰ μὴ μονάδα· ὁ δ' ἀριθμὸς πλῆθος μονάδων. 30 καὶ τὴν ἐπιστήμην δὲ μέτρον τῶν πραγμάτων λέγομεν καὶ τὴν αἴσθησιν διὰ τὸ αὐτό, ὅτι γνωρίζομέν τι αὐταῖς, ἐπεὶ μετροῦνται μᾶλλον ἢ μετροῦσιν. ἀλλὰ συμβαίνει ἡμῖν ὥσπερ ἂν εἰ ἄλλου ἡμᾶς μετροῦντος ἐγνωρίσαμεν πηλίκοι ἐσμὲν τῷ τὸν πῆχυν ἐπὶ τοσοῦτον ἡμῖν ἐπιβάλλειν. Πρωταγόρας 35 δ' ἄνθρωπόν φησι πάντων εἶναι μέτρον, ὥσπερ ἂν εἰ τὸν ἐπιστήμονα εἰπὼν ἢ τὸν αἰσθανόμενον· τούτους δ' ὅτι ἔχουσιν 1053ᵇ ὁ μὲν αἴσθησιν ὁ δὲ ἐπιστήμην, ἅ φαμεν εἶναι μέτρα τῶν

---

17 αἱ Π Alᵖ: om. Aᵇ   18 καὶ τὰ ... πάντα Π: μεγέθη τινὰ ὄντα Aᵇ: μέγεθος οὖσα Alᵖ   οὕτω δὴ Π: δῆλον δὴ ὅτι Aᵇ var. lect.   23 πάντως Aᵇ: πάντῃ πάντως Alᵖ var. lect. contam.; cf. 1053ᵃ1 εἰς ἀδιαίρετα codd.: ἀδιαίρετον Lat, om. εἰς: εἶναι ἀδιαίρετον ci. Bonitz   ἐθέλει Π: θέλει Aᵇ: voluit Lat; frequens usus apud Ar. (cf. Bonitz, Ind. Ar. 216ᵇ6 'idem fere ac πέφυκεν'). noli mutare in θετέον vel τίθεται (Forster, Goebel); deest infinitivus ut vidit Bonitz nisi is ex 19 διαιροῦντες cogitando suppleri potest   24 εἴρηται] 1053ᵃ1 sq.   26 φωνῶν Aᵇ Alᵖ: φωνῆς Π   35 ἡμῖν Aᵇ Alᵖ: ἡμῶν Π   1053ᵇ 1 ἰσχουσιν Aᵇ   2 ἅ om. Aᵇ

197

ΤΩΝ ΜΕΤΑ ΤΑ ΦΥΣΙΚΑ Ι

ὑποκειμένων. οὐθὲν δὴ λέγοντες περιττὸν φαίνονταί τι λέγειν. ὅτι μὲν οὖν τὸ ἑνὶ εἶναι μάλιστά ἐστι κατὰ τὸ ὄνομα ἀφορί-
5 ζοντι μέτρον τι, καὶ κυριώτατα τοῦ ποσοῦ, εἶτα τοῦ ποιοῦ, φανερόν· ἔσται δὲ τοιοῦτον τὸ μὲν ἂν ᾖ ἀδιαίρετον κατὰ τὸ ποσόν, τὸ δὲ ἂν κατὰ τὸ ποιόν· διόπερ ἀδιαίρετον τὸ ἓν ἢ ἁπλῶς ἢ ᾗ ἕν.

Κατὰ δὲ τὴν οὐσίαν καὶ τὴν φύσιν ζητητέον ποτέρως 2
10 ἔχει, καθάπερ ἐν τοῖς διαπορήμασιν ἐπήλθομεν τί τὸ ἓν ἐστι καὶ πῶς δεῖ περὶ αὐτοῦ λαβεῖν, πότερον ὡς οὐσίας τινὸς οὔσης αὐτοῦ τοῦ ἑνός, καθάπερ οἵ τε Πυθαγόρειοί φασι πρότερον καὶ Πλάτων ὕστερον, ἢ μᾶλλον ὑπόκειταί τις φύσις καί πως δεῖ γνωριμωτέρως λεχθῆναι καὶ μᾶλλον ὥσπερ οἱ
15 περὶ φύσεως· ἐκείνων γὰρ ὁ μέν τις φιλίαν εἶναί φησι τὸ ἓν ὁ δ' ἀέρα ὁ δὲ τὸ ἄπειρον. εἰ δὴ μηδὲν τῶν καθόλου δυνατὸν οὐσίαν εἶναι, καθάπερ ἐν τοῖς περὶ οὐσίας καὶ περὶ τοῦ ὄντος εἴρηται λόγοις, ⟨ὅτι⟩ οὐδ' αὐτὸ τοῦτο οὐσίαν ὡς ἕν τι παρὰ τὰ πολλὰ δυνατὸν εἶναι (κοινὸν γάρ) ἀλλ' ἢ κατηγόρημα
20 μόνον, δῆλον ὡς οὐδὲ τὸ ἕν· τὸ γὰρ ὂν καὶ τὸ ἓν καθόλου κατηγορεῖται μάλιστα πάντων. ὥστε οὔτε τὰ γένη φύσεις τινὲς καὶ οὐσίαι χωρισταὶ τῶν ἄλλων εἰσίν, οὔτε τὸ ἓν γένος ἐνδέχεται εἶναι διὰ τὰς αὐτὰς αἰτίας δι' ἅσπερ οὐδὲ τὸ ὂν οὐδὲ τὴν οὐσίαν. ἔτι δ' ὁμοίως ἐπὶ πάντων ἀναγκαῖον ἔχειν·
25 λέγεται δ' ἰσαχῶς τὸ ὂν καὶ τὸ ἕν· ὥστ' ἐπείπερ ἐν τοῖς ποιοῖς ἐστί τι τὸ ἓν καί τις φύσις, ὁμοίως δὲ καὶ ἐν τοῖς ποσοῖς, δῆλον ὅτι καὶ ὅλως ζητητέον τί τὸ ἕν, ὥσπερ καὶ

---

3 λέγων et φαίνεταί Al[p] E²   4 ἓν A[b] E γρ   ὁ ἀφορίζουσι Π Al[p] (-οντι Al¹, om. ὁ)   10 ἐπήλθομεν] 1001ᵃ4 sq.   14 πως Schwegler: πῶς codd. Al[c]: secl. Christ; cf. 11   πῶς δεῖ in προσδεῖ corrigendum vel ἐνδέχεται deesse ait E γρ; cf. Part. an. 670ᵃ1–2 ἀναγκαῖον ... πως   καὶ alt.] ᾗ ci. Bonitz   μᾶλλον vel 13 vel 14 delendum vid.   16 δὴ Π Al[p]: δὲ A[b]   17 ἐν τοῖς ... 18 λόγοις] Ζ 1038[b]34; cf. Enist. d. Met. 108   18 οὐσία A[b] Al[p] E γρ ut appositionem ad αὐτὸ τοῦτο trahentes   ὅτι οὐδ' αὐτὸ τοῦτο Bywater, τὸ ὄν intellegens, certe οὐδ' non potest esse continuatio hypotheseos εἰ δὴ μηδὲν (16) τὸ ὡς A[b]   25 εἴπερ Al[p] an recte? cf. 32 et 1054ᵃ5

ΤΩΝ ΜΕΤΑ ΤΑ ΦΥΣΙΚΑ Ι 1053ᵇ

τί τὸ ὄν, ὡς οὐχ ἱκανὸν ὅτι τοῦτο αὐτὸ ἡ φύσις αὐτοῦ. ἀλλὰ μὴν ἔν γε χρώμασίν ἐστι τὸ ἓν χρῶμα, οἷον τὸ λευκόν, εἶτα τὰ ἄλλα ἐκ τούτου καὶ τοῦ μέλανος φαίνεται γιγνόμενα, τὸ δὲ μέλαν στέρησις λευκοῦ ὥσπερ καὶ φωτὸς σκότος [τοῦτο δ' ἐστὶ στέρησις φωτός]· ὥστε εἰ τὰ ὄντα ἦν χρώματα, ἦν ἂν ἀριθμός τις τὰ ὄντα, ἀλλὰ τινῶν, δῆλον δὴ ὅτι χρωμάτων, καὶ τὸ ἓν ἦν ἄν τι ἕν, οἷον τὸ λευκόν. ὁμοίως δὲ καὶ εἰ μέλη τὰ ὄντα ἦν, ἀριθμὸς ἂν ἦν, διέσεων μέντοι, ἀλλ' οὐκ ἀριθμὸς ἡ οὐσία αὐτῶν· καὶ τὸ ἓν ἦν ἄν τι οὗ ἡ οὐσία οὐ τὸ ἓν ἀλλὰ δίεσις. ὁμοίως δὲ καὶ ἐπὶ τῶν φθόγγων στοι- 1054ᵃ χείων ἂν ἦν τὰ ὄντα ἀριθμός, καὶ τὸ ἓν στοιχεῖον φωνῆεν. καὶ εἰ σχήματα εὐθύγραμμα, σχημάτων ἂν ἦν ἀριθμός, καὶ τὸ ἓν τὸ τρίγωνον. ὁ δ' αὐτὸς λόγος καὶ ἐπὶ τῶν ἄλλων γενῶν, ὥστ' εἴπερ καὶ ἐν τοῖς πάθεσι καὶ ἐν τοῖς ποιοῖς καὶ ἐν τοῖς ποσοῖς καὶ ἐν κινήσει ἀριθμῶν ὄντων καὶ ἑνός τινος ἐν ἅπασιν ὅ τε ἀριθμὸς τινῶν καὶ τὸ ἓν τὶ ἕν, ἀλλ' οὐχὶ τοῦτο αὐτὸ ἡ οὐσία, καὶ ἐπὶ τῶν οὐσιῶν ἀνάγκη ὡσαύτως ἔχειν· ὁμοίως γὰρ ἔχει ἐπὶ πάντων.—ὅτι μὲν οὖν τὸ ἓν ἐν ἅπαντι γένει ἐστί τις φύσις, καὶ οὐδενὸς τοῦτό γ' αὐτὸ ἡ φύσις τὸ ἕν, φανερόν, ἀλλ' ὥσπερ ἐν χρώμασι χρῶμα ἓν ζητητέον αὐτὸ τὸ ἕν, οὕτω καὶ ἐν οὐσίᾳ οὐσίαν μίαν αὐτὸ τὸ ἕν· ὅτι δὲ ταὐτὸ σημαίνει πως τὸ ἓν καὶ τὸ ὄν, δῆλον τῷ τε παρακολουθεῖν ἰσαχῶς ταῖς κατηγορίαις καὶ μὴ εἶναι ἐν μηδεμιᾷ (οἷον οὔτ' ἐν τῇ τί ἐστιν οὔτ' ἐν τῇ ποῖον, ἀλλ' ὁμοίως ἔχει ὥσπερ τὸ ὄν) καὶ τῷ μὴ προσκατηγορεῖσθαι

29 ἔστι τι τὸ Π Alᵖ   χρῶμα om. Alᵖ   30 εἰ τἆλλα ... 32 φωτός suspecta habet Al   31 τοῦτο ... 32 φωτός delevi, cf. BBA 272   32 γάρ ἐστι Alᵖ Christ   33 ὄντα. ἀλλὰ τίνων Alᶜ vulgo; corr. Christ; cf. 1054ᵃ6, 991ᵇ18, 20   35 διέσεως Aᵇ et ut vid. Al   1054ᵃ 6 ἐν pr. om. E Alᶜ   ἐν alt. E Alᶜ: ἐν τῇ J   7 τὶ ἕν] τὶ ἐν E: τί ἐνὶ J: τι ὂν Aᵇ   8 αὐτὸ Aᵇ Alᵖ: αὐτοῦ Π: αὐτὸ αὐτοῦ Bessario, Bonitz; cf. 1053ᵇ28, 1054ᵃ10   12 οὐσίαν μίαν Π Alᵖ: οὐσία μία Aᵇ E γρ   αὐτὸ Π Alᵖ: αὐτό τε Aᵇ   13 τὸ alt. om. Π et fort. Alᵖ   15 parenthesin hic et 17 statuit Ross   16 τῷ μὴ Π Aᵇ: οὐ τῷ Alᵖ E γρ, sed cf. 15

199

ΤΩΝ ΜΕΤΑ ΤΑ ΦΥΣΙΚΑ Ι

ἕτερόν τι τὸ εἷς ἄνθρωπος τοῦ ἄνθρωπος (ὥσπερ οὐδὲ τὸ εἶναι παρὰ τὸ τί ἢ ποῖον ἢ πόσον) καὶ τὸ ἑνὶ εἶναι τοῦ ἑκάστῳ εἶναι.

20 Ἀντίκειται δὲ τὸ ἓν καὶ τὰ πολλὰ κατὰ πλείους τρό- 3 πους, ὧν ἕνα τὸ ἓν καὶ τὸ πλῆθος ὡς ἀδιαίρετον καὶ διαιρετόν· τὸ μὲν γὰρ ἢ διῃρημένον ἢ διαιρετὸν πλῆθός τι λέγεται, τὸ δὲ ἀδιαίρετον ἢ μὴ διῃρημένον ἕν. ἐπεὶ οὖν αἱ ἀντιθέσεις τετραχῶς, καὶ οὔτε κατὰ στέρησιν λέγεται θάτερον
25 [ἐναντία ἂν εἴη καὶ] οὔτε ὡς ἀντίφασις οὔτε ὡς τὰ πρός τι λεγόμενα, ⟨ἐναντία ἂν εἴη⟩. λέγεται δὲ ἐκ τοῦ ἐναντίου καὶ δηλοῦται τὸ ἕν, ἐκ τοῦ διαιρετοῦ τὸ ἀδιαίρετον, διὰ τὸ μᾶλλον αἰσθητὸν τὸ πλῆθος εἶναι καὶ τὸ διαιρετὸν ἢ τὸ ἀδιαίρετον, ὥστε τῷ λόγῳ πρότερον τὸ πλῆθος τοῦ ἀδιαιρέτου διὰ τὴν αἴσθησιν. ἔστι δὲ τοῦ
30 μὲν ἑνός, ὥσπερ καὶ ἐν τῇ διαιρέσει τῶν ἐναντίων διεγράψαμεν, τὸ ταὐτὸ καὶ ὅμοιον καὶ ἴσον, τοῦ δὲ πλήθους τὸ ἕτερον καὶ ἀνόμοιον καὶ ἄνισον. λεγομένου δὲ τοῦ ταὐτοῦ πολλαχῶς, ἕνα μὲν τρόπον κατ' ἀριθμὸν λέγομεν ἐνίοτε ταὐτό, τὸ δ' ἐὰν καὶ λόγῳ καὶ ἀριθμῷ ἓν ᾖ, οἷον
35 σὺ σαυτῷ καὶ τῷ εἴδει καὶ τῇ ὕλῃ ἕν· ἔτι δ' ἐὰν ὁ λόγος ὁ τῆς πρώτης οὐσίας εἷς ᾖ, οἷον αἱ ἴσαι γραμμαὶ εὐθεῖαι αἱ αὐταί, καὶ τὰ ἴσα καὶ ἰσογώνια τετράγωνα, καίτοι πλείω· ἀλλ' ἐν τούτοις ἡ ἰσότης ἑνότης. ὅμοια δὲ ἐὰν μὴ ταὐτὰ ἁπλῶς ὄντα, μηδὲ κατὰ τὴν οὐσίαν ἀδιάφορα τὴν
5 συγκειμένην, κατὰ τὸ εἶδος ταὐτὰ ᾖ, ὥσπερ τὸ μεῖζον τετράγωνον τῷ μικρῷ ὅμοιον, καὶ αἱ ἄνισοι εὐθεῖαι· αὗται γὰρ

18 τῷ εἶναι ante τὸ ἑνὶ add. Ross   τοῦ scripsi; τὸ codd. pendet a τῷ μὴ προσκατηγορεῖσθαι   24 οὔτε A^b Al^p: τούτων Π   25 ἐναντία ἂν εἴη post λεγόμενα transponenda esse vidit Bonitz, del. καὶ   λεγόμενα om. A^b Arab   29 ἔτι A^b   δὴ Al^p   31 τὸ pr. E A^b Al^c: om. J   32 τοῦ A^b Al^c: om. Π   33 ἕνα Π Al^p: καὶ ἕνα A^b   ὃ post ἀριθμὸν add. Π Al^p: om. A^b   34 ταὐτό ex Al^p restitui: αὐτὸ codd.; cf. Δ 9   τὸ δ' Π: τοῦτο δὲ A^b: τοῦτο· τὸ δὲ Al^p γρ: ἕν τισιν αὐτὸ τοῦτο E marg.; τοῦτο ex ταὐτὸ ortum erat   1054^b 2 καὶ alt. A^b Al^p: καὶ τὰ Π   5 συγκειμένην A^b Al^c E γρ: ὑποκειμένην Π   ᾖ om. A^b Al^c   ὥσπερ A^b Al^p: οἷον Π

200

ΤΩΝ ΜΕΤΑ ΤΑ ΦΥΣΙΚΑ Ι 1054ᵇ

ὅμοιαι μέν, αἱ αὐταὶ δὲ ἁπλῶς οὔ. τὰ δὲ ἐὰν τὸ αὐτὸ
εἶδος ἔχοντα, ἐν οἷς τὸ μᾶλλον καὶ ἧττον ἐγγίγνεται, μήτε
μᾶλλον ᾖ μήτε ἧττον. τὰ δὲ ἐὰν ᾖ τὸ αὐτὸ πάθος καὶ ἐν
τῷ εἴδει, οἷον τὸ λευκόν, σφόδρα καὶ ἧττον, ὅμοιά φασιν 10
εἶναι ὅτι ἓν τὸ εἶδος αὐτῶν. τὰ δὲ ἐὰν πλείω ἔχῃ ταὐτὰ
ἢ ἕτερα, ἢ ἁπλῶς ἢ τὰ πρόχειρα, οἷον καττίτερος ἀργύρῳ
⟨ᾗ λευκόν⟩, ἢ χρυσῷ πῦρ ᾗ ξανθὸν καὶ πυρρόν. ὥστε δῆλον
ὅτι καὶ τὸ ἕτερον καὶ τὸ ἀνόμοιον πολλαχῶς λέγεται. καὶ
τὸ μὲν ἄλλο ἀντικειμένως καὶ τὸ ταὐτό, διὸ ἅπαν πρὸς 15
ἅπαν ἢ ταὐτὸ ἢ ἄλλο· τὸ δ' ἐὰν μὴ καὶ ἡ ὕλη καὶ ὁ
λόγος εἷς, διὸ σὺ καὶ ὁ πλησίον ἕτερος· τὸ δὲ τρίτον ὡς
τὰ ἐν τοῖς μαθηματικοῖς. τὸ μὲν οὖν ἕτερον ἢ ταὐτὸ διὰ τοῦτο
πᾶν πρὸς πᾶν λέγεται, ὅσα λέγεται ἓν καὶ ὄν· οὐ γὰρ
ἀντίφασίς ἐστι τοῦ ταὐτοῦ, διὸ οὐ λέγεται ἐπὶ τῶν μὴ ὄντων 20
(τὸ δὲ μὴ ταὐτὰ λέγεται), ἐπὶ δὲ τῶν ὄντων πάντων· ἢ
γὰρ ἓν ἢ οὐχ ἓν ⟨ὃ ἂν ᾖ⟩ πεφυκὸς ὂν καὶ ἕν. τὸ μὲν οὖν ἕτερον
καὶ ταὐτὸν οὕτως ἀντίκειται, διαφορὰ δὲ καὶ ἑτερότης ἄλλο.
τὸ μὲν γὰρ ἕτερον καὶ οὗ ἕτερον οὐκ ἀνάγκη εἶναί τινι ἕτερον·
πᾶν γὰρ ἢ ἕτερον ἢ ταὐτὸ ὅ τι ἂν ᾖ ὄν· τὸ δὲ διάφορον 25
τινὸς τινὶ διάφορον, ὥστε ἀνάγκη ταὐτό τι εἶναι ᾧ δια-
φέρουσιν. τοῦτο δὲ τὸ ταὐτὸ γένος ἢ εἶδος· πᾶν γὰρ τὸ διαφέρον
διαφέρει ἢ γένει ἢ εἴδει, γένει μὲν ὧν μὴ ἔστι κοινὴ ἡ ὕλη
μηδὲ γένεσις εἰς ἄλληλα, οἷον ὅσων ἄλλο σχῆμα τῆς κατ-
ηγορίας, εἴδει δὲ ὧν τὸ αὐτὸ γένος (λέγεται δὲ γένος ᾧ 30

7 δὲ pr. om. Aᵇ   12 ᾖ pr. ... ἁπλῶς om. Alᵖ aberrans ad ᾖ τὰ πρό-
χειρα, legit igitur eius exemplar ᾖ τὰ ἕτερα, sed cf. 1018ᵃ16   τὰ ἕτερα Π
13 ᾗ λευκόν ex Alᵖ supplet Ross praeeunte Schwegler (ᾗ λευκός)   ἢ χρυσῷ
πῦρ Π Lat: χρυσὸς δὲ πυρὶ Alᵖ: ἢ χρυσῷ χρυσὸς δὲ πυρὶ Aᵇ var. lect. con-
taminans   ᾗ alt.] ᾗ Π (in ras. E)   καὶ τὸ πυρρόν E   19 οὐ Π Alᶜ: οὐδὲ
Aᵇ   22 ὃ ἂν ᾖ supplevi   πεφυκὸς Π Aᵇ Alᵖ: πέφυχ' ὅσα Ross praeeunte
Apelt; cf. 19 et 25   καὶ ante ὂν add. Π Alᵖ: καὶ post ὂν om. J: ὂν καὶ
in ras. E²   26 τὸ αὐτό E sscr. γρ: αὐτό· τὸ ταυτό J   27 τὸ ταὐτὸ
Π Alᶜ: τὸ αὐτὸ Aᵇ   ἢ γένος ἢ Alᶜ   30 ᾧ scripsi: ὃ codd. edd.: ἐν ᾧ
Alᵖ: quo Bessario

201

ΤΩΝ ΜΕΤΑ ΤΑ ΦΥΣΙΚΑ Ι

ἄμφω τὸ αὐτὸ λέγονται κατὰ τὴν οὐσίαν τὰ διάφορα). τὰ δ' ἐναντία διάφορα, καὶ ἡ ἐναντίωσις διαφορά τις. ὅτι δὲ καλῶς τοῦτο ὑποτιθέμεθα, δῆλον ἐκ τῆς ἐπαγωγῆς· πάντα γὰρ διαφέροντα φαίνεται καὶ ταῦτα, οὐ μόνον ἕτερα 35 ὄντα ἀλλὰ τὰ μὲν τὸ γένος ἕτερα τὰ δ' ἐν τῇ αὐτῇ συ- 1055ª στοιχίᾳ τῆς κατηγορίας, ὥστ' ἐν ταὐτῷ γένει καὶ ταὐτὰ τῷ γένει. διώρισται δ' ἐν ἄλλοις ποῖα τῷ γένει ταὐτὰ ἢ ἕτερα.

Ἐπεὶ δὲ διαφέρειν ἐνδέχεται ἀλλήλων τὰ διαφέροντα 4 πλεῖον καὶ ἔλαττον, ἔστι τις καὶ μεγίστη διαφορά, καὶ ταύ-
5 την λέγω ἐναντίωσιν. ὅτι δ' ἡ μεγίστη ἐστὶ διαφορά, δῆλον ἐκ τῆς ἐπαγωγῆς. τὰ μὲν γὰρ γένει διαφέροντα οὐκ ἔχει ὁδὸν εἰς ἄλληλα, ἀλλ' ἀπέχει πλέον καὶ ἀσύμβλητα· τοῖς δ' εἴδει διαφέρουσιν αἱ γενέσεις ἐκ τῶν ἐναντίων εἰσὶν ὡς ἐσχάτων, τὸ δὲ τῶν ἐσχάτων διάστημα μέγιστον, ὥστε
10 καὶ τὸ τῶν ἐναντίων. ἀλλὰ μὴν τό γε μέγιστον ἐν ἑκάστῳ γένει τέλειον. μέγιστόν τε γὰρ οὗ μὴ ἔστιν ὑπερβολή, καὶ τέλειον οὗ μὴ ἔστιν ἔξω λαβεῖν τι δυνατόν· τέλος γὰρ ἔχει ἡ τελεία διαφορά (ὥσπερ καὶ τἆλλα τῷ τέλος ἔχειν λέγεται τέλεια), τοῦ δὲ τέλους οὐθὲν ἔξω· ἔσχατον γὰρ ἐν παντὶ
15 καὶ περιέχει, διὸ οὐδὲν ἔξω τοῦ τέλους, οὐδὲ προσδεῖται οὐδενὸς τὸ τέλειον. ὅτι μὲν οὖν ἡ ἐναντιότης ἐστὶ διαφορὰ τέλειος, ἐκ τούτων δῆλον· πολλαχῶς δὲ λεγομένων τῶν ἐναντίων, ἀκολουθήσει τὸ τελείως οὕτως ὡς ἂν καὶ τὸ ἐναντίοις εἶναι ὑπάρχῃ αὐτοῖς. τούτων δὲ ὄντων φανερὸν ὅτι οὐκ ἐνδέχεται
20 ἑνὶ πλείω ἐναντία εἶναι (οὔτε γὰρ τοῦ ἐσχάτου ἐσχατώτερον εἴη ἄν τι, οὔτε τοῦ ἑνὸς διαστήματος πλείω δυοῖν ἔσχατα),

---

31 λέγεται Aᵇ   τὰ δ' ἐναντία ... διαφορά τις huc non pertinere censet Bonitz, cum haec capite sequenti tractentur, at cf. Ross, comm. ad loc. 34 τε ante φαίνεται add. Π: om. Aᵇ Alᵖ   τὰ διαφέροντα φαίνεται καὶ ταὐτά cum Alᵖ Bonitz; locus nondum sanatus, cf. 1018ª12   ταῦτα cum vulg. Ross: om. Aᵇ: ταὐτὰ Π Alᵖ   1055ª 2 γένει pr. Aᵇ Alᶜ: εἴδει Π ἐν ἄλλοις] 1018ª4 sq.   4 ἔστι Π Alᶜ: καὶ ἔστι Aᵇ   6 οὐκ Π Alᶜ: οὐδ' Aᵇ   7 πλεῖστον Alᶜ   ἀσύμβλητα Aᵇ Alᵖ E² (in ras.): ἀσύμβλητον Π: 20 τοῦ om. E

ΤΩΝ ΜΕΤΑ ΤΑ ΦΥΣΙΚΑ Ι   1055ᵃ

ὅλως τε εἰ ἔστιν ἡ ἐναντιότης διαφορά, ἡ δὲ διαφορὰ δυοῖν, ὥστε καὶ ἡ τέλειος. ἀνάγκη δὲ καὶ τοὺς ἄλλους ὅρους ἀληθεῖς εἶναι τῶν ἐναντίων. καὶ γὰρ πλεῖστον διαφέρει ἡ τέλειος διαφορά (τῶν τε γὰρ γένει διαφερόντων οὐκ ἔστιν ἐξωτέρω 25 λαβεῖν καὶ τῶν εἴδει· δέδεικται γὰρ ὅτι πρὸς τὰ ἔξω τοῦ γένους οὐκ ἔστι διαφορά, τούτων δ' αὕτη μεγίστη), καὶ τὰ ἐν ταὐτῷ γένει πλεῖστον διαφέροντα ἐναντία (μεγίστη γὰρ διαφορὰ τούτων ἡ τέλειος), καὶ τὰ ἐν τῷ αὐτῷ δεκτικῷ πλεῖστον διαφέροντα ἐναντία (ἡ γὰρ ὕλη ἡ αὐτὴ τοῖς ἐναντίοις) 30 καὶ τὰ ὑπὸ τὴν αὐτὴν δύναμιν πλεῖστον διαφέροντα (καὶ γὰρ ἡ ἐπιστήμη περὶ ἓν γένος ἡ μία)· ἐν οἷς ἡ τελεία διαφορὰ μεγίστη.—πρώτη δὲ ἐναντίωσις ἕξις καὶ στέρησίς ἐστιν· οὐ πᾶσα δὲ στέρησις (πολλαχῶς γὰρ λέγεται ἡ στέρησις) ἀλλ' ἥτις ἂν τελεία ᾖ. τὰ δ' ἄλλα ἐναντία κατὰ ταῦτα 35 λεχθήσεται, τὰ μὲν τῷ ἔχειν τὰ δὲ τῷ ποιεῖν ἢ ποιητικὰ εἶναι τὰ δὲ τῷ λήψεις εἶναι καὶ ἀποβολαὶ τούτων ἢ ἄλλων ἐναντίων. εἰ δὴ ἀντίκειται μὲν ἀντίφασις καὶ στέρησις καὶ ἐναντιότης καὶ τὰ πρός τι, τούτων δὲ πρῶτον ἀντίφασις, ἀντι- 1055ᵇ φάσεως δὲ μηδέν ἐστι μεταξύ, τῶν δὲ ἐναντίων ἐνδέχεται, ὅτι μὲν οὐ ταὐτὸν ἀντίφασις καὶ τἀναντία δῆλον· ἡ δὲ στέρησις ἀντίφασίς τίς ἐστιν· ἢ γὰρ τὸ ἀδύνατον ὅλως ἔχειν, ἢ ὃ ἂν πεφυκὸς ἔχειν μὴ ἔχῃ, ἐστέρηται ἢ ὅλως ἢ πὼς 5 ἀφορισθέν (πολλαχῶς γὰρ ἤδη τοῦτο λέγομεν, ὥσπερ διῄρηται ἡμῖν ἐν ἄλλοις), ὥστ' ἐστὶν ἡ στέρησις ἀντίφασίς τις ἢ ἀδυναμία διορισθεῖσα ἢ συνειλημμένη τῷ δεκτικῷ· διὸ ἀντιφάσεως μὲν οὐκ ἔστι μεταξύ, στερήσεως δέ τινος ἔστιν· ἴσον μὲν γὰρ ἢ οὐκ ἴσον πᾶν, ἴσον δ' ἢ ἄνισον οὐ πᾶν, ἀλλ' εἴπερ, 10 μόνον ἐν τῷ δεκτικῷ τοῦ ἴσου. εἰ δὴ αἱ γενέσεις τῇ ὕλῃ ἐκ τῶν ἐναντίων, γίγνονται δὲ ἢ ἐκ τοῦ εἴδους καὶ τῆς τοῦ εἴδους ἕξεως ἢ ἐκ στερήσεώς τινος τοῦ εἴδους καὶ τῆς μορφῆς, δῆλον

22 τε Π: δὲ Aᵇ Alᶜ   23 ὥστε om. Alᶜ   26 γὰρ Π Alᶜ: om. Aᵇ
28 τἀναντία Π : ἐναντ. in ras. E²   30 ἐναντία Aᵇ Alᵖ: om. Π   1055ᵇ 6
ἤδη om. Alᶜ   διῄρηται] Δ 22   9 μεταξύ τι Alᶜ; cf. 1056ᵃ15   13 ἐκ om. Π

ΤΩΝ ΜΕΤΑ ΤΑ ΦΥΣΙΚΑ Ι

ὅτι ἡ μὲν ἐναντίωσις στέρησις ἂν εἴη πᾶσα, ἡ δὲ στέρησις ἴσως οὐ πᾶσα ἐναντιότης (αἴτιον δ' ὅτι πολλαχῶς ἐνδέχεται ἐστερῆσθαι τὸ ἐστερημένον)· ἐξ ὧν γὰρ αἱ μεταβολαὶ ἐσχάτων, ἐναντία ταῦτα. φανερὸν δὲ καὶ διὰ τῆς ἐπαγωγῆς. πᾶσα γὰρ ἐναντίωσις ἔχει στέρησιν θατέρου τῶν ἐναντίων, ἀλλ' οὐχ ὁμοίως πάντα· ἀνισότης μὲν γὰρ ἰσότητος ἀνομοιότης δὲ ὁμοιότητος κακία δὲ ἀρετῆς, διαφέρει δὲ ὥσπερ εἴρηται· τὸ μὲν γὰρ ἐὰν μόνον ᾖ ἐστερημένον, τὸ δ' ἐὰν ᾖ ποτε ἢ ἔν τινι, οἷον ἂν ἐν ἡλικίᾳ τινὶ ἢ τῷ κυρίῳ, ἢ πάντῃ· διὸ τῶν μὲν ἔστι μεταξύ, καὶ ἔστιν οὔτε ἀγαθὸς ἄνθρωπος οὔτε κακός, τῶν δὲ οὐκ ἔστιν, ἀλλ' ἀνάγκη εἶναι ἢ περιττὸν ἢ ἄρτιον. ἔτι τὰ μὲν ἔχει τὸ ὑποκείμενον ὡρισμένον, τὰ δ' οὔ. ὥστε φανερὸν ὅτι ἀεὶ θάτερον τῶν ἐναντίων λέγεται κατὰ στέρησιν· ἀπόχρη δὲ κἂν τὰ πρῶτα καὶ τὰ γένη τῶν ἐναντίων, οἷον τὸ ἓν καὶ τὰ πολλά· τὰ γὰρ ἄλλα εἰς ταῦτα ἀνάγεται.

Ἐπεὶ δὲ ἓν ἑνὶ ἐναντίον, ἀπορήσειεν ἄν τις πῶς 5 ἀντίκειται τὸ ἓν καὶ τὰ πολλά, καὶ τὸ ἴσον τῷ μεγάλῳ καὶ τῷ μικρῷ. εἰ γὰρ τὸ πότερον ἀεὶ ἐν ἀντιθέσει λέγομεν, οἷον πότερον λευκὸν ἢ μέλαν, καὶ πότερον λευκὸν ἢ οὐ λευκόν (πότερον δὲ ἄνθρωπος ἢ λευκὸν οὐ λέγομεν, ἐὰν μὴ ἐξ ὑποθέσεως καὶ ζητοῦντες οἷον πότερον ἦλθε Κλέων ἢ Σωκράτης—ἀλλ' οὐκ ἀνάγκη ἐν οὐδενὶ γένει τοῦτο· ἀλλὰ καὶ τοῦτο ἐκεῖθεν ἐλήλυθεν· τὰ γὰρ ἀντικείμενα μόνα οὐκ ἐνδέχεται ἅμα ὑπάρχειν, ᾧ καὶ ἐνταῦθα χρῆται ἐν τῷ πότερος ἦλθεν· εἰ γὰρ ἅμα ἐνεδέχετο, γελοῖον τὸ ἐρώτημα· εἰ δέ, καὶ οὕτως ὁμοίως ἐμπίπτει εἰς ἀντίθεσιν, εἰς τὸ ἓν ἢ πολλά, οἷον πότερον ἀμφότεροι ἦλθον ἢ ἅτερος)·—εἰ δὴ ἐν τοῖς ἀντι-

14 ἂν A^b Al^p: ἄν τις Π   18 θάτερον A^b Al^p; distat 26   21 ᾖ alt. codd. Lat : ἢ Al^p   22 ἂν et 24 ᾖ pr. Π Al^p: om. A^b   25 ὅτι ex Al^p ci. Bonitz   30 ἑνί ἐστιν Π   32 τῷ om. A^b   εἰ γὰρ τὸ A^b Al^p E γρ: τὸ γὰρ Π; apodosin sententiae a 36 incipere vidit Ross   35 καὶ omitti mavult Ross; cf. ἐρωτᾶν ... ἐξ ὑποθέσεως Al^p   πότερος A^b; cf. 38   1056^a 2 ὁμοίως J A^b: ὅμως E

ΤΩΝ ΜΕΤΑ ΤΑ ΦΥΣΙΚΑ Ι 1056ᵃ

κειμένοις ἀεὶ τοῦ ποτέρου ἡ ζήτησις, λέγεται δὲ πότερον μεῖζον ἢ ἔλαττον ἢ ἴσον, τίς ἐστιν ἡ ἀντίθεσις πρὸς ταῦτα τοῦ 5 ἴσου; οὔτε γὰρ θατέρῳ μόνῳ ἐναντίον οὔτ' ἀμφοῖν· τί γὰρ μᾶλλον τῷ μείζονι ἢ τῷ ἐλάττονι; ἔτι τῷ ἀνίσῳ ἐναντίον τὸ ἴσον, ὥστε πλείοσιν ἔσται ἢ ἑνί. εἰ δὲ τὸ ἄνισον σημαίνει τὸ αὐτὸ ἅμα ἀμφοῖν, εἴη μὲν ἂν ἀντικείμενον ἀμφοῖν (καὶ ἡ ἀπορία βοηθεῖ τοῖς φάσκουσι τὸ ἄνισον δυάδα 10 εἶναι), ἀλλὰ συμβαίνει ἓν δυοῖν ἐναντίον· ὅπερ ἀδύνατον. ἔτι τὸ μὲν ἴσον μεταξὺ φαίνεται μεγάλου καὶ μικροῦ, ἐναντίωσις δὲ μεταξὺ οὐδεμία οὔτε φαίνεται οὔτε ἐκ τοῦ ὁρισμοῦ δυνατόν· οὐ γὰρ ἂν εἴη τελεία μεταξύ τινος οὖσα, ἀλλὰ μᾶλλον ἔχει ἀεὶ ἑαυτῆς τι μεταξύ. λείπεται δὴ ἢ ὡς ἀπόφασιν ἀντι- 15 κεῖσθαι ἢ ὡς στέρησιν. θατέρου μὲν δὴ οὐκ ἐνδέχεται (τί γὰρ μᾶλλον τοῦ μεγάλου ἢ μικροῦ;)· ἀμφοῖν ἄρα ἀπόφασις στερητική, διὸ καὶ πρὸς ἀμφότερα τὸ πότερον λέγεται, πρὸς δὲ θάτερον οὔ (οἷον πότερον μεῖζον ἢ ἴσον, ἢ πότερον ἴσον ἢ ἔλαττον), ἀλλ' ἀεὶ τρία. οὐ στέρησις δὲ ἐξ ἀνάγκης· οὐ γὰρ 20 πᾶν ἴσον ὃ μὴ μεῖζον ἢ ἔλαττον, ἀλλ' ἐν οἷς πέφυκεν ἐκεῖνα.—ἔστι δὴ τὸ ἴσον τὸ μήτε μέγα μήτε μικρόν, πεφυκὸς δὲ μέγα ἢ μικρὸν εἶναι· καὶ ἀντίκειται ἀμφοῖν ὡς ἀπόφασις στερητική, διὸ καὶ μεταξύ ἐστιν. καὶ τὸ μήτε ἀγαθὸν μήτε κακὸν ἀντίκειται ἀμφοῖν, ἀλλ' ἀνώνυμον· 25 πολλαχῶς γὰρ λέγεται ἑκάτερον καὶ οὐκ ἔστιν ἓν τὸ δεκτικόν, ἀλλὰ μᾶλλον τὸ μήτε λευκὸν μήτε μέλαν. ἓν δὲ οὐδὲ τοῦτο λέγεται, ἀλλ' ὡρισμένα πως ἐφ' ὧν λέγεται στερητικῶς ἡ ἀπόφασις αὕτη· ἀνάγκη γὰρ ἢ φαιὸν ἢ

7 τῷ pr. Aᵇ E γρ: ἢ τῷ Π   8 ὥστ' ἐν πλείοσιν Π   ἢ ἐν ἑνί E
9 ἅμα om. Aᵇ Alᵖ   10 βοηθεῖ Π Alᵖ: βοήθεια Aᵇ   13 οὐδεμία om.
Π   15 ἔχει ἀεὶ Π Aᵇ: ἀεὶ om. E γρ Alᵖ; an erat ἔχειν δεῖ?   ἑαυτῆς
Π Alᵖ: αὕτη Aᵇ; an αὐτή?   μεταξύ J Aᵇ Alᵖ: μεταξύ τινος οὖσα E ad 14
aberrans, unde τινος οὖσα in marg. J   21 ὃ μὴ] ἢ Alᶜ   22 ἐκεῖνα]
εἶναι J in ras.   23 μέγα Π Alᶜ: ἢ μέγα Aᵇ   24 στερητικὴ στέρησις Al γρ; sed στέρησις in eius exemplari pro ἀπόφασις στερ. sscr. erat et lectiones contaminavit   28 οὐ Π   post πως add. τὰ χρώματα Π Alᶜ: om. Aᵇ

ὠχρὸν εἶναι ἢ τοιοῦτόν τι ἄλλο. ὥστε οὐκ ὀρθῶς ἐπιτιμῶσιν οἱ νομίζοντες ὁμοίως λέγεσθαι πάντα, ὥστε ἔσεσθαι ὑποδήματος καὶ χειρὸς μεταξὺ τὸ μήτε ὑπόδημα μήτε χεῖρα, ἐπείπερ καὶ τὸ μήτε ἀγαθὸν μήτε κακὸν τοῦ ἀγαθοῦ καὶ τοῦ κακοῦ, ὡς πάντων ἐσομένου τινὸς μεταξύ. οὐκ ἀνάγκη δὲ τοῦτο συμβαίνειν. ἡ μὲν γὰρ ἀντικειμένων συναπόφασίς ἐστιν ὧν ἔστι μεταξύ τι καὶ διάστημά τι πέφυκεν εἶναι· τῶν δ' οὐκ ἔστι διαφορά· ἐν ἄλλῳ γὰρ γένει ὧν αἱ συναποφάσεις, ὥστ' οὐχ ἓν τὸ ὑποκείμενον.

Ὁμοίως δὲ καὶ περὶ τοῦ ἑνὸς καὶ τῶν πολλῶν ἀπορή- 6 σειεν ἄν τις. εἰ γὰρ τὰ πολλὰ τῷ ἑνὶ ἁπλῶς ἀντίκειται, συμβαίνει ἔνια ἀδύνατα. τὸ γὰρ ἓν ὀλίγον ἢ ὀλίγα ἔσται· τὰ γὰρ πολλὰ καὶ τοῖς ὀλίγοις ἀντίκειται. ἔτι τὰ δύο πολλά, εἴπερ τὸ διπλάσιον πολλαπλάσιον, λέγεται δὲ κατὰ τὰ δύο· ὥστε τὸ ἓν ὀλίγον· πρὸς τί γὰρ πολλὰ τὰ δύο εἰ μὴ πρὸς ἕν τε καὶ τὸ ὀλίγον; οὐθὲν γάρ ἐστιν ἔλαττον. ἔτι εἰ ὡς ἐν μήκει τὸ μακρὸν καὶ βραχύ, οὕτως ἐν πλήθει τὸ πολὺ καὶ ὀλίγον, καὶ ὃ ἂν ᾖ πολὺ καὶ πολλά, καὶ τὰ πολλὰ πολύ (εἰ μή τι ἄρα διαφέρει ἐν συνεχεῖ εὐορίστῳ), τὸ ὀλίγον πλῆθός τι ἔσται. ὥστε τὸ ἓν πλῆθός τι, εἴπερ καὶ ὀλίγον· τοῦτο δ' ἀνάγκη, εἰ τὰ δύο πολλά. ἀλλ' ἴσως τὰ πολλὰ λέγεται μέν πως καὶ [τὸ] πολύ, ἀλλ' ὡς διαφέρον, οἷον ὕδωρ πολύ, πολλὰ δ' οὔ. ἀλλ' ὅσα διαιρετά, ἐν τούτοις λέγεται, ἕνα μὲν τρόπον ἐὰν ᾖ πλῆθος ἔχον ὑπεροχὴν ἢ ἁπλῶς ἢ πρός τι (καὶ τὸ ὀλίγον ὡσαύτως πλῆθος ἔχον ἔλλειψιν), τὸ δὲ ὡς ἀριθμός, ὃ καὶ ἀντίκειται τῷ ἑνὶ

30 ἄλλο Π Alp: ἄλλο ὡρισμένον Aᵇ   31 ἔσεσθαι] λέγεσθαι E γρ
33 εἴπερ Π   διὰ τὸ Alp   34 τοῦ om. Aᵇ   35 ἡ μ. γ. συν. τῶν
ἀντικειμένων ἐστί, καὶ ὧν Al   1056ᵇ 2 συναποφάσεις εἰσί Alᶜ ut vid.
7 κατὰ Π Alp: καὶ Aᵇ   8 τὰ pr. om. Arab   post δύο pr. διπλάσια
add. Aᵇ Alp   9 καὶ τὸ Π Alp: καὶ πρὸς τὸ Aᵇ   10 εἰ om. Aᵇ Alᶜ
12 ἀορίστῳ E γρ Alᶜ qui de aqua cogitat sed utramque lect. novit
13 ἔσται (ἔστι J) post τι alt. add. Π   15 πως Aᵇ Alp: ὡς Π   τὸ cum
Alp om. Bonitz   18 ᾖ pr. Π Alᶜ: om. Aᵇ

μόνον. οὕτως γὰρ λέγομεν ἓν ᾗ πολλά, ὥσπερ εἴ τις εἴποι ἓν καὶ ἕνα ἢ λευκὸν καὶ λευκά, καὶ τὰ μεμετρημένα πρὸς τὸ μέτρον [καὶ τὸ μετρητόν]· οὕτως καὶ τὰ πολλαπλάσια λέγεται· πολλὰ γὰρ ἕκαστος ὁ ἀριθμὸς ὅτι ἕνα καὶ ὅτι μετρητὸς ἑνὶ ἕκαστος, καὶ ὡς τὸ ἀντικείμενον τῷ ἑνί, οὐ τῷ ὀλίγῳ. οὕτω μὲν οὖν ἐστὶ πολλὰ καὶ τὰ δύο, ὡς δὲ πλῆθος ἔχον ὑπεροχὴν ἢ πρός τι ἢ ἁπλῶς οὐκ ἔστιν, ἀλλὰ πρῶτον. ὀλίγα δ' ἁπλῶς τὰ δύο· πλῆθος γάρ ἐστιν ἔλλειψιν ἔχον πρῶτον (διὸ καὶ οὐκ ὀρθῶς ἀπέστη Ἀναξαγόρας εἰπὼν ὅτι ὁμοῦ πάντα χρήματα ἦν ἄπειρα καὶ πλήθει καὶ μικρότητι, ἔδει δ' εἰπεῖν ἀντὶ τοῦ " καὶ μικρότητι " " καὶ ὀλιγότητι "· οὐ γὰρ ἄπειρα), ἐπεὶ τὸ ὀλίγον οὐ διὰ τὸ ἕν, ὥσπερ τινές φασιν, ἀλλὰ διὰ τὰ δύο.—ἀντίκειται δὴ τὸ ἓν καὶ τὰ πολλὰ τὰ ἐν ἀριθμοῖς ὡς μέτρον μετρητῷ· ταῦτα δὲ ὡς τὰ πρός τι, ὅσα μὴ καθ' αὑτὰ τῶν πρός τι. διῄρηται δ' ἡμῖν ἐν ἄλλοις ὅτι διχῶς λέγεται τὰ πρός τι, τὰ μὲν ὡς ἐναντία, τὰ δ' ὡς ἐπιστήμη πρὸς ἐπιστητόν, τῷ λέγεσθαί τι ἄλλο πρὸς αὐτό. τὸ δὲ ἓν ἔλαττον εἶναι τινός, οἷον τοῖν δυοῖν, οὐδὲν κωλύει· οὐ γάρ, εἰ ἔλαττον, καὶ ὀλίγον. τὸ δὲ πλῆθος οἷον γένος ἐστὶ τοῦ ἀριθμοῦ· ἔστι γὰρ ἀριθμὸς πλῆθος ἑνὶ μετρητόν, καὶ ἀντίκειταί πως τὸ ἓν καὶ ἀριθμός, οὐχ ὡς ἐναντίον ἀλλ' ὥσπερ εἴρηται τῶν πρός τι ἔνια· ᾗ γὰρ μέτρον τὸ δὲ μετρητόν, ταύτῃ ἀντίκειται, διὸ οὐ πᾶν ὃ ἂν ᾖ ἓν ἀριθμός ἐστιν, οἷον εἴ τι ἀδιαίρετόν ἐστιν. ὁμοίως δὲ λεγομένη ἡ ἐπιστήμη πρὸς τὸ ἐπιστητὸν οὐχ ὁμοίως ἀποδίδωσιν. δόξειε μὲν γὰρ ἂν μέτρον ἡ ἐπιστήμη εἶναι τὸ δὲ ἐπιστητὸν

21 τὰ μεμετρημένα πρός secl. Schwegler: καὶ ⟨ὥσπερ⟩ τὰ malim virgula post μέτρον posita   πρός ... 22 μετρητόν] πρός ... μετρητικὸν Bywater: καὶ τὸ μετρητόν ante πρὸς τὸ μέτρον transp. Bonitz   22 καὶ τὸ μετρητόν seclusi (BBA 274) ut var. lect. ad τὰ μεμετρημένα   23 λέγεται πολλά· πολλὰ A^b: πολλὰ pr. om. Π Al^c   ἕνα A^b: πολλὰ ἕνα Al^p: ἓν Π   28 καὶ om. Π   32–33 καὶ τὰ πολλὰ A^b: καὶ τὸ πολὺ Al^c: τοῖς πολλοῖς Π (om. τὰ ἐν ἀριθμοῖς)   33 ταῦτα A^b Al^c E γρ: τὰ Π   34 ὅσα ... τι Π Al^p: om. A^b   35 ἐν ἄλλοις] Δ 15   1057ᵃ 3 οἷον A^b: οἷον ὡς Π Al^p var. lect. οἷον et ὡς contaminantes   5 ἐναντία Al^p

ΤΩΝ ΜΕΤΑ ΤΑ ΦΥΣΙΚΑ Ι

τὸ μετρούμενον, συμβαίνει δὲ ἐπιστήμην μὲν πᾶσαν ἐπιστητὸν εἶναι τὸ δὲ ἐπιστητὸν μὴ πᾶν ἐπιστήμην, ὅτι τρόπον τινὰ ἡ ἐπιστήμη μετρεῖται τῷ ἐπιστητῷ. τὸ δὲ πλῆθος οὔτε τῷ ὀλίγῳ ἐναντίον—ἀλλὰ τούτῳ μὲν τὸ πολὺ ὡς ὑπερέχον πλῆθος ὑπερεχομένῳ πλήθει—οὔτε τῷ ἑνὶ πάντως· ἀλλὰ τὸ μὲν ὥσπερ εἴρηται, ὅτι διαιρετὸν τὸ δ' ἀδιαίρετον, τὸ δ' ὡς πρός τι ὥσπερ ἡ ἐπιστήμη ἐπιστητῷ, ἐὰν ᾖ ἀριθμὸς τὸ δ' ἓν μέτρον.

Ἐπεὶ δὲ τῶν ἐναντίων ἐνδέχεται εἶναί τι μεταξὺ καὶ 7 ἐνίων ἔστιν, ἀνάγκη ἐκ τῶν ἐναντίων εἶναι τὰ μεταξύ. πάντα γὰρ τὰ μεταξὺ ἐν τῷ αὐτῷ γένει ἐστὶ καὶ ὧν ἐστὶ μεταξύ. μεταξὺ μὲν γὰρ ταῦτα λέγομεν εἰς ὅσα μεταβάλλειν ἀνάγκη πρότερον τὸ μεταβάλλον (οἷον ἀπὸ τῆς ὑπάτης ἐπὶ τὴν νήτην εἰ μεταβαίνοι τῷ ὀλιγίστῳ, ἥξει πρότερον εἰς τοὺς μεταξὺ φθόγγους, καὶ ἐν χρώμασιν εἰ [ἥξει] ἐκ τοῦ λευκοῦ εἰς τὸ μέλαν, πρότερον ἥξει εἰς τὸ φοινικοῦν καὶ φαιὸν ἢ εἰς τὸ μέλαν· ὁμοίως δὲ καὶ ἐπὶ τῶν ἄλλων)· μεταβάλλειν δ' ἐξ ἄλλου γένους εἰς ἄλλο γένος οὐκ ἔστιν ἀλλ' ἢ κατὰ συμβεβηκός, οἷον ἐκ χρώματος εἰς σχῆμα. ἀνάγκη ἄρα τὰ μεταξὺ καὶ αὑτοῖς καὶ ὧν μεταξύ εἰσιν ἐν τῷ αὐτῷ γένει εἶναι. ἀλλὰ μὴν πάντα γε τὰ μεταξύ ἐστιν ἀντικειμένων τινῶν· ἐκ τούτων γὰρ μόνων καθ' αὑτὰ ἔστι μεταβάλλειν (διὸ ἀδύνατον εἶναι μεταξὺ μὴ ἀντικειμένων· εἴη γὰρ ἂν μεταβολὴ καὶ μὴ ἐξ ἀντικειμένων). τῶν δ' ἀντικειμένων ἀντιφάσεως μὲν οὐκ ἔστι μεταξύ (τοῦτο γάρ ἐστιν ἀντίφασις, ἀντίθεσις ἧς ὁτῳοῦν θάτερον μόριον πάρεστιν, οὐκ ἐχούσης οὐθὲν μεταξύ), τῶν δὲ λοιπῶν τὰ μὲν πρός τι τὰ δὲ στέρησις τὰ δὲ ἐναντία ἐστίν. τῶν δὲ πρός τι ὅσα μὴ ἐναντία, οὐκ ἔχει

---

10 ἐπιστητὸν Π: ἐπιστητὴν A[b]: ἐπιστητοῦ Ross; cf. *Cat.* 7[b]29: τὸ ἐπιστητὸν Al[c] qui comparat *De an.* iii. 4 (430[a]4?)   14 μὲν Π: μὲν ἓν A[b] E γρ: ἓν τὸ μὲν Al[p]   15 εἴρηται] 1054[a]20 sq.   ὅτι om. vid. Al[p] δ' alt. om. Π: in marg. add. E[2]   18 capp. 7–10 om. Al   τι om. A[b] an recte? cf. 1055[b]9   23 ὀλιγίστῳ λόγῳ Π   24 ἥξει secl. Christ 29 καὶ pr. om. A[b]   αὑτοῖς A[b] (om. καὶ)   31 μόνον A[b]

ΤΩΝ ΜΕΤΑ ΤΑ ΦΥΣΙΚΑ Ι 1057ᵃ

μεταξύ· αἴτιον δ' ὅτι οὐκ ἐν τῷ αὐτῷ γένει ἐστίν. τί γὰρ ἐπιστήμης καὶ ἐπιστητοῦ μεταξύ; ἀλλὰ μεγάλου καὶ μικροῦ. 1057ᵇ εἰ δ' ἐστὶν ἐν ταὐτῷ γένει τὰ μεταξύ, ὥσπερ δέδεικται, καὶ μεταξὺ ἐναντίων, ἀνάγκη αὐτὰ συγκεῖσθαι ἐκ τούτων τῶν ἐναντίων. ἢ γὰρ ἔσται τι γένος αὐτῶν ἢ οὐθέν. καὶ εἰ μὲν γένος ἔσται οὕτως ὥστ' εἶναι πρότερόν τι τῶν ἐναντίων, αἱ δια- 5 φοραὶ πρότεραι ἐναντίαι ἔσονται αἱ ποιήσασαι τὰ ἐναντία εἴδη ὡς γένους· ἐκ γὰρ τοῦ γένους καὶ τῶν διαφορῶν τὰ εἴδη (οἷον εἰ τὸ λευκὸν καὶ μέλαν ἐναντία, ἔστι δὲ τὸ μὲν διακριτικὸν χρῶμα τὸ δὲ συγκριτικὸν χρῶμα, αὗται αἱ διαφοραί, τὸ διακριτικὸν καὶ συγκριτικόν, πρότεραι· ὥστε ταῦτα ἐναν- 10 τία ἀλλήλοις πρότερα). ἀλλὰ μὴν τά γε ἐναντίως διαφέροντα μᾶλλον ἐναντία· καὶ τὰ λοιπὰ καὶ τὰ μεταξὺ ἐκ τοῦ γένους ἔσται καὶ τῶν διαφορῶν (οἷον ὅσα χρώματα τοῦ λευκοῦ καὶ μέλανός ἐστι μεταξύ, ταῦτα δεῖ ἔκ τε τοῦ γένους λέγεσθαι—ἔστι δὲ γένος τὸ χρῶμα—καὶ ἐκ διαφορῶν τινῶν· 15 αὗται δὲ οὐκ ἔσονται τὰ πρῶτα ἐναντία· εἰ δὲ μή, ἔσται ἕκαστον ἢ λευκὸν ἢ μέλαν· ἕτεραι ἄρα· μεταξὺ ἄρα τῶν πρώτων ἐναντίων αὗται ἔσονται, αἱ πρῶται δὲ διαφοραὶ τὸ διακριτικὸν καὶ συγκριτικόν)· ὥστε ταῦτα πρῶτα ζητητέον ὅσα ἐναντία μὴ ἐν γένει, ἐκ τίνος τὰ μεταξὺ αὐτῶν (ἀνάγκη 20 γὰρ τὰ ἐν τῷ αὐτῷ γένει ἐκ τῶν ἀσυνθέτων τῷ γένει συγκεῖσθαι ἢ ἀσύνθετα εἶναι). τὰ μὲν οὖν ἐναντία ἀσύνθετα ἐξ ἀλλήλων, ὥστε ἀρχαί· τὰ δὲ μεταξὺ ἢ πάντα ἢ οὐθέν. ἐκ δὲ τῶν ἐναντίων γίγνεταί τι ὥστ' ἔσται μεταβολὴ εἰς τοῦτο πρὶν ἢ εἰς αὐτά· ἑκατέρου γὰρ καὶ ἧττον ἔσται καὶ μᾶλλον. 25 μεταξὺ ἄρα ἔσται καὶ τοῦτο τῶν ἐναντίων. καὶ τἆλλα ἄρα πάντα σύνθετα τὰ μεταξύ· τὸ γὰρ τοῦ μὲν μᾶλλον τοῦ δ' ἧττον σύνθετόν πως ἐξ ἐκείνων ὧν λέγεται εἶναι τοῦ μὲν

38 τὰ ante μεταξύ add. E: om. JAᵇ   1057ᵇ 5 ἔστιν ci. Bonitz   6 πρότεραι J Aᵇ E γρ: πρότερον E J γρ   ποιήσασαι E: ποιήσουσαι ci. Ross
8 τὰ ἐναντία Π   11 πρότερα Aᵇ J E γρ: πρότερον E J γρ   14 τε Π: om. Aᵇ E²   18 δὲ om. E γρ   19 πρῶτον sscr. J

ΤΩΝ ΜΕΤΑ ΤΑ ΦΥΣΙΚΑ Ι

μᾶλλον τοῦ δ' ἧττον. ἐπεὶ δ' οὐκ ἔστιν ἕτερα πρότερα ὁμογενῆ τῶν ἐναντίων, ἅπαντ' ἂν ἐκ τῶν ἐναντίων εἴη τὰ μεταξύ, ὥστε καὶ τὰ κάτω πάντα, καὶ τἀναντία καὶ τὰ μεταξύ, ἐκ τῶν πρώτων ἐναντίων ἔσονται. ὅτι μὲν οὖν τὰ μεταξὺ ἔν τε ταὐτῷ γένει πάντα καὶ μεταξὺ ἐναντίων καὶ σύγκειται ἐκ τῶν ἐναντίων πάντα, δῆλον.

Τὸ δ' ἕτερον τῷ εἴδει τινὸς τὶ ἕτερόν ἐστι, καὶ δεῖ τοῦτο 8 ἀμφοῖν ὑπάρχειν· οἷον εἰ ζῷον ἕτερον τῷ εἴδει, ἄμφω ζῷα. ἀνάγκη ἄρα ἐν γένει τῷ αὐτῷ εἶναι τὰ ἕτερα τῷ εἴδει· τὸ γὰρ τοιοῦτο γένος καλῶ ᾧ ἄμφω ἓν ταὐτὸ λέγεται, μὴ κατὰ συμβεβηκὸς ἔχον διαφοράν, εἴτε ὡς ὕλη ὂν εἴτε ἄλλως. οὐ μόνον γὰρ δεῖ τὸ κοινὸν ὑπάρχειν, οἷον ἄμφω ζῷα, ἀλλὰ καὶ ἕτερον ἑκατέρῳ τοῦτο αὐτὸ τὸ ζῷον, οἷον τὸ μὲν ἵππον τὸ δὲ ἄνθρωπον, διὸ τοῦτο τὸ κοινὸν ἕτερον ἀλλήλων ἐστὶ τῷ εἴδει. ἔσται δὴ καθ' αὑτὰ τὸ μὲν τοιονδὶ ζῷον τὸ δὲ τοιονδί, οἷον τὸ μὲν ἵππος τὸ δ' ἄνθρωπος. ἀνάγκη ἄρα τὴν διαφορὰν ταύτην ἑτερότητα τοῦ γένους εἶναι. λέγω γὰρ γένους διαφορὰν ἑτερότητα ἣ ἕτερον ποιεῖ τοῦτο αὐτό. ἐναντίωσις τοίνυν ἔσται αὕτη (δῆλον δὲ καὶ ἐκ τῆς ἐπαγωγῆς)· πάντα γὰρ διαιρεῖται τοῖς ἀντικειμένοις, καὶ ὅτι τὰ ἐναντία ἐν ταὐτῷ γένει, δέδεικται· ἡ γὰρ ἐναντιότης ἦν διαφορὰ τελεία, ἡ δὲ διαφορὰ ἡ εἴδει πᾶσα τινός τί, ὥστε τοῦτο τὸ αὐτό τε καὶ γένος ἐπ' ἀμφοῖν (διὸ καὶ ἐν τῇ αὐτῇ συστοιχίᾳ πάντα τὰ ἐναντία τῆς κατηγορίας ὅσα εἴδει διάφορα καὶ μὴ γένει, ἕτερά τε ἀλλήλων μάλιστα—τελεία γὰρ ἡ διαφορά—καὶ ἅμα ἀλλήλοις οὐ γίγνεται). ἡ ἄρα διαφορὰ ἐναντίωσίς ἐστιν. τοῦτο ἄρα ἐστὶ τὸ ἑτέροις εἶναι τῷ εἴδει, τὸ ἐν ταὐτῷ γένει ὄντα ἐναντίωσιν ἔχειν ἄτομα ὄντα (ταὐτὰ δὲ τῷ εἴδει ὅσα μὴ ἔχει ἐναντίωσιν ἄτομα ὄντα)· ἐν γὰρ τῇ διαιρέσει καὶ

ἐν τοῖς μεταξὺ γίγνονται ἐναντιώσεις πρὶν εἰς τὰ ἄτομα 20
ἐλθεῖν· ὥστε φανερὸν ὅτι πρὸς τὸ καλούμενον γένος οὔτε
ταὐτὸν οὔτε ἕτερον τῷ εἴδει οὐθέν ἐστι τῶν ὡς γένους εἰδῶν,
προσηκόντως· ἡ γὰρ ὕλη ἀποφάσει δηλοῦται, τὸ δὲ γένος
ὕλη οὗ λέγεται γένος—μὴ ὡς τὸ τῶν Ἡρακλειδῶν ἀλλ' ὡς τὸ
ἐν τῇ φύσει, οὐδὲ πρὸς τὰ μὴ ἐν ταὐτῷ γένει, ἀλλὰ διοίσει 25
τῷ γένει ἐκείνων, εἴδει δὲ τῶν ἐν ταὐτῷ γένει. ἐναντίωσιν
γὰρ ἀνάγκη εἶναι τὴν διαφορὰν οὗ διαφέρει εἴδει· αὕτη δὲ
ὑπάρχει τοῖς ἐν ταὐτῷ γένει οὖσι μόνοις.

9   Ἀπορήσειε δ' ἄν τις διὰ τί γυνὴ ἀνδρὸς οὐκ εἴδει δια-
φέρει, ἐναντίου τοῦ θήλεος καὶ τοῦ ἄρρενος ὄντος τῆς δὲ δια- 30
φορᾶς ἐναντιώσεως, οὐδὲ ζῷον θῆλυ καὶ ἄρρεν ἕτερον τῷ
εἴδει· καίτοι καθ' αὑτὸ τοῦ ζῴου αὕτη ἡ διαφορὰ καὶ οὐχ ὡς
λευκότης ἢ μελανία ἀλλ' ᾗ ζῷον καὶ τὸ θῆλυ καὶ τὸ ἄρ-
ρεν ὑπάρχει. ἔστι δ' ἡ ἀπορία αὕτη σχεδὸν ἡ αὐτὴ καὶ διὰ
τί ἡ μὲν ποιεῖ τῷ εἴδει ἕτερα ἐναντίωσις ἡ δ' οὔ, οἷον τὸ 35
πεζὸν καὶ τὸ πτερωτόν, λευκότης δὲ καὶ μελανία οὔ. ἢ ὅτι
τὰ μὲν οἰκεῖα πάθη τοῦ γένους τὰ δ' ἧττον; καὶ ἐπειδή ἐστι
τὸ μὲν λόγος τὸ δ' ὕλη, ὅσαι μὲν ἐν τῷ λόγῳ εἰσὶν ἐναν- 1058ᵇ
τιότητες εἴδει ποιοῦσι διαφοράν, ὅσαι δ' ἐν τῷ συνειλημμένῳ
τῇ ὕλῃ οὐ ποιοῦσιν. διὸ ἀνθρώπου λευκότης οὐ ποιεῖ οὐδὲ με-
λανία, οὐδὲ τοῦ λευκοῦ ἀνθρώπου ἔστι διαφορὰ κατ' εἶδος πρὸς
μέλανα ἄνθρωπον, οὐδ' ἂν ὄνομα ἓν τεθῇ. ὡς ὕλη γὰρ ὁ 5
ἄνθρωπος, οὐ ποιεῖ δὲ διαφορὰν ἡ ὕλη· οὐδ' ἀνθρώπου γὰρ
εἴδη εἰσὶν οἱ ἄνθρωποι διὰ τοῦτο, καίτοι ἕτεραι αἱ σάρκες καὶ
τὰ ὀστᾶ ἐξ ὧν ὅδε καὶ ὅδε· ἀλλὰ τὸ σύνολον ἕτερον μέν, εἴδει
δ' οὐχ ἕτερον, ὅτι ἐν τῷ λόγῳ οὐκ ἔστιν ἐναντίωσις. τοῦτο δ'
ἐστὶ τὸ ἔσχατον ἄτομον· ὁ δὲ Καλλίας ἐστὶν ὁ λόγος μετὰ 10
τῆς ὕλης· καὶ ὁ λευκὸς δὴ ἄνθρωπος, ὅτι Καλλίας λευκός·

23 προσηκόντων J   24 οὗ E : ὁ J Aᵇ E γρ   26 ἐκεῖνα Aᵇ   τῶν]
τὰ Aᵇ   27 οὐ E : οὗ corr. E²   διαφέρειν Π (ν eras. E)   32 αὑτὸ]
αὐτὰ Aᵇ   ὡς] ὡς ἡ Aᵇ ; cf. 36   36 τὸ om. Aᵇ   37 καὶ om. Π : ἢ add. E²
1058ᵇ 6 οὐδ' J : οὐκ E : οὐδὲν Aᵇ   7 εἴδη Π : ὕλη Aᵇ   10 τὸ om. Π

211

ΤΩΝ ΜΕΤΑ ΤΑ ΦΥΣΙΚΑ Ι

κατὰ συμβεβηκὸς οὖν ὁ ἄνθρωπος. οὐδὲ χαλκοῦς δὴ κύκλος καὶ ξύλινος· οὐδὲ τρίγωνον χαλκοῦν καὶ κύκλος ξύλινος, οὐ διὰ τὴν ὕλην εἴδει διαφέρουσιν ἀλλ' ὅτι ἐν τῷ λόγῳ ἔνεστιν ἐναντίωσις. πότερον δ' ἡ ὕλη οὐ ποιεῖ ἕτερα τῷ εἴδει, οὖσά πως ἑτέρα, ἢ ἔστιν ὡς ποιεῖ; διὰ τί γὰρ ὁδὶ ὁ ἵππος τουδὶ ⟨τοῦ⟩ ἀνθρώπου ἕτερος τῷ εἴδει; καίτοι σὺν τῇ ὕλῃ οἱ λόγοι αὐτῶν. ἢ ὅτι ἔνεστιν ἐν τῷ λόγῳ ἐναντίωσις; καὶ γὰρ τοῦ λευκοῦ ἀνθρώπου καὶ μέλανος ἵππου, καὶ ἔστι γε εἴδει, ἀλλ' οὐχ ᾗ ὁ μὲν λευκὸς ὁ δὲ μέλας, ἐπεὶ καὶ εἰ ἄμφω λευκὰ ἦν, ὅμως ἂν ἦν εἴδει ἕτερα. τὸ δὲ ἄρρεν καὶ θῆλυ τοῦ ζῴου οἰκεῖα μὲν πάθη, ἀλλ' οὐ κατὰ τὴν οὐσίαν ἀλλ' ἐν τῇ ὕλῃ καὶ τῷ σώματι, διὸ τὸ αὐτὸ σπέρμα θῆλυ ἢ ἄρρεν γίγνεται παθόν τι πάθος. τί μὲν οὖν ἐστι τὸ τῷ εἴδει ἕτερον εἶναι, καὶ διὰ τί τὰ μὲν διαφέρει εἴδει τὰ δ' οὔ, εἴρηται.

Ἐπειδὴ δὲ τὰ ἐναντία ἕτερα τῷ εἴδει, τὸ δὲ φθαρτὸν 10 καὶ τὸ ἄφθαρτον ἐναντία (στέρησις γὰρ ἀδυναμία διωρισμένη), ἀνάγκη ἕτερον εἶναι τῷ γένει τὸ φθαρτὸν καὶ τὸ ἄφθαρτον. νῦν μὲν οὖν ἐπ' αὐτῶν εἰρήκαμεν τῶν καθόλου ὀνομάτων, ⟨ἴσ⟩ως δὲ δόξειεν ἂν οὐκ ἀναγκαῖον εἶναι ὁτιοῦν ἄφθαρτον καὶ φθαρτὸν ἕτερα εἶναι τῷ εἴδει, ὥσπερ οὐδὲ λευκὸν καὶ μέλαν (τὸ γὰρ αὐτὸ ἐνδέχεται εἶναι, καὶ ἅμα, ἐὰν ᾖ τῶν καθόλου, ὥσπερ ὁ ἄνθρωπος εἴη ἂν καὶ λευκὸς καὶ μέλας, καὶ τῶν καθ' ἕκαστον· εἴη γὰρ ἄν, μὴ ἅμα, ὁ αὐτὸς λευκὸς καὶ μέλας· καίτοι ἐναντίον τὸ λευκὸν τῷ μέλανι)· ἀλλὰ τῶν ἐναντίων τὰ μὲν κατὰ συμβεβηκὸς ὑπάρχει ἐνίοις, οἷον καὶ τὰ νῦν εἰρημένα καὶ ἄλλα πολλά, τὰ δὲ

---

12 ἄνθρωπος λευκός Π   οὐδ(ὲ) ὁ χαλκὸς Π, sed o sscr. E   13 ξύλινος pr.] ξύλινον τρίγωνον ci. Bonitz   15 οὐ sscr. E   16 οὐδ' ἁπλῶς ex οὖσά πως corr. E   ἑτέρα om. Π: add. E²   17 τοῦ suppl. Ross   19 μέλανος om. Aᵇ   24 τί Aᵇ J: ὅτι E   26 δὲ alt. om. Aᵇ E: corr. E²   27 τὸ et 28 τὸ alt. om. Aᵇ   28 γένει] εἴδει postulat Bonitz, sed cf. Ross comm. 305 de usu non technico horum verborum   30 ἴσως δὲ correxi: ὡς δὲ codd. vestigium veri servantes: ὥστε E γρ recc. edd. vili coniectura   δείξειεν J

ΤΩΝ ΜΕΤΑ ΤΑ ΦΥΣΙΚΑ Ι, Κ

ἀδύνατον, ὧν ἐστὶ καὶ τὸ φθαρτὸν καὶ τὸ ἄφθαρτον· οὐδὲν **1059ᵃ** γάρ ἐστι φθαρτὸν κατὰ συμβεβηκός· τὸ μὲν γὰρ συμβεβηκὸς ἐνδέχεται μὴ ὑπάρχειν, τὸ δὲ φθαρτὸν τῶν ἐξ ἀνάγκης ὑπαρχόντων ἐστὶν οἷς ὑπάρχει· ἢ ἔσται τὸ αὐτὸ καὶ ἓν φθαρτὸν καὶ ἄφθαρτον, εἰ ἐνδέχεται μὴ ὑπάρχειν αὐτῷ τὸ 5 φθαρτόν. ἢ τὴν οὐσίαν ἄρα ἢ ἐν τῇ οὐσίᾳ ἀνάγκη ὑπάρχειν τὸ φθαρτὸν ἑκάστῳ τῶν φθαρτῶν. ὁ δ' αὐτὸς λόγος καὶ περὶ τοῦ ἀφθάρτου· τῶν γὰρ ἐξ ἀνάγκης ὑπαρχόντων ἄμφω. ᾗ ἄρα καὶ καθ' ὃ πρῶτον τὸ μὲν φθαρτὸν τὸ δ' ἄφθαρτον, ἔχει ἀντίθεσιν, ὥστε ἀνάγκη γένει ἕτερα εἶναι. φανερὸν τοί- 10 νυν ὅτι οὐκ ἐνδέχεται εἶναι εἴδη τοιαῦτα οἷα λέγουσί τινες· ἔσται γὰρ καὶ ἄνθρωπος ὁ μὲν φθαρτὸς ὁ δ' ἄφθαρτος. καίτοι τῷ εἴδει ταὐτὰ λέγεται εἶναι τὰ εἴδη τοῖς τισὶ καὶ οὐχ ὁμώνυμα· τὰ δὲ γένει ἕτερα πλεῖον διέστηκεν ἢ τὰ εἴδει.

Κ

Ὅτι μὲν ἡ σοφία περὶ ἀρχὰς ἐπιστήμη τίς ἐστι, δῆλον ἐκ τῶν πρώτων ἐν οἷς διηπόρηται πρὸς τὰ ὑπὸ τῶν ἄλλων εἰρημένα περὶ τῶν ἀρχῶν· ἀπορήσειε δ' ἄν τις πότερον μίαν 20 ὑπολαβεῖν εἶναι δεῖ τὴν σοφίαν ἐπιστήμην ἢ πολλάς· εἰ μὲν γὰρ μίαν, μία γ' ἐστὶν ἀεὶ τῶν ἐναντίων, αἱ δ' ἀρχαὶ οὐκ ἐναντίαι· εἰ δὲ μὴ μία, ποίας δεῖ θεῖναι ταύτας; ἔτι τὰς ἀποδεικτικὰς ἀρχὰς θεωρῆσαι μιᾶς ἢ πλειόνων; εἰ μὲν γὰρ μιᾶς, τί μᾶλλον ταύτης ἢ ὁποιασοῦν; εἰ δὲ πλειόνων, ποίας 25

1059ᵃ20–23, cf. Β 996ᵃ18—ᵇ26   23–26, cf. 996ᵇ26—997ᵃ15

1059ᵃ 4 καὶ om. Aᵇ   12 καὶ om. Π   14 post εἴδει initium libri K iterat Aᵇ; de hoc more voluminum papyraceorum ordinem indicandi cf. *Entst. d. Met.* 162, 168 sq. liber K est altera recensio librorum ΒΓΕ (omisso Δ), quae pristinum eorum ordinem servavit (cf. *Entst. d. Met.* 63–89), non igitur nisi a recentiore editore Peripatetico hoc loco collocatus esse potest (cf. etiam ad init. lib. Δ)   18 τίς Aᵇ Alᵖ: om. Π   22 γ' Aᵇ: δ' Π

ΤΩΝ ΜΕΤΑ ΤΑ ΦΥΣΙΚΑ Κ

δεῖ ταύτας τιθέναι; ἔτι πότερον πασῶν τῶν οὐσιῶν ἢ οὔ; εἰ μὲν γὰρ μὴ πασῶν, ποίων χαλεπὸν ἀποδοῦναι· εἰ δὲ πασῶν μία, ἄδηλον πῶς ἐνδέχεται πλειόνων τὴν αὐτὴν ἐπιστήμην εἶναι. ἔτι πότερον περὶ τὰς οὐσίας μόνον ἢ καὶ τὰ
30 συμβεβηκότα [ἀπόδειξίς ἐστιν]; εἰ γὰρ περί γε τὰ συμβεβηκότα ἀπόδειξίς ἐστιν, περὶ τὰς οὐσίας οὐκ ἔστιν· εἰ δ' ἑτέρα, τίς ἑκατέρα καὶ ποτέρα σοφία; εἰ μὲν γὰρ ἀποδεικτικὴ ⟨ἡ⟩ σοφία, ἡ περὶ τὰ συμβεβηκότα· εἰ δὲ περὶ τὰ πρῶτα, ἡ τῶν οὐσιῶν. ἀλλ' οὐδὲ περὶ τὰς ἐν τοῖς φυσικοῖς εἰρημένας αἰτίας
35 τὴν ἐπιζητουμένην ἐπιστήμην θετέον· οὔτε γὰρ περὶ τὸ οὗ ἕνεκεν (τοιοῦτον γὰρ τὸ ἀγαθόν, τοῦτο δ' ἐν τοῖς πρακτοῖς ὑπάρχει καὶ τοῖς οὖσιν ἐν κινήσει· καὶ τοῦτο πρῶτον κινεῖ—τοιοῦτον γὰρ τὸ τέλος—τὸ δὲ πρῶτον κινῆσαν οὐκ ἔστιν ἐν τοῖς ἀκινήτοις)· ὅλως δ' ἀπορίαν ἔχει πότερόν ποτε περὶ τὰς αἰσθητὰς οὐσίας ἐστὶν
1059ᵇ ἡ ζητουμένη νῦν ἐπιστήμη ἢ οὔ, περὶ δέ τινας ἑτέρας. εἰ γὰρ περὶ ἄλλας, ἢ περὶ τὰ εἴδη εἴη ἂν ἢ περὶ τὰ μαθηματικά. τὰ μὲν οὖν εἴδη ὅτι οὐκ ἔστι, δῆλον. ὅλως δὲ ἀπορίαν ἔχει, κἂν εἶναί τις αὐτὰ θῇ, διὰ τί ποτ' οὐχ ὥσπερ ἐπὶ τῶν μαθη-
5 ματικῶν, οὕτως ἔχει καὶ ἐπὶ τῶν ἄλλων ὧν ἔστιν εἴδη· λέγω δ' ὅτι τὰ μαθηματικὰ μὲν μεταξύ τε τῶν εἰδῶν τιθέασι καὶ τῶν αἰσθητῶν οἷον τρίτα τινὰ παρὰ τὰ εἴδη τε

1059ᵃ26–29, cf. 997ᵃ15–25   29–34, cf. 997ᵃ25–34   34–38, cf. 996ᵃ21—ᵇ1   38—ᵇ21, cf. 997ᵃ34—998ᵃ19

26 τιθέναι Aᵇ Alᵖ: θεῖναι Π   πασῶν τῶν οὐσιῶν μία ex Alᵖ Bonitz; cf. 997ᵃ16   29 αν καὶ περὶ τὰ ex Alᵖ restituendum? cf. 995ᵇ19, 997ᵃ26   30 ἀπόδειξίς ἐστιν Π Alᵖ: om. Aᵇ: secl. Bonitz   γε om. Π   32 et 33 εἰ scripsi et post σοφία distinxi : ἡ codd. Alᵖ: ᾗ Luthe   ἡ addidi   σοφία secl. Christ (supple cogitando ἔσται ἡ π. τ. συμβ. ἐπιστήμη)   33 ἡ pr. om. Aᵇ Alᵖ   34 ἀλλ' . . . 38 ἀκινήτοις susp. Bonitz, sed cf. *Entst. d. Met.* 68–71   φυσικοῖς] cf. 983ᵃ34, Phys. ii. 34–38   35 ἐπιζητουμένην Aᵇ Alᵖ: ζητουμένην Π   οὔτε codd. Alᵖ: οὐδὲ Bonitz   τὸ οὗ ἕνεκεν Π: τοῦ ἕνεκέν τινος Aᵇ: τὸ ἕνεκά τινος Alᶜ   36 πρακτοῖς Π Alᵖ: πρακτικοῖς Aᵇ   1059ᵇ 3 διότι Aᵇ   δῆλον] hoc ad A 9 spectat ut vid., refutatio igitur idearum Platonis nondum in M 4–5 exstabat cum lib. K ortus est   ὅλως Aᵇ: ὅμως Π; cf. ᵃ39, ᵇ14, 1060ᵃ7 al.   6 τε om. Π

ΤΩΝ ΜΕΤΑ ΤΑ ΦΥΣΙΚΑ Κ

καὶ τὰ δεῦρο, τρίτος δ' ἄνθρωπος οὐκ ἔστιν οὐδ' ἵππος παρ' αὐτόν τε καὶ τοὺς καθ' ἕκαστον· εἰ δ' αὖ μὴ ἔστιν ὡς λέγουσι, περὶ ποῖα θετέον πραγματεύεσθαι τὸν μαθηματικόν; οὐ γὰρ δὴ περὶ τὰ δεῦρο· τούτων γὰρ οὐθέν ἐστιν οἷον αἱ μαθηματικαὶ ζητοῦσι τῶν ἐπιστημῶν· οὐδὲ μὴν περὶ τὰ μαθηματικὰ ἡ ζητουμένη νῦν ἐστιν ἐπιστήμη (χωριστὸν γὰρ αὐτῶν οὐθέν) ἀλλ' οὐδὲ τῶν αἰσθητῶν οὐσιῶν· φθαρταὶ γάρ. ὅλως δ' ἀπορήσειέ τις ἂν ποίας ἐστὶν ἐπιστήμης τὸ διαπορῆσαι περὶ τῆς τῶν μαθηματικῶν ὕλης. οὔτε γὰρ τῆς φυσικῆς, διὰ τὸ περὶ τὰ ἔχοντα ἐν αὑτοῖς ἀρχὴν κινήσεως καὶ στάσεως τὴν τοῦ φυσικοῦ πᾶσαν εἶναι πραγματείαν, οὐδὲ μὴν τῆς σκοπούσης περὶ ἀποδείξεώς τε καὶ ἐπιστήμης· περὶ γὰρ αὐτὸ τοῦτο τὸ γένος τὴν ζήτησιν ποιεῖται. λείπεται τοίνυν τὴν προκειμένην φιλοσοφίαν περὶ αὐτῶν τὴν σκέψιν ποιεῖσθαι.—διαπορήσειε δ' ἄν τις εἰ δεῖ θεῖναι τὴν ζητουμένην ἐπιστήμην περὶ τὰς ἀρχάς, τὰ καλούμενα ὑπό τινων στοιχεῖα· ταῦτα δὲ πάντες ἐνυπάρχοντα τοῖς συνθέτοις τιθέασιν. μᾶλλον δ' ἂν δόξειε τῶν καθόλου δεῖν εἶναι τὴν ζητουμένην ἐπιστήμην· πᾶς γὰρ λόγος καὶ πᾶσα ἐπιστήμη τῶν καθόλου καὶ οὐ τῶν ἐσχάτων, ὥστ' εἴη ἂν οὕτω τῶν πρώτων γενῶν. ταῦτα δὲ γίγνοιτ' ἂν τό τε ὂν καὶ τὸ ἕν· ταῦτα γὰρ μάλιστ' ἂν ὑποληφθείη περιέχειν τὰ ὄντα πάντα καὶ μάλιστα ἀρχαῖς ἐοικέναι διὰ τὸ εἶναι πρῶτα τῇ φύσει· φθαρέντων γὰρ αὐτῶν συναναιρεῖται καὶ τὰ λοιπά· πᾶν γὰρ ὂν καὶ ἕν. ᾗ δὲ τὰς διαφορὰς αὐτῶν ἀνάγκη μετέχειν εἰ θήσει τις αὐτὰ γένη, διαφορὰ δ' οὐδεμία τοῦ γένους μετέχει, ταύτῃ δ' οὐκ ἂν δόξειε δεῖν αὐτὰ τιθέναι γένη οὐδ' ἀρχάς. ἔτι δ' εἰ μᾶλλον ἀρχὴ τὸ ἁπλούστερον τοῦ ἧττον τοιούτου, τὰ δ' ἔσχατα τῶν

1059ᵇ21—1060ᵃ1, cf. 998ᵃ20—999ᵃ23

23 τὰς καλοιμένας E²   27 γίγνοιντ' E   31 καὶ pr. om. J   πᾶν Aᵇ Alᵖ: πάντα Π   33 ταύτῃ γ' Christ: ταύτῃ Alᵖ, om. δ'; frequens est usus particulae δὲ in apodosi apud Ar.

ΤΩΝ ΜΕΤΑ ΤΑ ΦΥΣΙΚΑ Κ

ἐκ τοῦ γένους ἁπλούστερα τῶν γενῶν (ἄτομα γάρ, τὰ γένη δ' εἰς εἴδη πλείω καὶ διαφέροντα διαιρεῖται), μᾶλλον ἂν ἀρχὴ δόξειεν εἶναι τὰ εἴδη τῶν γενῶν. ᾗ δὲ συναναιρεῖται τοῖς γένεσι τὰ εἴδη, τὰ γένη ταῖς ἀρχαῖς ἔοικε μᾶλλον· ἀρχὴ γὰρ τὸ συναναιροῦν. τὰ μὲν οὖν τὴν ἀπορίαν ἔχοντα ταῦτα καὶ τοιαῦτ' ἐστὶν ἕτερα.

Ἔτι πότερον δεῖ τιθέναι τι παρὰ τὰ καθ' ἕκαστα ἢ οὔ, 2 ἀλλὰ τούτων ἡ ζητουμένη ἐπιστήμη; ἀλλὰ ταῦτα ἄπειρα· τά γε μὴν παρὰ τὰ καθ' ἕκαστα γένη ἢ εἴδη ἐστίν, ἀλλ' οὐδετέρου τούτων ἡ ζητουμένη νῦν ἐπιστήμη. διότι γὰρ ἀδύνατον τοῦτο, εἴρηται. καὶ γὰρ ὅλως ἀπορίαν ἔχει πότερον δεῖ τινὰ ὑπολαβεῖν οὐσίαν εἶναι χωριστὴν παρὰ τὰς αἰσθητὰς οὐσίας καὶ τὰς δεῦρο, ἢ οὔ, ἀλλὰ ταῦτ' εἶναι τὰ ὄντα καὶ περὶ ταῦτα τὴν σοφίαν ὑπάρχειν. ζητεῖν μὲν γὰρ ἐοίκαμεν ἄλλην τινά, καὶ τὸ προκείμενον τοῦτ' ἐστὶν ἡμῖν, λέγω δὲ τὸ ἰδεῖν εἴ τι χωριστὸν καθ' αὑτὸ καὶ μηδενὶ τῶν αἰσθητῶν ὑπάρχον. ἔτι δ' εἰ παρὰ τὰς αἰσθητὰς οὐσίας ἔστι τις ἑτέρα οὐσία, παρὰ ποίας τῶν αἰσθητῶν δεῖ τιθέναι ταύτην εἶναι; τί γὰρ μᾶλλον παρὰ τοὺς ἀνθρώπους ἢ τοὺς ἵππους ἢ τῶν ἄλλων ζῴων θήσει τις αὐτὴν ἢ καὶ τῶν ἀψύχων ὅλως; τό γε μὴν ἴσας ταῖς αἰσθηταῖς καὶ φθαρταῖς οὐσίαις ἀιδίους ἑτέρας κατασκευάζειν ἐκτὸς τῶν εὐλόγων δόξειεν ἂν πίπτειν. εἰ δὲ μὴ χωριστὴ τῶν σωμάτων ἡ ζητουμένη νῦν ἀρχή, τίνα ἄν τις ἄλλην θείη μᾶλλον τῆς ὕλης; αὕτη γε μὴν ἐνεργείᾳ μὲν οὐκ ἔστι, δυνάμει δ' ἔστιν. μᾶλλόν τ' ἂν ἀρχὴ ⟨καὶ⟩ κυριωτέρα ταύτης δόξειεν εἶναι τὸ εἶδος καὶ ἡ μορφή· τοῦτο δὲ φθαρτόν, ὥσθ' ὅλως οὐκ ἔστιν ἀίδιος οὐσία χωριστὴ καὶ καθ' αὑτήν. ἀλλ' ἄτοπον· ἔοικε γὰρ καὶ ζητεῖται σχεδὸν

1060ᵃ3-27, cf. 999ᵃ24—ᵇ24

37 εἴδη om. E   1060ᵃ 3 θεῖναι Alᶜ   4 ἄπειρα codd.: φθαρτά Alᵖ
6 διότι Aᵇ Alᶜ: δι' ὃ Π   8 τινὰ om. Alᶜ   19 ἐστὶν ante ἀρχή
add. Π   21 καὶ suppl. Christ

216

ΤΩΝ ΜΕΤΑ ΤΑ ΦΥΣΙΚΑ Κ

ὑπὸ τῶν χαριεστάτων ὡς οὖσά τις ἀρχὴ καὶ οὐσία τοιαύτη· πῶς γὰρ ἔσται τάξις μή τινος ὄντος ἀϊδίου καὶ χωριστοῦ καὶ μένοντος; ἔτι δ' εἴπερ ἔστι τις οὐσία καὶ ἀρχὴ τοιαύτη τὴν φύσιν οἵαν νῦν ζητοῦμεν, καὶ αὕτη μία πάντων καὶ ἡ αὐτὴ τῶν ἀϊδίων τε καὶ φθαρτῶν, ἀπορίαν ἔχει διὰ τί ποτε τῆς αὐτῆς ἀρχῆς οὔσης τὰ μέν ἐστιν ἀΐδια τῶν ὑπὸ τὴν ἀρχὴν τὰ δ' οὐκ ἀΐδια (τοῦτο γὰρ ἄτοπον)· εἰ δ' ἄλλη μέν ἐστιν ἀρχὴ τῶν φθαρτῶν ἄλλη δὲ τῶν ἀϊδίων, εἰ μὲν ἀΐδιος καὶ ἡ τῶν φθαρτῶν, ὁμοίως ἀπορήσομεν (διὰ τί γὰρ οὐκ, ἀϊδίου τῆς ἀρχῆς οὔσης, καὶ τὰ ὑπὸ τὴν ἀρχὴν ἀΐδια;)· φθαρτῆς δ' οὔσης ἄλλη τις ἀρχὴ γίγνεται ταύτης κἀκείνης ἑτέρα, καὶ τοῦτ' εἰς ἄπειρον πρόεισιν. εἰ δ' αὖ τις τὰς δοκούσας μάλιστ' ἀρχὰς ἀκινήτους εἶναι, τό τε ὂν καὶ τὸ ἕν, θήσει, πρῶτον μὲν εἰ μὴ τόδε τι καὶ οὐσίαν ἑκάτερον αὐτῶν σημαίνει, πῶς ἔσονται χωρισταὶ καὶ καθ' αὑτάς; τοιαύτας δὲ ζητοῦμεν τὰς ἀϊδίους τε καὶ πρώτας ἀρχάς. εἴ γε μὴν τόδε τι καὶ οὐσίαν ἑκάτερον αὐτῶν δηλοῖ, πάντ' ἔσται οὐσίαι τὰ ὄντα· κατὰ πάντων γὰρ τὸ ὂν κατηγορεῖται (κατ' ἐνίων δὲ καὶ τὸ ἕν), οὐσίαν δ' εἶναι πάντα τὰ ὄντα ψεῦδος. ἔτι δὲ τοῖς τὴν πρώτην ἀρχὴν τὸ ἓν λέγουσι καὶ τοῦτ' οὐσίαν, ἐκ δὲ τοῦ ἑνὸς καὶ τῆς ὕλης τὸν ἀριθμὸν γεννῶσι πρῶτον καὶ τοῦτον οὐσίαν φάσκουσιν εἶναι, πῶς ἐνδέχεται τὸ λεγόμενον ἀληθὲς εἶναι; τὴν γὰρ δυάδα καὶ τῶν λοιπῶν ἕκαστον ἀριθμῶν τῶν συνθέτων πῶς ἓν δεῖ νοῆσαι; περὶ τούτου γὰρ οὔτε λέγουσιν οὐδὲν οὔτε ῥᾴδιον εἰπεῖν. εἴ γε μὴν γραμμὰς ἢ τὰ τούτων ἐχόμενα (λέγω δὲ ἐπιφανείας τὰς πρώτας) θήσει τις ἀρχάς, ταῦτά γ' οὐκ εἰσὶν οὐσίαι χωρισταί, τομαὶ δὲ καὶ διαιρέσεις αἱ μὲν

1060ᵃ27–36, cf. 1000ᵃ5–1001ᵃ3   36–ᵇ19, cf. 1001ᵃ4–1002ᵇ11

---

26 καὶ alt. J Aᵇ: om. E   28 ἡ αὐτὴ Π (αυτη J): αὑτη Aᵇ   31 οὐκ ἀΐδια Π: οὔ· καὶ (om. δια) Aᵇ   33 ἀΐδια Aᵇ   34 ἀρχὴν ἀΐδια J: ἀρχὴν οὐκ ἀΐδια Ε: ἀΐδιον Aᵇ   1060ᵇ 3 τε om. Aᵇ et ut vid. Alᵖ   4 ἔσται ex Alᵖ Bonitz: ἐστὶν Π: εἰσὶν Aᵇ   οὐσία J   8 τῶν ἀριθμὸν Ε: -μῶν Ε²   14 γ' sscr. J, ci. Bonitz: δ' Π: γὰρ Aᵇ   μὲν γὰρ A·

ΤΩΝ ΜΕΤΑ ΤΑ ΦΥΣΙΚΑ Κ

ἐπιφανειῶν αἱ δὲ σωμάτων αἱ δὲ στιγμαὶ γραμμῶν, ἔτι δὲ πέρατα τῶν αὐτῶν τούτων· πάντα δὲ ταῦτα ἐν ἄλλοις ὑπάρχει καὶ χωριστὸν οὐδέν ἐστιν. ἔτι πῶς οὐσίαν ὑπολαβεῖν εἶναι δεῖ τοῦ ἑνὸς καὶ στιγμῆς; οὐσίας μὲν γὰρ πάσης γένεσις ἔστι, στιγμῆς δ' οὐκ ἔστιν· διαίρεσις γὰρ ἡ στιγμή. παρέχει δ' ἀπορίαν καὶ τὸ πᾶσαν μὲν ἐπιστήμην εἶναι τῶν καθόλου καὶ τοῦ τοιουδί, τὴν δ' οὐσίαν μὴ τῶν καθόλου εἶναι, μᾶλλον δὲ τόδε τι καὶ χωριστόν, ὥστ' εἰ περὶ τὰς ἀρχάς ἐστιν ἐπιστήμη, πῶς δεῖ τὴν ἀρχὴν ὑπολαβεῖν οὐσίαν εἶναι; ἔτι πότερον ἔστι τι παρὰ τὸ σύνολον ἢ οὔ (λέγω δὲ τὴν ὕλην καὶ τὸ μετὰ ταύτης); εἰ μὲν γὰρ μή, τά γε ἐν ὕλῃ φθαρτὰ πάντα· εἰ δ' ἔστι τι, τὸ εἶδος ἂν εἴη καὶ ἡ μορφή· τοῦτ' οὖν ἐπὶ τίνων ἔστι καὶ ἐπὶ τίνων οὔ, χαλεπὸν ἀφορίσαι· ἐπ' ἐνίων γὰρ δῆλον οὐκ ὂν χωριστὸν τὸ εἶδος, οἷον οἰκίας. ἔτι πότερον αἱ ἀρχαὶ εἴδει ἢ ἀριθμῷ αἱ αὐταί; εἰ γὰρ ἀριθμῷ, πάντ' ἔσται ταὐτά.

Ἐπεὶ δ' ἐστὶν ἡ τοῦ φιλοσόφου ἐπιστήμη τοῦ ὄντος ᾗ ὄν 3 καθόλου καὶ οὐ κατὰ μέρος, τὸ δ' ὂν πολλαχῶς καὶ οὐ καθ' ἕνα λέγεται τρόπον· εἰ μὲν οὖν ὁμωνύμως κατὰ δὲ κοινὸν μηδέν, οὐκ ἔστιν ὑπὸ μίαν ἐπιστήμην (οὐ γὰρ ἓν γένος τῶν τοιούτων), εἰ δὲ κατά τι κοινόν, εἴη ἂν ὑπὸ μίαν ἐπιστήμην. ἔοικε δὴ τὸν εἰρημένον λέγεσθαι τρόπον καθάπερ τό τε ἰατρικὸν καὶ τὸ ὑγιεινόν· καὶ γὰρ τούτων ἑκάτερον πολλαχῶς λέγομεν. λέγεται δὲ τοῦτον τὸν τρόπον ἕκαστον τῷ τὸ μὲν πρὸς τὴν ἰατρικὴν ἐπιστήμην ἀνάγεσθαί πως τὸ δὲ πρὸς

1060[b]19–23, cf. 1003[a]5–17   23–28, cf. 999[a]24—[b]24   28–30, cf. 999[b]24—1000[a]4   Cap. 3, cf. Γ 1, 2

21 τοιουδί A[b] Al[c] : τοιοῦδε Π (τοιοῦ δὲ E)   δ' om. A[b]   28 οὐκ ὂν Π Al[p] : κἂν A[b]   29 ἢ om. J   ἀριθμῷ alt. Π : ἀριθμῷ ἓν A[b] : ἀριθμῷ, ἓν Al[p]   30 ταὐτά J : ταῦτα A[b] : τοιαῦτα E : om. Al[p] ; fort. ἓν ἔσται πάντα cum Al[p] scribendum   37 τε Π : om. A[b]   τὸ A[b] : om. Π 1061[a] 1 δὴ A[b]   τοῦτον τὸν τρόπον ἕκαστον A[b] : τῶν τρόπων ἕκαστον Π : ἕκαστος τούτων τῶν τρόπων Al[p] ; genit. plur. si recipias, verba [a]1 λέγεται ... 3 ἕκαστον nescio an post exempla 3 ἰατρικός ... 6 ποιητικόν cum Al collocari debeant

ΤΩΝ ΜΕΤΑ ΤΑ ΦΥΣΙΚΑ Κ

ὑγίειαν τὸ δ' ἄλλως, πρὸς ταὐτὸ δ' ἕκαστον. ἰατρικὸς γὰρ λόγος καὶ μαχαίριον λέγεται τῷ τὸ μὲν ἀπὸ τῆς ἰατρικῆς ἐπιστήμης εἶναι τὸ δὲ ταύτῃ χρήσιμον. ὁμοίως δὲ καὶ ὑγιεινόν· τὸ μὲν γὰρ ὅτι σημαντικὸν ὑγιείας τὸ δ' ὅτι ποιητικόν. ὁ δ' αὐτὸς τρόπος καὶ ἐπὶ τῶν λοιπῶν. τὸν αὐτὸν δὴ τρόπον καὶ τὸ ὂν ἅπαν λέγεται· τῷ γὰρ τοῦ ὄντος ᾖ ὂν πάθος ἢ ἕξις ἢ διάθεσις ἢ κίνησις ἢ τῶν ἄλλων τι τῶν τοιούτων εἶναι λέγεται ἕκαστον αὐτῶν ὄν. ἐπεὶ δὲ παντὸς τοῦ ὄντος πρὸς ἕν τι καὶ κοινὸν ἡ ἀναγωγὴ γίγνεται, καὶ τῶν ἐναντιώσεων ἑκάστη πρὸς τὰς πρώτας διαφορὰς καὶ ἐναντιώσεις ἀναχθήσεται τοῦ ὄντος, εἴτε πλῆθος καὶ ἓν εἴθ' ὁμοιότης καὶ ἀνομοιότης αἱ πρῶται τοῦ ὄντος εἰσὶ διαφοραί, εἴτ' ἄλλαι τινές· ἔστωσαν γὰρ αὗται τεθεωρημέναι. διαφέρει δ' οὐδὲν τὴν τοῦ ὄντος ἀναγωγὴν πρὸς τὸ ὂν ἢ πρὸς τὸ ἓν γίγνεσθαι. καὶ γὰρ εἰ μὴ ταὐτὸν ἄλλο δ' ἐστίν, ἀντιστρέφει γε· τό τε γὰρ ἓν καὶ ὂν πως, τό τε ὂν ἕν.—ἐπεὶ δ' ἐστὶ τὰ ἐναντία πάντα τῆς αὐτῆς καὶ μιᾶς ἐπιστήμης θεωρῆσαι, λέγεται δ' ἕκαστον αὐτῶν κατὰ στέρησιν—καίτοι γ' ἔνια ἀπορήσειέ τις ἂν πῶς λέγεται κατὰ στέρησιν, ὧν ἔστιν ἀνὰ μέσον τι, καθάπερ ἀδίκου καὶ δικαίου—περὶ πάντα δὴ τὰ τοιαῦτα τὴν στέρησιν δεῖ τιθέναι μὴ τοῦ ὅλου λόγου, τοῦ τελευταίου δὲ εἴδους· οἷον εἰ ἔστιν ὁ δίκαιος καθ' ἕξιν τινὰ πειθαρχικὸς τοῖς νόμοις, οὐ πάντως ὁ ἄδικος ἔσται τοῦ ὅλου στερούμενος λόγου, περὶ δὲ τὸ πείθεσθαι τοῖς νόμοις ἐκλείπων πῃ, καὶ ταύτῃ ἡ στέρησις ὑπάρξει αὐτῷ· τὸν αὐτὸν δὲ τρόπον καὶ ἐπὶ τῶν ἄλλων.—καθάπερ δ' ὁ μαθηματικὸς περὶ τὰ ἐξ ἀφαιρέσεως τὴν θεωρίαν ποιεῖται (περιελὼν γὰρ πάντα τὰ αἰσθητὰ θεωρεῖ, οἷον βάρος καὶ κουφότητα καὶ σκληρότητα καὶ τοὐναντίον, ἔτι δὲ καὶ θερμότητα καὶ ψυχρότητα

8 τῷ γὰρ τοῦ Π Alp: τοῦ γὰρ Ab   11 κοινὴ ἀναγωγὴ Ab Al¹, sed cf. b12   12 καὶ Ab: καὶ τὰς Π; cf b13: καὶ τὰς πρώτας Alp   24 καθ' ἕξιν Π Alp: κατὰ μέθεξιν Ab   25 τοῦ Ab Alp: ὁ τοῦ Π   27 ἡ Π Alp: om. Ab   31 καὶ alt. om. Π

1061ᵃ ΤΩΝ ΜΕΤΑ ΤΑ ΦΥΣΙΚΑ Κ

καὶ τὰς ἄλλας αἰσθητὰς ἐναντιώσεις, μόνον δὲ καταλείπει τὸ ποσὸν καὶ συνεχές, τῶν μὲν ἐφ' ἓν τῶν δ' ἐπὶ δύο τῶν δ' ἐπὶ τρία, καὶ τὰ πάθη τὰ τούτων ᾗ ποσά ἐστι
35 καὶ συνεχῆ, καὶ οὐ καθ' ἕτερόν τι θεωρεῖ, καὶ τῶν μὲν τὰς πρὸς ἄλληλα θέσεις σκοπεῖ καὶ τὰ ταύταις ὑπάρχοντα,
1061ᵇ τῶν δὲ τὰς συμμετρίας καὶ ἀσυμμετρίας, τῶν δὲ τοὺς λόγους, ἀλλ' ὅμως μίαν πάντων καὶ τὴν αὐτὴν τίθεμεν ἐπιστήμην τὴν γεωμετρικήν), τὸν αὐτὸν δὴ τρόπον ἔχει καὶ περὶ τὸ ὄν. τὰ γὰρ τούτῳ συμβεβηκότα καθ' ὅσον ἐστὶν ὄν, καὶ
5 τὰς ἐναντιώσεις αὐτοῦ ᾗ ὄν, οὐκ ἄλλης ἐπιστήμης ἢ φιλοσοφίας θεωρῆσαι. τῇ φυσικῇ μὲν γὰρ οὐχ ᾗ ὄντα, μᾶλλον δ' ᾗ κινήσεως μετέχει, τὴν θεωρίαν τις ἀπονείμειεν ἄν· ἥ γε μὴν διαλεκτικὴ καὶ ἡ σοφιστικὴ τῶν συμβεβηκότων μέν εἰσι τοῖς οὖσιν, οὐχ ᾗ δ' ὄντα οὐδὲ περὶ τὸ ὂν αὐτὸ καθ' ὅσον
10 ὄν ἐστιν· ὥστε λείπεται τὸν φιλόσοφον, καθ' ὅσον οὕτως ἐστίν, εἶναι περὶ τὰ λεχθέντα θεωρητικόν. ἐπεὶ δὲ τό τε ὂν ἅπαν καθ' ἕν τι καὶ κοινὸν λέγεται πολλαχῶς λεγόμενον, καὶ τἀναντία τὸν αὐτὸν τρόπον (εἰς τὰς πρώτας γὰρ ἐναντιώσεις καὶ διαφορὰς τοῦ ὄντος ἀνάγεται), τὰ δὲ τοιαῦτα δυνατὸν
15 ὑπὸ μίαν ἐπιστήμην εἶναι, διαλύοιτ' ἂν ἡ κατ' ἀρχὰς ἀπορία λεχθεῖσα, λέγω δ' ἐν ᾗ διηπορεῖτο πῶς ἔσται πολλῶν καὶ διαφόρων ὄντων τῷ γένει μία τις ἐπιστήμη.—ἐπεὶ δὲ καὶ 4 ὁ μαθηματικὸς χρῆται τοῖς κοινοῖς ἰδίως, καὶ τὰς τούτων ἀρχὰς ἂν εἴη θεωρῆσαι τῆς πρώτης φιλοσοφίας. ὅτι γὰρ
20 ἀπὸ τῶν ἴσων ἴσων ἀφαιρεθέντων ἴσα τὰ λειπόμενα, κοινὸν

Cap. 4, cf. Γ 1005ᵃ19—ᵇ2

---

32 τὰς ἄλλας τὰς Π   τῶν μὲν γὰρ τὰς Aᶜ   1061ᵇ 2 ὅλως Aᵇ   3 δὴ om. Π   7 ἔχει Aᵇ   8 ἡ Aᵇ et ut vid. Al: om. Π   10 ὄν] ὄντως E γρ, sed hac formula ipse Ar. non vid. usus esse. est var. lect. quae ad ὄντ' vel ὄντος eiusdem lineae pertinet   οὕτως correxi: οὗτος Aᵇ: ὄντος J: ὄντ' E sed duae litt. post τ' eras., igitur syllaba -τος vel -τως ab omnibus tradita vid.; cf. 1027ᵇ29, 1028ᵇ7   15 κατ' ἀρχὰς] 1059ᵃ27   20 ἴσων alt. Π Alᵖ: om. Aᵇ

ΤΩΝ ΜΕΤΑ ΤΑ ΦΥΣΙΚΑ Κ

μέν ἐστιν ἐπὶ πάντων τῶν ποσῶν, ἡ μαθηματικὴ δ' ἀπολαβοῦσα περί τι μέρος τῆς οἰκείας ὕλης ποιεῖται τὴν θεωρίαν, οἷον περὶ γραμμὰς ἢ γωνίας ἢ ἀριθμοὺς ἢ τῶν λοιπῶν τι ποσῶν, οὐχ ᾗ δ' ὄντα ἀλλ' ᾗ συνεχὲς αὐτῶν ἕκαστον ἐφ' ἓν ἢ δύο ἢ τρία· ἡ δὲ φιλοσοφία περὶ τῶν ἐν μέρει μέν, ᾗ τούτων ἑκάστῳ τι συμβέβηκεν, οὐ σκοπεῖ, περὶ τὸ ὂν δέ, ᾗ ὂν τῶν τοιούτων ἕκαστον, θεωρεῖ. τὸν αὐτὸν δ' ἔχει τρόπον καὶ περὶ τὴν φυσικὴν ἐπιστήμην τῇ μαθηματικῇ· τὰ συμβεβηκότα γὰρ ἡ φυσικὴ καὶ τὰς ἀρχὰς θεωρεῖ τὰς τῶν ὄντων ᾗ κινούμενα καὶ οὐχ ᾗ ὄντα (τὴν δὲ πρώτην εἰρήκαμεν ἐπιστήμην τούτων εἶναι καθ' ὅσον ὄντα τὰ ὑποκείμενά ἐστιν, ἀλλ' οὐχ ᾗ ἕτερόν τι)· διὸ καὶ ταύτην καὶ τὴν μαθηματικὴν ἐπιστήμην μέρη τῆς σοφίας εἶναι θετέον.

5 Ἔστι δέ τις ἐν τοῖς οὖσιν ἀρχὴ περὶ ἣν οὐκ ἔστι διεψεῦσθαι, τοὐναντίον δὲ ἀναγκαῖον ἀεὶ ποιεῖν, λέγω δὲ ἀληθεύειν, οἷον ὅτι οὐκ ἐνδέχεται τὸ αὐτὸ καθ' ἕνα καὶ τὸν αὐτὸν χρόνον εἶναι καὶ μὴ εἶναι, καὶ τἆλλα τὰ τούτων αὐτοῖς ἀντικείμενα τὸν τρόπον. καὶ περὶ τῶν τοιούτων ἁπλῶς μὲν οὐκ ἔστιν ἀπόδειξις, πρὸς τόνδε δὲ ἔστιν· οὐ γὰρ ἔστιν ἐκ πιστοτέρας ἀρχῆς αὐτοῦ τούτου ποιήσασθαι συλλογισμόν, δεῖ δέ γ' εἴπερ ἔσται τὸ ἁπλῶς ἀποδεδεῖχθαι. πρὸς δὲ τὸν λέγοντα τὰς ἀντικειμένας φάσεις τῷ δεικνύντι διότι ψεῦδος ληπτέον τι τοιοῦτον ὃ ταὐτὸ μὲν ἔσται τῷ μὴ ἐνδέχεσθαι ταὐτὸ εἶναι καὶ μὴ εἶναι καθ' ἕνα καὶ τὸν αὐτὸν χρόνον, μὴ δόξει δ' εἶναι ταὐτόν· οὕτω γὰρ μόνως ἂν ἀποδειχθείη πρὸς τὸν φάσκοντα ἐνδέχεσθαι τὰς ἀντικειμένας φάσεις ἀληθεύεσθαι

1061ᵇ34—1062ᵃ2, cf. 1005ᵇ8-34   1062ᵃ2-5, cf. 1006ᵃ5-18   5-19, cf. 1006ᵃ18—1007ᵃ20

21 τῶν ποσῶν om. Al^c   26 ἑκάστῳ Π Al^p: ἑκάστων A^b   31 τὰ om. A^b   32 ᾗ om. Π: add. E²   ἕτερόν τι] ἅ sscr. J: ἕτερ' ἄττα Ε γρ   34 ἔστι alt. Π Al^p: ἔσται A^b   36 ὅτι om. Al^c   1062ᵃ 1 αὐτοῖς Brandis: αὐτοῖς codd.   4 συλλογισμὸν A^b Al^c: τὸν συλλ. Π   5 ἔστι J; de futuro cf. Em. Ar. Spec. 55   8 δόξει Π Al^c: δόξῃ A^b: δόξειε Ε γρ

1062ᵃ ΤΩΝ ΜΕΤΑ ΤΑ ΦΥΣΙΚΑ Κ

κατὰ τοῦ αὐτοῦ. τοὺς δὴ μέλλοντας ἀλλήλοις λόγου κοινωνήσειν δεῖ τι συνιέναι αὐτῶν· μὴ γιγνομένου γὰρ τούτου πῶς ἔσται κοινωνία τούτοις πρὸς ἀλλήλους λόγου; δεῖ τοίνυν τῶν ὀνομάτων ἕκαστον εἶναι γνώριμον καὶ δηλοῦν τι, καὶ μὴ
15 πολλά, μόνον δὲ ἕν· ἂν δὲ πλείονα σημαίνῃ, φανερὸν ποιεῖν ἐφ' ὃ φέρει τοὔνομα τούτων. ὁ δὴ λέγων εἶναι τοῦτο καὶ μὴ εἶναι, τοῦτο ὅ φησιν οὔ φησιν, ὥσθ' ὃ σημαίνει τοὔνομα τοῦτ' οὔ φησι σημαίνειν· τοῦτο δ' ἀδύνατον. ὥστ' εἴπερ σημαίνει τι τὸ εἶναι τόδε, τὴν ἀντίφασιν ἀδύνατον ἀληθεύειν κατὰ τοῦ
20 αὐτοῦ. ἔτι δ' εἴ τι σημαίνει τοὔνομα καὶ τοῦτ' ἀληθεύεται, δεῖ τοῦτ' ἐξ ἀνάγκης εἶναι· τὸ δ' ἐξ ἀνάγκης ὂν οὐκ ἐνδέχεταί ποτε μὴ εἶναι· τὰς ἀντικειμένας ἄρα οὐκ ἐνδέχεται φάσεις ἀληθεύειν κατὰ τοῦ αὐτοῦ. ἔτι δ' εἰ μηθὲν μᾶλλον ἡ φάσις ἢ ἡ ἀπόφασις ἀληθεύεται, ὁ λέγων ἄνθρωπον ἢ
25 οὐκ ἄνθρωπον οὐθὲν μᾶλλον ἀληθεύσει· δόξειε δὲ κἂν οὐχ ἵππον εἶναι φάσκων τὸν ἄνθρωπον ἢ μᾶλλον ἢ οὐχ ἧττον ἀληθεύειν ἢ οὐκ ἄνθρωπον, ὥστε καὶ ἵππον φάσκων εἶναι τὸν αὐτὸν ἀληθεύσει (τὰς γὰρ ἀντικειμένας ὁμοίως ἦν ἀληθεύειν)· συμβαίνει τοίνυν τὸν αὐτὸν ἄνθρωπον εἶναι καὶ ἵππον
30 ἢ τῶν ἄλλων τι ζῴων.—ἀπόδειξις μὲν οὖν οὐδεμία τούτων ἐστὶν ἁπλῶς, πρὸς μέντοι τὸν ταῦτα τιθέμενον ἀπόδειξις. ταχέως δ' ἄν τις καὶ αὐτὸν τὸν Ἡράκλειτον τοῦτον ἐρωτῶν τὸν τρόπον ἠνάγκασεν ὁμολογεῖν μηδέποτε τὰς ἀντικειμένας φάσεις δυνατὸν εἶναι κατὰ τῶν αὐτῶν ἀληθεύεσθαι· νῦν δ'
35 οὐ συνιεὶς ἑαυτοῦ τί ποτε λέγει, ταύτην ἔλαβε τὴν δόξαν.

1062ᵃ19-23, cf. 1006ᵇ28-34   23-30, cf. 1007ᵇ18—1008ᵃ2   31-35, cf. 1005ᵇ23-26

---

12 αὐτῶν Alᵖ Bonitz: αὑτῶν codd.   13 ἔσται Alᵖ recc.: ἔστι Π Aᵇ
15 πλείω Aᵇ   17 τοῦτο om. Alᶜ   ὅλως εἶναι post ὃ pr. add. Π: om.
Aᵇ Alᶜ   19 ἀδύνατον ἀληθεύειν Aᵇ et ut vid. Alᵖ: ἀλ. ἀδύν. Π   κατὰ τοῦ αὐτοῦ Π Alᵖ: om. Aᵇ; cf. 34   20 δεῖ Aᵇ Alᵖ: δεῖ καὶ Π   22
ποτε Aᵇ: τότε Π: om. Alᵖ   καὶ ἀποφάσεις post φάσεις add. Π: om.
Aᵇ; cf. 33   26 ἢ pr. Aᵇ Alᶜ E²: καὶ J   27 ἢ om. E: add. E²
32 ἐρωτήσας Π   35 συνιεὶς Aᵇ Alᶜ E²: συνεὶς Π   ἑαυτοῦ Π Alᶜ: αὑτοῦ Aᵇ

ΤΩΝ ΜΕΤΑ ΤΑ ΦΥΣΙΚΑ Κ

ὅλως δ' εἰ τὸ λεγόμενον ὑπ' αὐτοῦ ἐστὶν ἀληθές, οὐδ' ἂν αὐτὸ τοῦτο εἴη ἀληθές, λέγω δὲ τὸ ἐνδέχεσθαι τὸ αὐτὸ καθ' ἕνα καὶ τὸν αὐτὸν χρόνον εἶναί τε καὶ μὴ εἶναι· καθάπερ γὰρ καὶ διῃρημένων αὐτῶν οὐδὲν μᾶλλον ἡ κατάφασις ἢ ἡ ἀπόφασις ἀληθεύεται, τὸν αὐτὸν τρόπον καὶ τοῦ συναμφοτέρου καὶ τοῦ συμπεπλεγμένου καθάπερ μιᾶς τινὸς καταφάσεως οὔσης οὐθὲν μᾶλλον ἡ ἀπόφασις ἢ τὸ ὅλον ὡς ἐν καταφάσει τιθέμενον ἀληθεύσεται. ἔτι δ' εἰ μηθὲν ἔστιν ἀληθῶς καταφῆσαι, κἂν αὐτὸ τοῦτο ψεῦδος εἴη τὸ φάναι μηδεμίαν ἀληθῆ κατάφασιν ὑπάρχειν. εἰ δ' ἔστι τι, λύοιτ' ἂν τὸ λεγόμενον ὑπὸ τῶν τὰ τοιαῦτα ἐνισταμένων καὶ παντελῶς ἀναιρούντων τὸ διαλέγεσθαι.

6 Παραπλήσιον δὲ τοῖς εἰρημένοις ἐστὶ καὶ τὸ λεχθὲν ὑπὸ τοῦ Πρωταγόρου· καὶ γὰρ ἐκεῖνος ἔφη πάντων εἶναι χρημάτων μέτρον ἄνθρωπον, οὐδὲν ἕτερον λέγων ἢ τὸ δοκοῦν ἑκάστῳ τοῦτο καὶ εἶναι παγίως· τούτου δὲ γιγνομένου τὸ αὐτὸ συμβαίνει καὶ εἶναι καὶ μὴ εἶναι, καὶ κακὸν καὶ ἀγαθὸν εἶναι, καὶ τἆλλα τὰ κατὰ τὰς ἀντικειμένας λεγόμενα φάσεις, διὰ τὸ πολλάκις τοισδὶ μὲν φαίνεσθαι τόδε εἶναι καλὸν τοισδὶ δὲ τοὐναντίον, μέτρον δ' εἶναι τὸ φαινόμενον ἑκάστῳ. λύοιτο δ' ἂν αὕτη ἡ ἀπορία θεωρήσασι πόθεν ἐλήλυθεν ἡ ἀρχὴ τῆς ὑπολήψεως ταύτης· ἔοικε γὰρ ἐνίοις μὲν ἐκ τῆς τῶν φυσιολόγων δόξης γεγενῆσθαι, τοῖς δ' ἐκ τοῦ μὴ ταὐτὰ περὶ τῶν αὐτῶν ἅπαντας γιγνώσκειν ἀλλὰ τοῖσδε μὲν ἡδὺ τόδε φαίνεσθαι τοῖσδε δὲ τοὐναντίον. τὸ γὰρ μηδὲν ἐκ μὴ ὄντος

1062ᵇ   ΤΩΝ ΜΕΤΑ ΤΑ ΦΥΣΙΚΑ Κ

25 γίγνεσθαι, πᾶν δ' ἐξ ὄντος, σχεδὸν ἁπάντων ἐστὶ κοινὸν δόγμα
τῶν περὶ φύσεως· ἐπεὶ οὖν οὐ⟨δὲν⟩ λευκὸν γίγνεται ⟨ἐκ⟩ λευκοῦ
τελέως ὄντος καὶ οὐδαμῇ μὴ λευκοῦ [νῦν δὲ γεγενημένον μὴ
λευκόν], γίγνοιτ' ἂν ἐκ μὴ ὄντος λευκοῦ τὸ γιγνόμενον [μὴ]
λευκόν· ὥστε ἐκ μὴ ὄντος γίγνοιτ' ἂν κατ' ἐκείνους, εἰ μὴ
30 ὑπῆρχε λευκὸν τὸ αὐτὸ καὶ μὴ λευκόν. οὐ χαλεπὸν δὲ
διαλύειν τὴν ἀπορίαν ταύτην· εἴρηται γὰρ ἐν τοῖς φυσικοῖς
πῶς ἐκ τοῦ μὴ ὄντος γίγνεται τὰ γιγνόμενα καὶ πῶς ἐξ
ὄντος. τό γε μὴν ὁμοίως προσέχειν ταῖς δόξαις καὶ ταῖς
φαντασίαις τῶν πρὸς αὐτοὺς διαμφισβητούντων εὔηθες· δῆ-
35 λον γὰρ ὅτι τοὺς ἑτέρους αὐτῶν ἀνάγκη διεψεῦσθαι. φανερὸν
δὲ τοῦτ' ἐκ τῶν γιγνομένων κατὰ τὴν αἴσθησιν· οὐδέποτε γὰρ
1063ᵃ τὸ αὐτὸ φαίνεται τοῖς μὲν γλυκὺ τοῖς δὲ τοὐναντίον, μὴ
διεφθαρμένων καὶ λελωβημένων τῶν ἑτέρων τὸ αἰσθητήριον
καὶ κριτήριον τῶν λεχθέντων χυμῶν. τούτου δ' ὄντος τοιούτου
τοὺς ἑτέρους μὲν ὑποληπτέον μέτρον εἶναι τοὺς δ' ἄλλους οὐχ
5 ὑποληπτέον. ὁμοίως δὲ τοῦτο λέγω καὶ ἐπὶ ἀγαθοῦ καὶ κακοῦ,
καὶ καλοῦ καὶ αἰσχροῦ, καὶ τῶν ἄλλων τῶν τοιούτων. οὐδὲν γὰρ
διαφέρει τοῦτο τοῦ ἀξιοῦν [ἢ] τὰ φαινόμενα τοῖς ὑπὸ τὴν ὄψιν
ὑποβάλλουσι τὸν δάκτυλον καὶ ποιοῦσιν ἐκ τοῦ ἑνὸς φαίνεσθαι
δύο δύο δεῖν εἶναι διὰ τὸ φαίνεσθαι τοσαῦτα, καὶ πάλιν ἕν·
10 τοῖς γὰρ μὴ κινοῦσι τὴν ὄψιν ἓν φαίνεται τὸ ἕν. ὅλως δὲ
ἄτοπον ἐκ τοῦ φαίνεσθαι τὰ δεῦρο μεταβάλλοντα καὶ μηδέ-
ποτε διαμένοντα ἐν τοῖς αὐτοῖς, ἐκ τούτου περὶ τῆς ἀλη-

1062ᵇ33—1063ᵃ10, cf. 1010ᵇ1-26, 1011ᵃ31-34   1063ᵃ10-17,
cf. 1010ᵃ25-32

---

26 οὐδὲν scripsi: οὐ codd. Alᶜ haplographia ortum   ἐκ ex Alᵖ supplevi
27 νῦν ... 28 λευκόν et 28 μὴ secl. Bonitz; in loco nondum sanato ex-
plicando frustra laborat Al   28 λευκοῦ] μὴ λευκοῦ E γρ   30 λευκόν...
μὴ Aᵇ Alᶜ: μὴ ante λευκὸν pr. coll. Π   31 φυσικοῖς] e.g. Gen. et corr.
317ᵇ15   33 ἀμφοτέραις ante ταῖς pr. add Π.   34 διαμφισβητούντων Π:
ἀμφ. Aᵇ Alᶜ   1063ᵃ 4 ἄλλους] ἑτέρους Π   5 καὶ κακοῦ om. Aᵇ
7 τοῦτο τοῦ correxi ex Alᵖ: τοῦτ' Π Al¹: τοῦ Aᵇ   ἢ om. Alᵖ, seclusi;
ἀξιοῦν coniunge cum 9 δεῖν   9 δεῖν J: δ' E Aᵇ

224

ΤΩΝ ΜΕΤΑ ΤΑ ΦΥΣΙΚΑ Κ

θείας τὴν κρίσιν ποιεῖσθαι· δεῖ γὰρ ἐκ τῶν ἀεὶ κατὰ ταὐτὸ
ἐχόντων καὶ μηδεμίαν μεταβολὴν ποιουμένων τἀληθὲς θη-
ρεύειν, τοιαῦτα δ᾽ ἐστὶ τὰ κατὰ τὸν κόσμον· ταῦτα γὰρ
οὐχ ὁτὲ μὲν τοιαδὶ πάλιν δ᾽ ἀλλοῖα φαίνεται, ταὐτὰ δ᾽
ἀεὶ καὶ μεταβολῆς οὐδεμιᾶς κοινωνοῦντα. ἔτι δ᾽ εἰ κίνησις
ἔστι, καὶ κινούμενόν τι, κινεῖται δὲ πᾶν ἔκ τινος καὶ εἴς τι·
δεῖ ἄρα τὸ κινούμενον εἶναι ἐν ἐκείνῳ ἐξ οὗ κινήσεται καὶ οὐκ
εἶναι ἐν αὐτῷ, καὶ εἰς τοδὶ κινεῖσθαι καὶ γίγνεσθαι ἐν τούτῳ,
τὸ δὲ κατὰ τὴν ἀντίφασιν μὴ συναληθεύεσθαι κατ᾽ αὐτούς.
καὶ εἰ κατὰ τὸ ποσὸν συνεχῶς τὰ δεῦρο ῥεῖ καὶ κινεῖται,
καί τις τοῦτο θείη καίπερ οὐκ ἀληθὲς ὄν, διὰ τί κατὰ τὸ ποιὸν
οὐ μένει; φαίνονται γὰρ οὐχ ἥκιστα τὰ κατὰ τὰς ἀντι-
φάσεις ταὐτοῦ κατηγορεῖν ἐκ τοῦ τὸ ποσὸν ὑπειληφέναι μὴ μέ-
νειν ἐπὶ τῶν σωμάτων, διὸ καὶ εἶναι τετράπηχυ τὸ αὐτὸ
καὶ οὐκ εἶναι. ἡ δ᾽ οὐσία κατὰ τὸ ποιόν, τοῦτο δὲ τῆς ὡρι-
σμένης φύσεως, τὸ δὲ ποσὸν τῆς ἀορίστου. ἔτι διὰ τί προσ-
τάττοντος τοῦ ἰατροῦ τοδὶ τὸ σιτίον προσενέγκασθαι προσ-
φέρονται; τί γὰρ μᾶλλον τοῦτο ἄρτος ἐστὶν ἢ οὐκ ἔστιν; ὥστ᾽
οὐθὲν ἂν διέχοι φαγεῖν ἢ μὴ φαγεῖν· νῦν δ᾽ ὡς ἀληθεύοντες
περὶ αὐτὸ καὶ ὄντος τοῦ προσταχθέντος σιτίου τούτου προσ-
φέρονται τοῦτο· καίτοι γ᾽ οὐκ ἔδει μὴ διαμενούσης παγίως
μηδεμιᾶς φύσεως ἐν τοῖς αἰσθητοῖς ἀλλ᾽ ἀεὶ πασῶν κινου-
μένων καὶ ῥεουσῶν. ἔτι δ᾽ εἰ μὲν ἀλλοιούμεθα ἀεὶ καὶ μηδέ-
ποτε διαμένομεν οἱ αὐτοί, τί καὶ θαυμαστὸν εἰ μηδέποθ᾽

1063ᵃ17–21, cf. 1010ᵃ35—ᵇ1   22–28, cf. 1010ᵃ22-25   28–35,
cf. 1008ᵇ12-27   35—ᵇ7, cf. 1009ᵃ38—ᵇ33

13 ταὐτὸ scripsi: ταὐτὰ codd.; cf. 1009ᵃ34   14 ἐχόντων Π Alᵖ:
ὄντων Aᵇ   19 ἐν Aᵇ Alᶜ: ἔτι ἐν Π   καὶ οὐκ . . . 20 αὑτῷ secl. Christ
οὐκ Π: μὴ Aᵇ   21 τὸ codd. Alᶜ: τὰ Bonitz; cf. 24 et 1062ᵇ17   συν-
αληθεύεσθαι Aᵇ Alᵖ: ἀληθεύεσθαι Π   25 αὐτοῦ Aᵇ   26 διὸ Aᵇ: διὰ
τὸ Π   διὸ . . . 28 ἀορίστου om. Alᵖ   27 δὲ E: γε J: γὰρ Aᵇ
30 τοῦτο om. Π   31 διέχοι Aᵇ Alᶜ: τι ἔχοι Π; cf. Rhet 1412ᵃ12, 17
ἀληθεύοντος Aᵇ   33 γ᾽ om. Aᵇ Alᶜ   35 ἀεὶ om. Aᵇ   36 καὶ
om. Aᵇ

ΤΩΝ ΜΕΤΑ ΤΑ ΦΥΣΙΚΑ Κ

ἡμῖν ταὐτὰ φαίνεται καθάπερ τοῖς κάμνουσιν (καὶ γὰρ τούτοις διὰ τὸ μὴ ὁμοίως διακεῖσθαι τὴν ἕξιν καὶ ὅθ' ὑγίαινον, οὐχ ὅμοια φαίνεται τὰ κατὰ τὰς αἰσθήσεις, αὐτὰ μὲν οὐδεμιᾶς διά γε τοῦτο μεταβολῆς κοινωνοῦντα τὰ αἰσθητά, αἰσθήματα δ' ἕτερα ποιοῦντα τοῖς κάμνουσι καὶ μὴ τὰ αὐτά· τὸν αὐτὸν δὴ τρόπον ἔχειν καὶ τῆς εἰρημένης μεταβολῆς γιγνομένης ἴσως ἀναγκαῖόν ἐστιν); εἰ δὲ μὴ μεταβάλλομεν ἀλλ' οἱ αὐτοὶ διατελοῦμεν ὄντες, εἴη ἄν τι μένον.—πρὸς μὲν οὖν τοὺς ἐκ λόγου τὰς εἰρημένας ἀπορίας ἔχοντας οὐ ῥᾴδιον διαλῦσαι μὴ τιθέντων τι καὶ τούτου μηκέτι λόγον ἀπαιτούντων· οὕτω γὰρ πᾶς λόγος καὶ πᾶσα ἀπόδειξις γίγνεται· μηθὲν γὰρ τιθέντες ἀναιροῦσι τὸ διαλέγεσθαι καὶ ὅλως λόγον—ὥστε πρὸς μὲν τοὺς τοιούτους οὐκ ἔστι λόγος, πρὸς δὲ τοὺς διαποροῦντας ἐκ τῶν παραδεδομένων ἀποριῶν ῥᾴδιον ἀπαντᾶν καὶ διαλύειν τὰ ποιοῦντα τὴν ἀπορίαν ἐν αὐτοῖς· δῆλον δ' ἐκ τῶν εἰρημένων. ὥστε φανερὸν ἐκ τούτων ὅτι οὐκ ἐνδέχεται τὰς ἀντικειμένας φάσεις περὶ τοῦ αὐτοῦ καθ' ἕνα χρόνον ἀληθεύειν, οὐδὲ τὰ ἐναντία, διὰ τὸ λέγεσθαι κατὰ στέρησιν πᾶσαν ἐναντιότητα· δῆλον δὲ τοῦτ' ἐπ' ἀρχὴν τοὺς λόγους ἀναλύουσι τοὺς τῶν ἐναντίων. ὁμοίως δ' οὐδὲ τῶν ἀνὰ μέσον οὐδὲν οἷόν τε κατηγορεῖσθαι καθ' ἑνὸς καὶ τοῦ αὐτοῦ· λευκοῦ γὰρ ὄντος τοῦ ὑποκειμένου λέγοντες αὐτὸ εἶναι οὔτε μέλαν οὔτε λευκὸν ψευσόμεθα· συμβαίνει γὰρ εἶναι λευκὸν αὐτὸ καὶ μὴ εἶναι· θάτερον γὰρ τῶν συμπεπλεγμένων ἀληθεύσεται κατ' αὐτοῦ, τοῦτο δ' ἐστὶν ἀντίφασις τοῦ λευκοῦ. οὔτε δὴ καθ' Ἡράκλειτον ἐνδέχεται λέγοντας ἀληθεύειν, οὔτε κατ' Ἀναξαγόραν· εἰ δὲ μή, συμβήσεται τἀναντία τοῦ αὐτοῦ κατηγορεῖν· ὅταν

1063^{b}7–16, cf. 1009^{a}16–22, 1011^{a}3–16   17–19, cf. 1011^{b}17–22
19–24, cf. 1011^{b}23—1012^{a}24   24–35, cf. Γ 1012^{a}24—^{b}18

---

37 καὶ γὰρ] ὡς γὰρ Al^p an recte?   1063^b 4 καὶ μὴ τὰ αὐτά. om.
A^b Al^p; an est var. lect.?   5 καὶ om. A^b 6 γιγνομένης Π Al^c:
γενομένης A^b 17 πᾶσαν ἐναντιότητα Π: τὰ ἐναντία A^b: om. Al^c
18 ἀναλύουσι A^b Al^c: λύουσι Π

γὰρ ἐν παντὶ φῇ παντὸς εἶναι μοῖραν, οὐδὲν μᾶλλον εἶναί φησι γλυκὺ ἢ πικρὸν ἢ τῶν λοιπῶν ὁποιανοῦν ἐναντιώσεων, εἴπερ ἐν ἅπαντι πᾶν ὑπάρχει μὴ δυνάμει μόνον ἀλλ' ἐνεργείᾳ καὶ ἀποκεκριμένον. ὁμοίως δὲ οὐδὲ πάσας ψευδεῖς οὐδ' ἀληθεῖς τὰς φάσεις δυνατὸν εἶναι, δι' ἄλλα τε πολλὰ τῶν συναχθέντων ἂν δυσχερῶν διὰ ταύτην τὴν θέσιν, καὶ διότι ψευδῶν μὲν οὐσῶν πασῶν οὐδ' αὐτὸ τοῦτό τις φάσκων ἀληθεύσει, ἀληθῶν δὲ ψευδεῖς εἶναι πάσας λέγων οὐ ψεύσεται.

7 Πᾶσα δ' ἐπιστήμη ζητεῖ τινὰς ἀρχὰς καὶ αἰτίας περὶ ἕκαστον τῶν ὑφ' αὑτὴν ἐπιστητῶν, οἷον ἰατρικὴ καὶ γυμναστικὴ καὶ τῶν λοιπῶν ἑκάστη τῶν ποιητικῶν καὶ μαθηματικῶν. ἑκάστη γὰρ τούτων περιγραψαμένη τι γένος αὑτῇ περὶ τοῦτο πραγματεύεται ὡς ὑπάρχον καὶ ὄν, οὐχ ᾗ δὲ ὄν, ἀλλ' ἑτέρα τις αὕτη παρὰ ταύτας τὰς ἐπιστήμας ἐστὶν ἐπιστήμη. τῶν δὲ λεχθεισῶν ἐπιστημῶν ἑκάστη λαβοῦσά πως τὸ τί ἐστιν ἐν ἑκάστῳ γένει πειρᾶται δεικνύναι τὰ λοιπὰ μαλακώτερον ἢ ἀκριβέστερον. λαμβάνουσι δὲ τὸ τί ἐστιν αἱ μὲν δι' αἰσθήσεως αἱ δ' ὑποτιθέμεναι· διὸ καὶ δῆλον ἐκ τῆς τοιαύτης ἐπαγωγῆς ὅτι τῆς οὐσίας καὶ τοῦ τί ἐστιν οὐκ ἔστιν ἀπόδειξις. ἐπεὶ δ' ἔστι τις ἡ περὶ φύσεως ἐπιστήμη, δῆλον ὅτι καὶ πρακτικῆς ἑτέρα καὶ ποιητικῆς ἔσται. ποιητικῆς μὲν γὰρ ἐν τῷ ποιοῦντι καὶ οὐ τῷ ποιουμένῳ τῆς κινήσεως ἡ ἀρχή, καὶ τοῦτ' ἔστιν εἴτε τέχνη τις εἴτ' ἄλλη τις δύναμις· ὁμοίως δὲ καὶ τῆς πρακτικῆς οὐκ ἐν τῷ πρακτῷ μᾶλλον δ' ἐν τοῖς πράττουσιν ἡ κίνησις. ἡ δὲ τοῦ φυσικοῦ περὶ τὰ ἔχοντ' ἐν ἑαυτοῖς κινήσεως ἀρχήν ἐστιν. ὅτι μὲν τοίνυν οὔτε πρακτικὴν οὔτε ποιητικὴν ἀλλὰ θεωρητικὴν ἀναγκαῖον εἶναι τὴν φυσικὴν ἐπιστήμην, δῆλον ἐκ τούτων (εἰς ἓν γάρ τι τούτων τῶν

Cap. 7, cf. E 1

29 πᾶν E: om. J: πάντα Aᵇ et fort. Al 37 ὑπ' αὐτὴν Alᵖ 1064ᵃ 2
αὑτῇ E corr.: αὐτῇ J: αὐτὴ E¹ Aᵇ Alᶜ 7 δι' Aᵇ Alᵖ: διὰ τῆς Π

ΤΩΝ ΜΕΤΑ ΤΑ ΦΥΣΙΚΑ Κ

γενῶν ἀνάγκη πίπτειν)· ἐπεὶ δὲ τὸ τί ἐστιν ἀναγκαῖον ἑκάστῃ πως τῶν ἐπιστημῶν εἰδέναι καὶ τούτῳ χρῆσθαι ἀρχῇ, δεῖ μὴ λανθάνειν πῶς ὁριστέον τῷ φυσικῷ καὶ πῶς ὁ τῆς οὐσίας λόγος ληπτέος, πότερον ὡς τὸ σιμὸν ἢ μᾶλλον ὡς τὸ κοῖλον. τούτων γὰρ ὁ μὲν τοῦ σιμοῦ λόγος μετὰ τῆς ὕλης λέγεται τῆς τοῦ πράγματος, ὁ δὲ τοῦ κοίλου χωρὶς τῆς ὕλης· ἡ γὰρ σιμότης ἐν ῥινὶ γίγνεται, διὸ καὶ ὁ λόγος αὐτῆς μετὰ ταύτης θεωρεῖται· τὸ σιμὸν γάρ ἐστι ῥὶς κοίλη. φανερὸν οὖν ὅτι καὶ σαρκὸς καὶ ὀφθαλμοῦ καὶ τῶν λοιπῶν μορίων μετὰ τῆς ὕλης ἀεὶ τὸν λόγον ἀποδοτέον. ἐπεὶ δ' ἔστι τις ἐπιστήμη τοῦ ὄντος ᾗ ὂν καὶ χωριστόν, σκεπτέον πότερόν ποτε τῇ φυσικῇ τὴν αὐτὴν θετέον εἶναι ταύτην ἢ μᾶλλον ἑτέραν. ἡ μὲν οὖν φυσικὴ περὶ τὰ κινήσεως ἔχοντ' ἀρχὴν ἐν αὑτοῖς ἐστίν, ἡ δὲ μαθηματικὴ θεωρητικὴ μὲν καὶ περὶ μένοντά τις αὕτη, ἀλλ' οὐ χωριστά. περὶ τὸ χωριστὸν ἄρα ὂν καὶ ἀκίνητον ἑτέρα τούτων ἀμφοτέρων τῶν ἐπιστημῶν ἔστι τις, εἴπερ ὑπάρχει τις οὐσία τοιαύτη, λέγω δὲ χωριστὴ καὶ ἀκίνητος, ὅπερ πειρασόμεθα δεικνύναι. καὶ εἴπερ ἔστι τις τοιαύτη φύσις ἐν τοῖς οὖσιν, ἐνταῦθ' ἂν εἴη που καὶ τὸ θεῖον, καὶ αὕτη ἂν εἴη ⟨ἡ⟩ πρώτη καὶ κυριωτάτη ἀρχή. δῆλον τοίνυν ὅτι τρία γένη τῶν θεωρητικῶν ἐπιστημῶν ἔστι, φυσική, μαθηματική, θεολογική. βέλτιστον μὲν οὖν τὸ τῶν θεωρητικῶν γένος, τούτων δ' αὐτῶν ἡ τελευταία λεχθεῖσα· περὶ τὸ τιμιώτατον γάρ ἐστι τῶν ὄντων, βελτίων δὲ καὶ χείρων ἑκάστη λέγεται κατὰ τὸ οἰκεῖον ἐπιστητόν. ἀπορήσειε δ' ἄν τις πότερόν ποτε τὴν τοῦ ὄντος ᾗ ὂν ἐπιστήμην καθόλου δεῖ θεῖναι ἢ οὔ. τῶν μὲν γὰρ μαθηματικῶν ἑκάστη περὶ ἕν τι γένος ἀφωρισμένον ἐστίν, ἡ δὲ καθόλου κοινὴ περὶ πάντων. εἰ μὲν οὖν αἱ φυσικαὶ οὐσίαι πρῶται τῶν ὄντων εἰσί, κἂν ἡ φυσικὴ

19 πίπτειν A[b] Al[c] : πίπτειν αὐτήν Π   26 θεωρεῖται A[b] E γρ: εἴρηται Π   33 καὶ Λ[b] Al[p]: καὶ τὸ Π   34 τις Π Al[p]: om. A[L]   1064[b] 1 ἂν om. A[b]   εἰ] ἡ ex Al[p] addidi, ci. Bonitz   3 et 8 μὲν om. A[b] θεωρητικῶν Π et ut vid. Al[p] : θεωρητικῶν ἐπιστημῶν A[b]   4 τιμιώτατον] κυριώτατον A[b]   καὶ E γρ

πρώτη τῶν ἐπιστημῶν εἴη· εἰ δ' ἔστιν ἑτέρα φύσις καὶ οὐσία χωριστὴ καὶ ἀκίνητος, ἑτέραν ἀνάγκη καὶ τὴν ἐπιστήμην αὐτῆς εἶναι καὶ προτέραν τῆς φυσικῆς καὶ · καθόλου τῷ προτέραν.

8 Ἐπεὶ δὲ τὸ ἁπλῶς ὂν κατὰ πλείους λέγεται τρόπους, ὧν εἷς ἐστὶν ὁ κατὰ συμβεβηκὸς εἶναι λεγόμενος, σκεπτέον πρῶτον περὶ τοῦ οὕτως ὄντος. ὅτι μὲν οὖν οὐδεμία τῶν παραδεδομένων ἐπιστημῶν πραγματεύεται περὶ τὸ συμβεβηκός, δῆλον· οὔτε γὰρ οἰκοδομικὴ σκοπεῖ τὸ συμβησόμενον τοῖς τῇ οἰκίᾳ χρησομένοις, οἷον εἰ λυπηρῶς ἢ τοὐναντίον οἰκήσουσιν, οὔθ' ὑφαντικὴ οὔτε σκυτοτομικὴ οὔτε ὀψοποιική, τὸ δὲ καθ' αὑτὴν ἴδιον ἑκάστη τούτων σκοπεῖ τῶν ἐπιστημῶν μόνον, τοῦτο δ' ἐστὶ τὸ οἰκεῖον τέλος· †οὐδὲ μουσικὸν καὶ γραμματικόν, οὐδὲ τὸν ὄντα μουσικὸν ὅτι γενόμενος γραμματικὸς ἅμα ἔσται τὰ ἀμφότερα, πρότερον οὐκ ὤν, ὃ δὲ μὴ ἀεὶ ὂν ἔστιν, ἐγένετο τοῦτο, ὥσθ' ἅμα μουσικὸς ἐγένετο καὶ γραμματικός,—τοῦτο [δὲ] οὐδεμία ζητεῖ τῶν ὁμολογουμένως οὐσῶν ἐπιστημῶν πλὴν ἡ σοφιστική· περὶ τὸ συμβεβηκὸς γὰρ αὕτη μόνη πραγματεύεται, διὸ Πλάτων οὐ κακῶς εἴρηκε φήσας τὸν σοφιστὴν περὶ τὸ μὴ ὂν διατρίβειν· ὅτι δ' οὐδ' ἐνδεχόμενόν ἐστιν εἶναι τοῦ συμβεβηκότος ἐπιστήμην, φανερὸν ἔσται πειραθεῖσιν ἰδεῖν τί ποτ' ἐστὶ τὸ συμβεβηκός. πᾶν δή φαμεν εἶναι τὸ μὲν ἀεὶ καὶ ἐξ ἀνάγκης (ἀνάγκης δ' οὐ τῆς κατὰ τὸ βίαιον λεγομένης ἀλλ' ᾗ χρώμεθα ἐν τοῖς κατὰ τὰς ἀποδείξεις),

1064^{b}15—1065^{a}26, cf. E 2-4

13 τῷ Π Al^c: om. A^b; cf. 1026^{a}30   15 εἶναι λέγεται A^b 16 εἶναι A^b Al^p: om. Π   17 οὕτως J A^b Al^c: ὄντως E; cf. ad 1061^{b}18   21 ὀψοποιητική A^b; cf. ad 1027^{a}4   23 οὐδὲ... γραμματικόν om. Al^p, susp. Bonitz, secl .Ross, sed ex alt. rec. E 1026^{b}11 lacunam ante οὐδὲ μουσικὸν exstare suspicor velut ⟨ἀλλ' οὐ τὸ συμβεβηκὸς οὐδὲ εἰ ἕτερον ἢ ταὐτὸν⟩ μουσικὸν καὶ γραμματικόν   post οὐδὲ pr. ᾗ add. Π: om. A^b E^2: εἰ Bonitz   25 ἐγένετο Al^c corr. E: ἐγίγνετο Π A^b 26 ἐγένετο Al^c, corr. E: ἐγίγνετο Π A^b δὲ om. Al^c, seclusi: δὴ ci. Bonitz   30 οὐκ ex οὐδ' corr. E   33 κατὰ βίαν A^b Al^c; cf. 1026^{b}28

229

ΤΩΝ ΜΕΤΑ ΤΑ ΦΥΣΙΚΑ Κ

τὸ δ' ὡς ἐπὶ τὸ πολύ, τὸ δ' οὔθ' ὡς ἐπὶ τὸ πολὺ οὔτ' ἀεὶ καὶ ἐξ ἀνάγκης ἀλλ' ὅπως ἔτυχεν· οἷον ἐπὶ κυνὶ γένοιτ' ἂν ψῦχος, ἀλλὰ τοῦτ' οὔθ' [ὡς] ἀεὶ καὶ ἐξ ἀνάγκης οὔθ' ὡς ἐπὶ τὸ πολὺ γίγνεται, συμβαίη δέ ποτ' ἄν. ἔστι δὴ τὸ συμβεβηκὸς ὃ γίγνεται μέν, οὐκ ἀεὶ δ' οὐδ' ἐξ ἀνάγκης οὐδ' ὡς ἐπὶ τὸ πολύ. τί μὲν οὖν ἐστὶ τὸ συμβεβηκός, εἴρηται, διότι δ' οὐκ ἔστιν ἐπιστήμη τοῦ τοιούτου, δῆλον· ἐπιστήμη μὲν γὰρ πᾶσα τοῦ ἀεὶ ὄντος ἢ ὡς ἐπὶ τὸ πολύ, τὸ δὲ συμβεβηκὸς ἐν οὐδετέρῳ τούτων ἐστίν. ὅτι δὲ τοῦ κατὰ συμβεβηκὸς ὄντος οὐκ εἰσὶν αἰτίαι καὶ ἀρχαὶ τοιαῦται οἷαίπερ τοῦ καθ' αὑτὸ ὄντος, δῆλον· ἔσται γὰρ ἅπαντ' ἐξ ἀνάγκης. εἰ γὰρ τόδε μὲν ἔστι τοῦδε ὄντος τόδε δὲ τοῦδε, τοῦτο δὲ μὴ ὅπως ἔτυχεν ἀλλ' ἐξ ἀνάγκης, ἐξ ἀνάγκης ἔσται καὶ οὗ τοῦτ' ἦν αἴτιον ἕως τοῦ τελευταίου λεγομένου αἰτιατοῦ (τοῦτο δ' ἦν κατὰ συμβεβηκός), ὥστ' ἐξ ἀνάγκης ἅπαντ' ἔσται, καὶ τὸ ὁποτέρως ἔτυχε καὶ τὸ ἐνδέχεσθαι καὶ γίνεσθαι καὶ μὴ παντελῶς ἐκ τῶν γιγνομένων ἀναιρεῖται. κἂν μὴ ὂν δὲ ἀλλὰ γιγνόμενον τὸ αἴτιον ὑποτεθῇ, ταὐτὰ συμβήσεται· πᾶν γὰρ ἐξ ἀνάγκης γενήσεται. ἡ γὰρ αὔριον ἔκλειψις γενήσεται ἂν τόδε γένηται, τοῦτο δ' ἐὰν ἕτερόν τι, καὶ τοῦτ' ἂν ἄλλο· καὶ τοῦτον δὴ τὸν τρόπον ἀπὸ πεπερασμένου χρόνου τοῦ ἀπὸ τοῦ νῦν μέχρι αὔριον ἀφαιρουμένου χρόνου ἥξει ποτὲ εἰς τὸ ὑπάρχον, ὥστ' ἐπεὶ τοῦτ' ἔστιν, ἅπαντ' ἐξ ἀνάγκης τὰ μετὰ τοῦτο γενήσεται, ὥστε πάντα ἐξ ἀνάγκης γίγνεσθαι. τὸ δ' ὡς ἀληθὲς ὂν καὶ ⟨τὸ⟩ κατὰ συμβεβηκὸς τὸ μέν ἐστιν ἐν συμπλοκῇ διανοίας καὶ πάθος ἐν ταύτῃ (διὸ περὶ μὲν τὸ οὕτως ὂν οὐ ζητοῦνται αἱ ἀρχαί, περὶ δὲ τὸ ἔξω ὂν καὶ χωριστόν)· τὸ δ' οὐκ ἀναγκαῖον ἀλλ' ἀόριστον, λέγω δὲ τὸ κατὰ συμβεβηκός·

35 ἀεὶ καὶ om. Al^c   37 ὡς pr. del. Ross   καὶ Π Al^p: om. A^b   ὡς alt. om. Π   1065^a 2 δ' om. A^b   5 ἐν om. A^b   12 ὁπότερ' A^b; cf. 1027^a17   13 γενέσθαι Π   14 δὲ om. Π   16 εἰ γὰρ Π Al^p   20 εἴπερ J   21 ἀληθῶς Π Al^p   καὶ τὸ Bonitz: καὶ Π: καὶ μὴ A^b E γρ Al^p; μὴ a lectore ex E 4 add. vid.   22 διανοίας A^b Al^p: τῆς δ. Π

ΤΩΝ ΜΕΤΑ ΤΑ ΦΥΣΙΚΑ Κ

τοῦ τοιούτου δ' ἄτακτα καὶ ἄπειρα τὰ αἴτια.—τὸ δὲ ἕνεκά του ἐν τοῖς φύσει γιγνομένοις ἢ ἀπὸ διανοίας ἐστίν, τύχη δέ ἐστιν ὅταν τι τούτων γένηται κατὰ συμβεβηκός· ὥσπερ γὰρ καὶ ὄν ἐστι τὸ μὲν καθ' αὑτὸ τὸ δὲ κατὰ συμβεβηκός, οὕτω καὶ αἴτιον. ἡ τύχη δ' αἰτία κατὰ συμβεβηκὸς ἐν τοῖς κατὰ προαίρεσιν τῶν ἕνεκά του γιγνομένοις, διὸ περὶ ταὐτὰ τύχη καὶ διάνοια· προαίρεσις γὰρ οὐ χωρὶς διανοίας. τὰ δ' αἴτια ἀόριστα ἀφ' ὧν ἂν γένοιτο τὰ ἀπὸ τύχης, διὸ ἄδηλος ἀνθρωπίνῳ λογισμῷ καὶ αἴτιον κατὰ συμβεβηκός, ἁπλῶς δ' οὐδενός. ἀγαθὴ δὲ τύχη καὶ κακὴ ὅταν ἀγαθὸν ἢ φαῦλον ἀποβῇ· εὐτυχία δὲ καὶ δυστυχία περὶ μέγεθος τούτων. ἐπεὶ δ' οὐθὲν κατὰ συμβεβηκὸς πρότερον τῶν καθ' αὑτό, οὐδ' ἄρ' αἴτια· εἰ ἄρα τύχη ἢ τὸ αὐτόματον αἴτιον τοῦ οὐρανοῦ, πρότερον νοῦς αἴτιος καὶ φύσις.

9 Ἔστι δὲ τὸ μὲν ἐνεργείᾳ μόνον τὸ δὲ δυνάμει τὸ δὲ δυνάμει καὶ ἐνεργείᾳ, τὸ μὲν ⟨τόδε τι⟩ ὂν τὸ δὲ ποσὸν τὸ δὲ τῶν λοιπῶν. οὐκ ἔστι δέ τις κίνησις παρὰ τὰ πράγματα· μεταβάλλει γὰρ ἀεὶ κατὰ τὰς τοῦ ὄντος κατηγορίας, κοινὸν δ' ἐπὶ τούτων οὐδέν ἐστιν ὃ οὐδ' ἐν μιᾷ κατηγορίᾳ. ἕκαστον δὲ διχῶς ὑπάρχει πᾶσιν (οἷον τὸ τόδε—τὸ μὲν γὰρ μορφὴ αὐτοῦ τὸ δὲ στέρησις—καὶ κατὰ τὸ ποιὸν τὸ μὲν λευκὸν τὸ δὲ μέλαν, καὶ κατὰ τὸ ποσὸν τὸ μὲν τέλειον τὸ δὲ ἀτελές, καὶ κατὰ φορὰν τὸ μὲν ἄνω τὸ δὲ κάτω, ἢ κοῦφον τὸ δὲ βαρύ)· ὥστε κινήσεως καὶ μεταβολῆς τοσαῦτ' εἴδη ὅσα τοῦ ὄντος. διῃρη-

1065ᵃ26–30, cf. *Phys.* ii. 196ᵇ21–25   30–35, cf. 197ᵃ5–14
35—ᵇ1, cf. 197ᵃ25–27   ᵇ2–4, cf. 198ᵃ5–13   5–7, cf. *Phys.* iii.
200ᵇ26–28   7–20, cf. 200ᵇ32—201ᵃ19

---

26 verba τὸ δὲ ἕνεκά του usque ad finem libri K non interpr. Al utpote ex *Physicis* excerpta   30 αἰτία Π: αἴτιον Aᵇ   31 ταὐτὰ Π (ταῦτα J): ταὐτὸ Aᵇ   33 τὸ Π Φ   1065ᵇ 3 ἢ καὶ τὸ Aᵇ   4 αἴτιον J   5 τὸ δὲ δυνάμει om. Aᵇ Φ   6 ὂν] τόδε τι Φ: τόδε τι ὂν Christ   7 τις E Simplᶜ: τι J: om. Aᵇ   9 ὃ Π Φ Simpl: om. Aᵇ   13 τὸ δὲ alt. Π Φ: καὶ Aᵇ

ΤΩΝ ΜΕΤΑ ΤΑ ΦΥΣΙΚΑ Κ

15 μένου δὲ καθ' ἕκαστον γένος τοῦ μὲν δυνάμει τοῦ δ' ἐντελεχείᾳ, τὴν τοῦ δυνάμει ᾗ τοιοῦτόν ἐστιν ἐνέργειαν λέγω κίνησιν. ὅτι δ' ἀληθῆ λέγομεν, ἐνθένδε δῆλον· ὅταν γὰρ τὸ οἰκοδομητόν, ᾗ τοιοῦτον αὐτὸ λέγομεν εἶναι, ἐνεργείᾳ ᾖ, οἰκοδομεῖται, καὶ ἔστι τοῦτο οἰκοδόμησις· ὁμοίως μάθησις, ἰάτρευσις, βάδισις,
20 ἅλσις, γήρανσις, ἅδρυνσις. συμβαίνει δὲ κινεῖσθαι ὅταν ἡ ἐντελέχεια ᾖ αὐτή, καὶ οὔτε πρότερον οὔθ' ὕστερον. ἡ δὴ τοῦ δυνάμει ὄντος, ὅταν ἐντελεχείᾳ ὂν ἐνεργῇ, οὐχ ᾗ αὐτὸ ἀλλ' ᾗ κινητόν, κίνησίς ἐστιν. λέγω δὲ τὸ ᾗ ὧδε. ἔστι γὰρ ὁ χαλκὸς δυνάμει ἀνδριάς· ἀλλ' ὅμως οὐχ ἡ τοῦ
25 χαλκοῦ ἐντελέχεια, ᾗ χαλκός, κίνησίς ἐστιν. οὐ γὰρ ταὐτὸν χαλκῷ εἶναι καὶ δυνάμει τινί, ἐπεὶ εἰ ταὐτὸν ἦν ἁπλῶς κατὰ τὸν λόγον, ἦν ἂν ἡ τοῦ χαλκοῦ ἐντελέχεια κίνησίς τις. οὐκ ἔστι δὲ ταὐτό (δῆλον δ' ἐπὶ τῶν ἐναντίων· τὸ μὲν γὰρ δύνασθαι ὑγιαίνειν καὶ δύνασθαι κάμνειν οὐ ταὐτόν—καὶ γὰρ
30 ἂν τὸ ὑγιαίνειν καὶ τὸ κάμνειν ταὐτὸν ἦν—τὸ δ' ὑποκείμενον καὶ ὑγιαῖνον καὶ νοσοῦν, εἴθ' ὑγρότης εἴθ' αἷμα, ταὐτὸ καὶ ἕν). ἐπεὶ δὲ οὐ τὸ αὐτό, ὥσπερ οὐδὲ χρῶμα ταὐτὸν καὶ ὁρατόν, ἡ τοῦ δυνατοῦ ᾗ δυνατὸν ἐντελέχεια κίνησίς ἐστιν. ὅτι μὲν οὖν ἐστὶν αὕτη, καὶ ὅτι συμβαίνει τότε κινεῖσθαι ὅταν
35 ἡ ἐντελέχεια ᾖ αὐτή, καὶ οὔτε πρότερον οὔθ' ὕστερον, δῆλον
(ἐνδέχεται γὰρ ἕκαστον ὁτὲ μὲν ἐνεργεῖν ὁτὲ δὲ μή, οἷον τὸ οἰκοδομητὸν [ᾗ οἰκοδομητόν,] καὶ ἡ τοῦ οἰκοδομητοῦ ἐνέργεια ᾗ

1065ᵇ20-21, cf. Ph. 201ᵇ6, 7   21—1066ᵃ26, cf. 201ᵃ27—202ᵃ3

15 τοῦ μὲν Π Φ: om. Aᵇ   19 βάδισις Π: καὶ κύλισις Aᵇ Φ ex Phys. ut vid. intrusum   20-21 ἡ ἐντ. ᾖ E Φ: ᾖ ἐντ. ἡ J Aᵇ E²; cf. 35   21 ἡ δὴ Π Al: ἤδη Aᵇ: ἡ δὲ Φ   22 ὄντος ⟨ἐντελέχεια⟩ Bessario, Bonitz; cf. Phys. 201ᵃ10 sq., ᵃ30   οὐχ ... 23 ἀλλ' Π Al γρ: ᾖ αὐτὸ ᾖ ἄλλο Aᵇ Al; dissentiunt interpretes veteres   27 καὶ κατὰ Φ   30 τὸ alt. om. Π   33 ᾗ Π Φ: καὶ ᾖ Aᵇ   34 οὖν Aᵇ Φ: γὰρ Π   35 ἡ Aᵇ Φ: ᾖ Π; cf. ad 20-21   ἐντελεχείᾳ Π   ᾖ om. Π   αὐτή Christ: αὕτη Π Aᵇ Φ   1066ᵃ 2 ᾖ οἰκοδομητόν om. Simpl, susp. Christ, seclusi

ΤΩΝ ΜΕΤΑ ΤΑ ΦΥΣΙΚΑ Κ

οἰκοδομητὸν οἰκοδόμησίς ἐστιν· ἢ γὰρ τοῦτό ἐστιν, [ἡ οἰκοδόμησις,] ἡ ἐνέργεια, ⟨ἢ οἰκία·⟩ ἀλλ' ὅταν οἰκία ᾖ, οὐκέτι οἰκοδομητόν, οἰκοδομεῖται δὲ τὸ οἰκοδομητόν· ἀνάγκη ἄρα οἰκοδόμησιν τὴν ἐνέργειαν εἶναι, ἡ δ' οἰκοδόμησις κίνησίς τις, ὁ δ' αὐτὸς λόγος καὶ ἐπὶ τῶν ἄλλων κινήσεων)· ὅτι δὲ καλῶς εἴρηται, δῆλον ἐξ ὧν οἱ ἄλλοι λέγουσι περὶ αὐτῆς, καὶ ἐκ τοῦ μὴ ῥᾴδιον εἶναι διορίσαι ἄλλως αὐτήν. οὐδὲ γὰρ ἐν ἄλλῳ τις γένει δύναιτ' ἂν θεῖναι αὐτήν· δῆλον δ' ἐξ ὧν λέγουσιν ἔνιοι [γὰρ] ἑτερότητα καὶ ἀνισότητα καὶ τὸ μὴ ὄν, ὧν οὐδὲν ἀνάγκη κινεῖσθαι, ἀλλ' οὐδ' ἡ μεταβολὴ οὔτ' εἰς ταῦτα οὔτ' ἐκ τούτων μᾶλλον ἢ τῶν ἀντικειμένων. αἴτιον δὲ τοῦ εἰς ταῦτα τιθέναι ὅτι ἀόριστόν τι δοκεῖ εἶναι ἡ κίνησις, τῆς δ' ἑτέρας συστοιχίας αἱ ἀρχαὶ διὰ τὸ στερητικαὶ εἶναι ἀόριστοι· οὔτε γὰρ τόδε οὔτε τοιόνδε οὐδεμία αὐτῶν οὔτε τῶν λοιπῶν κατηγοριῶν. τοῦ δὲ δοκεῖν ἀόριστον εἶναι τὴν κίνησιν αἴτιον ὅτι οὔτ' εἰς δύναμιν τῶν ὄντων οὔτ' εἰς ἐνέργειαν ἔστι θεῖναι αὐτήν· οὔτε γὰρ τὸ δυνατὸν ποσὸν εἶναι κινεῖται ἐξ ἀνάγκης, οὔτε τὸ ἐνεργείᾳ ποσόν, ἥ τε κίνησις ἐνέργεια μὲν εἶναι δοκεῖ τις, ἀτελὴς δέ· αἴτιον δ' ὅτι ἀτελὲς τὸ δυνατὸν οὗ ἐστιν ἐνέργεια. καὶ διὰ τοῦτο χαλεπὸν αὐτὴν λαβεῖν τί ἐστιν· ἢ γὰρ εἰς στέρησιν ἀνάγκη θεῖναι ἢ εἰς δύναμιν ἢ εἰς ἐνέργειαν ἁπλῆν, τούτων δ' οὐδὲν φαίνεται ἐνδεχόμενον, ὥστε λείπεται τὸ λεχθὲν εἶναι, καὶ ἐνέργειαν καὶ μὴ ἐνέργειαν

---

3 ἡ οἰκοδόμησις seclusi; perversus verborum ordo prodit glossema ex Φ illatum ubi tamen τοῦτο abest: ἢ γὰρ τοῦτο οἰκία ἐστὶν ἢ (ἡ sscr. J) οἰκοδόμησις ἐνέργεια Π   τούτου tentabat Bonitz   4 τοῦ οἰκοδομητοῦ post ἐνέργεια add. Φ   ἢ (vel ᾗ ἡ) οἰκία Φ: om. Π A^b   post οἰκοδομητόν add. ἔσται Π, ἔσται vel ἔστι Φ: om. A^b   9 οὐδὲ scripsi: οὔτε libri cui nihil respondet   10–12 δῆλον ... κινεῖσθαι] haec in multis libris deesse et Alexandrum ea non interpretari ait Simpl   11 ἔνιοι ex Φ restitui: οἱ μὲν Π A^b non habet quo referatur   γὰρ A^b: om. Π Φ, seclusi   13 ἢ Π Simpl: ἢ ἐκ A^b   19 θεῖναι A^b Φ: τιθέναι Π   25 καὶ μὴ ἐνέργειαν om. A^b quo omisso oratio plana esset; sin retineas, τὴν εἰρημένην (26) delendum: sunt var. lect. quas contaminat Π

ΤΩΝ ΜΕΤΑ ΤΑ ΦΥΣΙΚΑ Κ

τὴν εἰρημένην, ἰδεῖν μὲν χαλεπὴν ἐνδεχομένην δ' εἶναι. καὶ ὅτι ἐστὶν ἡ κίνησις ἐν τῷ κινητῷ, δῆλον· ἐντελέχεια γάρ ἐστι τούτου ὑπὸ τοῦ κινητικοῦ. καὶ ἡ τοῦ κινητικοῦ ἐνέργεια οὐκ ἄλλη ἐστίν. δεῖ μὲν γὰρ εἶναι ἐντελέχειαν ἀμφοῖν· κινητι-
30 κὸν μὲν γάρ ἐστι τῷ δύνασθαι, κινοῦν δὲ τῷ ἐνεργεῖν, ἀλλ' ἔστιν ἐνεργητικὸν τοῦ κινητοῦ, ὥσθ' ὁμοίως μία ἡ ἀμφοῖν ἐνέργεια ὥσπερ τὸ αὐτὸ διάστημα ἓν πρὸς δύο καὶ δύο πρὸς ἕν, καὶ τὸ ἄναντες καὶ τὸ κάταντες, ἀλλὰ τὸ εἶναι οὐχ ἕν· ὁμοίως δὲ καὶ ἐπὶ τοῦ κινοῦντος καὶ κινουμένου.

35 Τὸ δ' ἄπειρον ἢ τὸ ἀδύνατον διελθεῖν τῷ μὴ πεφυκέ- 10 ναι διιέναι, καθάπερ ἡ φωνὴ ἀόρατος, ἢ τὸ διέξοδον ἔχον ἀτελεύτητον, ἢ ὃ μόλις, ἢ ὃ πεφυκὸς ἔχειν μὴ ἔχει διέξοδον ἢ πέρας· ἔτι προσθέσει ἢ ἀφαιρέσει ἢ ἄμφω. χωριστὸν μὲν δὴ ⟨τῶν αἰσθητῶν⟩ αὐτό τι ὂν οὐχ οἷόν τ' εἶναι· εἰ γὰρ μήτε μέγεθος μήτε πλῆθος, οὐσία δ' αὐτὸ τὸ ἄπειρον καὶ μὴ συμβεβηκός, ἀδιαίρετον ἔσται (τὸ γὰρ διαιρετὸν ἢ μέγεθος ἢ πλῆθος), εἰ
5 δὲ ἀδιαίρετον, οὐκ ἄπειρον, εἰ μὴ καθάπερ ἡ φωνὴ ἀόρατος· ἀλλ' οὐχ οὕτω λέγουσιν οὐδ' ἡμεῖς ζητοῦμεν, ἀλλ' ὡς ἀδιέξοδον. ἔτι πῶς ἐνδέχεται καθ' αὑτὸ εἶναι ἄπειρον, εἰ μὴ καὶ ἀριθμὸς καὶ μέγεθος, ὧν πάθος τὸ ἄπειρον; ἔτι εἰ κατὰ συμβεβηκός, οὐκ ἂν εἴη στοιχεῖον τῶν ὄντων
10 ᾗ ἄπειρον, ὥσπερ οὐδὲ τὸ ἀόρατον τῆς διαλέκτου, καίτοι ἡ φωνὴ ἀόρατος. καὶ ὅτι οὐκ ἔστιν ἐνεργείᾳ εἶναι τὸ ἄπειρον,

1066ª26-34, cf. Ph. 202ª13-21   35—b7, cf. 204ª3-14   b7-8, cf. 204ª17-19   8-11, cf. 204ª14-17   11-21, cf. 204ª20-32

27-28 ἐντελέχεια γάρ ἐστι τοῦ κινητοῦ καὶ ὑπὸ τούτου Andronicus 28 καὶ ὑπὸ Φ: καὶ cum Π Aᵇ om. Simpl aliique   31 ἡ Π Φ: om. Aᵇ   35 δ' om. Aᵇ   1066ᵇ 2 τῶν αἰσθητῶν ex Φ addidi (opponitur 22 ὅτι δ' οὐδ' ἐν τοῖς αἰσθητοῖς) ὂν E: ὄν, αἰσθητὸν δὲ J Aᵇ: ὄν, αἰσθητὸν δ' ⟨οὔ⟩ ci. Ross   μέγεθός ἐστι Π Φ   3 αὐτὸ Π Φ: αὐτοῦ Aᵇ   6 οὐδ'] οὔθ' Π   8 ἀριθμὸν Φ   10 ᾗ Π Φ: ἢ Aᵇ

δῆλον. ἔσται γὰρ ὁτιοῦν αὐτοῦ ἄπειρον μέρος τὸ λαμβανόμενον (τὸ γὰρ ἀπείρῳ εἶναι καὶ ἄπειρον τὸ αὐτό, εἴπερ οὐσία τὸ ἄπειρον καὶ μὴ καθ' ὑποκειμένου), ὥστε ἢ ἀδιαίρετον, ἢ εἰς ἄπειρα διαιρετόν, εἰ μεριστόν· πολλὰ δ' εἶναι τὸ αὐτὸ ἀδύνατον ἄπειρα (ὥσπερ γὰρ ἀέρος ἀὴρ μέρος, οὕτως ἄπειρον ἀπείρου, εἰ ἔστιν οὐσία καὶ ἀρχή)· ἀμέριστον ἄρα καὶ ἀδιαίρετον. ἀλλὰ ἀδύνατον τὸ ἐντελεχείᾳ ὂν ἄπειρον (ποσὸν γὰρ εἶναι ἀνάγκη)· κατὰ συμβεβηκὸς ἄρα ὑπάρχει. ἀλλ' εἰ οὕτως, εἴρηται ὅτι οὐκ ἐνδέχεται εἶναι ἀρχήν, ἀλλ' ἐκεῖνο ᾧ συμβέβηκε, τὸν ἀέρα ἢ τὸ ἄρτιον.—αὕτη μὲν οὖν ἡ ζήτησις καθόλου, ὅτι δ' οὐδ' ἐν τοῖς αἰσθητοῖς [οὐκ] ἔστιν, ἐνθένδε δῆλον· εἰ γὰρ σώματος λόγος τὸ ἐπιπέδοις ὡρισμένον, οὐκ εἴη ἂν ἄπειρον σῶμα οὔτ' αἰσθητὸν οὔτε νοητόν, οὐδ' ἀριθμὸς ὡς κεχωρισμένος καὶ ἄπειρος· ἀριθμητὸν γὰρ ὁ ἀριθμὸς ἢ τὸ ἔχον ἀριθμόν. φυσικῶς δὲ ἐκ τῶνδε δῆλον· οὔτε γὰρ σύνθετον οἷόν τ' εἶναι οὔθ' ἁπλοῦν. σύνθετον μὲν γὰρ οὐκ ἔσται σῶμα, εἰ πεπέρανται τῷ πλήθει τὰ στοιχεῖα (δεῖ γὰρ ἰσάζειν τὰ ἐναντία καὶ μὴ εἶναι ἓν αὐτῶν ἄπειρον· εἰ γὰρ ὁτῳοῦν λείπεται ἡ θατέρου σώματος δύναμις, φθαρήσεται ὑπὸ τοῦ ἀπείρου τὸ πεπερασμένον· ἕκαστον δ' ἄπειρον εἶναι ἀδύνατον, σῶμα γάρ ἐστι τὸ πάντῃ ἔχον διάστασιν, ἄπειρον δὲ τὸ ἀπεράντως διεστηκός, ὥστ' εἰ τὸ ἄπειρον σῶμα, πάντῃ ἔσται ἄπειρον). οὐδὲ ἓν δὲ καὶ ἁπλοῦν ἐνδέχεται τὸ ἄπειρον εἶναι σῶμα, οὔθ' ὡς λέγουσί τινες τὸ παρὰ τὰ στοιχεῖα ἐξ οὗ γεννῶσι ταῦτα

1066ᵇ21–26, cf. Ph. 204ᵃ34—ᵇ8   26–36, cf. 204ᵇ10–24

15 ἄπειρα Π Φ: ἀεὶ διαιρετὰ Aᵇ   16 ἀλλὰ μὴν ὥσπερ Φ   γὰρ] δ' Christ   19 εἰ Π Φ: om. Aᵇ   22 δ' οὐδ' ἐν Aᵇ: δ' ἐν Π; cf. 2 cui haec opponuntur   οὐκ seclusi   27 ἔσται Π: ἔσται vel ἔστι Φ: ἔνι Aᵇ   28 εἰ Π Φ: ἐπείπερ Aᵇ   29 ὁτῳοῦν Π: ὁπωσοῦν Aᵇ: sic vel ὁποσῳοῦν Φ   33 εἰ Aᵇ: om. Π Φ   34 δὲ om. Aᵇ; cf. ἀλλὰ μὴν Φ   καὶ Aᵇ Φ: om. Π   τὸ om. Π   35 τὸ ex Φ supplevi

ΤΩΝ ΜΕΤΑ ΤΑ ΦΥΣΙΚΑ Κ

⟨οὔθ' ἁπλῶς⟩. οὐκ ἔστι γὰρ τοιοῦτο σῶμα παρὰ τὰ στοιχεῖα· ἅπαν γάρ, ἐξ οὗ ἐστί, καὶ διαλύεται εἰς τοῦτο, οὐ φαίνεται δὲ τοῦτο παρὰ τὰ ἁπλᾶ σώματα· οὐδὲ πῦρ οὐδ' ἄλλο τι τῶν στοιχείων οὐθέν· χωρὶς γὰρ τοῦ ἄπειρον εἶναί τι αὐτῶν, ἀδύνατον τὸ ἅπαν, κἂν ᾖ πεπερασμένον, ἢ εἶναι ἢ γίγνεσθαι ἕν τι αὐτῶν, ὥσπερ Ἡράκλειτός φησιν ἅπαντα γίγνεσθαί ποτε 5 πῦρ. ὁ δ' αὐτὸς λόγος καὶ ἐπὶ τοῦ ἑνὸς ὃ ποιοῦσι παρὰ τὰ στοιχεῖα οἱ φυσικοί· πᾶν γὰρ μεταβάλλει ἐξ ἐναντίου, οἷον ἐκ θερμοῦ εἰς ψυχρόν.—ἔτι τὸ αἰσθητὸν σῶμα πού, καὶ ὁ αὐτὸς τόπος ὅλου καὶ μορίου, οἷον τῆς γῆς, ὥστ' εἰ μὲν ὁμοειδές, ἀκίνητον ἔσται ἢ ἀεὶ οἰσθήσεται, τοῦτο δὲ 10 ἀδύνατον (τί γὰρ μᾶλλον κάτω ἢ ἄνω ἢ ὁπουοῦν; οἷον εἰ βῶλος εἴη, ποῦ αὕτη κινήσεται ἢ μενεῖ; ὁ γὰρ τόπος τοῦ συγγενοῦς αὐτῇ σώματος ἄπειρος· καθέξει οὖν τὸν ὅλον τόπον; καὶ πῶς; τίς οὖν ἡ μονὴ καὶ ἡ κίνησις; ἢ πανταχοῦ μενεῖ; οὐ κινηθήσεται ἄρα· ἢ πανταχοῦ κινη-15 θήσεται; οὐκ ἄρα στήσεται)· εἰ δ' ἀνόμοιον τὸ πᾶν, ἀνόμοιοι καὶ οἱ τόποι, καὶ πρῶτον μὲν οὐχ ἓν τὸ σῶμα τοῦ παντὸς ἀλλ' ἢ τῷ ἅπτεσθαι, εἶτα ἢ πεπερασμένα ταῦτ' ἔσται ἢ ἄπειρα εἴδει. πεπερασμένα μὲν οὖν οὐχ οἷόν τε (ἔσται γὰρ τὰ μὲν ἄπειρα τὰ δ' οὔ, εἰ τὸ πᾶν ἄπειρον, οἷον πῦρ ἢ ὕδωρ· 20 φθορὰ δὲ τὸ τοιοῦτον τοῖς ἐναντίοις)· εἰ δ' ἄπειρα καὶ ἁπλᾶ,

1066ᵇ36—1067ᵃ7, cf. Ph. 204ᵇ32—205ᵃ7   1067ᵃ7–20, cf. 205ᵃ10–25
20–23, cf. 205ᵃ29–32

---

36 οὔθ' ἁπλῶς ex Φ supplevi; remotum illud οὐδὲ (1067ᵃ1) non correspondet primo οὔτε (35) sed verbis οὐκ ἔστι γὰρ   γὰρ Π Φ: γὰρ τὸ Aᵇ   37 ἅπαν Π Simpl: ἅπαντα Aᵇ   οὗ ... εἰς τοῦτο Π Φ: ὧν ... εἰς ταῦτα Aᵇ   1067ᵃ 1 παρὰ Aᵇ: περὶ Π   τι Π Φ: om. Aᵇ   6 ἐξ ἐναντίου εἰς ἐναντίον Φ   12 τοῦ συγγενοῦς αὐτῇ (v.l. αὐτῆς) ex Φ restituit Ross: αὐτῆς τοῦ συγγενοῦς Π Aᵇ   13 ἡ utrobique Π Φ: om. Aᵇ   14 κινηθήσεται alt. Ε Φ: om. J Aᵇ   18 εἴδει om. E γρ: τῷ εἴδει Φ   καὶ ante πεπερασμένα add. Aᵇ   19 εἰ Π Φ: ἢ Aᵇ

ΤΩΝ ΜΕΤΑ ΤΑ ΦΥΣΙΚΑ Κ

καὶ οἱ τόποι ἄπειροι καὶ ἔσται ἄπειρα τὰ στοιχεῖα· εἰ δὲ τοῦτ' ἀδύνατον καὶ οἱ τόποι πεπερασμένοι, καὶ τὸ πᾶν ἀνάγκη πεπεράνθαι. ὅλως δ' ἀδύνατον ἄπειρον εἶναι σῶμα καὶ τόπον τοῖς σώμασιν, εἰ πᾶν σῶμα αἰσθητὸν ἢ βάρος ἔχει ἢ κουφότητα· ἢ γὰρ ἐπὶ τὸ μέσον ἢ ἄνω οἰσθήσεται, ἀδύνατον δὲ τὸ ἄπειρον ἢ πᾶν ἢ τὸ ἥμισυ ὁποτερονοῦν πεπονθέναι· πῶς γὰρ διελεῖς; ἢ πῶς τοῦ ἀπείρου ἔσται τὸ μὲν κάτω τὸ δ' ἄνω, ἢ ἔσχατον καὶ μέσον; ἔτι πᾶν σῶμα αἰσθητὸν ἐν τόπῳ, τόπου δὲ εἴδη ἕξ, ἀδύνατον δ' ἐν τῷ ἀπείρῳ σώματι ταῦτ' εἶναι. ὅλως δ' εἰ ἀδύνατον τόπον ἄπειρον εἶναι, καὶ σῶμα ἀδύνατον· τὸ γὰρ ἐν τόπῳ πού, τοῦτο δὲ σημαίνει ἢ ἄνω ἢ κάτω ἢ τῶν λοιπῶν τι, τούτων δ' ἕκαστον πέρας τι. τὸ δ' ἄπειρον οὐ ταὐτὸν ἐν μεγέθει καὶ κινήσει καὶ χρόνῳ ὡς μία τις φύσις, ἀλλὰ τὸ ὕστερον λέγεται κατὰ τὸ πρότερον, οἷον κίνησις κατὰ τὸ μέγεθος ἐφ' οὗ κινεῖται ἢ ἀλλοιοῦται ἢ αὔξεται, χρόνος δὲ διὰ τὴν κίνησιν.

11 Μεταβάλλει δὲ τὸ μεταβάλλον τὸ μὲν κατὰ συμβεβηκός, ὡς τὸ μουσικὸν βαδίζει, τὸ δὲ τῷ τούτου τι μεταβάλλειν ἁπλῶς λέγεται μεταβάλλειν, οἷον ὅσα κατὰ μέρη (ὑγιάζεται γὰρ τὸ σῶμα, ὅτι ὁ ὀφθαλμός), ἔστι δέ τι καὶ ὃ αὐτὸ πρῶτον κινεῖται, καὶ τοῦτ' ἔστι τὸ καθ' αὑτὸ κινητόν. ἔστι δέ [τι] καὶ ἐπὶ τοῦ κινοῦντος ὡσαύτως· κινεῖ γὰρ ⟨τὸ μὲν⟩ κατὰ συμβεβηκὸς τὸ δὲ κατὰ μέρος τὸ δὲ καθ' αὑτό· ἔστι

ΤΩΝ ΜΕΤΑ ΤΑ ΦΥΣΙΚΑ Κ

δέ τι τὸ κινοῦν πρῶτον· ἔστι δέ τι τὸ κινούμενον, ἔτι ἐν ᾧ χρόνῳ καὶ ἐξ οὗ καὶ εἰς ὅ. τὰ δ' εἴδη καὶ τὰ πάθη καὶ
10 ὁ τόπος, εἰς ἃ κινοῦνται τὰ κινούμενα, ἀκίνητά ἐστιν, οἷον ἐπιστήμη καὶ θερμότης· ἔστι δ' οὐχ ἡ θερμότης κίνησις ἀλλ' ἡ θέρμανσις. ἡ δὲ μὴ κατὰ συμβεβηκὸς μεταβολὴ οὐκ ἐν ἅπασιν ὑπάρχει ἀλλ' ἐν τοῖς ἐναντίοις καὶ μεταξὺ καὶ ἐν ἀντιφάσει· τούτου δὲ πίστις ἐκ τῆς ἐπαγωγῆς. μετα-
15 βάλλει δὲ τὸ μεταβάλλον ἢ ἐξ ὑποκειμένου εἰς ὑποκείμενον, ἢ οὐκ ἐξ ὑποκειμένου εἰς οὐχ ὑποκείμενον, ἢ ἐξ ὑποκειμένου εἰς οὐχ ὑποκείμενον, ἢ οὐκ ἐξ ὑποκειμένου εἰς ὑποκείμενον (λέγω δὲ ὑποκείμενον τὸ καταφάσει δηλούμενον), ὥστ' ἀνάγκη τρεῖς εἶναι μεταβολάς· ἡ γὰρ ἐξ οὐχ ὑποκει-
20 μένου εἰς μὴ ὑποκείμενον οὐκ ἔστι μεταβολή· οὔτε γὰρ ἐναντία οὔτε ἀντίφασίς ἐστιν, ὅτι οὐκ ἀντίθεσις. ἡ μὲν οὖν οὐκ ἐξ ὑποκειμένου εἰς ὑποκείμενον κατ' ἀντίφασιν γένεσίς ἐστιν, ἡ μὲν ἁπλῶς ἁπλῆ, ἡ δὲ τινὸς τίς· ἡ δ' ἐξ ὑποκειμένου εἰς μὴ ὑποκείμενον φθορά, ἡ μὲν ἁπλῶς ἁπλῆ, ἡ δὲ τινὸς
25 τίς. εἰ δὴ τὸ μὴ ὂν λέγεται πλεοναχῶς, καὶ μήτε τὸ κατὰ σύνθεσιν ἢ διαίρεσιν ἐνδέχεται κινεῖσθαι μήτε τὸ κατὰ δύναμιν τὸ τῷ ἁπλῶς ὄντι ἀντικείμενον (τὸ γὰρ μὴ λευκὸν ἢ μὴ ἀγαθὸν ὅμως ἐνδέχεται κινεῖσθαι κατὰ συμβεβηκός, εἴη γὰρ ἂν ἄνθρωπος τὸ μὴ λευκόν· τὸ δ' ἁπλῶς
30 μὴ τόδε οὐδαμῶς), ἀδύνατον [γὰρ] τὸ μὴ ὂν κινεῖσθαι (εἰ δὲ τοῦτο, καὶ τὴν γένεσιν κίνησιν εἶναι· γίγνεται γὰρ τὸ μὴ ὄν· εἰ γὰρ καὶ ὅτι μάλιστα κατὰ συμβεβηκὸς γίγνεται, ἀλλ' ὅμως ἀληθὲς εἰπεῖν ὅτι ὑπάρχει τὸ μὴ ὂν κατὰ

1067ᵇ9–12, cf. Ph. 224ᵇ11–16   12–14, cf. 224ᵇ28–30   14—1068ᵇ15, cf. 225ᵃ3—226ᵃ16

---

8 δέ alt. om. E   καὶ ante ἔστι τι add. E², τι in ras. quattuor litt.   ἔτι ἐν ᾧ Π Φ: ἔν τινι Aᵇ   9 ὁ χρόνος Φ Bonitz   21 ὅτι οὐκ ἀντίθεσις post 20 μεταβολή cum Φ transp. Bonitz   23 τινὸς τίς recc Lat: τὶς τινός Π Aᵇ Φ   ἁπλῆ om. Aᵇ Φ   24–25 τινὸς τίς Π: τὶς τινός Aᵇ E γρ: τινός om. Φ   27 ὄντι Π Φ: om. Aᵇ   30 γὰρ E Aᵇ Φ: om. J ut vid. e coniect., secl. Christ

ΤΩΝ ΜΕΤΑ ΤΑ ΦΥΣΙΚΑ Κ

τοῦ γιγνομένου ἁπλῶς)· ὁμοίως δὲ καὶ τὸ ἠρεμεῖν. ταὐτά τε δὴ συμβαίνει δυσχερῆ, καὶ εἰ πᾶν τὸ κινούμενον ἐν τόπῳ, τὸ δὲ μὴ ὂν οὐκ ἔστιν ἐν τόπῳ· εἴη γὰρ ἂν πού. οὐδὲ δὴ ἡ φθορὰ κίνησις· ἐναντίον γὰρ κινήσει κίνησις ἢ ἠρεμία, φθορὰ δὲ γενέσει. ἐπεὶ δὲ πᾶσα κίνησις μεταβολή τις, μεταβολαὶ δὲ τρεῖς αἱ εἰρημέναι, τούτων δ' αἱ κατὰ γένεσιν καὶ φθορὰν οὐ κινήσεις, αὗται δ' εἰσὶν αἱ κατ' ἀντίφασιν, ἀνάγκη τὴν ἐξ ὑποκειμένου εἰς ὑποκείμενον κίνησιν εἶναι μόνην. τὰ δ' ὑποκείμενα ἢ ἐναντία ἢ μεταξύ (καὶ γὰρ ἡ στέρησις κείσθω ἐναντίον), καὶ δηλοῦται καταφάσει, οἷον τὸ γυμνὸν καὶ νωδὸν καὶ μέλαν.

Εἰ οὖν αἱ κατηγορίαι διῄρηνται οὐσίᾳ, ποιότητι, τόπῳ, τῷ ποιεῖν ἢ πάσχειν, τῷ πρός τι, τῷ ποσῷ, ἀνάγκη τρεῖς εἶναι κινήσεις, ποιοῦ ποσοῦ τόπου· κατ' οὐσίαν δ' οὔ, διὰ τὸ μηθὲν εἶναι οὐσίᾳ ἐναντίον, οὐδὲ τοῦ πρός τι (ἔστι γὰρ θατέρου μεταβάλλοντος μὴ ἀληθεύεσθαι θάτερον μηδὲν μεταβάλλον, ὥστε κατὰ συμβεβηκὸς ἡ κίνησις αὐτῶν), οὐδὲ ποιοῦντος καὶ πάσχοντος, ἢ κινοῦντος καὶ κινουμένου, ὅτι οὐκ ἔστι κινήσεως κίνησις οὐδὲ γενέσεως γένεσις, οὐδ' ὅλως μεταβολῆς μεταβολή. διχῶς γὰρ ἐνδέχεται κινήσεως εἶναι κίνησιν, ἢ ὡς ὑποκειμένου (οἷον ὁ ἄνθρωπος κινεῖται ὅτι ἐκ λευκοῦ εἰς μέλαν μεταβάλλει, ὥστε οὕτω καὶ ἡ κίνησις ἢ θερμαίνεται ἢ ψύχεται ἢ τόπον ἀλλάττει ἢ αὔξεται· τοῦτο δὲ ἀδύνατον· οὐ γὰρ τῶν ὑποκειμένων τι ἡ μεταβολή), ἢ τῷ ἕτερόν τι ὑποκείμενον ἐκ μεταβολῆς μεταβάλλειν εἰς ἄλλο εἶδος, οἷον ἄνθρωπον ἐκ νόσου εἰς ὑγίειαν. ἀλλ' οὐδὲ τοῦτο δυνατὸν πλὴν κατὰ συμβεβηκός. πᾶσα γὰρ κίνησις

35 τε Π: δὲ A[b]; codd. Φ dissentiunt, cf. 1008[a]2 al.   36 ἡ A[b] Φ: om. Π   1068[a] 5 ἢ pr. om. A[b]   7 νωδὸν Π: λευκὸν A[b] Φ   τὸ μέλαν Π   9 τῷ pr. et tert. et ἢ om. A[b]   11 τοῦ A[b]: τῷ libri Φ plurimi, om. Π et Φ (cod. E)   12 μὴ cum Al Schwegler: μηδὲν A[b] Π (sed ante μεταβ.): om. Φ Simpl ⟨ἀληθεύεσθαι καὶ⟩ μὴ ἀληθεύεσθαι Ross (ed. Phys.)   μηδὲ A[b]   14 καὶ pr. Π Φ: ἢ A[b]   23 ἅπασι A[b] ἡ κίνησις A[b]

1068ᵃ ΤΩΝ ΜΕΤΑ ΤΑ ΦΥΣΙΚΑ Κ

ἐξ ἄλλου εἰς ἄλλο ἐστὶ μεταβολή, καὶ γένεσις καὶ φθορὰ
25 ὡσαύτως· πλὴν αἱ μὲν εἰς ἀντικείμενα ὡδί, ἡ δ' ὡδί, ἡ κίνησις.
ἅμα οὖν μεταβάλλει ἐξ ὑγιείας εἰς νόσον, καὶ ἐξ αὐτῆς
ταύτης τῆς μεταβολῆς εἰς ἄλλην. δῆλον δὴ ὅτι ἂν νοσήσῃ,
μεταβεβληκὸς ἔσται εἰς ὁποιανοῦν (ἐνδέχεται γὰρ ἠρεμεῖν)
καὶ ἔτι εἰς μὴ τὴν τυχοῦσαν ἀεί· κἀκείνη ἔκ τινος εἴς
30 τι ἄλλο ἔσται· ὥσθ' ἡ ἀντικειμένη ἔσται, ὑγίανσις, ἀλλὰ
τῷ συμβεβηκέναι, οἷον ἐξ ἀναμνήσεως εἰς λήθην μετα-
βάλλει ὅτι ᾧ ὑπάρχει ἐκεῖνο μεταβάλλει, ὁτὲ μὲν εἰς
ἐπιστήμην ὁτὲ δὲ εἰς ἄγνοιαν.—ἔτι εἰς ἄπειρον βαδιεῖται, εἰ
ἔσται μεταβολῆς μεταβολὴ καὶ γενέσεως γένεσις. ἀνάγκη
35 δὴ καὶ τὴν προτέραν, εἰ ἡ ὑστέρα· οἷον εἰ ἡ ἁπλῆ γένεσις
1068ᵇ ἐγίγνετό ποτε, καὶ τὸ γιγνόμενον ἐγίγνετο· ὥστε οὔπω
ἦν τὸ γιγνόμενον ἁπλῶς, ἀλλά τι γιγνόμενον [ἢ] γιγνόμενον
ἤδη. καὶ τοῦτ' ἐγίγνετό ποτε, ὥστ' οὐκ ἦν πω τότε γιγνό-
μενον. ἐπεὶ δὲ τῶν ἀπείρων οὐκ ἔστι τι πρῶτον, οὐκ
5 ἔσται τὸ πρῶτον, ὥστ' οὐδὲ τὸ ἐχόμενον. οὔτε γίγνεσθαι οὖν
οὔτε κινεῖσθαι οἷόν τε οὔτε μεταβάλλειν οὐδέν. ἔτι τοῦ αὐτοῦ
κίνησις ἡ ἐναντία καὶ ἠρέμησις, καὶ γένεσις καὶ φθορά,
ὥστε τὸ γιγνόμενον, ὅταν γένηται γιγνόμενον, τότε φθείρε-
ται· οὔτε γὰρ εὐθὺς γιγνόμενον οὔθ' ὕστερον· εἶναι γὰρ δεῖ
10 τὸ φθειρόμενον. ἔτι δεῖ ὕλην ὑπεῖναι τῷ γιγνομένῳ καὶ
μεταβάλλοντι. τίς οὖν ἔσται ὥσπερ τὸ ἀλλοιωτὸν σῶμα ἢ

25 ἐξ ἀντικειμένων] ἡ δ' ὡδὶ ἡ κίνησις Aᵇ Simpl: ἢ ὡδὶ οὐ κινήσεις
Π (cf. 3): libri Φ variant: est qui legat ἢ ὡδί, quo omisso alii ci. ἡ
δὲ κίνησις vel ἡ δὲ κ. οὐχ ὁμοίως: ἢ ὡδὶ ⟨κινήσεις, αἱ δ'⟩ οὐ κινήσεις
Christ   27 δὲ Π (δ' J)   28 οὐκ ἐνδέχεται ci. Ross   30
ἔσται alt. Simpl E γρ: om. Π   33 ἄγνοιαν Smith, Ross: ὑγίειαν
codd.   35 γένεσις om. Aᵇ   1068ᵇ 1 γένετο Aᵇ   ἁπλῶς post
γιγνόμενον add. Aᵇ   2 τὸ om. Π   γιγνόμενον τι Aᵇ   ἁπλῶς
post γιγν. alt. add. J   ἢ γενόμενον Π: om. Asp Al γρ Simpl γρ: ἢ secl.
Bonitz, Ross; non affero quae turbant interpr. vel codd. Φ   3 τότε
Π Φ: ποτε Aᵇ   4 τι om. Π   7 ἡ γένεσις Aᵇ   9 γενόμενον
Aᵇ: γιγνόμενον γιγνόμενον volebat Ross hic et 3   11 locus impeditus,
post ἔσται; interpungit Bonitz, vix recte

240

ΤΩΝ ΜΕΤΑ ΤΑ ΦΥΣΙΚΑ Κ

ψυχή—οὕτω τί τὸ γιγνόμενον κίνησις ἢ γένεσις; καὶ ἔτι τί εἰς ὃ κινοῦνται; δεῖ γὰρ εἶναί τι τὴν τοῦδε ἐκ τοῦδε εἰς τόδε κίνησιν ἢ γένεσιν. πῶς οὖν; οὐ γὰρ ἔσται μάθησις ἡ τῆς μαθήσεως γένεσις, ὥστ' οὐδὲ γένεσις γενέσεως. ἐπεὶ δ' οὔτ' οὐσίας οὔτε τοῦ πρός τι οὔτε τοῦ ποιεῖν καὶ πάσχειν, λείπεται κατὰ τὸ ποιὸν καὶ τὸ ποσὸν καὶ τὸ ποὺ κίνησιν εἶναι (τούτων γὰρ ἑκάστῳ ἐναντίωσις ἔστιν), λέγω δὲ τὸ ποιὸν οὐ τὸ ἐν τῇ οὐσίᾳ (καὶ γὰρ ἡ διαφορὰ ποιόν) ἀλλὰ τὸ παθητικόν, καθ' ὃ λέγεται πάσχειν ἢ ἀπαθὲς εἶναι. τὸ δὲ ἀκίνητον τό τε ὅλως ἀδύνατον κινηθῆναι καὶ τὸ μόλις ἐν χρόνῳ πολλῷ ἢ ⟨τὸ⟩ βραδέως ἀρχόμενον, καὶ τὸ πεφυκὸς μὲν κινεῖσθαι καὶ δυνάμενον ⟨μὴ κινούμενον⟩ δὲ ὅτε πέφυκε καὶ οὗ καὶ ὥς· ὃ καλῶ ἠρεμεῖν τῶν ἀκινήτων μόνον· ἐναντίον γὰρ ἠρεμία κινήσει, ὥστε στέρησις ἂν εἴη τοῦ δεκτικοῦ.

Ἅμα κατὰ τόπον ὅσα ἐν ἑνὶ τόπῳ πρώτῳ, καὶ χωρὶς ὅσα ἐν ἄλλῳ· ἅπτεσθαι δὲ ὧν τὰ ἄκρα ἅμα· μεταξὺ δ' εἰς ὃ πέφυκε πρότερον ἀφικνεῖσθαι τὸ μεταβάλλον ἢ εἰς ὃ ἔσχατον μεταβάλλει κατὰ φύσιν τὸ συνεχῶς μεταβάλλον. ἐναντίον κατὰ τόπον τὸ κατ' εὐθεῖαν ἀπέχον πλεῖστον· ἐξῆς δὲ οὗ μετὰ τὴν ἀρχὴν ὄντος, θέσει ἢ εἴδει ἢ ἄλλως πως ἀφορισθέντος, μηθὲν μεταξύ ἐστι τῶν ἐν ταὐτῷ

1068ᵇ15–20, cf. 226ᵃ23–29   20–25, cf. 226ᵇ10–16   26–30, cf 226ᵇ21–25   30—1069ᵃ14, cf. 226ᵇ32—227ᵃ31

---

12 τί pr. J Aᵇ Simpl: τι καὶ E (τι eras.): τι Lat: codd. Φ nihil certi praebent; an 11 ⟨εἰ⟩ ὥσπερ et 12 τὶ scribendum?   ἡ κίνησις Aᵇ   καὶ ἡ γένεσις J Lat   nonnulla verba erasa inter κίνησις et γένεσις (remanet καὶ) J   ἔτι om. Π   13 τι Π Φ: om. Aᵇ   14 ἢ γένεσιν restituit ex Φ et Al Simpl Ross: μὴ κίνησιν Π Aᵇ Al γρ: καὶ μὴ κ. Φ (cod. E¹) ex coniectura ἡ τῆς μαθήσεως γένεσις Aᵇ Φ: τῆς μαθήσεως Π   15 γένεσις γενέσεως Π: τῆς γενέσεως Aᵇ: γενέσεως γένεσις Φ   17 τὸ pr. Aᵇ Simpl: om. Π   τὸ ποῦ Φ: τόπου J: τόπον E Aᵇ   19 οὐσίᾳ καὶ τῇ διαφορᾷ Aᵇ, om. γὰρ καὶ post γὰρ add. E   21–22 ἢ om. Π: potius ἢ ⟨τὸ⟩ ex Φ restitui   22 τὸ alt. E Aᵇ Φ: ὅτι J   καὶ alt. . . . 23 δὲ ex Φ restituenda censet Bonitz: μὴ δυνάμενον δὲ codd.   23 πέφυκε Aᵇ Φ: om. Π   26 πρῶτον Aᵇ   27 δὲ om. Aᵇ   29 τὸ Aᵇ Simplᵖ: om. Π Φ Simplᶜ

1068ᵇ ΤΩΝ ΜΕΤΑ ΤΑ ΦΥΣΙΚΑ Κ, Λ

γένει καὶ οὐ ἐφεξῆς ἐστίν, οἷον γραμμαὶ γραμμῆς ἢ μονάδες μονάδος ἢ οἰκίας οἰκία (ἄλλο δ' οὐθὲν κωλύει μεταξὺ εἶναι). τὸ γὰρ ἐξῆς τινὸς ἐφεξῆς καὶ ὕστερόν τι· οὐ γὰρ τὸ ἓν ἐξῆς τῶν δύο οὐδ' ἡ νουμηνία τῆς δευτέρας. ἐχόμενον δὲ ὃ ἂν ἐξῆς ὂν ἅπτηται. ἐπεὶ δὲ πᾶσα μεταβολὴ ἐν τοῖς ἀντικειμένοις, ταῦτα δὲ τὰ ἐναντία καὶ ⟨ἡ⟩ ἀντίφασις, ἀντιφάσεως δ' οὐδὲν ἀνὰ μέσον, δῆλον ὡς ἐν τοῖς ἐναντίοις τὸ μεταξύ. τὸ δὲ συνεχὲς ὅπερ ἐχόμενόν τι. λέγω δὲ συνεχὲς ὅταν ταὐτὸ γένηται καὶ ἓν τὸ ἑκατέρου πέρας οἷς ἅπτονται καὶ συνέχονται, ὥστε δῆλον ὅτι τὸ συνεχὲς ἐν τούτοις ἐξ ὧν ἕν τι πέφυκε γίγνεσθαι κατὰ τὴν σύναψιν. καὶ ὅτι πρῶτον τὸ ἐφεξῆς, δῆλον (τὸ γὰρ ἐφεξῆς οὐχ ἅπτεται, τοῦτο δ' ἐφεξῆς· καὶ εἰ συνεχές, ἅπτεται, εἰ δ' ἅπτεται, οὔπω συνεχές· ἐν οἷς δὲ μὴ ἔστιν ἁφή, οὐκ ἔστι σύμφυσις ἐν τούτοις)· ὥστ' οὐκ ἔστι στιγμὴ μονάδι ταὐτόν· ταῖς μὲν γὰρ ὑπάρχει τὸ ἅπτεσθαι, ταῖς δ' οὔ, ἀλλὰ τὸ ἐφεξῆς· καὶ τῶν μὲν μεταξύ τι τῶν δ' οὔ.

Λ

Περὶ τῆς οὐσίας ἡ θεωρία· τῶν γὰρ οὐσιῶν αἱ ἀρχαὶ καὶ τὰ αἴτια ζητοῦνται. καὶ γὰρ εἰ ὡς ὅλον τι τὸ πᾶν, ἡ οὐσία πρῶτον μέρος· καὶ εἰ τῷ ἐφεξῆς, κἂν οὕτως πρῶτον ἡ οὐσία, εἶτα τὸ ποιόν, εἶτα τὸ ποσόν. ἅμα δὲ οὐδ' ὄντα ὡς εἰπεῖν ἁπλῶς ταῦτα, οἷον ποιότητες καὶ κινήσεις· ἢ

---

33 οὖ Π Φ: ὁ Aᵇ   ἑξῆς Π   35 τινὸς Π: τινὶ Aᵇ Φ   1069ᵃ 2 ἐπεὶ . : . 5 μεταξύ in Φ ante 1068ᵇ27 transp. Ross, Them secutus qui ea ibi interpr.   3 ἡ addidi   5 ἢ ἁπτόμενον post τι add. Aᵇ: om. Π Φ   λέγεται Aᵇ   9 γὰρ ἐξῆς et 10 δ' ἑξῆς Π   13 ἀλλὰ πρὸς τὸ Π   18 de libro Λ cf. Entst. d. Met. 122–30; fuit olim μέθοδος separata c. 1–5 physicas substantias, c. 6–10 theologiam tractans   20 κἂν Aᵇ: καὶ Π   21 εἶτα τὸ alt. Aᵇ Alᵖ: ἢ Π   22 ταῦτα, οἷον cum Alᶜ scripsi (cf. 24): ταῦτα ἀλλὰ Π: τἆλλα ἀλλὰ Aᵇ Ε γρ; ταῦτα et τἆλλα sunt var. lect. quarum altera οἷον repressit ut vid.   καὶ om. Alᶜ   post κινήσεις· colon posui; intellege ἢ ἔσται ὄντα καὶ . . .

ΤΩΝ ΜΕΤΑ ΤΑ ΦΥΣΙΚΑ Λ

καὶ τὸ οὐ λευκὸν καὶ τὸ οὐκ εὐθύ· λέγομεν γοῦν εἶναι καὶ ταῦτα, οἷον ἔστιν οὐ λευκόν. ἔτι οὐδὲν τῶν ἄλλων χωριστόν. μαρτυροῦσι δὲ καὶ οἱ ἀρχαῖοι ἔργῳ· τῆς γὰρ οὐσίας ἐζήτουν ἀρχὰς καὶ στοιχεῖα καὶ αἴτια. οἱ μὲν οὖν νῦν τὰ καθόλου οὐσίας μᾶλλον τιθέασιν (τὰ γὰρ γένη καθόλου, ἅ φασιν ἀρχὰς καὶ οὐσίας εἶναι μᾶλλον διὰ τὸ λογικῶς ζητεῖν)· οἱ δὲ πάλαι τὰ καθ' ἕκαστα, οἷον πῦρ καὶ γῆν, ἀλλ' οὐ τὸ κοινὸν σῶμα. οὐσίαι δὲ τρεῖς, μία μὲν αἰσθητή—ἧς ἡ μὲν ἀΐδιος ἡ δὲ φθαρτή, ἣν πάντες ὁμολογοῦσιν, οἷον τὰ φυτὰ καὶ τὰ ζῷα [ἡ δ' ἀΐδιος]—ἧς ἀνάγκη τὰ στοιχεῖα λαβεῖν, εἴτε ἓν εἴτε πολλά· ἄλλη δὲ ἀκίνητος, καὶ ταύτην φασί τινες εἶναι χωριστήν, οἱ μὲν εἰς δύο διαιροῦντες, οἱ δὲ εἰς μίαν φύσιν τιθέντες τὰ εἴδη καὶ τὰ μαθηματικά, οἱ δὲ τὰ μαθηματικὰ μόνον τούτων. ἐκεῖναι μὲν δὴ φυσικῆς (μετὰ κινήσεως γάρ), αὕτη δὲ ἑτέρας, εἰ μηδεμία αὐτοῖς ἀρχὴ κοινή.

Ἡ δ' αἰσθητὴ οὐσία μεταβλητή. εἰ δ' ἡ μεταβολὴ ἐκ τῶν ἀντικειμένων ἢ τῶν μεταξύ, ἀντικειμένων δὲ μὴ πάντων (οὐ λευκὸν γὰρ ⟨καὶ⟩ ἡ φωνή) ἀλλ' ἐκ τοῦ ἐναντίου, ἀνάγκη ὑπεῖναί τι τὸ μεταβάλλον εἰς τὴν ἐναντίωσιν· οὐ γὰρ τὰ ἐναντία μεταβάλλει. ἔτι τὸ μὲν ὑπομένει, τὸ δ' ἐναντίον οὐχ ὑπομένει· ἔστιν ἄρα τι τρίτον παρὰ τὰ ἐναντία, ἡ ὕλη. εἰ δὴ αἱ μεταβολαὶ τέτταρες, ἢ κατὰ τὸ τί ἢ κατὰ τὸ ποῖον ἢ πόσον ἢ ποῦ, καὶ γένεσις μὲν ἡ ἁπλῆ καὶ φθορὰ ἡ κατὰ τόδε, αὔξησις δὲ καὶ φθίσις ἡ κατὰ τὸ ποσόν, ἀλλοίωσις δὲ ἡ κατὰ τὸ πάθος, φορὰ δὲ ἡ κατὰ τόπον, εἰς ἐναντιώσεις ἂν εἶεν τὰς καθ' ἕκαστον αἱ

---

23 τὸ alt. om. Π   24 τοιαῦτα οἷον Arab   29 ἕκαστα A[b] Al[p]: ἕκαστον Π   31 verba ἣν πάντες ὁμολογοῦσιν post 30 αἰσθητή cum Al[c] Them transp. Bonitz   32 ἡ δ' ἀΐδιος Π A[b] Al (qui dicitur): om. Al genuinus (sed γρ) apud Averroem et Them, secl. Freudenthal; ἧς ... 33 λαβεῖν ad 31 φθαρτή pertinere vidit etiam 'Al' noster   33 καὶ om. Π   1069[b] 3 δ' alt. Π A[b]: δὴ E[2] J[2]   5 καὶ ἡ φωνή Al[p], ci. Essen   11 ἡ pr. om. Π Al[c]

ΤΩΝ ΜΕΤΑ ΤΑ ΦΥΣΙΚΑ Λ

μεταβολαί. ἀνάγκη δὴ μεταβάλλειν τὴν ὕλην δυναμένην
15 ἄμφω· ἐπεὶ δὲ διττὸν τὸ ὄν, μεταβάλλει πᾶν ἐκ τοῦ δυ-
νάμει ὄντος εἰς τὸ ἐνεργείᾳ ὄν (οἷον ἐκ λευκοῦ δυνάμει εἰς
τὸ ἐνεργείᾳ λευκόν, ὁμοίως δὲ καὶ ἐπ' αὐξήσεως καὶ φθί-
σεως), ὥστε οὐ μόνον κατὰ συμβεβηκὸς ἐνδέχεται γίγνεσθαι
ἐκ μὴ ὄντος, ἀλλὰ καὶ ἐξ ὄντος γίγνεται πάντα, δυνά-
20 μει μέντοι ὄντος, ἐκ μὴ ὄντος δὲ ἐνεργείᾳ. καὶ τοῦτ' ἔστι
τὸ Ἀναξαγόρου ἕν· βέλτιον γὰρ ἢ " ὁμοῦ πάντα "—καὶ Ἐμ-
πεδοκλέους τὸ μῖγμα καὶ Ἀναξιμάνδρου, καὶ ὡς Δημό-
κριτός φησιν—" ἦν μὲν πάντα δυνάμει, ἐνεργείᾳ δ' οὔ "· ὥστε
τῆς ὕλης ἂν εἶεν ἡμμένοι· πάντα δ' ὕλην ἔχει ὅσα μετα-
25 βάλλει, ἀλλ' ἑτέραν· καὶ τῶν ἀϊδίων ὅσα μὴ γενητὰ
κινητὰ δὲ φορᾷ, ἀλλ' οὐ γενητὴν ἀλλὰ ποθὲν ποί. [[ἀπορή-
σειε δ' ἄν τις ἐκ ποίου μὴ ὄντος ἡ γένεσις· τριχῶς γὰρ
τὸ μὴ ὄν.]] εἰ δή τι ἔστι δυνάμει, ἀλλ' ὅμως οὐ τοῦ τυχόν-
τος ἀλλ' ἕτερον ἐξ ἑτέρου· οὐδ' ἱκανὸν ὅτι ὁμοῦ πάντα
30 χρήματα· διαφέρει γὰρ τῇ ὕλῃ, ἐπεὶ διὰ τί ἄπειρα ἐγέ-
νετο ἀλλ' οὐχ ἕν; ὁ γὰρ νοῦς εἷς, ὥστ' εἰ καὶ ἡ ὕλη μία,
ἐκεῖνο ἐγένετο ἐνεργείᾳ ὃ ἡ ὕλη ἦν δυνάμει. τρία δὴ • τὰ
αἴτια καὶ τρεῖς αἱ ἀρχαί, δύο μὲν ἡ ἐναντίωσις, ἧς τὸ
μὲν λόγος καὶ εἶδος τὸ δὲ στέρησις, τὸ δὲ τρίτον ἡ ὕλη.

35 Μετὰ ταῦτα ὅτι οὐ γίγνεται οὔτε ἡ ὕλη οὔτε τὸ εἶδος, 3
λέγω δὲ τὰ ἔσχατα. πᾶν γὰρ μεταβάλλει τὶ καὶ ὑπό
τινος καὶ εἴς τι· ὑφ' οὗ μέν, τοῦ πρώτου κινοῦντος· ὃ δέ, ἡ

20 μὲν ut vid. Alᵖ ἐκ om. Alᵖ ⟨τὸ⟩ τόδε ci. Ross 21
Ἀναξαγόρου et 22 Ἀναξιμάνδρου commutat Lütze γὰρ om. Ε γρ
22 καὶ Ἀναξιμάνδρου om. Alᵖ 23 μὲν correxi: ἡμῖν codd. (cf. ad
1072ᵇ16): ὁμοῦ Ε γρ e coniectura, edd.; utrumque mire conciliare studet
Alᵖ. non omnia 'potentialiter mixta' fuisse, sed omnia 'potentialiter
exstitisse' mavult Ar., suam notionem τῆς ὕλης veteribus philosophis
supponens 25 ἑτέραν codd. Alᶜ: ἕτερα ἑτέραν Bonitz 26 ἀπορή-
σειε ... 28 μὴ ὄν huc non pertinere observat Alᵖ; cf. 18–20 31
καὶ Π Alᵖ: om. Aᵇ 32 ὃ Alᵖ Schwegler, Bonitz: οὗ codd. Alᶜ
33 αἱ Ε Alᵖ: om. J Aᵇ 35 μετὰ ταῦτα ὅτι] cf. 1070ᵃ4; haec hypo-
mnematis formam habent 1070ᵃ 1 καὶ ἐξ οὗ post τι add. Aᵇ

ΤΩΝ ΜΕΤΑ ΤΑ ΦΥΣΙΚΑ Λ 1070ᵃ

ὕλη· εἰς ὃ δέ, τὸ εἶδος. εἰς ἄπειρον οὖν εἰσιν, εἰ μὴ μόνον ὁ χαλκὸς γίγνεται στρογγύλος ἀλλὰ καὶ τὸ στρογγύλον ἢ ὁ χαλκός· ἀνάγκη δὴ στῆναι.—μετὰ ταῦτα ὅτι ἑκάστη ἐκ συνωνύμου γίγνεται οὐσία (τὰ γὰρ φύσει οὐσίαι καὶ 5 τὰ ἄλλα). ἢ γὰρ τέχνῃ ἢ φύσει γίγνεται ἢ τύχῃ ἢ τῷ αὐτομάτῳ. ἡ μὲν οὖν τέχνη ἀρχὴ ἐν ἄλλῳ, ἡ δὲ φύσις ἀρχὴ ἐν αὑτῷ (ἄνθρωπος γὰρ ἄνθρωπον γεννᾷ), αἱ δὲ λοιπαὶ αἰτίαι στερήσεις τούτων. οὐσίαι δὲ τρεῖς, ἡ μὲν ὕλη τόδε τι οὖσα† τῷ φαίνεσθαι (ὅσα γὰρ ἁφῇ καὶ μὴ συμ- 10 φύσει, ὕλη καὶ ὑποκείμενον), ἡ δὲ φύσις τόδε τι καὶ ἕξις τις εἰς ἥν· ἔτι τρίτη ἡ ἐκ τούτων ἡ καθ' ἕκαστα, οἷον Σωκράτης ἢ Καλλίας. ἐπὶ μὲν οὖν τινῶν τὸ τόδε τι οὐκ ἔστι παρὰ τὴν συνθετὴν οὐσίαν, οἷον οἰκίας τὸ εἶδος, εἰ μὴ ἡ τέχνη (οὐδ' ἔστι γένεσις καὶ φθορὰ τούτων, ἀλλ' ἄλ- 15 λον τρόπον εἰσὶ καὶ οὐκ εἰσὶν οἰκία τε ἡ ἄνευ ὕλης καὶ ὑγίεια καὶ πᾶν τὸ κατὰ τέχνην), ἀλλ' εἴπερ, ἐπὶ τῶν φύσει· διὸ δὴ οὐ κακῶς Πλάτων ἔφη ὅτι εἴδη ἔστιν ὁπόσα φύσει, εἴπερ ἔστιν εἴδη, ἀλλ' οὐ τούτων οἷον πῦρ σὰρξ κεφαλή· ἅπαντα γὰρ ὕλη ἐστί, καὶ τῆς μάλιστ' οὐσίας ἡ τελευταία. 20 τὰ μὲν οὖν κινοῦντα αἴτια ὡς προγεγενημένα ὄντα, τὰ δ'

5 οὐσία Π Alᵖ: ἡ οὐσία Aᵇ   5–9 noli haec in certum ordinem redigere quae satis neglegenter litteris mandata sunt; cf. ad 1069ᵇ35   τὰ γὰρ ... 6 ἄλλα a marg. irrepsisse putabat Christ; cf. ad 8 et 19   8 αὐτῷ recc.: αὐτῷ Π: ἑαυτῷ Aᵇ   verba ἄνθρωπος ... γεννᾷ post 5 οὐσία transponenda censet Al, iterantur 27   10 τόδε τι οὖσα τῷ φαίνεσθαι] corruptum, cf. 1042ᵃ27 ὕλην δὲ λέγω ἣ μὴ τόδε τι οὖσα ἐνεργείᾳ δυνάμει ἐστὶ τόδε τι (sic in De an. 412ᵃ7). an ἡ μὲν ὕλη τῷ ⟨δυνάμει⟩ τόδε τι οὖσα φαίνεσθαι? super ἡ μὲν ὕλη a sscr. J; cf. ad 19   γὰρ Π Alᶜ: γάρ ἐστιν Aᵇ E²   11 καὶ ante τόδε add. Aᵇ   11–12 καὶ ἕξις τις εἰς ἥν cum Alᵖ Ross: εἰς ἥν καὶ ἕξις τις codd. Alᶜ; de transpos. cf. 10   12 εἰς ἥν om. Arab   ἤ alt.] ἢ καὶ Aᵇ   13 τι om. Π   16 τε om. Π   18 δὴ om. Aᵇ   Πλάτων Π Alᵖ: ὁ Π Aᵇ   teste Averroe Alexander perditus pro Πλάτων ἔφη substituebat οἱ τὰ εἴδη τιθέμενοι ἔφασαν, nisi sic dicebat in interpretatione   19 ἄλλου J quod ἀλλ' οὐ legendum est (sic ci. Cherniss, ἀλλά γ' οὐ Christ): ἄλλα Alᵖ corr. Aᵇ Bonitz, Ross: ἀλλὰ E Aᵇ Al apud Averroem   signum a super οἷον sicut super ἡ μὲν ὕλη (y) sscr. J   20 γὰρ om. Al apud Averroem

ΤΩΝ ΜΕΤΑ ΤΑ ΦΥΣΙΚΑ Λ

ὡς ὁ λόγος ἅμα. ὅτε γὰρ ὑγιαίνει ὁ ἄνθρωπος, τότε καὶ ἡ ὑγίεια ἔστιν, καὶ τὸ σχῆμα τῆς χαλκῆς σφαίρας ἅμα καὶ ἡ χαλκῆ σφαῖρα. ⟦εἰ δὲ καὶ ὕστερόν τι ὑπομένει, σκεπτέον· 25 ἐπ' ἐνίων γὰρ οὐδὲν κωλύει, οἷον εἰ ἡ ψυχὴ τοιοῦτον, μὴ πᾶσα ἀλλ' ὁ νοῦς· πᾶσαν γὰρ ἀδύνατον ἴσως.⟧ φανερὸν δὴ ὅτι οὐδὲν δεῖ διά γε ταῦτ' εἶναι τὰς ἰδέας· ἄνθρωπος γὰρ ἄνθρωπον γεννᾷ, ὁ καθ' ἕκαστον τὸν τινά· ὁμοίως δὲ καὶ ἐπὶ τῶν τεχνῶν· ἡ γὰρ ἰατρικὴ τέχνη ὁ λόγος τῆς ὑγιείας 30 ἐστίν.

Τὰ δ' αἴτια καὶ αἱ ἀρχαὶ ἄλλα ἄλλων ἔστιν ὥς, ἔστι 4 δ' ὥς, ἂν καθόλου λέγῃ τις καὶ κατ' ἀναλογίαν, ταὐτὰ πάντων. ἀπορήσειε γὰρ ἄν τις πότερον ἕτεραι ἢ αἱ αὐταὶ ἀρχαὶ καὶ στοιχεῖα τῶν οὐσιῶν καὶ τῶν πρός τι, καὶ καθ' 35 ἑκάστην δὴ τῶν κατηγοριῶν ὁμοίως. ἀλλ' ἄτοπον εἰ ταὐτὰ πάντων· ἐκ τῶν αὐτῶν γὰρ ἔσται τὰ πρός τι καὶ ἡ οὐσία. 1070ᵇ τί οὖν τοῦτ' ἔσται; παρὰ γὰρ τὴν οὐσίαν καὶ τἆλλα τὰ κατηγορούμενα οὐδέν ἐστι κοινόν, πρότερον δὲ τὸ στοιχεῖον ἢ ὧν στοιχεῖον· ἀλλὰ μὴν οὐδ' ἡ οὐσία στοιχεῖον τῶν πρός τι, οὐδὲ τούτων οὐδὲν τῆς οὐσίας. ἔτι πῶς ἐνδέχεται πάντων 5 εἶναι ταὐτὰ στοιχεῖα; οὐδὲν γὰρ οἷόν τ' εἶναι τῶν στοιχείων τῷ ἐκ στοιχείων συγκειμένῳ τὸ αὐτό, οἷον τῷ ΒΑ τὸ Β ἢ Α ⟦οὐδὲ δὴ τῶν νοητῶν στοιχεῖον, οἷον τὸ ὂν ἢ τὸ ἕν· ὑπάρχει γὰρ ταῦτα ἑκάστῳ καὶ τῶν συνθέτων⟧. οὐδὲν ἄρ' ἔσται αὐτῶν οὔτ' οὐσία οὔτε πρός τι· ἀλλ' ἀναγκαῖον. οὐκ ἔστιν ἄρα 10 πάντων ταὐτὰ στοιχεῖα.—ἢ ὥσπερ λέγομεν, ἔστι μὲν ὥς, ἔστι

23 ἠ om. Aᵇ   verba 24 εἰ–26 ἴσως postea addita sunt ut vid.   25 ἡ Π Alᵖ: om. Aᵇ   29 ὁ om. Aᵇ Alᵖ   30 ἐστίν Π Alᵖ: om. Aᵇ   31 Τὰ δ'] δὲ τὰ Aᵇ (om. ἔστιν ὥς)   ἄλλαι Aᵇ   33 πάντων Π Alᵖ: πάντα Aᵇ   γὰρ] δ' J Lat   35 δὴ κατηγορίαν Aᵇ   36 τὸ Aᵇ   ἡ οὐσία Aᵇ J (om. ἡ): οὐσίαι E corr. J², αἱ sscr. E²; cf. 1070ᵇ1 et 3   1070ᵇ 1 an ταῦτ'?   2 ὧν ἐστι τὸ Π Alᵖ (om. τὸ)   6 ἐκ Aᵇ Alᶜ: ἐκ τῶν Π   A] ἄμφω J, corruptum ex ἄλφα? an fuit nota lectoris ἢ ἄμφω, id est Β et Α?   7 οὐδὲ... 8 συνθέτων notam marg. fuisse susp. Christ, respicit ad Platonis Περὶ τἀγαθοῦ   στοιχείων Π Alᶜ ἐστιν post στοιχεῖον add. Aᵇ: om. Π Alˡ   10 λέγομεν] 1070ᵃ31

246

ΤΩΝ ΜΕΤΑ ΤΑ ΦΥΣΙΚΑ Λ 1070[b]

δ' ὡς οὔ, οἷον ἴσως τῶν αἰσθητῶν σωμάτων ὡς μὲν εἶδος τὸ θερμὸν καὶ ἄλλον τρόπον τὸ ψυχρὸν ἡ στέρησις, ὕλη δὲ τὸ δυνάμει ταῦτα πρῶτον καθ' αὑτό, οὐσίαι δὲ ταῦτά τε καὶ τὰ ἐκ τούτων, ὧν ἀρχαὶ ταῦτα, ἢ εἴ τι ἐκ θερμοῦ καὶ ψυχροῦ γίγνεται ἕν, οἷον σὰρξ ἢ ὀστοῦν· ἕτερον γὰρ ἀνάγκη ἐκείνων 15 εἶναι τὸ γενόμενον. τούτων μὲν οὖν ταὐτὰ στοιχεῖα καὶ ἀρχαί (ἄλλων δ' ἄλλα), πάντων δὲ οὕτω μὲν εἰπεῖν οὐκ ἔστιν, τῷ ἀνάλογον δέ, ὥσπερ εἴ τις εἴποι ὅτι ἀρχαὶ εἰσὶ τρεῖς, τὸ εἶδος καὶ ἡ στέρησις καὶ ἡ ὕλη. ἀλλ' ἕκαστον τούτων ἕτερον περὶ ἕκαστον γένος ἐστίν, οἷον ἐν χρώμασι λευκὸν μέλαν ἐπι- 20 φάνεια, φῶς σκότος ἀήρ, ἐκ δὲ τούτων ἡμέρα καὶ νύξ. ἐπεὶ δὲ οὐ μόνον τὰ ἐνυπάρχοντα αἴτια, ἀλλὰ καὶ τῶν ἐκτὸς οἷον τὸ κινοῦν, δῆλον ὅτι ἕτερον ἀρχὴ καὶ στοιχεῖον, αἴτια δ' ἄμφω [καὶ εἰς ταῦτα διαιρεῖται ἡ ἀρχή] τὸ δ' ὡς κινοῦν ἢ ἱστὰν ἀρχή τις οὖσα† ὥστε στοιχεῖα μὲν 25 κατ' ἀναλογίαν τρία, αἴτια δὲ καὶ ἀρχαὶ τέτταρες· ἄλλο δ' ἐν ἄλλῳ, καὶ τὸ πρῶτον αἴτιον ὡς κινοῦν ἄλλο ἄλλῳ. ὑγίεια, νόσος, σῶμα· τὸ κινοῦν ἰατρική. εἶδος, ἀταξία τοιαδί, πλίνθοι· τὸ κινοῦν οἰκοδομική [καὶ εἰς ταῦτα διαιρεῖται ἡ ἀρχή]. ἐπεὶ δὲ τὸ κινοῦν ἐν μὲν τοῖς φυσικοῖς ⟨τὸ ὁμοειδὲς 30 οἷον⟩ ἀνθρώπῳ ἄνθρωπος, ἐν δὲ τοῖς ἀπὸ διανοίας τὸ εἶδος ἢ τὸ ἐναντίον, τρόπον τινὰ τρία αἴτια ἂν εἴη, ὡδὶ δὲ τέτταρα. ὑγίεια γάρ πως ἡ ἰατρική, καὶ οἰκίας εἶδος ἡ οἰκοδομική,

12 ἡ ὕλη Π   15 ἕτερον ... 16 γενόμενον post 9 τι transp. Al   17 τὸ A[b]   20 χρώματι Π; cf. 1071[a]26   21 καὶ om. Π   24 καὶ ... ἀρχή] verba incertae sedis (cf. 29) e marg. intrusa, seclusi auctore Bonitz   25 ἱστῶν A[b] Al[p]   οὖσα Π: καὶ οὐσία A[b], coniectura sensu carens, unde αἰτία pro οὐσία ci. Bonitz, sed vestigium veri servavit Π; post οὖσα excid. vid. οὐκ ἔστι στοιχεῖον· (cf. ad ἀρχὴ οὖσα post neutr. 1072[a]25)   26 αἴτια A[b] et fort. Al[p]: αἰτίαι Π   τέτταρες] ad τρεῖς [b]18 iam accedit τὸ κινοῦν   29 καὶ ... ἀρχή om. A[b] Al[p], secl. Bonitz; cf. 24   30–31 desideratur terminus cui opponatur τὸ εἶδος velut ⟨τὸ ὁμοειδὲς οἷον⟩ suppl. Christ; cf. 1071[a]16–17, 1032[a]24   31 ἀνθρώπῳ ἄνθρωπος Zeller, Bonitz: ἄνθρωπος J A[b] Lat: ἀνθρώποις ἄνθρωπος E Al[c] qui proclivi errore ἀνθρώποις cum φυσικοῖς iungit, mitte viles coniecturas E γρ

ΤΩΝ ΜΕΤΑ ΤΑ ΦΥΣΙΚΑ Λ

καὶ ἄνθρωπος ἄνθρωπον γεννᾷ· ἔτι παρὰ ταῦτα τὸ ὡς πρῶτον πάντων κινοῦν πάντα.

Ἐπεὶ δ' ἐστὶ τὰ μὲν χωριστὰ τὰ δ' οὐ χωριστά, οὐσίαι ἐκεῖνα. καὶ διὰ τοῦτο πάντων αἴτια ταῦτά, ὅτι τῶν οὐσιῶν ἄνευ οὐκ ἔστι τὰ πάθη καὶ αἱ κινήσεις. ἔπειτα ἔσται ταῦτα ψυχὴ ἴσως καὶ σῶμα, ἢ νοῦς καὶ ὄρεξις καὶ σῶμα.—ἔτι δ' ἄλλον τρόπον τῷ ἀνάλογον ἀρχαὶ αἱ αὐταί, οἷον ἐνέργεια καὶ δύναμις· ἀλλὰ καὶ ταῦτα ἄλλα τε ἄλλοις καὶ ἄλλως. ἐν ἐνίοις μὲν γὰρ τὸ αὐτὸ ὁτὲ μὲν ἐνεργείᾳ ἔστιν ὁτὲ δὲ δυνάμει, οἷον οἶνος ἢ σὰρξ ἢ ἄνθρωπος (πίπτει δὲ καὶ ταῦτα εἰς τὰ εἰρημένα αἴτια· ἐνεργείᾳ μὲν γὰρ τὸ εἶδος, ἐὰν ᾖ χωριστόν, καὶ τὸ ἐξ ἀμφοῖν, στέρησις δὲ οἷον σκότος ἢ κάμνον, δυνάμει δὲ ἡ ὕλη· τοῦτο γάρ ἐστι τὸ δυνάμενον γίγνεσθαι ἄμφω)· ἄλλως δ' ἐνεργείᾳ καὶ δυνάμει διαφέρει ὧν μή ἐστιν ἡ αὐτὴ ὕλη, ὧν οὐκ ἔστι τὸ αὐτὸ εἶδος ἀλλ' ἕτερον, ὥσπερ ἀνθρώπου αἴτιον τά τε στοιχεῖα, πῦρ καὶ γῆ ὡς ὕλη καὶ τὸ ἴδιον εἶδος, καὶ ἔτι τι ἄλλο ἔξω οἷον ὁ πατήρ, καὶ παρὰ ταῦτα ὁ ἥλιος καὶ ὁ λοξὸς κύκλος, οὔτε ὕλη ὄντα οὔτ' εἶδος οὔτε στέρησις οὔτε ὁμοειδὲς ἀλλὰ κινοῦντα. ἔτι δὲ ὁρᾶν δεῖ ὅτι τὰ μὲν καθόλου ἔστιν εἰπεῖν, τὰ δ' οὔ. πάντων δὴ πρῶται ἀρχαὶ τὸ ἐνεργείᾳ πρῶτον τοδὶ καὶ ἄλλο ὃ δυνάμει. ἐκεῖνα μὲν οὖν τὰ καθόλου οὐκ ἔστιν· ἀρχὴ γὰρ τὸ καθ' ἕκαστον τῶν

---

34 τὸ ὡς Bonitz: ὡς τὸ codd.   1071ᵃ 1 ἐκεῖνα Aᵇ Alᶜ E²: ἐκεῖναι Π   ταῦτά Christ: ταῦτα codd. Alᶜ; cf. 3–4   2 an ἔσται τοιαῦτα? 3 ἢ ...   σῶμα] an var. lect.? tertiam v.l. Alᵖ leg. in exemplari suo cum hac contaminatam ἢ ὄρεξις καὶ σῶμα (om. νοῦς καί)   5 ἄλλα τε codd.: ἄλλοτε Alᶜ; cf. 6–7, sed cf. 1070ᵇ26–27   6 ἐν om. Alᶜ   7 οἶνος est δυνάμει ὄξος velut σάρξ est δυνάμει ἄνθρωπος: quod nisi ὄξος excidit, ἢ ἄνθρωπος fort. cum Christ delendum; Al ὄξος in commentario offert, in textu non habet   8 εἰρημένα] 1070ᵇ18, 26   ἐνεργείᾳ E Alᶜ: ἐνέργεια J Aᵇ   9 τὸ χωρ. Aᵇ   καὶ Π Aᵇ Alᶜ: ἢ E γρ   στέρησις ... 10 κάμνον susp. Christ, sed cf. 16 et 11 ἄμφω i.e. τὰ ἐναντία, εἶδος et στέρησις   11 δ' ἢ Trendelenburg   12 ὧν alt. codd. Alᶜ: καὶ ὧν E γρ: ἢ ὧν Zeller: ὧν ἐνίων Ross   14 ἀΐδιον E   ἔτι] εἰ Π   17 δὲ om. Aᵇ   18 δὴ] δὲ Alᶜ   19 τοδὶ Π Alᶜ: τῷ εἴδει Aᵇ   20 τὰ Π Alᵖ: om. Aᵇ

ΤΩΝ ΜΕΤΑ ΤΑ ΦΥΣΙΚΑ Λ

καθ' ἕκαστον· ἄνθρωπος μὲν γὰρ ἀνθρώπου καθόλου, ἀλλ' οὐκ ἔστιν οὐδείς, ἀλλὰ Πηλεὺς Ἀχιλλέως τοῦ δὲ ὁ πατήρ, καὶ τοδὶ τὸ Β τουδὶ τοῦ ΒΑ, ὅλως δὲ τὸ Β τοῦ ἁπλῶς ΒΑ. ἔπειτα ἤδη τὰ τῶν οὐσιῶν (ἄλλα δὲ ἄλλων) αἴτια καὶ στοιχεῖα, ὥσπερ ἐλέχθη, τῶν μὴ ἐν ταὐτῷ γένει, χρωμάτων ψόφων οὐσιῶν ποσότητος, πλὴν τῷ ἀνάλογον· καὶ τῶν ἐν ταὐτῷ εἴδει ἕτερα, οὐκ εἴδει ἀλλ' ὅτι τῶν καθ' ἕκαστον ἄλλο, ἥ τε σὴ ὕλη καὶ τὸ εἶδος καὶ τὸ κινῆσαν καὶ ἡ ἐμή, τῷ καθόλου δὲ λόγῳ ταὐτά. τὸ δὴ ζητεῖν τίνες ἀρχαὶ ἢ στοιχεῖα τῶν οὐσιῶν καὶ ⟨τῶν⟩ πρός τι καὶ ποιῶν, πότερον αἱ αὐταὶ ἢ ἕτεραι, δῆλον ὅτι πολλαχῶς γε λεγομένων ἔστιν ἑκάστου, διαιρεθέντων δὲ οὐ ταὐτὰ ἀλλ' ἕτερα, πλὴν ὡδί. καὶ πάντων ὡδὶ μὲν ταὐτὰ [ἢ] τῷ ἀνάλογον, ὅτι ὕλη, εἶδος, στέρησις, τὸ κινοῦν, καὶ ὡδὶ τὰ τῶν οὐσιῶν αἴτια ὡς αἴτια πάντων, ὅτι ἀναιρεῖται ἀναιρουμένων· ἔτι τὸ πρῶτον ἐντελεχείᾳ· ὡδὶ δὲ ἕτερα πρῶτα ὅσα τὰ ἐναντία ἃ μήτε ὡς γένη λέγεται μήτε πολλαχῶς [λέγεται]· καὶ ἔτι αἱ ὗλαι. τίνες μὲν οὖν ἀρχαὶ τῶν αἰσθητῶν καὶ πόσαι, καὶ πῶς αἱ αὐταὶ καὶ πῶς ἕτεραι, εἴρηται.

6 Ἐπεὶ δ' ἦσαν τρεῖς οὐσίαι, δύο μὲν αἱ φυσικαὶ μία δ' ἡ ἀκίνητος, περὶ ταύτης λεκτέον ὅτι ἀνάγκη εἶναι ἀΐδιόν τινα οὐσίαν ἀκίνητον. αἵ τε γὰρ οὐσίαι πρῶται τῶν ὄντων, καὶ εἰ πᾶσαι φθαρταί, πάντα φθαρτά· ἀλλ' ἀδύνατον

ΤΩΝ ΜΕΤΑ ΤΑ ΦΥΣΙΚΑ Λ

κίνησιν ἢ γενέσθαι ἢ φθαρῆναι (ἀεὶ γὰρ ἦν), οὐδὲ χρόνον. οὐ γὰρ οἷόν τε τὸ πρότερον καὶ ὕστερον εἶναι μὴ ὄντος χρόνου· καὶ ἡ κίνησις ἄρα οὕτω συνεχὴς ὥσπερ καὶ ὁ χρόνος· ἢ γὰρ τὸ αὐτὸ ἢ κινήσεώς τι πάθος. κίνησις δ' οὐκ ἔστι συνεχὴς ἀλλ' ἢ ἡ κατὰ τόπον, καὶ ταύτης ἡ κύκλῳ.

Ἀλλὰ μὴν εἰ ἔστι κινητικὸν ἢ ποιητικόν, μὴ ἐνεργοῦν δέ τι, οὐκ ἔσται κίνησις· ἐνδέχεται γὰρ τὸ δύναμιν ἔχον μὴ ἐνεργεῖν. οὐθὲν ἄρα ὄφελος οὐδ' ἐὰν οὐσίας ποιήσωμεν ἀϊδίους, ὥσπερ οἱ τὰ εἴδη, εἰ μή τις δυναμένη ἐνέσται ἀρχὴ μεταβάλλειν· οὐ τοίνυν οὐδ' αὕτη ἱκανή, οὐδ' ἄλλη οὐσία παρὰ τὰ εἴδη· εἰ γὰρ μὴ ἐνεργήσει, οὐκ ἔσται κίνησις. ἔτι οὐδ' εἰ ἐνεργήσει, ἡ δ' οὐσία αὐτῆς δύναμις· οὐ γὰρ ἔσται κίνησις ἀΐδιος· ἐνδέχεται γὰρ τὸ δυνάμει ὂν μὴ εἶναι. δεῖ ἄρα εἶναι ἀρχὴν τοιαύτην ἧς ἡ οὐσία ἐνέργεια. ἔτι τοίνυν ταύτας δεῖ τὰς οὐσίας εἶναι ἄνευ ὕλης· ἀϊδίους γὰρ δεῖ, εἴπερ γε καὶ ἄλλο τι ἀΐδιον. ἐνέργεια ἄρα. καίτοι ἀπορία· δοκεῖ γὰρ τὸ μὲν ἐνεργοῦν πᾶν δύνασθαι τὸ δὲ δυνάμενον οὐ πᾶν ἐνεργεῖν, ὥστε πρότερον εἶναι τὴν δύναμιν. ἀλλὰ μὴν εἰ τοῦτο, οὐθὲν ἔσται τῶν ὄντων· ἐνδέχεται γὰρ δύνασθαι μὲν εἶναι μήπω δ' εἶναι. καίτοι εἰ ὡς λέγουσιν οἱ θεολόγοι οἱ ἐκ νυκτὸς γεννῶντες, ἢ ὡς οἱ φυσικοὶ "ὁμοῦ πάντα χρήματά" φασι, τὸ αὐτὸ ἀδύνατον. πῶς γὰρ κινηθήσεται, εἰ μὴ ἔσται ἐνεργείᾳ τι αἴτιον; οὐ γὰρ ἥ γε ὕλη κινήσει αὐτὴ ἑαυτήν, ἀλλὰ τεκτονική, οὐδὲ τὰ ἐπιμήνια οὐδ' ἡ γῆ, ἀλλὰ τὰ σπέρματα καὶ ἡ γονή. διὸ ἔνιοι ποιοῦσιν ἀεὶ ἐνέργειαν, οἷον Λεύκιππος καὶ Πλάτων·

9 ἄρα] γὰρ E γρ man. rec.   11 ἀλλ' ἢ ἡ recc., edd.: ἀλλ' ἡ Π Aᵇ: ἄλλη ἢ ἡ Alᵖ   12 ἔστι Aᵇ Alᶜ: ἔσται J E (in ras.)   ἢ ποιητικόν in marg J²   13 ἔσται J Alᵖ Bonitz: ἔστι E Aᵇ   16 αὐτὴ Aᵇ   17 ἔσται Π Alᶜ: ἔστι Aᵇ   22 γε om. Aᵇ   ἐνέργεια Aᵇ; cf. 20: ἐνεργείαι E J (sine accentu): γρ -αι sscr. E² (volebat ἐνέργειαι)   27 ὡς et 28 ἦν ante ὁμοῦ om. Π: ὡς E²: utrumque sscr. J²   28 ἀδύνατον Π Aᵇ: αἴτιον Alᵖ ut vid.   29 μηθὲν Aᵇ, om. τι   32 Πλάτων] Tim. 30 Α, 34 C

ΤΩΝ ΜΕΤΑ ΤΑ ΦΥΣΙΚΑ Λ 1071ᵇ

ἀεὶ γὰρ εἶναί φασι κίνησιν. ἀλλὰ διὰ τί καὶ τίνα οὐ λέγουσιν, οὐδὲ ⟨τοῦ⟩ ὡδὶ ⟨ἢ⟩ ὡδὶ τὴν αἰτίαν. οὐδὲν γὰρ ὡς ἔτυχε κινεῖται, ἀλλὰ δεῖ τι ἀεὶ ὑπάρχειν, ὥσπερ νῦν φύσει μὲν 35 ὡδί, βίᾳ δὲ ἢ ὑπὸ νοῦ ἢ ἄλλου ὡδί· εἶτα ποία πρώτη; διαφέρει γὰρ ἀμήχανον ὅσον. ἀλλὰ μὴν οὐδὲ Πλάτωνί γε οἷόν τε λέγειν ἣν οἴεται ἐνίοτε ἀρχὴν εἶναι, τὸ αὐτὸ 1072ᵃ ἑαυτὸ κινοῦν· ὕστερον γὰρ καὶ ἅμα τῷ οὐρανῷ ἡ ψυχή, ὥς φησίν. τὸ μὲν δὴ δύναμιν οἴεσθαι ἐνεργείας πρότερον ἔστι μὲν ὡς καλῶς ἔστι δ' ὡς οὔ (εἴρηται δὲ πῶς)· ὅτι δ' ἐνέργεια πρότερον, μαρτυρεῖ Ἀναξαγόρας (ὁ γὰρ νοῦς ἐνέρ- 5 γεια) καὶ Ἐμπεδοκλῆς φιλίαν καὶ τὸ νεῖκος, καὶ οἱ ἀεὶ λέγοντες κίνησιν εἶναι, ὥσπερ Λεύκιππος· ὥστ' οὐκ ἦν ἄπειρον χρόνον χάος ἢ νύξ, ἀλλὰ ταὐτὰ ἀεὶ ἢ περιόδῳ ἢ ἄλλως, εἴπερ πρότερον ἐνέργεια δυνάμεως. εἰ δὴ τὸ αὐτὸ ἀεὶ περιόδῳ, δεῖ τι ἀεὶ μένειν ὡσαύτως ἐνεργοῦν. εἰ δὲ 10 μέλλει γένεσις καὶ φθορὰ εἶναι, ἄλλο δεῖ εἶναι ἀεὶ ἐνεργοῦν ἄλλως καὶ ἄλλως. ἀνάγκη ἄρα ὡδὶ μὲν καθ' αὐτὸ ἐνεργεῖν ὡδὶ δὲ κατ' ἄλλο· ἤτοι ἄρα καθ' ἕτερον ἢ κατὰ τὸ πρῶτον. ἀνάγκη δὴ κατὰ τοῦτο· πάλιν γὰρ ἐκεῖνο αὑτῷ τε αἴτιον κἀκείνῳ. οὐκοῦν βέλτιον τὸ πρῶτον· καὶ 15 γὰρ αἴτιον ἦν ἐκεῖνο τοῦ ἀεὶ ὡσαύτως· τοῦ δ' ἄλλως ἕτερον, τοῦ δ' ἀεὶ ἄλλως ἄμφω δηλονότι. οὐκοῦν οὕτως καὶ ἔχουσιν αἱ κινήσεις. τί οὖν ἄλλας δεῖ ζητεῖν ἀρχάς;

7 Ἐπεὶ δ' οὕτω τ' ἐνδέχεται, καὶ εἰ μὴ οὕτως, ἐκ νυκτὸς ἔσται καὶ ὁμοῦ πάντων καὶ ἐκ μὴ ὄντος, λύοιτ' ἂν 20 ταῦτα, καὶ ἔστι τι ἀεὶ κινούμενον κίνησιν ἄπαυστον, αὕτη δ' ἡ κύκλῳ (καὶ τοῦτο οὐ λόγῳ μόνον ἀλλ' ἔργῳ δῆλον), ὥστ' ἀίδιος ἂν εἴη ὁ πρῶτος οὐρανός. ἔστι τοίνυν τι καὶ ὃ

34 οὐδὲ τοῦ ὡδὶ ἢ ὡδὶ scripsi: οὐδὲ ὡδὶ οὐδὲ codd.: καὶ διὰ τί ὡδὶ μὲν ... ὡδὶ δὲ ..., τούτων τὴν αἰτίαν οὐ λέγουσιν Al interpr.: οὐδὲ τοῦ ὡδὶ Schwegler, Christ: οὐδ' εἰ ὡδὶ Zeller: οὐδ' εἰ ὡδὶ ἢ ὡδὶ Diels   1072ᵃ 1 ἦν om. Aᵇ   4 εἴρηται] 1071ᵇ23   5 ἐνέργεια alt. Alᵖ: ἐνεργείαι Π Aᵇ   6 τὸ om. Aᵇ   8 χρόνου Aᵇ   11 ἐνεργοῦν εἶναι Π, om. ἀεὶ   15 αὐτῷ Alᶜ: αὑτῷ Π Aᵇ

ΤΩΝ ΜΕΤΑ ΤΑ ΦΥΣΙΚΑ Λ

κινεῖ. ἐπεὶ δὲ τὸ κινούμενον καὶ κινοῦν καὶ μέσον . . . τοίνυν
25 ἔστι τι ὃ οὐ κινούμενον κινεῖ, ἀίδιον καὶ οὐσία καὶ ἐνέργεια
οὖσα. κινεῖ δὲ ὧδε τὸ ὀρεκτὸν καὶ τὸ νοητόν· κινεῖ οὐ κινού-
μενα. τούτων τὰ πρῶτα τὰ αὐτά. ἐπιθυμητὸν μὲν γὰρ
τὸ φαινόμενον καλόν, βουλητὸν δὲ πρῶτον τὸ ὂν καλόν·
ὀρεγόμεθα δὲ διότι δοκεῖ μᾶλλον ἢ δοκεῖ διότι ὀρεγόμεθα·
30 ἀρχὴ γὰρ ἡ νόησις. νοῦς δὲ ὑπὸ τοῦ νοητοῦ κινεῖται, νοητὴ δὲ
ἡ ἑτέρα συστοιχία καθ' αὑτήν· καὶ ταύτης ἡ οὐσία πρώτη,
καὶ ταύτης ἡ ἁπλῆ καὶ κατ' ἐνέργειαν (ἔστι δὲ τὸ ἓν καὶ
τὸ ἁπλοῦν οὐ τὸ αὐτό· τὸ μὲν γὰρ ἓν μέτρον σημαίνει, τὸ
δὲ ἁπλοῦν πῶς ἔχον αὐτό). ἀλλὰ μὴν καὶ τὸ καλὸν καὶ
35 τὸ δι' αὑτὸ αἱρετὸν ἐν τῇ αὐτῇ συστοιχίᾳ· καὶ ἔστιν ἄριστον
1072ᵇ ἀεὶ ἢ ἀνάλογον τὸ πρῶτον. ὅτι δ' ἔστι τὸ οὗ ἕνεκα ἐν τοῖς
ἀκινήτοις, ἡ διαίρεσις δηλοῖ· ἔστι γὰρ τινὶ τὸ οὗ ἕνεκα ⟨καὶ⟩
τινός, ὧν τὸ μὲν ἔστι τὸ δ' οὐκ ἔστι. κινεῖ δὲ ὡς ἐρώμενον,
κινουμένῳ δὲ τἆλλα κινεῖ. εἰ μὲν οὖν τι κινεῖται, ἐνδέχεται
5 ἄλλως ἔχειν· ὥσθ' ἡ φορὰ ἡ πρώτη εἰ καὶ ἐνεργείᾳ ἐστίν, ᾗ κι-

---

24 καὶ alt. exp. Aᵇ, om. Bessario, secl. Bonitz; sin lac. latet, eam sic fere
ex *Phys.* 256ᵇ21 expleverim: ἐπεὶ δὲ ⟨τὸ κινούμενον καὶ οὐ κινοῦν ἔσχατον
καὶ⟩ τὸ κινούμενον καὶ κινοῦν μέσον, ⟨ἕτερον (vel τρίτον)⟩ τοίνυν ἔστι τι
24–25 τοίνυν ἔστι codd. Alᶜ: ἔστι τοίνυν Bonitz qui tamen maiorem lac.
extare ante τοίνυν susp.   26 κινούμενον Aᵇ   29 δὲ ὅτι Π: corr. E γρ
30 γὰρ Π Alᶜ: δὲ Aᵇ E γρ   κινεῖται om. Aᵇ   31 ἡ alt. om. Aᵇ
32 ταύτης ἡ om. Aᵇ   33 τὸ pr. om. Π Alᶜ   γὰρ Π Alᶜ: om. Aᵇ
34 πῶς Ross: πῶς codd.   35 δι' αὑτὸ om. Alᶜ   1072ᵇ 1 ἢ Π (in
ras. J): om. et sscr. Aᵇ E γρ   2 τινὶ] διττὸν Schwegler, Bonitz   καὶ
ex Al apud Averroem suppl. Christ   3 τινός Aᵇ: om. Π Alᶜ   δὲ Π:
δὴ Aᵇ   4 κινουμένῳ Π Aᵇ man. pr. (scil. τῷ οὐρανῷ): κινούμενον e
corr. Aᵇ: κινούμενος δὲ ... ὁ οὐρανός Alᵖ: τὸ δὲ κινούμενον Bonitz: κινούμενα
Ross (τἆλλα subi. facit)   5 ἄλλως Π Alᵖ: καὶ ἄλλως Aᵇ   ὥσθ'
ἡ φορὰ Π (σθ e corr. J) Lat: ὥστ' εἰ ἡ φ. Aᵇ Alᶜ (om. ἡ) E γρ in marg.   ἡ
πρώτη Π Alᶜ: ἡ om. Aᵇ E γρ; cf. ἡ πρώτη φορά *De cael.* 288ᵃ15   postea
ante καὶ add. εἰ E (vel E²) quod post ὥστε om., recepi e coniect.   ἐνερ-
γείᾳ scripsi (cf. 22): ἐνέργεια E Aᵇ Alᶜ: ἐνέργεια (sic) J; 'itaque primum
mobile, etiamsi actu est (velut primus motor cf. 8), potest tamen, qua-
tenus movetur, eatenus aliter se habere' id est per se necessitate caret.
ea in solo summo principio resident (cf. 10), qui actus purus est, unde etiam
caeli motioni impertitur

νεῖται ταύτῃ γε ἐνδέχεται ἄλλως ἔχειν, κατὰ τόπον, καὶ
εἰ μὴ κατ' οὐσίαν· ἐπεὶ δὲ ἔστι τι κινοῦν αὐτὸ ἀκίνητον ὄν,
ἐνεργείᾳ ὄν, τοῦτο οὐκ ἐνδέχεται ἄλλως ἔχειν οὐδαμῶς. φορὰ
γὰρ ἡ πρώτη τῶν μεταβολῶν, ταύτης δὲ ἡ κύκλῳ· ταύ-
την δὲ τοῦτο κινεῖ. ἐξ ἀνάγκης ἄρα ἐστὶν ὄν· καὶ ᾗ ἀνάγκῃ, 10
καλῶς, καὶ οὕτως ἀρχή. τὸ γὰρ ἀναγκαῖον τοσαυταχῶς,
τὸ μὲν βίᾳ ὅτι παρὰ τὴν ὁρμήν, τὸ δὲ οὗ οὐκ ἄνευ τὸ εὖ,
τὸ δὲ μὴ ἐνδεχόμενον ἄλλως ἀλλ' ἁπλῶς.—ἐκ τοιαύτης
ἄρα ἀρχῆς ἤρτηται ὁ οὐρανὸς καὶ ἡ φύσις. διαγωγὴ δ'
ἐστὶν οἵα ἡ ἀρίστη μικρὸν χρόνον ἡμῖν. οὕτω γὰρ ἀεὶ ἐκεῖνο 15
(ἡμῖν μὲν γὰρ ἀδύνατον), ἐπεὶ καὶ ἡδονὴ ἡ ἐνέργεια τούτου
(καὶ διὰ τοῦτο ἐγρήγορσις αἴσθησις νόησις ἥδιστον, ἐλπίδες
δὲ καὶ μνῆμαι διὰ ταῦτα). ἡ δὲ νόησις ἡ καθ' αὑτὴν
τοῦ καθ' αὑτὸ ἀρίστου, καὶ ἡ μάλιστα τοῦ μάλιστα. αὑτὸν
δὲ νοεῖ ὁ νοῦς κατὰ μετάληψιν τοῦ νοητοῦ· νοητὸς γὰρ 20
γίγνεται θιγγάνων καὶ νοῶν, ὥστε ταὐτὸν νοῦς καὶ νοητόν.
τὸ γὰρ δεκτικὸν τοῦ νοητοῦ καὶ τῆς οὐσίας νοῦς, ἐνεργεῖ δὲ
ἔχων, ὥστ' ἐκείνου μᾶλλον τοῦτο ὃ δοκεῖ ὁ νοῦς θεῖον ἔχειν,
καὶ ἡ θεωρία τὸ ἥδιστον καὶ ἄριστον. εἰ οὖν οὕτως εὖ ἔχει,
ὡς ἡμεῖς ποτέ, ὁ θεὸς ἀεί, θαυμαστόν· εἰ δὲ μᾶλλον, ἔτι 25
θαυμασιώτερον. ἔχει δὲ ὧδε. καὶ ζωὴ δέ γε ὑπάρχει· ἡ
γὰρ νοῦ ἐνέργεια ζωή, ἐκεῖνος δὲ ἡ ἐνέργεια· ἐνέργεια δὲ ἡ
καθ' αὑτὴν ἐκείνου ζωὴ ἀρίστη καὶ ἀίδιος. φαμὲν δὴ τὸν
θεὸν εἶναι ζῷον ἀίδιον ἄριστον, ὥστε ζωὴ καὶ αἰὼν συνεχὴς
καὶ ἀίδιος ὑπάρχει τῷ θεῷ· τοῦτο γὰρ ὁ θεός. ὅσοι δὲ 30
ὑπολαμβάνουσιν, ὥσπερ οἱ Πυθαγόρειοι καὶ Σπεύσιππος

6 ταύτῃ Π Al^c: ταύτην A^b   γε Bonitz: δὲ codd. Al^c quod vix recte
defendi BBA 265   14 δ' om. Π: add. E²   15 ἐκεῖνό ἐστιν Π
16 ἡ μὲν μὲν E¹; cf. ad 1069^b23   ἡδονὴ ἡ E γρ Al^p: ἡ ἡδονὴ Π A^b
23 ἐκείνου ... τοῦτο ex Al^p Ross: ἐκεῖνο ... τούτου codd. Al^{cl}; utrum Al
legerit in suo exemplari incertum, sed puto alterum; primum ex com-
mentario (veri Alexandri?) sumpsit   24 εὖ om. J   27 ἐκεῖνος
A^b: ἐκεῖνο Π Al^c   28 δὴ Them, Bonitz: δὲ Π A^b   30 καὶ om. Π:
add. E²   καὶ ἀίδιος om. Al^p

ΤΩΝ ΜΕΤΑ ΤΑ ΦΥΣΙΚΑ Λ

τὸ κάλλιστον καὶ ἄριστον μὴ ἐν ἀρχῇ εἶναι, διὰ τὸ καὶ τῶν φυτῶν καὶ τῶν ζῴων τὰς ἀρχὰς αἴτια μὲν εἶναι τὸ δὲ καλὸν καὶ τέλειον ἐν τοῖς ἐκ τούτων, οὐκ ὀρθῶς οἴονται. τὸ γὰρ σπέρμα ἐξ ἑτέρων ἐστὶ προτέρων τελείων, καὶ τὸ πρῶτον οὐ σπέρμα ἐστὶν ἀλλὰ τὸ τέλειον οἷόν τε πρότερον ἄνθρωπον ἂν φαίη τις εἶναι τοῦ σπέρματος, οὐ τὸν ἐκ τούτου γενόμενον ἀλλ' ἕτερον ἐξ οὗ τὸ σπέρμα. ὅτι μὲν οὖν ἔστιν οὐσία τις ἀΐδιος καὶ ἀκίνητος καὶ κεχωρισμένη τῶν αἰσθητῶν, φανερὸν ἐκ τῶν εἰρημένων· δέδεικται δὲ καὶ ὅτι μέγεθος οὐδὲν ἔχειν ἐνδέχεται ταύτην τὴν οὐσίαν ἀλλ' ἀμερὴς καὶ ἀδιαίρετός ἐστιν (κινεῖ γὰρ τὸν ἄπειρον χρόνον, οὐδὲν δ' ἔχει δύναμιν ἄπειρον πεπερασμένον· ἐπεὶ δὲ πᾶν μέγεθος ἢ ἄπειρον ἢ πεπερασμένον, πεπερασμένον μὲν διὰ τοῦτο οὐκ ἂν ἔχοι μέγεθος, ἄπειρον δ' ὅτι ὅλως οὐκ ἔστιν οὐδὲν ἄπειρον μέγεθος)· ἀλλὰ μὴν καὶ ὅτι ἀπαθὲς καὶ ἀναλλοίωτον· πᾶσαι γὰρ αἱ ἄλλαι κινήσεις ὕστεραι τῆς κατὰ τόπον. ταῦτα μὲν οὖν δῆλα διότι τοῦτον ἔχει τὸν τρόπον.

Πότερον δὲ μίαν θετέον τὴν τοιαύτην οὐσίαν ἢ πλείους, 8 καὶ πόσας, δεῖ μὴ λανθάνειν, ἀλλὰ μεμνῆσθαι καὶ τὰς τῶν ἄλλων ἀποφάσεις, ὅτι περὶ πλήθους οὐθὲν εἰρήκασιν ὅ τι καὶ σαφὲς εἰπεῖν. ἡ μὲν γὰρ περὶ τὰς ἰδέας ὑπόληψις οὐδεμίαν ἔχει σκέψιν ἰδίαν (ἀριθμοὺς γὰρ λέγουσι τὰς ἰδέας οἱ λέγοντες ἰδέας, περὶ δὲ τῶν ἀριθμῶν ὁτὲ μὲν ὡς περὶ ἀπείρων λέγουσιν ὁτὲ δὲ ὡς μέχρι τῆς δεκάδος ὡρισμένων· δι' ἣν δ' αἰτίαν τοσοῦτον τὸ πλῆθος τῶν ἀριθμῶν, οὐδὲν λέγεται μετὰ σπουδῆς ἀποδεικτικῆς). ἡμῖν δ' ἐκ τῶν ὑποκειμένων καὶ διωρισμένων λεκτέον. ἡ μὲν γὰρ ἀρχὴ καὶ τὸ πρῶτον τῶν ὄντων ἀκίνητον καὶ καθ' αὑτὸ καὶ κατὰ συμβεβηκός, κινοῦν δὲ τὴν πρώτην ἀΐδιον καὶ μίαν κίνησιν· ἐπεὶ δὲ τὸ κινούμενον ἀνάγκη ὑπό τινος κινεῖσθαι, καὶ τὸ

1073ᵃ 1 οἷόν τε J Aᵇ: οἷον E: ὡς οἷόν τε J² var. lect. contaminans 10 ἄπειρον δ'] scil. οὐκ ἂν ἔχοι 15 πόσας. δεῖ δὲ μὴ λ. Alᶜ 23 διωρισμένων codd.: δεδειγμένων Alᶜ (cf. 32)

ΤΩΝ ΜΕΤΑ ΤΑ ΦΥΣΙΚΑ Λ 1073ᵃ

πρῶτον κινοῦν ἀκίνητον εἶναι καθ' αὑτό, καὶ τὴν ἀΐδιον κίνησιν ὑπὸ ἀϊδίου κινεῖσθαι καὶ τὴν μίαν ὑφ' ἑνός, ὁρῶμεν δὲ παρὰ τὴν τοῦ παντὸς τὴν ἁπλῆν φοράν, ἣν κινεῖν φαμὲν τὴν πρώτην οὐσίαν καὶ ἀκίνητον, ἄλλας φορὰς οὔσας 30 τὰς τῶν πλανήτων ἀϊδίους (ἀΐδιον γὰρ καὶ ἄστατον τὸ κύκλῳ σῶμα· δέδεικται δ' ἐν τοῖς φυσικοῖς περὶ τούτων), ἀνάγκη καὶ τούτων ἑκάστην τῶν φορῶν ὑπ' ἀκινήτου τε κινεῖσθαι καθ' αὑτὴν καὶ ἀϊδίου οὐσίας. ἥ τε γὰρ τῶν ἄστρων φύσις ἀΐδιος οὐσία τις οὖσα, καὶ τὸ κινοῦν ἀΐδιον καὶ πρότερον τοῦ κινουμένου, 35 καὶ τὸ πρότερον οὐσίας οὐσίαν ἀναγκαῖον εἶναι. φανερὸν τοίνυν ὅτι τοσαύτας τε οὐσίας ἀναγκαῖον εἶναι τήν τε φύσιν ἀϊδίους καὶ ἀκινήτους καθ' αὑτάς, καὶ ἄνευ μεγέθους διὰ τὴν εἰρημένην αἰτίαν πρότερον.—ὅτι μὲν οὖν εἰσὶν οὐσίαι, 1073ᵇ καὶ τούτων τις πρώτη καὶ δευτέρα κατὰ τὴν αὐτὴν τάξιν ταῖς φοραῖς τῶν ἄστρων, φανερόν· τὸ δὲ πλῆθος ἤδη τῶν φορῶν ἐκ τῆς οἰκειοτάτης φιλοσοφίᾳ τῶν μαθηματικῶν ἐπιστημῶν δεῖ σκοπεῖν, ἐκ τῆς ἀστρολογίας· αὕτη γὰρ περὶ 5 οὐσίας αἰσθητῆς μὲν ἀϊδίου δὲ ποιεῖται τὴν θεωρίαν, αἱ δ' ἄλλαι περὶ οὐδεμιᾶς οὐσίας, οἷον ἥ τε περὶ τοὺς ἀριθμοὺς καὶ τὴν γεωμετρίαν. ὅτι μὲν οὖν πλείους τῶν φερομένων αἱ φοραί, φανερὸν τοῖς καὶ μετρίως ἡμμένοις (πλείους γὰρ ἕκαστον φέρεται μιᾶς τῶν πλανωμένων ἄστρων)· πόσαι δ' αὗται 10 τυγχάνουσιν οὖσαι, νῦν μὲν ἡμεῖς ἃ λέγουσι τῶν μαθηματικῶν τινὲς ἐννοίας χάριν λέγομεν, ὅπως ᾖ τι τῇ διανοίᾳ πλῆθος ὡρισμένον ὑπολαβεῖν· τὸ δὲ λοιπὸν τὰ μὲν ζητοῦντας αὐτοὺς δεῖ τὰ δὲ πυνθανομένους παρὰ τῶν ζητούντων, ἄν τι φαίνηται παρὰ τὰ νῦν εἰρημένα τοῖς ταῦτα πραγμα- 15 τευομένοις, φιλεῖν μὲν ἀμφοτέρους, πείθεσθαι δὲ τοῖς ἀκριβεστέροις.—Εὔδοξος μὲν οὖν ἡλίου καὶ σελήνης ἑκατέρου τὴν

---

32 δέδεικται] cf. *Phys.* viii. 8, *De cael.* ii. 3   32–33 ἀνάγκη καὶ τούτων in marg. add. J²   33–34 καθ' αὐτὴν Christ : καθ' αὐτὸ J Aᵇ Al γρ Simpl : καὶ καθ' αὐτὴν E Alᶜ ; cf. 38   37 τε susp. Bonitz   1073ᵇ 1 πρότερον] ᵃ6   2 τις ex Alᵖ Christ : τίς codd.   4 φορῶν codd. : σφαιρῶν Alᶜ   φιλοσοφίᾳ ex Alᶜ Them, Bonitz : φιλοσοφίας codd.

ΤΩΝ ΜΕΤΑ ΤΑ ΦΥΣΙΚΑ Λ

φορὰν ἐν τρισὶν ἐτίθετ᾽ εἶναι σφαίραις, ὧν τὴν μὲν πρώτην τὴν τῶν ἀπλανῶν ἄστρων εἶναι, τὴν δὲ δευτέραν κατὰ τὸν 20 διὰ μέσων τῶν ζῳδίων, τὴν δὲ τρίτην κατὰ τὸν λελοξωμένον ἐν τῷ πλάτει τῶν ζῳδίων (ἐν μείζονι δὲ πλάτει λελοξῶσθαι καθ᾽ ὃν ἡ σελήνη φέρεται ἢ καθ᾽ ὃν ὁ ἥλιος), τῶν δὲ πλανωμένων ἄστρων ἐν τέτταρσιν ἑκάστου σφαίραις, καὶ τούτων δὲ τὴν μὲν πρώτην καὶ δευτέραν τὴν αὐτὴν εἶναι 25 ἐκείναις (τήν τε γὰρ τῶν ἀπλανῶν τὴν ἁπάσας φέρουσαν εἶναι, καὶ τὴν ὑπὸ ταύτῃ τεταγμένην καὶ κατὰ τὸν διὰ μέσων τῶν ζῳδίων τὴν φορὰν ἔχουσαν κοινὴν ἁπασῶν εἶναι), τῆς δὲ τρίτης ἁπάντων τοὺς πόλους ἐν τῷ διὰ μέσων τῶν ζῳδίων εἶναι, τῆς δὲ τετάρτης τὴν φορὰν κατὰ τὸν λελο-
30 ξωμένον πρὸς τὸν μέσον ταύτης· εἶναι δὲ τῆς τρίτης σφαίρας τοὺς πόλους τῶν μὲν ἄλλων ἰδίους, τοὺς δὲ τῆς Ἀφροδίτης καὶ τοῦ Ἑρμοῦ τοὺς αὐτούς· Κάλλιππος δὲ τὴν μὲν θέσιν τῶν σφαιρῶν τὴν αὐτὴν ἐτίθετο Εὐδόξῳ [τοῦτ᾽ ἔστι τῶν ἀποστημάτων τὴν τάξιν], τὸ δὲ πλῆθος τῷ μὲν τοῦ Διὸς καὶ
35 τῷ τοῦ Κρόνου τὸ αὐτὸ ἐκείνῳ ἀπεδίδου, τῷ δ᾽ ἡλίῳ καὶ τῇ σελήνῃ δύο ᾤετο ἔτι προσθετέας εἶναι σφαίρας, τὰ φαινόμενα εἰ μέλλει τις ἀποδώσειν, τοῖς δὲ λοιποῖς τῶν πλανήτων ἑκάστῳ μίαν. ἀναγκαῖον δέ, εἰ μέλλουσι συντεθεῖσαι
1074ᵃ πᾶσαι τὰ φαινόμενα ἀποδώσειν, καθ᾽ ἕκαστον τῶν πλανωμένων ἑτέρας σφαίρας μιᾷ ἐλάττονας εἶναι τὰς ἀνελιττούσας καὶ εἰς τὸ αὐτὸ ἀποκαθιστάσας τῇ θέσει τὴν πρώτην σφαῖραν ἀεὶ τοῦ ὑποκάτω τεταγμένου ἄστρου· οὕτω γὰρ μό-
5 νως ἐνδέχεται τὴν τῶν πλανήτων φορὰν ἅπαντα ποιεῖσθαι. ἐπεὶ οὖν ἐν αἷς μὲν αὐτὰ φέρεται σφαίραις αἱ μὲν ὀκτὼ αἱ δὲ πέντε καὶ εἴκοσίν εἰσιν, τούτων δὲ μόνας οὐ δεῖ ἀν-

26 εἶναι om. Them τὸν] τὸ Aᵇ; immo κύκλον intellege, cf. 20, 29   33 τοῦτ᾽... 34 τάξιν om. E, del. Christ: τὴν αὐτὴν ἐτίθετο τάξιν τοῦτ᾽ ἔστι τῶν ἀποστημάτων Alᵖ   36 ἔτι προσθετέας in marg. J   37 μέλλοι, οι ex ει corr. E² Simpl   1074ᵃ 3 ἀποκαθιστάσας E Alᶜ: ἀποκαθιστώσας J Aᵇ Simpl   6 ἐπεὶ οὖν] ὥστε Alᶜ

ΤΩΝ ΜΕΤΑ ΤΑ ΦΥΣΙΚΑ Λ 1074ᵃ

ἑλιχθῆναι ἐν αἷς τὸ κατωτάτω τεταγμένον φέρεται, αἱ μὲν
τὰς τῶν πρώτων δύο ἀνελίττουσαι ἓξ ἔσονται, αἱ δὲ τὰς
τῶν ὕστερον τεττάρων ἑκκαίδεκα· ὁ δὴ ἁπασῶν ἀριθμὸς τῶν
τε φερουσῶν καὶ τῶν ἀνελιττουσῶν ταύτας πεντήκοντά τε
καὶ πέντε. εἰ δὲ τῇ σελήνῃ τε καὶ τῷ ἡλίῳ μὴ προστιθείη
τις ἃς εἴπομεν κινήσεις, αἱ πᾶσαι σφαῖραι ἔσονται †ἑπτά
τε καὶ τεσσαράκοντα.—τὸ μὲν οὖν πλῆθος τῶν σφαιρῶν ἔστω
τοσοῦτον, ὥστε καὶ τὰς οὐσίας καὶ τὰς ἀρχὰς τὰς ἀκινήτους
[καὶ τὰς αἰσθητὰς] τοσαύτας εὔλογον ὑπολαβεῖν (τὸ γὰρ
ἀναγκαῖον ἀφείσθω τοῖς ἰσχυροτέροις λέγειν)· εἰ δὲ μηδε-
μίαν οἷόν τ' εἶναι φορὰν μὴ συντείνουσαν πρὸς ἄστρου φοράν,
ἔτι δὲ πᾶσαν φύσιν καὶ πᾶσαν οὐσίαν ἀπαθῆ καὶ καθ'
αὑτὴν τοῦ ἀρίστου τετυχηκυῖαν τέλος εἶναι δεῖ νομίζειν, οὐδε-
μία ἂν εἴη παρὰ ταύτας ἑτέρα φύσις, ἀλλὰ τοῦτον ἀνάγκη
τὸν ἀριθμὸν εἶναι τῶν οὐσιῶν. εἰ γὰρ εἰσὶν ἕτεραι, κινοῖεν
ἂν ὡς τέλος οὖσαι φορᾶς· ἀλλὰ εἶναί γε ἄλλας φορὰς
ἀδύνατον παρὰ τὰς εἰρημένας. τοῦτο δὲ εὔλογον ἐκ τῶν
φερομένων ὑπολαβεῖν. εἰ γὰρ πᾶν τὸ φέρον τοῦ φερομένου
χάριν πέφυκε καὶ φορὰ πᾶσα φερομένου τινός ἐστιν, οὐδεμία
φορὰ αὑτῆς ἂν ἕνεκα εἴη οὐδ' ἄλλης φορᾶς, ἀλλὰ τῶν
ἄστρων ἕνεκα. εἰ γὰρ ἔσται φορὰ φορᾶς ἕνεκα, καὶ ἐκείνην
ἑτέρου δεήσει χάριν εἶναι· ὥστ' ἐπειδὴ οὐχ οἷόν τε εἰς ἄπει-
ρον, τέλος ἔσται πάσης φορᾶς τῶν φερομένων τι θείων σω-
μάτων κατὰ τὸν οὐρανόν. ὅτι δὲ εἷς οὐρανός, φανερόν. εἰ
γὰρ πλείους οὐρανοὶ ὥσπερ ἄνθρωποι, ἔσται εἴδει μία ἡ περὶ
ἕκαστον ἀρχή, ἀριθμῷ δέ γε πολλαί. ἀλλ' ὅσα ἀριθμῷ

8 τὸ κάτω φέρεται, Alᶜ, om. τεταγμένον   10 δὴ Π Aᵇ man. pr.: δὲ in ras. Aᵇ   12 τε om. Simpl: leg. Alᶜ   προσθείη Alᶜ Simpl   13 ἑπτά] Sosigenes apud Al librariorum errorem esse susp., nam ἐννέα desiderari   14 σφαιρῶν codd. Alᶜ: φορῶν Simpl Them, ci. Krische   16 καὶ τὰς αἰσθητὰς om. Alᶜ, ad 15 οὐσίας trahit Alᵖ, del. Goebel   20 τέλος E γρ Al (codd. AL): τέλους Π Aᵇ Al (codd. MS); cf. 23   22 εἰ scripsi cum Alᵖ: εἴτε Π (in ras. E) Aᵇ   29 ἑτέρων Aᵇ   31 ὁ ante οὐρανός E² et fort. Alᵖ

ΤΩΝ ΜΕΤΑ ΤΑ ΦΥΣΙΚΑ Λ

πολλά, ὕλην ἔχει (εἷς γὰρ λόγος καὶ ὁ αὐτὸς πολλῶν, οἷον ἀνθρώπου, Σωκράτης δὲ εἷς)· τὸ δὲ τί ἦν εἶναι οὐκ ἔχει ὕλην τὸ πρῶτον· ἐντελέχεια γάρ. ἓν ἄρα καὶ λόγῳ καὶ ἀριθμῷ τὸ πρῶτον κινοῦν ἀκίνητον ὄν· καὶ τὸ κινούμενον ἄρα ἀεὶ καὶ συνεχῶς· εἷς ἄρα οὐρανὸς μόνος. παραδέδοται δὲ παρὰ τῶν ἀρχαίων καὶ παμπαλαίων ἐν μύθου σχήματι καταλελειμμένα τοῖς ὕστερον ὅτι θεοί τέ εἰσιν οὗτοι καὶ περιέχει τὸ θεῖον τὴν ὅλην φύσιν. τὰ δὲ λοιπὰ μυθικῶς ἤδη προσῆκται πρὸς τὴν πειθὼ τῶν πολλῶν καὶ πρὸς τὴν εἰς τοὺς νόμους καὶ τὸ συμφέρον χρῆσιν· ἀνθρωποειδεῖς τε γὰρ τούτους καὶ τῶν ἄλλων ζῴων ὁμοίους τισὶ λέγουσι, καὶ τούτοις ἕτερα ἀκόλουθα καὶ παραπλήσια τοῖς εἰρημένοις, ὧν εἴ τις χωρίσας αὐτὸ λάβοι μόνον τὸ πρῶτον, ὅτι θεοὺς ᾤοντο τὰς πρώτας οὐσίας εἶναι, θείως ἂν εἰρῆσθαι νομίσειεν, καὶ κατὰ τὸ εἰκὸς πολλάκις εὑρημένης εἰς τὸ δυνατὸν ἑκάστης καὶ τέχνης καὶ φιλοσοφίας καὶ πάλιν φθειρομένων καὶ ταύτας τὰς δόξας ἐκείνων οἷον λείψανα περισεσῶσθαι μέχρι τοῦ νῦν. ἡ μὲν οὖν πάτριος δόξα καὶ ἡ παρὰ τῶν πρώτων ἐπὶ τοσοῦτον ἡμῖν φανερὰ μόνον.

Τὰ δὲ περὶ τὸν νοῦν ἔχει τινὰς ἀπορίας· δοκεῖ μὲν 9 γὰρ εἶναι τῶν φαινομένων θειότατον, πῶς δ' ἔχων τοιοῦτος ἂν εἴη, ἔχει τινὰς δυσκολίας. εἴτε γὰρ μηδὲν νοεῖ, τί ἂν εἴη τὸ σεμνόν, ἀλλ' ἔχει ὥσπερ ἂν εἰ ὁ καθεύδων· εἴτε νοεῖ, τούτου δ' ἄλλο κύριον, οὐ γάρ ἐστι τοῦτο ὅ ἐστιν αὐτοῦ ἡ οὐσία νόησις, ἀλλὰ δύναμις, οὐκ ἂν ἡ ἀρίστη οὐσία εἴη· διὰ γὰρ τοῦ νοεῖν τὸ τίμιον αὐτῷ ὑπάρχει. ἔτι δὲ εἴτε νοῦς ἡ οὐσία αὐτοῦ εἴτε νόησίς ἐστι, τί νοεῖ; ἢ γὰρ αὐτὸς αὑτὸν ἢ ἕτερόν τι· καὶ εἰ ἕτερόν τι, ἢ τὸ αὐτὸ ἀεὶ ἢ ἄλλο. πότερον οὖν διαφέρει τι ἢ οὐδὲν τὸ νοεῖν τὸ καλὸν ἢ τὸ τυχόν;

34 verba εἷς γὰρ ... 35 δὲ εἷς Aristoteli abiudicat Christ: fort. Σωκράτης δὲ ⟨καὶ Καλλίας οὐχ⟩ εἷς scil. ἀριθμῷ; cf. 32–33   35 δὲ οὐχ εἷς E γρ   38 ἐν μόνον post συνεχῶς add. Π   1074ᵇ 4 ἤδη om. Alᶜ   προῆκται Alᶜ: προσῆπται Bywater   19 οὐ γὰρ ἔσται Bessario   23 ἄλλοτε ἄλλο ut vid. Alᵖ

ἢ καὶ ἄτοπον τὸ διανοεῖσθαι περὶ ἐνίων; δῆλον τοίνυν ὅτι 25
τὸ θειότατον καὶ τιμιώτατον νοεῖ, καὶ οὐ μεταβάλλει· εἰς
χεῖρον γὰρ ἡ μεταβολή, καὶ κίνησίς τις ἤδη τὸ τοιοῦτον.
πρῶτον μὲν οὖν εἰ μὴ νόησίς ἐστιν ἀλλὰ δύναμις, εὔλογον
ἐπίπονον εἶναι τὸ συνεχὲς αὐτῷ τῆς νοήσεως· ἔπειτα δῆλον
ὅτι ἄλλο τι ἂν εἴη τὸ τιμιώτερον ἢ ὁ νοῦς, τὸ νοούμενον. 30
καὶ γὰρ τὸ νοεῖν καὶ ἡ νόησις ὑπάρξει καὶ τὸ χείριστον
νοοῦντι, ὥστ' εἰ φευκτὸν τοῦτο (καὶ γὰρ μὴ ὁρᾶν ἔνια κρεῖτ-
τον ἢ ὁρᾶν), οὐκ ἂν εἴη τὸ ἄριστον ἡ νόησις. αὑτὸν ἄρα
νοεῖ, εἴπερ ἐστὶ τὸ κράτιστον, καὶ ἔστιν ἡ νόησις νοήσεως νόη-
σις. φαίνεται δ' ἀεὶ ἄλλου ἡ ἐπιστήμη καὶ ἡ αἴσθησις καὶ 35
ἡ δόξα καὶ ἡ διάνοια, αὑτῆς δ' ἐν παρέργῳ. ἔτι εἰ ἄλλο
τὸ νοεῖν καὶ τὸ νοεῖσθαι, κατὰ πότερον αὐτῷ τὸ εὖ ὑπάρ-
χει; οὐδὲ γὰρ ταὐτὸ τὸ εἶναι νοήσει καὶ νοουμένῳ. ἢ ἐπ'
ἐνίων ἡ ἐπιστήμη τὸ πρᾶγμα, ἐπὶ μὲν τῶν ποιητικῶν ἄνευ **1075**ᵃ
ὕλης ἡ οὐσία καὶ τὸ τί ἦν εἶναι, ἐπὶ δὲ τῶν θεωρητικῶν ὁ
λόγος τὸ πρᾶγμα καὶ ἡ νόησις; οὐχ ἑτέρου οὖν ὄντος τοῦ νοου-
μένου καὶ τοῦ νοῦ, ὅσα μὴ ὕλην ἔχει, τὸ αὐτὸ ἔσται, καὶ ἡ
νόησις τῷ νοουμένῳ μία. ἔτι δὴ λείπεται ἀπορία, εἰ σύνθετον 5
τὸ νοούμενον· μεταβάλλοι γὰρ ἂν ἐν τοῖς μέρεσι τοῦ ὅλου. ἢ
ἀδιαίρετον πᾶν τὸ μὴ ἔχον ὕλην—ὥσπερ ὁ ἀνθρώπινος νοῦς
ἢ ὅ γε τῶν συνθέτων ἔχει ἔν τινι χρόνῳ (οὐ γὰρ ἔχει τὸ εὖ
ἐν τῳδὶ ἢ ἐν τῳδί, ἀλλ' ἐν ὅλῳ τινὶ τὸ ἄριστον, ὂν ἄλλο τι)—
οὕτως δ' ἔχει αὐτὴ αὑτῆς ἡ νόησις τὸν ἅπαντα αἰῶνα; 10

10 Ἐπισκεπτέον δὲ καὶ ποτέρως ἔχει ἡ τοῦ ὅλου φύσις τὸ
ἀγαθὸν καὶ τὸ ἄριστον, πότερον κεχωρισμένον τι καὶ αὐτὸ

31 τὸ pr. et ἡ om. Alᶜ   32 εἰ om. J: εἴ ἐστι E²   35 ἡ alt.
om. E   36 αὑτῆς J Alᵖ (ἑαυτῆς): αὐτῆς E Aᵇ   1075ᵃ 2 ἡ γὰρ
οὐσία J Lat, sed γὰρ nescio an post 1 μὲν addi debeat signo interrog. post
πρᾶγμα posito   3 τοῦ ... 5 νόησις in marg. J   4 καὶ τοῦ ... 5 μία
om., sed in marg. add. vetus corrector E   5 τῷ νοουμένῳ E (cf. ad 4)
Alᶜ: τοῦ νοουμένου J (cf. ad 3) Aᵇ   6 μεταβάλοι Alᵉᵖ Aᵇ e corr.   7
ὥσπερ γὰρ E² et fort. Al   8 ἢ secl. Ravaisson, Bonitz   γε om. Alᶜ
10 δ' om. Alᵖ: δὴ Bonitz

ΤΩΝ ΜΕΤΑ ΤΑ ΦΥΣΙΚΑ Λ

καθ' αὐτό, ἢ τὴν τάξιν. ἢ ἀμφοτέρως ὥσπερ στράτευμα; καὶ γὰρ ἐν τῇ τάξει τὸ εὖ καὶ ὁ στρατηγός, καὶ μᾶλλον οὗτος· οὐ γὰρ οὗτος διὰ τὴν τάξιν ἀλλ' ἐκείνη διὰ τοῦτόν ἐστιν. πάντα δὲ συντέτακταί πως, ἀλλ' οὐχ ὁμοίως, καὶ πλωτὰ καὶ πτηνὰ καὶ φυτά· καὶ οὐχ οὕτως ἔχει ὥστε μὴ εἶναι θατέρῳ πρὸς θάτερον μηδέν, ἀλλ' ἔστι τι. πρὸς μὲν γὰρ ἓν ἅπαντα συντέτακται, ἀλλ' ὥσπερ ἐν οἰκίᾳ τοῖς ἐλευθέροις ἥκιστα ἔξεστιν ὅ τι ἔτυχε ποιεῖν, ἀλλὰ πάντα ἢ τὰ πλεῖστα τέτακται, τοῖς δὲ ἀνδραπόδοις καὶ τοῖς θηρίοις μικρὸν τὸ εἰς τὸ κοινόν, τὸ δὲ πολὺ ὅ τι ἔτυχεν· τοιαύτη γὰρ ἀρχὴ ἑκάστου αὐτῶν ἡ φύσις ἐστίν. λέγω δ' οἷον εἴς γε τὸ διακριθῆναι ἀνάγκη ἅπασιν ἐλθεῖν, καὶ ἄλλα οὕτως ἔστιν ὧν κοινωνεῖ ἅπακτα εἰς τὸ ὅλον.—ὅσα δὲ ἀδύνατα συμβαίνει ἢ ἄτοπα τοῖς ἄλλως λέγουσι, καὶ ποῖα οἱ χαριεστέρως λέγοντες, καὶ ἐπὶ ποίων ἐλάχισται ἀπορίαι, δεῖ μὴ λανθάνειν. πάντες γὰρ ἐξ ἐναντίων ποιοῦσι πάντα. οὔτε δὲ τὸ πάντα οὔτε τὸ ἐξ ἐναντίων ὀρθῶς, οὔτ' ἐν ὅσοις τὰ ἐναντία ὑπάρχει, πῶς ἐκ τῶν ἐναντίων ἔσται, οὐ λέγουσιν· ἀπαθῆ γὰρ τὰ ἐναντία ὑπ' ἀλλήλων. ἡμῖν δὲ λύεται τοῦτο εὐλόγως τῷ τρίτον τι εἶναι. οἱ δὲ τὸ ἕτερον τῶν ἐναντίων ὕλην ποιοῦσιν, ὥσπερ οἱ τὸ ἄνισον τῷ ἴσῳ ἢ τῷ ἑνὶ τὰ πολλά. λύεται δὲ καὶ τοῦτο τὸν αὐτὸν τρόπον· ἡ γὰρ ὕλη ἡμῖν οὐδενὶ ἐναντίον. ἔτι ἅπαντα τοῦ φαύλου μεθέξει ἔξω τοῦ ἑνός· τὸ γὰρ κακὸν αὐτὸ θάτερον τῶν στοιχείων. οἱ δ' ἄλλοι οὐδ' ἀρχὰς τὸ ἀγαθὸν καὶ τὸ κακόν· καίτοι ἐν ἅπασι μάλιστα τὸ ἀγαθὸν ἀρχή. οἱ δὲ τοῦτο μὲν ὀρθῶς ὅτι ἀρχήν, ἀλλὰ πῶς τὸ ἀγαθὸν ἀρχὴ οὐ λέγουσιν, πότερον ὡς τέλος ἢ ὡς κινῆσαν ἢ ὡς εἶδος. ἀτόπως δὲ καὶ Ἐμπεδοκλῆς· τὴν γὰρ φιλίαν ποιεῖ τὸ ἀγαθόν,

---

16 ἀλλ' οὐχ ὁμοίως] melius post alt. συντέτακται (19) collocantur ubi Al[c] ea legit   20 ὅ τι ἔτυχε J A[b] Al[c] E γρ: ὁτιοῦν E   22 ἀρχὴ ante ἑκάστου collocavi, post φύσις transp. Zeller: ἑκάστου ἀρχὴ codd. Al[c]   34 καὶ γὰρ ἡ Al γρ   ὕλη] ἀρχὴ Lasson   ἡμῖν Al[c]: ἡ μία codd. Al γρ; cf. [a]31, [b]9, 21, 36 (ἡμῖν i.e. ὡς ἡμεῖς λέγομεν, opp. τοῖς ἄλλοις)   38 ἀρχήν A[b] Al[p]: ἀρχή Π

ΤΩΝ ΜΕΤΑ ΤΑ ΦΥΣΙΚΑ Λ   1075ᵇ

αὕτη δ' ἀρχὴ καὶ ὡς κινοῦσα (συνάγει γάρ) καὶ ὡς ὕλη· μόριον γὰρ τοῦ μίγματος. εἰ δὴ καὶ τῷ αὐτῷ συμβέβηκεν καὶ ὡς ὕλη ἀρχῇ εἶναι καὶ ὡς κινοῦντι, ἀλλὰ τό γ' εἶναι οὐ 5 ταὐτό. κατὰ πότερον οὖν φιλία; ἄτοπον δὲ καὶ τὸ ἄφθαρτον εἶναι τὸ νεῖκος· τοῦτο δ' ἐστὶν αὐτῷ ἡ τοῦ κακοῦ φύσις. Ἀναξαγόρας δὲ ὡς κινοῦν τὸ ἀγαθὸν ἀρχήν· ὁ γὰρ νοῦς κινεῖ. ἀλλὰ κινεῖ ἕνεκά τινος, ὥστε ἕτερον, πλὴν ὡς ἡμεῖς λέγομεν· ἡ γὰρ ἰατρική ἐστί πως ἡ ὑγίεια. ἄτοπον δὲ καὶ τὸ 10 ἐναντίον μὴ ποιῆσαι τῷ ἀγαθῷ καὶ τῷ νῷ. πάντες δ' οἱ τἀναντία λέγοντες οὐ χρῶνται τοῖς ἐναντίοις, ἐὰν μὴ ῥυθμίσῃ τις. καὶ διὰ τί τὰ μὲν φθαρτὰ τὰ δ' ἄφθαρτα, οὐδεὶς λέγει· πάντα γὰρ τὰ ὄντα ποιοῦσιν ἐκ τῶν αὐτῶν ἀρχῶν. ἔτι οἱ μὲν ἐκ τοῦ μὴ ὄντος ποιοῦσι τὰ ὄντα· οἱ δ' ἵνα μὴ τοῦτο 15 ἀναγκασθῶσιν, ἓν πάντα ποιοῦσιν.—ἔτι διὰ τί ἀεὶ ἔσται γένεσις καὶ τί αἴτιον γενέσεως, οὐδεὶς λέγει. καὶ τοῖς δύο ἀρχὰς ποιοῦσιν ἄλλην ἀνάγκη ἀρχὴν κυριωτέραν εἶναι. καὶ τοῖς τὰ εἴδη ὅτι ἄλλη ἀρχὴ κυριωτέρα· διὰ τί γὰρ μετέσχεν ἢ μετέχει; καὶ τοῖς μὲν ἄλλοις ἀνάγκη τῇ σοφίᾳ καὶ τῇ τι- 20 μιωτάτῃ ἐπιστήμῃ εἶναί τι ἐναντίον, ἡμῖν δ' οὔ. οὐ γάρ ἐστιν ἐναντίον τῷ πρώτῳ οὐδέν· πάντα γὰρ τὰ ἐναντία ὕλην ἔχει, καὶ δυνάμει ταῦτα ἔστιν· ἡ δὲ ἐναντία ἄγνοια †εἰς τὸ ἐναντίον, τῷ δὲ πρώτῳ ἐναντίον οὐδέν. ἔτι εἰ μὴ ἔσται παρὰ τὰ αἰσθητὰ ἄλλα, οὐκ ἔσται ἀρχὴ καὶ τάξις καὶ γένεσις καὶ 25 τὰ οὐράνια, ἀλλ' ἀεὶ τῆς ἀρχῆς ἀρχή, ὥσπερ τοῖς θεολόγοις καὶ τοῖς φυσικοῖς πᾶσιν. εἰ δ' ἔσται τὰ εἴδη ἢ ⟨οἱ⟩ ἀριθμοί, οὐδενὸς αἴτια· εἰ δὲ μή, οὔτι κινήσεώς γε. ἔτι πῶς ἔσται ἐξ

1075ᵇ 5 καὶ ὡς ὕλη ex Alᵖ Bonitz, sic iam Bessario: ὡς ὕλη καὶ codd. 7 αὐτῷ Shorey: αὐτὸ codd.   12 ῥαθυμήσῃ E γρ Alᶜ   14 πάντα J Aᵇ Alᵖ E γρ: πάντες E   19 ὅτι] ἔτι Bonitz; cf. 1069ᵇ35, 1070ᵃ4 ὅτι... κυριωτέρα om. et 18 ἄλλην... εἶναι post τοῖς τὰ εἴδη ponit Alᵖ: ὅτι... κυριωτέρα secl. Christ   20 μετίσχει Π   23 ταῦτα J (ci. Bonitz): ταὐτὰ E Aᵇ   εἰς τὸ ἐναντίον] corruptum: ἐστὶν ἐναντίου ci. Ross; an ἔσται τοῦ ἐναντίου ⟨τῷ πρώτῳ⟩? cf. Al   24 ἔτι εἰ Lat, recepi: εἴτε codd.   27 οἱ ex Alᵖ add. Bonitz   28 οὔτε Aᵇ

ΤΩΝ ΜΕΤΑ ΤΑ ΦΥΣΙΚΑ Λ, Μ

ἀμεγεθῶν μέγεθος καὶ συνεχές; ὁ γὰρ ἀριθμὸς οὐ ποιήσει συνεχές, οὔτε ὡς κινοῦν οὔτε ὡς εἶδος. ἀλλὰ μὴν οὐδέν γ' ἔσται τῶν ἐναντίων ὅπερ καὶ ποιητικὸν καὶ κινητικόν· ἐνδέχοιτο γὰρ ἂν μὴ εἶναι. ἀλλὰ μὴν ὕστερόν γε τὸ ποιεῖν δυνάμεως. οὐκ ἄρα ἀίδια τὰ ὄντα. ἀλλ' ἔστιν· ἀναιρετέον ἄρα τούτων τι. τοῦτο δ' εἴρηται πῶς. ἔτι τίνι οἱ ἀριθμοὶ ἓν ἢ ἡ ψυχὴ καὶ τὸ σῶμα καὶ ὅλως τὸ εἶδος καὶ τὸ πρᾶγμα, οὐδὲν λέγει οὐδείς· οὐδ' ἐνδέχεται εἰπεῖν, ἐὰν μὴ ὡς ἡμεῖς εἴπῃ, ὡς τὸ κινοῦν ποιεῖ. οἱ δὲ λέγοντες τὸν ἀριθμὸν πρῶτον τὸν μαθηματικὸν καὶ οὕτως ἀεὶ ἄλλην ἐχομένην οὐσίαν καὶ ἀρχὰς ἑκάστης ἄλλας, ἐπεισοδιώδη τὴν τοῦ παντὸς οὐσίαν ποιοῦσιν (οὐδὲν γὰρ ἡ ἑτέρα τῇ ἑτέρᾳ συμβάλλεται οὖσα ἢ μὴ οὖσα) καὶ ἀρχὰς πολλάς· τὰ δὲ ὄντα οὐ βούλεται πολιτεύεσθαι κακῶς. " οὐκ ἀγαθὸν πολυκοιρανίη· εἷς κοίρανος."

Μ

Περὶ μὲν οὖν τῆς τῶν αἰσθητῶν οὐσίας εἴρηται τίς ἐστιν, ἐν μὲν τῇ μεθόδῳ τῇ τῶν φυσικῶν περὶ τῆς ὕλης, ὕστερον δὲ περὶ τῆς κατ' ἐνέργειαν· ἐπεὶ δ' ἡ σκέψις ἐστὶ πότερον ἔστι τις παρὰ τὰς αἰσθητὰς οὐσίας ἀκίνητος καὶ ἀίδιος ἢ οὐκ ἔστι, καὶ εἰ ἔστι τίς ἐστι, πρῶτον τὰ παρὰ τῶν ἄλλων λεγόμενα θεωρητέον, ὅπως εἴτε τι μὴ καλῶς λέγουσι, μὴ τοῖς αὐτοῖς ἔνοχοι ὦμεν, καὶ εἴ τι δόγμα κοινὸν ἡμῖν κἀκείνοις, τοῦτ' ἰδίᾳ μὴ καθ' ἡμῶν δυσχεραίνωμεν· ἀγαπητὸν γὰρ εἴ τις τὰ μὲν κάλλιον λέγοι τὰ δὲ μὴ χεῖρον. δύο δ' εἰσὶ δόξαι περὶ τούτων· τά τε γὰρ μαθηματικά φασιν οὐσίας εἶναί τινες, οἷον ἀριθμοὺς καὶ γραμμὰς καὶ τὰ συγγενῆ τούτοις, καὶ πάλιν τὰς ἰδέας. ἐπεὶ δὲ οἱ μὲν δύο ταῦτα γένη ποιοῦσι, τάς τε ἰδέας καὶ τοὺς μαθηματικοὺς ἀριθμούς, οἱ δὲ

34 πῶς Bonitz: ὡς codd.   1076ᵃ 4 κοίρανος codd. Alᵖ: post κοίρανος add. ἔστω E²   8 τί E   9 φυσικῶν] ad Phys. i refert Al   ὕστερον] ad Phys. (ii) hoc quoque refert Al, sed cf. Aristotle² 182, 206   14 εἴ τι Π Alᵖ: εἴ τε Aᵇ

ΤΩΝ ΜΕΤΑ ΤΑ ΦΥΣΙΚΑ Μ

μίαν φύσιν ἀμφοτέρων, ἕτεροι δέ τινες τὰς μαθηματικὰς μόνον οὐσίας εἶναί φασι, σκεπτέον πρῶτον μὲν περὶ τῶν μαθηματικῶν, μηδεμίαν προστιθέντας φύσιν ἄλλην αὐτοῖς, οἷον πότερον ἰδέαι τυγχάνουσιν οὖσαι ἢ οὔ, καὶ πότερον ἀρχαὶ καὶ οὐσίαι τῶν ὄντων ἢ οὔ, ἀλλ' ὡς περὶ μαθηματικῶν μόνον 25 εἴτ' εἰσὶν εἴτε μὴ εἰσί, καὶ εἰ εἰσὶ πῶς εἰσίν· ἔπειτα μετὰ ταῦτα χωρὶς περὶ τῶν ἰδεῶν αὐτῶν ἁπλῶς καὶ ὅσον νόμου χάριν· τεθρύληται γὰρ τὰ πολλὰ καὶ ὑπὸ τῶν ἐξωτερικῶν λόγων, ἔτι δὲ πρὸς ἐκείνην δεῖ τὴν σκέψιν ἀπαντᾶν τὸν πλείω λόγον, ὅταν ἐπισκοπῶμεν εἰ αἱ οὐσίαι καὶ αἱ 30 ἀρχαὶ τῶν ὄντων ἀριθμοὶ καὶ ἰδέαι εἰσίν· μετὰ γὰρ τὰς ἰδέας αὕτη λείπεται τρίτη σκέψις.—ἀνάγκη δ', εἴπερ ἔστι τὰ μαθηματικά, ἢ ἐν τοῖς αἰσθητοῖς εἶναι αὐτὰ καθάπερ λέγουσί τινες, ἢ κεχωρισμένα τῶν αἰσθητῶν (λέγουσι δὲ καὶ οὕτω τινές)· ἢ εἰ μηδετέρως, ἢ οὐκ εἰσὶν ἢ ἄλλον τρόπον εἰσίν· 35 ὥσθ' ἡ ἀμφισβήτησις ἡμῖν ἔσται οὐ περὶ τοῦ εἶναι ἀλλὰ περὶ τοῦ τρόπου.

2 Ὅτι μὲν τοίνυν ἔν γε τοῖς αἰσθητοῖς ἀδύνατον εἶναι καὶ ἅμα πλασματίας ὁ λόγος, εἴρηται μὲν καὶ ἐν τοῖς διαπορήμασιν ὅτι δύο ἅμα στερεὰ εἶναι ἀδύνατον, ἔτι δὲ καὶ ὅτι τοῦ αὐτοῦ λόγου καὶ τὰς ἄλλας δυνάμεις καὶ φύσεις ἐν τοῖς αἰσθητοῖς εἶναι καὶ μηδεμίαν κεχωρισμένην·—ταῦτα μὲν οὖν εἴρηται πρότερον, ἀλλὰ πρὸς τούτοις φανερὸν ὅτι ἀδύνατον διαιρεθῆναι ὁτιοῦν σῶμα· κατ' ἐπίπεδον γὰρ διαιρε- 5 θήσεται, καὶ τοῦτο κατὰ γραμμὴν καὶ αὕτη κατὰ στιγμήν, ὥστ' εἰ τὴν στιγμὴν διελεῖν ἀδύνατον, καὶ τὴν γραμμήν, εἰ δὲ ταύτην, καὶ τἆλλα. τί οὖν διαφέρει ἢ ταύτας εἶναι τοιαύτας φύσεις, ἢ αὐτὰς μὲν μή, εἶναι δ' ἐν αὐταῖς τοιαύτας φύσεις; τὸ αὐτὸ γὰρ συμβήσεται· διαιρουμένων γὰρ 10 τῶν αἰσθητῶν διαιρεθήσονται, ἢ οὐδὲ αἱ αἰσθηταί. ἀλλὰ μὴν

---

28 ἐξωτερικῶν λόγων] Aristotle[2] 246 sq. refert ad dialogi De philosophia lib. ii (cf. op. cit. 138) et ad libros De ideis   1076[b] 1 διαπορήμασιν] Β 998[a]7-19   2 αὐτοῦ om. A[b]; cf. 998[a]13

ΤΩΝ ΜΕΤΑ ΤΑ ΦΥΣΙΚΑ Μ

οὐδὲ κεχωρισμένας γ' εἶναι φύσεις τοιαύτας δυνατόν. εἰ γὰρ ἔσται στερεὰ παρὰ τὰ αἰσθητὰ κεχωρισμένα τούτων ἕτερα καὶ πρότερα τῶν αἰσθητῶν, δῆλον ὅτι καὶ παρὰ τὰ ἐπίπεδα ἕτερα ἀναγκαῖον εἶναι ἐπίπεδα κεχωρισμένα καὶ στιγμὰς καὶ γραμμάς (τοῦ γὰρ αὐτοῦ λόγου)· εἰ δὲ ταῦτα, πάλιν παρὰ τὰ τοῦ στερεοῦ τοῦ μαθηματικοῦ ἐπίπεδα καὶ γραμμὰς καὶ στιγμὰς ἕτερα κεχωρισμένα (πρότερα γὰρ τῶν συγκειμένων ἐστὶ τὰ ἀσύνθετα· καὶ εἴπερ τῶν αἰσθητῶν πρότερα σώματα μὴ αἰσθητά, τῷ αὐτῷ λόγῳ καὶ τῶν ἐπιπέδων τῶν ἐν τοῖς ἀκινήτοις στερεοῖς τὰ αὐτὰ καθ' αὑτά, ὥστε ἕτερα ταῦτα ἐπίπεδα καὶ γραμμαὶ τῶν ἅμα τοῖς στερεοῖς τοῖς κεχωρισμένοις· τὰ μὲν γὰρ ἅμα τοῖς μαθηματικοῖς στερεοῖς τὰ δὲ πρότερα τῶν μαθηματικῶν στερεῶν). πάλιν τοίνυν τούτων τῶν ἐπιπέδων ἔσονται γραμμαί, ὧν πρότερον δεήσει ἑτέρας γραμμὰς καὶ στιγμὰς εἶναι διὰ τὸν αὐτὸν λόγον· καὶ τούτων ⟨τῶν⟩ ἐν ταῖς προτέραις γραμμαῖς ἑτέρας προτέρας στιγμάς, ὧν οὐκέτι πρότεραι ἕτεραι. ἄτοπός τε δὴ γίγνεται ἡ σώρευσις (συμβαίνει γὰρ στερεὰ μὲν μοναχὰ παρὰ τὰ αἰσθητά, ἐπίπεδα δὲ τριττὰ παρὰ τὰ αἰσθητά— τά τε παρὰ τὰ αἰσθητὰ καὶ τὰ ἐν τοῖς μαθηματικοῖς στερεοῖς καὶ ⟨τὰ⟩ παρὰ τὰ ἐν τούτοις—γραμμαὶ δὲ τετραξαί, στιγμαὶ δὲ πενταξαί· ὥστε περὶ ποῖα αἱ ἐπιστῆμαι ἔσονται αἱ μαθηματικαὶ τούτων; οὐ γὰρ δὴ περὶ τὰ ἐν τῷ στερεῷ τῷ ἀκινήτῳ ἐπίπεδα καὶ γραμμὰς καὶ στιγμάς· ἀεὶ γὰρ περὶ τὰ πρότερα ἡ ἐπιστήμη)· ὁ δ' αὐτὸς λόγος καὶ περὶ τῶν ἀριθμῶν· παρ' ἑκάστας γὰρ τὰς στιγμὰς ἕτεραι ἔσονται μονάδες, καὶ παρ' ἕκαστα τὰ ὄντα, ⟨τὰ⟩ αἰσθητά, εἶτα τὰ νοητά, ὥστ' ἔσται γένη ⟨ἄπειρα⟩ τῶν μαθηματικῶν ἀριθμῶν. ἔτι ἅπερ καὶ ἐν τοῖς ἀπορήμασιν ἐπήλθομεν πῶς ἐνδέχεται λύειν; περὶ ἃ γὰρ

18 καὶ στιγμὰς om. J   27 τῶν add. Christ: τῶν pro τούτων ci. Bonitz
28 στιγμάς Π Al^p : γραμμάς A^b   31 τὰ tert. Π Al^p: om. A^b   32
τὰ pr. add. Bessario et ex Al^p Bonitz   38 τὰ alt. suppl. Ross
39 ἄπειρα ex Al^p et recc. addidi cum Bessarione   1077^a 1 ἀπορήμασιν] 997^b 12–34

ΤΩΝ ΜΕΤΑ ΤΑ ΦΥΣΙΚΑ Μ

ἡ ἀστρολογία ἐστίν, ὁμοίως ἔσται παρὰ τὰ αἰσθητὰ καὶ περὶ ἃ ἡ γεωμετρία· εἶναι δ' †οὐρανὸν καὶ τὰ μόρια αὐτοῦ πῶς δυνατόν, ἢ ἄλλο ὁτιοῦν ἔχον κίνησιν; ὁμοίως δὲ καὶ τὰ ὀπτικὰ καὶ τὰ ἁρμονικά· ἔσται γὰρ φωνή τε καὶ ὄψις 5 παρὰ τὰ αἰσθητὰ καὶ τὰ καθ' ἕκαστα, ὥστε δῆλον ὅτι καὶ αἱ ἄλλαι αἰσθήσεις καὶ τὰ ἄλλα αἰσθητά· τί γὰρ μᾶλλον τάδε ἢ τάδε; εἰ δὲ ταῦτα, καὶ ζῷα ἔσονται, εἴπερ καὶ αἰσθήσεις. ἔτι γράφεται ἔνια καθόλου ὑπὸ τῶν μαθηματικῶν παρὰ ταύτας τὰς οὐσίας. ἔσται οὖν καὶ αὕτη τις ἄλλη 10 οὐσία μεταξὺ κεχωρισμένη τῶν τ' ἰδεῶν καὶ τῶν μεταξύ, ἣ οὔτε ἀριθμός ἐστιν οὔτε στιγμὴ οὔτε μέγεθος οὔτε χρόνος. εἰ δὲ τοῦτο ἀδύνατον, δῆλον ὅτι κἀκεῖνα ἀδύνατον εἶναι κεχωρισμένα τῶν αἰσθητῶν. ὅλως δὲ τοὐναντίον συμβαίνει καὶ τοῦ ἀληθοῦς καὶ τοῦ εἰωθότος ὑπολαμβάνεσθαι, εἴ τις θήσει 15 οὕτως εἶναι τὰ μαθηματικὰ ὡς κεχωρισμένας τινὰς φύσεις. ἀνάγκη γὰρ διὰ τὸ μὲν οὕτως εἶναι αὐτὰς προτέρας εἶναι τῶν αἰσθητῶν μεγεθῶν, κατὰ τὸ ἀληθὲς δὲ ὑστέρας· τὸ γὰρ ἀτελὲς μέγεθος γενέσει μὲν πρότερόν ἐστι, τῇ οὐσίᾳ δ' ὕστερον, οἷον ἄψυχον ἐμψύχου. ἔτι τίνι καὶ πότ' ἔσται ἓν 20 τὰ μαθηματικὰ μεγέθη; τὰ μὲν γὰρ ἐνταῦθα ψυχῇ ἢ μέρει ψυχῆς ἢ ἄλλῳ τινὶ εὔλογον (εἰ δὲ μή, πολλά, καὶ διαλύεται), ἐκείνοις δὲ διαιρετοῖς καὶ ποσοῖς οὖσι τί αἴτιον τοῦ ἓν εἶναι καὶ συμμένειν; ἔτι αἱ γενέσεις δηλοῦσιν. πρῶτον μὲν γὰρ ἐπὶ μῆκος γίγνεται, εἶτα ἐπὶ πλάτος, τελευ- 25 ταῖον δ' εἰς βάθος, καὶ τέλος ἔσχεν. εἰ οὖν τὸ τῇ γενέσει ὕστερον τῇ οὐσίᾳ πρότερον, τὸ σῶμα πρότερον ἂν εἴη ἐπιπέδου καὶ μήκους· καὶ ταύτῃ καὶ τέλειον καὶ ὅλον μᾶλλον, ὅτι

---

2 ἔσται ex Al^p Bonitz: ἐστὶ codd.   3 ante οὐρανὸν lac. statui, excidit ⟨οὐρανὸν παρὰ τὸν αἰσθητὸν⟩ vel ⟨οὐρανὸν ἄλλον ἀκίνητον παρὰ τόνδε τὸν⟩ οὐρανόν; cf. 997^b16, 19 sq. unde Al sua sumpsisse vid. (BBA 278)   11 ἢ Π Al^p : ἢ A^b   12 στιγμὴ ex recc. Bonitz: στιγμαὶ Π A^b   20 ἔτι ἐν τίνι E, sscr. J; cf. 1037^a19–20   καί ποτ' Bonitz nisi forte καὶ et ποτ' var. lect. sunt in libris conflatae   22 εὔλογον correxi (scil. ἐστιν ἓν εἶναι): εὐλόγῳ codd.   25 εἰς πλάτος Al^c

ΤΩΝ ΜΕΤΑ ΤΑ ΦΥΣΙΚΑ Μ

ἔμψυχον γίγνεται· γραμμὴ δὲ ἔμψυχος ἢ ἐπίπεδον πῶς
30 ἂν εἴη; ὑπὲρ γὰρ τὰς αἰσθήσεις τὰς ἡμετέρας ἂν εἴη τὸ
ἀξίωμα. ἔτι τὸ μὲν σῶμα οὐσία τις (ἤδη γὰρ ἔχει πως
τὸ τέλειον), αἱ δὲ γραμμαὶ πῶς οὐσίαι; οὔτε γὰρ ὡς εἶδος
καὶ μορφή τις, οἶον εἰ ἄρα ἡ ψυχὴ τοιοῦτον, οὔτε ὡς [ἡ]
ὕλη, οἶον τὸ σῶμα· οὐθὲν γὰρ ἐκ γραμμῶν οὐδ' ἐπιπέδων
35 οὐδὲ στιγμῶν φαίνεται συνίστασθαι δυνάμενον, εἰ δ' ἦν οὐσία
τις ὑλική, τοῦτ' ἂν ἐφαίνετο δυνάμενα πάσχειν. τῷ μὲν
οὖν λόγῳ ἔστω πρότερα, ἀλλ' οὐ πάντα ὅσα τῷ λόγῳ πρό-
τερα καὶ τῇ οὐσίᾳ πρότερα. τῇ μὲν γὰρ οὐσίᾳ πρότερα ὅσα
χωριζόμενα τῷ εἶναι ὑπερβάλλει, τῷ λόγῳ δὲ ὅσων οἱ
λόγοι ἐκ τῶν λόγων· ταῦτα δὲ οὐχ ἅμα ὑπάρχει. εἰ γὰρ
5 μὴ ἔστι τὰ πάθη παρὰ τὰς οὐσίας, οἶον κινούμενόν τι ἢ λευ-
κόν, τοῦ λευκοῦ ἀνθρώπου τὸ λευκὸν πρότερον κατὰ τὸν λόγον
ἀλλ' οὐ κατὰ τὴν οὐσίαν· οὐ γὰρ ἐνδέχεται εἶναι κεχωρι-
σμένον ἀλλ' ἀεὶ ἅμα τῷ συνόλῳ ἐστίν (σύνολον δὲ λέγω
τὸν ἄνθρωπον τὸν λευκόν), ὥστε φανερὸν ὅτι οὔτε τὸ ἐξ
10 ἀφαιρέσεως πρότερον οὔτε τὸ ἐκ προσθέσεως ὕστερον· ἐκ
προσθέσεως γὰρ τῷ λευκῷ ὁ λευκὸς ἄνθρωπος λέγεται.

Ὅτι μὲν οὖν οὔτε οὐσίαι μᾶλλον τῶν σωμάτων εἰσὶν οὔτε
πρότερα τῷ εἶναι τῶν αἰσθητῶν ἀλλὰ τῷ λόγῳ μόνον, οὔτε
κεχωρισμένα που εἶναι δυνατόν, εἴρηται ἱκανῶς· ἐπεὶ δ' οὐδ'
15 ἐν τοῖς αἰσθητοῖς ἐνεδέχετο αὐτὰ εἶναι, φανερὸν ὅτι ἢ ὅλως
οὐκ ἔστιν ἢ τρόπον τινὰ ἔστι καὶ διὰ τοῦτο οὐχ ἁπλῶς ἔστιν·
πολλαχῶς γὰρ τὸ εἶναι λέγομεν. ὥσπερ γὰρ καὶ τὰ καθ-
όλου ἐν τοῖς μαθήμασιν οὐ περὶ κεχωρισμένων ἐστὶ παρὰ
τὰ μεγέθη καὶ τοὺς ἀριθμοὺς ἀλλὰ περὶ τούτων μέν, οὐχ ᾗ
20 δὲ τοιαῦτα οἷα ἔχειν μέγεθος ἢ εἶναι διαιρετά, δῆλον ὅτι
ἐνδέχεται καὶ περὶ τῶν αἰσθητῶν μεγεθῶν εἶναι καὶ λόγους

31 τις Al¹ᵖ: τίς codd.   ἔχει Π Alᶜ: om. Aᵇ   33 ἡ alt. seclusi, om. J Alᵖ   36 δυνάμενα om. Alᶜ   1077ᵇ 5 τι om. Alᵖ   9 ἄνθρωπον καὶ τὸ λ. Alᶜ   τὸ Π Alᶜ: om. Aᵇ   10 et 11 προθέσεως Aᵇ   11 τοῦ λευκοῦ espectabat Alᵖ, ci. Bonitz   13 οὔτε codd.: οὔτε δὲ Alᶜ; an recte?   17 τὸ καθόλου Alᶜ   18 παρὰ Alᶜ: περὶ codd.

ΤΩΝ ΜΕΤΑ ΤΑ ΦΥΣΙΚΑ Μ

καὶ ἀποδείξεις, μὴ ᾖ δὲ αἰσθητὰ ἀλλ' ᾖ τοιαδί. ὥσπερ γὰρ καὶ ᾖ κινούμενα μόνον πολλοὶ λόγοι εἰσί, χωρὶς τοῦ τί ἕκαστόν ἐστι τῶν τοιούτων καὶ τῶν συμβεβηκότων αὐτοῖς, καὶ οὐκ ἀνάγκη διὰ ταῦτα ἢ κεχωρισμένον τι εἶναι κινού- 25 μενον τῶν αἰσθητῶν ἢ ἐν τούτοις τινὰ φύσιν εἶναι ἀφωρισμένην, οὕτω καὶ ἐπὶ τῶν κινουμένων ἔσονται λόγοι καὶ ἐπιστῆμαι, οὐχ ᾖ κινούμενα δὲ ἀλλ' ᾖ σώματα μόνον, καὶ πάλιν ᾖ ἐπίπεδα μόνον καὶ ᾖ μήκη μόνον, καὶ ᾖ διαιρετὰ καὶ ᾖ ἀδιαίρετα ἔχοντα δὲ θέσιν καὶ ᾖ ἀδιαίρετα μόνον, 30 ὥστ' ἐπεὶ ἁπλῶς λέγειν ἀληθὲς μὴ μόνον τὰ χωριστὰ εἶναι ἀλλὰ καὶ τὰ μὴ χωριστά (οἷον κινούμενα εἶναι), καὶ τὰ μαθηματικὰ ὅτι ἔστιν ἁπλῶς ἀληθὲς εἰπεῖν, καὶ τοιαῦτά γε οἷα λέγουσιν. καὶ ὥσπερ καὶ τὰς ἄλλας ἐπιστήμας ἁπλῶς ἀληθὲς εἰπεῖν τούτου εἶναι, οὐχὶ τοῦ συμβεβηκότος (οἷον ὅτι 35 λευκοῦ, εἰ τὸ ὑγιεινὸν λευκόν, ἡ δ' ἔστιν ὑγιεινοῦ) ἀλλ' ἐκείνου οὗ ἐστὶν ἑκάστη, εἰ ⟨ᾖ⟩ ὑγιεινὸν ὑγιεινοῦ, εἰ δ' ᾖ ἄνθρωπος **1078ᵃ** ἀνθρώπου, οὕτω καὶ τὴν γεωμετρίαν· οὐκ εἰ συμβέβηκεν αἰσθητὰ εἶναι ὧν ἐστί, μὴ ἔστι δὲ ᾖ αἰσθητά, [οὐ] τῶν αἰσθητῶν ἔσονται αἱ μαθηματικαὶ ἐπιστῆμαι, οὐ μέντοι οὐδὲ παρὰ ταῦτα ἄλλων κεχωρισμένων. πολλὰ δὲ συμβέβηκε καθ' αὑτὰ τοῖς πρά- 5 γμασιν ᾖ ἕκαστον ὑπάρχει τῶν τοιούτων, ἐπεὶ καὶ ᾖ θῆλυ τὸ ζῷον καὶ ᾖ ἄρρεν, ἴδια πάθη ἔστιν (καίτοι οὐκ ἔστι τι θῆλυ οὐδ' ἄρρεν κεχωρισμένον τῶν ζῴων)· ὥστε καὶ ᾖ μήκη μόνον καὶ ᾖ ἐπίπεδα. καὶ ὅσῳ δὴ ἂν περὶ προτέρων τῷ λόγῳ καὶ ἁπλουστέρων, τοσούτῳ μᾶλλον ἔχει τὸ ἀκριβές (τοῦτο 10 δὲ τὸ ἁπλοῦν ἐστίν), ὥστε ἄνευ γε μεγέθους μᾶλλον ἢ μετὰ

25 an τὸ κινούμενον? 30 δὲ E: om. J Aᵇ 36 τὸ ὑγιεινὸν Alᶜ: ὑγιεινὸν τὸ codd. ἡ Bonitz: ᾖ codd. Alᶜ ὑγιεινοῦ Alᶜ E γρ: ὑγιειιόν codd. 1078ᵃ 1 οὗ ἐστὶν ἑκάστη Alᶜ (et prius J?): ᾖ ἐστὶν ἑκάστου Π Aᵇ, sed in ras. J εἰ pr. in ras. J Alᶜ Lat: om. E Aᵇ εἰ ᾖ Bonitz ᾖ alt. om. Alᵖ 3 οὐ seclusi; difficultatem iam sensit Al, negatione duplicata sententia in contrarium abit; cf. 35–36 ubi duplex negatio recte ponitur 10 parenthesin indicavit Ross; an τοῦτο ... 11 ἐστίν delendum? 11 δέ] γὰρ Lasson γε scripsi: τε E: τοῦ J Aᵇ E γρ ex coniect.

ΤΩΝ ΜΕΤΑ ΤΑ ΦΥΣΙΚΑ Μ

μεγέθους, καὶ μάλιστα ἄνευ κινήσεως, ἐὰν δὲ κίνησιν, μάλιστα τὴν πρώτην· ἁπλουστάτη γάρ, καὶ ταύτης ἡ ὁμαλή. ὁ δ' αὐτὸς λόγος καὶ περὶ ἁρμονικῆς καὶ ὀπτικῆς· οὐδετέρα
15 γὰρ ᾗ ὄψις ἢ ᾗ φωνὴ θεωρεῖ, ἀλλ' ᾗ γραμμαὶ καὶ ἀριθμοί (οἰκεῖα μέντοι ταῦτα πάθη ἐκείνων), καὶ ἡ μηχανικὴ δὲ ὡσαύτως, ὥστ' εἴ τις θέμενος κεχωρισμένα τῶν συμβεβηκότων σκοπεῖ τι περὶ τούτων ᾗ τοιαῦτα, οὐθὲν διὰ τοῦτο ψεῦδος ψεύσεται, ὥσπερ οὐδ' ὅταν ἐν τῇ γῇ γράφῃ καὶ
20 ποδιαίαν φῇ τὴν μὴ ποδιαίαν· οὐ γὰρ ἐν ταῖς προτάσεσι τὸ ψεῦδος. ἄριστα δ' ἂν οὕτω θεωρηθείη ἕκαστον, εἴ τις τὸ μὴ κεχωρισμένον θείη χωρίσας, ὅπερ ὁ ἀριθμητικὸς ποιεῖ καὶ ὁ γεωμέτρης. ἓν μὲν γὰρ καὶ ἀδιαίρετον ὁ ἄνθρωπος ᾗ ἄνθρωπος· ὁ δ' ἔθετο ἓν ἀδιαίρετον, εἶτ' ἐθεώρησεν εἴ τι
25 τῷ ἀνθρώπῳ συμβέβηκεν ᾗ ἀδιαίρετος. ὁ δὲ γεωμέτρης οὔθ' ᾗ ἄνθρωπος οὔθ' ᾗ ἀδιαίρετος ἀλλ' ᾗ στερεόν. ἃ γὰρ κἂν εἰ μή που ἦν ἀδιαίρετος ὑπῆρχεν αὐτῷ, δῆλον ὅτι καὶ ἄνευ τούτων ἐνδέχεται αὐτῷ ὑπάρχειν [τὸ δυνατόν], ὥστε διὰ τοῦτο ὀρθῶς οἱ γεωμέτραι λέγουσι, καὶ περὶ ὄντων διαλέγον-
30 ται, καὶ ὄντα ἐστίν· διττὸν γὰρ τὸ ὄν, τὸ μὲν ἐντελεχείᾳ τὸ δ' ὑλικῶς. ἐπεὶ δὲ τὸ ἀγαθὸν καὶ τὸ καλὸν ἕτερον (τὸ μὲν γὰρ ἀεὶ ἐν πράξει, τὸ δὲ καλὸν καὶ ἐν τοῖς ἀκινήτοις), οἱ φάσκοντες οὐδὲν λέγειν τὰς μαθηματικὰς ἐπιστήμας περὶ καλοῦ ἢ ἀγαθοῦ ψεύδονται. λέγουσι γὰρ καὶ δεικνύουσι μά-
35 λιστα· οὐ γὰρ εἰ μὴ ὀνομάζουσι τὰ δ' ἔργα καὶ τοὺς λόγους δεικνύουσιν, οὐ λέγουσι περὶ αὐτῶν. τοῦ δὲ καλοῦ μέγιστα εἴδη τάξις καὶ συμμετρία καὶ τὸ ὡρισμένον, ἃ μάλιστα δεικνύουσιν αἱ μαθηματικαὶ ἐπιστῆμαι. καὶ ἐπεί γε πολλῶν αἴτια φαίνεται ταῦτα (λέγω δ' οἷον ἡ τάξις καὶ τὸ ὡρισμένον), δῆλον ὅτι λέγοιεν ἂν καὶ τὴν τοιαύτην αἰτίαν τὴν

13 αὔτη Al^p ὁμαλής Π Al^c 20 ποδιαίαν φῇ τὴν μὴ ποδ. Bonitz: τὴν ποδιαίαν φῇ μὴ ποδ. codd.: τὴν μὴ ποδιαίαν ὡς ποδιαίαν Al^p; cf. 1052^b33, 1089^a23 28 τὸ δυνατόν codd. Al: om. Lat, secl. Ross; aut var. lect. est ad ἐνδέχεται (addito τὸ) aut commentum marginale ad 31 τὸ δ' ὑλικῶς

ὡς τὸ καλὸν αἴτιον τρόπον τινά. μᾶλλον δὲ γνωρίμως ἐν 5
ἄλλοις περὶ αὐτῶν ἐροῦμεν.

4 Περὶ μὲν οὖν τῶν μαθηματικῶν, ὅτι τε ὄντα ἐστὶ καὶ πῶς ὄντα, καὶ πῶς πρότερα καὶ πῶς οὐ πρότερα, τοσαῦτα εἰρήσθω· περὶ δὲ τῶν ἰδεῶν πρῶτον αὐτὴν τὴν κατὰ τὴν ἰδέαν δόξαν ἐπισκεπτέον, μηθὲν συνάπτοντας πρὸς τὴν τῶν 10 ἀριθμῶν φύσιν, ἀλλ' ὡς ὑπέλαβον ἐξ ἀρχῆς οἱ πρῶτοι τὰς ἰδέας φήσαντες εἶναι. συνέβη δ' ἡ περὶ τῶν εἰδῶν δόξα τοῖς εἰποῦσι διὰ τὸ πεισθῆναι περὶ τῆς ἀληθείας τοῖς Ἡρακλειτείοις λόγοις ὡς πάντων τῶν αἰσθητῶν ἀεὶ ῥεόντων, ὥστ' εἴπερ ἐπιστήμη τινὸς ἔσται καὶ φρόνησις, ἑτέρας 15 δεῖν τινὰς φύσεις εἶναι παρὰ τὰς αἰσθητὰς μενούσας· οὐ γὰρ εἶναι τῶν ῥεόντων ἐπιστήμην. Σωκράτους δὲ περὶ τὰς ἠθικὰς ἀρετὰς πραγματευομένου καὶ περὶ τούτων ὁρίζεσθαι καθόλου ζητοῦντος πρώτου (τῶν μὲν γὰρ φυσικῶν ἐπὶ μικρὸν Δημόκριτος ἥψατο μόνον καὶ ὡρίσατό πως τὸ θερμὸν καὶ 20 τὸ ψυχρόν· οἱ δὲ Πυθαγόρειοι πρότερον περί τινων ὀλίγων, ὧν τοὺς λόγους εἰς τοὺς ἀριθμοὺς ἀνῆπτον, οἷον τί ἐστι καιρὸς ἢ τὸ δίκαιον ἢ γάμος· ἐκεῖνος δ' εὐλόγως ἐζήτει τὸ τί ἐστιν· συλλογίζεσθαι γὰρ ἐζήτει, ἀρχὴ δὲ τῶν συλλογισμῶν τὸ τί ἐστιν· διαλεκτικὴ γὰρ ἰσχὺς οὔπω τότ' ἦν ὥστε δύνασθαι 25 καὶ χωρὶς τοῦ τί ἐστι τἀναντία ἐπισκοπεῖν, καὶ τῶν ἐναντίων εἰ ἡ αὐτὴ ἐπιστήμη· δύο γάρ ἐστιν ἅ τις ἂν ἀποδώῃ Σωκράτει δικαίως, τούς τ' ἐπακτικοὺς λόγους καὶ τὸ ὁρίζεσθαι καθόλου· ταῦτα γάρ ἐστιν ἄμφω περὶ ἀρχὴν ἐπιστήμης)·—ἀλλ' ὁ μὲν Σωκράτης τὰ καθόλου οὐ χωριστὰ ἐποίει 30 οὐδὲ τοὺς ὁρισμούς· οἱ δ' ἐχώρισαν, καὶ τὰ τοιαῦτα τῶν ὄντων ἰδέας προσηγόρευσαν, ὥστε συνέβαινεν αὐτοῖς σχεδὸν τῷ αὐτῷ λόγῳ πάντων ἰδέας εἶναι τῶν καθόλου λεγο-

1078b 5-6 ἐν ἄλλοις] ἐν τοῖς ἔμπροσθεν καὶ ἐν τῷ περὶ τἀγαθοῦ E marg. 8 καὶ πῶς πρότερα om. E Alᵖ: add. E² 12-25 = A 987ᵃ32-ᵇ7 16 μὲν οὔσας E 22 ἀνῆπτον Π Aᵇ: ἀνῆγον Alᵖ E γρ; cf. 10 et 1091ᵇ33 26 καὶ τῶν ... 27 ἐπιστήμῃ secl. Maier 27 ἀποδώῃ E Aᵇ, ῳ in ras. J: ἀποδοίη vulgo 29 τὰ καθόλου Alᶜ; cf. 30

ΤΩΝ ΜΕΤΑ ΤΑ ΦΥΣΙΚΑ Μ

μένων, καὶ παραπλήσιον ὥσπερ ἂν εἴ τις ἀριθμῆσαι βουλόμενος ἐλαττόνων μὲν ὄντων οἴοιτο μὴ δυνήσεσθαι, πλείω δὲ ποιήσας ἀριθμοίη· πλείω γάρ ἐστι τῶν καθ' ἕκαστα αἰσθητῶν ὡς εἰπεῖν τὰ εἴδη, περὶ ὧν ζητοῦντες τὰς αἰτίας ἐκ τούτων ἐκεῖ προῆλθον· καθ' ἕκαστον [τε] γὰρ ὁμώνυμόν ἐστι [καὶ παρὰ τὰς οὐσίας] τῶν τε ἄλλων ⟨ὧν⟩ ἕν ἐστιν ἐπὶ πολλῶν ⟨καὶ παρὰ τὰς οὐσίας⟩, καὶ ἐπὶ τοῖσδε καὶ ἐπὶ τοῖς ἀϊδίοις. ἔτι καθ' οὓς τρόπους δείκνυται ὅτι ἔστι τὰ εἴδη, κατ' οὐθένα φαίνεται τούτων· ἐξ ἐνίων μὲν γὰρ οὐκ ἀνάγκη γίγνεσθαι συλλογισμόν, ἐξ ἐνίων δὲ καὶ οὐχ ὧν οἴονται τούτων εἴδη γίγνεται. κατά τε γὰρ τοὺς λόγους τοὺς ἐκ τῶν ἐπιστημῶν ἔσται εἴδη πάντων ὅσων ἐπιστῆμαί εἰσιν, καὶ κατὰ τὸ ἓν ἐπὶ πολλῶν καὶ τῶν ἀποφάσεων, κατὰ δὲ τὸ νοεῖν τι φθαρέντος τῶν φθαρτῶν· φάντασμα γάρ τι τούτων ἔστιν. ἔτι δὲ οἱ ἀκριβέστατοι τῶν λόγων οἱ μὲν τῶν πρός τι ποιοῦσιν ἰδέας, ὧν οὔ φασιν εἶναι καθ' αὑτὸ γένος, οἱ δὲ τὸν τρίτον ἄνθρωπον λέγουσιν. ὅλως τε ἀναιροῦσιν οἱ περὶ τῶν εἰδῶν λόγοι ἃ μᾶλλον βούλονται εἶναι οἱ λέγοντες εἴδη τοῦ τὰς ἰδέας εἶναι· συμβαίνει γὰρ μὴ εἶναι πρῶτον τὴν δυάδα ἀλλὰ τὸν ἀριθμὸν καὶ τούτου τὸ πρός τι καὶ τοῦτο τοῦ καθ' αὑτό, καὶ πάνθ' ὅσα τινὲς ἀκολουθήσαντες ταῖς περὶ τῶν εἰδῶν δόξαις ἠναντι-

1078ᵇ34—1079ᵇ3 = A 990ᵇ2—991ᵇ8

34-1080ᵃ8 = A 990ᵇ2-991ᵇ9 quare hoc loco non interpr. Al praeter 1079ᵇ3-11   1079ᵃ 2 καθ' Π Aᵇ: παρ' Syr; non oppositum est verbis καὶ παρὰ τὰς οὐσίας   τε om. A, seclusi   τι post ὁμώνυμον add. A   καὶ ... 3 οὐσίας post πολλῶν transposui (eadem inter se opponuntur sed reverso ordine 20); καὶ ... οὐσίας grammatice correspondent verbis τῶν τε ἄλλων, idem error in A quod alter liber ex altero correctus est, cf. e.g. 990ᵇ18-19   3 ὧν ex A addidi, ubi secl. Ross   5 δείκνυμεν et 7 οἰόμεθα lib. A, eodem modo Ar. in M mutavit pr. pers. plur. libri A 1079ᵃ12, 14, 20; 1080ᵃ6; cf. Entst. d. Met. 32 sq.   11 τούτων Aᵇ A: τοῦτ' Π   ἀκριβέστεροι A (Aᵇ Al) rectius   16 πρώτην A vi comparativi   17 καὶ τὸ πρός τι τοῦ καθ' αὑτό ex A Christ: τοῦτο τοῦ E: τὸ τοῦ J: τὸ Aᵇ: τοῦ A quod ci. Ross: καὶ τοῦτο πρός τι καὶ καθ' αὑτό E gr

ΤΩΝ ΜΕΤΑ ΤΑ ΦΥΣΙΚΑ Μ

ὤθησαν ταῖς ἀρχαῖς. ἔτι κατὰ μὲν τὴν ὑπόληψιν καθ᾽ ἣν φασιν εἶναι τὰς ἰδέας οὐ μόνον τῶν οὐσιῶν ἔσονται εἴδη ἀλλὰ καὶ ἄλλων πολλῶν (τὸ γὰρ νόημα ἓν οὐ μόνον περὶ τὰς οὐσίας ἀλλὰ καὶ κατὰ μὴ οὐσιῶν ἐστί, καὶ ἐπιστῆμαι οὐ μόνον τῆς οὐσίας εἰσί)· συμβαίνει δὲ καὶ ἄλλα μυρία τοιαῦτα· κατὰ δὲ τὸ ἀναγκαῖον καὶ τὰς δόξας τὰς περὶ αὐτῶν, εἰ ἔστι μεθεκτὰ τὰ εἴδη, τῶν οὐσιῶν ἀναγκαῖον ἰδέας εἶναι μόνον· οὐ γὰρ κατὰ συμβεβηκὸς μετέχονται ἀλλὰ δεῖ ταύτῃ ἑκάστου μετέχειν ᾗ μὴ καθ᾽ ὑποκειμένου λέγονται (λέγω δ᾽ οἷον, εἴ τι αὐτοῦ διπλασίου μετέχει, τοῦτο καὶ ἀϊδίου μετέχει, ἀλλὰ κατὰ συμβεβηκός· συμβέβηκε ʻγὰρ τῷ διπλασίῳ ἀϊδίῳ εἶναι), ὥστε ἔσται οὐσία τὰ εἴδη· ταὐτὰ δ᾽ ἐνταῦθα οὐσίαν σημαίνει κἀκεῖ· ἢ τί ἔσται τὸ εἶναι φάναι τι παρὰ ταῦτα, τὸ ἓν ἐπὶ πολλῶν; καὶ εἰ μὲν ταὐτὸ εἶδος τῶν ἰδεῶν καὶ τῶν μετεχόντων, ἔσται τι κοινόν (τί γὰρ μᾶλλον ἐπὶ τῶν φθαρτῶν δυάδων, καὶ τῶν δυάδων τῶν πολλῶν μὲν ἀϊδίων δέ, τὸ δυὰς ⟨εἶναι⟩ ἓν καὶ ταὐτόν, ἢ ἐπ᾽ αὐτῆς καὶ τῆς τινός;)· εἰ δὲ μὴ τὸ αὐτὸ εἶδος, ὁμώνυμα ἂν εἴη, καὶ ὅμοιον ὥσπερ ἂν εἰ τις καλοῖ ἄνθρωπον τόν τε Καλλίαν καὶ τὸ ξύλον, μηδεμίαν κοινωνίαν ἐπιβλέψας αὐτῶν. εἰ δὲ τὰ μὲν ἄλλα τοὺς κοινοὺς λόγους ἐφαρμόττειν θήσομεν τοῖς εἴδεσιν, οἷον ἐπ᾽ αὐτὸν τὸν κύκλον σχῆμα ἐπίπεδον καὶ τὰ λοιπὰ μέρη

20 φαμεν A   οὐ μόνον τῶν οὐσιῶν A^b et A: om. Π: post εἴδη add. E²   ἔσται A   21 ἀλλὰ καὶ A^b A: om. Π: add. E², in marg. J   ἄλλων Π (τε add. J): ἑτέρων A^b A   ἀλλὰ καὶ ἑτέρων π. in marg. J   22 ἔσται e corr. E Syr   καὶ αἱ ἐπιστῆμαι E A^b: dissentiunt inter se codd. in A   23 εἰσί A Bonitz: ἔσονται codd.   27 ταύτῃ Π A: ταύτην A^b   28 λέγεται A   αὐτοδιπλασίου A E gr   31 οὐσία codd. et A: οὐσίας vel potius οὐσιῶν Bonitz; cf. 20, 22, 25   ταὐτὰ Al^p: ταῦτα codd. et A, sine accentu E   δ᾽ ἐνταῦθα] γὰρ ἐνταῦθά τι Al^c   35 τῶν δυάδων om. A   36 εἶναι ex A supplevi, om. codd.   ἐπὶ ταύτης A et Syr ἐπί τ᾽ αὐτῆς Bonitz (αὐτό = idea)   1079^b 2 καλοῖ Π: καλοίη A Syr: καλοίοι A^b   3 εἰ ... 11 γένος desunt in A, quare hic interpr. Al   5 κύκλον Π Al^p: ὃ A^b

ΤΩΝ ΜΕΤΑ ΤΑ ΦΥΣΙΚΑ Μ

τοῦ λόγου, τὸ δ' ὃ ἔστι προστεθήσεται, σκοπεῖν δεῖ μὴ κενὸν ᾖ τοῦτο παντελῶς. τίνι [τε] γὰρ προστεθήσεται, τῷ μέσῳ ἢ τῷ ἐπιπέδῳ ἢ πᾶσιν; πάντα γὰρ τὰ ἐν τῇ οὐσίᾳ ἰδέαι, οἷον τὸ ζῷον καὶ τὸ δίπουν. ἔτι δῆλον ὅτι ἀνάγκη αὐτὸ εἶναί τι, ὥσπερ τὸ ἐπίπεδον, ⟨καὶ⟩ φύσιν τινὰ ἢ πᾶσιν ἐνυπάρξει τοῖς εἴδεσιν ὡς γένος.

Πάντων δὲ μάλιστα διαπορήσειεν ἄν τις τί ποτε συμβάλλονται τὰ εἴδη ἢ τοῖς ἀϊδίοις τῶν αἰσθητῶν ἢ τοῖς γιγνομένοις καὶ [τοῖς] φθειρομένοις. οὔτε γὰρ κινήσεώς ἐστιν οὔτε μεταβολῆς οὐδεμιᾶς αἴτια αὐτοῖς. ἀλλὰ μὴν οὔτε πρὸς τὴν ἐπιστήμην οὐθὲν βοηθεῖ τὴν τῶν ἄλλων (οὐδὲ γὰρ οὐσία ἐκεῖνα τούτων· ἐν τούτοις γὰρ ἂν ἦν), οὔτ' εἰς τὸ εἶναι, μὴ ἐνυπάρχοντά γε τοῖς μετέχουσιν· οὕτω μὲν γὰρ ἴσως αἴτια δόξειεν ἂν εἶναι ὡς τὸ λευκὸν μεμιγμένον τῷ λευκῷ, ἀλλ' οὗτος μὲν ὁ λόγος λίαν εὐκίνητος, ὃν Ἀναξαγόρας μὲν πρότερος Εὔδοξος δὲ ὕστερος ἔλεγε διαπορῶν καὶ ἕτεροί τινες (ῥᾴδιον γὰρ πολλὰ συναγαγεῖν καὶ ἀδύνατα πρὸς τὴν τοιαύτην δόξαν)· ἀλλὰ μὴν οὐδὲ ἐκ τῶν εἰδῶν ἐστὶ τἆλλα κατ' οὐθένα τρόπον τῶν εἰωθότων λέγεσθαι. τὸ δὲ λέγειν παραδείγματα εἶναι καὶ μετέχειν αὐτῶν τὰ ἄλλα κενολογεῖν ἐστὶ καὶ μεταφορὰς λέγειν ποιητικάς. τί γάρ ἐστι τὸ ἐργαζόμενον πρὸς τὰς ἰδέας ἀποβλέπον; ἐνδέχεταί τε καὶ εἶναι καὶ γίγνεσθαι ὁτιοῦν καὶ μὴ εἰκαζόμενον, ὥστε καὶ ὄντος Σωκράτους καὶ μὴ ὄντος γένοιτ' ἂν οἷος Σωκράτῆς· ὁμοίως δὲ δῆλον ὅτι κἂν εἰ ἦν ὁ Σωκράτης ἀΐδιος. ἔσται τε πλείω παραδείγματα τοῦ αὐτοῦ, ὥστε καὶ εἴδη, οἷον τοῦ ἀνθρώπου τὸ ζῷον καὶ τὸ δίπουν, ἅμα δὲ καὶ αὐτοάνθρωπος. ἔτι οὐ μόνον τῶν αἰσθητῶν παραδείγματα τὰ εἴδη ἀλλὰ καὶ αὐτῶν, οἷον τὸ γένος τῶν ὡς γένους εἰδῶν· ὥστε τὸ αὐτὸ ἔσται παράδειγμα καὶ εἰκών. ἔτι δόξειεν ἂν ἀδύνατον χωρὶς εἶναι τὴν οὐσίαν καὶ οὗ ἡ οὐσία· ὥστε πῶς ἂν αἱ ἰδέαι οὐσίαι τῶν πραγμάτων οὖσαι χωρὶς εἶεν; ἐν δὲ τῷ Φαίδωνι τοῦτον λέγεται τὸν τρόπον, ὡς καὶ τοῦ εἶναι καὶ τοῦ γίγνεσθαι αἴτια τὰ εἴδη ἐστίν· καίτοι τῶν εἰδῶν ὄντων ὅμως οὐ γίγνεται ἂν μὴ ᾖ τὸ κινῆσον, καὶ πολλὰ γίγνεται ἕτερα, οἷον οἰκία καὶ δακτύλιος, ὧν οὔ φασιν εἶναι εἴδη· ὥστε δῆλον ὅτι ἐνδέχεται κἀκεῖνα, ὧν φασὶν ἰδέας εἶναι, καὶ εἶναι καὶ γίγνεσθαι διὰ τοιαύτας αἰτίας οἵας καὶ τὰ ῥηθέντα νῦν, ἀλλ' οὐ διὰ τὰ εἴδη. ἀλλὰ περὶ μὲν τῶν ἰδεῶν καὶ τοῦτον τὸν τρόπον καὶ διὰ λογικωτέρων καὶ ἀκριβεστέρων λόγων ἔστι πολλὰ συναγαγεῖν ὅμοια τοῖς τεθεωρημένοις.

6 Ἐπεὶ δὲ διώρισται περὶ τούτων, καλῶς ἔχει πάλιν θεωρῆσαι τὰ περὶ τοὺς ἀριθμοὺς συμβαίνοντα τοῖς λέγουσιν οὐσίας αὐτοὺς εἶναι χωριστὰς καὶ τῶν ὄντων αἰτίας πρώτας. ἀνάγκη δ', εἴπερ ἐστὶν ὁ ἀριθμὸς φύσις τις καὶ μὴ ἄλλη τίς ἐστιν αὐτοῦ ἡ οὐσία ἀλλὰ τοῦτ' αὐτό, ὥσπερ φασί τινες, ἤτοι εἶναι τὸ μὲν πρῶτόν τι αὐτοῦ τὸ δ' ἐχόμενον, ἕτερον ὂν τῷ εἴδει ἕκαστον—καὶ τοῦτο ἢ ἐπὶ τῶν μονάδων εὐθὺς ὑπάρχει καὶ ἔστιν ἀσύμβλητος ὁποιαοῦν μονὰς ὁποιαοῦν μονάδι, ἢ εὐθὺς ἐφεξῆς πᾶσαι καὶ συμβληταὶ ὁποιαοῦν

---

30 εἰ ἦν ex A Bonitz: εἴη Π A^b ὁ om. E 34 τὸ γένος ὡς γένος A
1080^a 2 Φαίδωνι] 100 D 4 γίγνεται τὰ μετέχοντα A 6 φαμεν A
9-10 διὰ λογικωτέρων Π A^b: διαλεκτικωτέρων E², εκτ in ras. 14
αὑτοῖς E 20 εὐθὺς om. Al^p, cf. 18 ὁποιαοῦν solus E² e corr.:
ὁποιοῦν Lat: ὁποῖαι οὖν E¹ A^b, an ex sequenti ὁποιαιοῦν duplicatum? om.
J in fine lineae, add. J²

ΤΩΝ ΜΕΤΑ ΤΑ ΦΥΣΙΚΑ Μ

ὁποιαοῦν, οἷον λέγουσιν εἶναι τὸν μαθηματικὸν ἀριθμόν (ἐν γὰρ τῷ μαθηματικῷ οὐδὲν διαφέρει οὐδεμία μονὰς ἑτέρα ἑτέρας)· ἢ τὰς μὲν συμβλητὰς τὰς δὲ μή (οἷον εἰ ἔστι μετὰ τὸ ἓν πρώτη ἡ δυάς, ἔπειτα ἡ τριὰς καὶ οὕτω δὴ ὁ ἄλλος ἀριθμός, εἰσὶ δὲ συμβληταὶ αἱ ἐν ἑκάστῳ ἀριθμῷ μονάδες, οἷον αἱ ἐν τῇ δυάδι τῇ πρώτῃ αὐταῖς, καὶ αἱ ἐν τῇ τριάδι τῇ πρώτῃ αὐταῖς, καὶ οὕτω δὴ ἐπὶ τῶν ἄλλων ἀριθμῶν· αἱ δ' ἐν τῇ δυάδι αὐτῇ πρὸς τὰς ἐν τῇ τριάδι αὐτῇ ἀσύμβλητοι, ὁμοίως δὲ καὶ ἐπὶ τῶν ἄλλων, τῶν ἐφεξῆς ἀριθμῶν· διὸ καὶ ὁ μὲν μαθηματικὸς ἀριθμεῖται μετὰ τὸ ἓν δύο, πρὸς τῷ ἔμπροσθεν ἑνὶ ἄλλο ἕν, καὶ τὰ τρία πρὸς τοῖς δυσὶ τούτοις ἄλλο ἕν, καὶ ὁ λοιπὸς δὲ ὡσαύτως· οὗτος δὲ μετὰ τὸ ἓν δύο ἕτερα ἄνευ τοῦ ἑνὸς τοῦ πρώτου, καὶ ἡ τριὰς ἄνευ τῆς δυάδος, ὁμοίως δὲ καὶ ὁ ἄλλος ἀριθμός)· ἢ τὸν μὲν εἶναι τῶν ἀριθμῶν οἷος ὁ πρῶτος ἐλέχθη, τὸν δ' οἷον οἱ μαθηματικοὶ λέγουσι, τρίτον δὲ τὸν ῥηθέντα τελευταῖον· ἔτι τούτους ἢ χωριστοὺς εἶναι τοὺς ἀριθμοὺς τῶν πραγμάτων, ἢ οὐ χωριστοὺς ἀλλ' ἐν τοῖς αἰσθητοῖς (οὐχ οὕτως δ' ὡς τὸ πρῶτον ἐπεσκοποῦμεν, ἀλλ' ὡς ἐκ τῶν ἀριθμῶν ἐνυπαρχόντων ὄντα τὰ αἰσθητά) ἢ τὸν μὲν αὐτῶν εἶναι τὸν δὲ μή, ἢ πάντας εἶναι.—οἱ μὲν οὖν τρόποι καθ' οὓς ἐνδέχεται αὐτοὺς εἶναι οὗτοί εἰσιν ἐξ ἀνάγκης μόνοι, σχεδὸν δὲ καὶ οἱ λέγοντες τὸ ἓν ἀρχὴν εἶναι καὶ οὐσίαν καὶ στοιχεῖον πάντων, καὶ ἐκ τούτου καὶ ἄλλου τινὸς εἶναι τὸν ἀριθμόν, ἕκαστος τούτων τινὰ τῶν τρόπων εἴρηκε, πλὴν τοῦ πάσας τὰς μονάδας εἶναι ἀσυμβλήτους. καὶ τοῦτο συμβέβηκεν εὐλόγως· οὐ γὰρ ἐνδέχεται ἔτι ἄλλον τρόπον εἶναι παρὰ τοὺς εἰρημένους. οἱ μὲν οὖν ἀμφοτέρους φασὶν εἶναι τοὺς

---

21 ὁποιαοῦν scripsi: ὁποιαιοῦν Π Lat: σ ante οὖν add. E² J²   25 αἱ om. et 26 ante μονάδες add. Aᵇ   26 et 27 αὐταῖς corr. Aᵇ   αἱ alt. om. Π Alᵖ   29 τῶν alt.] τῶν τ' E   36 οἱ om. Aᵇ   1080ᵇ 2 ἐπεσκοποῦμεν Π Al; cf. 1076ᵃ38-ᵇ11: ἐπεσκόπουν Aᵇ   3 τὸν] τῶν J 4 αὐτὸν E   ἢ πάντας secl. Bonitz, om. Syr et recc. nonnulli, at post εἶναι add. ἢ πάντας μὴ εἶναι Alᵖ; cf. ᵃ37   9 εἶναι om. Π

ΤΩΝ ΜΕΤΑ ΤΑ ΦΥΣΙΚΑ Μ   1080[b]

ἀριθμούς, τὸν μὲν ἔχοντα τὸ πρότερον καὶ ὕστερον τὰς ἰδέας, τὸν δὲ μαθηματικὸν παρὰ τὰς ἰδέας καὶ τὰ αἰσθητά, καὶ χωριστοὺς ἀμφοτέρους τῶν αἰσθητῶν· οἱ δὲ τὸν μαθηματικὸν μόνον ἀριθμὸν εἶναι, τὸν πρῶτον τῶν ὄντων, κεχωρισμένον 15 τῶν αἰσθητῶν. καὶ οἱ Πυθαγόρειοι δ' ἕνα, τὸν μαθηματικόν, πλὴν οὐ κεχωρισμένον ἀλλ' ἐκ τούτου τὰς αἰσθητὰς οὐσίας συνεστάναι φασίν· τὸν γὰρ ὅλον οὐρανὸν κατασκευάζουσιν ἐξ ἀριθμῶν, πλὴν οὐ μοναδικῶν, ἀλλὰ τὰς μονάδας ὑπολαμβάνουσιν ἔχειν μέγεθος· ὅπως δὲ τὸ πρῶτον ἓν 20 συνέστη ἔχον μέγεθος, ἀπορεῖν ἐοίκασιν. ἄλλος δέ τις τὸν πρῶτον ἀριθμὸν τὸν τῶν εἰδῶν ἕνα εἶναι, ἔνιοι δὲ καὶ τὸν μαθηματικὸν τὸν αὐτὸν τοῦτον εἶναι. ὁμοίως δὲ καὶ περὶ τὰ μήκη καὶ περὶ τὰ ἐπίπεδα καὶ περὶ τὰ στερεά. οἱ μὲν γὰρ ἕτερα τὰ μαθηματικὰ καὶ τὰ μετὰ τὰς ἰδέας· τῶν 25 δὲ ἄλλως λεγόντων οἱ μὲν τὰ μαθηματικὰ καὶ μαθηματικῶς λέγουσιν, ὅσοι μὴ ποιοῦσι τὰς ἰδέας ἀριθμοὺς μηδὲ εἶναί φασιν ἰδέας, οἱ δὲ τὰ μαθηματικά, οὐ μαθηματικῶς δέ· οὐ γὰρ τέμνεσθαι οὔτε μέγεθος πᾶν εἰς μεγέθη, οὔθ' ὁποιασοῦν μονάδας δυάδα εἶναι. μοναδικοὺς δὲ τοὺς ἀριθμοὺς 30 εἶναι πάντες τιθέασι, πλὴν τῶν Πυθαγορείων, ὅσοι τὸ ἓν στοιχεῖον καὶ ἀρχήν φασιν εἶναι τῶν ὄντων· ἐκεῖνοι δ' ἔχοντας μέγεθος, καθάπερ εἴρηται πρότερον. ὁσαχῶς μὲν οὖν ἐνδέχεται λεχθῆναι περὶ αὐτῶν, καὶ ὅτι πάντες εἰσὶν εἰρημένοι οἱ τρόποι, φανερὸν ἐκ τούτων· ἔστι δὲ πάντα μὲν 35 ἀδύνατα, μᾶλλον δ' ἴσως θάτερα τῶν ἑτέρων.

7   Πρῶτον μὲν οὖν σκεπτέον εἰ συμβληταὶ αἱ μονάδες ἢ ἀσύμβλητοι, καὶ εἰ ἀσύμβλητοι, ποτέρως ὧνπερ διείλομεν. **1081**[a] ἔστι μὲν γὰρ ὁποιανοῦν εἶναι ὁποιαοῦν μονάδι ἀσύμβλητον,

15 τὸν secl. Ross qui confert 1083[a]23; an ⟨καὶ τοῦ⟩τον? cf. 1028[b]21 sq. κεχωρισμένον Al[p] corr. E[2]: -ων Π A[b]   22–23 ἕνα, εἶναι [ἔνιοι] δὲ καὶ τὸν μαθ. τὸν αὐτὸν τοῦτον [εἶναι] conieci BBA 270   29 οὔτε pr. non legisse vid. Al[p] quo omisso οὐδ' ὁποιασοῦν scribi oporteret   33 ἔχοντας s sscr. E[2] Syr: ἔχοντα Π A[b]; plur. tuetur Al[p]   εἴρηται] [b]20   1081[a] 1 ὧνπερ Joseph: ὥσπερ codd.   διείλομεν] 1080[a]8–29

1081ª ΤΩΝ ΜΕΤΑ ΤΑ ΦΥΣΙΚΑ Μ

ἔστι δὲ τὰς ἐν αὐτῇ τῇ δυάδι πρὸς τὰς ἐν αὐτῇ τῇ τριάδι, καὶ οὕτως δὴ ἀσυμβλήτους εἶναι τὰς ἐν ἑκάστῳ τῷ πρώτῳ 5 ἀριθμῷ πρὸς ἀλλήλας. εἰ μὲν οὖν πᾶσαι συμβληταὶ καὶ ἀδιάφοροι αἱ μονάδες, ὁ μαθηματικὸς γίγνεται ἀριθμὸς καὶ εἷς μόνος, καὶ τὰς ἰδέας οὐκ ἐνδέχεται εἶναι τοὺς ἀριθμούς (ποῖος γὰρ ἔσται ἀριθμὸς αὐτὸ ἄνθρωπος ἢ ζῷον ἢ ἄλλο ὁτιοῦν τῶν εἰδῶν; ἰδέα μὲν γὰρ μία ἑκάστου, οἷον αὐτοῦ ἀν-10 θρώπου μία καὶ αὐτοῦ ζῴου ἄλλη μία· οἱ δ' ὅμοιοι καὶ ἀδιάφοροι ἄπειροι, ὥστ' οὐδὲν μᾶλλον ἥδε ἡ τριὰς αὐτοάνθρωπος ἢ ὁποιαοῦν), εἰ δὲ μὴ εἰσὶν ἀριθμοὶ αἱ ἰδέαι, οὐδ' ὅλως οἷόν τε αὐτὰς εἶναι (ἐκ τίνων γὰρ ἔσονται ἀρχῶν αἱ ἰδέαι; ὁ γὰρ ἀριθμός ἐστιν ἐκ τοῦ ἑνὸς καὶ τῆς δυάδος τῆς ἀορίστου, 15 καὶ ⟨αὗται⟩ αἱ ἀρχαὶ καὶ τὰ στοιχεῖα λέγονται τοῦ ἀριθμοῦ εἶναι, τάξαι τε οὔτε προτέρας ἐνδέχεται τῶν ἀριθμῶν αὐτὰς οὔθ' ὑστέρας)· εἰ δ' ἀσύμβλητοι αἱ μονάδες, καὶ οὕτως ἀσύμβλητοι ὥστε ἡτισοῦν ᾑτινιοῦν, οὔτε τὸν μαθηματικὸν ἐνδέχεται εἶναι τοῦτον τὸν ἀριθμόν (ὁ μὲν γὰρ μαθηματικὸς ἐξ ἀδια-20 φόρων, καὶ τὰ δεικνύμενα κατ' αὐτοῦ ὡς ἐπὶ τοιούτου ἁρμόττει) οὔτε τὸν τῶν εἰδῶν. οὐ γὰρ ἔσται ἡ δυὰς πρώτη ἐκ τοῦ ἑνὸς καὶ τῆς ἀορίστου δυάδος, ἔπειτα οἱ ἑξῆς ἀριθμοί, ὡς λέγεται δυάς, τριάς, τετράς—ἅμα γὰρ αἱ ἐν τῇ δυάδι τῇ πρώτῃ μονάδες γεννῶνται, εἴτε ὥσπερ ὁ πρῶτος εἰπὼν ἐξ 25 ἀνίσων (ἰσασθέντων γὰρ ἐγένοντο) εἴτε ἄλλως—, ἐπεὶ εἰ ἔσται ἡ ἑτέρα μονὰς τῆς ἑτέρας προτέρα, καὶ τῆς δυάδος τῆς ἐκ τούτων ἔσται προτέρα· ὅταν γὰρ ᾖ τι τὸ μὲν πρότερον τὸ δὲ ὕστερον, καὶ τὸ ἐκ τούτων τοῦ μὲν ἔσται πρότερον τοῦ δ' ὕστερον. ἔτι ἐπειδὴ ἔστι πρῶτον μὲν αὐτὸ τὸ ἕν, 30 ἔπειτα τῶν ἄλλων ἔστι τι πρῶτον ἓν δεύτερον δὲ μετ' ἐκεῖνο, καὶ πάλιν τρίτον τὸ δεύτερον μὲν μετὰ τὸ δεύτερον

5 ἀλλήλους E   7 τοὺς secl. Bonitz   9–10 αὐτοανθρώπου et αὐτοζῴου E²   15 αὗται supplevi ex Alᵖ   21 τὸν om. J   24–25 ἐξ ἀνίσων γὰρ ἰσασθέντων in parenthesi ponit Alᶜ   25 ἐπεὶ Ross: ἔπειτα codd.   30 τι om. Aᵇ, in ras. J

ΤΩΝ ΜΕΤΑ ΤΑ ΦΥΣΙΚΑ Μ

τρίτον δὲ μετὰ τὸ πρῶτον ἕν,—ὥστε πρότεραι ἂν εἶεν αἱ μονάδες ἢ οἱ ἀριθμοὶ ἐξ ὧν λέγονται, οἷον ἐν τῇ δυάδι τρίτη μονὰς ἔσται πρὶν τὰ τρία εἶναι, καὶ ἐν τῇ τριάδι τετάρτη καὶ [ἡ] πέμπτη πρὶν τοὺς ἀριθμοὺς τούτους. οὐδεὶς μὲν 35 οὖν τὸν τρόπον τοῦτον εἴρηκεν αὐτῶν τὰς μονάδας ἀσυμβλήτους, ἔστι δὲ κατὰ μὲν τὰς ἐκείνων ἀρχὰς εὔλογον καὶ οὕτως, κατὰ μέντοι τὴν ἀλήθειαν ἀδύνατον. τάς τε γὰρ μονάδας 1081ᵇ προτέρας καὶ ὑστέρας εἶναι εὔλογον, εἴπερ καὶ πρώτη τις ἔστι μονὰς καὶ ἓν πρῶτον, ὁμοίως δὲ καὶ δυάδας, εἴπερ καὶ δυὰς πρώτη ἔστιν· μετὰ γὰρ τὸ πρῶτον εὔλογον καὶ ἀναγκαῖον δεύτερόν τι εἶναι, καὶ εἰ δεύτερον, τρίτον, καὶ 5 οὕτω δὴ τὰ ἄλλα ἐφεξῆς (ἅμα δ' ἀμφότερα λέγειν, μονάδα τε μετὰ τὸ ἓν πρώτην εἶναι καὶ δευτέραν, καὶ δυάδα πρώτην, ἀδύνατον). οἱ δὲ ποιοῦσι μονάδα μὲν καὶ ἓν πρῶτον, δεύτερον δὲ καὶ τρίτον οὐκέτι, καὶ δυάδα πρώτην, δευτέραν δὲ καὶ τρίτην οὐκέτι. φανερὸν δὲ καὶ ὅτι οὐκ ἐνδέχε- 10 ται, εἰ ἀσύμβλητοι πᾶσαι αἱ μονάδες, δυάδα εἶναι αὐτὴν καὶ τριάδα καὶ οὕτω τοὺς ἄλλους ἀριθμούς. ἄν τε γὰρ ὦσιν ἀδιάφοροι αἱ μονάδες ἄν τε διαφέρουσαι ἑκάστη ἑκάστης, ἀνάγκη ἀριθμεῖσθαι τὸν ἀριθμὸν κατὰ πρόσθεσιν, οἷον τὴν δυάδα πρὸς τῷ ἑνὶ ἄλλου ἑνὸς προστεθέντος, καὶ τὴν τριάδα 15 ἄλλου ἑνὸς πρὸς τοῖς δυσὶ προστεθέντος, καὶ τὴν τετράδα ὡσαύτως· τούτων δὲ ὄντων ἀδύνατον τὴν γένεσιν εἶναι τῶν ἀριθμῶν ὡς γεννῶσιν ἐκ τῆς δυάδος καὶ τοῦ ἑνός. μόριον γὰρ γίγνεται ἡ δυὰς τῆς τριάδος καὶ αὕτη τῆς τετράδος, τὸν αὐτὸν δὲ τρόπον συμβαίνει καὶ ἐπὶ τῶν ἐχομένων. 20 ἀλλ' ἐκ τῆς δυάδος τῆς πρώτης καὶ τῆς ἀορίστου δυάδος ἐγίγνετο ἡ τετράς, δύο δυάδες παρ' αὐτὴν τὴν δυάδα· εἰ δὲ μή, μόριον ἔσται αὐτὴ ἡ δυάς, ἑτέρα δὲ προσέσται μία

32 ἓν om. Alᶜ   33 λέγονται Π: πλέκονται Aᵇ J² Lat Alᵖ   34 τριάδι ⟨καὶ τετράδι⟩ conieci   35 ἡ seclusi   1081ᵇ 3 καὶ δυάδας δὲ ὁμοίως Aᵇ   14 πρόθεσιν Aᵇ   15 et 16 προτεθέντος Aᵇ   21 an εἰ ante ἐκ addendum est? cf. 22 εἰ δὲ μή (BBA 277)   22 δύο δυάδες] scil. ἔσονται   23 αὐτὴ Alᵖ Syr: αὐτῇ Aᵇ: αὕτη E: αυτη J

ΤΩΝ ΜΕΤΑ ΤΑ ΦΥΣΙΚΑ Μ

δυάς. καὶ ἡ δυὰς ἔσται ἐκ τοῦ ἑνὸς αὐτοῦ καὶ ἄλλου ἑνός· εἰ δὲ τοῦτο, οὐχ οἷόν τ' εἶναι τὸ ἕτερον στοιχεῖον δυάδα ἀόριστον· μονάδα γὰρ μίαν γεννᾷ ἀλλ' οὐ δυάδα ὡρισμένην. ἔτι παρ' αὐτὴν τὴν τριάδα καὶ αὐτὴν τὴν δυάδα πῶς ἔσονται ἄλλαι τριάδες καὶ δυάδες; καὶ τίνα τρόπον ἐκ προτέρων μονάδων καὶ ὑστέρων σύγκεινται; πάντα γὰρ ταῦτ' ⟨ἄτοπά⟩ ἐστι καὶ πλασματώδη, καὶ ἀδύνατον εἶναι πρώτην δυάδα, εἶτ' αὐτὴν τριάδα. ἀνάγκη δ', ἐπείπερ ἔσται τὸ ἓν καὶ ἡ ἀόριστος δυὰς στοιχεῖα. εἰ δ' ἀδύνατα τὰ συμβαίνοντα, καὶ τὰς ἀρχὰς εἶναι ταύτας ἀδύνατον.—εἰ μὲν οὖν διάφοροι αἱ μονάδες ὁποιαιοῦν ὁποιαισοῦν, ταῦτα καὶ τοιαῦθ' ἕτερα συμβαίνει ἐξ ἀνάγκης· εἰ δ' αἱ μὲν ἐν ἄλλῳ διάφοροι αἱ δ' ἐν τῷ αὐτῷ ἀριθμῷ ἀδιάφοροι ἀλλήλαις μόναι, καὶ οὕτως οὐθὲν ἐλάττω συμβαίνει τὰ δυσχερῆ. οἷον γὰρ ἐν τῇ δεκάδι αὐτῇ ἔνεισι δέκα μονάδες, σύγκειται δὲ καὶ ἐκ τούτων καὶ ἐκ δύο πεντάδων ἡ δεκάς. ἐπεὶ δ' οὐχ ὁ τυχὼν ἀριθμὸς αὐτὴ ἡ δεκὰς οὐδὲ σύγκειται ἐκ τῶν τυχουσῶν πεντάδων, ὥσπερ οὐδὲ μονάδων, ἀνάγκη διαφέρειν τὰς μονάδας τὰς ἐν τῇ δεκάδι ταύτῃ. ἂν γὰρ μὴ διαφέρωσιν, οὐδ' αἱ πεντάδες διοίσουσιν ἐξ ὧν ἐστιν ἡ δεκάς· ἐπεὶ δὲ διαφέρουσι, καὶ αἱ μονάδες διοίσουσιν. εἰ δὲ διαφέρουσι, πότερον οὐκ ἐνέσονται πεντάδες ἄλλαι ἀλλὰ μόνον αὗται αἱ δύο, ἢ ἔσονται; εἴτε δὲ μὴ ἐνέσονται, ἄτοπον· εἴτ' ἐνέσονται, ποία ἔσται δεκὰς ἐξ ἐκείνων; οὐ γάρ ἐστιν ἑτέρα δεκὰς ἐν τῇ δεκάδι παρ' αὐτήν. ἀλλὰ μὴν καὶ ἀνάγκη γε μὴ ἐκ τῶν τυχουσῶν δυάδων τὴν τετράδα συγκεῖσθαι· ἡ γὰρ ἀόριστος δυάς, ὥς φασι, λαβοῦσα τὴν ὡρισμένην δυάδα δύο δυάδας ἐποίησεν· τοῦ γὰρ ληφθέντος

26 ὡρισμένην ante γεννᾷ transponendum censet Al 30 ἄτοπά supplevi, ἀδύνατα Al^p; cf. 1082^{b}2 (BBA 277) ἐστι] εἰσι A^b 1082^a 1 οἷον] οἳ A^b; οἷον vel γὰρ dubium est 3 αὐτὴ J A^b Al^c: αὕτη E; cf. 1081^{b}23 5 τὰς alt. om. J A^b 6 et 8 πεντάδες A^b Al^c: πεμπάδες Π: πεμπάδες E² (8) 8, 9, 10 ἐνέσονται Π A^b: ἔσονται Al^c 9 αἱ om. Π ἢ ἔσονται Π A^b: ἐνέσονται corr. E² δὴ A^b

ΤΩΝ ΜΕΤΑ ΤΑ ΦΥΣΙΚΑ Μ

ἦν δυοποιός.—ἔτι τὸ εἶναι παρὰ τὰς δύο μονάδας τὴν δυάδα φύσιν τινά, καὶ τὴν τριάδα παρὰ τὰς τρεῖς μονάδας, πῶς ἐνδέχεται; ἢ γὰρ μεθέξει θατέρου θάτερον, ὥσπερ λευκὸς ἄνθρωπος παρὰ λευκὸν καὶ ἄνθρωπον (μετέχει γὰρ τούτων), ἢ ὅταν ᾖ θατέρου θάτερον διαφορά τις, ὥσπερ ὁ ἄνθρωπος παρὰ ζῷον καὶ δίπουν. ἔτι τὰ μὲν ἁφῇ ἐστὶν ἓν τὰ δὲ μίξει τὰ δὲ θέσει· ὧν οὐδὲν ἐνδέχεται ὑπάρχειν ταῖς μονάσιν ἐξ ὧν ἡ δυὰς καὶ ἡ τριάς· ἀλλ' ὥσπερ οἱ δύο ἄνθρωποι οὐχ ἕν τι παρ' ἀμφοτέρους, οὕτως ἀνάγκη καὶ τὰς μονάδας. καὶ οὐχ ὅτι ἀδιαίρετοι, διοίσουσι διὰ τοῦτο· καὶ γὰρ αἱ στιγμαὶ ἀδιαίρετοι, ἀλλ' ὅμως παρὰ τὰς δύο οὐθὲν ἕτερον ἡ δυὰς αὐτῶν.—ἀλλὰ μὴν οὐδὲ τοῦτο δεῖ λανθάνειν, ὅτι συμβαίνει προτέρας καὶ ὑστέρας εἶναι δυάδας, ὁμοίως δὲ καὶ τοὺς ἄλλους ἀριθμούς. αἱ μὲν γὰρ ἐν τῇ τετράδι δυάδες ἔστωσαν ἀλλήλαις ἅμα· ἀλλ' αὗται τῶν ἐν τῇ ὀκτάδι πρότεραί εἰσι, καὶ ἐγέννησαν, ὥσπερ ἡ δυὰς ταύτας, αὗται τὰς τετράδας τὰς ἐν τῇ ὀκτάδι αὐτῇ, ὥστε εἰ† καὶ ἡ πρώτη δυὰς ἰδέαι, καὶ αὗται ἰδέαι τινὲς ἔσονται. ὁ δ' αὐτὸς λόγος καὶ ἐπὶ τῶν μονάδων· αἱ γὰρ ἐν τῇ δυάδι τῇ πρώτῃ μονάδες γεννῶσι τὰς τέτταρας τὰς ἐν τῇ τετράδι, ὥστε πᾶσαι αἱ μονάδες ἰδέαι γίγνονται καὶ συγκείσεται ἰδέα ἐξ ἰδεῶν· ὥστε δῆλον ὅτι κἀκεῖνα ὧν ἰδέαι αὗται τυγχάνουσιν οὖσαι συγκείμενα ἔσται, οἷον εἰ τὰ ζῷα φαίη τις συγκεῖσθαι ἐκ ζῴων, εἰ τούτων ἰδέαι εἰσίν.—ὅλως δὲ τὸ ποιεῖν τὰς μονάδας διαφόρους ὁπωσοῦν ἄτοπον καὶ πλασματῶδες (λέγω δὲ πλασματῶδες τὸ πρὸς ὑπόθεσιν βεβιασμένον)· οὔτε γὰρ κατὰ τὸ ποσὸν οὔτε κατὰ τὸ ποιὸν

17 aut θατέρου θάτερον delendum aut θατέρου θατέρου scribendum putabat Christ   25 ἀδιαίρετον A^b   31 εἰ ⟨ἡ πρώτη τετρὰς⟩ conieci (BBA 278) propter καὶ; quod si delere malis, restat tamen mirum illud ἰδέαι (32) in omnibus libris servatum quod duo subiecta postulare vid. sic et Al^p   32 ἡ JE²: om. EA^b   ἰδέαι pr. ΠA^b Lat Al^p: ἰδέα E² ex coniectura   1082^b 1 ἐκ ζῴων εἰ τούτων E Al^p: εἰ τούτων ἐκ ζῴων J: ἐκ ζῴων εἰ τούτων ἐκ ζῴων A^b var. lect. contaminans

ΤΩΝ ΜΕΤΑ ΤΑ ΦΥΣΙΚΑ Μ

ὁρῶμεν διαφέρουσαν μονάδα μονάδος, ἀνάγκη τε ἢ ἴσον ἢ ἄνισον εἶναι ἀριθμόν, πάντα μὲν ἀλλὰ μάλιστα τὸν μοναδικόν, ὥστ' εἰ μήτε πλείων μήτ' ἐλάττων, ἴσος· τὰ δὲ ἴσα καὶ ὅλως ἀδιάφορα ταὐτὰ ὑπολαμβάνομεν ἐν τοῖς ἀριθμοῖς. εἰ δὲ μή, οὐδ' αἱ ἐν αὐτῇ τῇ δεκάδι δυάδες ἀδιάφοροι ἔσονται ἴσαι οὖσαι· τίνα γὰρ αἰτίαν ἕξει λέγειν ὁ φάσκων ἀδιαφόρους εἶναι; ἔτι εἰ ἅπασα μονὰς καὶ μονὰς ἄλλη δύο, ἡ ἐκ τῆς δυάδος αὐτῆς μονὰς καὶ ἡ ἐκ τῆς τριάδος αὐτῆς δυὰς ἔσται ἐκ διαφερουσῶν τε, καὶ πότερον προτέρα τῆς τριάδος ἢ ὑστέρα; μᾶλλον γὰρ ἔοικε προτέραν ἀναγκαῖον εἶναι· ἡ μὲν γὰρ ἅμα τῇ τριάδι ἡ δ' ἅμα τῇ δυάδι τῶν μονάδων. καὶ ἡμεῖς μὲν ὑπολαμβάνομεν ὅλως ἓν καὶ ἕν, καὶ ἐὰν ᾖ ἴσα ἢ ἄνισα, δύο εἶναι, οἷον τὸ ἀγαθὸν καὶ τὸ κακόν, καὶ ἄνθρωπον καὶ ἵππον· οἱ δ' οὕτως λέγοντες οὐδὲ τὰς μονάδας. εἴτε δὲ μὴ ἔστι πλείων ἀριθμὸς ὁ τῆς τριάδος αὐτῆς ἢ ὁ τῆς δυάδος, θαυμαστόν· εἴτε ἐστὶ πλείων, δῆλον ὅτι καὶ ἴσος ἔνεστι τῇ δυάδι, ὥστε οὗτος ἀδιάφορος αὐτῇ τῇ δυάδι. ἀλλ' οὐκ ἐνδέχεται, εἰ πρῶτός τις ἔστιν ἀριθμὸς καὶ δεύτερος. οὐδὲ ἔσονται αἱ ἰδέαι ἀριθμοί. τοῦτο μὲν γὰρ αὐτὸ ὀρθῶς λέγουσιν οἱ διαφόρους τὰς μονάδας ἀξιοῦντες εἶναι, εἴπερ ἰδέαι ἔσονται, ὥσπερ εἴρηται πρότερον· ἓν γὰρ τὸ εἶδος, αἱ δὲ μονάδες εἰ ἀδιάφοροι, καὶ αἱ δυάδες καὶ αἱ τριάδες ἔσονται ἀδιάφοροι. διὸ καὶ τὸ ἀριθμεῖσθαι οὕτως, ἓν δύο, μὴ προσλαμβανομένου πρὸς τῷ ὑπάρχοντι ἀναγκαῖον αὐτοῖς λέγειν (οὔτε γὰρ ἡ γένεσις ἔσται ἐκ τῆς ἀορίστου δυάδος, οὔτ'

---

5 μονάδα om. A[b]   9 αὐτῇ Schwegler, Bonitz: om. Al[c] sed αὐτοδεκάδι Al[p]: ταύτῃ codd.   12 ἡ ἐκ pr. A[b] Al?: ἡ δ' ἐκ Π   12–13 intellege ἡ ἐκ τῆς τριάδος αὐτῆς ⟨μονὰς⟩ δυὰς ἔσται nisi ita scribendum est τε om. Al[c]; an δὲ (scil. μονάδων)? sed nescio an plura exciderint velut δυὰς ἔσται ἐκ διαφερουσῶν τε ⟨καὶ ἀσυμβλήτων μονάδων⟩; cf. Al[p] 761. 16, 17–18, 34. is haec ex commentario antiquiore (e genuino Alexandro?) hausisse vid., qui textu sano utebatur (cf. etiam ad 36)   26 εἴρηται] cf. 1081ᵃ6–7

ΤΩΝ ΜΕΤΑ ΤΑ ΦΥΣΙΚΑ Μ

ἰδέαν ἐνδέχεται εἶναι· ἐνυπάρξει γὰρ ἑτέρα ἰδέα ἐν ἑτέρᾳ, καὶ πάντα τὰ εἴδη ἑνὸς μέρη)· διὸ πρὸς μὲν τὴν ὑπόθεσιν ὀρθῶς λέγουσιν, ὅλως δ' οὐκ ὀρθῶς· πολλὰ γὰρ ἀναιροῦσιν, ἐπεὶ τοῦτό γ' αὐτὸ ἔχειν τινὰ φήσουσιν ἀπορίαν, πότερον, ὅταν ἀριθμῶμεν καὶ εἴπωμεν ἓν δύο τρία, προσλαμβάνοντες 35 ἀριθμοῦμεν ἢ κατὰ μερίδας. ποιοῦμεν δὲ ἀμφοτέρως· διὸ γελοῖον ταύτην εἰς τηλικαύτην τῆς οὐσίας ἀνάγειν διαφοράν.—
8 πάντων δὲ πρῶτον καλῶς ἔχει διορίσασθαι τίς ἀριθμοῦ 1083ᵃ διαφορά, καὶ μονάδος, εἰ ἔστιν. ἀνάγκη δ' ἢ κατὰ τὸ ποσὸν ἢ κατὰ τὸ ποιὸν διαφέρειν· τούτων δ' οὐδέτερον φαίνεται [ἐνδέχεσθαι] ὑπάρχον. ἀλλ' ᾗ ἀριθμός, κατὰ τὸ ποσόν. εἰ δὲ δὴ καὶ αἱ μονάδες τῷ ποσῷ διέφερον, κἂν ἀριθμὸς 5 ἀριθμοῦ διέφερεν ὁ ἴσος τῷ πλήθει τῶν μονάδων. ἔτι πότερον αἱ πρῶται μείζους ἢ ἐλάττους, καὶ αἱ ὕστερον ἐπιδιδόασιν ἢ τοὐναντίον; πάντα γὰρ ταῦτα ἄλογα. ἀλλὰ μὴν οὐδὲ κατὰ τὸ ποιὸν διαφέρειν ἐνδέχεται. οὐθὲν γὰρ αὐταῖς οἷόν τε ὑπάρχειν πάθος· ὕστερον γὰρ καὶ τοῖς 10 ἀριθμοῖς φασὶν ὑπάρχειν τὸ ποιὸν τοῦ ποσοῦ. ἔτι οὔτ' ἂν ἀπὸ τοῦ ἑνὸς τοῦτ' αὐταῖς γένοιτο οὔτ' ἂν ἀπὸ τῆς δυάδος· τὸ μὲν γὰρ οὐ ποιὸν ἡ δὲ ποσοποιόν· τοῦ γὰρ πολλὰ τὰ ὄντα εἶναι αἰτία αὕτη ἡ φύσις. εἰ δ' ἄρα ἔχει πως ἄλλως, λεκτέον ἐν ἀρχῇ μάλιστα τοῦτο καὶ διοριστέον περὶ 15 μονάδος διαφορᾶς, μάλιστα μὲν καὶ διότι ἀνάγκη ὑπάρχειν· εἰ δὲ μή, τίνα λέγουσιν;—ὅτι μὲν οὖν, εἴπερ εἰσὶν ἀριθμοὶ αἱ ἰδέαι, οὔτε συμβλητὰς τὰς μονάδας ἁπάσας ἐνδέχεται εἶναι, φανερόν, οὔτε ἀσυμβλήτους ἀλλήλαις οὐδέτερον τῶν τρόπων· ἀλλὰ μὴν οὐδ' ὡς ἕτεροί τινες λέγουσι 20 περὶ τῶν ἀριθμῶν λέγεται καλῶς. εἰσὶ δ' οὗτοι ὅσοι ἰδέας μὲν οὐκ οἴονται εἶναι οὔτε ἁπλῶς οὔτε ὡς ἀριθμούς τινας οὔσας,

36 plura in textu habuisse Al (et Syr) ci. Bonitz; cf. ad 13   1083ᵃ 1 δὲ Π Alᵖ: τε Aᵇ sscr. J²   4 ἐνδέχεσθαι et ὑπάρχον var. lect. contaminatae, seclusi; e coniect. ἐνδεχόμενον ὑπάρχειν Al   ὑπάρχειν ci. Ross τὸ Aᵇ Alᵖ: om. Π   7 αἱ alt. om. J Alᵖ   13 ποσοποιόν E² Syr: ποσὸν ποιόν Π Aᵇ Alᵖ   14 αὕτη Aᵇ: αὑτῆς Π   20 τινες om. Alⁱ

τὰ δὲ μαθηματικὰ εἶναι καὶ τοὺς ἀριθμοὺς πρώτους τῶν ὄντων, καὶ ἀρχὴν αὐτῶν εἶναι αὐτὸ τὸ ἕν. ἄτοπον γὰρ τὸ 25 ἓν μὲν εἶναί τι πρῶτον τῶν ἑνῶν, ὥσπερ ἐκεῖνοί φασι, δυάδα δὲ τῶν δυάδων μή, μηδὲ τριάδα τῶν τριάδων· τοῦ γὰρ αὐτοῦ λόγου πάντα ἐστίν. εἰ μὲν οὖν οὕτως ἔχει τὰ περὶ τὸν ἀριθμὸν καὶ θήσει τις εἶναι τὸν μαθηματικὸν μόνον, οὐκ ἔστι τὸ ἓν ἀρχή (ἀνάγκη γὰρ διαφέρειν τὸ ἓν τὸ τοιοῦτο τῶν 30 ἄλλων μονάδων· εἰ δὲ τοῦτο, καὶ δυάδα τινὰ πρώτην τῶν δυάδων, ὁμοίως δὲ καὶ τοὺς ἄλλους ἀριθμοὺς τοὺς ἐφεξῆς)· εἰ δέ ἐστι τὸ ἓν ἀρχή, ἀνάγκη μᾶλλον ὥσπερ Πλάτων ἔλεγεν ἔχειν τὰ περὶ τοὺς ἀριθμούς, καὶ εἶναι δυάδα πρώτην καὶ τριάδα, καὶ οὐ συμβλητοὺς εἶναι τοὺς ἀριθμοὺς πρὸς 35 ἀλλήλους. ἂν δ' αὖ πάλιν τις τιθῇ ταῦτα, εἴρηται ὅτι ἀδύνατα πολλὰ συμβαίνει. ἀλλὰ μὴν ἀνάγκη γε ἢ οὕτως ἢ ἐκείνως ἔχειν, ὥστ' εἰ μηδετέρως, οὐκ ἂν ἐνδέχοιτο 1083b εἶναι τὸν ἀριθμὸν χωριστόν.—φανερὸν δ' ἐκ τούτων καὶ ὅτι χείριστα λέγεται ὁ τρίτος τρόπος, τὸ εἶναι τὸν αὐτὸν ἀριθμὸν τὸν τῶν εἰδῶν καὶ τὸν μαθηματικόν. ἀνάγκη γὰρ εἰς μίαν δόξαν συμβαίνειν δύο ἁμαρτίας· οὔτε γὰρ ⟨τὸν⟩ μαθημα-
5 τικὸν ἀριθμὸν ἐνδέχεται τοῦτον εἶναι τὸν τρόπον, ἀλλ' ἰδίας ὑποθέσεις ὑποθέμενον ἀνάγκη μηκύνειν, ὅσα τε τοῖς ὡς εἴδη τὸν ἀριθμὸν λέγουσι συμβαίνει, καὶ ταῦτα ἀναγκαῖον λέγειν.—ὁ δὲ τῶν Πυθαγορείων τρόπος τῇ μὲν ἐλάττους ἔχει δυσχερείας τῶν πρότερον εἰρημένων, τῇ δὲ ἰδίας ἑτέ-
10 ρας. τὸ μὲν γὰρ μὴ χωριστὸν ποιεῖν τὸν ἀριθμὸν ἀφαιρεῖται πολλὰ τῶν ἀδυνάτων· τὸ δὲ τὰ σώματα ἐξ ἀριθμῶν εἶναι συγκείμενα, καὶ τὸν ἀριθμὸν τοῦτον εἶναι μαθηματικόν, ἀδύνατόν ἐστιν. οὔτε γὰρ ἄτομα μεγέθη λέγειν ἀληθές, εἴ θ' ὅτι μάλιστα τοῦτον ἔχει τὸν τρόπον, οὐχ αἵ γε

23 μαθητικὰ A[b]   25 τι om. Al[c]   28 ἔσται Al[c]   33 δυάδα A[b] Al[c] : τινα δυάδα E : τὴν δυάδα J; cf. 30   1083[b] 2 χείριστα Π Al[1]: utrum χείριστος vel χείριστα A[b] incertum: χείριστον εἶναι Al[p]   ὁ τρίτος τρόπος] cf. 1080[b]21–23   4 τὸν supplevi; cf. 1080[a]30, [b]14, 16, 22–23, 1081[a]5, 18–19 al.   8 ὁ δὲ τ. Πυθαγορείων τρ.] cf. 1080[b]16

μονάδες μέγεθος έχουσιν· μέγεθος δὲ ἐξ ἀδιαιρέτων συγκεῖσθαι πῶς δυνατόν; ἀλλὰ μὴν ὅ γ' ἀριθμητικὸς ἀριθμὸς μοναδικός ἐστιν. ἐκεῖνοι δὲ τὸν ἀριθμὸν τὰ ὄντα λέγουσιν· τὰ γοῦν θεωρήματα προσάπτουσι τοῖς σώμασιν ὡς ἐξ ἐκείνων ὄντων τῶν ἀριθμῶν.—εἰ τοίνυν ἀνάγκη μέν, εἴπερ ἐστὶν ἀριθμὸς τῶν ὄντων τι καθ' αὑτό, τούτων εἶναί τινα τῶν εἰρημένων τρόπων, οὐθένα δὲ τούτων ἐνδέχεται, φανερὸν ὡς οὐκ ἔστιν ἀριθμοῦ τις τοιαύτη φύσις οἵαν κατασκευάζουσιν οἱ χωριστὸν ποιοῦντες αὐτόν.—ἔτι πότερον ἑκάστη μονὰς ἐκ τοῦ μεγάλου καὶ μικροῦ ἰσασθέντων ἐστίν, ἢ ἡ μὲν ἐκ τοῦ μικροῦ ἡ δ' ἐκ τοῦ μεγάλου; εἰ μὲν δὴ οὕτως, οὔτε ἐκ πάντων τῶν στοιχείων ἕκαστον οὔτε ἀδιάφοροι αἱ μονάδες (ἐν τῇ μὲν γὰρ τὸ μέγα ἐν τῇ δὲ τὸ μικρὸν ὑπάρχει, ἐναντίον τῇ φύσει ὄν)· ἔτι αἱ ἐν τῇ τριάδι αὐτῇ πῶς; μία γὰρ περιττή· ἀλλὰ διὰ τοῦτο ἴσως αὐτὸ τὸ ἓν ποιοῦσιν ἐν τῷ περιττῷ μέσον. εἰ δ' ἑκατέρα τῶν μονάδων ἐξ ἀμφοτέρων ἐστὶν ἰσασθέντων, ἡ δυὰς πῶς ἔσται μία τις οὖσα φύσις ἐκ τοῦ μεγάλου καὶ μικροῦ; ἢ τί διοίσει τῆς μονάδος; ἔτι προτέρα ἡ μονὰς τῆς δυάδος (ἀναιρουμένης γὰρ ἀναιρεῖται ἡ δυάς). ἰδέαν οὖν ἰδέας ἀναγκαῖον αὐτὴν εἶναι, προτέραν γ' οὖσαν ἰδέας, καὶ γεγονέναι προτέραν. ἐκ τίνος οὖν; ἡ γὰρ ἀόριστος δυὰς δυοποιὸς ἦν.—ἔτι ἀνάγκη ἤτοι ἄπειρον τὸν ἀριθμὸν εἶναι ἢ πεπερασμένον· χωριστὸν γὰρ ποιοῦσι τὸν ἀριθμόν, ὥστε οὐχ οἷόν τε μὴ οὐχὶ τούτων θάτερον ὑπάρχειν. ὅτι μὲν τοίνυν ἄπειρον οὐκ ἐνδέχεται, δῆλον (οὔτε γὰρ περιττὸς ὁ ἄπειρός ἐστιν οὔτ' ἄρτιος, ἡ δὲ γένεσις τῶν ἀριθμῶν ἢ περιττοῦ ἀριθμοῦ ἢ ἀρτίου ἀεί ἐστιν· ὡδὶ μὲν τοῦ ἑνὸς εἰς τὸν ἄρτιον πίπτοντος περιττός, ὡδὶ δὲ τῆς μὲν δυάδος ἐμπιπτούσης ὁ ἀφ' ἑνὸς διπλασιαζόμενος, ὡδὶ δὲ τῶν περιττῶν ὁ ἄλλος ἄρτιος· ἔτι εἰ πᾶσα ἰδέα τινός, οἱ δὲ ἀριθμοὶ ἰδέαι, καὶ ὁ ἄπειρος ἔσται ἰδέα τινός, ἢ τῶν αἰσθητῶν ἢ

15 ἐξουσιν Al^c; cf. 27   25 τῶν om. E   27 ὑπάρξει ci. Christ
35 ἐκ τίνος οὖν A^b Al^p: ἐκτινοσοῦν Π   1084^a 8 ἔσται εἰ ἰδέα A^b

ΤΩΝ ΜΕΤΑ ΤΑ ΦΥΣΙΚΑ Μ

ἄλλου τινός· καίτοι οὔτε κατὰ τὴν θέσιν ἐνδέχεται οὔτε κατὰ
λόγον, τάττουσι δ' οὕτω τὰς ἰδέας)· εἰ δὲ πεπερασμένος,
μέχρι πόσου; τοῦτο γὰρ δεῖ λέγεσθαι οὐ μόνον ὅτι ἀλλὰ
καὶ διότι. ἀλλὰ μὴν εἰ μέχρι τῆς δεκάδος ὁ ἀριθμός,
ὥσπερ τινές φασιν, πρῶτον μὲν ταχὺ ἐπιλείψει τὰ εἴδη
—οἷον εἰ ἔστιν ἡ τριὰς αὐτοάνθρωπος, τίς ἔσται ἀριθμὸς αὐτό-
ιππος; αὐτὸ γὰρ ἕκαστος ἀριθμὸς μέχρι δεκάδος· ἀνάγκη
δὴ τῶν ἐν τούτοις ἀριθμῶν τινὰ εἶναι (οὐσίαι γὰρ καὶ ἰδέαι
οὗτοι)· ἀλλ' ὅμως ἐπιλείψει (τὰ τοῦ ζῴου γὰρ εἴδη ὑπερέξει).—
ἅμα δὲ δῆλον ὅτι εἰ οὕτως ἡ τριὰς αὐτοάνθρωπος, καὶ αἱ
ἄλλαι τριάδες (ὅμοιαι γὰρ αἱ ἐν τοῖς αὐτοῖς ἀριθμοῖς),
ὥστ' ἄπειροι ἔσονται ἄνθρωποι, εἰ μὲν ἰδέα ἑκάστη τριάς,
αὐτὸ ἕκαστος ἄνθρωπος, εἰ δὲ μή, ἀλλ' ἄνθρωποί γε. καὶ
εἰ μέρος ὁ ἐλάττων τοῦ μείζονος, ὁ ἐκ τῶν συμβλητῶν
μονάδων τῶν ἐν τῷ αὐτῷ ἀριθμῷ, εἰ δὴ ἡ τετρὰς αὐτὴ
ἰδέα τινός ἐστιν, οἷον ἵππου ἢ λευκοῦ, ὁ ἄνθρωπος ἔσται μέρος
ἵππου, εἰ δυὰς ὁ ἄνθρωπος. ἄτοπον δὲ καὶ τὸ τῆς μὲν δε-
κάδος εἶναι ἰδέαν ἑνδεκάδος δὲ μή, μηδὲ τῶν ἐχομένων
ἀριθμῶν. ἔτι δὲ καὶ ἔστι καὶ γίγνεται ἔνια καὶ ὧν εἴδη οὐκ
ἔστιν, ὥστε διὰ τί οὐ κἀκείνων εἴδη ἔστιν; οὐκ ἄρα αἴτια τὰ
εἴδη ἐστίν. ἔτι ἄτοπον εἰ ὁ ἀριθμὸς ὁ μέχρι τῆς δεκάδος
μᾶλλόν τι ὂν καὶ εἶδος αὐτῆς τῆς δεκάδος, καίτοι τοῦ μὲν
οὐκ ἔστι γένεσις ὡς ἑνός, τῆς δ' ἔστιν. πειρῶνται δ' ὡς τοῦ
μέχρι τῆς δεκάδος τελείου ὄντος ἀριθμοῦ. γεννῶσι γοῦν τὰ
ἑπόμενα, οἷον τὸ κενόν, ἀναλογίαν, τὸ περιττόν, τὰ ἄλλα
τὰ τοιαῦτα, ἐντὸς τῆς δεκάδος· τὰ μὲν γὰρ ταῖς ἀρχαῖς
ἀποδιδόασιν, οἷον κίνησιν στάσιν, ἀγαθὸν κακόν, τὰ δ'

10 δ' codd. Al[c]: γ' Schwegler 14 εἰ Π Al[c]: om. A[b] 16 ἐντὸς τούτων E γρ τινὰ ex Al[p] Bonitz: τινὰς codd. 23 δὴ ἡ Bonitz: δ' ἡ codd. αὐτὴ Al[p] Bonitz: αὕτη Π A[b] 25 δὲ Π A[b]: γὰρ E γρ 29 ὁ post ἀριθμὸς cum Al[c] om. Bonitz vel οὐ μέχρι τῆς ἑνδεκάδος cum Syr scribendum esse putat καὶ ταῦτα τὸ ἓν κατ' αὐτοὺς post δεκάδος suppl. Al[p] unde τὸ ἓν post 30 μᾶλλόν τι ὂν add. Bonitz; plura excidisse recte vidit Al quamvis non satisfaciat eius coniectura

ΤΩΝ ΜΕΤΑ ΤΑ ΦΥΣΙΚΑ Μ

ἄλλα τοῖς ἀριθμοῖς· διὸ τὸ ἓν τὸ περιττόν· εἰ γὰρ ἐν τῇ τριάδι, πῶς ἡ πεντὰς περιττόν; ἔτι τὰ μεγέθη καὶ ὅσα τοιαῦτα μέχρι ποσοῦ, οἷον ἡ πρώτη γραμμή, ⟨ἡ⟩ ἄτομος, εἶτα δυάς, εἶτα καὶ ταῦτα μέχρι δεκάδος.—ἔτι εἰ ἔστι χωριστὸς ὁ ἀριθμός, ἀπορήσειεν ἄν τις πότερον πρότερον τὸ ἓν ἢ ἡ τριὰς καὶ ἡ δυάς. ᾗ μὲν δὴ σύνθετος ὁ ἀριθμός, τὸ ἕν, ᾗ δὲ τὸ καθόλου πρότερον καὶ τὸ εἶδος, ὁ ἀριθμός· ἑκάστη 5 γὰρ τῶν μονάδων μόριον τοῦ ἀριθμοῦ ὡς ὕλη, ὁ δ' ὡς εἶδος. καὶ ἔστι μὲν ὡς ἡ ὀρθὴ προτέρα τῆς ὀξείας, ὅτι ὥρισται καὶ τῷ λόγῳ· ἔστι δ' ὡς ἡ ὀξεῖα, ὅτι μέρος καὶ εἰς ταύτην διαιρεῖται. ὡς μὲν δὴ ὕλη ἡ ὀξεῖα καὶ τὸ στοιχεῖον καὶ ἡ μονὰς πρότερον, ὡς δὲ κατὰ τὸ εἶδος καὶ τὴν οὐσίαν τὴν 10 κατὰ τὸν λόγον ἡ ὀρθὴ καὶ τὸ ὅλον τὸ ἐκ τῆς ὕλης καὶ τοῦ εἴδους· ἐγγύτερον γὰρ τοῦ εἴδους καὶ οὗ ὁ λόγος τὸ ἄμφω, γενέσει δ' ὕστερον. πῶς οὖν ἀρχὴ τὸ ἕν; ὅτι οὐ διαιρετόν, φασίν· ἀλλ' ἀδιαίρετον καὶ τὸ καθόλου καὶ τὸ ἐπὶ μέρους καὶ τὸ στοιχεῖον. ἀλλὰ τρόπον ἄλλον, τὸ μὲν κατὰ λόγον 15 τὸ δὲ κατὰ χρόνον. ποτέρως οὖν τὸ ἓν ἀρχή; ὥσπερ γὰρ εἴρηται, καὶ ἡ ὀρθὴ τῆς ὀξείας καὶ αὕτη ἐκείνης δοκεῖ προτέρα εἶναι, καὶ ἑκατέρα μία. ἀμφοτέρως δὴ ποιοῦσι τὸ ἓν ἀρχήν. ἔστι δὲ ἀδύνατον· τὸ μὲν γὰρ ὡς εἶδος καὶ ἡ οὐσία τὸ δ' ὡς μέρος καὶ ὡς ὕλη. ἔστι γάρ πως ἓν ἑκάτερον—τῇ 20 μὲν ἀληθείᾳ δυνάμει (εἴ γε ὁ ἀριθμὸς ἕν τι καὶ μὴ ὡς σωρὸς ἀλλ' ἕτερος ἐξ ἑτέρων μονάδων, ὥσπερ φασίν), ἐντελεχείᾳ δ' οὔ, ἔστι μονὰς ἑκατέρα· αἴτιον δὲ τῆς συμβαινούσης ἁμαρτίας ὅτι ἅμα ἐκ τῶν μαθημάτων ἐθήρευον καὶ ἐκ τῶν λόγων τῶν καθόλου, ὥστ' ἐξ ἐκείνων μὲν ὡς 25 στιγμὴν τὸ ἓν καὶ τὴν ἀρχὴν ἔθηκαν (ἡ γὰρ μονὰς στιγμὴ ἄθετός ἐστιν· καθάπερ οὖν καὶ ἕτεροί τινες ἐκ τοῦ ἐλαχίστου

37 μεγέθη Al[c]: πάθη Π man. pr., μεγέθη in ras. E[2] et γρ in marg., sscr. J: μετὰ πάθη A[b] utrumque conglutinans   1084[b] 1 ποσοῦ ex Al[c] Bonitz: πόσου codd.   vel ἡ pr. cum Schwegler delendum vel ἡ alt. cum Al[c] Ross supplendum   15 καὶ τὸ στοιχεῖον om. Al[p]   20 καὶ om. Π   23 οὔ Ross et post οὔ distinxit: οὐκ codd.

ΤΩΝ ΜΕΤΑ ΤΑ ΦΥΣΙΚΑ Μ

τὰ ὄντα συνετίθεσαν, καὶ οὗτοι, ὥστε γίγνεται ἡ μονὰς ὕλη τῶν ἀριθμῶν, καὶ ἅμα προτέρα τῆς δυάδος, πάλιν δ' ὑστέρα ὡς ὅλου τινὸς καὶ ἑνὸς καὶ εἴδους τῆς δυάδος οὔσης)· διὰ δὲ τὸ καθόλου ζητεῖν τὸ κατηγορούμενον ἓν καὶ οὕτως ὡς μέρος ἔλεγον. ταῦτα δ' ἅμα τῷ αὐτῷ ἀδύνατον ὑπάρχειν. εἰ δὲ τὸ ἓν αὐτὸ δεῖ μόνον ἄθετον† εἶναι (οὐθενὶ γὰρ διαφέρει ἢ ὅτι ἀρχή), καὶ ἡ μὲν δυὰς διαιρετὴ ἡ δὲ μονὰς οὔ, ὁμοιοτέρα ἂν εἴη τῷ ἑνὶ αὐτῷ ἡ μονάς. εἰ δ' ἡ μονάς, κἀκεῖνο τῇ μονάδι ἢ τῇ δυάδι· ὥστε προτέρα ἂν εἴη ἑκατέρα ἡ μονὰς τῆς δυάδος. οὔ φασι δέ· γεννῶσι γοῦν τὴν δυάδα πρῶτον. ἔτι εἰ ἔστιν ἡ δυὰς ἕν τι αὐτὴ καὶ ἡ τριὰς αὐτή, ἄμφω δυάς. ἐκ τίνος οὖν αὕτη ἡ δυάς;

Ἀπορήσειε δ' ἄν τις καὶ ἐπεὶ ἁφὴ μὲν οὐκ ἔστιν ἐν τοῖς ἀριθμοῖς, τὸ δ' ἐφεξῆς, ὅσων μὴ ἔστι μεταξὺ μονάδων (οἷον τῶν ἐν τῇ δυάδι ἢ τῇ τριάδι), πότερον ἐφεξῆς τῷ ἑνὶ αὐτῷ ἢ οὔ, καὶ πότερον ἡ δυὰς προτέρα τῶν ἐφεξῆς ἢ τῶν μονάδων ὁποτεραοῦν.—ὁμοίως δὲ καὶ περὶ τῶν ὕστερον γενῶν τοῦ ἀριθμοῦ συμβαίνει τὰ δυσχερῆ, γραμμῆς τε καὶ ἐπιπέδου καὶ σώματος. οἱ μὲν γὰρ ἐκ τῶν εἰδῶν τοῦ μεγάλου καὶ τοῦ μικροῦ ποιοῦσιν, οἷον ἐκ μακροῦ μὲν καὶ βραχέος τὰ μήκη, πλατέος δὲ καὶ στενοῦ τὰ ἐπίπεδα, ἐκ βαθέος δὲ καὶ ταπεινοῦ τοὺς ὄγκους· ταῦτα δέ ἐστιν εἴδη τοῦ μεγάλου καὶ μικροῦ. τὴν δὲ κατὰ τὸ ἓν ἀρχὴν ἄλλοι ἄλλως τιθέασι τῶν τοιούτων. καὶ ἐν τούτοις δὲ μυρία φαίνεται τά τε ἀδύνατα καὶ τὰ πλασματώδη καὶ τὰ ὑπεναντία πᾶσι τοῖς εὐλόγοις. ἀπολελυμένα τε γὰρ ἀλλήλων συμβαίνει, εἰ μὴ συνακολουθοῦσι καὶ αἱ ἀρχαὶ ὥστ' εἶναι τὸ πλατὺ καὶ στενὸν καὶ μακρὸν καὶ βραχύ (εἰ δὲ τοῦτο, ἔσται τὸ ἐπίπεδον γραμμὴ καὶ τὸ στερεὸν ἐπίπεδον· ἔτι δὲ γωνίαι καὶ σχήματα καὶ

---

33 ἄθετον] ἀδιαίρετον Schwegler: ἀσύνθετον Bywater: μοναδικὸν Ross pro μόνον ἄθετον   37 post μονὰς in marg. ἡ ἐν τῇ δυάδι J, sic Lat 1085ᵃ 1 πρῶτον J Aᵇ: πρώτην E   αὐτὴ pr.] αὕτη J; an post δυὰς collocandum?   2 αὐτῇ E   6 τῶν pr. codd.: τῷ Alᶜ Bonitz

ΤΩΝ ΜΕΤΑ ΤΑ ΦΥΣΙΚΑ Μ

τὰ τοιαῦτα πῶς ἀποδοθήσεται;), ταὐτό τε συμβαίνει τοῖς περὶ τὸν ἀριθμόν· ταῦτα γὰρ πάθη μεγέθους ἐστίν, ἀλλ' οὐκ ἐκ τούτων τὸ μέγεθος, ὥσπερ οὐδ' ἐξ εὐθέος καὶ καμπύλου τὸ μῆκος οὐδ' ἐκ λείου καὶ τραχέος τὰ στερεά.—πάντων δὲ κοινὸν τούτων ὅπερ ἐπὶ τῶν εἰδῶν τῶν ὡς γένους συμβαίνει διαπορεῖν, ὅταν τις θῇ† τὰ καθόλου, πότερον τὸ ζῷον αὐτὸ ἐν τῷ ζῴῳ ἢ ἕτερον αὐτοῦ ζῷον. τοῦτο γὰρ μὴ χωριστοῦ μὲν ὄντος οὐδεμίαν ποιήσει ἀπορίαν· χωριστοῦ δέ, ὥσπερ οἱ ταῦτα λέγοντές φασι, τοῦ ἑνὸς καὶ τῶν ἀριθμῶν οὐ ῥᾴδιον λῦσαι, εἰ μὴ ῥᾴδιον δεῖ λέγειν τὸ ἀδύνατον. ὅταν γὰρ νοῇ τις ἐν τῇ δυάδι τὸ ἓν καὶ ὅλως ἐν ἀριθμῷ, πότερον αὐτὸ νοεῖ τι ἢ ἕτερον;—οἱ μὲν οὖν τὰ μεγέθη γεννῶσιν ἐκ τοιαύτης ὕλης, ἕτεροι δὲ ἐκ τῆς στιγμῆς (ἡ δὲ στιγμὴ αὐτοῖς δοκεῖ εἶναι οὐχ ἓν ἀλλ' οἷον τὸ ἕν) καὶ ἄλλης ὕλης οἵας τὸ πλῆθος, ἀλλ' οὐ πλήθους· περὶ ὧν οὐδὲν ἧττον συμβαίνει τὰ αὐτὰ ἀπορεῖν. εἰ μὲν γὰρ μία ἡ ὕλη, ταὐτὸ γραμμὴ καὶ ἐπίπεδον καὶ στερεόν (ἐκ γὰρ τῶν αὐτῶν τὸ αὐτὸ καὶ ἓν ἔσται)· εἰ δὲ πλείους αἱ ὕλαι καὶ ἑτέρα μὲν γραμμῆς ἑτέρα δὲ τοῦ ἐπιπέδου καὶ ἄλλη τοῦ στερεοῦ, ἤτοι ἀκολουθοῦσιν ἀλλήλαις ἢ οὔ, ὥστε ταὐτὰ συμβήσεται καὶ οὕτως· ἢ γὰρ οὐχ ἕξει τὸ ἐπίπεδον γραμμὴν ἢ ἔσται γραμμή.—ἔτι πῶς μὲν ἐνδέχεται εἶναι ἐκ τοῦ ἑνὸς καὶ πλήθους τὸν ἀριθμὸν οὐθὲν ἐπιχειρεῖται· ὅπως δ' οὖν λέγουσι ταὐτὰ συμβαίνει δυσχερῆ ἅπερ καὶ τοῖς ἐκ τοῦ ἑνὸς καὶ ἐκ τῆς δυάδος τῆς ἀορίστου. ὁ μὲν γὰρ ἐκ τοῦ κατηγορουμένου καθόλου γεννᾷ τὸν ἀριθμὸν καὶ οὐ τινὸς πλήθους, ὁ δ' ἐκ τινὸς πλήθους, τοῦ πρώτου δέ (τὴν γὰρ δυάδα πρῶτόν τι εἶναι πλῆθος), ὥστε διαφέρει οὐθὲν ὡς εἰπεῖν, ἀλλ' αἱ ἀπορίαι αἱ αὐταὶ ἀκολουθήσουσι, μῖξις ἢ

---

25 θῇ] ἐκθῇ Schwegler: θῇ ⟨χωριστὰ⟩ τὰ conieci (*BBA* 276); cf. 26-27 26 ζῷον alt. conieci l.c. ut subiectum idem maneat: ζῴου codd. 33-34 ὕλης οἷον τὸ πλῆθος ἀλλ' οὐ πλῆθος mavult Al^p 1085^b 3 ταῦτα A^b 9 ὁ δ' J A^b Al^c: οὐδ' E 11 αἱ αὐταὶ Al^p Bonitz: αὗται Π A^b, sscr. (αἱ et αὐταὶ corr. J²)

ΤΩΝ ΜΕΤΑ ΤΑ ΦΥΣΙΚΑ Μ

θέσις ἢ κρᾶσις ἢ γένεσις καὶ ὅσα ἄλλα τοιαῦτα. μάλιστα δ' ἄν τις ἐπιζητήσειεν, εἰ μία ἑκάστη μονάς, ἐκ τίνος ἐστίν· οὐ γὰρ δὴ αὐτό γε τὸ ἓν ἑκάστη. ἀνάγκη δὴ ἐκ τοῦ ἑνὸς αὐτοῦ εἶναι καὶ πλήθους ἢ μορίου τοῦ πλήθους. τὸ μὲν οὖν πλῆθός τι εἶναι φάναι τὴν μονάδα ἀδύνατον, ἀδιαίρετόν γ' οὖσαν· τὸ δ' ἐκ μορίου ἄλλας ἔχει πολλὰς δυσχερείας· ἀδιαίρετόν τε γὰρ ἕκαστον ἀναγκαῖον εἶναι τῶν μορίων (ἢ πλῆθος εἶναι καὶ τὴν μονάδα διαιρετήν) καὶ μὴ στοιχεῖον εἶναι τὸ ἓν καὶ τὸ πλῆθος (ἡ γὰρ μονὰς ἑκάστη οὐκ ἐκ πλήθους καὶ ἑνός)· ἔτι οὐθὲν ἄλλο ποιεῖ ὁ τοῦτο λέγων ἀλλ' ἢ ἀριθμὸν ἕτερον· τὸ γὰρ πλῆθος ἀδιαιρέτων ἐστὶν ἀριθμός. ἔτι ζητητέον καὶ περὶ τοὺς οὕτω λέγοντας πότερον ἄπειρος ὁ ἀριθμὸς ἢ πεπερασμένος. ὑπῆρχε γάρ, ὡς ἔοικε, καὶ πεπερασμένον πλῆθος, ἐξ οὗ αἱ πεπερασμέναι μονάδες καὶ τοῦ ἑνός· ἔστι τε ἕτερον αὐτὸ πλῆθος καὶ πλῆθος ἄπειρον· ποῖον οὖν πλῆθος στοιχεῖόν ἐστι καὶ τὸ ἕν; ὁμοίως δὲ καὶ περὶ στιγμῆς ἄν τις ζητήσειε καὶ τοῦ στοιχείου ἐξ οὗ ποιοῦσι τὰ μεγέθη. οὐ γὰρ μία γε μόνον στιγμή ἐστιν αὕτη· τῶν γοῦν ἄλλων στιγμῶν ἑκάστη ἐκ τίνος; οὐ γὰρ δὴ ἔκ γε διαστήματός τινος καὶ αὐτῆς στιγμῆς. ἀλλὰ μὴν οὐδὲ μόρια ἀδιαίρετα ἐνδέχεται τοῦ διαστήματος εἶναι [μόρια], ὥσπερ τοῦ πλήθους ἐξ ὧν αἱ μονάδες· ὁ μὲν γὰρ ἀριθμὸς ἐξ ἀδιαιρέτων σύγκειται τὰ δὲ μεγέθη οὔ.—πάντα δὴ ταῦτα καὶ ἄλλα τοιαῦτα φανερὸν ποιεῖ ὅτι ἀδύνατον εἶναι τὸν ἀριθμὸν καὶ τὰ μεγέθη χωριστά, ἔτι δὲ τὸ διαφωνεῖν τοὺς τρόπους περὶ τῶν ἀριθμῶν σημεῖον ὅτι τὰ πράγματα αὐτὰ οὐκ ὄντα

12 σύνθεσις Bywater ἢ κρᾶσις in marg. J: om. Lat 14 δὴ alt. E J²: δ' ἢ J Aᵇ 16 ἀδιαίρετόν J Aᵇ Alᶜ: ἀδιόριστόν E 19 πλῆθος καὶ διαιρετὴν εἶναι τὴν μονάδα coll. Alᵖ, sed legit καὶ τὴν μονάδα διαιρετὴν Alᶜ 21 ἔτι ... 22 ἀριθμός non interpr. Al 23 περὶ Al¹ Ross: παρὰ codd.: om. Alᵖ 26 ἔτι τε ἕτερον et τὸ πλῆθος pr. (om. αὐτὸ) Alᶜ 32 μόρια om. Alᵖ, seclusi (BBA 275) 33 ἐξ ὧν] id est στοιχεῖα 36 τρόπους E J² (τρο in ras.) Al γρ: πρώτους Aᵇ Alᶜ 1086ᵃ 1 ταῦτα J Aᵇ: om. Alᶜ

ΤΩΝ ΜΕΤΑ ΤΑ ΦΥΣΙΚΑ Μ

ἀληθῆ παρέχει τὴν ταραχὴν αὐτοῖς. οἱ μὲν γὰρ τὰ μαθηματικὰ μόνον ποιοῦντες παρὰ τὰ αἰσθητά, ὁρῶντες τὴν περὶ τὰ εἴδη δυσχέρειαν καὶ πλάσιν, ἀπέστησαν ἀπὸ τοῦ εἰδητικοῦ ἀριθμοῦ καὶ τὸν μαθηματικὸν ἐποίησαν· οἱ δὲ τὰ 5 εἴδη βουλόμενοι ἅμα καὶ ἀριθμοὺς ποιεῖν, οὐχ ὁρῶντες δέ, εἰ τὰς ἀρχάς τις ταύτας θήσεται, πῶς ἔσται ὁ μαθηματικὸς ἀριθμὸς παρὰ τὸν εἰδητικόν, τὸν αὐτὸν εἰδητικὸν καὶ μαθηματικὸν ἐποίησαν ἀριθμὸν τῷ λόγῳ, ἐπεὶ ἔργῳ γε ἀνῄρηται ὁ μαθηματικός (ἰδίας γὰρ καὶ οὐ μαθηματικὰς 10 ὑποθέσεις λέγουσιν)· ὁ δὲ πρῶτος θέμενος τὰ εἴδη εἶναι καὶ ἀριθμοὺς τὰ εἴδη καὶ τὰ μαθηματικὰ εἶναι εὐλόγως ἐχώρισεν· ὥστε πάντας συμβαίνει κατὰ μέν τι λέγειν ὀρθῶς, ὅλως δ' οὐκ ὀρθῶς. καὶ αὐτοὶ δὲ ὁμολογοῦσιν οὐ ταὐτὰ λέγοντες ἀλλὰ τὰ ἐναντία. αἴτιον δ' ὅτι αἱ ὑποθέσεις καὶ αἱ ἀρχαὶ 15 ψευδεῖς. χαλεπὸν δ' ἐκ μὴ καλῶς ἐχόντων λέγειν καλῶς, κατ' Ἐπίχαρμον· ἀρτίως τε γὰρ λέλεκται, καὶ εὐθέως φαίνεται οὐ καλῶς ἔχον.—ἀλλὰ περὶ μὲν τῶν ἀριθμῶν ἱκανὰ τὰ διηπορημένα καὶ διωρισμένα· μᾶλλον γὰρ ἐκ πλειόνων ἂν ἔτι πεισθείη τις πεπεισμένος, πρὸς δὲ τὸ πεισθῆναι μὴ πε- 20 πεισμένος οὐθὲν μᾶλλον.

Περὶ δὲ τῶν πρώτων ἀρχῶν καὶ 21 τῶν πρώτων αἰτίων καὶ στοιχείων ὅσα μὲν λέγουσιν οἱ περὶ μόνης τῆς αἰσθητῆς οὐσίας διορίζοντες, τὰ μὲν ἐν τοῖς περὶ φύσεως εἴρηται, τὰ δ' οὐκ ἔστι τῆς μεθόδου τῆς νῦν· ὅσα δὲ

---

7 εἰ J A^b: εἰς corr. E   τὰς om. Al^p, an recte? cf. *BBA* 275   τις τὰς αὐτὰς Ross   10 ἰδίας J A^b: ἰδέας E   καὶ Π Al^c, om. A^b   11 ras. duarum litt. ante εἴδη J, τε ut vid. scripsit man. pr.: τά τε εἴδη recc.   12 εἶναι secl. Christ, post ἀριθμούς transp. Wilson   20 πεπεισμένος alt.] πεπεισμένον vel πεπεισμένους Bonitz sed nescio an post μᾶλλον exciderint nonnulla velut ⟨ἂν προσαχθείη⟩ vel aliquid simile   21 a περὶ δὲ τῶν πρώτων librum N incepisse nonnullos ait Syr, at Al sic dividebat ut est in edd.; cf. quae exposui *Entst. d.Met.* 41 sq. 1086ᵃ 18-21 sollemnis libri epilogus, a περὶ incipit prooemium quod cum prooemio M 1 mire congruit et ab editore Peripatetico ut appendix in fine libri adiunctum est, quo de more cf. ad Θ 10 et *Entst. d. Met.* 38-62

ΤΩΝ ΜΕΤΑ ΤΑ ΦΥΣΙΚΑ Μ

οἱ φάσκοντες εἶναι παρὰ τὰς αἰσθητὰς ἑτέρας οὐσίας, ἐχόμενόν ἐστι θεωρῆσαι τῶν εἰρημένων. ἐπεὶ οὖν λέγουσί τινες τοιαύτας εἶναι τὰς ἰδέας καὶ τοὺς ἀριθμούς, καὶ τὰ τούτων στοιχεῖα τῶν ὄντων εἶναι στοιχεῖα καὶ ἀρχάς, σκεπτέον περὶ τούτων τί λέγουσι καὶ πῶς λέγουσιν. οἱ μὲν οὖν ἀριθμοὺς ποιοῦντες μόνον καὶ τούτους μαθηματικοὺς ὕστερον ἐπισκεπτέοι· τῶν δὲ τὰς ἰδέας λεγόντων ἅμα τόν τε τρόπον θεάσαιτ' ἄν τις καὶ τὴν ἀπορίαν τὴν περὶ αὐτῶν. ἅμα γὰρ καθόλου τε [ὡς οὐσίας] ποιοῦσι τὰς ἰδέας καὶ πάλιν ὡς χωριστὰς καὶ τῶν καθ' ἕκαστον. ταῦτα δ' ὅτι οὐκ ἐνδέχεται διηπόρηται πρότερον. αἴτιον δὲ τοῦ συνάψαι ταῦτα εἰς ταὐτὸν τοῖς λέγουσι τὰς οὐσίας καθόλου, ὅτι τοῖς αἰσθητοῖς οὐ τὰς αὐτὰς [οὐσίας] ἐποίουν· τὰ μὲν οὖν ἐν τοῖς αἰσθητοῖς καθ' ἕκαστα ῥεῖν ἐνόμιζον καὶ μένειν οὐθὲν αὐτῶν, τὸ δὲ καθόλου παρὰ ταῦτα εἶναί τε καὶ ἕτερόν τι εἶναι. τοῦτο δ', ὥσπερ ἐν τοῖς ἔμπροσθεν ἐλέγομεν, ἐκίνησε μὲν Σωκράτης διὰ τοὺς ὁρισμούς, οὐ μὴν ἐχώρισέ γε τῶν καθ' ἕκαστον· καὶ τοῦτο ὀρθῶς ἐνόησεν οὐ χωρίσας. δηλοῖ δὲ ἐκ τῶν ἔργων· ἄνευ μὲν γὰρ τοῦ καθόλου οὐκ ἔστιν ἐπιστήμην λαβεῖν, τὸ δὲ χωρίζειν αἴτιον τῶν συμβαινόντων δυσχερῶν περὶ τὰς ἰδέας ἐστίν. οἱ δ' ὡς ἀναγκαῖον, εἴπερ ἔσονταί τινες οὐσίαι παρὰ τὰς αἰσθητὰς καὶ ῥεούσας, χωριστὰς εἶναι, ἄλλας μὲν οὐκ εἶχον ταύτας δὲ τὰς καθόλου λεγομένας ἐξέθεσαν, ὥστε συμβαίνειν σχεδὸν τὰς αὐτὰς φύσεις εἶναι τὰς καθόλου καὶ τὰς καθ' ἕκαστον. αὕτη μὲν οὖν αὐτὴ καθ' αὑτὴν εἴη τις ἂν δυσχέρεια τῶν εἰρημένων.

Ὃ δὲ καὶ τοῖς λέγουσι τὰς ἰδέας ἔχει τινὰ ἀπορίαν

33 τε ὡς Al^c Bekker: τέως Π A^b   ἅμα τε γὰρ καθόλου ὡς οὐσίας Al, sed cum ὡς οὐσίας ad secundum membrum (ὡς χωριστὰς κτλ.) potius pertineat quam ad καθόλου, ut variam lect. ad χωριστάς in textum intrusam seclusi (BBA 270)   35 τοῦ] τὸ Π corr. E²   36 οὐσίας correxi: ἰδέας codd. Al^p; cf. l.c. et 1087^a 6   37 οὐσίας seclusi   1086^b 2 ἔμπροσθεν] A 6 vel M 4, quod tamen non antecedebat cum haec capita scriberentur; cf. ad 21

ΤΩΝ ΜΕΤΑ ΤΑ ΦΥΣΙΚΑ Μ 1086[b]

καὶ τοῖς μὴ λέγουσιν, καὶ κατ' ἀρχὰς ἐν τοῖς διαπορήμα- 15
σιν ἐλέχθη πρότερον, λέγωμεν νῦν. εἰ μὲν γάρ τις μὴ θή-
σει τὰς οὐσίας εἶναι κεχωρισμένας, καὶ τὸν τρόπον τοῦτον
ὡς λέγεται τὰ καθ' ἕκαστα τῶν ὄντων, ἀναιρήσει τὴν οὐσίαν
ὡς βουλόμεθα λέγειν· ἂν δέ τις θῇ τὰς οὐσίας χωριστάς,
πῶς θήσει τὰ στοιχεῖα καὶ τὰς ἀρχὰς αὐτῶν; εἰ μὲν γὰρ 20
καθ' ἕκαστον καὶ μὴ καθόλου, τοσαῦτ' ἔσται τὰ ὄντα ὅσαπερ
τὰ στοιχεῖα, καὶ οὐκ ἐπιστητὰ τὰ στοιχεῖα (ἔστωσαν γὰρ αἱ
μὲν ἐν τῇ φωνῇ συλλαβαὶ οὐσίαι τὰ δὲ στοιχεῖα αὐτῶν
στοιχεῖα τῶν οὐσιῶν· ἀνάγκη δὴ τὸ ΒΑ ἓν εἶναι καὶ ἑκάστην
τῶν συλλαβῶν μίαν, εἴπερ μὴ καθόλου καὶ τῷ εἴδει αἱ 25
αὐταὶ ἀλλὰ μία ἑκάστη τῷ ἀριθμῷ καὶ τόδε τι καὶ μὴ
ὁμώνυμον· [ἔτι δ' αὐτὸ ὅ ἐστιν ἓν ἕκαστον τιθέασιν]· εἰ δ' αἱ
συλλαβαί, οὕτω καὶ ἐξ ὧν εἰσίν· οὐκ ἔσται ἄρα πλείω ἄλφα
ἑνός, οὐδὲ τῶν ἄλλων στοιχείων οὐθὲν κατὰ τὸν αὐτὸν λόγον
ὅνπερ οὐδὲ τῶν ἄλλων συλλαβῶν ἡ αὐτὴ ἄλλη καὶ ἄλλη· 30
ἀλλὰ μὴν εἰ τοῦτο, οὐκ ἔσται παρὰ τὰ στοιχεῖα ἕτερα ὄντα,
ἀλλὰ μόνον τὰ στοιχεῖα· ἔτι δὲ οὐδ' ἐπιστητὰ τὰ στοιχεῖα·
οὐ γὰρ καθόλου, ἡ δ' ἐπιστήμη τῶν καθόλου· δῆλον δ' ἐκ
τε τῶν ἀποδείξεων καὶ τῶν ὁρισμῶν, οὐ γὰρ γίγνεται συλ-
λογισμὸς ὅτι τόδε τὸ τρίγωνον δύο ὀρθαῖς, εἰ μὴ πᾶν τρί- 35
γωνον δύο ὀρθαί, οὐδ' ὅτι ὁδὶ ὁ ἄνθρωπος ζῷον, εἰ μὴ πᾶς
ἄνθρωπος ζῷον)· ἀλλὰ μὴν εἴγε καθόλου αἱ ἀρχαί, [ἢ καὶ αἱ
ἐκ τούτων οὐσίαι καθόλου] ἔσται μὴ οὐσία πρότερον οὐσίας· **1087**[a]
τὸ μὲν γὰρ καθόλου οὐκ οὐσία, τὸ δὲ στοιχεῖον καὶ ἡ ἀρχὴ

---

15 διαπορήμασιν] 1003[a]6   16 λέγομεν E, o ex corr.   17 et 19 τὰς αὐτὰς?
19 ὅπερ οὐ βουλόμεθα Al ex coniect.   sed ὡς βουλόμεθα λέγειν = 'qualem
intellegimus'   θῇ A[b] Al[p]: τιθῇ Π   24 δὴ Π Al[p]: δὲ A[b]   ἓν om. A[b]
27 ἔτι ... τιθέασιν quid in hoc contextu sibi velint nescio. fuitne nota
marginalis?   28 post οὕτω distinxit Al[p] (ἐξ ὧν i.e. τὰ στοιχεῖα)
30 ἄλλων secl. Ross   34 τε E Al[c]: om. J A[b]   35 τρίγωνον alt. om.
A[b]   36 ὀρθαῖς J   37 αἱ alt. A[b] Al[c]: om. Π   37–1087[a]1 ἢ
καὶ ... καθόλου nota marginalis est, seclusi; pugnat cum [a]2 τὸ μὲν γὰρ
καθόλου οὐκ οὐσία; cf. BBA 271   ἢ post 1087[a]1 καθόλου suppl. Ross sed
eadem manet difficultas

ΤΩΝ ΜΕΤΑ ΤΑ ΦΥΣΙΚΑ Μ, Ν

καθόλου, πρότερον δὲ τὸ στοιχεῖον καὶ ἡ ἀρχὴ ὧν ἀρχὴ καὶ στοιχεῖόν ἐστιν. ταῦτά τε δὴ πάντα συμβαίνει εὐλόγως, ὅταν ἐκ στοιχείων τε ποιῶσι τὰς ἰδέας καὶ παρὰ τὰς τὸ αὐτὸ εἶδος ἐχούσας οὐσίας [καὶ ἰδέας] ἕν τι ἀξιῶσιν εἶναι κεχωρισμένον· εἰ δὲ μηθὲν κωλύει ὥσπερ ἐπὶ τῶν τῆς φωνῆς στοιχείων πολλὰ εἶναι τὰ ἄλφα καὶ τὰ βῆτα καὶ μηθὲν εἶναι παρὰ τὰ πολλὰ αὐτὸ ἄλφα καὶ αὐτὸ βῆτα, ἔσονται ἕνεκά γε τούτου ἄπειροι αἱ ὅμοιαι συλλαβαί. τὸ δὲ τὴν ἐπιστήμην εἶναι καθόλου πᾶσαν, ὥστε ἀναγκαῖον εἶναι καὶ τὰς τῶν ὄντων ἀρχὰς καθόλου εἶναι καὶ μὴ οὐσίας κεχωρισμένας, ἔχει μὲν μάλιστ' ἀπορίαν τῶν λεχθέντων, οὐ μὴν ἀλλὰ ἔστι μὲν ὡς ἀληθὲς τὸ λεγόμενον, ἔστι δ' ὡς οὐκ ἀληθές. ἡ γὰρ ἐπιστήμη, ὥσπερ καὶ τὸ ἐπίστασθαι, διττόν, ὧν τὸ μὲν δυνάμει τὸ δὲ ἐνεργείᾳ. ἡ μὲν οὖν δύναμις ὡς ὕλη [τοῦ] καθόλου οὖσα καὶ ἀόριστος τοῦ καθόλου καὶ ἀορίστου ἐστίν, ἡ δ' ἐνέργεια ὡρισμένη καὶ ὡρισμένου, τόδε τι οὖσα τοῦδέ τινος, ἀλλὰ κατὰ συμβεβηκὸς ἡ ὄψις τὸ καθόλου χρῶμα ὁρᾷ ὅτι τόδε τὸ χρῶμα ὃ ὁρᾷ χρῶμά ἐστιν, καὶ ὃ θεωρεῖ ὁ γραμματικός, τόδε τὸ ἄλφα ἄλφα· ἐπεὶ εἰ ἀνάγκη τὰς ἀρχὰς καθόλου εἶναι, ἀνάγκη καὶ τὰ ἐκ τούτων καθόλου, ὥσπερ ἐπὶ τῶν ἀποδείξεων· εἰ δὲ τοῦτο, οὐκ ἔσται χωριστὸν οὐθὲν οὐδ' οὐσία. ἀλλὰ δῆλον ὅτι ἔστι μὲν ὡς ἡ ἐπιστήμη καθόλου, ἔστι δ' ὡς οὔ.

Ν

Περὶ μὲν οὖν τῆς οὐσίας ταύτης εἰρήσθω τοσαῦτα, πάντες δὲ ποιοῦσι τὰς ἀρχὰς ἐναντίας, ὥσπερ ἐν τοῖς φυσικοῖς, καὶ περὶ τὰς ἀκινήτους οὐσίας ὁμοίως. εἰ δὲ τῆς τῶν ἁπάν-

1087[a] 6 καὶ ἰδέας codd. Al[c]: secl. Bonitz, v.l. 12 μὴ οὔσας A[b] : οὔσας Al[p] 13 μὲν Π Al[c]: om. A[b] 16 δυνάμει] δύναμις J τοῦ secl. Bonitz 18 ἐνεργείᾳ Al[c] 24 ἡ om. Π 29 περὶ . . . τῆς οὐσίας ταύτης εἰρήσθω] scil. τῆς νοητῆς, recte interpr. Al; haec ad M 9, 1086[a]21-fin. referri non posse iam vidit Bonitz, nam ibi Ar. transitum parabat a *substantia*

ΤΩΝ ΜΕΤΑ ΤΑ ΦΥΣΙΚΑ Ν

των ἀρχῆς μὴ ἐνδέχεται πρότερόν τι εἶναι, ἀδύνατον ἂν εἴη τὴν ἀρχὴν ἕτερόν τι οὖσαν εἶναι ἀρχήν, οἷον εἴ τις λέγοι τὸ λευκὸν ἀρχὴν εἶναι οὐχ ᾗ ἕτερον ἀλλ' ᾗ λευκόν, εἶναι μέντοι καθ' ὑποκειμένου καὶ ἕτερόν τι ὂν λευκὸν εἶναι· ἐκεῖνο 35 γὰρ πρότερον ἔσται. ἀλλὰ μὴν γίγνεται πάντα ἐξ ἐναντίων ὡς ὑποκειμένου τινός· ἀνάγκη ἄρα μάλιστα τοῖς ἐναντίοις τοῦθ' ὑπάρχειν. ἀεὶ ἄρα πάντα τὰ ἐναντία καθ' ὑποκειμένου 1087[b] καὶ οὐθὲν χωριστόν, ἀλλ' οὐθὲν οὐσίᾳ ἐναντίον ὥσπερ καὶ φαίνεται καὶ ὁ λόγος μαρτυρεῖ, οὐθὲν ἄρα τῶν ἐναντίων κυρίως ἀρχὴ πάντων ἀλλ' ἑτέρα.—οἱ δὲ τὸ ἕτερον τῶν ἐναντίων ὕλην ποιοῦσιν, οἱ μὲν τῷ ἑνὶ [τῷ ἴσῳ] τὸ ἄνισον, ὡς 5 τοῦτο τὴν τοῦ πλήθους οὖσαν φύσιν, ὁ δὲ τῷ ἑνὶ τὸ πλῆθος (γεννῶνται γὰρ οἱ ἀριθμοὶ τοῖς μὲν ἐκ τῆς τοῦ ἀνίσου δυάδος, τοῦ μεγάλου καὶ μικροῦ, τῷ δ' ἐκ τοῦ πλήθους, ὑπὸ τῆς τοῦ ἑνὸς δὲ οὐσίας ἀμφοῖν)· καὶ γὰρ ὁ τὸ ἄνισον καὶ ἓν λέγων τὰ στοιχεῖα, τὸ δ' ἄνισον ἐκ μεγάλου καὶ μικροῦ δυάδα, 10 ὡς ἓν ὄντα τὸ ἄνισον καὶ τὸ μέγα καὶ τὸ μικρὸν λέγει, καὶ οὐ διορίζει ὅτι λόγῳ ἀριθμῷ δ' οὔ. ἀλλὰ μὴν καὶ τὰς ἀρχὰς ἃς στοιχεῖα καλοῦσιν οὐ καλῶς ἀποδιδόασιν, οἱ μὲν τὸ μέγα καὶ τὸ μικρὸν λέγοντες μετὰ τοῦ ἑνός, τρία ταῦτα

idearum et numerorum ad *principia* eorum indaganda, hic autem ad οὐσίας tractationem respicit, at principiorum non fit mentio. quare aut οὐσίας corruptum et ἀπορίας vel tale quid substituendum esse aut primam sententiam excidendam censebat ut ab editore Peripatetico additam. sed re vera οὐσίας ad *primam* partem libri M respicit (M 1-9, 1086[a]21), at finem eius libri (1086[a]21 - 1087[a]25) quasi appendicem postea adiunctum esse ab editore antiquo (Andronico?) ostendi; cf. *Entst. d. Met.* 43. nihil igitur mutandum, sed vestigium prisci ordinis religiose conservandum est

33 τὸ om. J A[b]   37 τοῖς μάλιστα ἐν. Al[c]   1087[b] 2 ὥσπερ καὶ φαίνεται ante οὐθὲν alt. coll. codd.: post ἐναντίον transposui: cum καὶ ὁ λόγος μαρτυρεῖ coniungit Al   5 τῷ ἴσῳ seclusi, v. l. ad τῷ ἑνὶ (BBA 274)   καὶ ante τῷ ἴσῳ sscr. J[2]   6 ὁ Π: οἱ A[b] Al[p]; cf. 8 τῷ   12 ἀριθμῷ λόγῳ Al[p] cui contradicit Syr 166. 26 Kr.   13 ἃς E A[b]: ἃ J Al[c]   14 τοῦ ἑνὸς μέτα A[b]

ΤΩΝ ΜΕΤΑ ΤΑ ΦΥΣΙΚΑ Ν

στοιχεῖα τῶν ἀριθμῶν, τὰ μὲν δύο ὕλην τὸ δ' ἓν τὴν μορφήν, οἱ δὲ τὸ πολὺ καὶ ὀλίγον, ὅτι τὸ μέγα καὶ τὸ μικρὸν μεγέθους οἰκειότερα τὴν φύσιν, οἱ δὲ τὸ καθόλου μᾶλλον ἐπὶ τούτων, τὸ ὑπερέχον καὶ τὸ ὑπερεχόμενον. διαφέρει δὲ τούτων οὐθὲν ὡς εἰπεῖν πρὸς ἔνια τῶν συμβαινόντων, ἀλλὰ πρὸς τὰς λογικὰς μόνον δυσχερείας, ἃς φυλάττονται διὰ τὸ καὶ αὐτοὶ λογικὰς φέρειν τὰς ἀποδείξεις. πλὴν τοῦ αὐτοῦ γε λόγου ἐστὶ τὸ ὑπερέχον καὶ ὑπερεχόμενον εἶναι ἀρχὰς ἀλλὰ μὴ τὸ μέγα καὶ τὸ μικρόν, καὶ τὸν ἀριθμὸν πρότερον τῆς δυάδος ἐκ τῶν στοιχείων· καθόλου γὰρ ἀμφότερα μᾶλλόν ἐστιν. νῦν δὲ τὸ μὲν λέγουσι τὸ δ' οὐ λέγουσιν. οἱ δὲ τὸ ἕτερον καὶ τὸ ἄλλο πρὸς τὸ ἓν ἀντιτιθέασιν, οἱ δὲ πλῆθος καὶ τὸ ἕν. εἰ δέ ἐστιν, ὥσπερ βούλονται, τὰ ὄντα ἐξ ἐναντίων, τῷ δὲ ἑνὶ ἢ οὐθὲν ἐναντίον ἢ εἴπερ ἄρα μέλλει, τὸ πλῆθος, τὸ δ' ἄνισον τῷ ἴσῳ καὶ τὸ ἕτερον τῷ ταὐτῷ καὶ τὸ ἄλλο αὐτῷ, μάλιστα μὲν οἱ τὸ ἓν τῷ πλήθει ἀντιτιθέντες ἔχονταί τινος δόξης, οὐ μὴν οὐδ' οὗτοι ἱκανῶς· ἔσται γὰρ τὸ ἓν ὀλίγον· πλῆθος μὲν γὰρ ὀλιγότητι τὸ δὲ πολὺ τῷ ὀλίγῳ ἀντίκειται.—τὸ δ' ἓν ὅτι μέτρον σημαίνει, φανερόν. καὶ ἐν παντὶ ἔστι τι ἕτερον ὑποκείμενον, οἷον ἐν ἁρμονίᾳ δίεσις, ἐν δὲ μεγέθει δάκτυλος ἢ ποὺς ἤ τι τοιοῦτον, ἐν δὲ ῥυθμοῖς βάσις ἢ συλλαβή· ὁμοίως δὲ καὶ ἐν βάρει σταθμός τις ὡρισμένος· καὶ κατὰ πάντων δὲ τὸν αὐτὸν τρόπον, ἐν μὲν τοῖς ποιοῖς ποιόν τι, ἐν δὲ τοῖς ποσοῖς ποσόν τι, καὶ ἀδιαίρετον τὸ μέτρον, τὸ μὲν κατὰ τὸ εἶδος τὸ δὲ πρὸς τὴν αἴσθησιν, ὡς οὐκ ὄντος τινὸς τοῦ ἑνὸς καθ' αὑτὸ οὐσίας. καὶ τοῦτο κατὰ λόγον· σημαίνει γὰρ τὸ ἓν ὅτι μέτρον πλήθους τινός, καὶ ὁ ἀριθμὸς ὅτι πλῆθος μεμετρημένον καὶ πλῆθος μέτρων (διὸ καὶ εὐλόγως οὐκ ἔστι τὸ ἓν ἀριθμός· οὐδὲ γὰρ τὸ μέτρον μέτρα, ἀλλ' ἀρχὴ καὶ τὸ μέτρον καὶ

28-29 εἴπερ ἄρα μέλλει E et ut vid. Al^p: εἴπερ ἀμέλει J A^b Lat   30 ταὐτῷ E A^b Al^c: αὐτῷ J   αὐτῷ Π Al^c: πρὸς τὸ αὐτῷ A^b: τῷ αὐτῷ Christ dissuadente Al   37 ὡρισμένος E Al^c: ὡρισμένος ἐστίν J A^b   1088^a 2 καὶ om. J   5 ὁ Π Al^p: om. A^b   πλῆθος διῃρημένον Al^p

τὸ ἕν). δεῖ δὲ ἀεὶ τὸ αὐτό τι ὑπάρχειν πᾶσι τὸ μέτρον, οἷον εἰ ἵππος τὸ μέτρον, ἵππους καὶ εἰ ἄνθρωπος, ἀνθρώπους. εἰ δ' ἄνθρωπος καὶ ἵππος καὶ θεός, ζῷον ἴσως, καὶ ὁ ἀριθμὸς αὐτῶν ἔσται ζῷα. εἰ δ' ἄνθρωπος καὶ λευκὸν καὶ βαδίζον, ἥκιστα μὲν ἀριθμὸς τούτων διὰ τὸ ταὐτῷ πάντα ὑπάρχειν καὶ ἑνὶ κατὰ ἀριθμόν, ὅμως δὲ γενῶν ἔσται ὁ ἀριθμὸς ὁ τούτων, ἤ τινος ἄλλης τοιαύτης προσηγορίας.

Οἱ δὲ τὸ ἄνισον ὡς ἕν τι, τὴν δυάδα δὲ ἀόριστον ποιοῦντες ⟨ἐκ⟩ μεγάλου καὶ μικροῦ, πόρρω λίαν τῶν δοκούντων καὶ δυνατῶν λέγουσιν· πάθη τε γὰρ ταῦτα καὶ συμβεβηκότα μᾶλλον ἢ ὑποκείμενα τοῖς ἀριθμοῖς καὶ τοῖς μεγέθεσίν ἐστι, τὸ πολὺ καὶ ὀλίγον ἀριθμοῦ, καὶ μέγα καὶ μικρὸν μεγέθους, ὥσπερ ἄρτιον καὶ περιττόν, καὶ λεῖον καὶ τραχύ, καὶ εὐθὺ καὶ καμπύλον· ἔτι δὲ πρὸς ταύτῃ τῇ ἁμαρτίᾳ καὶ πρός τι ἀνάγκη εἶναι τὸ μέγα καὶ τὸ μικρὸν καὶ ὅσα τοιαῦτα· τὰ δὲ πρός τι πάντων ἥκιστα φύσις τις ἢ οὐσία [τῶν κατηγοριῶν] ἐστι καὶ ὕστερα τοῦ ποιοῦ καὶ ποσοῦ· καὶ πάθος τι τοῦ ποσοῦ τὸ πρός τι, ὥσπερ ἐλέχθη, ἀλλ' οὐχ ὕλη, ⟨ἢ⟩ εἴ τι ἕτερον ⟨ὑπόκειται⟩ καὶ τῷ ὅλως κοινῷ πρός τι καὶ τοῖς μέρεσιν αὐτοῦ καὶ εἴδεσιν. οὐθὲν γάρ ἐστιν οὔτε μέγα οὔτε μικρόν, οὔτε πολὺ οὔτε ὀλίγον, οὔτε ὅλως πρός τι, ὃ οὐχ ἕτερόν τι ὂν πολὺ ἢ ὀλίγον ἢ μέγα ἢ μικρὸν ἢ πρός τί ἐστιν. σημεῖον δ' ὅτι ἥκιστα οὐσία τις καὶ ὄν τι τὸ πρός τι τὸ μόνου μὴ εἶναι γένεσιν αὐτοῦ μηδὲ φθορὰν μηδὲ κίνησιν ὥσπερ κατὰ τὸ ποσὸν αὔξησις

---

8 τὸ μέτρον secl. Bywater, sed subiectum est, de quo τὸ αὐτό τι praedicatur   9 εἰ ἵππος τὸ μέτρον, ἵππους ... ἀνθρώπους codd., scil. δεῖ εἶναι τὸν ἀριθμὸν αὐτῶν (τῶν μεμετρημένων); cf. 10–11: εἰ ἵπποι, τὸ μέτρον ἵππος, καὶ εἰ ἄνθρωποι, ἄνθρωπος Bonitz, Ross quod melius est   15 τι om. E   16 ἐκ ex Al[p] addidi; cf. 1087[b]10   21 αὐτῇ Π: corr. E²   22–23 τὰ δὲ ex Al[c] correxi et 24 ὕστερα scripsi: τὸ δὲ et ὑστέρα Π A[b], scil. κατηγορία; quod qui recipit, non sicut Ross, τῶν κατηγοριῶν delere debet: ὕστερον ci. Christ   24 ποιοῦ καὶ τοῦ A[b]   25 ἐλέχθη] cf. 17 οὐχ ὕλη,] cf. corresp. ὑποκ. 18   ἢ εἰ scripsi: ἢ Al[p]: εἰ codd.   ὑπόκειται suppl. Christ ex 18   29 ἢ πρός τί J A[b]: ἃ πρός τί E   30 μόνου E μόνο͡υν J, ον sscr. J²; τὸ ante μόνον exp.: μόνον A[b]

ΤΩΝ ΜΕΤΑ ΤΑ ΦΥΣΙΚΑ Ν

καὶ φθίσις, κατὰ τὸ ποιὸν ἀλλοίωσις, κατὰ τόπον φορά, κατὰ τὴν οὐσίαν ἡ ἁπλῆ γένεσις καὶ φθορά,—ἀλλ' οὐ κατὰ τὸ πρός τι· ἄνευ γὰρ τοῦ κινηθῆναι ὁτὲ μὲν μεῖζον ὁτὲ δὲ ἔλασσον ἢ ἴσον ἔσται θατέρου κινηθέντος κατὰ τὸ ποσόν. ἀνάγκη τε ἑκάστου ὕλην εἶναι τὸ δυνάμει τοιοῦτον, ὥστε καὶ οὐσίας· τὸ δὲ πρός τι οὔτε δυνάμει οὐσία οὔτε ἐνεργείᾳ. ἄτοπον οὖν, μᾶλλον δὲ ἀδύνατον, τὸ οὐσίας μὴ οὐσίαν ποιεῖν στοιχεῖον καὶ πρότερον· ὕστερον γὰρ πᾶσαι αἱ κατηγορίαι. ἔτι δὲ τὰ στοιχεῖα οὐ κατηγορεῖται καθ' ὧν στοιχεῖα, τὸ δὲ πολὺ καὶ ὀλίγον καὶ χωρὶς καὶ ἅμα κατηγορεῖται ἀριθμοῦ, καὶ τὸ μακρὸν καὶ τὸ βραχὺ γραμμῆς, καὶ ἐπίπεδόν ἐστι καὶ πλατὺ καὶ στενόν. εἰ δὲ δὴ καὶ ἔστι τι πλῆθος †οὗ τὸ μὲν ἀεὶ ⟨τὸ⟩ ὀλίγον, οἷον ἡ δυάς (εἰ γὰρ πολύ, τὸ ἓν ἂν ὀλίγον εἴη), κἂν πολὺ ἁπλῶς εἴη, οἷον ἡ δεκὰς πολύ, [καὶ] εἰ ταύτης μή ἐστι πλεῖον, ἢ τὰ μύρια. πῶς οὖν ἔσται οὕτως ἐξ ὀλίγου καὶ πολλοῦ ὁ ἀριθμός; ἢ γὰρ ἄμφω ἔδει κατηγορεῖσθαι ἢ μηδέτερον· νῦν δὲ τὸ ἕτερον μόνον κατηγορεῖται.

Ἁπλῶς δὲ δεῖ σκοπεῖν, ἆρα δυνατὸν τὰ ἀΐδια ἐκ στοιχείων συγκεῖσθαι; ὕλην γὰρ ἕξει· σύνθετον γὰρ πᾶν τὸ ἐκ στοιχείων. εἰ τοίνυν ἀνάγκη, ἐξ οὗ ἐστίν, εἰ καὶ ἀεὶ ἔστι κἂν εἰ ἐγένετο, ἐκ τούτου γίγνεσθαι, γίγνεται δὲ πᾶν ἐκ τοῦ δυνάμει ὄντος τοῦτο ὃ γίγνεται (οὐ γὰρ ἂν ἐγένετο ἐκ τοῦ ἀδυνάτου οὐδὲ ἦν), τὸ δὲ δυνατὸν ἐνδέχεται καὶ ἐνεργεῖν καὶ μή, εἰ καὶ ὅτι μάλιστα ἀεί ἐστιν ὁ ἀριθμὸς ἢ ὁτιοῦν

---

35 ἔλασσον Π A^b: ἔλαττον recc.   ἔσται A^b Al^c: ἐστὶν Π   1088^b 6 ἀριθμῶν A^b   8–9 οὗ] οὐ E, ου J e corr., ὧν sscr. J; an ex Syr? τὸ μὲν ἀεὶ ὀλίγον corruptum: ὅπερ ἁπλῶς ὀλίγον φασίν recte interpr. Al; ὃ λέγομεν ἀεὶ ὀλίγον Ross; ὀλίγον ἁπλῶς desideratur propter 10 πολὺ ἁπλῶς, ἀεὶ idem significare non potest, in quo latere vid. δεῖ; an fuit οὐ ἁπλῶς κατηγορεῖν δεῖ ὀλίγον?   9 τὸ ante ὀλίγον add. Ross ex Al^p   10 καὶ secl. Bonitz, καὶ ταύτης μὴ ἔστω πλεῖον μηδὲ τὰ μύρια Al legisse ci. Christ   11 οὕτως A^b Al^p: οὗτος Π   12 ἢ alt. om. A^b   16 εἰ τοίνυν E Al^c (unde ἔτι νῦν J): οὐ τοίνυν A^b   17 ἔστι, κἂν, εἰ ἐγένετο interpung. Ross   18 ἐκ τοῦ Π: εἰς A^b, τὸ sscr. man. alt.   τοιούτου ὃ Al^p ἐγένετο J A^b: ἐγίνετο E   20 ὁτιοῦν] ὅτι J Lat

ἄλλο ὕλην ἔχον, ἐνδέχοιτ' ἂν μὴ εἶναι, ὥσπερ καὶ τὸ μίαν ἡμέραν ἔχον καὶ τὸ ὁποσαοῦν ἔτη· εἰ δ' οὕτω, καὶ τὸ τοσοῦτον χρόνον οὗ μὴ ἔστι πέρας. οὐκ ἂν τοίνυν εἴη ἀίδια, εἴπερ μὴ ἀίδιον τὸ ἐνδεχόμενον μὴ εἶναι, καθάπερ ἐν ἄλλοις λόγοις συνέβη πραγματευθῆναι. εἰ δέ ἐστι τὸ λεγόμενον νῦν ἀληθὲς 25 καθόλου, ὅτι οὐδεμία ἐστὶν ἀίδιος οὐσία ἐὰν μὴ ᾖ ἐνέργεια, τὰ δὲ στοιχεῖα ὕλη τῆς οὐσίας, οὐδεμιᾶς ἂν εἴη ἀιδίου οὐσίας στοιχεῖα ἐξ ὧν ἐστιν ἐνυπαρχόντων. εἰσὶ δέ τινες οἳ δυάδα μὲν ἀόριστον ποιοῦσι τὸ μετὰ τοῦ ἑνὸς στοιχεῖον, τὸ δ' ἄνισον δυσχεραίνουσιν εὐλόγως διὰ τὰ συμβαίνοντα ἀδύνατα· οἷς 30 τοσαῦτα μόνον ἀφῄρηται τῶν δυσχερῶν ὅσα διὰ τὸ ποιεῖν τὸ ἄνισον καὶ τὸ πρός τι στοιχεῖον ἀναγκαῖον συμβαίνειν τοῖς λέγουσιν· ὅσα δὲ χωρὶς ταύτης τῆς δόξης, ταῦτα κἀκείνοις ὑπάρχειν ἀναγκαῖον, ἐάν τε τὸν εἰδητικὸν ἀριθμὸν ἐξ αὐτῶν ποιῶσιν ἐάν τε τὸν μαθηματικόν.—πολλὰ μὲν οὖν τὰ αἴτια 35 τῆς ἐπὶ ταύτας τὰς αἰτίας ἐκτροπῆς, μάλιστα δὲ τὸ ἀπορῆ- **1089ᵃ** σαι ἀρχαϊκῶς. ἔδοξε γὰρ αὐτοῖς πάντ' ἔσεσθαι ἓν τὰ ὄντα, αὐτὸ τὸ ὄν, εἰ μή τις λύσει καὶ ὁμόσε βαδιεῖται τῷ Παρμενίδου λόγῳ " οὐ γὰρ μήποτε τοῦτο δαμῇ, εἶναι μὴ ἐόντα", ἀλλ' ἀνάγκη εἶναι τὸ μὴ ὂν δεῖξαι ὅτι ἔστιν· οὕτω γάρ, ἐκ 5 τοῦ ὄντος καὶ ἄλλου τινός, τὰ ὄντα ἔσεσθαι, εἰ πολλά ἐστιν. καίτοι πρῶτον μέν, εἰ τὸ ὂν πολλαχῶς (τὸ μὲν γὰρ [ὅτι] οὐσίαν σημαίνει, τὸ δ' ὅτι ποιόν, τὸ δ' ὅτι ποσόν, καὶ τὰς ἄλλας δὴ κατηγορίας), ποῖον οὖν τὰ ὄντα πάντα ἕν, εἰ μὴ τὸ μὴ ὂν ἔσται; πότερον αἱ οὐσίαι, ἢ τὰ πάθη καὶ τὰ ἄλλα 10 δὴ ὁμοίως, ἢ πάντα, καὶ ἔσται ἓν τὸ τόδε καὶ τὸ τοιόνδε καὶ

21 ἄλλο E: ἄλλου J Aᵇ   22 τὸ alt. om. Aᵇ: leg. Alᶜ   24 ἐν ἄλλοις] ad De caelo i. 7 refert Bonitz   λόγοις om. E Alᶜ   26 ἐνέργεια Π Aᵇ Alᶜ Syr: ἐνεργείᾳ Syr v. t.   32 τὸ alt. om. Aᵇ ἀναγκαῖον συμβαίνειν Bonitz: ἀναγκαῖα συμβαίνει codd.; an ἀναγκαῖα συμβαίνειν?   1089ᵃ 4 τοῦτο δαμῇ Π: τοῦτ' οὐδαμῇ Aᵇ: τοῦτο μηδαμῇ Alᶜ: τοῦτο δαῇς recc.   5 ἀνάγκην Bonitz   6 ἐστιν Π Aᵇ: ἔσται Bonitz 7–8 ὅτι secl. vel οὐσία ci. Maier   9 ποῖα Bonitz   11 ἢ J Lat: om. E Aᵇ Alᵖ

ΤΩΝ ΜΕΤΑ ΤΑ ΦΥΣΙΚΑ Ν

τὸ τοσόνδε καὶ τὰ ἄλλα ὅσα ἕν τι σημαίνει; ἀλλ' ἄτοπον, μᾶλλον δὲ ἀδύνατον, τὸ μίαν φύσιν τινὰ γενομένην αἰτίαν εἶναι τοῦ τοῦ ὄντος τὸ μὲν τόδε εἶναι τὸ δὲ τοιόνδε τὸ δὲ 15 τοσόνδε τὸ δὲ πού. ἔπειτα ἐκ ποίου μὴ ὄντος καὶ ὄντος τὰ ὄντα; πολλαχῶς γὰρ καὶ τὸ μὴ ὄν, ἐπειδὴ καὶ τὸ ὄν· καὶ τὸ μὲν μὴ ἄνθρωπον ⟨εἶναι⟩ σημαίνει τὸ μὴ εἶναι τοδί, τὸ δὲ μὴ εὐθὺ τὸ μὴ εἶναι τοιονδί, τὸ δὲ μὴ τρίπηχυ τὸ μὴ εἶναι τοσονδί. ἐκ ποίου οὖν ὄντος καὶ μὴ ὄντος πολλὰ τὰ ὄντα; 20 βούλεται μὲν δὴ τὸ ψεῦδος καὶ ταύτην τὴν φύσιν λέγειν τὸ οὐκ ὄν, ἐξ οὗ καὶ τοῦ ὄντος πολλὰ τὰ ὄντα, διὸ καὶ ἐλέγετο ὅτι δεῖ ψεῦδός τι ὑποθέσθαι, ὥσπερ καὶ οἱ γεωμέτραι τὸ ποδιαίαν εἶναι τὴν μὴ ποδιαίαν· ἀδύνατον δὲ ταῦθ' οὕτως ἔχειν, οὔτε γὰρ οἱ γεωμέτραι ψεῦδος οὐθὲν ὑποτίθενται (οὐ γὰρ 25 ἐν τῷ συλλογισμῷ ἡ πρότασις), οὔτε ἐκ τοῦ οὕτω μὴ ὄντος τὰ ὄντα γίγνεται οὐδὲ φθείρεται. ἀλλ' ἐπειδὴ τὸ μὲν κατὰ τὰς πτώσεις μὴ ὂν ἰσαχῶς ταῖς κατηγορίαις λέγεται, παρὰ τοῦτο δὲ τὸ ὡς ψεῦδος λέγεται [τὸ] μὴ ὂν καὶ τὸ κατὰ δύναμιν, ἐκ τούτου ἡ γένεσίς ἐστιν, ἐκ τοῦ μὴ ἀνθρώπου δυνάμει δὲ ἀνθρώ-30 που ἄνθρωπος, καὶ ἐκ τοῦ μὴ λευκοῦ δυνάμει δὲ λευκοῦ λευκόν, ὁμοίως ἐάν τε ἕν τι γίγνηται ἐάν τε πολλά.—φαίνεται δὲ ἡ ζήτησις πῶς πολλὰ τὸ ὂν τὸ κατὰ τὰς οὐσίας λεγόμενον· ἀριθμοὶ γὰρ καὶ μήκη καὶ σώματα τὰ γεννώμενά ἐστιν. ἄτοπον δὴ τὸ ὅπως μὲν πολλὰ τὸ ὂν τὸ τί ἐστι ζητῆσαι, 35 πῶς δὲ ἢ ποιὰ ἢ ποσά, μή. οὐ γὰρ δὴ ἡ δυὰς ἡ ἀόριστος αἰτία οὐδὲ τὸ μέγα καὶ τὸ μικρὸν τοῦ δύο λευκὰ ἢ πολλὰ εἶναι χρώματα ἢ χυμοὺς ἢ σχήματα· ἀριθμοὶ γὰρ ἂν καὶ ταῦτα ἦσαν καὶ μονάδες. ἀλλὰ μὴν εἴ γε ταῦτ' ἐπῆλθον, εἶδον ἂν τὸ αἴτιον καὶ τὸ ἐν ἐκείνοις· τὸ γὰρ αὐτὸ καὶ τὸ

12 ἕν] ὄν Bonitz   14 τοῦ τοῦ E: alt. τοῦ sscr. J²: τοῦ J Lat; καὶ τούτου καὶ ὄντος εἶναι τοῦ Aᵇ   τὸ δὲ τοιόνδε Π Alᵖ: om. Aᵇ   17 ἄνθρωπον codd.: ἄνθρωπος ci. Schwegler, Bonitz   εἶναι supplevi (BBA 278)   20 βούλεται ... λέγειν] Plat. Soph. 240 sq.   λέγειν Π Aᵇ: λέγει Alᶜ Bonitz; cf. autem 1086ᵇ18–19   22 δεῖ om. E   28 τὸ alt. om. Alᶜ, secl. Bonitz   1089ᵇ 2 ἐπῆλθεν E Alᶜ

ΤΩΝ ΜΕΤΑ ΤΑ ΦΥΣΙΚΑ Ν 1089ᵇ

ἀνάλογον αἴτιον. αὕτη γὰρ ἡ παρέκβασις αἰτία καὶ τοῦ τὸ ἀντικείμενον ζητοῦντας τῷ ὄντι καὶ τῷ ἑνί, ἐξ οὗ καὶ τούτων τὰ ὄντα, τὸ πρός τι καὶ τὸ ἄνισον ὑποθεῖναι, ὃ οὔτ' ἐναντίον οὔτ' ἀπόφασις ἐκείνων, μία δὲ φύσις τῶν ὄντων ὥσπερ καὶ τὸ τί καὶ τὸ ποῖον. καὶ ζητεῖν ἔδει καὶ τοῦτο, πῶς πολλὰ τὰ πρός τι ἀλλ' οὐχ ἕν· νῦν δὲ πῶς μὲν πολλαὶ μονάδες παρὰ τὸ πρῶτον ἓν ζητεῖται, πῶς δὲ πολλὰ ἄνισα παρὰ τὸ ἄνισον οὐκέτι. καίτοι χρῶνται καὶ λέγουσι μέγα μικρόν, πολὺ ὀλίγον, ἐξ ὧν οἱ ἀριθμοί, μακρὸν βραχύ, ἐξ ὧν τὸ μῆκος, πλατὺ στενόν, ἐξ ὧν τὸ ἐπίπεδον, βαθὺ ταπεινόν, ἐξ ὧν οἱ ὄγκοι· καὶ ἔτι δὴ πλείω εἴδη λέγουσι τοῦ πρός τι· τούτοις δὴ τί αἴτιον τοῦ πολλὰ εἶναι;—ἀνάγκη μὲν οὖν, ὥσπερ λέγομεν, ὑποθεῖναι τὸ δυνάμει ὂν ἑκάστῳ (τοῦτο δὲ προσαπεφήνατο ὁ ταῦτα λέγων, τί τὸ δυνάμει τόδε καὶ οὐσία, μὴ ὂν δὲ καθ' αὑτό, ὅτι τὸ πρός τι, ὥσπερ εἰ εἶπε τὸ ποιόν, ὃ οὔτε δυνάμει ἐστὶ τὸ ἓν ἢ τὸ ὂν οὔτε ἀπόφασις τοῦ ἑνὸς οὐδὲ τοῦ ὄντος ἀλλ' ἕν τι τῶν ὄντων), πολύ τε μᾶλλον, ὥσπερ ἐλέχθη, εἰ ἐζήτει πῶς πολλὰ τὰ ὄντα, μὴ τὰ ἐν τῇ αὐτῇ κατηγορίᾳ ζητεῖν, πῶς πολλαὶ οὐσίαι ἢ πολλὰ ποιά, ἀλλὰ πῶς πολλὰ τὰ ὄντα· τὰ μὲν γὰρ οὐσίαι τὰ δὲ πάθη τὰ δὲ πρός τι. ἐπὶ μὲν οὖν τῶν ἄλλων κατηγοριῶν ἔχει τινὰ καὶ ἄλλην ἐπίστασιν πῶς πολλά (διὰ γὰρ τὸ μὴ χωριστὰ εἶναι τῷ τὸ ὑποκείμενον πολλὰ γίγνεσθαι καὶ εἶναι ποιά τε πολλὰ [εἶναι] καὶ ποσά· καίτοι δεῖ γέ τινα εἶναι ὕλην ἑκάστῳ γένει, πλὴν χωριστὴν ἀδύνατον τῶν οὐσιῶν)· ἀλλ' ἐπὶ τῶν τόδε τι ἔχει τινὰ λόγον πῶς πολλὰ τὸ τόδε τι, εἰ μή τι ἔσται καὶ τόδε τι καὶ φύσις τις τοιαύτη· αὕτη δέ ἐστιν ἐκεῖθεν μᾶλλον ἡ ἀπορία, πῶς πολλαὶ ἐνεργείᾳ οὐσίαι

4 αὐτή Π: corr. E² τοῦ Aᵇ Al: τὸ Π sscr. J 5 ζητοῦντας J Aᵇ Al: ζητοῦντα E 7 δὲ Christ: τε codd.; cf. 20 9 τὰ Π Alᶜ: τὸ Aᵇ 17 οὐσία Π Aᵇ Alᶜ: οὐσίᾳ E² 19 οὐδὲ Bekker: οὔτε codd. 20 μᾶλλον] κάλλιον ut vid. Alᵖ; at cf. 15 ἀνάγκη et 8 ἔδει 21 ἐζήτει J Aᵇ Alᵖ: ἐζητεῖτο E: utrumque Syr: ἐζήτει τὸ Bonitz; cf. 8 27 εἶναι secl. Ross 31 οὐσίαι J Aᵇ Alᵖ: οὖσαι E

299

ἀλλ' οὐ μία. ἀλλὰ μὴν καὶ εἰ μὴ ταὐτόν ἐστι τὸ τόδε καὶ τὸ ποσόν, οὐ λέγεται πῶς καὶ διὰ τί πολλὰ τὰ ὄντα, ἀλλὰ πῶς ποσὰ πολλά. ὁ γὰρ ἀριθμὸς πᾶς ποσόν τι σημαίνει, καὶ ἡ μονάς, εἰ μὴ μέτρον ὅτι τὸ κατὰ τὸ ποσὸν ἀδιαίρετον. εἰ μὲν οὖν ἕτερον τὸ ποσὸν καὶ τὸ τί ἐστιν, οὐ λέγεται τὸ τί ἐστιν ἐκ τίνος οὐδὲ πῶς πολλά· εἰ δὲ ταὐτό, πολλὰς ὑπομένει ὁ λέγων ἐναντιώσεις.—ἐπιστήσειε δ' ἄν τις τὴν σκέψιν καὶ περὶ τῶν ἀριθμῶν πόθεν δεῖ λαβεῖν τὴν πίστιν ὡς εἰσίν. τῷ μὲν γὰρ ἰδέας τιθεμένῳ παρέχονταί τιν' αἰτίαν τοῖς οὖσιν, εἴπερ ἕκαστος τῶν ἀριθμῶν ἰδέα τις ἡ δ' ἰδέα τοῖς ἄλλοις αἰτία τοῦ εἶναι ὃν δή ποτε τρόπον (ἔστω γὰρ ὑποκείμενον αὐτοῖς τοῦτο)· τῷ δὲ τοῦτον μὲν τὸν τρόπον οὐκ οἰομένῳ διὰ τὸ τὰς ἐνούσας δυσχερείας ὁρᾶν περὶ τὰς ἰδέας ὥστε διά γε ταῦτα μὴ ποιεῖν ἀριθμούς, ποιοῦντι δὲ ἀριθμὸν τὸν μαθηματικόν, πόθεν τε χρὴ πιστεῦσαι ὡς ἔστι τοιοῦτος ἀριθμός, καὶ τί τοῖς ἄλλοις χρήσιμος; οὐθενὸς γὰρ οὔτε φησὶν ὁ λέγων αὐτὸν ⟨αἴτιον⟩ εἶναι, ἀλλ' ὡς αὐτήν τινα λέγει καθ' αὑτὴν φύσιν οὖσαν, οὔτε φαίνεται ὢν αἴτιος· τὰ γὰρ θεωρήματα τῶν ἀριθμητικῶν πάντα καὶ κατὰ τῶν αἰσθητῶν ὑπάρξει, καθάπερ ἐλέχθη.

Οἱ μὲν οὖν τιθέμενοι τὰς ἰδέας εἶναι, καὶ ἀριθμοὺς αὐτὰς εἶναι, ⟨τῷ⟩ κατὰ τὴν ἔκθεσιν ἑκάστου παρὰ τὰ πολλὰ λαμβάνειν [τὸ] ἕν τι ἕκαστον πειρῶνταί γε λέγειν πως διὰ τί ἔστιν, οὐ μὴν ἀλλὰ ἐπεὶ οὔτε ἀναγκαῖα οὔτε δυνατὰ ταῦτα, οὐδὲ τὸν ἀριθμὸν διά γε ταῦτα εἶναι λεκτέον· οἱ δὲ Πυθαγόρειοι διὰ τὸ ὁρᾶν πολλὰ τῶν ἀριθμῶν πάθη ὑπάρχοντα

35 ὅτι codd.: καὶ ci. Ross   1090ᵃ 12 αἴτιον addidi (BBA 277); cf. ᵃ4, 13, Al 813. 11   ὥς om. E   17 τῷ add. Bessario, Joachim; ἐν τῷ interpr. Al   κατὰ τὸ ἔκθεσιν Bonitz; cf. 32, sed cf. 1031ᵇ21 ἕκαστον Joachim   17–18 λαμβάνοντες [τὸ] Bullinger quod scribere debet qui 17 non addit τῷ   τὸ om. Alᵖ, secl. Maier, Joachim   πως Alᵖ (τρόπον τινὰ): πῶς Π Aᵇ: πῶς καὶ recc.; an πῶς et διὰ τί v. t. erant in codd. conflatae?

⟨ἐν⟩ τοῖς αἰσθητοῖς σώμασιν, εἶναι μὲν ἀριθμοὺς ἐποίησαν τὰ ὄντα, οὐ χωριστοὺς δέ, ἀλλ' ἐξ ἀριθμῶν τὰ ὄντα· διὰ τί δέ; ὅτι τὰ πάθη τὰ τῶν ἀριθμῶν ἐν ἁρμονίᾳ ὑπάρχει καὶ ἐν τῷ οὐρανῷ καὶ ἐν πολλοῖς ἄλλοις. τοῖς δὲ τὸν μαθηματικὸν 25 μόνον λέγουσιν εἶναι ἀριθμὸν οὐθὲν τοιοῦτον ἐνδέχεται λέγειν κατὰ τὰς ὑποθέσεις, ἀλλ' ὅτι οὐκ ἔσονται αὐτῶν αἱ ἐπιστῆμαι ἐλέγετο. ἡμεῖς δέ φαμεν εἶναι, καθάπερ εἴπομεν πρότερον. καὶ δῆλον ὅτι οὐ κεχώρισται τὰ μαθηματικά· οὐ γὰρ ἂν κεχωρισμένων τὰ πάθη ὑπῆρχεν ἐν τοῖς σώμασιν. οἱ 30 μὲν οὖν Πυθαγόρειοι κατὰ μὲν τὸ τοιοῦτον οὐθενὶ ἔνοχοί εἰσιν, κατὰ μέντοι τὸ ποιεῖν ἐξ ἀριθμῶν τὰ φυσικὰ σώματα, ἐκ μὴ ἐχόντων βάρος μηδὲ κουφότητα ἔχοντα κουφότητα καὶ βάρος, ἐοίκασι περὶ ἄλλου οὐρανοῦ λέγειν καὶ σωμάτων ἀλλ' οὐ τῶν αἰσθητῶν· οἱ δὲ χωριστὸν ποιοῦντες, ὅτι ἐπὶ τῶν αἰσθη- 35 τῶν οὐκ ἔσται τὰ ἀξιώματα, ἀληθῆ δὲ τὰ λεγόμενα καὶ σαίνει τὴν ψυχήν, εἶναί τε ὑπολαμβάνουσι καὶ χωριστὰ εἶναι· ὁμοίως δὲ καὶ τὰ μεγέθη τὰ μαθηματικά. δῆλον οὖν 1090ᵇ ὅτι καὶ ὁ ἐναντιούμενος λόγος τἀναντία ἐρεῖ, καὶ ὃ ἄρτι ἠπορήθη λυτέον τοῖς οὕτω λέγουσι, διὰ τί οὐδαμῶς ἐν τοῖς αἰσθητοῖς ὑπαρχόντων τὰ πάθη ὑπάρχει αὐτῶν ἐν τοῖς αἰσθητοῖς. εἰσὶ δέ τινες οἳ ἐκ τοῦ πέρατα εἶναι καὶ ἔσχατα 5 τὴν στιγμὴν μὲν γραμμῆς, ταύτην δ' ἐπιπέδου, τοῦτο δὲ τοῦ στερεοῦ, οἴονται εἶναι ἀνάγκην τοιαύτας φύσεις εἶναι. δεῖ δὴ καὶ τοῦτον ὁρᾶν τὸν λόγον, μὴ λίαν ᾖ μαλακός. οὔτε γὰρ οὐσίαι εἰσὶ τὰ ἔσχατα ἀλλὰ μᾶλλον πάντα ταῦτα πέρατα (ἐπεὶ καὶ τῆς βαδίσεως καὶ ὅλως κινήσεως ἔστι τι πέρας· 10

22 ἐν addidi ex Alᶜ; cf. 30 et 1090ᵇ3-4   σώμασιν om. Alᶜ   23 διὰ τί δέ ... 25 ἄλλοις hic post 21 διὰ τό ... 22 σώμασιν incommode legi monet Christ   24 ἐν ἁρμονίᾳ E Alᶜ (ἐν τῇ): ἐναρμόνια J Aᵇ   33 μηδὲ J Aᵇ Alᶜ: οὐδὲ E   36 maior lacuna exstat vel ante vel post ἀληθῆ δὲ τὰ λεγόμενα ... ψυχήν, etiam Al alium textum habuisse vid.: Ar. non negat facta, quibus nititur Platonicorum demonstratio, sed conclusionem reicit. propter lacunam nolo cum Bonitz 37 χωριστὰ mutare in χωριστόν; cf. 35   1090ᵇ 3 λύεται J Aᵇ   9 post ἔσχατὰ supplendum puto ex Al οὔτε χωριστά; cf. 13 (BBA 278)

ΤΩΝ ΜΕΤΑ ΤΑ ΦΥΣΙΚΑ Ν

τοῦτ' οὖν ἔσται τόδε τι καὶ οὐσία τις· ἀλλ' ἄτοπον)·—οὐ μὴν ἀλλὰ εἰ καὶ εἰσί, τῶνδε τῶν αἰσθητῶν ἔσονται πάντα (ἐπὶ τούτων γὰρ ὁ λόγος εἴρηκεν)· διὰ τί οὖν χωριστὰ ἔσται;—ἔτι δὲ ἐπιζητήσειεν ἄν τις μὴ λίαν εὐχερὴς ὢν περὶ μὲν τοῦ ἀρι-
15 θμοῦ παντὸς καὶ τῶν μαθηματικῶν τὸ μηθὲν συμβάλλεσθαι ἀλλήλοις τὰ πρότερα τοῖς ὕστερον (μὴ ὄντος γὰρ τοῦ ἀριθμοῦ οὐθὲν ἧττον τὰ μεγέθη ἔσται τοῖς τὰ μαθηματικὰ μόνον εἶναι φαμένοις, καὶ τούτων μὴ ὄντων ἡ ψυχὴ καὶ τὰ σώματα τὰ αἰσθητά· οὐκ ἔοικε δ' ἡ φύσις ἐπεισοδιώδης οὖσα ἐκ τῶν
20 φαινομένων, ὥσπερ μοχθηρὰ τραγῳδία)· τοῖς δὲ τὰς ἰδέας τιθεμένοις τοῦτο μὲν ἐκφεύγει—ποιοῦσι γὰρ τὰ μεγέθη ἐκ τῆς ὕλης καὶ ἀριθμοῦ, ἐκ μὲν τῆς δυάδος τὰ μήκη, ἐκ τριάδος δ' ἴσως τὰ ἐπίπεδα, ἐκ δὲ τῆς τετράδος τὰ στερεὰ ἢ καὶ ἐξ ἄλλων ἀριθμῶν· διαφέρει γὰρ οὐθέν—, ἀλλὰ ταῦτά
25 γε πότερον ἰδέαι ἔσονται, ἢ τίς ὁ τρόπος αὐτῶν, καὶ τί συμβάλλονται τοῖς οὖσιν; οὐθὲν γάρ, ὥσπερ οὐδὲ τὰ μαθηματικά, οὐδὲ ταῦτα συμβάλλεται. ἀλλὰ μὴν οὐδ' ὑπάρχει γε κατ' αὐτῶν οὐθὲν θεώρημα, ἐὰν μή τις βούληται κινεῖν τὰ μαθηματικὰ καὶ ποιεῖν ἰδίας τινὰς δόξας. ἔστι δ' οὐ χαλεπὸν
30 ὁποιασοῦν ὑποθέσεις λαμβάνοντας μακροποιεῖν καὶ συνείρειν. οὗτοι μὲν οὖν ταύτῃ προσγλιχόμενοι ταῖς ἰδέαις τὰ μαθηματικὰ διαμαρτάνουσιν· οἱ δὲ πρῶτοι δύο τοὺς ἀριθμοὺς ποιήσαντες, τόν τε τῶν εἰδῶν καὶ τὸν μαθηματικόν, οὔτ' εἰρήκασιν οὐδαμῶς οὔτ' ἔχοιεν ἂν εἰπεῖν πῶς καὶ ἐκ τίνος ἔσται ὁ
35 μαθηματικός. ποιοῦσι γὰρ αὐτὸν μεταξὺ τοῦ εἰδητικοῦ καὶ τοῦ αἰσθητοῦ. εἰ μὲν γὰρ ἐκ τοῦ μεγάλου καὶ μικροῦ, ὁ αὐτὸς ἐκείνῳ ἔσται τῷ τῶν ἰδεῶν (ἐξ ἄλλου δὲ τίνος μικροῦ

---

11 ἔσται Aᵇ Alᵖ : ἐστὶ Π 13 ἔσται J Aᵇ : ἐστιν E Alᶜ 22 καὶ τοῦ ἀρ. Alᶜ 27–28 κατ' αὐτῶν J Aᵇ : τούτων E : τῶν τοιούτων Alᵖ 30 μακροποιεῖν J Aᵇ : μακρὸν ποιεῖν E : μακρηγορεῖν Alᵖ 33 ἰδεῶν E μαθηματικόν Alᶜ Aᵇ (-ῶν) : μαθηματικὸν ἄλλον Π 34 οὐδαμῶς J Lat : om. E Alᶜ 35 εἰδητικοῦ Π Alᶜ : εἰδικοῦ e corr. Aᵇ 37 ἐξ ἄλλου ... ᵃ1 ποιεῖ notam marg. censet Christ δὲ τίνος retento γὰρ (1091ᵃ1) Ross, idem deleto γὰρ Cherniss : δέ τινος codd.

καὶ μεγάλου τὰ [γὰρ] μεγέθη ποιεῖ;)· εἰ δ' ἕτερόν τι ἐρεῖ, 1091ᵃ
πλείω τὰ στοιχεῖα ἐρεῖ· καὶ εἰ ἕν τι ἑκατέρου ἡ ἀρχή, κοινόν τι ἐπὶ τούτων ἔσται τὸ ἕν, ζητητέον τε πῶς καὶ ταῦτα
πολλὰ τὸ ἓν καὶ ἅμα τὸν ἀριθμὸν γενέσθαι ἄλλως ἢ ἐξ
ἑνὸς καὶ δυάδος ἀορίστου ἀδύνατον κατ' ἐκεῖνον. πάντα δὴ 5
ταῦτα ἄλογα, καὶ μάχεται καὶ αὐτὰ ἑαυτοῖς καὶ τοῖς
εὐλόγοις, καὶ ἔοικεν ἐν αὐτοῖς εἶναι ὁ Σιμωνίδου μακρὸς
λόγος· γίγνεται γὰρ ὁ μακρὸς λόγος ὥσπερ ὁ τῶν δούλων
ὅταν μηθὲν ὑγιὲς λέγωσιν. φαίνεται δὲ καὶ αὐτὰ τὰ στοιχεῖα τὸ μέγα καὶ τὸ μικρὸν βοᾶν ὡς ἑλκόμενα· οὐ δύνα- 10
ται γὰρ οὐδαμῶς γεννῆσαι τὸν ἀριθμὸν ἀλλ' ἢ τὸν ἀφ' ἑνὸς
διπλασιαζόμενον.—ἄτοπον δὲ καὶ γένεσιν ποιεῖν ἀϊδίων ὄντων, μᾶλλον δ' ἕν τι τῶν ἀδυνάτων. οἱ μὲν οὖν Πυθαγόρειοι πότερον οὐ ποιοῦσιν ἢ ποιοῦσι γένεσιν οὐδὲν δεῖ διστάζειν·
φανερῶς γὰρ λέγουσιν ὡς τοῦ ἑνὸς συσταθέντος, εἴτ' ἐξ ἐπι- 15
πέδων εἴτ' ἐκ χροιᾶς εἴτ' ἐκ σπέρματος εἴτ' ἐξ ὧν ἀποροῦσιν
εἰπεῖν, εὐθὺς τὸ ἔγγιστα τοῦ ἀπείρου [ὅτι] εἵλκετο καὶ ἐπεραίνετο ὑπὸ τοῦ πέρατος. ἀλλ' ἐπειδὴ κοσμοποιοῦσι καὶ φυσικῶς βούλονται λέγειν, δίκαιον αὐτοὺς ἐξετάζειν τι περὶ
φύσεως, ἐκ δὲ τῆς νῦν ἀφεῖναι μεθόδου· τὰς γὰρ ἐν τοῖς 20
ἀκινήτοις ζητοῦμεν ἀρχάς, ὥστε καὶ τῶν ἀριθμῶν τῶν τοιούτων ἐπισκεπτέον τὴν γένεσιν.

4   Τοῦ μὲν οὖν περιττοῦ γένεσιν οὔ φασιν, ὡς δηλονότι τοῦ
ἀρτίου οὔσης γενέσεως· τὸν δ' ἄρτιον πρῶτον ἐξ ἀνίσων τινὲς
κατασκευάζουσι τοῦ μεγάλου καὶ μικροῦ ἰσασθέντων. ἀνάγκη 25
οὖν πρότερον ὑπάρχειν τὴν ἀνισότητα αὐτοῖς τοῦ ἰσασθῆναι·
εἰ δ' ἀεὶ ἦσαν ἰσασμένα, οὐκ ἂν ἦσαν ἄνισα πρότερον (τοῦ

1091ᵃ 1 γὰρ ut vid. legit Al: om. Bessario: γε ci. Bonitz   3 ταῦτα
defendit Ross: τοῦτο Christ   4 τὰ ἓν Aᵇ   7 ἐνεῖναι J: corr. J²
8 γὰρ om. J¹; quod si verum, γίγνεται ... 9 λέγωσιν nota marg. est   15
ὡς Π Aᵇ: ὅτι Alᶜ   17 ὅτι Π Aᵇ: om. Alᵖ, secl. Christ ut superfluum
antecedente ὡς; an est var. lect. ad ὡς? cf. ad 15   19 τι] τοὺς Al
ἐν τοῖς π. φύσεως vel tale quid restituendum esse vidit Schwegler nisi
forte τι περὶ φύσεως est var. lect. olim ad 18 φυσικῶς adscripta

1091ᵃ   ΤΩΝ ΜΕΤΑ ΤΑ ΦΥΣΙΚΑ Ν

γὰρ ἀεὶ οὐκ ἔστι πρότερον οὐθέν), ὥστε φανερὸν ὅτι οὐ τοῦ θεωρῆσαι ἕνεκεν ποιοῦσι τὴν γένεσιν τῶν ἀριθμῶν.—ἔχει δ' 30 ἀπορίαν καὶ εὐπορήσαντι ἐπιτίμησιν πῶς ἔχει πρὸς τὸ ἀγαθὸν καὶ τὸ καλὸν τὰ στοιχεῖα καὶ αἱ ἀρχαί· ἀπορίαν μὲν ταύτην, πότερόν ἐστί τι ἐκείνων οἷον βουλόμεθα λέγειν αὐτὸ τὸ ἀγαθὸν καὶ τὸ ἄριστον, ἢ οὔ, ἀλλ' ὑστερογενῆ. παρὰ μὲν γὰρ τῶν θεολόγων ἔοικεν ὁμολογεῖσθαι τῶν νῦν τισίν, οἳ οὔ 35 φασιν, ἀλλὰ προελθούσης τῆς τῶν ὄντων φύσεως καὶ τὸ ἀγαθὸν καὶ τὸ καλὸν ἐμφαίνεσθαι (τοῦτο δὲ ποιοῦσιν εὐλαβούμενοι ἀληθινὴν δυσχέρειαν ἣ συμβαίνει τοῖς λέγουσιν, 1091ᵇ ὥσπερ ἔνιοι, τὸ ἓν ἀρχήν· ἔστι δ' ἡ δυσχέρεια οὐ διὰ τὸ τῇ ἀρχῇ τὸ εὖ ἀποδιδόναι ὡς ὑπάρχον, ἀλλὰ διὰ τὸ τὸ ἓν ἀρχὴν καὶ ἀρχὴν ὡς στοιχεῖον καὶ τὸν ἀριθμὸν ἐκ τοῦ ἑνός),— οἱ δὲ ποιηταὶ οἱ ἀρχαῖοι ταύτῃ ὁμοίως, ᾗ βασιλεύειν καὶ 5 ἄρχειν φασὶν οὐ τοὺς πρώτους, οἷον νύκτα καὶ οὐρανὸν ἢ χάος ἢ ὠκεανόν, ἀλλὰ τὸν Δία· οὐ μὴν ἀλλὰ τούτοις μὲν διὰ τὸ μεταβάλλειν τοὺς ἄρχοντας τῶν ὄντων συμβαίνει τοιαῦτα λέγειν, ἐπεὶ οἵ γε μεμιγμένοι αὐτῶν [καὶ] τῷ μὴ μυθικῶς πάντα λέγειν, οἷον Φερεκύδης καὶ ἕτεροί τινες, 10 τὸ γεννῆσαν πρῶτον ἄριστον τιθέασι, καὶ οἱ Μάγοι, καὶ τῶν ὑστέρων δὲ σοφῶν οἷον Ἐμπεδοκλῆς τε καὶ Ἀναξαγόρας, ὁ μὲν τὴν φιλίαν στοιχεῖον ὁ δὲ τὸν νοῦν ἀρχὴν ποιήσας. τῶν δὲ τὰς ἀκινήτους οὐσίας εἶναι λεγόντων οἱ μέν φασιν αὐτὸ τὸ ἓν τὸ ἀγαθὸν αὐτὸ εἶναι· οὐσίαν μέντοι τὸ ἓν αὐτοῦ 15 ᾤοντο εἶναι μάλιστα.—ἡ μὲν οὖν ἀπορία αὕτη, ποτέρως δεῖ λέγειν· θαυμαστὸν δ' εἰ τῷ πρώτῳ καὶ ἀϊδίῳ καὶ αὐταρκεστάτῳ τοῦτ' αὐτὸ πρῶτον οὐχ ὡς ἀγαθὸν ὑπάρχει, τὸ

32 βουλόμεθα] scil. Platonici   λέγειν del. Christ; at cf. 1086ᵇ19, 1091ᵃ19, 990ᵇ18   1091ᵇ 2 εὖ J Aᵇ Alᶜ : ἓν E   7 ἄρχοντας τῶν ὄντων codd. Alᶜ mire dictum; Al ⟨περὶ⟩ τ. ὄντων? etiam Al τοὺς ἄρχοντας absolute dicit in interpr.   8 καὶ secl. Bonitz   10 de Magis apud Academicos et Ar. cf. Aristotle² p. 132 sq.   11 ὕστερον E   13 εἶναι om. Alᶜ   post οἱ μέν Al et Zeller desiderabant οἱ δέ; cf. Bonitz comm. 586

304

ΤΩΝ ΜΕΤΑ ΤΑ ΦΥΣΙΚΑ Ν

αὔταρκες καὶ ἡ σωτηρία. ἀλλὰ μὴν οὐ δι' ἄλλο τι ἄφθαρτον ἢ διότι εὖ ἔχει, οὐδ' αὔταρκες, ὥστε τὸ μὲν φάναι τὴν ἀρχὴν τοιαύτην εἶναι εὔλογον ἀληθὲς εἶναι, τὸ μέντοι ταύτην εἶναι τὸ ἕν, ἢ εἰ μὴ τοῦτο, στοιχεῖόν γε καὶ στοιχεῖον ἀριθμῶν, ἀδύνατον. συμβαίνει γὰρ πολλὴ δυσχέρεια—ἣν ἔνιοι φεύγοντες ἀπειρήκασιν, οἱ τὸ ἓν μὲν ὁμολογοῦντες ἀρχὴν εἶναι πρώτην καὶ στοιχεῖον, τοῦ ἀριθμοῦ δὲ τοῦ μαθηματικοῦ—ἅπασαι γὰρ αἱ μονάδες γίγνονται ὅπερ ἀγαθόν τι, καὶ πολλή τις εὐπορία ἀγαθῶν. ἔτι εἰ τὰ εἴδη ἀριθμοί, τὰ εἴδη πάντα ὅπερ ἀγαθόν τι· ἀλλὰ μὴν ὅτου βούλεται τιθέτω τις εἶναι ἰδέας· εἰ μὲν γὰρ τῶν ἀγαθῶν μόνον, οὐκ ἔσονται οὐσίαι αἱ ἰδέαι, εἰ δὲ καὶ τῶν οὐσιῶν, πάντα τὰ ζῷα καὶ τὰ φυτὰ ἀγαθὰ καὶ τὰ μετέχοντα. ταῦτά τε δὴ συμβαίνει ἄτοπα, καὶ τὸ ἐναντίον στοιχεῖον, εἴτε πλῆθος ὂν εἴτε τὸ ἄνισον καὶ μέγα καὶ μικρόν, τὸ κακὸν αὐτό (διόπερ ὁ μὲν ἔφευγε τὸ ἀγαθὸν προσάπτειν τῷ ἑνὶ ὡς ἀναγκαῖον ὄν, ἐπειδὴ ἐξ ἐναντίων ἡ γένεσις, τὸ κακὸν τὴν τοῦ πλήθους φύσιν εἶναι· οἱ δὲ λέγουσι τὸ ἄνισον τὴν τοῦ κακοῦ φύσιν)· συμβαίνει δὴ πάντα τὰ ὄντα μετέχειν τοῦ κακοῦ ἔξω ἑνὸς αὐτοῦ τοῦ ἑνός, καὶ μᾶλλον ἀκράτου μετέχειν τοὺς ἀριθμοὺς ἢ τὰ μεγέθη, καὶ τὸ κακὸν τοῦ ἀγαθοῦ χώραν εἶναι, καὶ μετέχειν καὶ ὀρέγεσθαι τοῦ φθαρτικοῦ· φθαρτικὸν γὰρ τοῦ ἐναντίου τὸ ἐναντίον. καὶ εἰ ὥσπερ ἐλέγομεν ὅτι ἡ ὕλη ἐστὶ τὸ δυνάμει ἕκαστον, οἷον πυρὸς τοῦ ἐνεργείᾳ τὸ δυνάμει πῦρ, τὸ κακὸν ἔσται αὐτὸ τὸ δυνάμει ἀγαθόν. ταῦτα δὴ πάντα συμβαίνει, τὸ μὲν ὅτι ἀρχὴν πᾶσαν στοιχεῖον ποιοῦσι, τὸ δ' ὅτι τἀναντία ἀρχάς, τὸ δ' ὅτι τὸ ἓν ἀρχήν, τὸ δ' ὅτι τοὺς ἀριθμοὺς τὰς πρώτας οὐσίας καὶ χωριστὰ καὶ εἴδη.

5 εἰ οὖν καὶ τὸ μὴ τιθέναι τὸ ἀγαθὸν ἐν ταῖς ἀρχαῖς καὶ τὸ τιθέναι οὕτως ἀδύνατον, δῆλον ὅτι αἱ ἀρχαὶ οὐκ ὀρθῶς ἀποδίδονται οὐδὲ αἱ πρῶται οὐσίαι. οὐκ ὀρθῶς δ' ὑπολαμ-

21 γε ci. Christ, quod confirmant J Syr: τε E A[b]   26 εἰ Π A[jp] om. A[b].   1092[a] 8 χωριστὰ Π: χωριστὰς A[b]   11 αἱ om. E

βάνει οὐδ' εἴ τις παρεικάζει τὰς τοῦ ὅλου ἀρχὰς τῇ τῶν ζῴων καὶ φυτῶν, ὅτι ἐξ ἀορίστων ἀτελῶν τε ἀεὶ τὰ τελειότερα, διὸ καὶ ἐπὶ τῶν πρώτων οὕτως ἔχειν φησίν, ὥστε μηδὲ
15 ὄν τι εἶναι τὸ ἓν αὐτό. εἰσὶ γὰρ καὶ ἐνταῦθα τέλειαι αἱ ἀρχαὶ ἐξ ὧν ταῦτα· ἄνθρωπος γὰρ ἄνθρωπον γεννᾷ, καὶ οὐκ ἔστι τὸ σπέρμα πρῶτον. ἄτοπον δὲ καὶ τὸ τόπον ἅμα τοῖς στερεοῖς τοῖς μαθηματικοῖς ποιῆσαι (ὁ μὲν γὰρ τόπος τῶν καθ' ἕκαστον ἴδιος, διὸ χωριστὰ τόπῳ, τὰ δὲ μαθη-
20 ματικὰ οὐ πού), καὶ τὸ εἰπεῖν μὲν ὅτι πού ἔσται, τί δέ ἐστιν ὁ τόπος μή.—ἔδει δὲ τοὺς λέγοντας ἐκ στοιχείων εἶναι τὰ ὄντα καὶ τῶν ὄντων τὰ πρῶτα τοὺς ἀριθμούς, διελομένους πῶς ἄλλο ἐξ ἄλλου ἐστίν, οὕτω λέγειν τίνα τρόπον ὁ ἀριθμός ἐστιν ἐκ τῶν ἀρχῶν. πότερον μίξει; ἀλλ' οὔτε πᾶν
25 μικτόν, τό τε γιγνόμενον ἕτερον, οὐκ ἔσται τε χωριστὸν τὸ ἓν οὐδ' ἑτέρα φύσις· οἱ δὲ βούλονται. ἀλλὰ συνθέσει, ὥσπερ συλλαβή; ἀλλὰ θέσιν τε ἀνάγκη ὑπάρχειν, καὶ χωρὶς ὁ νοῶν νοήσει τὸ ἓν καὶ τὸ πλῆθος. τοῦτ' οὖν ἔσται ὁ ἀριθμός, μονὰς καὶ πλῆθος, ἢ τὸ ἓν καὶ ἄνισον. καὶ ἐπεὶ τὸ ἔκ τι-
30 νῶν εἶναι ἔστι μὲν ὡς ἐνυπαρχόντων ἔστι δὲ ὡς οὔ, ποτέρως ὁ ἀριθμός; οὕτως γὰρ ὡς ἐνυπαρχόντων οὐκ ἔστιν ἀλλ' ἢ ὧν γένεσις ἔστιν. ἀλλ' ὡς ἀπὸ σπέρματος; ἀλλ' οὐχ οἷόν τε τοῦ ἀδιαιρέτου τι ἀπελθεῖν. ἀλλ' ὡς ἐκ τοῦ ἐναντίου μὴ ὑπομένοντος; ἀλλ' ὅσα οὕτως ἔστι, καὶ ἐξ ἄλλου τινός ἐστιν
35 ὑπομένοντος. ἐπεὶ τοίνυν τὸ ἓν ὁ μὲν τῷ πλήθει ὡς ἐναντίον τίθησιν, ὁ δὲ τῷ ἀνίσῳ, ὡς ἴσῳ τῷ ἑνὶ χρώμενος, ὡς ἐξ ἐναντίων εἴη ἂν ὁ ἀριθμός· ἔστιν ἄρα τι ἕτερον ἐξ οὗ ὑπομένοντος καὶ θατέρου ἐστὶν ἢ γέγονεν. ἔτι τί δή ποτε τὰ μὲν ἄλλ' ὅσα ἐξ ἐναντίων ἢ οἷς ἔστιν ἐναντία φθείρεται κἂν ἐκ
5 παντὸς ᾖ, ὁ δὲ ἀριθμὸς οὔ; περὶ τούτου γὰρ οὐθὲν λέγεται.

12 τῇ] τι E   13 τε cum Ravaisson Ross: δὲ codd. Al^c   14 φησίν Π A^b: φασίν Al^p   17 τὸν τόπον Π (de Al non constat); cf. 20 καὶ τὸ εἰπεῖν   18 καὶ τοῖς μαθ. E Al^1, sed καὶ non legit Al^p   20 τίς Al^p   27 συλλαβή E Al^p: συλλαβήν J A^b   τε om. E   28 ἔσται οὖν A^b   1092^b 2 ἔσται Schwegler, legit ut vid. Al^p

καίτοι καὶ ἐνυπάρχον καὶ μὴ ἐνυπάρχον φθείρει τὸ ἐναντίον, οἷον τὸ νεῖκος τὸ μῖγμα (καίτοι γε οὐκ ἔδει· οὐ γὰρ ἐκείνῳ γε ἐναντίον).—οὐθὲν δὲ διώρισται οὐδὲ ὁποτέρως οἱ ἀριθμοὶ αἴτιοι τῶν οὐσιῶν καὶ τοῦ εἶναι, πότερον ὡς ὅροι (οἷον αἱ στιγμαὶ τῶν μεγεθῶν, καὶ ὡς Εὔρυτος ἔταττε τίς ἀριθμὸς τίνος, οἷον ὁδὶ μὲν ἀνθρώπου ὁδὶ δὲ ἵππου, ὥσπερ οἱ τοὺς ἀριθμοὺς ἄγοντες εἰς τὰ σχήματα τρίγωνον καὶ τετράγωνον, οὕτως ἀφομοιῶν ταῖς ψήφοις τὰς μορφὰς τῶν φυτῶν), ἢ ὅτι [ὁ] λόγος ἡ συμφωνία ἀριθμῶν, ὁμοίως δὲ καὶ ἄνθρωπος καὶ τῶν ἄλλων ἕκαστον; τὰ δὲ δὴ πάθη πῶς ἀριθμοί, τὸ λευκὸν καὶ γλυκὺ καὶ τὸ θερμόν; ὅτι δὲ οὐχ οἱ ἀριθμοὶ οὐσία οὐδὲ τῆς μορφῆς αἴτιοι, δῆλον· ὁ γὰρ λόγος ἡ οὐσία, ὁ δ' ἀριθμὸς ὕλης· οἷον σαρκὸς ἢ ὀστοῦ ἀριθμός; ἡ δ' οὐσία οὕτω, τρία πυρὸς γῆς δὲ δύο· καὶ ἀεὶ ὁ ἀριθμὸς ὃς ἂν ᾖ τινῶν ἐστίν, ἢ πύρινος ἢ γήϊνος ἢ μοναδικός, ἀλλ' ἡ οὐσία τὸ τοσόνδ' εἶναι πρὸς τοσόνδε κατὰ τὴν μῖξιν· τοῦτο δ' οὐκέτι ἀριθμὸς ἀλλὰ λόγος μίξεως ἀριθμῶν σωματικῶν ἢ ὁποιωνοῦν. οὔτε οὖν τῷ ποιῆσαι αἴτιος ὁ ἀριθμός, οὔτε ὅλως ὁ ἀριθμὸς οὔτε ὁ μοναδικός, οὔτε ὕλη οὔτε λόγος καὶ εἶδος τῶν πραγμάτων. ἀλλὰ μὴν οὐδ' ὡς τὸ οὗ ἕνεκα.

6 Ἀπορήσειε δ' ἄν τις καὶ τί τὸ εὖ ἐστι τὸ ἀπὸ τῶν ἀριθμῶν τῷ ἐν ἀριθμῷ εἶναι τὴν μῖξιν, ἢ ἐν εὐλογίστῳ ἢ ἐν περιττῷ. νυνὶ γὰρ οὐθὲν ὑγιεινότερον τρὶς τρία ἂν ᾖ τὸ μελίκρατον κεκραμένον, ἀλλὰ μᾶλλον ὠφελήσειεν ἂν ἐν

---

6 καὶ μὴ ἐνυπάρχον om. Π: sscr. J²   9 ὅρος E   αἱ E Alᵖ: om. J Aᵇ   10 μεγεθῶν codd.: γραμμῶν Alᵖ Syr   13 τῶν φυτῶν] τῶν ζῴων καὶ φυτῶν ex Alᵖ ci. Christ; cf. 15 τῶν ἄλλων ἕκαστον   14 ὁ codd. Alᶜ: secl. Bonitz; cf. 991ᵇ13–17   ἡ E Alᶜ: ᾖ J Aᵇ   τῶν ἀριθμῶν Alᶜ   17 οὐσία pr.] οὐσίαι Alᶜ recc.   18 ὕλης Schwegler: ὕλη codd. Alᶜ; cf. 19–20   post ὕλης levius distinxi   post ἀριθμός distinxi ἡ δ' scripsi cum E: ἡ J: ᾖ Aᵇ: om. Alᶜ   19 δὲ om. Alᶜ   21 οὐκέτι] οὐκ ἔστιν E Alᶜ   23 τοῦ ποιῆσαι Alᶜ   ὁ alt. om. Aᵇ   27 τῷ ex Alᶜ Bonitz: τὸ codd.   εὐλογίστων J   ᾖ vel ἡ eras. et ν sscr. J, ἡ E: ᾖ Aᵇ Alᵖ

ΤΩΝ ΜΕΤΑ ΤΑ ΦΥΣΙΚΑ Ν

οὐθενὶ λόγῳ ὂν ὑδαρὲς δὲ ἢ ἐν ἀριθμῷ ἄκρατον ὄν. ἔτι οἱ λόγοι ἐν προσθέσει ἀριθμῶν εἰσὶν οἱ τῶν μίξεων, οὐκ ἐν ἀριθμοῖς, οἷον τρία πρὸς δύο ἀλλ' οὐ τρὶς δύο. τὸ γὰρ αὐτὸ δεῖ γένος εἶναι ἐν ταῖς πολλαπλασιώσεσιν, ὥστε δεῖ μετρεῖσθαι τῷ τε Α τὸν στοῖχον ἐφ' οὗ ΑΒΓ καὶ τῷ Δ τὸν ΔΕΖ· ὥστε τῷ αὐτῷ πάντα. οὔκουν ἔσται πυρὸς ΒΕΓΖ καὶ ὕδατος ἀριθμὸς δὶς τρία.—εἰ δ' ἀνάγκη πάντα ἀριθμοῦ κοινωνεῖν, ἀνάγκη πολλὰ συμβαίνειν τὰ αὐτά, καὶ ἀριθμὸν τὸν αὐτὸν τῷδε καὶ ἄλλῳ. ἆρ' οὖν τοῦτ' αἴτιον καὶ διὰ τοῦτό ἐστι τὸ πρᾶγμα, ἢ ἄδηλον; οἷον ἔστι τις τῶν τοῦ ἡλίου φορῶν ἀριθμός, καὶ πάλιν τῶν τῆς σελήνης, καὶ τῶν ζῴων γε ἑκάστου τοῦ βίου καὶ ἡλικίας· τί οὖν κωλύει ἐνίους μὲν τούτων τετραγώνους εἶναι ἐνίους δὲ κύβους, καὶ ἴσους τοὺς δὲ διπλασίους; οὐθὲν γὰρ κωλύει, ἀλλ' ἀνάγκη ἐν τούτοις στρέφεσθαι, εἰ ἀριθμοῦ πάντα ἐκοινώνει. ἐνεδέχετό τε τὰ διαφέροντα ὑπὸ τὸν αὐτὸν ἀριθμὸν πίπτειν· ὥστ' εἴ τισιν ὁ αὐτὸς ἀριθμὸς συνεβεβήκει, ταὐτὰ ἂν ἦν ἀλλήλοις ἐκεῖνα τὸ αὐτὸ εἶδος ἀριθμοῦ ἔχοντα, οἷον ἥλιος καὶ σελήνη τὰ αὐτά. ἀλλὰ διὰ τί αἴτια ταῦτα; ἑπτὰ μὲν φωνήεντα, ἑπτὰ δὲ χορδαὶ ἡ ἁρμονία, ἑπτὰ δὲ αἱ πλειάδες, ἐν ἑπτὰ δὲ ὀδόντας βάλλει (ἔνιά γε, ἔνια δ' οὔ), ἑπτὰ δὲ οἱ ἐπὶ Θήβας. ἆρ' οὖν ὅτι τοιοσδὶ ὁ ἀριθμὸς πέφυκεν, διὰ τοῦτο ἢ ἐκεῖνοι ἐγένοντο ἑπτὰ ἢ ἡ πλειὰς ἑπτὰ ἀστέρων ἐστίν; ἢ οἱ μὲν διὰ τὰς πύλας ἢ ἄλλην τινὰ αἰτίαν, τὴν δὲ ἡμεῖς οὕτως ἀριθμοῦμεν, τὴν δὲ ἄρκτον γε δώδεκα, οἱ δὲ πλείους· ἐπεὶ καὶ τὸ ΞΨΖ συμφωνίας φασὶν εἶναι, καὶ ὅτι ἐκεῖναι τρεῖς, καὶ ταῦτα τρία· ὅτι δὲ μυρία ἂν εἴη τοιαῦτα, οὐθὲν μέλει (τῷ γὰρ Γ καὶ Ρ εἴη ἂν ἓν σημεῖον)· εἰ δ' ὅτι διπλάσιον τῶν ἄλλων ἕκαστον, ἄλλο δ' οὔ, αἴτιον δ' ὅτι τριῶν

33 πολλαπλασιάσεσιν Al^c   35 οὔκουν Bonitz: οὐκοῦν codd.
1093^a 1 καὶ] post οὔκουν Christ οὐδὲ expectabat, ἢ ci. Diels   11 συνεβεβήκει Π A^b: συμβέβηκεν Al^c   ταῦτα A^b   14 ἡ ἁρμονία E Al^1: ἢ ἁρμονίαι J A^b   15 δὲ ἔτεσιν Roscher   ἐνιά γε om. E   20 ὅτι καὶ coll. vel καὶ secl. Christ   22 τὸ Al^c   23 δὴ ὅτι Diels

ὄντων τόπων ἓν ἐφ' ἑκάστου ἐπιφέρεται τῷ σίγμα, διὰ τοῦτο τρία μόνον ἐστὶν ἀλλ' οὐχ ὅτι αἱ συμφωνίαι τρεῖς, ἐπεὶ πλείους γε αἱ συμφωνίαι, ἐνταῦθα δ' οὐκέτι δύναται. ὅμοιοι δὴ καὶ οὗτοι τοῖς ἀρχαίοις Ὁμηρικοῖς, οἳ μικρὰς ὁμοιότητας ὁρῶσι μεγάλας δὲ παρορῶσιν. λέγουσι δέ τινες ἔτι πολλὰ τοιαῦτα, οἷον αἵ τε μέσαι ἡ μὲν ἐννέα ἡ δὲ ὀκτώ, καὶ τὸ ἔπος δεκαεπτά, ἰσάριθμον τούτοις, βαίνεται δ' ἐν μὲν τῷ δεξιῷ ἐννέα συλλαβαῖς, ἐν δὲ τῷ ἀριστερῷ ὀκτώ· **1093ᵇ** καὶ ὅτι ἴσον τὸ διάστημα ἔν τε τοῖς γράμμασιν ἀπὸ τοῦ Α πρὸς τὸ Ω, καὶ ἀπὸ τοῦ βόμβυκος ἐπὶ τὴν ὀξυτάτην [νεάτην] ἐν αὐλοῖς, ἧς ὁ ἀριθμὸς ἴσος τῇ οὐλομελείᾳ τοῦ οὐρανοῦ. ὁρᾶν δὲ δεῖ μὴ τοιαῦτα οὐθεὶς ἂν ἀπορήσειεν οὔτε λέγειν οὔθ' εὑρίσκειν ἐν τοῖς ἀϊδίοις, ἐπεὶ καὶ ἐν τοῖς φθαρτοῖς. ἀλλ' αἱ ἐν τοῖς ἀριθμοῖς φύσεις αἱ ἐπαινούμεναι καὶ τὰ τούτοις ἐναντία καὶ ὅλως τὰ ἐν τοῖς μαθήμασιν, ὡς μὲν λέγουσί τινες καὶ αἴτια ποιοῦσι τῆς φύσεως, ἔοικεν οὑτωσί γε σκοπουμένοις διαφεύγειν· κατ' οὐδένα γὰρ τρόπον τῶν διωρισμένων περὶ τὰς ἀρχὰς οὐδὲν αὐτῶν αἴτιόν ἐστιν· ὡς μέντοι ποιοῦσι, φανερὸν ὅτι τὸ εὖ ὑπάρχει καὶ τῆς συστοιχίας ἐστὶ τῆς τοῦ καλοῦ τὸ περιττόν, τὸ εὐθύ, τὸ ἰσάκις ἴσον, αἱ δυνάμεις ἐνίων ἀριθμῶν· ἅμα γὰρ ὧραι καὶ ἀριθμὸς τοιοσδί·

---

24 ἐνὶ Diels   ἀφ' ἑκάστου E   τὸ σίγμα Alᵖ Diels   25 ὅτι αἱ E, ι in ras. ut vid.: ὅθ' αἱ Aᵇ: ὅταν J   28 ἔτι Bonitz: ὅτι codd. 1093ᵇ 1 συλλαβαί E   2 γράμμασιν J Aᵇ Alᵖ: πράγμασιν E   3 νεάτην om. Alᵖ, secl. Diels   4 ἧς] οἷς Diels   ἴσος cum recc. Brandis, Bonitz: ἰσότης Π Aᵇ, ex ἴσος τῇ corruptum   τοῦ] τε τοῦ Π   5 δεῖ Aᵇ Alᶜ: δὴ E: δὴ δεῖ J, var. lect. conflat.   10 σκοπουμένους Diels sed dativum relationis noli tangere, διαφεύγειν absolute positum est   10–11 τῶν διωρισμένων] cf. A 3 sq. de quattuor principiis   11 οὐδὲν Π sed in ras. J: ἓν Aᵇ (et J¹?)   post αἴτιον parenthesin ponit Diels sed Alexandri et Bonitzii interpunctio praestat (post ἐστιν)   ὡς Aᵇ Alᶜ et fort. J¹: ἐκεῖνο J² in ras. Lat: om. E   12 καὶ et συστοιχίας om. E   12–13 συστοιχίας ταύτης Alᵖ J sed ταύτης ἐστὶ in ras. J²   13 ἰσάκις ἴσον Alᶜ Lat recc. quidam, corr. J man. rec. in ras.; cf. ad 12: ἰσάριθμον E: ἴσον Aᵇ et fort. J¹ 14 αἱ ... ἀριθμῶν secl. Diels   ὧραι J, id est ὥρᾳ   καὶ αἱ J² Alᵖ τοιόσδε J, ι sscr.

καὶ τὰ ἄλλα δὴ ὅσα συνάγουσιν ἐκ τῶν μαθηματικῶν θεωρημάτων πάντα ταύτην ἔχει τὴν δύναμιν. διὸ καὶ ἔοικε συμπτώμασιν· ἔστι γὰρ συμβεβηκότα μέν, ἀλλ' οἰκεῖα ἀλλήλοις πάντα, ἓν δὲ τῷ ἀνάλογον· ἐν ἑκάστῃ γὰρ τοῦ ὄντος κατηγορίᾳ ἐστὶ τὸ ἀνάλογον, ὡς εὐθὺ ἐν μήκει οὕτως ἐν πλάτει τὸ ὁμαλόν, ἴσως ἐν ἀριθμῷ τὸ περιττόν, ἐν δὲ χροιᾷ τὸ λευκόν.—ἔτι οὐχ οἱ ἐν τοῖς εἴδεσιν ἀριθμοὶ αἴτιοι τῶν ἁρμονικῶν καὶ τῶν τοιούτων (διαφέρουσι γὰρ ἐκεῖνοι ἀλλήλων οἱ ἴσοι εἴδει· καὶ γὰρ αἱ μονάδες)· ὥστε διά γε ταῦτα εἴδη οὐ ποιητέον. τὰ μὲν οὖν συμβαίνοντα ταῦτά τε κἂν ἔτι πλείω συναχθείη· ἔοικε δὲ τεκμήριον εἶναι τὸ πολλὰ κακοπαθεῖν περὶ τὴν γένεσιν αὐτῶν καὶ μηδένα τρόπον δύνασθαι συνεῖραι τοῦ μὴ χωριστὰ εἶναι τὰ μαθηματικὰ τῶν αἰσθητῶν, ὡς ἔνιοι λέγουσι, μηδὲ ταύτας εἶναι τὰς ἀρχάς.

18 τῷ Π Al^c: τὸ sed o in ras. A^b: ᾧ puncto notatum J   20 καὶ ἴσως Al^p, an ἴσως δ'?   21 χρόᾳ, ras. post o, E   22 ἁρμονιῶν Al^p 23–24 ὥστε γε ταὐτὰ E   26 μηδέν ἀλλοιπὸν E   τόπον J, τρο sscr. man. alt.   27 συνεῖραι J A^b: συνείρειν Al^p: συϊδεῖν E

INDEX NOMINUM

1 — 93 = 1000 — 93

Αἴγινα 15ᵃ25
Αἴγυπτος 981ᵇ23
Ἀλκμαίων 986ᵃ27
Ἀναξαγόρας 984ᵃ11–16, ᵇ18, 985ᵃ 18–21, 988ᵃ17, 28, 989ᵃ30–ᵇ21, 991ᵃ16, 9ᵃ27, 12ᵃ26, 63ᵇ25–30, 69ᵇ21–32, 72ᵃ5, 75ᵇ8, 79ᵇ20, 91ᵇ11; citatur 7ᵇ25, 9ᵇ25–28, 56ᵇ28
Ἀναξίμανδρος 69ᵇ22
Ἀναξιμένης 984ᵃ5
Ἀντισθένειοι 43ᵇ24
Ἀντισθένης 24ᵇ32
Ἀρίστιππος 996ᵃ32
Ἀρχύτας 43ᵃ21
Ἄτλας 23ᵃ20
Ἀφροδίτη 73ᵇ31

Δημόκριτος 985ᵇ4–20, 9ᵃ27, ᵇ11, 15, 39ᵃ9, 42ᵇ11, 69ᵇ22, 78ᵇ20
Διογένης 984ᵃ5
Διονύσια 23ᵇ10

Ἐμπεδοκλῆς 984ᵃ8, 985ᵃ2–10, 21–ᵇ4, 988ᵃ16, 27, 989ᵃ20–30, 993ᵃ 17, 996ᵃ8, 998ᵃ30, 0ᵃ25–ᵇ20, 1ᵃ12, 69ᵇ21, 72ᵃ6, 75ᵇ2, 91ᵇ11; citatur 0ᵃ29–ᵇ16, 9ᵇ18, 15ᵃ1
Ἐπίχαρμος 10ᵃ6, 86ᵃ17
Ἑρμῆς 73ᵇ32; ἐν τῷ λίθῳ 2ᵃ22, 17ᵇ7, 48ᵃ33, cf. 50ᵃ20
Ἑρμότιμος 984ᵇ19
Εὔδοξος 991ᵃ17, 73ᵇ17, 79ᵇ21
Εὔηνος 15ᵃ29
Εὔρυτος 92ᵇ10

Ζεύς 73ᵇ34, 91ᵇ6
Ζήνων 1ᵇ7

Ἡρακλεῖδαι 58ᵃ24

Ἡρακλείτειοι δόξαι, λόγοι 987ᵃ33, 78ᵇ14
Ἡράκλειτος 984ᵃ7, 5ᵇ25, 10ᵃ13, 12ᵃ24, 34, 62ᵃ32, 63ᵇ24
Ἡσίοδος 984ᵇ23, 989ᵃ10, 0ᵃ9; citatur 984ᵇ27

Θαλῆς 983ᵇ20, 984ᵃ2
Θαργήλια 23ᵇ11

Ἰλιὰς τῷ συνεχεῖ ἕν 30ᵇ9, cf. ᵃ9, 45ᵃ13
Ἵππασος 984ᵃ7
Ἵππων 984ᵃ3
Ἰταλικοί 987ᵃ10, 31, 988ᵃ26
Ἴωνες 24ᵃ33

Καλλίας 981ᵃ9, etc.
Κάλλιππος 73ᵇ32
Κορίσκος 1015ᵇ17–32, 26ᵇ18, 37ᵃ7
Κρατύλος 987ᵃ32, 1cᵃ12
Κρόνος 73ᵇ35

Λεύκιππος 985ᵇ4, 71ᵇ32, 72ᵃ7
Λυκόφρων 45ᵇ10

Μάγοι 91ᵇ10
Μεγαρικοί 46ᵇ29
Μέλισσος 986ᵇ19

Νέμεα 18ᵇ18

Ξενοφάνης 986ᵇ21, 10ᵃ6

Ὁμηρικοί 93ᵇ27
Ὅμηρος 9ᵇ28; citatur 76ᵃ4

Παρμενίδης 984ᵇ3, 986ᵇ18–987ᵃ2, 1ᵃ32; citatur 984ᵇ25, 9ᵇ21, 89ᵃ3
Παύσων 50ᵃ20

INDEX NOMINUM

Πλάτων Α. 6, 988ᵃ26, 990ᵃ30, Α. 9, 996ᵃ6, 1ᵃ9, 10ᵇ12, 19ᵃ4, 26ᵇ14, 28ᵇ19, 53ᵇ13, 64ᵇ29, 71ᵇ32–72ᵃ3, 83ᵃ32; *Phaedo* 991ᵇ3, 80ᵃ2; *Hippias Minor* 25ᵃ6
Πολύκλειτος 13ᵇ35–14ᵃ15
Πρωταγόρας 998ᵃ3, 7ᵇ22, Γ. 5, 47ᵃ6, 53ᵃ35, Κ. 6
Πυθαγόρας 986ᵃ30 v.l.
Πυθαγόρειοι 985ᵇ23–986ᵇ8, 987ᵃ13–27, ᵇ11, 23, 31, 989ᵇ29–990ᵃ32, 996ᵃ6, 1ᵃ10, 36ᵇ18, 53ᵇ12, 72ᵇ31, 78ᵇ21, 80ᵇ16, 31, 83ᵇ8–19, 90ᵃ20–35, 91ᵃ13
Πῶλος 981ᵃ4

Σιμωνίδης 982ᵇ30, 91ᵃ7
Σοφοκλῆς 15ᵃ30
Σπεύσιππος 28ᵇ21, 72ᵇ31
Στύξ 983ᵇ32
Σωκράτης 987ᵇ1, 2, 78ᵇ17, 28, 86ᵇ3; ὁ Σ. 78ᵇ30; Σ. ὁ νεώτερος 36ᵇ25; Σ. ut exemplum 981ᵃ19, 983ᵇ13, 18ᵃ2–4, 32ᵃ8, 37ᵃ7, 74ᵃ35, etc.

Τιμόθεος 993ᵇ15, 16

Φερεκύδης 91ᵇ9
Φρῦνις 993ᵇ16

Printed in the USA/Agawam, MA
October 5, 2010

554450.063